논어번역비평

논어번역비평

2025년 12월 16일 초판 1쇄 찍음
2025년 12월 30일 초판 1쇄 펴냄

지은이 김영민
책임편집 엄귀영
편집 김천희 정지현 박훈 김찬호
경영지원 나연희 주광근 오민정 김수아
마케팅 윤영채 정하연 안은지 염승연
표지 디자인 이수경
본문 디자인 김진운
본문 조판 홍영사

펴낸이 윤철호
펴낸곳 (주)사회평론아카데미
등록번호 2013-000247(2013년 8월 23일)
전화 02-326-1545
팩스 02-326-1626
주소 03993 서울특별시 마포구 월드컵북로6길 56
이메일 academy@sapyoung.com
홈페이지 www.sapyoung.com

ISBN 979-11-6707-216-0 93140

논어번역비평

論語

김영민

사회평론

일러두기

1. 『논어』 번역비평을 위해 활용된 한국어 번역본들은 저/역자의 이름만 간략하게 표기하였다(예: 강동석 번역본). 관련 번역본의 서지 사항은 이 책 26~27쪽 『논어』 한국어 번역본 목록에 밝혀놓았다.
2. 예문으로 거론된 『논어』 번역문은 모두 저자의 번역이다. 저자의 『논어』 전체 번역문은 『논어: 김영민 새 번역』(사회평론아카데미, 2025)을 참조하라.
3. 『논어』 외 다른 사료의 인용문도 별도의 주가 없는 경우 모두 저자의 번역이다.
4. 번역비평을 위해 그 예로 인용한 『논어』 한국어 번역문의 경우, 한자 병기나 문장 부호 등은 해당 번역본을 그대로 따랐다.
5. 『논어』의 편장 표시는 편명을 밝히고, 장 번호를 아라비아 숫자로 표기하였다(예: 『論語』 「學而」 7).
6. 외래어 표기는 국립국어원의 원칙을 따랐다. 단, 참고문헌의 경우 해당 출판사의 표기를 존중했으며, 각기 다르게 번역 표기된 경우 국립국어원 원칙을 따랐다.
7. 현대 중국어 참고문헌의 경우, 사료 원문 표기에 맞춰 한문 정자체로 표기하였다.
8. 중국 인명 표기는 신해혁명(1911)을 기점으로 이전 시기는 한자음으로, 이후 시기는 중국어 음으로 표기하였다.

발간사

『논어』 연작을 펴내며

우리 사회에서 고전이 갖는 의미를 새롭게 하고자 『논어』 연작을 세상에 내어놓는다. 고전은 반드시 불변의 지혜를 담고 있는 책도 아니고, 반드시 고단한 삶을 위로하는 책도 아니다. 오늘날 고전은 오랜 시간 독자들과 함께했기에, 그리고 앞으로도 함께할 가능성이 높기에 권위를 갖게 된 책이다. 물론 고전을 읽으며 지혜를 얻을 수도 있고 위로를 얻을 수도 있다. 그러나 고전은 널리 오랫동안 읽혀왔다는 이유만으로도 중요하다. 반드시 소중한 지혜가 담겨 있기에 오랫동안 읽혀온 것은 아니다. 반드시 위로를 주기에 오랫동안 읽혀온 것도 아니다. 다양한 이유로 오랫동안 독자와 함께하며 권위를 갖게 된 책이 바로 고전이다.

『논어』의 경우도 마찬가지다. 지혜가 담겨 있기에 『논어』를 읽어야 하나? 글쎄, 시대와 장소를 초월하는 지혜가 『논어』에 담겨 있는지는 확실하지 않다. 그런 지혜에 목마른 사람은 『논어』에서 그런 지혜를 찾아낼 것이고, 목마르지 않은 사람은 찾아내지 못할 것이다. 위로를 얻기 위해 『논어』를 읽어야 하나? 글쎄, 지친 사람들을 어루만지는 메시지가 『논어』에 있는지는 확실하지 않다. 위로가 절실한 사람은 『논어』로부터 위로받을 것이고, 위로가 절실하지 않은 사람은 위로받지 않을 것이다. 다양한 이유로 사람들은 『논어』를 읽어왔고 앞으로도 읽어갈 것이다. 그런 점에서 『논어』는 이 사회의 고전이다.

오랫동안 많은 사람들이 읽으면, 그 내용은 그 사회를 지탱하는 언어가 된다. 『논어』 역시 오랫동안 널리 읽히면서 동아시아인의 생각과 대화를 위한 언어를 창조했다. 그것은 『논어』의 위대함 때문이라기보다는 많은 사람들이 읽어서이고, 많은 사람들이 읽음에 따라 앞으로도 동아시아인의 생각에 깊고 넓은 영향을 끼칠 것이다. 어차피 살다가 한번쯤 읽어야 하는 책이라면, 가능한 한 풍부하고 정교하게 읽어보자는 것이 이 『논어』 연작의 취지다. 그러기 위해 적어도 세 가지가 필요하다.

첫째, 문법이나 어법의 차원에서 오류가 적은 『논어』 번역이 필요하다. 둘째, 전문적인 연구가 뒷받침된 해석이 필요하다. 셋째, 『논어』의 구식 이미지들을 털어버리고, 감수성을 일신할 필요가 있다

새로운 번역과 해석은 기존 번역자와 해석자들에게 달갑지 않을 수 있다. 그것은 기존 번역과 해석으로는 충분하지 않다는 뜻이기 때문이다. 이 『논어』 연작의 취지는 옛 번역과 해석이 쓸모없다고 선언하는 데 있지 않다. 새 번역과 해석이 완벽하다고 주장하는 데도 있지 않다. 그보다는 『논어』 번역과 해석이 앞으로 계속 나아질 수 있는 기틀을 만드는 데 관심이 있다. 수많은 『논어』 번역본이 출간되었지만, 기존 번역이 구체적으로 어떤 문제를 갖고 있는지 집중적이고 체계적으로 논한 책은 거의 없다. 대개 자신이 선호하는 번역과 해설을 제시하는 데 그친다. 그렇게 해서는 독자가 번역의 차이를 평가할 수 없고, 평가가 부재할 때 향후 번역과 해석이 나아지기를 기대할 수 없다. 『논어』 연작 가운데 『논어번역비평』은 기존 번

역을 체계적으로 평가하고 대안적인 번역 방향을 제시하고자 하였다. 『논어번역비평』을 읽음으로써 독자가 기존 번역의 문제들을 판별하는 동시에 한문 문법을 요령 있게 습득할 수 있기를 희망한다.

기존 『논어』 해설은 중국의 주희나 한국의 정약용 같은 옛 학자들의 주석을 소개하는 것들이 대부분이다. 물론 『논어』에 대한 훌륭한 전통적 주석들이 많이 있다. 그러나 그 주석들을 소개하는 것만으로는 충분하지 않다. 한 세기 넘게 『논어』에 관한 현대적이고 전문적인 연구가 수행되어 왔기 때문이다. 그 전문적인 연구는 현행 『논어』 한국어 번역본에 충분히 반영되지 않았다. 아니, 지나칠 정도로 반영되지 않았다. 오늘날 바람직한 『논어』 번역과 해설을 위해서는 한국어, 중국어, 일본어, 영어 등으로 축적된 전문 연구를 필요한 만큼 참고하고, 검토하고, 반영해야 한다. 그 점에 관한 한, 한국어 『논어』 번역본은 갈 길이 멀다. 『논어』 해설의 경우도 산발적인 입장 소개에 그칠 뿐, 논증의 형태로 주장을 개진한 경우는 많지 않다. 『논어』 연작 가운데 『배움의 기쁨』은 학술 논문의 형식을 통해 주석 전통을 잇는 한편, 기존 해석을 체계적으로 평가하고 대안적인 해석을 제시하고자 하였다. 『배움의 기쁨』을 읽음으로써 독자는 기존 해석의 문제점을 판별하는 동시에 새로운 해석에 접할 수 있기를 희망한다.

이 『논어』 연작은 궁극적으로 『논어』를 둘러싼 언어와 감수성을 갱신하기를 희망한다. 그와 같은 취지에서 이미 『우리가 간신히 희망할 수 있는 것』(개정판 『생각의 시체를 묻으러 왔다』)이라는 논어 에세이를 출간하였고, 이번에 『논어란 무엇인가』라는 교양서를 출간한다. 『논어』는 누구나 한번쯤은 읽어봐야 할 고전으로 여겨지지만, 동시에 시효가 지난 고답적인 옛날 책으로 간주되기도 한다. 그러는 것도 무리가 아니다. 이미 생명력을 잃은 언어로만 논어를 해설하는 책, 더 이상 울림이 없는 언어로 『논어』를 풀이하는 책, 동어반복에 가까운 해설로 가득한 책, 낡은 편견을 반복하는 수단으로 『논어』를 들먹이는 책들이 넘쳐난다. 그런 경향에 반대하는 이는 『논어』가 여전히 살아 있음을 보여주고 싶어 무리한 주장을 펼치곤 한다. 그러다보면 자칫 수천 년 전 텍스트를 오늘날의 관심에 맞게 왜곡하거나 단순화하는 일이 벌어진다. 서구 문명의 폐해를 극복할 지혜를 가진 『논어』, 자본주의의 폐단을 극복할 지혜를 가진 『논어』, 인류의 미래를 열어줄 『논어』, 서양 고전보다 더 뛰어난 『논어』, 고단한 인생을 위로해줄 『논어』, 이런 식으로 포장된 『논어』가 과연 논어의 참모습일까?

현대의 관심사에 의해 과도하게 재단된 『논어』는 독자에게 새로운 내용을 전해주지 못한다. 잘해야 듣고 싶은 이야기를 들려줄 뿐이다. 『논어』가 처한 역사적 맥락을 충분히 고려했다면 독자에게 낯선 이야기를 전할 수도 있으련만, 이제 『논어』는 너무 현대적이어서 진부한 책이 되고 만다. 이 『논어』 연작은 『논어』를 충분히 역사적으로 바라봄으로써 『논어』에 대한 감수성을 갱신할 수 있다고 믿는다. 『논어』 성립기에 경쟁했던 다른 입장들을 고려함에 의해, 『논어』가 당연시하고 있는 전제들을 드러냄에 의해, 『논어』가 답이라면 문제는 무엇이었는지 물음을 통해, 성인이 되기 전 공자의 모습을 그려봄을 통해 『논어』의 역사적 맥락에 충실할 수 있기를 바란다. 좀 더 역사적이 됨으로써 좀 더 오늘날에 적실한 텍스트로 거듭나는 아이러니, 그 아이러니를 구현하는 것이 이 『논어』 연작의 목표다.

이것이 곧 고대 중국에 『논어』를 가두어야 한다는 말은 아니다. 여러 곳을 돌아다녀보아야 자신이 사는 곳의 특징을 알게 되는 것처럼, 외국인을 만나보아야 한국인의 특징을 깨닫게 되는 것처럼, 물 밖으로 나와야 물을 제대로 보게 되는 것처럼 『논어』의 입장을 알기 위해서는 다른 입장들을 고려할 필요가 있고, 그 다른 입장들은 고대 중국에 국한될 필요가 없다. 『논어』의 세계를 조명하기 위해 고대 중국을 넘어서 유럽, 미국, 한국 등 그 어느 지적 전통이든 적절하기만 하다면 활용할 수 있다. 어쩌면 지금까지 해설은 충분히 『논어』를 벗어나지 못했기에 『논어』를 충분히 조명하지 못했는지 모른다. 『논어』를 벗어남으로써 『논어』에 더 충실해지는 아이러니, 그 아이러니를 구현하는 것이 이 『논어』 연작의 목표다.

이 『논어』 연작은 『논어』나 공자를 찬양하거나 비판하는 데는 관심이 없다. 인류를 위한 결정적인 지혜나 한국 사회를 밝혀줄 청사진을 그려내는 데도 관심이 없다. 누군가의 인생을 구제해줄 결정적인 지혜를 찾는 데도 관심이 없다. 그 대신에 나는 『논어』를 우리의 생각을 구성해온, 구성하고 있는, 구성해나갈 자원의 하나로 간주한다. 우리 곁을 떠나지 않는 『논어』라는 고전을 잘 가다듬어, 생각의 자원을 조금이라도 풍부히 하려는 것이 나의 소박한 목표다. 이 『논어』 연작을 읽으며 자기 삶을 구성하는 참고체계를 확장하고, 그 확장된 세계 속에서 자유로이 헤엄치는 모습이 이 글을 준비하는 내내 상상했던 독자의 모습이다.

이 『논어』 연작을 완간하기까지 실로 많은 이들의 도움을 받았다. 『논어』 연작을 기획하는 데 좋은 대화 파트너가 되어준 주일우 님, 자료 정리부터 교정·교열에 이르기까지 여러 가지 수고로운 작업을 함께 해준 박성운 님과 송지혜 님을 비롯한 조교들, 그리고 사회평론 여러 분들로부터 큰 도움을 받았기에 이 자리를 빌려 감사드린다. 끝으로, 나와 함께 『논어』를 읽었던 학생들을 기억한다.

2025년 가을

김영민

차례

3부 번역을 위한 문형 이해

4부 섬세한 번역을 위하여

서장

『논어』 번역을 비평하다[1]

1

최근까지도 중국에서 새로운 『논어論語』가 발굴되고 있는 실정을 감안하면, 『논어』는 실로 여러 판본이 존재한다. 그중에서 이 책이 대상으로 하는 원전은, 새로이 발견되고 있는 이본異本 『논어』가 아니라, 한대漢代 이후 꾸준히 전승되어 우리에게 익숙한 그 『논어』 텍스트다. 『논어』의 사상적 가치에 대해서는, 논자에 따라 극단적으로 우호적인 평가부터 극단적으로 부정적인 평가에 이르기까지 다양한 입장이 있을 수 있다. 그러나 『논어』가 오랫동안 여러 사람에게 읽히는 과정에서 획득한 역사적 가치에 대해서는 이견이 있기 어렵다. 어쨌거나 『논어』는 꾸준히 한국을 비롯한 동아시아 여러 나라 사람들의 사유를 담는 매개체가 되어왔고, 또 되고 있다.

『논어』를 경유한 사유, 그리고 『논어』에 투사한 사유는 한국 및 동아시아의 역사적 체험을 이해하는 데 중요한 창구다. 바로 이 이유 하나만으로도 한국어 사용자들은 당대의 학술 논의 수준을 충분히 반영한 『논어』 번역본을 가질 필요가 있다. 그리고 그와 같은 결과물은 『논어』 한국어 번역본에 대한 활발한 비평 행위 없이는 성립하기 어렵다.

『논어』는 오랫동안 널리 읽혀온 동아시아의 고전이라는 위상에 걸맞게, 시중에 매우 많은 한국어 번역본이 존재한다.[2] 그럼에도 그 번역본들에 대한 비평이 소략할 뿐 아니라, 소략한 만큼 관련 쟁점들에 대해서도 뚜렷한 합의가 존재하지 않는다. 해가 멀다 하고 『논어』 번역본이 꾸준히 그리고 새로 출간되고 있지만, 대부분의 번역본은 선행 번역에 대한 비평적 논의를 생략하고 있다. 『논어』라는 텍스트를 둘러싼 이와 같은 정황은 서평가 이현우의 「논어, 무엇을 읽어야 하나」라는 글에 잘 드러나 있다.

> 두말할 것도 없이 『논어』는 가장 중요한 동양고전의 하나다. 그 영향력에 있어서 흔히 기독교의 『성경』에 비견될 정도다. 하지만 우리의 경우 『성경』과 다른 건 소위 '정본'이 없다는 점이다. 국내에 나와 있는 『논어』 번역과 주해만 하더라도 수백 종에 달한다고 하니 좀 역설적이기도 하다(현재 시중에 나와 있는 것만 해도 수십 종이다). 여타 고전들과 다르게 『논어』의 경우에는 너무 많이 번역되어 있는 게 문제라고 할까. 거기에 번역본마다 해석이 불일치한 대목들도 적지 않기에 어느 번역본을 읽어야 '읽었다'고 말할 수 있을는지조차 불분명하다.[3]

나는 『논어』 한국어 번역본에 대한 이와 같은 평가에 대체로 동의한다. 그러나 이 책은 『논어』의 한국어 정본 번역 수립을 목표로 하지는 않는다. 『성경』의 경우에는 기독교라는 제도화된 종교의 조직적 필요 때문에 정본 수립이 요청되었을지 모르지만, 『논어』의 경우는 그 사정이 사뭇 다르다. 기독교에 비할 수 있는 형태의 종교 조직이 있는 것도 아닐뿐더러, 학술적 해석의 다양성을 감안할 때 번역본의 다양화는 어느 정도 불가피한 일이다.

따라서 정본 수립보다 시급한 것은 번역본에 대한 비평의 활성화다. 번역비평을 통해 비로소 그간 학계에서 진전되어온 연구 성과를 새로운 번역에 반영할 수 있고, 번역비평을 통해 드러나게 되는 여러 쟁점은 역으로 관련 학술 연구를 추동할 수 있을 것이다. 그런 역동적인 과정을 통해 일반 독자 역시 보다 나은 한국어 『논어』 텍스트를 향유하게 되기를 희망한다.

2

그간 『논어』에 관한 번역비평의 필요에 대해 학계나 문화계의 자각이 없었던 것은 아니다. 조사한 바에 따르면, 『논어』 번역비평을 천명하고 이루어졌던 작업은 적어도 다음 세 가지가 있다.

① 1995년에 성태용이 『철학연구』에 기고한 논문 「기획 번역서평, 논어」[4]

② 2001년에 전호근이 『오늘의 동양사상』에 기고한 논문 「[고전 번역의 현주소] '온고지신溫故知新'과 '술이부작述而不作'의 사이에서 『논어』 번역본에 대한 검토」[5]

③ 2005년에 『교수신문』이 주관한 기획기사 「고전 번역비평_최고 번역본을 찾아서 (1) 공자의 논어論語」

『교수신문』의 '고전 번역비평' 기획은 한국어로 복수의 번역이 존재하는 고전들에 대해 체계적인 번역비평을 제공한다는 야심 찬 시도였다. 특히 독자에게 좀 더 나은 번역본에 대한 지침을 제공하고자 했다는 점에서 큰 기대를 모은 기획이었다고 평가할 수 있다. 그럼에도 불구하고 기획기사가 상재되었을 당시 번역본들에 대한 평가를 여론조사와 유사한 방식에 의존한 점, 평가 기준이 학술적으로 엄밀하지 못하다는 점 등으로 인해 비판받았다.[6]

실제로 같은 번역에 대해 상이한 평가가 존재할 때, 여론조사 형식으로는 그 차이를 해소하기 어렵다. 다수가 특정 번역에 대해 긍정적인 평가를 내렸다고 해서 그것이 반드시 양질의 번역임을 보증하지는 않는다. 어떤 근거에서 특정 번역이 상대적인 장점을 가지고 있는지에 대해 구체적인 논거를 동반한 상세한 토론이 필요하다. 결국 본격적인 고전 번역비평은 언론계의 몫이라기보다는, 시간이 걸리더라도 엄밀한 전거와 논증을 추구하게끔 되어 있는 학계의 몫이라고 할 수 있다.

『교수신문』의 기획보다 앞서 이루어진 성태용과 전호근의 작업이 그러한 학술적 접근의 사례다. 두 작업 모두 철학 연구자들이 동양고전 번역에 대해 비평을 한 경우인데, 각기 1995년까지 출간된 『논어』 번역본 24종과 그 이후 출간된 『논어』 번역본 8종을 다루고 있다. 그러나 두 논문 모두 제한된 분량 안에서 다수의 번역본을 비평하다보니, 불가피하게 각각의 번역본에 대해 간결한 논평을 첨부하고, 이를 뒷받침하는 예를 약간씩 제시하는 형식에서 벗어나지 못하고 있다.[7]

결코 짧지 않은 『논어』 텍스트, 그리고 그것을 번역한 다수의 『논어』 한국어 번역본을 제대로 비평하려면, 단독 저서 (혹은 그 이상의) 공간이 필요하다. 그 속에서 비로소 문법과 관련된 복잡한 분석, 다양한 주석사를 감안한 심도 있는 의미 분석이 가능하다. 그런 점에서 볼 때, 성태용과 전호근의 작업은 선구적인 작업으로서 의미를 가지되, 본격적인 『논어』 한국어 번역의 학술적 비평 작업은 향후의 과제로 남겨졌다고 할 수 있다.

3

그렇다면, 본 『논어』 번역비평은 선행 시도들과 어떤 점에서 다른가? 첫째, 본격적인 『논어』 번역비평을 위해서는 개별 논문 이상의 공간이 필요하다는 문제의식에 따라, 『논어』 한국어 번역본 대다수를 대상으로 저서 규모의 비평 작업을 시도한다. 이것이 곧 존재하는 모든 『논어』 한국어 번역본을 검토한다는 뜻은 물론 아니다. 『논어』 번역본은 지금도 계속 출간되고 있고, 앞으로도 그러할 것이다. 따라서 현 시점에서 목표로 하는 것은 번역본의 전수 조사가 아니라 풍부한 번역비평을 위한 충분한 자료 수집과 정리다.

둘째, 『논어』 텍스트 전체를 비평 대상으로 삼는다고 해서, 꼭 『논어』의 첫 구절부터 순차적으로 검토해나가고자 하는 것은 아니다. 주제별로 쟁점을 정리한 뒤, 그 쟁점별로 번역비평을 수행한다. 이러한 접근법은 『논어』 텍스트에서 중복되어 나타나는 번역상의 문제를 효과적으로 묶어 다룰 수 있다는 장점이 있다. 그뿐 아니라 그렇게 정리된 번역상의 쟁점들은 다른 고전 번역에 응용할 수 있다.

셋째, 비평의 초점이 되는 쟁점을 판별하고 나면, 그 쟁점에 대해 기존『논어』번역자들이 어떤 입장을 취하고 있는지 확인하기 위해,『논어』한국어 번역본들의 해당 구절을 비교 검토한다. 이때 각 번역본들이 해당 쟁점에 대해 취한 입장에 따라 기존 한국어 번역문들을 유형화한다. 수많은 번역본들이 존재하기는 해도, 특정 쟁점에 대해 질적으로 다른 입장을 취하고 있는 번역본들은 의외로 많지 않다. 따라서 기존 한국어 번역문들은 몇몇 유형으로 수렴된다.

넷째, 각 유형별 한국어 번역문들을 지탱하고 있는 문법적인 근거를 구명究明한다. 먼저 기존『논어』번역본들이 한문 문법을 충분히 고려하고 있는지를 확인하고, 그에 따라 해당 구절에 적용된 각기 다른 문법들을 비교한다. 이 과정에서 전문적인 문법 용어 사용은 최소화하고자 했다. 불가피하게 문법 용어를 사용할 때는 초심자들이 상대적으로 익숙한 한국어나 영어의 문법 용어를 사용하되, 꼭 필요한 경우에는 중국어 문법 용어도 일부 사용하였다. 이『논어』번역비평은 한문을 처음 배우고자 하는 사람이 한문 문법을 익히는 도구로도 사용할 수 있게 되기를 기대한다.

다섯째, 각 유형의 번역문들에 적용된 문법을 확인한 뒤에는, 그 의미상의 차이를 토론한다. 즉, 이 책에서 기존 번역본의 문법을 검토하는 것은 단순히 문법상의 정오正誤 여부를 판별하기 위해서가 아니다. 한 걸음 더 나아가, 그 문법의 적용 차이가 어떠한 심오한 의미 차이를 낳는지를 보여주기 위해서다.

여섯째,『논어』한국어 번역본에서 쟁점별로 관련 구절을 추출하여 번역문들을 비교 검토할 뿐, 개별『논어』번역본에 대한 포폄褒貶을 목표로 하지 않는다. 다시 말하면, 개별 구절들에 대한 한국어 번역문들을 비평하는 과정에서 기존 번역본의 특징과 장단점을 논의하는 것은 불가피하지만, 그것은 해당 쟁점을 논의하기 위해 인용된 예문들에 국한할 뿐, 특정 『논어』 번역본 전체에 대한 평가를 내리지는 않는다. 이 점에서 이 책은 양질의 번역본을 선별하겠다는 목표를 내세웠던 『교수신문』의 기획기사와는 다르다. 그럼에도 쟁점별 토론은 독자가 번역본을 선택할 때 일정한 가이드 역할을 할 수 있으리라고 기대한다.

일곱째, 쟁점별로 관련 한국어 번역문들을 모아 비교 검토한다고 해서, 해당 번역문과 나머지 『논어』 번역 전체와의 관계를 고려하지 않는다는 것은 아니다. 번역비평 과정에서 고려할 중요한 기준 가운데 하나는, 『논어』 텍스트 전체에 걸쳐 일관된 번역 원칙이 견지되고 있는가 여부다. 이를테면, (별도의 해명이나 납득할 만한 이유가 없는 한) 같은 의미와 성격을 가진 단어나 문장에 대해서 일관된 번역을 제공하고 있는지 검토할 것이다.

여덟째, 번역의 일관성은, 단순히 같은 번역어를 『논어』 번역본 전체에 걸쳐 사용하고 있느냐 여부에 국한되지 않는다. 번역자가 논어 텍스트에 담긴 비전을 얼마나 일관되게 이해하고 있는지, 그리고 그 이해를 다시 자신의 번역에 어떻게 반영하고 있는지 역시 중요하다. 매슈 레이놀즈Matthew Reynolds가 말했듯이, 번역은 원전에 대한 해석에 불과한 것이 아니라, "그 자체로 해석을 필요로 하는 텍스트"이다.[8] 따라서 이 책은 대상이 되는 『논어』 한국어 번역본들이 심도 있는 해석의 대상이 될 만한 일관성을 구현하고 있는지 검토한다.

아홉째, 번역된 문장이 한국어로서 얼마나 가독성이 있고 유려한지를 검토한다. 일단 국어사전에 등재되지 않은 단어임에도 불구하고 원문의 단어를 그대로 번역에 전용하는 경우는 (그러한 선택에 대한 의식적인 별도의 정당화가 따르지 않는 한) 불완전한 번역으로 간주한다. 그리고 유려한 한국어로 번역되었다고 할지라도, 원문의 문장 구조를 불필요하게 훼손하였을 경우에는 원문으로부터의 불필요한 일탈로 간주한다. 같은 수준의 번역상의 유려함을 구현할 수 있다면, (원문의 구조에서 일탈해야 할 별도의 이유가 있지 않는 한) 번역은 원문의 구조를 더 반영할수록 좋다. 그렇다고 해서 『논어』 한국어 번역본이 한문본 원전에 도달하기 위한 도구적 기능을 하는 데 그치는 것은 아니다. 『꾸란』의 경우 번역본들은 신성한 원본 『꾸란』에 도달하기 위한 보조적 역할을 하는 데 그치지만,[9] 『논어』의 경우 그러한 신성성을 충분히 탈각한 텍스트다. 따라서 『논어』 한국어 번역본은 그 자체로 완결된 텍스트로서, 향후에는 원본만큼이나 해석의 대상이 될 수 있다.

열째, 『논어』에는 전통적인 해석과 언해뿐 아니라, 한·중·일 동아시아 삼국에서 발전해온 풍요로운 주석사, 그리고 20세기 이래 이루어진 다양한 현대적 연구들이 존재한다. 이와 같은 참고체계를 얼마나 숙지하고 번역했는지 여부 역시 중요한 비평의 대상이 된다.

4

이러한 작업을 수행하기 위해 선택한 『논어』 한국어 번역본 목록은 〈표 1〉과 같다. 이 목록은 각 번역본의 질을 위계적으로 평가하기 위하여 만든 것이 아니라, 앞에서 언급한 주제별 비평 작업에 필요한 샘플을 추출하기 위한 모집단을 구성한 것이다.

① 『논어』 전체 번역이 아닌 부분 번역 혹은 발췌 번역은 이 목록에서 제외했다. 『논어』 번역비평의 중요한 기준 가운데 하나가 번역 전체에 얼마나 고도의 일관성이 관철되고 있느냐 여부라고 할 때, 부분 번역이나 발췌 번역은 그와 같은 기준을 적용하기 어렵기 때문이다.

② 번역본이 목표로 하는 특정 독자군의 성향에 부응하기 위하여(이를테면 아동이나 청소년을 대상으로 한다는 명분하에) 학술적 엄격성을 명백하게 포기한 『논어』 번역서 역시 제외했다. 중요한 번역비평 기준의 하나가 관련 학술적 논의를 얼마나 반영하고 있느냐 여부라고 할 때, 학술적 성격을 명시적으로 포기한 번역서에는 그와 같은 기준을 적용하기 어렵기 때문이다.

③ 특정 주석대로 『논어』를 번역하는 것을 목표로 삼는 번역서 역시 논의 대상에서 일단 제외했다. 그러한 번역서들은 번역에 대한 최종 책임이 번역자에게 온전히 귀속된다기보다는, 의거하고 있는 특정 주석에 귀속되기 때문이다. 하지만 그러한 번역서라고 할지라도, 번역자의 판단이 분명히 개입하는 경우에는, 번역비평 대상에 포함했다.

④ 현 시점에서 독자들이 쉽게 접근 가능한 번역본에 국한하여 목록을 작성했다. 더 이상 구하기 어려운 번역본들은 현재적인 의미보다는 역사적 의미의 장으로 그 위상이 바뀌었다고 판단했기 때문이다.

〈표 1〉『논어』 한국어 번역본 목록

No.	역자명	책명	출판사	초판 연도	검토본 출간 연도
1	강동석	논어역보	한국학술정보	2016	2016
2	금장태	우리말 사서	지식과교양(지교)	2013	2013
3	김도련	주주금석 논어 상·하 [전2권]	웅진지식하우스	2015	2015
4	김동인·지정민·여영기 (기획: 이인서원)	세주 완역 논어집주대전 1~4 [전4권]	한울(한울아카데미)	2009/2010 /2011/2013	2015/2010 /2011/2013
5	김영호	논어: 공자와의 대화	산지니	2012	2012
6	김용옥	논어한글역주 1~3 [전3권]	통나무	2008	2014
7	김원중	논어	휴머니스트	2012(글항아리) (개정판 2017, 휴머니스트)	2017
8	김학주	논어(SNUP 동서양의 고전 6)	서울대학교출판문화원	1985 (개정4판 2017)	2017
9	김형찬	논어(동양고전 슬기바다 1)	홍익출판사	1999 (개정판 2005) (신개정판 2015)	2016
10	동양고전연구회	논어(민음사 四書)	민음사	2002 (개정판 2005, 지식산업사)	2016
11	류종목	논어의 문법적 이해	문학과지성사	2000	2016
12	박삼수	쉽고 바르게 읽는 논어	지혜의바다	2014	2014
13	박유리	논어상해	문사철	2013	2013
14	박종연	논어(을유세계사상고전)	을유문화사	2006	2011
15	박헌순	논어집주 1~2 [전2권]	한길사	2008	2015/2010
16	배병삼	한글세대가 본 논어 1~2 [전2권]	문학동네	2002	2017/2015
17	부남철	논어정독	푸른역사	2010	2015
18	성백효	현토완역 논어집주(개정증보판)	한국인문고전연구소	1990 (개정증보판 2005)	2017
19	신정근	공자씨의 유쾌한 논어	사계절	2009	2009
20	신창호	한글 논어(한글 사서 시리즈)	판미동	2014	2014
21	심경호	논어: 심경호 교수의 동양 고전 강의 1~3 [전3권]	민음사	2013	2017/2013/ 2014
22	양차오밍 (역자: 이윤화)	논어전해	학고방	2015	2016

No.	역자명	책명	출판사	초판 연도	검토본 출간 연도
23	유교문화연구소	논어(유교경전번역총서 1)	성균관대학교출판부	2005	2005
24	윤재근	(사람인가를 묻는) 논어 1~2 [전2권]	동학사	2004	2017/2014
25	이강재	논어(e시대의 절대사상 18)	살림	2006	2016
26	이기동	논어강설(사서삼경강설 시리즈 2)	성균관대학교출판부	1991 (제4판 2013)	2017
27	이기석·한백우 (감수: 이가원)	논어(동양고전으로 미래를 읽는다 3)	홍신문화사	1983 (중판 2017)	2017
28	이동희	논어(계명교양총서 4)	계명대학교출판부	1997 (수정판 2008)	2015
29	이상임	논어	경희대학교출판국	2004	2004
30	이우재	이우재의 논어 읽기	21세기북스	2000 (증보판 2013)	2017
31	이을호	한글 논어	한국학술정보	1974(박영사) (복간 2015)	2015
32	이지형	역주 논어고금주 1~5 [전5권]	사암	2010	2016
33	이한우	논어로 논어를 풀다	해냄	2012	2016
34	임동석	논어 1~4(임동석 중국사상 100) [전4권]	동서문화동판 (동서문화사)	2009	2013
35	임옥균	논어 정독(삼양미디어 고전의 향기 2)	삼양미디어	2015	2015
36	장기근	개정신석 논어집주	명문당	2009	2016
37	정태현·이성민	역주 논어주소 1~3 [전3권]	전통문화연구회	2012/2014 /2015	2014/2014/ 2015
38	조명화	논어역평 1~2 [전2권]	현암사	2017	2017
39	차주환	공자의 인생 수업, 논어	을유문화사	2015	2015
40	최근덕	한글 논어	성균관	1995 (증보판 2004)	2004
41	최석기	정선 사서	창비	2016	2016
42	최영갑	논어: 주자의 『논어집주』 1~2 (펭귄클래식 41~42) [전2권]	펭귄클래식코리아 (웅진)	2009	2016
43	한필훈	논어(안티쿠스 Classic 6)	안티쿠스	2012	2012
44	홍승직	처음 읽는 논어(고전 친숙하게 읽기 시리즈 1)	행성B(행성비)	2016	2017
45	황희경	논어(샴발라 총서 5)	시공사	2000	2001

5

이 책은 『논어』 한국어 번역과 관련하여 다양한 문제를 제기하고 그에 대한 대안을 제시하는 것을 목표로 한다. 그러나 그 대안들이 모두 예외 없이 공감을 얻기를 기대하는 것은 비현실적이다. 문제의 제기가 결국 확고한 대안의 제시에 이르지 못할지라도, 제시한 대안이 다수의 동의를 얻지 못할지라도, 그리고 번역비평에 오류가 일부 포함되어 있을지라도 비평 과정을 통해 중요한 쟁점들이 수면 위로 드러나게 될 것이다. 즉, 이 책이 『논어』 번역에 관한 논의를 종식하지는 못할지라도, 필요한 논의를 활성화하는 데 일조할 수 있기를 희망한다.

이 책을 읽는 독자들은 비평 과정에서 제기되는 문제들을 반영한 새로운 『논어』 번역의 가능성 여부에 대해 궁금해할 수도 있을 것이다. 실로 이 책은 새로운 『논어』 한국어 번역을 제공하기 위한 정초 작업이다. 이러한 작업을 한다는 것이 내가 기존 번역자들보다 한문 실력이 낫다는 것을 뜻하지는 않는다. 기존 번역자들과의 주된 차이는, 더 나은 번역을 위해서는 이러한 작업이 필요하다고 생각했다는 사실 자체에 있다.

1부

『논어』와 개념

1

『논어』 제목의 이해와 번역

기존 『논어』 한국어 번역본들은 '논어論語'라는 말을 번역하지 않고 사용하고 있다. 상당수의 한국어 번역본들은 해제나 주석에서조차 '논어'라는 말의 뜻을 풀이하지 않는다. 그러나 '論'과 '語'라는 두 한자의 조합이 구체적으로 한국어 사용자에게 무엇을 뜻하는지는 잘 알려져 있지 않다. 결과적으로 '논어'라는 말은 그 뜻이 이해되기보다는, 특정 책을 가리키는 음성기호로서 기능하고 있다고 할 수 있다. '논어'가 책의 명칭 이외의 다른 용도로 쓰이지는 않고 있기 때문에, 이러한 단어의 쓰임새가 한국어 사용자에게 큰 혼란을 일으키지는 않는다. 따라서 이미 한국어의 일부가 되었다고 할 수 있는 '논어'라는 말을 구태여 번역할 필요가 없을지도 모른다.

그러나 '논어'가 음성기호가 아니라 일정한 뜻을 가지고 있는 말이라는 점에는 이론異論의 여지가 없다. 과연 '논어'라는 말이 가진 뜻은 무엇이며, 번역되어야 한다면 어떻게 번역되는 것이 좋을까? 이 질문에 답하기 위하여 이 글은 먼저 『논어』 한국어 번역본들이 이 사안에 어떻게 접근해왔는지 살펴보고, '논어'라는 제목의 번역을 위해 관련 사료 및 『논어』 본문의 '논論'과 '어語'의 용례를 분석하고자 한다. 이러한 과정을 통해, '논어'라는 책 제목의 대안적인 번역 혹은 풀이에 한 걸음 더 다가갈 수 있기를 희망한다.

1. 한국어 번역본들의 『논어』 제목 이해

실제 사료를 검토해보면 '논어'라는 말의 뜻에 대해서 여러 가지 논의가 존재해왔고, 관련된 쟁점도 많다. 그리고 그러한 쟁점을 뒷받침하는 다양한 사료상의 근거가 존재한다. 이러한 점을 감안할 때, '논어'라는 제목 해석과 관련하여 기존 『논어』 한국어 번역본들을 4종으로 분류할 수 있다.

① '논어'라는 말의 뜻을 아예 풀이하지 않은 번역본
② '논어'라는 말의 뜻풀이를 제시하되, 풀이의 근거는 제시하지 않은 번역본
③ '논어'라는 말의 뜻풀이를 제시하되, 단수의 근거만 제시한 번역본
④ '논어'라는 말의 뜻풀이를 제시하되, 복수의 근거를 제시한 번역본

1) '논어'라는 말의 뜻풀이를 제시하되, 풀이의 근거는 제시하지 않은 번역본

'논어論語'의 글자를 먼저 풀이하면 여러 사람과의 의논을 '논論'이라고 하고, 한 사람이 얘기하는 것을 '어語'라고 한다. 곧 공자와 제자들의 이야기에 공자 자신의 이야기를 합쳐 '논어'로 서명을 삼은 것이다. (강동석 번역본, 9쪽)

그 안에는 공자의 혼잣말을 기록해놓은 것도 있고, 제자의 물음에 공자가 대답한 것, 그리고 제자들끼리 하던 이야기도 있다. 또한 제자 이외에 당대의 정치가들이나 은자隱者들 또는 마을 사람들과 나눈 이야기도 기록되어 있다. 그래서 책 제목이 『논어』가 되었다고 한다. 공자와 그 제자들을 중심으로 하여 '토론한 이야기'라는 의미이다. 또 한편으로는 공자에 관해 남은 기록들을 제자들이 '논의하여 정리한 이야기'라는 의미로 보기도 한다. (김형찬 번역본, 14~15쪽)

공자께서 돌아가신 뒤에 문인門人들이 공자에게 들은 말씀 등을 모아 논찬論纂하였으므로 『논어』라 부른 것이다. (이기동 번역본, 22쪽)

『논어』는 공자가 그의 제자와 당시 사람들에 대해 응답한 내용이나 제자들이 공자에게 들은 가르침을 기록해놓은 소위 대화록 종류의 책이다. 이렇게 기록한 내용을 공자가 죽고 난 뒤 제자들이 서로 의논하여 편찬한 것이라는 뜻에서 『논어』라고 이름을 붙였다('語'는 공자의 말, '論'은 제자의 토론). (이동희 번역본, 213쪽)

『논어』는 제자들이나 제자의 제자들에 의해 '편찬된 (공자의) 어록'이다. 논어의 논論은 편찬 혹은 편집의, 어語는 어록 혹은 언론의 의미이기 때문이다. (황희경 번역본, 10쪽)

위에서 거론한 번역본들이 보여주는 『논어』 제목에 대한 이해는 상당 부분 일치한다. 첫째, '논어'를 이루는 두 글자를 2음절어가 아닌 단음절어의 결합으로 본다. "고대 중국어 어휘는 단음절어 위주여서 보통 한 글자가 하나의 단어"[1]라는 점을 감안할 때, 설득력 있는 견해라고 할 수 있다. 둘째, '語'라는 글자가 갖는 의미에 대해 약간의 차이를 보이지만, 어록을 의미한다는 점에서는 대체로 동의하고 있다. 셋째, '論'이라는 글자가 갖는 의미에 대해서는, '論'이 여러 사람 간의 '논의'를 의미한다는 입장과 어록의 '편찬'을 의미한다는 의견으로 크게 나뉜다.

그런데 앞의 번역본들은 자신들의 해석을 뒷받침하는 구체적인 전거를 제시하지 않았기 때문에, 주장의 타당성을 측정하기 어렵다. 따라서 관련 전거를 제시한 다른 번역본들을 검토하여, 위에서 제기된 해석들의 타당성을 검토해나가기로 하겠다.

2) '논어'라는 말의 뜻풀이에 단수의 근거만 제시한 번역본

『한서漢書』 「예문지藝文志」에 다음과 같은 중요한 언급이 있다. "『논어』라는 것은 공자가 제자나 당시의 사람들의 물음에 응하여 답한 것과, 제자들이 서로 더불어 토론하고 그것을 공부자에게 직접 물어 들은 말들이다. 그 당시 제자들이 각기 그것을 필기하여 두었다. 공부자가 세상을 뜨자 문인들이 서로 모여 그것을 모으고 논찬하였다. 그래서 그것을 일러 "논어"라 한 것이다." … 『논어』라는 서물의 성격과 제목의 의미를 가장 선명하게 밝혀준 문장이라 할 것이다. "논어"의 "어語"는 공자가 그의 제자들이나 당시의 사람들과 대화한 말, 그리고 제자들끼리 토론한 말, 그리고 공자에게 접문接聞한 말이다. "논論"은 "집이논찬輯而論纂"의 뜻으로, 그 말들을 편찬했다는 뜻이다. (김용옥 번역본 I권, 76쪽)

제자들의 기억에 의존해 후대에 발췌하고 편집한 담화집이라는 이야기다. 『한서』 「예문지」를 보면 "스승이 죽자 문인들이 그것을 모아 논의하여 편찬하였으므로 '논어論語'라고 한 것이다"라고 되어 있다. (김원중 번역본, 17쪽)

『한서漢書』 「예문지藝文志」의 설명에 따르면, 『논어』는 공자가 제자나 당시 사람들의 질문에 응답한 말과 제자들이 서로 주고받은 말, 또 제자들이 공자에게 들은 말을 기록한 것인데, 당시 제자들은 각자 그 같은 기록들을 가지고 있다가, 공자께서 돌아가신 뒤에 함께 수집해 논찬論纂(논의하여 편찬함)하였으며, 그래서 『논어』라고 한 것이다. (박삼수 번역본, 543쪽)

『한서漢書』 「예문지藝文志」에는 반고班固의 의견으로 "논어란 공자님과 제자 사이의 대화, 또 당시 사람들에게 응답한 말씀, 제자 서로간의 대화, 그리고 공자님의 말씀 등으로 되어 있고, 제자들이 공자님께서 돌아가신 뒤에 서로의 기록을 모아서 의논해가며 편찬했기 때문에 책이름도 논어이다"라고 기록되어 있다. (최근덕 번역본, 10쪽)

> '논어論語'의 논論은 논찬論纂을 의미하고, 어語는 말씀을 의미한다. 이 어語 자는 공자의 말, 공자가 제자들과 나눈 말, 공자가 당시 사람들과 나눈 말, 제자들의 말, 제자와 제자들의 말, 제자와 당시 사람들의 말, 옛 성현의 말 및 공자의 행동거지를 제자들이 기록해놓은 말 등을 모두 포괄한다. 반고班固의 『한서漢書』「예문지藝文志」에 "『논어』는 공자가 제자 및 당시 사람들에게 응답한 말, 제자들이 서로 한 말, 공자에게 들은 말 등으르 되어 있다. 당시 제자들이 기록해놓았던 것을 공자가 세상을 떠난 뒤 문인門人들이 함께 수집하여 논찬했기 때문에 논어라고 한 것이다"라고 한 데에서 이러한 사실을 확인할 수 있다. (최석기 번역본, 16쪽)

> 반고는 『한서』「예문지」에서 다음과 같이 말하였다. "논어는 공자가 제자들이나 다른 사람들의 질문에 응답한 말과 제자들이 주고받거나 선생님께 직접 들은 말들을 모아놓은 책이다. 당시 제자들이 제 나름대로 각자 적어두었던 것을 선생님이 돌아가신 뒤에 의논하여 편찬하였기 때문에 논어라고 하였다." 논어는 의논하여論 편찬한 말語이라는 뜻이다. (한필훈 번역본, 17~18쪽)

『논어』 제목에 대해 단정적인 주장이나 소개를 하고 있는 이 번역본들의 공통점은, 제목 풀이에 관하여 『한서』「예문지」라는 하나의 사료에 의존하고 있다는 사실이다. 그러나 『한서』「예문지」가 어떤 근거에서 그러한 절대적인 권위를 누려야 하는지에 대해서는 설명을 제시하지 않고 있다. 즉, 이 번역본들에서 다음과 같은 질문들은 해소되지 않는다. 첫째, 과연 『한서』「예문지」가 유일한 참고사료인가? 둘째, 『한서』「예문지」의 정보와 해석은 얼마나 타당한가? 다음 절에서는 이러한 질문들을 제기하고 있는『논어』한국어 번역본들의 견해를 검토한다.

3) '논어'라는 말의 뜻풀이에 복수의 근거를 제시한 번역본

앞에서 거론한 번역본들에 비해 김영호, 김학주, 박종연, 조명화, 이강재, 임동석의 번역본은『논어』제목 풀이와 관련된 복잡한 이슈들을 의식하고 있다. 따라서 이 번역본들은 앞에서 언급한 번역본들에 비해 훨씬 풍부한 사료를 제시한다.[2] 실제로 경학經學 연구들은『논어』제목 해석에 도움이 되는 자료들을 꾸준히 발굴해왔다. 한 가지 사료에 의존하지 말고 그러한 사료들을 폭넓게 검토해야 하는 이유는 논어가 정리된 텍스트로 정착했던 한대漢代에조차도 '논어'라는 말의 의미에 대한 뚜렷한 합의가 존재하지 않았다는 사실에 있다.

우리는 종종 한문을 문어文語로 사용한 전근대인들이 과거 문헌의 기본적인 의미를 충분히 파악하고 있었다고 가정하기 쉬우나, "춘추전국시대에도 언어의 발전과 변화 때문에『상서尙書』,『서경書經』등의 구절은 이미 이해할 수 없었다".[3] 이것은 그 이후에도 마찬가지다. 한漢·당唐시대 지식인들이『논어』의 제목 및 모든 구절의 기본적인 뜻에 대해 명백하게 이해하고 있었다고 가정하기는 어렵다. 명明·청淸시대 지식인들 또한 한·당시대 문장의 뜻을 완벽히 이해할 수 있었다고 가정할 수 없다. 그러니 외국인이었던 조선시대 지식인들이『논어』의 모든 구절의 뜻을 이해하고 있었다고 가정하기도 어려울 것이다. 이들에 비해, 현대에 사는 한국어 사용자는 한문의 세계에서 한층 더 멀어졌다고 할 수 있다. 그렇다면『논어』제목과 문장들의 뜻에 접근할 수 있는 방법은, 관련 사료를 가능한 한 폭넓게 고려하여 그나마 좀 더 나은 이해에 도달하고자 시도하는 것이다.

다음 절에서는 기존 『논어』 한국어 번역본들이 전거로 삼고 있는 사료 및 경학사 연구가 발굴해온 참고자료를 동원하여 '論'과 '語'라는 글자가 의미하는 바를 검토한다.

2. 관련 사료를 통한 해석

1) 論의 해석

① (편찬 과정에서) 의논하다

앞에서 인용한 번역본들에 나와 있듯이, 論을 '(편찬 과정에서) 의논하다'라고 해석하는 경우는 대개 『한서』「예문지」의 전거에 기초하고 있다.

> 論語者, 孔子應答弟子時人, 及弟子相與言而接聞於夫子之語也. 當時弟子各有所記. 夫子旣卒, 門人相與輯而論篹, 故謂之論語. (『漢書』「藝文志」)
>
> 논어라는 것은 공자가 제자 및 당시 사람들에게 응답한 것, 그리고 제자들이 서로 이야기하다가 선생님에게서 직접 들은 말들이다. 당시 제자들은 각자 기록한 내용이 있었다. 선생님이 돌아가시자, 문하의 사람들이 모여 편집하여 논해서 지었기에 그것을 논어라고 부른다.

이러한 『한서』「예문지」의 견해는 『수서隨書』「경적지經籍志」에서도 답습된다.

> 論語者, 孔子弟子所錄. 孔子旣敘六經, 講於洙泗之上, 門徒三千, 達者七十. 其與夫子應答, 及私相講肄, 言合於道, 或書之於紳, 或事之無厭. 仲尼旣沒, 遂緝而論之, 謂之論語. (『隨書』「經籍志」)
>
> 논어는 공자 제자들이 기록한 것이다. 공자가 이미 육경을 기술하고, 수수洙水와 사수泗水 가에서 가르쳤다. 문도가 3,000명, 달통한 자가 70명이었다. 선생님과 제자들의 응답, 그리고 제자들끼리 공부한 내용 중 도道에 들어맞는 것들은, 허리띠에 써놓기도 하고, 싫증내지 않고 받들기도 했다. 공자께서 돌아가신 뒤 그 말들을 모아서 논의했다. 그래서 논어라고 한다.

이처럼 정사正史류 역사서들에 따르면, 우리가 알고 있는 『논어』 텍스트가 성립하기 이전에 제자들이 가지고 있던 자료들이 있었음에 주목한다. 그리고 그 점을 감안하여 論을 편찬 과정에서 논의했다는 뜻으로 해석한다. 『논어』 편집 텍스트가 성립하기 이전에 존재했던 자료들을 암시하는 『논어』 구절로는 다음과 같은 것이 있다. "자장이 그 말씀을 띠에 적어놓았다."(子張書諸紳. 『논어』「위령공衛靈公」6) 중국 남북조시대에 남조南朝 양梁의 태자 소통蕭統(501~531)이 편찬한 시문선집詩文選集인 『문선文選』에서도 정사류 역사서의 해석과 상통하는 자료를 제공한다. "공자가 죽고 나서, 중궁을 따르는 무리들이 선생님의 말을 추적하여 논했으니, 그를 일러 논어라고 한다."(昔仲尼旣歿, 仲弓之徒追論夫子之言, 謂之論語. 『문선』「변명론辯命論」) 여기서 말하는 '추론追論'을, 흩어진 공자의 언명 기록을 모아 편집하는 과정으로 이해할 수 있다. 앞에서 살펴보았듯이, 상당수의 『논어』 한국어 번역본은 이 '논어' 제목 해석을 수용하고 있다. 그러나 이강재 번역본에서는 "그러나 제자들이 스승의 말을 논찬했다는 것에 대해 회의적인 시각이 있고, 또 "논어"가 "논"이나 "어"로 약칭될 때 "논" 역시 공자의 이론이나 말 등의 뜻일 수 있다는 점 때문에 『한서』의 주장에 대해 부정적인 견해도 적지 않다"고 첨언하고 있다.[4]

② 편집하다, 조리를 부여하다

①의 논의가 論을 편집 과정에서 논의하는 행위로 해석하는 것이었다면, 論을 편집 행위 자체를 의미하는 것으로 해석하는 입장도 있다. 이를테면, 청말 민국 초기의 학자 장병린章炳麟(1868~1936)은 다음과 같이 말했다.

> '論는'이라는 글자는 옛날에는 단지 '侖윤'이라고만 썼다. 대나무를 나란히 하여 죽간책을 만들어 각기 순서가 있게 된 것을 일러 '侖'이라고 불렀다. … 논어는 스승과 제자 간의 문답인데, 예전에 들은 바를 소략하게 기록한 것이다. 흩어져 각 조항을 이루는 것을 편집하여 연결시켰으니 이에 논어라고 한다.[5]

이 인용문은 대나무 조각을 꿰어 죽간을 만드는 일을 가리키는 '侖윤'이라는 글자를 활용하여 論을 해석하고 있다. 즉 흩어진 공자의 언명을 마치 죽간을 꿰듯이 편집해내는 과정으로 論을 이해하는 것이다. 이러한 맥락에서 보자면, 論에 '조리를 부여하다'라는 뜻을 부여한 이들이 존재해온 것도 이상한 일이 아니다. 이를테면 한대의 훈고학자 유희劉熙의 『석명釋名』「석전예釋典藝」에서는 論을 조리로 풀고 있다("論, 倫也, 有倫理也"). 이강재는 論과 발음이 유사한 倫윤을 통해 뜻을 풀고자 한 것일 뿐, "『논어』 전체 내용과의 관련성을 고려한 것이 아니어서 신뢰하기 어려운

점이 있다"고 『석명』의 풀이를 평가한다.[6]

그런데 유희의 『석명』은 훈고학적 전통 속에서 그 명맥을 유지해왔다. 서개徐鍇(920~974)의 『설문해자계전說文解字繫傳』에 따르면, "論은 倫이다" 그리고 "길은 달라도 돌아가는 곳은 같으며, 생각이 달라도 하나로 일치한다"는 『주역周易』 「계사繫辭」의 문장을 인용하여 그러한 해석을 뒷받침한다.[7] 단옥재段玉裁(1735~1815)의 『설문해자주說文解字注』 역시 "말이 이치에 따라서 합당함을 얻은 것을 '論'이라고 한다. 그러므로 공자 문하의 제자들의 말을 논어라고 한다"라고 풀이했다.[8]

③ 토론하다

앞에서 김형찬 번역본이 소개한 것처럼 "공자와 그 제자들을 중심으로 하여 '토론한 이야기'라는 의미"로 論語를 해석하는 견해가 있다. 이때 論은 '(語를) 토론한다'는 의미이다. 이에 대한 대표적인 전거는 원나라 학자 하이손何異孫의 『십일경문대十一經問對』이다.

> 물음: "논어란 무엇인가?" 대답: 이것은 공자 문하의 스승과 제자들이 문의文義를 토론한 언어言語이다. 제자가 선생님의 말을 기록한 것도 있고, 선생님이 제자의 물음에 대답한 것도 있고, 제자들이 스스로 묻고 답한 것도 있고, 또 당시 사람들이 서로 말한 것도 있고, 신하가 군주의 물음에 대답한 것도 있고, 스승과 제자가 대부大夫의 물음에 대답한 것도 있다. 그것들은 그리하여 모두 문의를 토론한 것이므로 그것을 논어라고 부른다."[9]

論이 편찬 과정에서의 논의를 말하는 것이 아니라, 편찬 이전에 실제로 일어났던 공자와 제자, 혹은 제자들 간의 토론을 의미한다고 본다는 점에서, 『십일경문대』의 해석은 『한서』 「예문지」의 해석과는 크게 다르다. 그런데 박종연 번역본이 언급했듯이,[10] 이 해석은 후대에 나왔다는 점에서 설득력이 다소 떨어진다고도 볼 수 있다. 그러나 현대학자 천다치陳大齊는 이와 같은 견해에 동의한 바 있고, 이강재 번역본은 이 또한 적절한 해석이라고 수긍하고 있다.[11]

④ 장르로서의 論

'조리를 부여한다'는 뜻을 한층 더 발전시켜 '經경'과 대별되는 하나의 장르로서 論을 해석하는 입장이 있다.

> 성인聖人과 선철先哲이 주신 변치 않는 가르침을 경經이라고 부르고, 경의 이치를 서술하는 것을 논論이라고 한다. 논이란 조리(倫)이다. 조리에 어그러짐이 없으면, 성인의 뜻에 누락된 것이 없다. 옛날에 공자의 은밀한 말을 문인들이 좇아 적었다. 그러므로 그 경전을 우러러 논어論語라고 칭하였다.[12]

여기서 論이란 經의 지위를 자칭하지 않고 겸손의 뜻에서 취한 표현이 된다. 겸손의 필요는, 『논어』가 공자 자신이 저술한 것이 아니라, 제자들이 기억하여 적어놓은 것의 모음이라는 사실에서 온다. 이 해석에 따르면 論이란 經보다 위계상 하위에 놓이는 특정 저작 장르를 의미하게 된다.

⑤ 그 밖에 論에 여러 뜻을 부여한 것

그 밖에 論에 부여될 수 있는 여러 의미들을 정리한 사료들이 있다.

황간皇侃(488~545)의 『논어의소論語義疏』 서문[13]과 형병邢昺(932~1010)의 「논어주소해경서論語注疏解經序」가 이에 해당한다. 이러한 사료들은 원래 있었던 '논어'라는 제목 글자 자체의 뜻을 밝히려 한다기보다, 얼마나 여러 함의를 부여할 수 있는지를 보여주는 설명에 가깝기에 논의를 생략한다.[14]

2) 語의 해석

유희의 『석명』 「석전예」에서는 語를 다소 범박하게 해설하고 있다. "논어는 공자와 뭇 제자들이 발화한 말들을 기록한 것이다"(論語記孔子與諸弟子所語之言也), "語란 이야기한다는 것이다. 자신이 말하고 싶은 것을 이야기하는 것이다"(語敍也, 敘己所欲說也). 그러나 語와 관련해서도 복잡한 논의가 존재하며, 『논어』 텍스트 본문에서도 유희의 범박한 설명보다는 훨씬 구체적인 패턴을 보여준다.

① 특정 장르로서의 語

語를 특정 장르를 지칭하는 말로까지 간주하는 입장이 있을 수 있다. 이를테면 현대학자 추위안邱淵은 『언, 어, 논, 설과 선진 논설문체言語論說與先秦論說文體』에서 『논어』를 그러한 장르에 속하는 문헌으로 분류하고 있다.[15] 즉, 『논어』는 『국어國語』, 『춘추사어春秋事語』 등 語로 끝나는 당시 장르의 일부라는 것이다.

② 메시지가 담긴 중요한 발언으로서의 語

語를 '言'의 부분집합으로 보는 입장이 있다. 『논어』 한국어 번역본

중에서는 조명화 번역본이 그러한 입장을 취하여, 語를 "메시지가 담긴 발언"이라고 규정한다.

> '어(語)'의 뜻은? 고대 중국에서는 말을 '言'이라 하고 메시지가 담긴 발언을 '語'라고 했다. … '語'는 『서』와 『춘추』에 해당하는 것은 아니지만 값어치 있는 메시지가 담긴 기록을 가리키던 이름이었다고 본다. 그렇다면 '논어'는 '공자와 제자들의 값어치 있는 말씀이나 이야기들에 대한 논찬'이라고 새길 수 있을 것이다. (조명화 번역본, 1권, 33쪽)

이러한 조명화의 견해는 어떤 사료에 기반한 것일까? 조명화의 입장과 유사하되 좀 더 정교한 입장을 오규 소라이荻生徂徠(1666~1728)의 『논어징論語徵』에서 찾을 수 있다.[16]

> 무릇 言언 중에서 가르침이 될 만한 것은 모두 語어라고 부른다. (『맹자孟子』에 나오는) "語云어운"이나 (『논어』에 나오는) "請事斯語청사사어"와 같은 부류에서 보인다.[17]

이러한 오규 소라이의 논의는 語의 의미를 추적하는 과정에서 言과의 비교가 유용할 수 있으리라는 점을 시사한다.

③ 대답하여 설명하다

황간은 『논어의소』의 서문에서 語를 문제가 되는 것에 답하는 것이라고 해석했다.[18] 『시경詩經』 「대아大雅」 '공류公劉'에는 "于時言言, 于時語語"라는 구절이 나오는데, 이에 대해 『시경』 「모전毛傳」은 다음과 같이 주석을 달았다. "곧바로 말하는 것을 '언'이라고 부르고, 논하여 비판하는 것은 '어'라고 한다."(直言曰言, 論難曰語) 이 역시 語를 황간과 유사한 취지로 풀이한 것이다. 그 밖에 유사한 예로는 『주례周禮』「춘관종백春官宗伯」'대사악大司樂'의 정현鄭玄(127~200)의 주에서 "시작하는 말을 '언'이라 하고, 대답하여 설명하는 것을 '어'라 한다"(發端曰言, 答述曰語)라고 풀이한 것이 있다.[19]

이러한 입장에 대한 반론도 적지 않다. 위에서 언급한 『시경』「모전」에 대한 공영달孔穎達의 소疏에서는 "대구를 이루는 문장이므로 구별한 것이다. (대구를 만들지 않고) 각기 썼다면, '언'과 '어'는 서로 통한다"(對文故別耳, 散則言語通也)라고 말하였다. 즉 言과 語는 상통하니 위와 같이 구별하는 것은 대구 이상의 의미는 없다는 것이다. 현대학자 장사오위蔣紹愚는 공영달의 의견을 받아들여 論과 語에 의미상 차이가 없다고 보고 있다.[20] 그리고 『맹자』「양혜왕하梁惠王下」에 나오는 "왕께서 저에게 음악을 좋아한다고 말씀하셨는데, 저는 (아직 제대로) 대답할 수 없었습니다"(王語暴以好樂, 暴未有以對也) 같은 언명은 고대 중국에서 語가 대답이 아니라 대답을 요청하는 말로도 사용되고 있음을 보여준다.

그렇다면 『논어』 텍스트에서는 사정이 어떠한가? 현대학자 천다치는 『공자학설孔子學說』에서, 『논어』 텍스트의 용례를 살펴볼 때 '語'자는 질문에 대한 대답에만 국한되지 않기 때문에, '다른 사람에게 말하다'라고 해석하는 것이 옳다고 주장한다.[21] 천다치의 경우는, 현존하는 사료에 근거해서 '논어'의 의미를 확정하기 어려울 때, 『논어』 텍스트의 용례를 살펴봄에 따라 좀 더 정확한 해석을 기대할 수 있음을 시사한다. 그러면 다음에서는 『논어』 텍스트에서 論과 語가 어떻게 사용되었는지를 살펴보기로 하자.

3.『논어』 텍스트에서 살펴본 論과 語의 의미

1)『논어』 텍스트에서 論의 의미

論의 경우『논어』 텍스트에는 다음 두 가지 용례가 있다.

> ① 論篤是與, 君子者乎, 色莊者乎. (『論語』「先進」21)
>
> 논의가 진중하다고 인정한다면, 군자라는 것인가? 겉모습만 장엄한 사람이라는 것인가?
>
> ② 爲命, 裨諶草創之, 世叔討論之, 行人子羽修飾之, 東里子產潤色之. (『論語』「憲問」8)
>
> [정나라에서] 외교문서를 작성할 때, 비침裨諶이 초안을 만들고, 세숙世叔이 치열하게 따지고, 사신 업무를 담당하는 자우子羽가 첨삭하고, 동리에 사는 자산子產이 윤색하였다.

『논어』「선진先進」21에 나오는 문장 ①에서 論이 언술행위를 가리킨다는 점에 대해서는 주석가들 사이에서 거의 이견이 없다. 즉 이 문장은 어떤 이의 언술이 진중한 것이 당연히 나쁘지는 않은데, 과연 그것을 근거로 그 사람의 성품에 대해 보다 심층적인 결론을 내릴 수 있는지 여부를 묻고 있다. 이 문장에서 흥미로운 것은 그 언술이 고독하게 이루어지는 행동이나 저술이라기보다는, 그것을 듣거나 바라보는 청중을 전제하고 있다는 점이다. "겉모습만 장엄한 사람이라는 것인가?"와 같은 반문이 바로 그러한 점을 시사한다. 그러나 그 언술이 청중에게 직접 베풀어지는 것인지, 아니면 청중은 관찰자 역할에 머물고 있는지는 분명하지 않다.

『논어』「헌문憲問」8에 나오는 문장 ②에서 언급하고 있는 네 사람은 모두 정鄭나라의 대부이며, 외교문서 작성에 관계하고 있는 사람들이다. 초창草創, 토론討論, 수식修飾, 윤색潤色은 그들이 외교문서를 만드는 과정과 단계를 나타낸다. 즉 論은 외교문서를 만드는 과정에 개재되는 특정한 행동인 것이다. 그런데 여기 나오는 토론, 윤색, 수식은 모두 오늘날에도 사용되고 있는 단어임에도 불구하고, 그 뜻까지 오늘날과 같다고 할 수는 없다. 이를테면 오늘날 수식은 대개 꾸밈을 더하는 것으로 이해되지만, 주희朱熹(1130~1200)의 주에 따르면, 수식은 더하는 것뿐 아니라 더는 것까지 의미한다. 그리고 주희는 '토討'를 살펴 따지다는 의미로 풀고, '논論'을 강론하다는 의미로 풀고 있다.[22] 오규 소라이에 따르면, 수식은 문서를 결정하고 완성해가는 행위이며, 윤색은 완성 이후에 꾸미는 행위이다. 다만 토론은 주희와 달리 깊이 살펴 따짐(심토尋討)의 의미가 아니라 논박한다는 의미로 보았다.[23]

2)『논어』 텍스트에서 言의 의미

청위안민程元敏은『논어』 텍스트에서 言은 論에 비해 훨씬 자주 쓰였다고 지적하고 있지만, 그 패턴에 대해서는 논의하지 않는다.[24] 그러나 言과 語를 비교해보면, 語의 용례에서 일정한 패턴을 발견할 수 있다. 다음은『논어』 텍스트에서 言과 語가 서로 대조적인 독특한 패턴을 형성하고 있음을 보여주고자 한다.

① 청자를 확정하지 않은 일반적인 언술(행위)을 지칭할 때 言을 사용

『논어』 텍스트에서 다음 문장들은 言이 일관성 있게 사용되고 있음을 보여준다. 이 예문들은 言이 언술행위를 지칭하되, 그 언술행위가 목표로 하는 청자audience를 목전에서 확정하지 않고 있음을 나타낸다.

巧言. (『論語』「學而」 3)

말을 교묘하게 하다.

孔子於鄕黨, 恂恂如也, 似不能言者. 其在宗廟朝廷, 便便言. (『論語』「鄕黨」 1)

선생님께서는 지역에서는 신실한 모습을 보이시며 마치 말을 할 줄 모르는 사람 같았다. 종묘宗廟와 조정朝廷에서는 말을 유려하게 잘하셨다.

不疾言. (『論語』「鄕黨」 26)

말씀을 빨리 하지 않으셨다.

才不才, 亦各言其子也. (『論語』「先進」 8)

재능이 있든 없든 역시 각자 자기 자식에 대해 말하기 마련이다.

夫人不言, 言必有中. (『論語』「先進」 14)

저 사람은 말은 잘하지 않지만, 말을 하면 반드시 딱 들어맞는다.

仁者, 其言也訒. (『論語』「顔淵」 3)

인仁한 사람은 말을 함부로 하지 않는다.

片言可以折獄者, 其由也與. (『論語』「顔淵」 12)

몇 마디 말로 옥사獄事를 판결해낼 사람은 아마 유由(자로)일 것이다.

察言而觀色. (『論語』「顔淵」 20)

말을 헤아리고, 안색을 살핀다.

富哉, 言乎. (『論語』「顔淵」 22)

풍부하구나, 그 말씀은!

名不正, 則言不順, 言不順, 則事不成. … 故君子名之必可言也, 言之必可行也. 君子於其言, 無所苟而已矣. (『論語』「子路」 3)

이름이 바르지 않으면, 말이 순조롭지 못하다. 말이 순조롭지 못하면, 일이 이루어지지 않는다. … 그러므로 군자가 이름을 사용하면 반드시 그에 대해 말할 수 있어야 하고, 그에 대해 말을 하면, 반드시 그에 대해 행할 수 있어야 한다. 군자는 자신의 말에 대해 구차함이 없을 따름이다.

誠哉, 是言也. (『論語』「子路」 11)

진실이로구나, 이 말은!

一言而可以興邦, 有諸. (『論語』「子路」 15)

말 한마디로 나라를 흥하게 할 수 있다던데, 실제로 그런 경우가 있습니까?

言必信. (『論語』「子路」 20)

말은 꼭 미더워야 한다.

邦有道, 危言危行, 邦無道, 危行言孫. (『論語』「憲問」 3)

나라에 도道가 있으면, 말과 행동을 딱 부러지게 하고, 나라에 도道가 없으면, 행동은 딱 부러지게 하되 말은 겸손하게 하라.

有德者必有言, 有言者不必有德. (『論語』「憲問」 4)

덕德 있는 사람은 반드시 말할 거리가 있지만, 말할 거리가 있는 사람이라고 해서 반드시 덕德이 있는 것은 아니다.

沒齒無怨言. (『論語』「憲問」 9)

죽을 때까지 원망하는 말이 없었다.

不忘平生之言. (『論語』「憲問」 12)

전에 했던 말을 잊지 않는다.

夫子不言, 不笑, 不取乎. (『論語』「憲問」 13)

그분은 말씀도 하지 않고 웃지도 않고 취하지도 않습니까?

夫子時然後言, 人不厭其言. (『論語』「憲問」13)

그분은 때가 적절한 경우에야 말씀하시므로 사람들이 그의 말을 싫어하지 않는다.

君子恥其言而過其行. (『論語』「憲問」27)

군자는 말은 모자란 듯하게 하고 행동은 남음이 있게 한다.

其次辟言. (『論語』「憲問」37)

그다음은 말을 [듣고] 피한다.

言忠信. (『論語』「衛靈公」6)

말이 충성스럽고 미덥다.

羣居終日, 言不及義. (『論語』「衛靈公」17)

여럿이 함께 하루 종일 시간을 보내면서, 논의가 올바름에 미치지 못하다.

君子不以言擧人, 不以人廢言. (『論語』「衛靈公」23)

군자는 말만 가지고 사람을 등용하지 않고, 또 사람만 보고서 그의 말을 무시하지도 않는다.

有一言而可以終身行之者乎. (『論語』「衛靈公」24)

한마디 말인데도 평생토록 실천할 만한 것이 있습니까?

孔子曰, 侍於君子有三愆. 言未及之而言謂之躁, 言及之而不言謂之隱, 未見顔色而言謂之瞽. (『論語』「季氏」6)

선생님께서 말씀하셨다. "군자를 모실 때 세 가지 허물이 있다. 말할 때가 아닌데 말하는 것을 '조급하다'라고 하고, 말할 때가 되었는데도 말하지 않는 것을 '숨긴다'라고 하며, 안색을 살피지 않고 말하는 것을 '눈치 없다'라고 한다."

小人不知天命而不畏也, 狎大人, 侮聖人之言. (『論語』「季氏」8)

소인은 천명을 알지 못하여 경외하지 않고, 대인에게 버릇없이 굴고, 성인의 말씀을 업신여긴다.

言思忠. (『論語』「季氏」10)

말할 때는 충성을 생각해야 한다.

不學詩, 無以言. (『論語』「季氏」13)

시詩를 배우지 않으면 말할 수 없다.

子曰, 予欲無言. 子貢曰, 子如不言, 則小子何述焉. 子曰, 天何言哉. (『論語』「陽貨」19)

선생님께서 말씀하셨다. "나는 말을 하지 않고자 한다." 자공子貢이 말하였다. "선생님께서 말을 하지 않으시면, 저희들은 무엇을 받아 전한단 말입니까?" 선생님께서 말씀하셨다. "하늘이 무엇을 말하더냐?"

言中倫. (『論語』「微子」8)

말이 도리에 들어맞다.

君子有三變. 望之儼然, 卽之也溫, 聽其言也厲. (『論語』「子張」9)

군자에게는 [그 모습이] 세 가지 변화가 있다. 바라보면 엄연하고, 다가가면 온화하고, 말을 들어보면 엄격하다.

君子一言以爲知, 一言以爲不知, 言不可不愼也. (『論語』「子張」25)

군자는 한마디 말로 지혜롭다고 여겨지기도 하고, 한마디 말로 지혜롭지 않다고 여겨지기도 하니 말은 신중하지 않을 수 없소.

② 발언을 인용할 때 言을 사용

다음 예문들은 발언을 인용할 때 言을 사용하고 있음을 보여준다. 인용이라는 행위의 특성상, 그 인용 대상이 되는 발화자는 현장에 없는 경우가 많고, 따라서 그 원래 발화의 청자 역시 현장에서 특정되지 않는다.

曾子言曰. (『論語』「泰伯」4)

증자曾子가 말하였다.

其言似不足者. (『論語』「鄕黨」4)

말은 마치 부족한 듯 아끼셨다.

人不間於其父母昆弟之言. (『論語』「先進」5)

그(민자건)의 부모 형제가 하는 이런 말에 사람들이 이의를 제기하지 않는다.

夫三子者之言何如. 子曰, 亦各言其志也已矣. (『論語』「先進」26)

"저 세 사람의 말은 어떻습니까?" 선생님께서 말씀하셨다. "각자 자기 뜻을 말했을 뿐이다."

人之言曰, 爲君難, 爲臣不易. 如知爲君之難也, 不幾乎一言而興邦乎. (『論語』「子路」15)

사람들 말에 '군주 노릇 하기도 어렵고 신하 노릇 하기도 쉽지 않다'고 합니다. 군주 노릇 하기 어려움을 제대로 안다면, 대략 한마디 말로 나라를 흥하게 하는 경우가 아닐까요?

南人有言曰. (『論語』「子路」22)

남방 사람들이 말한 바 있다.

其言之不怍. (『論語』「憲問」20)

그 말하는 것을 부끄러워하지 않다.

周任有言曰. (『論語』「季氏」1)

주임周任은 이렇게 말한 바 있다.

且爾言過矣. (『論語』「季氏」1)

게다가 네 말은 잘못되었다.

③ 청중이나 대화 상대를 특정하는 언술을 지칭할 때 言을 사용

그렇다고 해서 言이 청자나 대화 상대를 동반할 수 없는 것은 아니다. 그런데 言이 청자를 특정할 경우에는 더불어(與)라는 단어를 동반한다.

互鄉難與言, 童子見. (『論語』「述而」29)
호향互鄉 지역에 더불어 말하기 어려운 아이가 있었다.

與上大夫言. (『論語』「鄉黨」2)
상대부와 말씀하실 때.

可與言而不與之言, 失人. (『論語』「衛靈公」8)
더불어 말할 만한데도 더불어 말하지 않으면 사람을 잃는다.

與師言之道與. (『論語』「衛靈公」42)
악사와 더불어 말하는 도道입니까?

予與爾言. (『論語』「陽貨」1)
내 그대와 할 말이 있소.

孔子下, 欲與之言. 趨而辟之, 不得與之言. (『論語』「微子」5)
공자가 내려와 그와 이야기를 나누어보려고 하였지만, 빠른 걸음으로 피해버려 이야기를 나눌 수 없었다.

3) 『논어』 텍스트에서 語의 의미

① 語는 청자를 확정함

言에 비해서 語는 압도적으로 청자를 확정하는 문장 속에서 쓰인다. 이 경우 '語+청자+목적어'의 형태를 취한다.

子語魯大師樂. (『論語』「八佾」23)
선생님께서 노나라 음악을 총괄하는 관리에게 음악에 대해 말씀하셨다.

語之而不惰者, 其回也與. (『論語』「子罕」 20)

일러주면 게을리하지 않는 사람은 아마 회回(안회)일 것이다.

葉公語孔子曰. (『論語』「子路」 18)

섭공葉公이 공자에게 말하였다.

叔孫武叔語大夫於朝曰.(『論語』「子張」 23)

숙손무숙叔孫武叔이 조정에서 대부들에게 말하였다.

청자의 확정 여부로 言과 語가 구별될 수 있다는 사실은, 言과 語를 모두 사용하고 있는 다음 문장에서 보다 분명하다.

食不語, 寢不言. (『論語』「鄕黨」 10)

식사하실 때 [다른 사람과] 말하지 않으셨고, 주무실 때 [아무것도] 말하지 않으셨다.

言과 語가 갖는 차이를 감안한다면, 마지막 인용 문장은 "식사하실 때 [다른 사람과] 말하지 않으셨고, 주무실 때 [아무것도] 말하지 않으셨다"고 풀이할 수 있다.

② 가르침을 지칭할 때 語를 사용

語가 보통의 발화를 지칭하는 것이 아니라 가르침의 발화를 지칭한다는 사실은 『논어』「안연顔淵」 1에 거듭 나오는 "請事斯語矣"(이 말씀을 받들고자 합니다)라는 표현에서 확인할 수 있다. 그리고 이 경우 역시 청자를 분명히 전제한 가르침이다. 다음은 그 예이다.

非禮勿視, … 顔淵曰, 回雖不敏, 請事斯語矣. (『論語』「顔淵」1)

"예禮가 아니면 보지 말고…." 안연顔淵이 말하였다. "제가 비록 노력이 부족하기는 하나 이 말씀을 받들고자 합니다."

雍雖不敏, 請事斯語矣. (『論語』「顔淵」2)

"제가 비록 노력이 부족하기는 하나 이 말씀을 받들고자 합니다."

語가 존경의 뜻을 가진 '가르침'에 해당하므로 공자 스스로 자신의 말을 지칭할 때는 語를 사용하지 않는다. 다음은 그 예이다.

於吾言, 無所不說. (『論語』「先進」4)

나의 말에 기뻐하지 않는 것이 없다.

子曰, 二三子, 偃之言是也. 前言戯之耳. (『論語』「陽貨」4)

선생님께서 말씀하셨다. "제자들아, 언偃(자유의 이름)의 말이 맞다. 아까 한 말은 농담이었다."

子曰, 然, 有是言也. (『論語』「陽貨」7)

선생님께서 말씀하셨다. "그렇다. 이런 말이 있네."

가르침이라는 표현은 아무래도 제자들이 공자의 말을 지칭할 때 사용하는 경우가 많지만, 공자 역시 (자신의 말이 아닌) '가르침'이라고 부를 만한 고매한 발언에 대해서 言이 아니라 語를 사용했다. 다음은 그 예이다.

孔子曰, 見善如不及, 見不善如探湯. 吾見其人矣, 吾聞其語矣. 隱居以求其志, 行義以達其道. 吾聞其語矣, 未見其人也. (『論語』「季氏」11)

선생님께서 말씀하셨다. "'선한 일을 보면, 그에 미치지 못하는 것처럼 [노력하고], 선하지 않은 일을 보면 끓는 물에 손을 집어넣은 것처럼 [피한다]' 하는데, 나는 그런 사람을 보기도 하였고 그런 말을 듣기도 하였다. '은거함으로써 그 뜻을 추구하고, 올바름을 실천함으로써 그 도道를 실현한다'는 말은 들어보았으나 그런 사람은 아직 보지 못하였다."

이와 같은 語의 의미를 감안한다면, "中人以上, 可以語上也, 中人以下, 不可以語上也"(『논어』「옹야雍也」21) 같은 문장도, "중간 이상의 사람은 높은 차원에 대해 말해줄 수 있고, 중간 이하의 사람은 높은 차원에 대해 말해줄 수 없다"라고 번역하는 것보다 "중간 이상의 사람은 높은 차원에 대해 가르쳐줄 수 있고, 중간 이하의 사람은 높은 차원에 대해 가르쳐줄 수 없다"라고 번역하는 것이 좀 더 친절하다. 이 문장에서 문제 삼고 있는 것은 단순히 말하느냐 마느냐가 아니라 가르칠 것이냐 말 것이냐의 문제이기 때문이다. 그리고 그 점은 語의 용례를 숙지함으로써 더욱 분명해진다.

마찬가지 맥락에서 "子不語怪力亂神"(『논어』「술이述而」21) 같은 문장도 "선생님은 괴이한 힘과 어지러운 귀신에 대해 말하지 않으셨다"라고 번역하는 것보다 "선생님은 괴이한 힘과 어지러운 귀신에 대해 가르치지 않으셨다"라고 번역하는 것이 좀 더 친절하다. 이 문장에서 문제 삼고 있는 것은, 괴이한 힘과 어지러운 귀신에 대해 어떤 언급도 하지 않았느냐가 아니라, 그것들을 가르쳤느냐 여부의 문제이기 때문이다. 실제로 『논어』「옹야」22에서 "子曰, 務民之義, 敬鬼神而遠之, 可謂知矣"(선생님께서 말씀하셨다. "피치자에 관련하여 올바름에 힘쓰고, 귀신을 공경하되 거리를 두면 '안다'고 할 수 있다.")라고 공자는 귀신에 대해 언급하고 있다. 「술이」21의 저 문장을 단순히 해당 사안에 대한 언급 여부로 해석한다면,

일단 「옹야」 22의 내용과 충돌한다. 그리고 그 점은 語의 용례를 숙지함으로써 더욱 분명해진다. 이 점을 의식한 오규 소라이는 "子不語怪力亂神"에서 "不語"는 말하지 않았다는 뜻이 아니라 가르치지 않았다는 뜻임을 명백히 한다.[26]

이상에서 기존 『논어』 한국어 번역본들이 '논어'라는 제목을 과연 어떻게 해석하고 있는지, 그리고 그 해석과 관련된 쟁점으로는 어떤 것들이 있는지, 그 쟁점들에 대해 관련 사료들은 어떤 전거를 제시하고 있는지, 『논어』 텍스트 본문은 쟁점과 관련하여 어떤 시사점을 주는지 등을 살펴보았다.

이를 통해 『논어』의 제목을 해석하기 위해서는 매우 복합적인 논의가 필요함을 알 수 있다. 합의를 쉽게 이루기 어려울 만큼 여러 쟁점이 얽혀 있으므로, 단 하나의 해석을 권위적으로 제시하기보다는 여러 가지 경쟁하는 해석을 제시하고 그중에서 어떤 해석이 상대적인 우위를 갖는지를 밝히는 것이 바람직하다.

관련 사료의 검토 결과, '논어'라는 제목이 최초로 부여된 시기라고 추정되는 한대에 이미 『논어』 제목에 대한 합의가 있었다고 보기 어렵다. 그리고 한대 이후에도 지속적으로 제목에 대한 새로운 의견이 제시되는 정황을 확인할 수 있다. 역대 주석가들이 새로운 의견을 제시할 때, 그들은 과거 특정 시기에 부여된 뜻에 집착하기보다는 자기들 나름대로 파악한 『논어』 본문 내용에 근거하여 제목에 대한 해석을 제공하였다.

이처럼 『논어』 제목에 대한 합의가 결여되어왔다는 인식하에, 우리도 마찬가지로 『논어』 제목에 대해 역사적 접근을 시도할 수 있다. 하지만 그렇다고 해서 우리가 『논어』 제목에 자의적으로 의미를 부여할 수 있다는 것은 아니다. 우리 나름대로 『논어』 본문의 용례를 이해하고 그에 기반하여 '논어'라는 말뜻을 정의해볼 수 있다는 것이다.

이 글 후반부에서 『논어』 본문의 용례를 추적해본 결과, 論이 쓰인 경우는 매우 적고, 그 적은 수의 용례마저도 과연 論을 편집의 의미로 사용했는지, 토론의 의미로 사용했는지, 조리를 부여한다는 뜻으로 사용했는지 확정하기 어렵다. 반면 『논어』 본문에서 語의 용례는 두 가지 점을 좀 더 분명히 알려준다. 첫째, 語는 지향 없는 발화가 아니라 특정 청자를 분명히 지향하고 있는 발화라는 점, 둘째, 語는 같은 위계에 있는 사람들끼리의 일상적인 대화가 아니라 (선생의) 가르침이라는 의미를 갖는다는 점이다.

이처럼 『논어』에서 論과 語의 용례 이해는, 『논어』 본문 해석에 관하여 중요한 시사점을 제공한다. 첫째, 『논어』 텍스트는 선생의 발언으로서, 그에 따른 일정한 권위를 전제하고 있다는 점. 둘째, (청자가 명시되어 있지 않을 때라도) 공자의 발화는 대개 특정한 청자를 전제로 이루어졌을 가능성이 높다는 점. 요컨대, 선생의 권위를 전제하지 않고서는, 그리고 청자를 재구성하지 않고서는 『논어』를 해석하기 어렵다. 이 두 가지 점은 『논어』 제목 번역에도 반영되어야 하지 않을까? 따라서 나는 선생의 권위와 청자의 존재를 모두 살리는 한국어 제목 번역으로서 '논어, 선생이 당신에게 하는 말'이 적절하다고 생각한다.

2

『논어』 첫 문장의 이해와 번역: 목적어와 청중

子曰, 學而時習之, 不亦說乎. (『論語』「學而」1)

선생님께서 말씀하셨다. "배우고 때로 익히면, 참으로 기쁘지 아니한가?"

『논어』의 문장을 만족스럽게 번역하기 위해 고려해야 할 문제들은 어떤 것들이 있고, 그 문제를 해결하기 위해서는 어떤 접근법이 필요할까? 모든 문장에 적용 가능한 일관된 공리를 도출하는 것은 어렵겠지만, 이 글에서는 고대 중국어와 『논어』 텍스트의 특성을 감안하여 적어도 다음 두 가지 사안에 대한 고려가 이루어져야 함을 천명하고자 한다.

첫째, 문장 제반 성분의 재구성이다. 고대 중국어는 종종 문장성분을 생략한다.[1] 그런데 그것이 곧 화자나 청자가 생략된 문장의 구성요소에 대해 모르고 있다는 것을 의미하지는 않는다. 암묵적 합의가 있기에, 그들은 문장성분의 생략에도 불구하고 의사소통을 할 수 있다. 그러한 암묵적 합의로부터 멀어져 있는 오늘날의 독자는 그 문장의 뜻을 온전히 이해하기 위해 생략된 문장성분들을 재구성해야 한다.

둘째, 1장(『논어』 제목의 이해와 번역)에서 천명한 바 있듯이, 『논어』는 홀로 방에서 고독하게 써내려간 잠언집이나 수상록이 아니다. 『논어』는 일정한 청중을 앞에다 두고 한 발화 기록이기에, 해당 문장의 청중이 누구였는지를 가능한 한 재구성해야 그 문장의 의미가 명료해진다. 하지만 이것이 곧 『논어』가 당시 발화를 있는 그대로 채록했다는 것을 의미하지는 않는다. 그러나 가정되고 있는 청중을 재구성하지 않거나 다른 청중을 가정할 경우, 원래 의도와는 다른 의미가 발생할 수 있다.

이제 『논어』 첫 문장을 예시로 삼아 이 두 가지 사안에 대해 좀 더 구체적으로 살펴보기로 하자.

1. 문장성분의 재구성

본 번역비평이 대상으로 하고 있는 『논어』 한국어 번역본들은 『논어』 첫 구절에 나오는 學학이라는 단어를 '배우다'로 번역하고 있다. 그처럼 學을 '배우다'로 번역하는 것은 이론의 여지가 없을 정도로 타당한 번역이지만, 우리가 현대 한국어로 '배우다'라고 할 때 갖는 의미와 『논어』 텍스트의 學의 의미가 충분히 일치하는지에 대해서는 논란의 여지가 있을 수 있다. 그 논란의 여지를 분명히 하기 위해 "子曰, 學而時習之, 不亦說乎"(『논어』「학이」1)에서 생략된 문장성분을 재구성해보자.

"배우고 때로 익히면, 참으로 기쁘지 아니한가?" 이 문장의 경우 과연 '무엇을' 배우는지를 나타내는 목적어가 생략되어 있다. 공자가 저 말을 할 때, 모든 종류의 배움을 그 대상으로 삼고 있는가, 아니면 암묵적으로 전제되어 있는 특정 종류의 배움에 관해서간 즐거움을 논하고 있는가? 이 질문에 답하기 위해서는 가능한 한 學의 목적어를 복원해보아야 한다. 그리고 그 복원한 목적어를 괄호를 사용해서 표시해주면 문장의 뜻이 좀 더 잘 전달될 것이다. 그러면 이 사안에 더해 기존 한국어 번역본들은 어떤 태도를 취하고 있는지 살펴보자.

한국어 번역본들 대부분은 '배우다'의 목적어를 재구성하지 않고 있다. 그러나 몇몇 예외가 있다. 다음 두 번역본은 '무엇'이라는 말을 넣음으로써 이 문장에 암묵적인 목적어가 존재함을 분명히 하고 있다.

> **류종목 번역본** 무언가를 배우고 때맞추어 그것을 복습한다면 역시 기쁘지 않겠느냐? (16쪽)
>
> **홍승직 번역본** 뭔가를 배우고 시간 날 때마다 복습하면 또한 기쁘지 않겠는가! (14쪽)

"무언가" 혹은 "뭔가"라는 말은 목적어의 존재를 환기해주는 장점이 있다. 그러나 그 목적어의 범위를 확정하지 않기 때문에 『논어』 첫 구절에서 學의 목적어는 무엇이든 가능하다는 함의를 전달하기 십상이다. 반면, 다음 번역본들은 學의 목적어에 대해 분명한 제한을 가하고 있다.

> **신창호 번역본** 삶에 필요한 기예를 배우고 익혀라. 그것만큼 기쁜 일이 어디 있겠는가! (81쪽)

양차도밍 번역본 만일 나의 학설을 시대 혹은 사회에 받아들인다면 어찌 기쁘지 않겠는가? (2쪽)

이동희 번역본 새로운 것을 배우고 그것을 때때로 익히면 마음이 기쁘지 않겠느냐? (17쪽)

이한우 번역본 (문을) 배워서 그것을 늘 쉬지 않고 (몸에) 익히면 진실로 기쁘지 않겠는가? (21쪽)

이 번역본들은 서로 화해하기 어려운 다른 목적어들(삶에 필요한 기예, 나의 학설, 새로운 것, 문)을 제시하고 있다. 따라서 해당 예문들은 타당한 번역이 될 수 없다. 그렇다면 과연 『논어』 본문에서 위의 각 번역들을 지지할 만한 근거를 찾을 수 있을까? 『논어』 본문에서는 (화자와 청자 간에 學의 목적어의 범위에 대해 암묵적인 합의가 있으므로) 목적어를 명시하지 않고 '배우다'라고 말한 예가 많이 있다. 동시에, 맥락상 學의 목적어를 명시할 필요를 느끼고 제시한 경우 역시 적지 않다. 후자의 예들은 學의 목적어의 범위에 대해 유의미한 가이드라인을 제공해줄 것이다. 그 가이드라인에 의지하여 위 예문들의 목적어 재구성이 얼마나 타당한지를 검토해보자.

1) 『논어』 본문에서 學이라는 동사의 목적어를 명시한 경우

加我數年, 五十以學易, 可以無大過矣. (『論語』「述而」 17)

나에게 몇 년 더 [나이를] 보태주어 5년이나 10년 『주역周易』을 배운다면, 큰 잘못은 없을 텐데.

何必讀書, 然後爲學. (『論語』「先進」25)

어째서 꼭 『서書』(후대의 『서경』)를 읽은 뒤이라야 배웠다고 하겠습니까?

樊遲請學稼. 子曰, 吾不如老農. 請學爲圃. 曰, 吾不如老圃. (『論語』「子路」4)

번지樊遲가 농사짓는 일을 배우기를 청하였다. 선생님께서 말씀하셨다. "나는 늙은 농부만 못하다." 번지가 채소밭 가꾸는 일을 배우기를 청하였다. 선생님께서 말씀하셨다. "나는 늙은 채소 농사꾼만 못하다."

軍旅之事, 未之學也. (『論語』「衛靈公」1)

군사에 관한 일은 아직 배우지 못하였습니다.

學詩乎. … 學禮乎. (『論語』「季氏」13)

시詩(후대의 『시경』)를 배우느냐? … 예禮를 배우느냐?

子游對曰, 昔者偃也聞諸夫子曰, 君子學道則愛人. 小人學道則易使也. (『論語』「陽貨」4)

자유子游가 대답하였다. "옛날에 제가 선생님께 '군자는 도道를 배우면 남을 아끼고, 소인은 도道를 배우면 부리기 쉽다'고 들었습니다."

小子, 何莫學夫詩. (『論語』「陽貨」9)

제자들아, 어째서 시詩를 공부하는 사람이 아무도 없느냐?

먼저 『논어』「자로子路」4의 예문은 "삶에 필요한 기예를 배우고"라고 한 신창호 번역본을 지지하고 있다. 농사짓는 일과 채소밭 가꾸는 일은 다른 목적어에 비해 훨씬 "삶에 필요한 기예"에 가깝다. 즉 농사짓는 일이나 채소밭 가꾸는 일이 學의 목적어가 될 수 있음은 분명하다. 그러나 "나는 늙은 농부만 못하다", "나는 늙은 채소 농사꾼만 못하다" 같은 공자의 거절은 그것들이 공자가 선호하는 學의 목적어가 아님을 알 수 있다. 따라서 『논어』 첫 구절에 나오는 學의 목적어를 "삶에 필요한 기예"로 확정하기에는 무리가 따른다. 같은 이야기를 『논어』「위령공」 1의 예문에 대해서도 할 수 있다. "군사에 관한 일은 아직 배우지 못하였습니다"라는 언명은 學의 목적어에 군사에 관한 일이 포함될 수는 있되, 공자가 그것을 기껍게 여기지는 않았음을 나타낸다.

그렇다면 공자가 긍정적으로 본 나머지 기쁨의 근원이라고까지 한 學의 목적어는 무엇일까? 앞 예문들에서 공자는 분명히 긍정적인 어조로 易역(후대에 『주역』으로 경전화됨), 書서(후대에 『서경』으로 경전화됨), 詩시(후대에 『시경』으로 경전화됨)를 學의 목적어로 지칭하고 있다. 易, 書, 詩의 공통점은 텍스트라는 점이다. 그러면 기존 번역본들 중에서 텍스트를 學의 목적어로 분명히 제시하고 있는 번역본은 어느 것인가? 이동희 번역본은 "새로운 것을 배우고"라고 번역하고 있지만, 易, 書, 詩와 같은 텍스트로부터 새로운 것을 배우고 있다고 해석한 것인지 분명하지 않다. 易, 書, 詩는 공자의 학설 그 자체는 아니므로, "나의 학설을 시대 혹은 사회에 받아들인다면"이라고 한 양차오밍의 번역은 설득력이 떨어진다. 그렇다면, 앞에서 거론한 예문들 중에서 "(문을) 배워서"라고 한 이한우 번역본이 學의 목적어가 텍스트라는 점을 가장 잘 반영하고 있는 듯이 보인다.

그렇다고 해서 이한우의 번역이 충분히 만족스러운 것은 아니다. 일단 『논어』「계씨季氏」 13의 예문과 『논어』「양화陽貨」 4의 예문은 배움의 긍정적인 목적어로 禮예와 道도가 포함됨을 분명히 하고 있다. 그런데 禮와 道가 과연 논어의 용례에서 文문에 포함될 수 있는지는 분명하지 않다. 禮가 외화된 행동 패턴을 의미한다는 점에서는 넓은 의미의 文에 포함될 수도 있지만, 앞으로 살펴보겠듯이 『논어』 본문에서는 예를 제외한 협의의 의미로 文이 사용되는 사례가 다수 존재한다. 그러면, 道는 文에 포함되는 것으로 간주할 수 있는가? 『논어』「양화」4의 예문에 걸맞게 道를 學의 목적어로 적극 해석한 주석으로는 정약용의 『논어고금주論語古今註』가 있다.

> 어떤 이가 이르기를 "학學이란 도道를 학습하는 것을 이른다"고 하였다 [가의賈誼의 《신서新書》에서는 《일례逸禮》를 인용하여 "소학小學에서는 소도小道를 학습하고, 대학大學에서는 대도大道를 학습한다"고 하였다].[2]

道는 중국 고대에서 현대에 이르기까지 두루 사용된 개념으로서, 통시적으로 일관된 의미를 확정하기는 어렵다. 성리학에 익숙한 이들에게 道는 종종 형이상학적 차원을 가진 것으로 이해되기도 한다. 그러나 다음 예문들은 『논어』 본문 여러 곳에서 道가 경험적인 차원의 것을 지칭하고 있음을 나타낸다.

父在, 觀其志, 父沒, 觀其行. 三年無改於父之道, 可謂孝矣. (『論語』「學而」11)

그의 아버지가 살아 계실 때는 그의 뜻을 살펴보아라. 그의 아버지가 돌아가신 뒤에는 그의 행동을 살펴보아라. 3년 동안 아버지의 도道를 바꾸지 않으면, 효孝라고 할 만하다.

射不主皮, 爲力不同科, 古之道也. (『論語』「八佾」16)

활쏘기는 과녁 뚫기 위주로 하지 않는다. [사람마다] 힘이 동등하지 않기 때문이니, [이것이] 옛 도道이다.

富與貴, 是人之所欲也. 不以其道得之, 不處也. 貧與賤, 是人之所惡也. 不以其道得之, 不去也. (『論語』「里仁」5)

부유함과 귀함, 이것은 사람들이 바라는 바이다. 합당한 도道로써 그것을 얻지 못하면 거기에 머물지 않아야 한다. 가난함과 천함, 이것은 사람들이 싫어하는 바이다. 합당한 도道로써 그것을 얻지 못하면 거기서 떠나지 않아야 한다.

有君子之道四焉. 其行己也恭, 其事上也敬, 其養民也惠, 其使民也義. (『論語』「公冶長」16)

[그는] 군자의 도를 네 가지 가졌다. 그는 행동할 때 공손하였고, 윗사람을 섬길 때 공경하였고, 피치자들을 기를 때 은혜로웠고, 피치자들을 부릴 때 올발랐다.

君子所貴乎道者三. 動容貌, 斯遠暴慢矣. 正顏色, 斯近信矣. 出辭氣, 斯遠鄙倍矣. (『論語』「泰伯」4)

군자가 도道에 관해 귀하게 여기는 바가 세 가지 있습니다. 몸을 움직임에는 사납고 거만함을 멀리하고, 안색을 바르게 함에는 믿음직스럽게 하고, 말을 함에는 비루하고 이치에 어긋남을 멀리합니다.

『논어』「학이學而」11에 나오는 "아버지의 도道" 같은 표현이 형이상학적 실체를 가리키는 게 아니라는 점은 道가 같은 문장 내의 志지/行행과 등치되고 있는 사실에서 미루어 알 수 있다. 그리고 『논어』「공야장公冶長」16의 예문에 나오는 "행동할 때 공손"하고, "섬길 때 공경"하고, "기를 때 은혜로웠고", "부릴 때 올발랐다"는 것이 그러한 志/行의 용례들이라고 생각할 수 있다. 그와 같은 용례들은 대체로 적절한 행동 패턴이라는 점에서 禮의 범주에 든다. 그 점은 위에서 인용한 『논어』「팔일八佾」

16, 「이인里仁」 5, 「태백泰伯」 4의 예문들에서 재확인할 수 있다. 이처럼 道가 경험적인 차원의 禮를 지칭하곤 한다는 사실은, 『논어』가 점차 경전으로 정착하는 시기인 한나라의 문헌에서도 확인할 수 있다. 이를테면, 정현에 따르면, 道는 禮와 동의어로 쓰일 수 있다. 정현은 『예기禮記』 「단궁하檀弓下」의 "季武子寢疾, 蟜固不說齊衰而入見, 曰斯道也將亡矣. 士唯公門說齊衰"라는 구절에 "道猶禮也"(도는 예와 같다)라고 주석을 달았다.[3]

2) 學의 목적어를 명시하지 않았어도 學의 성격에 대해 알려주는 경우

『논어』 본문에는 學의 목적어를 명시하지 않았어도 學의 성격에 대해 알려주는 문장들이 있다. 그 성격을 파악하면, 學에 어떤 목적어가 동반될 수 있는지에 대해 시사점을 얻을 수 있다.

> 學而不思則罔, 思而不學則殆. (『論語』「爲政」 15)
>
> 배우되 생각하지 않으면 무턱대고 속임을 당하고, 생각하되 배우지 않으면 제대로 영글지 못한다.
>
> 吾嘗終日不食, 終夜不寢, 以思, 無益, 不如學也. (『論語』「衛靈公」 31)
>
> 나는 일찍이 종일토록 밥도 먹지 않고 밤새 자지도 않고 생각에 몰두해본 적이 있는데 무익하였다. 배움만 못하다.

이 예문 중 첫 번째는 '學(배움)'과 '思(사변)'의 상호 보완적인 면을 이야기하고 있고, 후자는 學과 思 중에서 學의 우월성을 말하고 있다. 이러한 차이에도 불구하고 두 예문이 공히 지지하고 있는 것은 學과 思가 구분된다는 사실이다. 오늘날 현대 한국어에서 '배움'이라는 것이 사변적인 차원을 배제하지 않는다는 점을 상기한다면, 유의해야 할 대목이다. 즉, 學은 사변적인 활동과 구별되는 경험적인 차원의 활동이다. 그러한 경험적인 차원이 있어야 뒤이어 이어지는 활동인 '習(익힘)'이 가능하다. 그리고 『논어』「위령공」31의 예문에서 "무익하였다" 운운한 것은 學과 思가 그 자체로서 유의미한 활동이 아니라, 그 활동을 통해 성취하고자 한 목적이 있음을 말해준다. 다음 예문은 그 목적이 무엇인지에 대해 시사한다.

> 弟子, 入則孝, 出則弟, 謹而信, 汎愛衆而親仁. 行有餘力, 則以學文. (『論語』「學而」6)
>
> 제자들은 들어오든 나가든 효도하고 공손하게 처신하라. 말조심하여 믿음을 쌓아라. 많은 사람들을 널리 아끼되 인仁한 사람을 가까이하라. 실천하고 남은 힘이 있으면, 그 힘으로 세련된 표현을 배워라.

이 구절에서 가장 흥미로운 점은 文을 배운다는 것이 學의 전부가 아니라 일부에 불과함을 말하고 있다는 사실이다. 이 점을 좀 더 분명히 하기 위해, 위 문장에서 맨 마지막 글자인 文이 빠졌다고 상상해보자. 즉 '行有餘力, 則以學文(실천하고 남은 힘이 있으면, 그 힘으로 文을 배워라)'이 아니라 '行有餘力, 則以學(실천하고 남은 힘이 있으면, 그 힘으로 배워라)'이라고 상상해보자. 이렇게 되면, 앞에 열거된 일련의 사항들(효도하고 공손하게 처신하고, 말조심하여 믿음을 쌓고, 많은 사람들을 널리 아끼되 인仁한 사람을 가까이하는 일들)은 學을 하기 위한 선행조건일 수는 있을지언정, 學

의 영역에서는 배제되게 된다. 원래의 문장대로 '行有餘力, 則以學'이 아니라 '行有餘力, 則以學文'이 되면, 맨 마지막 글자인 文으로 인해 앞에 열거된 사항들은 學에는 포함되되 文에서는 배제 된다.

요컨대 앞의 예문은 『논어』 본문에서 文이 광의의 文(일정한 패턴을 가지고 외화된 문화적 양식)이 아니라 협의의 文(텍스트)으로 종종 사용되었음을 알려준다. 이처럼 學의 목적어로서 文이 협의로 사용되었을 때, 거기에서 배제된 學의 나머지 목적어들은 (이를테면, 효도하고 공손하게 처신하고, 말조심하여 믿음을 쌓고, 많은 사람들을 널리 아끼되 인仁한 사람을 가까이하는 일들) 무엇이라고 개념화할 수 있을까? 이것은 곧 '孝효, 弟제, 謹근, 信신, 愛衆애중, 親仁친인'과 文을 어떤 기준으로 양분할 수 있는가의 문제다. 『논어』의 역대 주석가들 역시 이 점에 대해 고민했던 것으로 보인다. 이를테면, 주희의 『사서집주四書集註』에 인용된 바에 따르면, 송대宋代 학자 정이程頤(1033~1107)는 孝, 弟, 謹, 信, 愛衆, 親仁을 자신을 다스리는 공부라고 규정한 반면, 文은 시서詩書와 육예六藝(예禮, 악樂, 사射, 어御, 서書, 수數)를 가리키는 것으로 해석했다. 반면, 윤돈尹焞(1071~1142)은 孝, 弟, 謹, 信, 愛衆, 親仁을 덕행으로 보고, 덕행과 구별되는 지엽적인 배움의 대상으로 문예를 대비하였다. 學의 목적어에 대한 이러한 이분법적 태도는 『논어』 본문 곳곳에서 발견할 수 있다.

君子食無求飽, 居無求安, 敏於事而愼於言, 就有道而正焉, 可謂好學也已. (『論語』「學而」14)

군자는 먹는 일에서 배부름을 추구하지 않고, 거처에 있어 편안함을 추구하지 않고, 일 처리에 애쓰고 말을 신중히 하고, 도道가 있는 곳에 나아가 시비를 바르게 가린다. 그러하면 정녕 배움을 좋아한다고 할 만하다.

賢賢易色, 事父母, 能竭其力, 事君, 能致其身, 與朋友交, 言而有信. 雖曰未學, 吾必謂之學矣. (『論語』「學而」7)

[배움의 과정에서] 현능한 사람을 존중하면 용모마저 바뀌게 된다. 부모를 섬기는 일에 가진 힘을 다 쓸 수 있고, 군주를 섬기는 일에 자신을 바칠 수 있고, 붕우와 사귀는 일에 말이 믿음직하다면, 아직 배우지 않았다고 하더라도 나는 반드시 배웠다고 하겠다.

이 예문은 '텍스트' 이외의 것도 學의 대상임을 천명하고 있다. 첫 번째 예문에서 나열하고 있는 學의 대상들인 "먹는 일에서 배부름을 추구하지 않고, 거처에 있어 편안함을 추구하지 않고, 일 처리에 애쓰고 말을 신중히 하고, 도道가 있는 곳에 나아가 시비를 바르게 가린다"는 것들은 '텍스트' 범위에 포함되지 않는다. 그리고 두 번째 예문은 "현능한 사람을 존중하면 용모마저 바뀌게 된다. 부모를 섬기는 일에 가진 힘을 다 쓸 수 있고, 군주를 섬기는 일에 자신을 바칠 수 있고, 붕우와 사귀는 일에 말이 믿음직하다"에 해당하는 學이 있고, 또 그것과 별도로 지칭할 수 있는 차원의 學이 있음을 나타낸다. 그리고 전자를 해낼 수 있다면, 후자 없이도 배웠다고 할 수 있다고 말하여, 둘 중에 오히려 전자가 더 중요할 수 있음을 암시하고 있다. 즉 '텍스트'를 배우는 일보다 더 중요한 실천 영역의 배움이 있는 것이다. 실천과 관련된 배움이 중요하다고 하여, 그것이 단순히 행위의 차원에 국한된 배움은 아니다. 이를테면 두 번째 예문에 나오는 "事父母, 能竭其力"(부모를 섬기는 일에 가진 힘을 다 쓸 수 있고)과 "事君, 能致其身"(군주를 섬기는 일에 자신을 바칠 수 있고)의 구절에 구태여 能능이라는 글자가 들어가는 이유를 생각해보자. 이 구절에서 能이 없다면 단순히 행위의 나열을 의미하게 되지만, 能이라는 글자로 인해서 그러한 행위를 해낼(能) 수 있는 주체의 성립을 암시하게 된다. 즉 學이 목표로 하는 것은 단순히 특정한 행위(禮)의 반복이 아니라, 그러한 행위를 해낼 수 있는(能) 고양된 주체를 형성하는 것이다.

2. 청중의 재구성

『논어』 첫 구절은 누구에게 말하고 있는가? 이 질문에 대한 실마리는 첫 문장과 한 단락을 이루고 있는 다음 문장인 "有朋自遠方來, 不亦樂乎"(멀리서 찾아오는 붕우朋友가 있으며, 참으로 즐겁지 아니한가?)가 제공한다. 다름 아닌 "朋붕"이 찾아오는 일의 기쁨에 대해 이야기해줄 만한 상대에게 學의 기쁨 역시 이야기하고 있는 것이다. 다시 말해 『논어』 첫 구절의 청중은 朋으로 지칭되는 집단이거나 혹은 그와 유관한 사람일 가능성이 높다.

그렇다면 朋이 가리키는 집단은 누구인가? 흔히 생각하듯이, 朋은 모든 친구를 다 포괄하는가? '친구' 혹은 '벗'이라는 한국어로 번역됨 직한 『논어』 본문의 단어로는 '朋붕, 友우, 朋友붕우'가 있다.[4] 상당수의 『논어』 한국어 번역본들은 이 단어들을 구별하지 않고 번역하고 있다. 그러나 이 단어들이 과연 완벽히 일치하는 내포와 외연을 가지고 있는지 알아보기 위해 『논어』 본문에서 이 세 단어가 쓰이는 맥락을 검토해볼 필요가 있다. 그런데 朋이 단독으로 쓰인 것은 논어 첫 구절밖에 없고, 나머지는 모두 朋友라는 2음절어의 형태를 취하고 있다. 오규 소라이가 제시했듯이 朋과 朋友는 상호 교환 가능한 단어로 보인다. 따라서 우리가 시도할 수 있는 것은 朋의 2음절 형태로 보이는 朋友와 友의 비교다.

1) 友의 용례

『논어』 본문에서 朋은 동사로 쓰이지 않는 반면, 友는 '벗하다'라는 동사로 종종 쓰인다. 동사로 혹은 동사로도 해석될 수 있는 경우를 제외하고, 명백히 명사로 쓰인 友의 용례는 다음과 같다.

> 昔者, 吾友嘗從事於斯矣. (『論語』「泰伯」 5)
> 예전에 내 친구가 일찍이 이러한 일에 종사하였다.
>
> 君子以文會友, 以友輔仁. (『論語』「顔淵」 24)
> 군자는 세련된 표현을 통해 친구를 모으고, 친구를 통해 인仁을 북돋는다.
>
> 樂多賢友, 益矣. (『論語』「季氏」 5)
> 현능한 친구가 많은 것을 즐기면 도움이 된다.
>
> 吾友張也, 爲難能也, 然而未仁. (『論語』「子張」 15)
> 내 친구 자장子張은 해내기 어려운 일을 해내지만, 아직 인仁하지는 않다.

이 예문을 보면 친구라는 의미 이외에 두 가지 패턴이 발견된다. 첫째, 친밀하게 "내 친구"라고 부를 때는 (朋이 아니라) 友를 사용한다. 둘째, 친구와 구별될 수 있는 다른 대조군(이를테면 친족, 군주 등)을 설정하지 않고 사용한다는 점이다. 다음에서 살펴볼 바와 같이 바로 이 두 가지 점에서 朋友는 友와 쓰임이 크게 다르다.

2) 朋友의 용례

『논어』 본문에서 朋友는 대부분 대상을 객관화하여 범주로 분류하는 과정에서 사용된다. 다음은 그 용례들이다.

爲人謀而不忠乎, 與朋友交而不信乎. (『論語』「學而」4)

남을 위해 도모하는 일에 남김없이 정성을 쏟지 않았나? 붕우와 교제할 때 믿음직스럽게 대하지 않았나?

賢賢易色, 事父母, 能竭其力, 事君, 能致其身, 與朋友交, 言而有信. 雖曰未學, 吾必謂之學矣. (『論語』「學而」7)

현능한 사람을 존중하면 용모마저 바뀌게 된다. 부모를 섬기는 일에 가진 힘을 다 쓸 수 있고, 군주를 섬기는 일에 자신을 바칠 수 있고, 붕우와 사귀는 일에 말이 믿음직하다면, 아직 배우지 않았다고 하더라도 나는 반드시 배웠다고 하겠다.

事君數, 斯辱矣, 朋友數, 斯疏矣. (『論語』「里仁」26)

많은 군주를 섬기면 욕을 당하게 되고, 많은 붕우와 관계를 맺으면 소원해진다.

老者安之, 朋友信之, 少者懷之. (『論語』「公冶長」26)

늙은이의 경우는 편케 해주고, 붕우의 경우는 신뢰로 대하고, 젊은이의 경우는 은혜로 품어주련다.

朋友切切偲偲, 兄弟怡怡. (『論語』「子路」28)

붕우 간에 간절히 선을 권면하고, 형제간에 어울려 즐거워한다.

첫 번째 『논어』「학이」4의 예문에서는 人(타인)과 朋友(붕우)를 대비하고, 「학이」7의 예문에서는 父母(부모), 君(군주), 朋友(붕우)를 대비하고, 「이인」 26의 예문에서는 君(군주)과 朋友(붕우)를 대비하고, 「공야장」 26의 예문에서는 老者(늙은이), 朋友(붕우), 少者(젊은이)를 세대별로 대비하고, 「자로」 28의 예문은 朋友(붕우)와 兄弟(형제)를 대비하고 있다. 이렇게 볼 때, 『논어』 첫 구절에 나오는 朋 역시 단순히 사적 친근감을 표현하는 관계라기보다는 객관적으로 범주화할 수 있는 그룹을 지칭할 가능성이 높다. 그런 점에서 朋友를 번역할 때는 가능한 한 주관적인 친밀감을 배제한 객관적 용어를 사용하고, 그러한 주관적인 정서가 풍부한 용어는 友를 번역할 때 사용하는 것이 바람직하다.

그러면 朋友로 지칭되는 그룹의 특징은 무엇인가? 우선, 부모형제와 구분된다는 점에서 보면 朋友는 비혈연적 관계라는 특징을 갖는다. 그리고 늙은이/젊은이와 구분된다는 점에서 세대별 차이가 크게 나지 않는 관계라는 특징을 갖는다. 그리고 『논어』 「자로」 28의 예문에서 朋友는 단순히 화목이 권장되는 관계라기보다는 상호 간 덕을 증진하는 것을 목적으로 하는 관계임을 보여준다. 『의례주소儀禮注疏』 「상복喪服」의 정현의 주에서는 "朋友雖無親, 有同道之恩"(붕우는 친족관계는 없으나 도를 같이한 은혜는 있다)이라는 구절이 나오는데, 이 역시 유사한 취지로 이해할 수 있다. 비혈연적 관계이며, 화목보다는 덕을 증진하고자 하는 관계라고 해서 그것이 곧 강한 결속력이 없는 집단을 의미하지는 않는다. 朋友와 유사한 대상을 지칭하고 있는 것으로 보이는 다음 예문을 보라.

> 子在陳, 曰, 歸與, 歸與, 吾黨之小子狂簡. (『論語』 「公冶長」 22)
>
> 선생님께서 진陳나라에서 말씀하셨다. "돌아가리로다, 돌아가리로다. 우리네 젊은이들이 광간하네."
>
> 季氏富於周公, 而求也爲之聚斂而附益之. 子曰, 非吾徒也. 小子鳴

鼓而攻之可也. (『論語』「先進」17)

계씨季氏가 주공周公보다도 부유한데도, 구求(염구)는 그를 위해 세금을 거두어 재산을 더해주었다. 선생님께서 말씀하셨다. "나의 무리가 아니다. 제자들아, 북을 울려 공박해도 좋다!"

먼저 『논어』「선진」17의 예문에 나오는 "吾徒"(나의 무리)라는 표현에서 강한 집단 결속력을 확인할 수 있다. 그리고 『논어』「공야장」22의 예문은 그 집단이 전국 어디에 있든 뜻만 같으면 하나의 집단 정체성을 유지할 수 있는 폭넓은 집단이라기보다는, 특정 지역에 모여 직접 대면 관계가 가능한 정도의 규모를 가진 집단임을 시사한다. 그러나 이것이 곧 특정 지역 출신만 그 집단에 낄 수 있었음을 말하는 것은 아니다. 니시지마 사다오西嶋定生 등 고대 중국을 연구한 역사학자들의 견해에 따르면, 당시는 기존 사회조직이 해체되어 신분적, 공간적 유동성이 확대되던 시기였다. 그러한 배경 속에서 스승을 축으로 한 새로운 사회조직이 태동하는 조짐이 나타났다. 특정인의 문하에 속하기 위해 지역적 제한을 넘어 사람들이 모여드는 현상이 나타났던 것이다. 그러한 역사적 배경을 염두에 두고 다음 구절을 보자.

朋友死無所歸, 曰, 於我殯. (『論語』「鄕黨」22)

붕우가 죽어서 돌아갈 곳이 없는 경우, "내 집에 빈소를 차리라"라고 하셨다.

朋友之饋, 雖車馬, 非祭肉, 不拜. (『論語』「鄕黨」23)

붕우가 보낸 것이 비록 수레와 말이라고 하여도, 제사 고기가 아니면 절하지 않으셨다.

오규 소라이의 『논어』 주석서인 『논어징』은 『논어』 첫 구절에 나오는 朋과 앞의 첫 번째 예문에 나오는 朋友가 상통한다고 본다.[5] 먼 지방에서 온 사람이라서 이곳에 친척이 없기에 공자가 대신 자신의 집에 빈소를 차리라고 했다는 것이다. 그리고 먼 곳에서 왔다는 것은, 공자가 살았던 춘추시대가 혈연적, 지리적 고착성이 완화되고 광범위한 유동성이 생긴 사회임을 보여준다.

출신 지역의 차이에도 불구하고 빈소를 차려줄 정도의 의사혈연관계가 성립한다는 사실 역시 앞의 예문들을 통해 알 수 있다. 혈연이 아니라고 해도 그에 못지않은 특수한 관계를 가진 집단임을 감안하여, 주희는 두 번째 예문에 "朋友有通財之義"(붕우 사이에는 재물을 서로 융통하는 의리가 있다)라는 주석을 달았다. 그와 같은 취지는 한나라 때 『백호통의白虎通義』 「삼강육기三剛六紀」로까지 소급해볼 수 있다.

> 朋友之交, 近則謗其言, 遠則不相訕. 一人有善, 其心好之. 一人有惡, 其心痛之. 貨則通而不計, 共憂患而相救. 生不屬, 死不托. (『白虎通義』「三剛六紀」)
>
> 붕우의 사귐에 대하여. 가까우면 상대의 말을 비판하되 멀면 서로 헐뜯지 않는다. 한 사람이 선함이 있으면 그것을 좋아하고, 한 사람이 악함이 있으면 그것을 아파한다. 재화를 서로 나누되 계산하지 않고, 어려움을 함께 걱정하고 서로를 구제한다. 살아서든 죽어서든 그 밖의 다른 사람에게 의탁하지 않는다.

그리고 『모시고훈전毛詩故訓傳』 「소아小雅」 '곡풍谷風'의 전傳에 나오는 "風雨相感, 朋友相須"(비바람은 서로 감응하며, 붕우는 서로 의지하며 어울린다)라는 구절 역시 朋友가 혈연관계는 아닐지라도 그에 못지않은 특수관계임을 말하고 있다.

3) 朋(友)의 번역 문제

이와 같은 朋友의 용례상 특징을 고려할 때, 朋友를 어떻게 번역하는 것이 좋은가? 『논어』 한국어 번역본 중에서는 "벗"으로 번역한 것이 다수를 차지한다. 그리고 "친구"로 번역한 경우는 류종목, 신정근, 최영갑, 홍승직 번역본이 있다. 朋友를 "벗"이나 "친구"로 번역한 것이 틀렸다고 할 수는 없다. 그러나 『논어』 본문에서 朋友와 友가 구별되어 쓰이는 것을 감안한다면, 한국어 번역 역시 양자를 구분해주면 좋을 것이다. "벗"이나 "친구"가 주관적인 친밀감을 담고 있는 단어임을 감안할 때, 그것들은 朋友보다는 友의 번역어로 더 적당하다. 그렇다면 "벗"이나 "친구" 이외의 제3의 대안은 없는가? 기존 한국어 번역본 중에서 "벗"이나 "친구" 이외의 번역을 제공한 사례는 아래와 같다.

김용옥 번역본 뜻을 같이하는 자 먼 곳으로부터 찾아오니 또한 즐겁지 아니한가? (I권, 247쪽)

박종연 번역본 공자께서 말씀하셨다. 뜻하는 바가 같은 사람이 먼 곳에서 오면, 또한 즐겁지 않은가? (24~25쪽)

성백효 번역본 同志가 먼 지방(곳)으로부터 찾아온다면 즐겁지 않겠는가. (29쪽)

양차오밍 번역본 비록 시대가 받아들이지 않더라도 나의 사상을 인정하는 사람이 멀리서 찾아온다면 이 또한 즐겁지 않겠는가? (2쪽)

윤재근 번역본 함께 배우려는 벗이 있어 멀리서 찾아오니 즐겁지 아니한가? (1권, 50쪽)

이강재 번역본 뜻을 함께하는 좋은 친구들이 멀리서부터 찾아와 준다면 그 얼마나 즐거운 일이 아니겠는가? (101쪽)

이동희 번역본 더욱이 도를 같이하는 동지들이 멀리서 찾아와 함께 학문을 연마한다면 또한 즐거운 일이 아니겠느냐? (17쪽)

이한우 번역본 뜻이 같은 벗이 있어 먼 곳에 갔다가 돌아오면 진실로 즐겁지 않겠는가? (21쪽)

임동석 번역본 뜻 맞는 벗이 먼 곳으로부터 오면 또한 즐겁지 아니하겠는가? (1권, 68쪽)

일단 특별한 전거 없이 의역한 것으로 보이는 양차오밍 번역본을 논의에서 제외할 수 있다. 그리고 "도를 같이한다"라는 표현을 삽입한 이동희 번역본이 눈에 띄는데, 아마도 정약용이 쓴 『논어고금주』의 "朋, 同道者也"('붕朋'이란 도道를 같이하는 자이다)[6]의 언급에 기초한 번역으로 추측된다. 이 밖에 다수가 "뜻을 함께하는/뜻이 같은/뜻 맞는/동지同志"류의 번역을 제시하고 있다. 그러면 이 번역은 어떤 전거에 의해 뒷받침될 수 있을까? 이에 대해 번역자들 대다수가 자기 번역의 전거를 밝히지 않고 있기 때문에 확정할 수는 없으나, 아마도 다음과 같은 정약용의 견해, 혹은 그와 유사한 근거에 기초하고 있는 것으로 추측된다.

포함: 동문을 붕朋이라고 한다.[7]

반박: 아니다. 《공양전公羊傳》의 주에는 "동문을 붕이라 한다"고 하였고,[8] [〈태괘兌卦〉의 소疏에도 나온다.] 《주례周禮》의 주에는 "스승을 같이한 사

이를 붕이라 한다"고 하였고, [〈대사도大司徒〉의 '연붕우聯朋友'라는 말의 주註에 나온다.] 주자朱子의 《논어집주論語集註》에는 "동류同類를 붕이라 한다"고 하였다. 이것을 종합하면 '붕朋'이란 뜻이 같고 서로 의사가 합치되는 사람이다. 어찌 반드시 동문만이겠는가?[9]

이러한 정약용의 정리에 화답하는 듯, 대부분의 『논어』 한국어 번역본은 朋을 해석함에 있어 '동문, 동류, 동지' 등의 뜻을 크게 구분하지 않고 사용한다. 다만 전호근은 앞의 예문에서 정약용이 후한後漢시대 주석가인 포함包咸(B.C.6~65)[10]의 해설을 비판하고 있다는 사실을 적시한다. 그리고 "포함이 붕을 동문이라고 국한한 것을 비판하고 뜻을 기준으로 붕을 정의한 셈인데, 다산이 가진 사유의 폭을 짐작할 수 있는 주석입니다"[11]라고 평가하고 있다. 그러나 정약용의 주석이 보여주는 것은 사유의 폭이라기보다는 기존의 주요 주석들을 망라하고자 하는 박학의 욕망이라고 할 수 있다.[12] "총지總之"(이것을 종합하면)라는 표현은 기존에 있던 여러 주석들의 장단점을 분석하여 취사선택한다기보다는, 기존 주석들을 포괄할 수 있는 주석을 산출하겠다는 의지를 나타낸다. 즉, 포함에서 주희에 이르기까지 각기 다른 주석들을 포괄하는 朋의 뜻을 산출하기 위해 "뜻이 같고 서로 의사가 합치되는 사람"이라고 폭넓게 朋을 정의한 것이다. 정약용은 "志同而意合者也"(뜻이 같고 서로 의사가 합치되는 사람이다)가 다른 풀이에 비해 왜 『논어』의 원래 용례에 더 부합하는지에 대해서는 설명하지 않는다. 정약용이 동문과 동류를 모두 포괄할 수 있는 정의를 찾고자 마음먹은 데는 주희의 주석이 결정적 역할을 한 것으로 보인다.[13] 주희가 포함의 풀이를 반복했다면, 정약용이 일부러 朋의 뜻을 재정의할 필요는 없었을 것이다.

주희 이전까지는 朋을 동문으로 풀이하는 것이 주류를 이루었다. 먼저 『주례』 「지관사도地官司徒」(『주례주소』 권10)의 '司諫'에 대한 설명에 "掌糾萬民之德而勸之朋友"라는 대목이 있고, 그에 대한 소疏에 "鄭注論語, 同門曰朋, 同志曰友"(정현이 『논어』 주석을 달기를, "동문은 朋이라 하고 동지는 友라 한다")라는 대목이 나온다. 위魏나라 하안何晏(193?~249)의 『논어집해論語集解』에서 포함의 말을 인용한 것 말고도, 『역경易經』의 〈태兌〉괘, '상전象傳'의 "君子以朋友講習" 구절에 대한 공영달의 소, 『공양전公羊傳』 「정공 4년定公四年」의 "朋友相衛" 구절에 대한 후한 말기의 학자인 하휴何休(129~182)의 주에서도 그와 같은 朋友의 정의를 사용하고 있다. 그리고 가공언賈公彦이 심중沈重(500~583)의 『주관례의소周官禮義疏』를 기초로 저술한 『주례주소周禮注疏』의 "朋友正其行而强之"라는 구절의 주석과 『백호통의』 「삼강육기」에서도 정현의 朋友 해석을 인용하고 있다. 그 밖에 당나라 승려 현응玄應이 편찬한 『현응음의玄應音義』 권22 주에서는 "同門交曰朋"이라고 풀이하고 있고, 『모시주소毛詩注疏』 「소아小雅」의 '벌목伐木' 편 서序의 "燕朋友故舊也"의 공영달의 소에서는 "同門之稱"이라고 풀이하고 있다. 그리고 『논어』 첫 구절에 대한 황간의 주석은 "同處師門曰朋"이라고 풀고 있다. 그 밖에 朋을 "黨"이나 "群"으로 풀이한 주석이 상당수 있다.[14] 이에 비해, 주희 이전에 朋을 동류라고 해석한 사례는 매우 드물다. 당나라 경학가 이정조李鼎祚가 『역경』의 〈태〉괘, '상전'의 "君子以朋友講習" 구절을 해설하면서 우번虞翻의 말을 인용하여 朋을 동류라고 푼 것 정도가 알려져 있다.[15]

요컨대, 주희 이전에는 정현의 말이 상당한 권위를 가지고 쓰였으며, 정현은 의식적으로 朋과 友를 구별하고 있음을 알 수 있다. 이러한 정황을 종합해볼 때, 주희 이전의 독자 대다수는 『논어』에 나오는 朋友를 '동문'이라고 이해했을 것으로 추론할 수 있다. 만약 그렇다면 주희가 왜 구태여 朋友를 '동문'이 아닌 '동류'라고 해석했을까? 이는 이 글의 범위를 넘어가는 큰 질문이지만, 자신이 직접 가르친 제자 집단을 넘어서는 광범위한 도학道學 집단 정체성을 형성하고자 한 주희의 노력의 일부로 이해되어야 할 것으로 생각된다.[16]

지금까지의 분석과 고증이 타당하다면, 『논어』에서 朋이라고 한 집단은, 주희의 주석이 시사하는 것보다, 훨씬 작고 직접 대면이 가능한 문도門徒들의 집단이었을 가능성이 높다. 그리고 그 집단은 혈연관계가 아니라 덕을 함양하고 가치를 공유하겠다는 목적으로 지역을 넘어 모여든 이들이다. 따라서 이들을 막연히 '친구'나 '벗'으로 번역하기보다는 '붕우'라는 표현을 그대로 사용하는 것이 더 『논어』 본문의 맥락에 가깝다고 생각된다.

붕우는 '친구'나 '벗'보다 예스러운 느낌을 주는 동시에 현대어의 일부로 남아 있는 단어이다. 그리고 이들과 공자 사이에는 분명한 위계질서가 있었음에 틀림없다. 공자가 문도들을 지칭하여 거듭 사용하는 '小子, 二三子(제자들아)' 등의 표현은 공자가 제후들에게 사용하는 용어와는 분명히 구별된다. 고대 중국에서는 존비 구분이 엄격해서 지위가 높은 사람이 아랫사람을 부를 때나 아랫사람이 자신을 칭할 때만 이름을 사용했다. 동년배나 윗사람에게는 '자字'를 불렀으며, 부모를 대할 때는 '자'도 부를 수 없었다.[17] 『논어』에서도 공자는 자신을 겸칭할 때나 제자를 부를 때 이름을 사용했다. 이렇게 볼 때, 『논어』 본문에서 특정 문장의 청중이 붕우일 때는 비교적 반말에 가깝게, 청중이 제후일 때는 비교적 존댓말에 가깝게 번역하는 것이 바람직하다.

지금까지 크게 두 가지 주장을 개진하였다. 첫째, 『논어』 본문에서 學이라는 용어의 목적어는 반드시 경험적인 차원을 가진 것이다. 그리고 공자가 바람직한 學의 대상으로 생각한 것은 '텍스트'와 '禮'이다. 텍스트와 禮를 배우는 데는 일정한 수준의 실천이 동반되어야 한다. 아울러 그 學은 행위의 반복에 그치는 것이 아니라 그러한 실천을 가능하게 하는 고양된 주체의 형성을 목표로 한다. 그리고 그러한 주체의 형성은 일정한 즐거움을 동반한다. 『논어』의 첫 구절은 이러한 점들을 반영하여 번역하는 것이 바람직하다. 본문에 목적어가 생략되어 있다는 점을 감안한다면, 이와 같은 암묵적 목적어를 괄호 안에 넣어 번역할 수 있다.

둘째, 『논어』 본문 번역 과정에서 해당 언명의 청중을 가능한 한 재구성할 필요가 있다. 『논어』 본문의 맥락을 살펴보면, 제후, 문도, 친족이 주된 청중으로 등장한다. 번역 과정에서는 각 언명이 이들 중 어떤 상대를 청중으로 상정하고 있는지 분명히 할 필요가 있다. 당시에 오늘날 한국어의 존댓말/반말처럼 구분이 존재했던 것은 아니지만, 해당 청중을 감안하여 존댓말/반말을 적절히 활용하여 번역해볼 수 있다. 그렇게 할 경우, 독자는 『논어』 텍스트의 언명들을 좀 더 맥락에 기초하여 이해할 수 있을 것이다. 이 글에서 예시로 들어 분석해본, 『논어』 첫 구절의 청중은 모든 이들이 아니라 공자의 문도일 가능성이 높다.

3

주요 개념어의 번역 (1): 君子와 仁者

『논어』에는 여러 개념어가 등장한다. 다른 단어들도 그렇겠지만, 개념어는 특히 『논어』에 담긴 사상을 충분히 이해하지 않고는 제대로 번역하기 어렵다. 개념어는 『논어』에 담긴 사상을 응축한 것들이 대부분이기 때문이다. 『논어』 전체에 대한 해석이 달라지면 그에 담긴 핵심 개념어의 해석도 달라지기 마련이며, 그와 같은 이유로 개념어 번역은 논쟁의 대상이 될 수 있다.

이러한 어려움에도 불구하고, 『논어』에 나오는 개념어는 의외로 번역하기 쉬울 수도 있다. 『논어』 텍스트가 공자 이후에도 널리 읽히게 됨에 따라, 『논어』에 나오는 개념어들은 후대 사람들이 즐겨 사용하는 어휘의 일부로 정착되었으며, 동아시아 문화의 폭넓은 유통에 힘입어 그 개념어들은 한국어의 일부가 되기도 하였기 때문이다. 즉, 『논어』에 나오는 특정 개념어를 한국어 단어로 대치할 수 있는 것이다. 혹자는 그러한 방식의 번역에 대하여 "대부분의 『논어』 번역서에서는 개념을 번역하지 않고 음을 제시하거나 천자문식 의미를 제시하고 있다. 예컨대 君子는 '군자'라는 한국어 음으로 바뀌고"[1]라고 비판하지만, 현대 국어사전에 그 단어들이 등재되어 있는 한, 『논어』에 나오는 개념어들의 음을 단지 제시한 데 그쳤다고 볼 수는 없다. '君子'를 '군자'라고 바꾼 것 역시 적절한 한국어 번역이라고 할 수 있다.

그러나 이것이 곧 『논어』에 나오는 해당 개념어의 뜻과 국어사전에 등재되어 현재 사용되는 개념어의 뜻이 정확히 일치한다는 말은 아니다. 한국어의 일부인 만큼, 그 개념어를 번역어로 채택하여 사용한 뒤, 그 의미의 동이同異와 변천을 환기하는 선에서 번역할 수 있다는 말일 뿐이다. 이러한 번역 방법이 있음에도 불구하고, 『논어』에 나오는 개념어들을 과감히 풀어서 번역하고자 한 시도들도 있어왔다. 그것 역시 독자들이 해당 개념어에 좀 더 쉽게 접근할 수 있게 해준다는 점에서 유의미한 시도라고 할 수 있다.

이 장에서는 『논어』에 나오는 주요 개념어들의 한국어 번역 현황을 검토하고, 그 개념어들을 한국어로 풀어 번역하고자 한 시도들의 공과를 살펴본다. 첫 번째 대상은, 누구나 『논어』의 핵심 개념어들이라고 인정할 만한 단어인 "君子군자"와 "仁者인자"다.[2]

1. 『논어』 한국어 번역본의 君子 번역

『논어』에서 君子는 "小人소인"과 쌍을 이루는 말이다. 다행히도 君子와 小人이 모두 현대의 국어사전에 등재되어 있으므로, 번역자가 원할 경우 의미의 차이를 염두에 두면서 한국어 '군자'와 '소인'을 모두 고대 중국어 君子와 小人에 대한 번역어로 사용할 수 있다. 다른 한편, 君子와 小人을 풀어서 번역할 수도 있다. 그 경우에 염두에 두어야 할 것은 君子와 小人의 번역이 얼마나 대구를 잘 이루고 있는가이다. 다음 예문을 살펴보자(밑줄은 필자).

君子周而不比, 小人比而不周. (『論語』「爲政」14)

신정근 번역본 자율적 인간은 보편의 관점에 서지 당파성을 지니지 않는다. 작은 사람들은 당파성을 지니지 보편의 관점에 서지 않는다. (96쪽)

신창호 번역본 참된 인간은 두루 통하여 패거리를 만들지 않는다. 그러나 조무래기는 패거리를 만들고 두루 통하지 않는다. (102쪽)

이을호 번역본 참된 인간은 서로 친밀하되 패를 만들지 않고, 하찮은 인간은 패를 짓되 정이 통하지 않는다. (34쪽)

君子喩於義, 小人喩於利. (『論語』「里仁」16)

신정근 번역본 자율적 인간은 정의(본분)에 투철하고 작은 사람들은 혼자만의 이익에 투철하다. (170쪽)

신창호 번역본 참된 사람은 올바르고 정당함을 밝히고 좋아하며, 조무래기들은 세속적인 이익을 밝히고 좋아한다. (141쪽)

이을호 번역본 참된 인간은 의리에 훤하고, 되잖은 위인은 잇속에 훤하지. (57쪽)

女爲君子儒, 無爲小人儒. (『論語』「雍也」13)

신정근 번역본 자네는 자율적 인간의 유(지식인)가 되어야지 작은 사람들의 유가 되지 마시게. (239쪽)

신창호 번역본 너는 진정한 학자 관료가 되어야 한다. 하찮은 조무래기 소인배가 되어서는 안 된다. (181쪽)

이을호 번역본 너는 참된 학자가 되어야지, 하찮은 학자는 되지 마라. (78쪽)

이 세 번역본에 국한해서 보자면, 신창호 번역본은 君子와 小人에 대해 일관되게 번역하고 있지 않다고 할 수 있다. 君子에 대해서 "참된 인간", "참된 사람", "진정한 학자 관료"라는 번역을, 그리고 小人에 대해서도 "조무래기", "하찮은 조무래기 소인배"라는 여러 가지 번역을 한 번역본 내에서 제시하고 있다. 같은 단어에 대해 왜 이처럼 다양한 번역어를 제시하는지 알기 어렵다. 이을호 번역본 역시 君子와 小人에 대해 일관되게 번역하고 있지 않다. 君子에 대해서 "참된 인간", "참된 학자"라는 번역을, 그리고 小人에 대해서 "하찮은 인간", "되잖은 위인", "하찮은 학자"라는 여러 가지 번역을 한 번역본 내에서 제시하고 있다. 같은 단어에 대해 왜 이처럼 다양한 번역어를 제시하는지 역시 알기 어렵다. 신정근 번역본만이 君子와 小人에 대해 각각 "자율적 인간"과 "작은 사람"이라는 일관된 번역을 제시하고 있다. 그러나 '자율적 인간'의 반대는 '타율적 인간', '작은 사람'의 반대는 '큰 사람'이라는 점을 감안한다면, 번역어 간에 대구가 잘 이루어진다고 보기는 어렵다.

다음으로, 君子를 군자로 번역하지 않고 풀어서 번역하고자 한 시도들에 대해서 좀 더 면밀히 살펴보자. 다음은 그 예문들이다(밑줄은 필자).

人不知而不慍, 不亦君子乎. (『論語』「學而」 1)

신정근 번역본 주위 사람들이 나를 알아주지 않더라도 성내지 않는다면 자율적 인간답지 않겠는가? (46쪽)

신창호 번역본 남들이 알아주건 알아주지 않건, 자신의 자리에서 역할과 기능을 충실히 해나갈 때, 참된 사람은 그 진면목이 드러나리라! (81쪽)

양차오밍 번역본 비록 나의 학설을 사회에서 받아들이지 않고 사람들이 이해하지 않더라도 원망하거나 화내지 않는다면 어찌 도덕적인 수양을 한 군자가 아니겠는가? (2쪽)

이강재 번역본 다른 사람이 나를 알아주지 않아도 옳은 길을 변함없이 갈 수 있다면 올바른 삶을 살아가는 군자가 아니겠는가? (101쪽)

이동희 번역본 세상 사람들이 자기를 알아주지 않는다 해도 마음으로 원망하지 않는다면 이 또한 진정한 군자君子가 아니겠느냐? (17쪽)

이을호 번역본 남들이 몰라주더라도 부루퉁하지 않는다면 참된 인간이 아닐까! (21쪽)

이 예문들의 君子 번역은 크게 두 종류로 나눌 수 있다.

첫째, 君子라는 말 자체를 아예 풀어서 번역한 경우와 둘째, 君子라는 말 앞에 원문에는 없는 수식어를 추가한 경우이다. 위 예문들에 국한해서 보자면, 첫 번째 경우에 해당하는 번역어로는 "자율적 인간"(신정근 번역본), "참된 사람"(신창호 번역본), "참된 인간"(이을호 번역본)이 있다. 두 번째 경우에 해당하는 번역어로는 "도덕적인 수양을 한 군자"(양차오밍 번역본), "올바른 삶을 살아가는 군자"(이강재 번역본), "진정한 군자"(이동희 번역본)를 들 수 있다.

君子라는 말을 그대로 두지 않고 아예 풀어서 번역한 번역자들은 과연 자신이 채택한 번역어를 일관되게 사용하고 있을까? 다음 예문들은 번역자들이 자신이 선택한 번역어를 『논어』 전체에 적용하지 않는다는 점을 보여준다.

君子務本 (『論語』「學而」2)

양차오밍 번역본 군자는 근본에 힘쓰는 것이니 (5쪽)

이강재 번역본 군자는 가장 중심이 되는 근본에 힘을 써야 하는 것이니 (102쪽)

이동희 번역본 본래 군자는 근본에 힘을 쓰니라. (133쪽)

앞에서 살펴보았듯이, 양차오밍 번역본, 이강재 번역본, 이동희 번역본은 君子라는 말 앞에 원문에 없는 수식어를 추가하여 번역한 바 있다. 그러나 위 예문들을 보면, 君子를 별도의 수식어 없이 그대로 "군자"라고 번역했음을 알 수 있다. 요컨대 君子 번역에 관한 한, 자신의 입장을 일관되게 관철하고 있지 않다.

2. 君子 번역의 일관성 문제

앞에서 君子라는 말 앞에 원문에는 없는 수식어를 추가한 경우의 일관성을 살펴보았다. 이번에는, 君子를 풀어서 번역한 경우에 집중해서 번역의 일관성 여부를 좀 더 면밀히 살펴보기도 하자(밑줄은 필자). 과연 번역자들은 자신들이 채택한 번역어를 『논어』 전체에 일관되게 적용하고 있을까?

신정근 번역본

人不知而不慍, 不亦君子乎. (『論語』「學而」1)

주위 사람들이 나를 알아주지 않더라도 성내지 않는다면 자율적 인간답지 않겠는가? (46쪽)

君子不器. (『論語』「爲政」12)

모범이 되는 자는 밥그릇과 같은 인물이 아니거늘. (94쪽)

君子哉, 若人. 魯無君子者, 斯焉取斯. (『論語』「公冶長」3)

모범적인 인물이로구나, 저 사람과 같으면! 만약 노나라에 커다란 선생(인도자)이 없었더라면 저런 사람이 어디에서 저런 (인격을) 갖추었을까? (184쪽)

侍於君子有三愆. 言未及之而言謂之躁, 言及之而不言謂之隱, 未見顔色而言謂之瞽. (『論語』「季氏」6)

군자(어르신)를 옆에서 모실 때 저지르기 쉬운 세 가지 실수가 있다. 첫째, 말할 차례가 되지 않았는데 먼저 말을 하면 '성급하다'고 일컫는다. 둘째, 말할 차례가 되었는데 말하지 않으면 '감춘다'고 일컫는다. 어르신의 안색을 살피지 않고 무턱대고 말하면 '눈이 멀었다'고 일컫는다. (658쪽)

君子之過也, 如日月之食焉. 過也, 人皆見之. 更也, 人皆仰之. (『論語』「子張」21)

지도자의 잘못은 일식과 월식 같은 점이 있다. 만약 잘못을 저지르면 주위 사람들이 모두 다 그것을 지켜보고 있다. 그이가 자신의 잘못을 시인하면 주위 사람들이 모두 다 그것을 우러러본다. (762쪽)

이 예문에서 드러나듯이 신정근 번역본은 『논어』 본문에 등장하는 君子라는 단어를 번역할 때, "자율적 인간", "모범이 되는 자", "모범적인 인물", "커다란 선생(인도자)", "어르신", "지도자" 같은 다양한 번역어를 사용하고 있다. 해당 문장에서 그것이 가장 적절한 번역이었는지는 논외로 하더라도, 이처럼 일관성 없는 번역은 학술적인 용도 혹은 정밀한 독해를 위한 용도에는 적합하지 않다.

신창호 번역본

人不知而不慍, 不亦君子乎. (『論語』「學而」 1)

남들이 알아주건 알아주지 않건, 자신의 자리에서 역할과 기능을 충실히 해나갈 때, 참된 사람은 그 진면목이 드러나리라! (81쪽)

可以託六尺之孤, 可以寄百里之命, 臨大節而不可奪也, 君子人與, 君子人也. (『論語』「泰伯」 6)

어린 임금을 보필하여 국정을 수행할 수 있고, 사방 백 리쯤 되는 나라를 맡아 다스릴 수 있으며, 나라의 운명이 풍전등화 같은데도 절개를 굽히지 않는 사람, 그런 정도의 사람이라야 지도자의 자질을 갖추었다고 할 수 있다. (222쪽)

侍於君子有三愆. 言未及之而言謂之躁, 言及之而不言謂之隱, 未見顔色而言謂之瞽. (『論語』「季氏」 6)

지도층 인사를 모시고 있을 때 세 가지 잘못을 저지르기 쉽다. 윗사람이 말을 하기 전에 먼저 말하는 것을 조급함이라 하고, 말을 했는데도 대꾸하지 않는 것을 감추는 것이라 하며, 안색을 살피지도 않고 말하는 것을 분별이 없는 짓이라고 한다. (402쪽)

君子之過也, 如日月之食焉. 過也, 人皆見之. 更也, 人皆仰之. (『論語』「子張」 21)

정치지도자의 잘못은 일식이나 월식과 같다. 잘못하면 사람들이 모두 지켜보고, 잘못을 고치면 또 사람들이 모두 우러러본다. (457쪽)

이 예문에서 드러나듯이 신창호 번역본 또한 『논어』 본문에 등장하는 君子라는 단어를 번역할 때, "참된 사람", "지도자(의 자질)", "지도층 인사", "정치지도자" 같은 다양한 번역어를 사용하고 있다. 해당 문장에서 그것이 가장 적절한 번역이었는지는 논외로 하더라도, 이처럼 일관성 없는 번역은 학술적인 용도 혹은 정밀한 독해를 위한 용도에는 적합하지 않다.

이을호 번역본

人不知而不慍, 不亦君子乎. (『論語』「學而」1)

남들이 몰라주더라도 부루퉁하지 않는다면 참된 인간이 아닐까! (21쪽)

君子務本 (『論語』「學而」2)

참된 인물은 근본 문제를 다루거든 (22쪽)

君子, 不重則不威 (『論語』「學而」8)

지도적 인물이 묵직하지 않으면 위엄도 없고 (24쪽)

君子不器. (『論語』「爲政」12)

쓸모 있는 인간은 외통수는 아니다. (34쪽)

君子哉, 若人. 魯無君子者, 斯焉取斯. (『論語』「公冶長」3)

훌륭한 인물이다. 그 사람이야말로! 이 나라에 훌륭한 인물이 없다면 전들 어디서 본을 받았을까! (62쪽)

侍於君子有三愆. 言未及之而言謂之躁, 言及之而不言謂之隱, 未見顔色而言謂之瞽. (『論語』「季氏」6)
윗사람을 모실 때 세 가지 잘못이 있으니, 말을 안 해야 할 때 말을 하는 것은 조급한 짓이요, 말을 해야 할 경우에 말하지 않는 것은 감추는 짓이요, 얼굴빛도 보지 않고 중얼거리는 것은 눈먼 짓이다. (218쪽)

이 예문에서 드러나듯이 이을호 번역본도 『논어』 본문에 등장하는 君子라는 단어를 번역할 때, "참된 인간", "참된 인물", "지도적 인물", "쓸모 있는 인간", "훌륭한 인물", "윗사람" 같은 여러 가지 번역어를 사용하고 있다. 해당 문장에서 그것이 가장 적절한 번역이었는지는 논외로 하더라도, 이처럼 일관성 없는 번역은 학술적인 용도나 혹은 정밀한 독해를 위한 용도에는 적합하지 않다.

3. 君子 번역의 타당성 문제

君子를 "자율적 인간"(신정근 번역본), "참된 사람"(신창호 번역본), "쓸모 있는 인간"(이을호 번역본) 등으로 번역해도 괜찮은 것일까? 각 번역어의 적절성을 따지기 위해서는 『논어』에 담긴 사상에 대한 이해가 선행되어야 할 것이다. 하지만 그에 대한 본격적인 논의는 이 글의 범위를 넘어가므로, 여기서는 君子를 그와 같이 번역할 경우 탈각하게 되는 정치적 함의에 대해서만 생각해보도록 하겠다.

군자를 번역할 때 고려해야 할 가장 중요한 사실은, 그것이 고대 중국에서 정치 엘리트를 지칭하는 용어였다는 점이다.[3] 공자와 그 시대 지식인들이 군자라는 단어의 의미를 재정의하고자 시도하기 이전, 즉 춘추시대 전반까지만 해도 군자라는 단어는 귀족 자제를 의미했다. 그 점은 '君의 子'라는 기본적인 어의에도 반영되어 있다. 그런데 점차 정치 혼란이 가중되면서, 대다수 귀족 가문들이 위협에 처하게 되었고, 불안정한 상황은 귀족들이 향유하던 신분에 대해 추가적인 정당화를 요구하게 되었다. 이와 같은 배경하에, 귀족들이 우월적 지위를 향유하기 위해서는 단지 가문만이 아니라 개인적인 덕성을 증명할 필요가 있다는 주장이 제기되었다. 그리하여 덕德, 인仁, 효孝처럼 개인의 도덕적 자질을 가리키는 개념들이 군자에 대한 논의에 함께하게 되었다. 이러한 개인의 도덕적 자질의 강조가 나중에는 귀족 이외의 다른 계급의 사람들도 군자됨을 주장할 수 있는 근거를 제공하게 되었다는 점은 역사의 아이러니라고 할 수 있다.[4] 후대에 이르러 그러한 아이러니가 한층 드드러졌다고 해서, 상대적으로 '탈정치적인' 표현인 "자율적 인간", "참된 사람", "쓸모 있는 인간" 등으로 君子를 번역하는 것이 충분히 만족스럽지는 않다. "자율적 인간", "참된 사람", "쓸모 있는 인간" 같은 번역어들은 君子라는 개념에 연루되게 된 개인적인 덕성을 조명한다는 점에서는 제한적인 장점이 있지만, 『논어』 텍스트에서 君子라는 개념이 가지고 있는 정치적인 함의를 담기에는 충분하지 않다.

4. 『논어』 한국어 번역본의 仁者 번역

君子가 小人과 쌍을 이루는 말이라면, 仁者는 不仁者불인자와 쌍을 이루는 말이다. 君子, 小人, 仁者는 모두 현대 국어사전에 '군자', '소인', '인자'로 등재된 데 반해, 不仁者는 국어사전에 등재되어 있지 않다. 따라서 '인자'는 사전 표제어 그대로 사용할 수 있는 번역어지만, '불인자'는 반드시 풀어서 번역을 해야만 하는 단어다. 따라서 仁者와 不仁者 간에 불균형이 발생한다. 이러한 이유로 나는, 君子/小人은 한국어 군자/소인으로 번역해도 좋지만, 仁者/不仁者는 둘 다 풀어서 번역해주는 것이 좋다고 생각한다. 그런데 『논어』 한국어 번역본들 가운데 상당수는 '인자'라는 단어를 그대로 번역어로 채택하고 있다.[5] 이와 달리 仁者를 한국어 '인자'로 번역하지 않고 풀어서 번역하고자 한 시도들도 있어왔다. 다음이 대표적인 예이다(밑줄은 필자).

> 不仁者, 不可以久處約, 不可以長處樂. 仁者, 安仁, 知者, 利仁. (『論語』「里仁」2)
>
> **박종연 번역본** 어질지 못한 사람은 곤궁한 곳에 오래 살 수 없으며, 또한 편안한 곳에서도 오래 살 수 없다. 인덕이 있는 사람은 인에 안주하고, 총명한 사람은 인을 이용한다. (107쪽)
>
> **신정근 번역본** 평화를 모르는 자는 궁핍한 삶을 오랫동안 버틸 수 없을 뿐만 아니라 즐거움마저 길게 누리지 못한다. 평화를 일구는 자는 평화의 상태에 편안해하고, 슬기로운 자는 평화의 가치를 더욱 잘 가꾼다. (153쪽)
>
> **신창호 번역본** 열린 마음을 지니지 못한 사람은 가난을 견디지 못하

> 고 즐거운 삶을 지속하지도 못한다. 열린 마음을 지닌 사람은 확 트인 분위기에 젖어들고, 지혜로운 사람은 확 트인 분위기를 잘 이용한다. (133~134쪽)
>
> **이을호 번역본** 사람답지 못한 이는 가난을 오래 견디지 못하고, 즐거움도 오래도록 간직하지 못한다. 사람다운 이는 사람다운 구실에 만족하고, 슬기찬 이는 사람의 값을 잘 다룬다. (51쪽)
>
> **한필훈 번역본** 양심적이지 못한 사람은 어려운 환경을 오래 견디지 못하고, 즐거움도 오래 누리지 못한다. 그러나 양심적인 사람은 양심을 지키는 가운데서 마음의 평화를 얻고, 지혜로운 사람은 양심을 지키며 사는 것이 궁극적으로 이익이 된다는 것을 안다. (74쪽)

이 번역본들은 크게 보아 두 종류로 구분할 수 있다. 첫째, 仁者와 不仁者의 대구를 살려서 번역한 경우와 둘째, 仁者와 不仁者의 대구를 살려서 번역하지 않은 경우이다. 첫 번째 경우에 해당하는 번역으로는 신창호 번역본(열린 마음을 지닌 사람/열린 마음을 지니지 못한 사람), 이을호 번역본(사람다운 이/사람답지 못한 이), 한필훈 번역본(양심적인 사람/양심적이지 못한 사람)을 들 수 있다. 이 번역본들은 모두 단순히 부정어의 존재 여부로만 仁者/不仁者의 번역을 구별하기 때문에, 대구가 잘 살아 있다고 할 수 있다.

두 번째 경우에 해당하는 번역으로는 박종연 번역본과 신정근 번역본이 있다. 첫 번째 경우를 고려한다면, "어질지 못한 사람"이라는 표현은 "어진 사람"이란 표현과 짝을 이루고, "인덕이 있는 사람"이라는 표현은 "인덕이 없는 사람"과 짝을 이룰 것이다. 그러나 박종연의 번역은 "어질지 못한 사람"과 "인덕이 있는 사람"을 짝을 지어서 균형을 잃었다. 仁者/不仁者를 "어진 사람/어질지 못한 사람"이라고 번역하거나 "인덕이 있는 사람/인덕이 없는 사람"으로 번역했다면 대구로서 균형을 유지했겠지만, 그러지 않았다.

신정근 번역본에도 같은 원칙을 적용해보자. "평화를 모르는 자"라는 표현은 "평화를 아는 자"라는 표현과 짝을 이루고, "평화를 일구는 자"라는 표현은 "평화를 일구지 않는 자"라는 표현과 짝을 이룰 것이다. 그러나 신정근의 번역은 "평화를 모르는 자"와 "평화를 일구는 자"를 짝을 지어서 균형을 잃었다. 仁者/不仁者를 "평화를 아는 자/평화를 알지 못하는 자"라고 번역하거나 "평화를 일구는 자/평화를 일구지 않는 자"라고 번역했다면 대구로서 균형을 유지했겠지만, 그러지 않았다.

5. 仁者 번역의 일관성 문제

仁者를 풀어서 번역한 번역자들은, 과연 자신이 채택한 번역어를 일관되게 사용하고 있을까? 다음 예문들은 번역자들이 번역어를 『논어』 전체에 적용하지 않는다는 점을 보여준다(밑줄은 필자).

신정근 번역본

不仁者, 不可以久處約, 不可以長處樂. 仁者, 安仁, 知者, 利仁. (『論語』「里仁」2)

평화를 모르는 자는 궁핍한 삶을 오랫동안 버틸 수 없을 뿐만 아니라 즐거움마저 길게 누리지 못한다. 평화를 일구는 자는 평화의 상태에 편안해하고, 슬기로운 자는 평화의 가치를 더욱 잘 가꾼다. (153쪽)

惟仁者, 能好人, 能惡人. (『論語』「里仁」 3)

오직 평화를 일구고 공평한 사람만이 함께하는 사람을 제대로 좋아할 수 있고, 함께하는 사람을 제대로 미워할 수 있다. (155쪽)

知者樂水, 仁者樂山. 知者動, 仁者靜. 知者樂, 仁者壽. (『論語』「雍也」 23)

슬기로운 이는 흘러가는 물을 좋아하고 평화에 힘쓰는 이는 듬직하면서 만물을 길러내는 산을 좋아한다. 슬기로운 이는 오고 가느라 동적이며, 평화에 힘쓰는 이는 중심이므로 정적이다. 슬기로운 이는 (발견으로 인해) 즐거움을 누리고, 평화에 힘쓰는 이는 (편안함으로 인해) 장수를 누린다. (251쪽)

知者不惑, 仁者不憂, 勇者不懼. (『論語』「子罕」 29)

슬기로운 자는 헷갈리지 않고, 평화를 위해 사는 이는 속을 태우지 않고, 용기 있는 자는 두려워하지 않는다. (379쪽)

仁者必有勇, 勇者不必有仁. (『論語』「憲問」 4)

(적이 없고) 평화에 힘 쏟는 이는 반드시 용기가 있지만 용기를 앞세우는 사람이 반드시 평화에 힘을 쏟지는 않는다. (537쪽)

仁者 번역에서 신정근 번역본의 특징은 "평화"라는 단어를 공통적으로 사용하되, 仁者를 일관성 있게 번역하지는 않는다는 점이다. 신정근은 "이 책에서 군자는 자율적 인간으로, 인은 평화를 일구는 사람, 화해, 사랑 등으로 풀이해놓았다"[6]고 하지만, 仁者라는 같은 단어에 대해 "평화를 일구는 자", "평화를 일구고 공평한 사람", "평화에 힘쓰는 이", "평

화를 위해 사는 이", "평화에 힘 쏟는 이"라는 여러 가지 번역어를 제시하고 있다. 같은 단어에 대해 왜 이렇게 다양한 번역어를 제시하는지 알기 어렵다. 그나마 (평화를) "일구다", "힘쓰다", "위해 살다", "힘 쏟다" 같은 동사들은 일정한 공통점이 있다고 짐작할 수 있는 정도다. 그러나 "공평한 사람"이라는 번역어에 대응하는 한문 원문은 없다.

이을호 번역본

不仁者, 不可以久處約, 不可以長處樂. 仁者, 安仁, 知者, 利仁. (『論語』「里仁」2)

사람답지 못한 이는 가난을 오래 견디지 못하고, 즐거움도 오래도록 간직하지 못한다. 사람다운 이는 사람다운 구실에 만족하고, 슬기찬 이는 사람의 값을 잘 다룬다. (51쪽)

仁者先難而後獲, 可謂仁矣. (『論語』「雍也」22)

사람 구실 하는 사람은 어려운 일은 도맡고, 이익은 남에게 돌리니, 그러면 사람답다고 할 수 있겠지. (82쪽)

이을호 번역본에서 仁者 번역의 특징은 "사람"이라는 단어를 공통적으로 사용하되, 仁者를 일관성 있게 번역하지는 않는다는 점이다. 仁者라는 같은 단어에 대해 "사람다운 이", "사람 구실 하는 사람"이라는 서로 다른 번역어를 제시하고 있다. 같은 단어에 대해 왜 이처럼 다양한 번역어를 사용하는지 알기 어렵다. 그러나 "사람 구실 하다"와 "사람답다"는 유사성이 높은 표현들이라는 점에서 앞의 신정근 번역본에 비해 일관성 있게 번역한다고 할 수도 있다. 그럼에도 불구하고 "사람 구실 하다"

와 "사람답다"가 완전히 같은 뜻을 가진 표현이라고 보기는 어렵다. 왜냐하면 "구실 하다"는 표현은 어떤 역할 모델로서 인간형을 전제하는 반면, "사람답다"는 표현은 사람이라는 특정한 인간 본성을 전제하는 표현일 가능성이 높기 때문이다. 공자는 인간 본성에 대한 논의는 자제한 것으로 유명하다.[7]

신창호 번역본

不仁者, 不可以久處約, 不可以長處樂. 仁者, 安仁, 知者, 利仁. (『論語』「里仁」2)

열린 마음을 지니지 못한 사람은 가난을 견디지 못하고 즐거운 삶을 지속하지도 못한다. 열린 마음을 지닌 사람은 확 트인 분위기에 젖어들고, 지혜로운 사람은 확 트인 분위기를 잘 이용한다. (133~134쪽)

仁者必有勇, 勇者不必有仁. (『論語』「憲問」4)

훌륭한 사람은 반드시 용감하게 행동한다. 그러나 용감하게 행동한다고 해서 반드시 훌륭한 사람은 아니다. (341쪽)

신창호 번역본에서 仁者 번역의 특징은 "열린 마음을 지닌 사람"이라는 단어를 주로 사용하되, 仁者에 대해 완전히 일관성 있게 번역하지는 않는다는 점이다. 위 예문을 보면 仁者라는 같은 단어에 대해 "열린 마음을 지닌 사람", "훌륭한 사람"이라는 서로 다른 번역어를 제시하고 있다. 같은 단어에 대해 왜 이처럼 다양한 번역어를 제공하는지 알기 어렵다. "열린 마음을 지닌 사람"과 "훌륭한 사람" 간의 의미 차이는 크다. 굳이 관계를 지어보자면, 열린 마음을 지닌 사람은 훌륭한 사람의 부분집합에 불과할 것이다. 혹은 열린 마음을 지닌다는 것은 훌륭한 사람이 되기 위한 (충분조건이 아니라) 필요조건에 불과할 것이다.

6. 仁者 번역의 타당성 문제

仁者를 "평화를 일구는 사람", "사람 구실 하는 사람", "열린 마음을 지닌 사람" 등으로 번역해도 괜찮을까? 심도 있는 논의를 하려면, 『논어』에 담긴 사상에 대한 이해가 선행되어야 할 것이다. 각 번역어들이 『논어』의 사상을 얼마나 잘 전달하고 있는지를 알기 위해서는 필수적이다. 그런데 그와 같은 작업은 복잡하고 광범한 토론을 요하므로, 이 글에서는 仁者를 "평화를 일구는 사람"으로 번역하는 것이 적절한가 여부만, 간단히 논의해보도록 하겠다. 먼저 신정근 번역본이 仁者를 "평화를 일구는 사람"으로 번역하는 이유에 대해 잠시 살펴보자.

> …종합해보면, 『논어』는 "개인의 품위(고상함), 사람 사이의 화해, 타인에 대한 배려를 통해 세계의 공존(유대)과 평화를 일구고자 했던 공자와 그 뜻을 같이했던 사람들의 희망을 담고 있다"고 할 수 있다.[8]
>
> … 즉, 이익 분배에 대한 갈등으로 공동체에서 이탈하는 이들을 다시 공동체로 끌어들이기 위해 평화를 일구고, 사람과 사람 사이를 화해시키는 사람 또는 그런 노력을 인이라고 명명했다.[9]
>
> …우리는 특히 근대 시기에 일본과 역사적으로 불행한 경험을 갖고 있다. 이 체험을 통해 한일 양국은 증오와 혐오를 배웠을 뿐 여전히 평화와 사랑의 길을 외면하고 있다. 양국 시민들이 역사를 왜곡하고 서로의

존재를 부정하는 목소리에 귀 기울이지 않고 평화를 소중하게 여기고 그것을 위해 애쓰는 사람들의 올곧은 주장에 더 많은 관심을 갖게 된다면, 한일 양국의 사이가 훨씬 더 가까워질 수 있을 것이다. 나아가 전 세계에서 벌어지는 비극의 대부분도 이와 마찬가지로 서로를 진정으로 안다면 전쟁이 아닌 평화를 가꿀 수 있지 않을까. 그래서 나는 전쟁을 벌이고 있는 양국 국민들이 서로 만나서 전쟁을 어떻게 보는지 토론하는 자리를 만들면 어떨까라는 꿈을 꾼다.[10]

이 인용문은 신정근 번역본이 왜 仁者를 "평화를 일구는 사람" 혹은 그와 유사한 표현으로 번역하고 있는지를 알 수 있는 자료이다.[11] "사람 사이의 화해, 타인에 대한 배려", "사람과 사람 사이를 화해시키는 사람 또는 그런 노력" 같은 표현을 보면, 신정근 번역본은 仁者를 최대한 갈등을 피하거나, 조정하고자 하는 사람으로 이해하고 있음을 알 수 있다. 그러한 사람은 갈등할 만한 나름의 이유를 갖고 있는 경우조차, "증오와 혐오"를 추구하기보다는 화해를 추구한다고 여기는 것 같다. 그런 이해를 전제할 때만이, 한일 간의 관계에 대해 『논어』가 주는 교훈을 "평화와 사랑의 길"로 파악하는 신정근 번역본의 입장을 납득할 수 있을 것 같다. 그런데 과연 『논어』 텍스트가 이러한 신정근 번역본의 입장을 충분히 지지하고 있을까? 다음에서 그와 같은 입장과 충돌하는 것으로 보이는 『논어』의 언명들을 살펴보기로 하겠다.

或曰, 以德報怨, 何如. 子曰, 何以報德. 以直報怨, 以德報德. (『論語』「憲問」34)

혹자가 말하였다. "덕德으로써 원한을 갚으면, 어떻습니까?" 선생님께서 말씀하셨다. "그럼 덕德은 무엇으로 갚으려느냐? 곧음으로써 원한을 갚고, 덕德으로써 덕德을 갚아라."

이 예문을 보면 『논어』의 대화에서 드러난 공자의 면모는 평화를 일구는 사람의 면모와는 거리가 있다. 대화에서 사용된 直직이나 德덕의 함의를 알기 위해서는 복잡한 이론적인 논의가 추가로 필요하다. 그럼에도 불구하고 원한을 덕으로 갚지 말고 곧음으로 갚으라는 말에는, 무조건 잘해주거나 시혜를 베풀거나 화해를 도모하는 것이 능사가 아니라는 생각이 깔려 있다는 것 정도는 알아차릴 수 있다.

子曰, 鄕原, 德之賊也. (『論語』「陽貨」 13)

선생님께서 말씀하셨다. "향원鄕原은 덕德을 해친다."

이 예문에서 드러난 공자의 면모 역시 평화주의자의 면모와는 거리가 있다. 공자의 발언에 나온 '鄕原향원'이라는 단어 역시 복잡한 이론적인 논의를 필요로 하는 개념어인데, 주석가들은 이 단어를 자신이 처한 지역의 인기에만 집착하는 인물형을 지칭하는 개념어로 보는 데 대체로 합의하고 있다. 鄕原 개념을 통해서도, 공자가 두루 원만한 관계를 유지하는 데 골몰하는 인간형을 긍정적으로 보지 않고 있음을 확인할 수 있다.

子曰, 惡紫之奪朱也, 惡鄭聲之亂雅樂也, 惡利口之覆邦家者. (『論語』「陽貨」 18)

선생님께서 말씀하셨다. "[간색間色인] 자주색이 [정색正色인] 붉은색 [지위를] 빼앗는 것을 미워하고, 정나라 음악이 아악을 어지럽히는 것을 미워하고, 입을 잘 놀리는 사람이 나라를 뒤엎는 것을 미워한다."

이 예문은 공자가 바른 것과 바르지 않은 것 사이에 비타협적인 기준을 가지고 있으며, 바르지 않은 것에 대해 명시적으로 "미워한다"(惡)는 것을 보여준다. 이 문장에 비추어보자면, 바르지 않은 것은 화해나 타협을 추구해야 할 대상이라기보다는 미워해야만 하는 대상이라고 해도 과언이 아니다.

子貢曰, 君子亦有惡乎. 子曰, 有惡. 惡稱人之惡者, 惡居下流而訕上者, 惡勇而無禮者, 惡果敢而窒者. (『論語』「陽貨」24)

자공子貢이 말하였다. "군자도 미워하는 것이 있습니까?" 선생님께서 말씀하셨다. "미워하는 것이 있지. 남의 흠을 떠들어대는 사람을 미워하고, 아래 무리에 있으면서 윗사람을 헐뜯는 사람을 미워하고, 용맹하기만 하고 예의가 없는 사람을 미워하고, 과감하기만 하고 꽉 막힌 사람을 미워한다."

이 예문은 仁者와 더불어 대표적인 모범적 인간형이라고 할 수 있는 君子가 '미워함'이라는 행위에 종사함을 드러내고 있다. 『논어』 텍스트에서 君子와 仁者가 대체로 호환적으로 쓰이고 있다는 점을 감안할 때, 공자가 바람직하다고 본 인간형이 '미워함'에 종사하는 유형의 인간임에는 틀림없다. 이런 점을 감안한다면, 仁者를 평화를 일구는 사람으로 번역하는 것이 과연 바람직한 일일까? 실제로 『논어』는 '미워함'을 강조하며, 무엇을 어떻게 미워할 것인가는 『논어』의 중요한 주제 중 하나다. 이 점을 확인하기 위하여 관련 예문을 좀 더 살펴보자.

子曰, 惟仁者, 能好人, 能惡人. (『論語』「里仁」3)

선생님께서 말씀하셨다. "오직 인仁한 사람만 남을 좋아할 수 있고, 미워할 수 있다."

위 예문은 두 가지 입장에 반대하고 있다고 해석될 수 있다. 첫째, 좋아하고 미워하는 것은 누구나 할 수 있을 거라는 편견에 반대하고 있다. 둘째, 仁者는 호오好惡와 무관할 것이라거나 호好(좋아함)만 할 것이라는 것에 대해 반대하고 있다. 즉 仁者는 평화를 유지하는 것을 지상 목표로 삼는 사람이라기보다는, 제대로 미워하고 제대로 좋아하는 인물이다.

子曰, 我未見好仁者, 惡不仁者. 好仁者, 無以尙之. 惡不仁者, 其爲仁矣, 不使不仁者加乎其身. (『論語』「里仁」6)

선생님께서 말씀하셨다. "나는 인仁을 좋아하는 사람과 인仁하지 않음을 미워하는 사람을 아직 보지 못하였다. 인仁을 좋아하는 사람이야 더할 나위 없다. 인仁하지 않음을 미워하는 사람은, 인仁을 실천하면서 인仁하지 않음이 자신에게 더해지지 못하게 한다."

이 예문은 도덕적 실천의 경로를 논하고 있다. 도덕적 실천을 위한 가장 좋은 길은 아마도 "인仁을 좋아하는" 일일 것이다. 그러나 인하지 않은 자세나, 인하지 않은 사람을 싫어하는 일 역시 도덕적 실천 경로의 하나로 분명히 인정되고 있다. 그 인정의 정도에 대해서는 주석가마다 견해가 다르다. 주희는 『논어집주』에서 "其爲仁矣"를 "그가 인을 행하는 바가…"(其所以爲仁者)로 해석하는 반면, 오규 소라이는 『논어징』에서 "그가 반드시 인을 행할 수 있다"(其必能爲仁也)로 해석한 바 있다.[12] 즉, 인하지 않음을 싫어하는 사람은 반드시 인을 행할 수 있다고 해석한 것이다.

이렇게 볼 때, 인하지 않음을 (혹은 인하지 않은 사람을) 싫어하는 일 역시 도덕적 실천의 경로로서 인정되고 있는 것은 오규 소라이의 『논어징』에서 좀 더 확실하다고 할 수 있다.[13]

> 微生畝謂孔子曰, 丘何爲是栖栖者與. 無乃爲佞乎. 孔子曰, 非敢爲佞也, 疾固也. (『論語』「憲問」 32)
>
> 미생무微生畝가 공자를 평가해서 말하였다. "구丘(공자의 이름)는 어째서 안달복달하는가? 말재주로 어떻게 해보려는 게 아닌가?" 공자가 말하였다. "감히 말재주로 어떻게 해브려는 게 아니라 고집스러운 것을 미워하는 것뿐이오."

이 예문에서 공자는 자신에 대한 세간의 비판을 해명하는 위치에 있다. 자신은 고집스러운 것을 미워한다고 변명하는 내용을 볼 때, 미워할 만한 대상을 미워하는 것은 정당한 것으로 간주됨을 알 수 있다. 즉, 적절한 대상을 미워하는 것은 정당한 것이다.

> 子貢問曰, 鄕人皆好之, 何如. 子曰, 未可也. 鄕人皆惡之, 何如. 子曰, 未可也, 不如鄕人之善者好之, 其不善者惡之. (『論語』「子路」 24)
>
> 자공子貢이 여쭈었다. "지역 사람들이 모두 그를 좋아하면 어떻습니까?" 선생님께서 말씀하셨다. "아직 안 된다." "지역 사람들이 모두 그를 미워하면 어떻습니까?" 선생님께서 말씀하셨다. "아직 안 된다. 지역의 좋은 사람이 그를 좋아하고 지역의 나쁜 사람이 그를 미워하는 것만 못하다."

이 예문은 앞에서 언급한 '인한 사람만이 누구를 좋아할 수 있고 미워할 수 있다는 논의', '향원에 대한 논의'와 연결되어 있다. 적절히 누군가를 미워할 수 있는 능력만 중요한 것이 아니라, 적절히 미움을 받는 것도 중요하다는 점을 역설하고 있다. 만약 누군가가 평화를 유지한다는 명분으로 모두에게 호감을 얻고자 한다면, 공자는 그러한 사람을 비판했을 것이다. 이처럼 특정 종류의 '미움'을 정당화하는 『논어』의 입장과 평화를 일구는 사람이라는 仁者 번역이 화해할 수 있을까? 양자의 화해 가능성에 대한 설득력 있는 논변이 제공된다면, 화해 가능할 것이다. 그러기 전까지는 '仁者=평화를 일구는 사람'이라고 동일시하는 것은 거칠어 보인다.

4

주요 개념어의 번역 (2): 民

『논어』에서 49회나 사용되는 "民민"은 통치자를 지칭하는 여러 단어들과 대비되어 쓰인다. 다행히도 현대의 국어사전에 '민'이 표제어로 등재되어 있다. 따라서 번역자가 원할 경우, 한국어 '민'을 모두 고대 중국어 民에 대한 번역어로 사용할 수 있다.[1] 현대 국어사전에 이 단어가 등재되어 있는 한, 그 번역을 일러 民의 음을 단지 제시한 데 그쳤다고 볼 수는 없다. 民을 '민'이라고 바꾼 것 역시 가능한 한국어 번역이라고 할 수 있다.

그러나 이것이 곧 『논어』에서 의미하는 民의 개념과 국어사전에 등재되어 현재 사용되는 단어의 개념과 정확히 일치한다는 말은 아니다. 한국어의 일부인 만큼 국어사전에 등재된 단어를 번역어로 채택하여 사용한 뒤, 그 의미의 동이와 변천을 환기하는 선에서 번역할 수 있다는 말일 뿐이다. 이러한 번역 방법이 있음에도 불구하고, 『논어』에 나오는 民을 과감히 풀어서 번역하고자 한 시도들도 있어왔다. 그것 역시 독자들이 해당 개념어에 좀 더 쉽게 접근할 수 있게 해준다는 점에서 유의미한 시도라고 할 수 있다. 이번 장에서는『논어』에 나오는 民의 한국어 번역 현황을 검토하고, 民을 한국어로 풀어 번역하고자 한 시도들의 공과를 살펴본다.

1.『논어』 한국어 번역본의 民 번역

『논어』에 나오는 民을 번역하기 위하여 동원된 어휘들은 실로 다양하다. 신정근 번역본은 "민중"을 民의 번역어로 선택한 반면, 신창호 번역본과 차주환 번역본은 "국민"을 채택하고 있다. 그리고 조명화 번역본은 "민"과 "민중"뿐 아니라 "인민"을 번역어로 사용한다. 그 밖에 최근덕 번역본과 황희경 번역본은 "사람들"을 채택하고 있다. 한필훈 번역본은 "대중"을, 이우재 번역본은 "인간"을, 신창호 번역본은 "서민"을, 이기석·한백우 번역본은 "아래 사람"을 民의 번역어로 사용하고 있다. 이 밖에 "백성"이라는 단어도 종종 사용된다.

언어의 형태에만 국한해서 볼 때, 民의 번역어로 채택된 이와 같은 단어들은 전근대 동아시아 문헌에서도 나오는 어휘들이다. 그러나 근대 이행기에 서양어의 번역어로 채택되고, 또 복잡한 한국 근현대 정치사에서 사용되면서, 각기 구별되는 정치적 함의를 갖게 되었다. 따라서 정교한 정당화 과정 없이 이러한 단어들을 民의 번역어로 사용했다가는 의도치 않은 오해를 부를 수 있다. 그러한 결과를 빚을 수 있는 주요 사례는 다음과 같다.

먼저 "국민"과 "인민"에 대하여 살펴보자.[2] 국민은 'nation'의 번역어이되, 주로 국가 구성원을 의미함에 따라 국가 우월의 함의를 갖는다는 지적이 있어왔다.[3] 그리고 일제강점기에 국민은 주로 황국신민을 의미하게 됨에 따라, 해방 직후에는 국민이라는 어휘에 대한 거부감이 존재하였다.[4] 이에 비해 인민은 'people'의 번역어이되, 일본과 한국에서 인민은 반드시 국가 소속원을 지칭하지는 않으며, 국민이 되기 이전의 사람들을 지칭해온 역사가 있다.[5] 그러다가 해방 이후 남북이 분단과 6·25전쟁을 거치면서 국민과 인민이라는 용어가 매우 분명한 이념적 함의를 띠게 되었다.[6] 이른바 우익은 주로 국민이라는 어휘를, 좌익은 주로 인민이라는 어휘를 선호하게 되었다. 오늘날에 이르러서는 인권이라는 번역어에 새로운 이론적 함의가 추가되고 있기도 하다.[7]

다음으로 "시민"과 "민중"에 대해서 잠시 살펴보자. 시민은 'citizen'의 번역어이되, 자유로운 개인의 결합 가능성이라는 함의를 가지고 쓰이는 경우가 많았다.[8] 한국에서 시민이라는 단어가 갖는 정치적 함의 역시 각별하다. "해방 직후의 정치환경에서 시민 개념은 우파에게나 좌파에게나 그다지 환영받지 못했던 것이 사실이다. … 우파는 국민을, 좌파는 인민을 내세웠고 각기 민족을 상징적으로 언급하였지만 시민은 어느 편에서도 중시되지 않았다. 우파의 관점에서도 시민은 종종 개인적인 이해에 민감한 모리배, 상인, 자기중심적인 개인과 같은 이미지로 다가왔던 것이다. … 형식상 도시민이고 명분상 근대적 존재인 시민 개념이 정치적 주체로서의 성격을 표출하는 경우가 나타난 경우는 정부의 무능에 대한 대중적인 저항과 비판이 등장할 때였다."[9]

이러한 시민 개념이 새삼 주목을 받은 것은 1980년대 이래 민주화 과정에서였다. 그러나 이 경우에도 시민이라는 말은 민중이라는 말과 일정한 긴장을 이루게 된다. 한국 현대사에서 민중은 엘리트와 구별되는 일반인을 지칭하다가, 민주화 과정에서 기존 체제의 억압에 저항할 수 있는 이를 지칭하게끔 된 용어다.[10] 그리하여 민주화 과정에서 민중은 시민에 비해 명시적인 계급적 함의를 띠게 되었다. "진보진영에서는 오히려 이전의 '소시민적 태도'에 대한 부정적인 평가로 시민 개념을 이해하는 경향이 여전히 나타났다."[11]

물론 시민에 담긴 함의를 불식하기 위해 일부러 다른 맥락에서 그러한 단어를 사용하고자 할 수도 있다. 그런 경우에도 시민이라는 단어가 연상시키는 정치체의 모습마저 불식되는 것은 아니다. 시민이라는 단어는 첫 번째 글자 자체가 일정한 도시를 연상시킨다. 그러한 점을 감안한다면, 그리고 꼭 시민이라는 단어를 고대 중국어 특정 어휘의 번역어로 사용하고자 한다면, 民보다는 '國人국인'이 상대적으로 더 합당한 대상일 것이다. "원래 국은 읍이 성장한 대취락이었다. 이 취락의 주위에는 성과 곽이 있어서 도시국가의 형태를 취하고 있었다 … 이 곽 안에 거주하는 사람을 일반적으로 國人이라고 불렀다."[12] 즉, 중국이 거대 국가 혹은 제국으로 변모하기 이전에 고대국가들은 도시국가의 형태를 띠고 있었으며, 그 안에 거주하는 이를 "國人"이라고 부른 것이다. 民을 시민이라고 번역한다면, 마치 民이 곧 國人이라고 오해될 가능성이 높다.

요컨대, 서양어의 번역어로 채택된 이래, 복잡한 정치적 지형 속에서 사용된 전력을 가진 인민, 시민, 국민 등의 용어들은 『논어』의 民의 번역어로 곧바로 사용하기에 적절치 않다. 서양어 번역 과정과 한국 근현대 정치사를 거치면서 그 단어들이 갖게 된 특정한 함의로 인해 독자가 그 의미를 오해할 수 있다.

그렇다면 '인간'이나 '사람' 같은 일견 비정치적인 단어는 民의 번역어로서 어떠한가? 이 단어들은 民에 담겨 있는 피치자로서의 함의를 담기에는 상대적으로 너무 가치중립적이고 포괄적이라는 점이 문제가 된다. 民을 인간이나 사람으로 번역하면 그 포괄성으로 인해 『논어』에 나오는 또 하나의 단어인 '人인'을 번역하기가 궁색해진다. 『논어』에서 民과 人은 구별되어 사용되었다는 것이 학자들의 합의라는 점을 감안한다면, 이것은 작은 문제가 아니다.

물론, 人이라는 말이 民을 늘 배제하면서 사용되었던 것은 아니다. 『논어』 이전에는, 특히 갑골문과 금문에서 종종 人은 사람에 대한 범칭으로 사용되곤 하였다.[13] 그러나 『춘추春秋』에서 人은 일부 예외를 제외하고, 제후와 경대부, 소국의 군주 혹은 대부들을 지칭하였다. 그리고 『시경』「대아」 '가락假樂'에 나오는 "宜民宜人, 受祿于天"이라는 구절을 해석하면서, 주희가 "民, 庶民也. 人, 在位者也"(民은 서민이고, 人은 지위를 가진 사람이다)라고 주석을 단 바 있다. 유사한 맥락에서, 『논어』에서도 人과 民은 분명히 구별되어 사용되었다. 그리하여 『논어』의 현대 중국어 번역으로 유명한 양보쥔楊伯俊은 人은 사대부 이상 계층의 사람만 지칭하여, 民과 대응된다고 말한 바 있다.[14] 이러한 해석을 가장 체계적으로 제시한 학자 중 한 사람이 자오지빈趙紀彬이다.[15] 그의 저서 『반反논어』에 따르면, 단 한 번의 예외를 빼고는,[16] 『논어』에서 人과 民은 모두 대립적으로 혹은 구별되어 사용되었으며, 人은 세습 귀족, 民은 피지배 계급을 지칭한다. 특히 그는 『주례』에 나온 관명 92가지에서 人이라는 용어를 사용하고 있다는 사실에 근거하여, 주周나라 때는 人이 통치계급만 지칭했다고 주장하였다.

이러한 사정을 감안한다면, 『논어』에 나오는 人과 民을 구별해서 번역해야 하며, '사람' 혹은 '인간'이라는 일견 비정치적인 범칭을 人이나 民의 번역어로 채택하는 것은 바람직하지 않다. 民이 가진 피치자로서의 성격을 감안한다면, '민', '백성' 혹은 '피치자'가 일견 가치중립적인 '사람', '인간'보다 나은 번역어다.

그런데 이상의 검토는 각 번역본이 民에 대한 번역어를 일관성 있게 제시했을 때나 고려해볼 수 있는 것이다. 『논어』 한국어 번역본들 가운데 다수는 民에 대한 번역어를 일관되게 제시하지 않고 있으므로, 앞에서 언급한 식의 정치적 함의에 근거한 본격적인 번역비평은 목전의 일이 아니다. 다음에서는 『논어』 한국어 번역본들이 보여준 民 번역의 일관성 정도를 검토한다.

2. 民 번역의 일관성 문제

한국어 번역본이 民에 대한 번역어를 일관되게 제시하지 않아왔다는 것을 확인하기 위해 해당 번역본별로 복수의 번역문을 검토하기로 한다. 다음 예문에서 드러나듯이 같은 번역본 내에서 民에 대해 서로 다른 번역어를 사용하고 있음을 알 수 있다.

강동석 번역본

務民之義 (『論語』「雍也」 22)

사람의 도리에 힘쓰고 (125쪽)

古者民有三疾, 今也或是之亡也. (『論語』「陽貨」 16)

옛날에 백성에게는 세 가지 병이 있었는데 오늘날에는 심지어 이것마저 없다! (391쪽)

금장태 번역본

困而不學, 民斯爲下矣. (『論語』「季氏」 9)

곤란을 겪고서도 배우지 못하면 이러한 사람은 하등이 된다. (100쪽)

古者民有三疾, 今也或是之亡也. (『論語』「陽貨」 16)

옛날에는 백성들에게 세 가지 병통이 있었는데, 지금은 그것조차 없어진 것 같다. (105쪽)

김도련 번역본

務民之義 (『論語』「雍也」 22)

사람이 마땅히 해야 할 일에 힘쓰고 (상권, 317쪽)

擧逸民, 天下之民歸心焉. (『論語』「堯曰」 1)

숨겨진 인재를 들어 쓰니, 천하의 백성이 그에게 마음이 돌아갔다. (하권, 548쪽)

김동인·지정민·여영기 번역본

務民之義 (『論語』「雍也」 22)

사람의 의로움에 힘쓰고 (2권, 115쪽)

擧逸民, 天下之民歸心焉. (『論語』「堯曰」 1)

일민(버려져 지위가 없는 사람들)을 등용하니, 천하 백성의 마음이 돌아왔다. (4권, 429쪽)

김영호 번역본

務民之義 (『論語』「雍也」 22)

사람이 마땅히 해야 할 도리를 힘쓰고 (131쪽)

擧逸民, 天下之民歸心焉. (『論語』「堯曰」 1)

일민을 등용하니 천하 백성의 마음이 돌아왔다. (322쪽)

김용옥 번역본[17]

民到于今受其賜. (『論語』「憲問」17)

중원의 백성들이 오늘에 이르기까지 그의 은혜를 입고 있다. (III권, 359쪽)

困而不學, 民斯爲下矣. (『論語』「季氏」9)

곤요로운데도 배우지 아니하는 자는 인간으로서 최하의 인간이 된다. (III권, 481쪽)

古者民有三疾, 今也或是之亡也. (『論語』「陽貨」16)

예전에는 사람들이 빠지기 쉬운 세 가지 결점이 있었다. 그런데 지금에는, 그것마저도 없어져버렸다. (III권, 516쪽)

김원중 번역본

中庸之爲德也, 其至矣乎. 民鮮久矣. (『論語』「雍也」29)

중용이 덕이 된 것은 아마도 지극하구나! 사람들 중에 (지닌 이가) 드문 지 오래되었다. (162쪽)

擧逸民, 天下之民歸心焉. (『論語』「堯日」1)

일민을 등용하자 천하 백성들의 마음이 돌아오게 되었다. (458쪽)

김학주 번역본

務民之義 (『論語』「雍也」22)

사람으로서 지켜야 할 의로움에 힘쓰고 (240쪽)

擧逸民, 天下之民歸心焉. (『論語』「堯日」1)

숨어 있던 인재들을 등용하니, 천하 백성들의 마음이 되돌아오게 되었다. (574쪽)

김형찬 번역본

務民之義 (『論語』「雍也」 22)

사람이 지켜야 할 도의에 힘쓰고 (87쪽)

擧逸民, 天下之民歸心焉. (『論語』「堯日」 1)

은거하며 살던 인물들을 등용하니, 천하의 백성들이 진심으로 따르게 되었다. (221쪽)

동양고전연구회 번역본

比及三年, 可使足民. (『論語』「先進」 26)

3년 만에 인민을 풍족하게 할 수 있습니다. (243쪽)

困而不學, 民斯爲下矣. (『論語』「季氏」 9)

곤란에 부딪혀도 배우지 않으면, 그러한 사람은 곧 하등이 된다. (357쪽)

류종목 번역본

務民之義 (『論語』「雍也」 22)

사람들이 의로움에 이를 수 있도록 힘쓰고 (203쪽)

民之於仁也, 甚於水火. (『論語』「衛靈公」 35)

백성이 인을 필요로 함은 물과 불을 필요로 하는 것보다도 더 절실하다. (521쪽)

박삼수 번역본

務民之義 (『論語』「雍也」 22)

사람의 마땅한 도리를 행함에 힘쓰고 (172쪽)

民, 可使由之, 不可使知之. (『論語』「泰伯」 9)

일반 백성은 도리를 좇아 행하게 할 수는 있어도, 그 이치를 알게 하기는 어렵다. (235쪽)

박유리 번역본

中庸之爲德也, 其至矣乎. 民鮮久矣. (『論語』「雍也」29)

중용의 덕, 그것은 지극하도다! 사람들 (사이에서) 드물어진 것이 오래되었다. (251쪽)

擧逸民, 天下之民歸心焉. (『論語』「堯曰」1)

일민(逸民)들을 기용하여, 천하의 백성들이 그에게 마음을 두었다. (834쪽)

박종연 번역본

中庸之爲德也, 其至矣乎. 民鮮久矣. (『論語』「雍也」29)

중용이란 도덕, 그것은 최고의 것이지만, 모두들 이미 오랫동안 그것이 부족하다. (184쪽)

比及三年, 可使足民. (『論語』「先進」26)

3년이 될 무렵이면 사람들을 풍족하게 만들 수 있을 것입니다. (353쪽)

擧逸民, 天下之民歸心焉. (『論語』「堯曰」1)

묻혀 있는 인재들을 뽑아 등용시키니, 천하의 백성들이 모두 충심으로 기뻐하며 심복했다. (599쪽)

박헌순 번역본

務民之義 (『論語』「雍也」22)

사람으로서의 도리를 힘쓰고 (1권, 378쪽)

困而不學, 民斯爲下矣. (『論語』「季氏」9)

통하지 않는데도 배우지 않으면 일반 백성이니 곧 하등이 된다. (2권, 430쪽)

배병삼 번역본

中庸之爲德也, 其至矣乎. 民鮮久矣. (『論語』「雍也」29)

중용의 덕(德)이 됨이 실로 지극한데, 사람들 사이에 희박해진 지 오래로구나! (1권, 342쪽)

擧逸民, 天下之民歸心焉. (『論語』「堯曰」1)

숨은 현자(逸民)를 뽑아 쓰니, 천하 백성들의 마음이 돌아왔다. (2권, 491쪽)

부남철 번역본

務民之義 (『論語』「雍也」22)

사람이 마땅히 실천해야 할 도리를 힘쓰면서 (204쪽)

擧逸民, 天下之民歸心焉. (『論語』「堯曰」1)

주紂의 시대에 재야에 숨었던 인사들을 발탁했다. 이에 천하 백성의 마음이 (무왕에게) 돌아왔다. (614쪽)

성백효 번역본

居敬而行簡, 以臨其民, 不亦可乎. (『論語』「雍也」2)

자신이 敬에 있으면서 간략함을 행하여 人民을 대한다면 可하지 않겠습니까? (158쪽)

務民之義 (『論語』「雍也」22)

사람이 지켜야 할 도리를 힘쓰고 (177쪽)

신정근 번역본

使民以時. (『論語』「學而」5)

때(시절)에 맞게 민중(백성)을 〔성곽 보수와 같은 정부 공사에〕 부리도록 해야 한다. (54쪽)

使民敬忠以勸, 如之何. (『論語』「爲政」20)

인민들로 하여금 공경하고 충실하고 부지런하게 만들려면 어떻게 해야 할까요? (103쪽)

신창호 번역본

使民以時. (『論語』「學而」5)

국민들에게 의무를 부과하되 때와 상황에 맞게 해야 한다. (84쪽)

使民戰栗. (『論語』「八佾」21)

사람들에게 '밤송이'를 보듯이 두려워하게 하기 위해서였습니다. (125쪽)

심경호 번역본

民, 可使由之, 不可使知之. (『論語』「泰伯」9)

백성은 도리를 따라 행하게 할 수는 있어도, 도리의 원리를 일일이 알게 하기는 어렵다. (1권, 276쪽)

出門如見大賓, 使民如承大祭. (『論語』「顔淵」2)

문을 나서면 큰 손님을 대하듯이 하고 사람을 부릴 적에는 큰 제사를 받들듯이 하며, (2권, 122쪽)

양차오밍 번역본

斯民也, 三代之所以直道而行也. (『論語』「衛靈公」25)

그 사람들은 하, 상, 주 삼대의 성왕이 바른 도리로 이끌었기 때문이다. (389쪽)

擧逸民, 天下之民歸心焉. (『論語』「堯日」1)

묻혀 있는 인재를 발굴하면, 천하의 백성이 진심으로 따르게 될 것이다. (478쪽)

윤재근 번역본

務民之義 (『論語』「雍也」22)

사람이 지켜나갈 도의에 힘쓰고 (1권, 446쪽)

子欲善而民善矣. (『論語』「顔淵」19)

당신이 선하기를 바라면 백성도 선하게 되오. (2권, 140쪽)

이강재 번역본

君子信而後勞其民 (『論語』「子張」10)

군자는 사람들이 믿게 된 후에야 그들에게 일을 시키는데 (340쪽)

擧逸民, 天下之民歸心焉. (『論語』「堯曰」1)

은거하는 사람들을 등용하니 천하의 백성들이 그에게 마음을 주었다. (350쪽)

이기동 번역본

以不敎民戰, 是謂棄之. (『論語』「子路」30)

사람들을 가르치지 않고 전쟁을 하면, 이는 버리는 것이라고 한다. (503~504쪽)

擧逸民, 天下之民歸心焉. (『論語』「堯曰」1)

숨겨진 사람을 등용하니, 천하의 백성들이 그에게 마음을 주었다. (672쪽)

이기석·한백우 번역본

上好禮, 則民易使也. (『論語』「憲問」41)

윗자리에 있는 사람이 예를 좋아하면 아랫사람을 부리기 쉬우니라. (354쪽)

民之於仁也, 甚於水火. (『論語』「衛靈公」35)

사람들에게 있어 인은 물과 불보다 더 중요한 것이다. (381쪽)

이동희 번역본

務民之義 (『論語』「雍也」 22)

사람들이 마땅히 해야 할 일을 힘쓰고 (116쪽)

子欲善而民善矣. (『論語』「顔淵」 19)

그대가 착하게 되고자 하면 백성들도 착해지는 법이오. (82쪽)

이상임 번역본

務民之義 (『論語』「雍也」 22)

사람이 지켜야 할 도리를 힘쓰고 (81쪽)

子欲善而民善矣. (『論語』「顔淵」 19)

그대가 선하고자 하면 백성들이 선해지는 것이니, (92쪽)

이우재 번역본

務民之義 (『論語』「雍也」 22)

인간의 도리에 힘쓰고 (270쪽)

中庸之爲德也, 其至矣乎. 民鮮久矣. (『論語』「雍也」 29)

중용의 덕됨이 아마 지극할 것이나, 백성들 중에 그것을 오랫동안 행한 이가 드물다. (283쪽)

이을호 번역본

居敬而行簡, 以臨其民, 不亦可乎. (『論語』「雍也」 2)

경건하되 간소하게 백성을 다스려야 좋지 않을까요? (73쪽)

務民之義 (『論語』「雍也」 22)

옳은 사람 노릇에 철저하며 (82쪽)

이지형 번역본

古者民有三疾, 今也或是之亡也. (『論語』「陽貨」16)

옛날에는 사람에게 세 가지 병폐가 있었는데, 지금은 아마도 이것마저도 없는 듯하다. (5권, 205쪽)

擧逸民, 天下之民歸心焉. (『論語』「堯曰」1)

숨은 인재를 기용하니, 천하의 백성이 귀심歸心하였다. (5권, 449쪽)

이한우 번역본

居敬而行簡, 以臨其民, 不亦可乎. (『論語』「雍也」2)

마음은 늘 경건하게 하면서 행동은 대범 소탈하게 하여 이로써 그 백성들을 대한다면 남면할 만한 자질이 있다고 할 수 있지 않겠습니까? (379쪽)

務民之義 (『論語』「雍也」22)

사람이라면 마땅히 지켜야 할 바에 힘쓰고 (434쪽)

임동석 번역본

務民之義 (『論語』「雍也」22)

사람으로서의 의義에 힘쓰고 (2권, 514쪽)

擧逸民, 天下之民歸心焉. (『論語』「堯曰」1)

일민逸民을 찾아내어 거용하니, 천하의 백성들 마음이 귀의하였다. (4권, 1675쪽)

임옥균 번역본

民無德而稱焉. … 民到于今稱之. (『論語』「季氏」12)

덕이 있다고 칭송하는 백성이 없었고, … 사람들이 지금에 이르도록 칭송하고 있다. (318쪽)

擧逸民, 天下之民歸心焉. (『論語』「堯曰」1)

숨어 있던 사람을 등용하니, 천하의 백성이 마음을 돌렸다. (370쪽)

장기근 번역본

中庸之爲德也, 其至矣乎. 民鮮久矣. (『論語』「雍也」29)

중용의 덕은 지극하다. 그런데 사람들이 이를 소홀히 한 지가 너무 오래되었구나. (225쪽)

民, 可使由之, 不可使知之. (『論語』「泰伯」9)

백성들은 〈바른 도리를〉 따라 잘살게 하면 된다. 그들로 하여금 〈깊은 도리를〉 알게 하지 않아도 된다. (289쪽)

조명화 번역본[18]

使民以時. (『論語』「學而」5)

인민을 부릴 때는 시기를 맞추어야 해. (1권, 143쪽)

中庸之爲德也, 其至矣乎. 民鮮久矣. (『論語』「雍也」29)

중용은 더할 나위 없이 덕이 되는데도 (중용을) 오래 지니는 사람은 드물단 말이야. (1권, 587쪽)

民, 可使由之, 不可使知之. (『論語』「泰伯」9)

민이란 (통치를) 따르도록 만들 수는 있어도 (통치를) 이해하도록 만들 수는 없다. (2권, 26쪽)

치주환 번역본

使民以時. (『論語』「學而」5)

적절한 시기를 택해서 국민을 동원해 쓸 일이다. (23쪽)

中庸之爲德也, 其至矣乎. 民鮮久矣. (『論語』「雍也」29)

중용(中庸)의 힘은 대단하기도 하다. 사람들이 중용을 오래 지키고

있는 일이 적으니. (110쪽)

比及三年, 可使足民. (『論語』「先進」26)

3년만 되면 그 고장의 백성들이 부족 없이 살아가도록 만들 수 있겠습니다. (195쪽)

최근덕 번역본

民德歸厚矣. (『論語』「學而」9)

사람들의 덕성이 한결 후해질 것이다. (21쪽)

逸民 (『論語』「微子」8)

숨어 사는 선비로 (470쪽)

擧逸民, 天下之民歸心焉. (『論語』「堯日」1)

숨겨진 사람을 발탁하여 등용하니, 온 천하 백성의 마음이 그에게 돌아가게 되었다. (499쪽)

최영갑 번역본

比及三年, 可使足民. (『論語』「先進」26)

3년이면 풍족하게 할 수 있겠지만 (2권, 47쪽)

擧逸民, 天下之民歸心焉. (『論語』「堯日」1)

재야에 묻힌 사람을 등용하였으므로 천하의 백성들이 그에게로 마음을 돌렸다. (2권, 383쪽)

한필훈 번역본

務民之義 (『論語』「雍也」22)

사람의 도리를 지키려 애쓰며 (112쪽)

如有博施於民, 而能濟衆, 何如. 可謂仁乎. (『論語』「雍也」30)

만약 널리 덕을 베풀어 대중을 고난에서 구하는 사람이 있다면,

어진 사람이라고 할 수 있을까요? (116쪽)

君子篤於親, 則民興於仁, 故舊不遺, 則民不偸. (『論語』「泰伯」2)

지도자가 친척들을 잘 보살피면 백성들 사이에 사랑의 기풍이 일어나며, 지도자가 옛 친구를 잊지 않으면 민심이 각박해지지 않는다. (139쪽)

홍승직 번역본

務民之義 (『論語』「雍也」22)

사람이 행해야 할 옳은 일에 힘쓰고 (118쪽)

君子篤於親, 則民興於仁, 故舊不遺, 則民不偸. (『論語』「泰伯」2)

군자가 친족에게 두터이 하면 백성에게는 인의 기풍이 일어나고, 오랜 친구를 저버리지 않으면 민심은 각박해지지 않는다. (163쪽)

황희경 번역본

民德歸厚矣. (『論語』「學而」9)

사람들의 덕성이 한결 돈후해질 것이다. (36쪽)

君子信而後勞其民 (『論語』「子張」10)

군자는 〔백성들의〕 신뢰를 받은 다음에 그들을 수고롭게 하니 (325쪽)

3. 한 문장 혹은 단락 내에서 번역이 다른 경우

民에 대한 번역을 일관되게 제시하지 않은 『논어』 한국어 번역자들은, 『논어』에서 民이라는 글자가 맥락에 따라 다른 의미를 띠고 있으므로 같은 번역어를 적용하기 어렵다고 항변할 수도 있을 것이다. 그러나 용어를 일관성 없이 사용해서 번역하다보면, 번역문만 보는 독자들은 그 다양한 번역어들이 같은 단어를 지칭하고 있다는 사실을 알 도리가 없다. 그럼에도 불구하고 번역자는 같은 단어에 대해 다양한 번역어를 적용해가며, 수사적 효과를 기대할 수도 있다. 이 모든 점을 감안하더라도, 한 문장 혹은 단락 내에서조차 같은 단어에 다른 번역어들을 적용해서 번역하는 것은 이해하기 어렵다.

足食, 足兵, 民信之矣. … 去食. 自古皆有死, 民無信不立. (『論語』「顔淵」7)

강동석 번역본 양식을 넉넉히 하고 병력을 넉넉히 하면, 백성이 정사를 믿을 것이다. … 양식을 버려야 한다. 예로부터 모두 죽음이 있으나, 사람이 신의가 없으면 설 수 없다. (253~254쪽)

성백효 번역본 양식을 풍족하게 하고 兵(군대와 병기)을 풍족하게 하면 백성들이 신의를 지킬 것이다. … 양식을 버려야 하니, 예로부터 사람은 누구나 다 죽음이 있거니와 사람은 信(믿음 또는 신의)이 없으면 설 수 없다. (339~340쪽)

이상임 번역본 양식을 풍족히 하고, 병(兵)을 충족히 하면 백성들이 믿을 것이다. … 양식을 버려야 하니, 예로부터 사람은 누구나 다 죽음이 있거니와, 사람은 신의가 없으면 설 수 없는 것이다. (96쪽)

이한우 번역본 먹을 것을 풍족하게 하고, 군대를 강하게 하고, 백성들이 정치지도자들을 믿고 따르게 하는 것이다. … 양식을 버려야 한다. 예로부터 사람은 누구나 다 죽음이 있거니와 사람은 믿음이 없으면 설 수 없다. (816쪽)

한필훈 번역본 경제를 풍족하게 하고, 국방을 튼튼히 하고, 백성들이 믿을 수 있도록 해야 한다. … 경제이다. 사람은 누구나 죽음을 피할 수 없지만, 믿음이 없으면 아예 사회가 성립될 수 없기 때문이다. (199~200쪽)

上好禮, 則民莫敢不敬, 上好義, 則民莫敢不服, 上好信, 則民莫敢不用情. 夫如是, 則四方之民, 襁負其子而至矣, 焉用稼. (『論語』「子路」 4)

배병삼 번역본 윗사람이 예(禮)를 좋아하면 백성이 공경하지 않을 리 없고, 윗사람이 의(義)를 좋아하면 백성이 복종하지 않을 리 없으며, 윗사람이 믿음(信)을 좋아하는데 백성이 마음 주지 않을 리 없다. 대저 이렇게만 하면, 온 사방에서 사람들이 애는 들쳐업고 세간은 짊어지고 몰려들 터인데, 어느 겨를에 농사를 지을 것이냐! (2권, 133쪽)

신창호 번역본 지도자가 예를 좋아하면 서민들이 그를 공경하지 않을 리 없다. 지도자가 도의를 잘 지키면 서민들이 복종하지 않을 리 없다. 지도자가 신의를 잘 지키면 서민들이 성실하지 않을 리 없다. 이렇게 되면 세상 사람들이 어린 자식을 강보에 싸 업고 몰려들 것인데, 왜 정치지도자가 농사짓는 법을 배우려고 하는가? (318쪽)

윤재근 번역본 윗사람이 예의를 잘 지키면 백성도 경건하지 않을 수 없고, 윗사람이 정의를 잘 지키면 백성도 복종하지 않을 수 없으며, 윗사람이 신의를 잘 지키면] 백성도 성실할 수밖에 없다. 이와 같이 하면 온 사방의 사람들이 자식을 강보에 싸서 업고라도 모여들 텐데 어찌 농사일을 활용해보겠단 말인가? (2권, 180쪽)

民無德而稱焉. … 民到于今稱之. (『論語』「季氏」12)

김형찬 번역본 백성들 중에 그의 덕에 대해 칭찬하는 사람이 없었다. … 사람들은 지금까지도 그들을 칭송하고 있다. (193~194쪽)

박삼수 번역본 백성들 가운데 어느 누구도 그의 덕을 기리며 칭송하는 사람이 없었다. … 사람들은 지금까지도 그들을 칭송하고 있다. (466쪽)

이강재 번역본 백성들은 어느 누구도 그를 칭송하지 않았다. … 사람들이 지금까지도 그를 칭송한다. (311쪽)

임동석 번역본 백성들은 그를 덕이 있는 임금이라 칭하지는 않았다. … 사람들은 지금까지도 그를 칭송하고 있다. (4권, 1469쪽)

임옥균 번역본 덕이 있다고 칭송하는 백성이 없었고, … 사람들이 지금에 이르도록 칭송하고 있다. (318쪽)

조명화 번역본 그의 덕을 칭송한 사람은 (아무도) 없었다. … 인민은 지금까지도 칭송한다. (2권, 542쪽)

所重, 民食喪祭. 寬則得重, 信則民任焉, 敏則有功, 公則說. (『論語』「堯曰」1)

배병삼 번역본 (그리고) 중히 여긴 것은 인력(民)과 경제(食), 상례(喪)와 제례(祭)였다. (지도자가) 너그러우면 무리를 얻고, 미쁘면 백성들이 그에게 맡기고, 부지런하면 공을 이루고, 공정하면 모두 기뻐하는 법. (2권, 491~492쪽)

신정근 번역본 〔아마 주공이〕 소중하게 생각한 것은 인민이고 식량이고 상례이고 제사였다. 〔윗사람(지도자)이〕 너그러우면 사람(신망)을 얻게 되고, 믿음이 있으면 주위 사람들이 일을 맡기고, 재빠르면 〔기회가 올 때〕 공적을 세우게 되고, 공정하면 〔사람들이〕 납득하게 된다. (773쪽)

신창호 번역본 주나라가 소중히 여긴 것은 국민을 잘살게 하는 민생, 죽은 사람을 정중하게 장사 지내는 상례, 그리고 죽은 후 경건하게 제사를 모시는 제례였다. 관대하였기 때문에 많은 사람들이 모여들었고, 신의가 있었기에 사람들이 신임하였으며, 게으르지 않고 성실하였기에 많은 공적을 세웠고, 공평무사했기에 사람들이 기뻐하며 따랐다. (464쪽)

조명화 번역본 (무왕이 각별히) 인민에게 소중하게 여겼던 바는 '먹는 문제', '상 치르기', '제사 모시기'였다. 너그러우면 민중(의 신망)을 얻게 되고, 미더우면 인민이 맡길 것이며, 영민하면 공적을 세우게 되고, 공정하(게 대해주)면 (모두가) 즐거워할 것이다. (2권, 691쪽)

차주환 번역본 그가 소중하게 여긴 것은, 백성들과 양식과 제사와 상사(喪事)였다. 관대하면 많은 사람들의 지지를 받고, 신용이 있으면 국민들이 일을 맡기고, 민첩하면 공적을 올리게 되고, 공평하면 기뻐한다. (339쪽)

특히 문제가 되는 것은 같은 문장이나 단락에 등장하는 民이라는 글자에 대해 인민, 민중, 국민, 백성 등의 다양한 번역어를 사용하는 경우다. 앞에서 간략히 살폈듯이 그러한 번역어들은 서로 다른 정치적 함의를 가지고 있기에, 그리고 서로 다른 정치체를 전제하고 있기에 독자에게 혼란을 불러일으킬 수 있다. 한 문장 혹은 단락 내에서조차 같은 단어에 대해 서로 다른 복수의 번역어를 사용할 때에는, 번역자 스스로 그러한 선택을 정당화하는 합당한 설명을 베풀어야 한다.

4. 民을 아예 번역하지 않은 경우

使民戰栗. (『論語』「八佾」21)

홍승직 번역본 밤나무로 만든 것은 벌벌 떨게 한다는 의미입니다. (62쪽)

이 번역문에서는 누구를 떨게 한다는 것인지에 대한 언급이 빠져 있다. 民을 어떻게 번역하느냐에 따라 피치자를 떨게 한다는 뜻이 될 수도, 통치자를 떨게 한다는 뜻이 될 수도 있다.

比及三年, 可使足民. (『論語』「先進」26)

최영갑 번역본 3년이면 풍족하게 할 수 있겠지만 (2권, 47쪽)

이 번역문에서는 누구를 풍족하게 한다는 것인지에 대한 언급이 빠져 있다. 民을 어떻게 번역하느냐에 따라 피치자를 풍족하게 한다는 뜻이 될 수도, 통치자를 풍족하게 한다는 뜻이 될 수도, 혹은 모든 이를 풍족하게 한다는 뜻이 될 수도 있다. 民에 대한 번역을 생략하면, 이와 같이 중요한 사안에 대한 판단을 유보하는 것 같은 인상을 주게 된다.

民到于今受其賜. (『論語』「憲問」17)

장기근 번역본 그리하여 오늘에 이르도록 그의 혜택을 입고 있는 것이다. (526쪽)

이 번역문에서도 누가 혜택을 입는지에 대한 구체적인 언급이 빠져 있다. 民을 어떻게 번역하느냐에 따라 혜택이 미치는 범위가 결정된다. 民에 대한 번역을 생략하면, 이와 같이 중요한 사안에 대해 번역자가 어떤 판단을 하고 있는지 독자는 알 수 없다.

5

주요 개념어의 번역 (3): 鄕原과 鄕人

『논어』에 나오는 또 하나의 유명한 개념어가 "鄕原향원"(그리고 그와 유관한 개념어인 "鄕人향인")이다. 대체로 시류에 영합하는 사람을 뜻한다고 알려진 이 鄕原의 번역 문제는 의외로 간단하지 않다. 다행히도 현대의 국어사전에 '향원'이 표제어로 등재되어 있다. 따라서 번역자가 원할 경우 한국어 '향원'을 모두 고대 중국어 鄕原에 대한 번역어로 사용할 수 있다. 실제로 상당히 많은 『논어』 한국어 번역본이 '향원'을 鄕原의 번역어로 채택하고 있다. 현대 국어사전에 이 단어가 등재되어 있는 한, 그 번역을 일러 鄕原의 음을 단지 제시한 데 그쳤다고 볼 수는 없다. 鄕原을 '향원'이라고 바꾼 것 역시 가능한 한국어 번역이라고 할 수 있다.

그러나 이것이 곧 『논어』에서 의미하는 鄕原의 개념과 국어사전에 등재되어 현재 사용되는 단어의 개념이 정확히 일치한다는 말은 아니다. 한국어의 일부인 만큼 국어사전에 등재된 단어를 번역어로 채택하여 사용한 뒤, 그 의미의 동이와 변천을 환기하는 선에서 번역할 수 있다는 말일 뿐이다. 이러한 번역 방법이 있음에도 불구하고, 『논어』에 나오는 鄕原을 과감히 풀어서 번역하고자 한 시도들도 있어왔다. 그것 역시 독자들이 해당 개념어에 좀 더 쉽게 접근할 수 있게 해준다는 점에서 유의미한 시도라고 할 수 있다. 이번 장에서는 『논어』에 나오는 鄕原의 이러한 한국어 번역 현황을 검토하고, 鄕原을 한국어로 풀어 번역하고자 한 시도들의 공과를 살펴본다.

1. 『논어』 한국어 번역본의 鄕原 번역

『논어』에 나오는 鄕原을 번역하기 위하여 동원된 어휘들은 실로 다양하다. 그 다양한 번역어들의 공과를 평가하기 위해서는 무엇보다도 鄕原에 사용된 글자 鄕을 어떻게 번역해야 할지 판단해야 한다. 상당수의 『논어』 한국어 번역본들은 鄕原의 鄕을 "시골"(예: 시골의 점잖은 체하는 사람) 혹은 "마을/고을"(예: 마을의 위선자)이라고 번역한다. 그와 같은 사정은 鄕人의 번역에서도 마찬가지다. 상당수의 『논어』 한국어 번역본들은 鄕人의 鄕을 "시골" 혹은 "마을/고을"이라는 표현을 활용해서 "시골 사람/마을 사람/고을 사람"이라고 번역한다.

많은 번역자들이 시골, 마을, 고을 같은 단어를 사용하여 鄕을 번역하는 것은 오늘날 널리 퍼져 있는 鄕의 의미가 시골 혹은 고을이라는 점 때문인 것으로 추측된다. 그러나 시골 혹은 고을/마을이라는 것이 과연 공자가 살았던 시대에도 鄕의 주된 의미였을까? 이 질문에 대답하기 위하여 주나라 시대의 국가체제를 잠시 살펴보자.[1]

관습적으로 봉건제라고 불린 주나라 국가체제의 모습은 일종의 도시국가 연대라고 할 수 있다.[2] 그리고 그 도시국가의 모습을 일러 종종 '국야제國野制'라고 한다. 국야제란 '國국'과 '野야'라는 글자로 구성된 데서 알 수 있듯이, 國이라는 도시와 野라는 시골이 결합하여 하나의 정치체를 이루는 양상을 지칭한다. 즉 당시 정치체의 중앙에는 國이라고 불리는 도시가 있고, 그 도시를 둘러싸고 밭과 거주지로 된 野가 있었던 것이다. 여기서 성곽 내부와 성곽 밖으로부터 100리까지의 四郊사교(사방의 교외)가 바로 전술한 鄕에 해당한다. 鄕의 외부에 존재하는 100리에서 200리에 이르는 땅은 遂수에 해당한다. 주나라의 제도에서 하나의 鄕은 1만 2,500호로 규정되어서, 국가의 가장 큰 주민 호적 단위였다.[3] 그리고 이 당시를 묘사하는 문헌을 보면 鄕人은 國人국인과 거의 같은 의미로 사용되고 있다. 게다가 鄕人과 國人은 모두 野人과는 대립되는 의미로 사용되었으므로, 시골 사람이라는 뜻과는 거리가 멀다. 이런 주나라 정치체제 내의 鄕의 의미는 이후 중국제국이 전개되면서 그 의미가 바뀌게 되지만, 주나라 시대의 문헌을 다룰 때에는 이러한 당대의 의미에 주목할 필요가 있다.

향이 성읍의 가장 큰 주민 단위라는 점에서, "마을/고을"이라는 표현은 향의 번역어로서 만족스럽지 않다. 마을이나 고을은 상대적으로 작은 동네라는 느낌을 주기 때문이다. 마을이나 고을 같은 단어는 오히려 '리里'나 '전廛'을 번역할 때 사용해볼 수 있는 번역어라고 할 수 있다. 향원이 시류에 영합하고 자신이 거주하는 곳의 인기에 집착하는 사람이라고 할 때, 그의 거주지가 마을/고을 같은 표현이 뜻하는 협소한 곳이냐, 아니면 성읍의 가장 큰 주민 단위처럼 광활한 곳이냐는 중요한 사안이다. 어느 쪽이냐에 따라 향원의 의미가 사뭇 달라지기 때문이다. 동네급의 작은 지역에서 시류에 영합하는 사람의 주된 결점은 시야가 협애하다는 데 있을 것이다. 반면, 성읍의 가장 큰 주민 단위에서 시류에 영합하는 사람의 주된 결점은 시야의 협애함이라기보다는 상대적으로 많은 사람의 인기에 연연하는 일종의 '포퓰리스트populist'라는 데 있을 것이다. 즉, 후자의 경우에 향원이란 인기에 연연한 나머지 무원칙적으로 흐를 수 있는 인간형을 지칭하게 되는 것이다.[4] 이러한 후자의 해석은 "오직 仁者만 남을 좋아할 수 있고, 미워할 수 있다"(惟仁者, 能好人, 能惡人. 『논어』「이인」3)라고 한 공자의 주장과 상통한다. 원칙을 고수한 끝에 타인을 (좋아하는 일은 물론) 미워하는 일마저 마다하지 않는 仁者의 모습은, 많은 이의 인기에 연연하는 향원의 모습과 대조되는 것이다. 이처럼 仁者와 鄕原을 대비하기 위해서는 향원에 나오는 鄕을 당시의 역사적 맥락대로 이해할 필요가 있다.

한편 "시골"이라는 표현은, 鄕이 수도와 대비되어 사용되는 용례가 존재한다는 점에서 鄕의 일리 있는 번역어가 될 수 있다. 그러나 鄕은 野에 비해서는 상대적으로 도시적인 면모가 있다. 鄕이 가진 그러한 상대적으로 도시에 가까운 당시 어감을 생각해본다면, '시골' 역시 鄕의 번역어로 충분히 만족스럽다고 할 수 없다. 鄕人이 野人과는 대립되고, 國人에 가깝게 사용되었다는 점을 감안하다면 향인을 그저 "시골 사람"이라고 번역하는 것은 충분히 만족스럽지 않다. "시골 사람"이라는 표현은 오히려 野人을 번역할 때 사용해볼 수 있는 번역어라고 할 수 있다.

鄕이 가진 지역적 의미를 아예 빼고 鄕人이나 鄕原을 의역하는 것 역시 문제가 있다. 그것은 鄕人과 鄕原에 공히 사용되고 있는 鄕이라는 글자와 관련된 중요한 역사적 질문을 회피하는 것이기 때문이다. 다음에서 살펴보듯이, 鄕人과 鄕原을 풀어서 번역한 『논어』 한국어 번역본 중에서 鄕이 가진 역사적 의미를 충분히 살려서 번역한 경우는 거의 없다.

대개의 번역이 鄕을 마을, 고을, 시골 같은 단어로 번역하거나, 지역성을 탈각한 의역을 시도하고 있다. 그런데 이상의 검토는 각 한국어 번역본이 鄕에 대한 번역어를 일관성 있게 제시했을 때나 고려해볼 수 있는 것이다. 『논어』 한국어 번역본들 가운데 다수는 鄕에 대한 번역어를 일관되게 제시하지 않고 있으므로, 앞에서 언급한 식의 역사적 맥락에 근거한 본격적인 번역비평은 목전의 일이 아니다. 다음에서는 『논어』 한국어 번역본들이 보여준 鄕 번역의 일관성 및 번역어 선택 현황을 정리해보기로 한다.

2. 鄕原/鄕人의 한국어 번역 분류

1) 鄕原의 번역

(1) 『논어』에 나오는 鄕原 번역

子曰, 鄕原, 德之賊也. (『論語』「陽貨」 13)
선생님께서 말씀하셨다. "향원鄕原은 덕德을 해친다."

• 鄕原을 그대로 "향원"이라고 번역한 번역본

강동석 번역본(389쪽), **김동인·지정민·여영기 번역본**(4권, 168쪽), **김영호 번역본**(295쪽), **김용옥 번역본**(III권, 513쪽), **동양고전연구회 번역본**(377쪽), **박유리 번역본**(744쪽), **박헌순 번역본**(2권, 477쪽), **배병삼 번역본**(2권, 391쪽), **부남철 번역본**(554쪽), **성백효 번역본**(496쪽), **신정근 번역본**(690쪽), **심경호**

번역본(3권, 178쪽), **유교문화연구소 번역본**(641쪽), **이기동 번역본**(619쪽), **이동희 번역본**(45쪽), **이상임 번역본**(37쪽), **이우재 번역본**(743쪽), **이지형 번역본**(5권, 191쪽), **임옥균 번역본**(331쪽), **정태현·이성민 번역본**(3권, 127쪽), **조명화 번역본**(2권, 581쪽), **최석기 번역본**(142쪽), **홍승직 번역본**(326쪽)

- 鄕原을 "시골"이라는 표현을 사용해서 번역한 번역본

금장태 번역본 시골에서 점잖은 체하는 사람은 덕을 해치는 자이다. (105쪽)

김도련 번역본 시골에서 인자한 체하는 사악한 군자는 덕德을 해치는 도적이다. (하권, 434쪽)

이한우 번역본 시골에서 덕망이 있다는 소리를 듣는 사람은 (잘 알고 보면 대부분) 덕을 해치는 자이다. (1260쪽)

차주환 번역본 시골에서 후(厚)하고 틀림없는 듯이 구는 것은 덕을 해치는 짓이다. 시골 사람들은 사람을 그 외면을 가지고 평하므로 가식(假飾)을 잘하고 내심(內心)이 흉악한 인간을 그대로 후덕한 사람으로 보는 수가 많다. (307쪽)

최근덕 번역본 시골의 점잖은 체하는 사람은 덕을 해치는 자이다. (446쪽)

최영갑 번역본 시골 마을에서 근후한 척하는 사람은 덕을 해치는 사람이다. (2권, 305쪽)

한필훈 번역본 겉으로 점잖은 체하여 순박한 시골 사람들로부터 칭송을 듣는 위선자는 도덕을 해치는 도적이다. (294쪽)

- 鄕原을 "마을/고을"이라는 표현을 사용해서 번역한 번역본

김원중 번역본 마을의 위선자는 덕을 해치는 자다. (413쪽)

김학주 번역본 한 고을에서 겉으로만 올바른 듯이 행세하는 자는,

덕을 해치는 자다. (521쪽)

김형찬 번역본 시세에 영합하면서도 겉으로만 점잖고 성실한 듯이 행동하여 순박한 마을 사람들에게서 인정을 받는 사람은 바로 덕을 해치는 사람이다. (201쪽)

류종목 번역본 온 고을 사람들의 칭송을 받는 두루뭉술한 사람은 덕을 해치는 사람이다. (568쪽)

박삼수 번역본 시비 분별도 없이 세속에 영합하면서도, 겉으로는 점잖고 성실하고 후덕하게 처신해, 순박한 마을 사람들에게 무한히 인정을 받는 무골호인은 도덕을 파괴하는 해충이다. (483쪽)

양차오밍 번역본 마을 사람이 모두 좋은 선생이라고 과장하면, 이는 덕을 해치는 것이다. (428쪽)

이강재 번역본 한 고을에서 그럴듯하게 행동하며 근엄한 체하는 사이비 군자는, 궁극적으로 덕을 해치는 도둑과 같은 자이다. (321쪽)

임동석 번역본 마을에서 아는 척하는 자는 덕을 해치는 도적이로다. (4권, 1522쪽)

장기근 번역본 〈저속한〉 마을 사람들이 높이는 우두머리는 결국은 덕을 해치는 도적이라 하겠다. (655쪽)

• 지역성을 띤 표현을 빼고 번역한 번역본

박종연 번역본 진정한 시비를 가리지 못하는 무골호인은 도덕을 망치는 소인이다. (532쪽)

신창호 번역본 무식하고 저속한 조무래기들이 떠받드는 두목은 결국 사회의 도덕을 해치는 큰 도적과 같은 존재이다. (420쪽)

이을호 번역본 근엄한 체하는 사람은 곧은 인격을 좀먹는 무리들이다. (230쪽)

황희경 번역본 무골호인(無骨好人)은 덕을 해치는 자이다. (301쪽)

• 기타

윤재근 번역본 고향 사람들에게 후덕하다고 칭송받지만 실은 그렇지 않은 자는 덕을 해치는 도둑이다. (2권, 548쪽)

이기석·한백우 번역본 향인(鄕人)으로부터 덕이 있는 사람이라고 칭송을 받으나 실제로 그렇지 못한 사람은 도덕의 도둑이니라. (414쪽)

(2) 『맹자』에 나오는 鄕原 번역

『맹자』「진심하盡心下」에도 鄕原이라는 표현이 나온다.[5] 『논어』 한국어 번역자 중에는 『맹자』를 번역한 이도 다수 있으므로, 이를 통해 그들이 과연 번역을 일관되게 했는지 가늠해볼 수 있다. 다음은 『맹자』「진심하」 37의 원문 및 번역, 그리고 기존 『논어』 한국어 번역자들의 해당 부분 번역 현황이다(밑줄은 필자).

萬章問曰, "孔子在陳曰, '盍歸乎來! 吾黨之士狂簡, 進取, 不忘其初.' 孔子在陳, 何思魯之狂士?"
孟子曰, "孔子 '不得中道而與之, 必也狂獧乎! 狂者進取, 獧者有所不爲也.' 孔子豈不欲中道哉? 不可必得, 故思其次也."
"敢問何如斯可謂狂矣?"
曰, "如琴張, 曾晳, 牧皮者, 孔子之所謂狂矣."
"何以謂之狂也?"
曰, "其志嘐嘐然, 曰, '古之人, 古之人.' 夷考其行, 而不掩焉者也. 狂者又不可得, 欲得不屑不潔之士而與之, 是獧也, 是又其次也. 孔子曰, '過我門而不入我室, 我不憾焉者, 其惟①鄕原乎! ②鄕原, 德之賊也.'"
曰, "何如斯可謂之③鄕原矣?"

曰, "'何以是嘐嘐也? 言不顧行. 行不顧言, 則曰, 古之人, 古之人. 行何爲踽踽涼涼? 生斯世也, 爲斯世也, 善斯可矣.' 閹然媚於世也者, 是④鄕原也."

萬子曰, "⑤一鄕皆稱原人焉, 無所往而不爲原人, 孔子以爲德之賊, 何哉?"

曰, "非之無擧也, 刺之無刺也, 同乎流俗, 合乎汚世, 居之似忠信, 行之似廉絜, 衆皆悅之, 自以爲是, 而不可與入堯舜之道, 故曰 '德之賊'也. 孔子曰, 惡似而非者. 惡莠, 恐其亂苗也. 惡佞, 恐其亂義也. 惡利口, 恐其亂信也. 惡鄭聲, 恐其亂樂也. 惡紫, 恐其亂朱也. 惡⑥鄕原, 恐其亂德也. 君子反經而已矣. 經正, 則庶民興. 庶民興, 斯無邪慝矣.

만장이 물었다. "공자께서 진나라에 계실 때 '어찌 돌아가지 않으리오. 우리네 선비가 광간하고 진취적이지만 그 처음을 잊지 못한다'고 하셨습니다. 공자께서 진나라에 계시면서 왜 노나라의 광사狂士들을 생각하셨습니까?"

맹자가 말했다. "공자께서는 '중도의 사람을 얻어 함께하지 못할 바에는 차라리 광견狂獧이 낫겠다! 광자狂者는 진취적이고 견자獧者는 안 하는 바가 있다'고 말했다. 공자께서 어찌 중도(의 사람)를 원하지 않았으리오? 반드시 얻을 수 있는 바가 아니므로 그다음을 생각하신 것이다."

"감히 여쭙건대, 어떠하면 광狂이라고 할 수 있습니까?"

맹자가 말했다. "금장琴張, 증석曾晳, 목피牧皮 같은 이들이 공자가 말하는 광이다."

만장이 물었다. "어째서 광이라고 하나요?"

맹자가 말했다. "뜻이 크고 호언을 해서 옛사람, 옛사람 운운하지만 평소에 그 행실을 보면 행실이 말을 채 덮지 못한다. 광자를 얻을 수 없으면, 더러운 것을 달갑게 여기지 않는 이를 얻어 함께하고자 했으니 이것이 견狷이니 그다음 급수이다."

(만장이 물었다.) "공자께서는 '내 문을 지나면서 내 집에 들어오지 않더라도 내가 유감으로 생각하지 않을 자는 향원뿐이다. 향원은 덕 있는 사람의 적이다(혹은 덕을 해친다)'라고 하셨습니다. 어떠하면 향원이라고 부릅니까?"

맹자가 말했다. "어째서 뜻과 말이 크고, 말은 행실을 돌아보지 못하고, 행실은 말을 돌아보지 못하면서, 그저 옛사람 옛사람 운운하는가. 어째서 다른 사람들과 어울리지 못하고 홀로 쓸쓸히 행동하는가. 이 세상에 태어난 바에야 세상을 위하여 좋은 게 좋은 거면 된 거다라고 하며 뜻을 감추고서 세상에 아부하는 이가 향원이다."

만장이 말했다. "한곳에서 (향)원이라고 하면, 다른 곳에서도 (향)원이라고 할 텐데, 공자께서 (굳이) 덕 있는 사람의 적이라고(혹은 덕을 해친다고) 하신 것은 어째서입니까?"

맹자가 말했다. "비난하려 해도 거론할 게 없고, 풍자하려 해도 풍자할 게 없고, 세속에 동화되고 더러운 세상에 부합하여, 거처함에는 충신한 것 같고 행동함에는 염결한 것 같아서 사람들이 모두 좋아하고 스스로도 옳다고 여기지만, 더불어 요순의 도에 들어갈 수 없으므로 '덕의 적'이라고 한다. 공자께서 말씀하시기를, 사이비를 미워한다. 강아지풀을 미워하는 것은 그것이 벼 싹을 어지럽힐까 두려워해서이고, (말)재주 있는 이를 미워하는 것은 그가 의를 어지럽힐까 두려워해서이고, 내실 없이 말만 잘 하는 이를 미워하는 것은 신의를 어지럽힐까 두려워해서이고, 정나라 음악을 미워하는 것은 정악을 어지럽힐까 두려워해서이고, 자주색을 미워하는 것은 그것이 붉은색을 어지럽힐까 두려워해서이고, 향원을 미워하는 것은 그것이 덕을 어지럽힐까 두려워해서이다.

군자는 떳떳한 상도를 회복할 뿐이다. 떳떳한 상도가 바르면, 뭇사람들이 (선함에) 흥기하고, 뭇사람들이 흥기하면 사특함이 없어진다."

이 인용문에는 鄕原이라는 말이 다섯 번, 그리고 내용적으로 鄕原을 뜻하는 말이 한 번 나온다. ①~⑥에 나오는 鄕原의 용례에 대해, 기존 『논어』 번역자들은 어떻게 번역하고 있을까? 흥미롭게도 위 『맹자』 인용문에 나온 이음절어 鄕原(① ② ③ ④ ⑤ ⑥)에 대해 『논어』 번역자들은 모두 "향원"이라고 번역하고 있다.

• 鄕原을 "향원"이라고 번역한 번역본

강동석 번역본(『맹자』, 한국학술정보, 2015) ①향원(642쪽), ②향원(642쪽), ③향원(642쪽), ④향원(643쪽), ⑤한 고을이 모두 원인이라고 부른다면 가는 곳마다 원인이 되지 않음이 없는데(644쪽), ⑥향원(645쪽)

동양고전연구회 번역본(『맹자』, 민음사, 2016) ①향원(497쪽), ②향원(497쪽), ③향원(497쪽), ④향원(499쪽), ⑤한 고장 사람들이 모두 정중하고 성실한 사람이라고 부른다면 가는 곳마다 정중하고 성실한 사람이 되지 않을 수 없는데(499쪽), ⑥향원(499쪽)

성백효 번역본(『현토신역 맹자집주 [人]』, 한국인문고전연구소, 2014) ①鄕原(383쪽), ②鄕原(383쪽), ③鄕原(384쪽), ④鄕原(385쪽), ⑤한 지방이 모두 原人(삼가는 사람)이라고 칭한다면 가는 곳마다 原人이 되지 않을 곳이 없을 터인데(386쪽), ⑥鄕原(387쪽)

신창호 번역본(『한글 맹자』, 판미동, 2015) ①향원(470쪽), ②향원(470쪽), ③향원(470쪽), ④향원(470쪽), ⑤한 지역사회가 모두 점잖고 의젓한 사람이라고 하면 가는 곳마다 점잖고 의젓한 사람이 됩니다(470쪽),

⑥향원(471쪽)

유교문화연구소 번역본(『맹자』, 성균관대학교출판부, 2006) ①향원(1072쪽), ②향원(1072쪽), ③향원(1072쪽), ④향원(1072쪽), ⑤한 고을 사람이 다 좋은 사람이라고 말하면 가는 곳마다 좋은 사람이 되지 않음이 없을 것인데(1074쪽), ⑥향원(1076쪽)

윤재근 번역본(『희망과 소통의 경전 맹자(II)』, 동학사, 2009) ①향원(1406쪽), ②향원(1406쪽), ③향원(1406쪽), ④향원(1407쪽), ⑤한 고을이 모두 그 고을 사람을 원인(原人)이라 부른다면 (그 고을 사람은 모두) 가는 데마다 원인이 안 될 바가 없겠습니다(1415쪽), ⑥향원(鄕原)(1425쪽)

이기동 번역본(『맹자강설』, 성균관대학교출판부, 2005) ①鄕原(675쪽), ②鄕原(675쪽), ③鄕原(675쪽), ④鄕原(676쪽), ⑤한 고을이 모두 점잖은 사람이라고 일컫는다면, 어디를 가더라도 점잖은 사람이 되지 않는 것이 없을 것인데(677쪽), ⑥鄕原(677쪽)

이우재 번역본(『이우재의 맹자 읽기』, 21세기북스, 2012) ①향원(鄕原)(847쪽), ②향원(847쪽), ③향원(848쪽), ④향원(848쪽), ⑤고을 전체가 모두 근후한 사람이라고 칭하면, 가는 곳마다 근후한 사람으로 여겨지지 않는 바가 없을 텐데(848쪽), ⑥향원(848쪽)

이한우 번역본(『논어로 맹자를 읽다』, 해냄출판사, 2015) ①향원(鄕原=鄕愿)(1039쪽), ②향원(1039쪽), ③향원(1039쪽), ④향원(1039쪽), ⑤한 고을 사람들이 모두 덕망 있는 사람이라고 부른다면 그 사람은 어디를 가건 덕망 있는 사람이 아닐 수 없을 텐데(1039쪽), ⑥향원(1040쪽)

임동석 번역본(『사서집주언해 맹자』, 학고방, 2004) ①향원(鄕原)(713쪽), ②향원(713쪽), ③향원(713쪽), ④향원(714쪽), ⑤한 향(鄕)에서 모두가 원

인(原人)이라 칭한다면 어디를 간들 원인이 되지 않을 수 없을 것인데(714쪽), ⑥향원(714쪽)

장기근 번역본(『맹자의 명언명구』, 명문당, 2013) ①향원(鄕原)(634쪽), ②향원(634쪽), ③향원(634쪽), ④향원(634쪽), ⑤한 마을에서 모든 사람이 근실한 사람이라고 칭찬하면 어디에 가도 근실할 것입니다(635쪽), ⑥향원(鄕原)(637쪽)

위 번역본의 번역자들은 모두 『맹자』「진심하」 37에 나오는 "鄕原"을 그대로 "향원"이라고 번역하고 있다. 그러나 이 번역자들 모두가 『논어』에 나오는 "鄕原"을 번역할 때에도 "향원"이라고 번역한 것은 아니다. 신창호가 『논어』에 나오는 "鄕原"을 번역할 때는 "무식하고 저속한 조무래기들이 떠받드는 두목"이라고 번역했음을 상기할 때, 일관되지 못한 번역이라고 할 수 있다(신창호 번역본, 420쪽). 윤재근 역시 『논어』에 나오는 향원을 "고향 사람들에게 후덕하다고 칭송받지만 실은 그렇지 않은 자"라고 번역했음을 상기할 때 일관되지 못한 번역이라고 할 수 있다(윤재근 번역본, 2권, 548쪽). 이한우도 『논어』에 나오는 향원을 "시골에서 덕망이 있다는 소리를 듣는 사람"이라고 번역했으므로 일관되지 못한 번역이라고 할 수 있다(이한우 번역본, 1260쪽). 임동석 역시 『논어』에 나오는 향원을 "마을에서 아는 척하는 자"라고 번역했음을 상기할 때, 일관되지 못한 번역이라고 할 수 있다(임동석 번역본, 4권 1522쪽). 장기근 역시 논어에 나오는 향원을 "〈저속한〉 마을 사람들이 높이는 우두머리"라고 번역했음을 상기할 때, 일관되지 못한 번역이라고 할 수 있다(장기근 번역본, 655쪽).

앞의 『맹자』 예문에서 특히 주목되는 것은 鄕原이라는 2음절어를 사용하고 있지 않지만, 내용적으로 鄕原을 지칭하고 있는 ⑤다. ⑤는 "鄕"과 "原"을 구분하고 있음에 따라, 각 번역자들이 "鄕"을 어떻게 이해하고 번역하고 있는지를 좀 더 분명히 알려준다.

『맹자』에 나오는 鄕原을 글자 그대로 향원이라고 번역한 번역본들조차 ⑤ "一鄕皆稱原人焉, 無所往而不爲原人"에서 "鄕"을 번역할 때는 대개 마을, 고을, 혹은 동네라는 표현을 사용한다는 점이 주목된다. 예외는 "고장"이라는 표현을 사용한 동양고전연구회 번역본, "지방"이라는 표현을 사용한 성백효 번역본, "지역사회"라는 표현을 사용한 신창호 번역본, "一鄕"이라는 원문을 그대로 차용한 임동석 번역본이다. 이 중 특히 "지역사회"라는 표현은 『논어』 한국어 번역본 가운데 鄕原의 번역어로 채택한 사례가 없다.

그러면 『맹자』에 나오는 鄕原을 향원이라고 번역하지 않고, 모두 풀어서 번역한 번역본들은 어떤 것이 있을까?

- "마을/고을"이라는 표현을 사용해서 번역한 번역본

김학주 번역본(『맹자』, 서울대학교출판문화원, 2013) ①한 고을에서 겉으로만 올바른 체하는 자(688쪽), ②한 고을에서 겉으로만 올바른 체하는 자(688쪽), ③한 고을에서 겉으로만 올바른 체하는 것(688쪽), ④한 고을에서 겉으로만 올바른 체하는 자들(688쪽), ⑤한 고을 사람들이 모두가 올바른 사람이라 한다면 어디를 가나 올바른 사람이 아닐 수가 없지 않습니까?(688쪽), ⑥한 고을에서만 착한 체하는 자(690쪽)

『논어』에 나오는 鄕原을 번역할 때, 김학주 번역본이 "한 고을에서 겉으로만 올바른 듯이 행세하는 자"(김학주 번역본, 521쪽)라고 번역했음을 상기할 때, 김학주 번역본은 『논어』와 『맹자』 전반에 걸쳐 鄕原에 대해 비교적 일관된 번역을 제시하고 있다고 할 수 있다.

• "시골"이라는 표현을 사용해서 번역한 번역본

금장태 번역본(『우리말 사서』, 지식과 교양, 2013) ①시골에서 점잖은 체하는 사람(343쪽), ②시골에서 점잖은 체하는 사람(343쪽), ③시골에서 점잖은 체하는 사람(343쪽), ④시골에서 점잖은 체하는 사람(343쪽), ⑤한 고을 사람들이 모두 점잖은 사람이라 일컫는다면, 어디를 가도 점잖은 사람이 되지 않음이 없을 것인데(343~344쪽), ⑥시골에서 점잖은 체하는 사람(344쪽)

『논어』에 나오는 鄕原을 번역할 때, 금장태 번역본이 "시골에서 점잖은 체하는 사람"(금장태 번역본, 105쪽)이라고 번역했음을 상기한다면, 금장태 번역본도 『논어』와 『맹자』 전반에 걸쳐 鄕原에 대해 일관된 번역을 제시하고 있다고 할 수 있다.

2) 鄕人의 번역

鄕原에 이어서 鄕人에 대한 번역 현황을 살펴보자.

鄕人飮酒, 杖者出, 斯出矣. (『論語』「鄕黨」13)

지역 사람들과 술을 마실 때는 지팡이 짚은 노인이 자리에서 일어나야 비로소 자리를 뜨셨다.

• 鄕人을 "향인" 혹은 "향의 사람들"이라고 번역한 번역본

이동희 번역본 향인(鄕人)과 술을 마실 때 지팡이를 짚은 노인이 모두 나간 다음에야 나가셨다. (64쪽)

이지훈 번역본 향鄕의 사람들과 술을 마실 때 노인이 나가면 이에 나갔다. (3권, 63쪽)

임동석 번역본 향인鄕人과 술을 마실 때에는 지팡이를 짚은 노인이 먼저 나간 후에야 나갔다. (2권, 818쪽)

• 鄕人을 "마을/고을 사람"이라고 번역한 번역본

강동석 번역본(214쪽), **금장태 번역본**(57쪽), **김도련 번역본**(상권, 540쪽), **김동안·지정민·여영기 번역본**(2권, 639쪽), **김영호 번역본**(182쪽), **김원중 번역본**(243쪽), **김학주 번역본**(334쪽), **김형찬 번역본**(123쪽), **동양고전연구회 번역본**(211쪽), **류종목 번역본**(339쪽), **박삼수 번역본**(293쪽), **박유리 번역본**(422쪽), **배병삼 번역본**(1권, 555쪽), **부남철 번역본**(326쪽), **신정근 번역본**(399쪽), **양차오밍 번역본**(250쪽), **유교문화연구소 번역본**(345쪽), **윤재근 번역본**(1권, 740쪽), **이강재 번역본**(213쪽), **이우재 번역본**(429쪽), **이을호 번역본**(131쪽), **임옥균 번역본**(204쪽), **장기근 번역본**(360쪽), **정태현·이성민 번역본**(2권, 136쪽), **조명화 번역본**(2권, 137쪽), **최근덕 번역본**(243~244쪽), **최영갑 번역본**(1권, 383쪽), **한필훈 번역본**(173쪽), **황희경 번역본**(179쪽)

• 鄕人을 "시골/지방 사람"이라고 번역한 번역본

성백효 번역본(286쪽), **이기동 번역본**(406쪽), **이한우 번역본**(702쪽)

• 기타

김용옥 번역본 향당에서 향음주례가 파하고 퇴장을 할 때에 큰 지팡이를 짚은 노인이 먼저 일어나 나가면 그제야 그 뒤를 따라 나가

셨다. (III권, 209쪽)

박종연 번역본 향음주례(鄕飮酒禮)를 거행한 후에, 노인들이 모두 나가거든 자신도 따라 나가셨다. (291쪽)

박헌순 번역본 향리 사람들이 술을 마실 때에는, 지팡이 짚는 사람이 나가면 곧 함께 나가셨다. (1권, 615쪽)

신창호 번역본 동네 사람들과 어울려 술을 마실 때는 동네 어른들이 술자리를 마치고 나간 다음에 나중에 술자리를 마쳤다. (263쪽)

이기석·한백우 번역본 향리(鄕里)의 사람들과 술을 마실 때는 반드시 노인이 먼저 나가야 따라 나가셨다. (221쪽)

차주환 번역본 향리(鄕里)의 사람들과 술을 드실 때에는 지팡이를 짚은 노인이 나가면 그제야 나가셨다. (171쪽)

여기서 기타로 분류한 번역본들은 모두 『논어』「향당鄕黨」13에 나오는 鄕人을 특정한 종류의 사람으로 지칭하여 번역하지 않거나, 혹은 "동네", "향리" 등의 단어를 사용하여 번역한 경우들이다. 鄕人을 "향당에서", "향음주례를 거행한 후에", "동네 사람들" 등과 같이 막연히 지칭할 경우에는, 鄕人이라는 것이 특정한 주민 주거집단을 지칭한다는 점이 명시적으로 드러나지 않는다.

鄕人儺, 朝服而立於阼階. (『論語』「鄕黨」14)

지역 사람들이 나례儺禮를 지낼 때는 조복을 입고 동쪽 층계에 서 계셨다.

• 鄕人을 "향인" 혹은 "향의 사람들"이라고 번역한 번역본

김용옥 번역본 향인(鄕人)들이 동네에서 액매기굿을 할 때에는 공자께서는 성대한 조복 차림으로 동네 공관 뜨락의 동쪽 섬돌에 서 계시었다. (III권, 209쪽)

이동희 번역본 향인이 나례(儺禮)를 하면 조복을 입은 채 동쪽 섬돌에 서 계셨다. (64쪽)

이지형 번역본 향鄕의 사람들이 나례儺禮를 행할 때는 조복朝服을 입고 (사당의) 동쪽 섬돌에 서 있었다. (3권, 63쪽)

임동석 번역본 향인의 나례儺禮에는 조복을 입고 동쪽 계단에 섰다. (2권, 818쪽)

• 鄕人을 "마을/고을 사람"이라고 번역한 번역본

강동석 번역본(214쪽), **금장태 번역본**(57쪽), **김도련 번역본**(상권, 540쪽), **김동인·지정민·여영기 번역본**(2권, 639쪽), **김영호 번역본**(183쪽), **김원중 번역본**(243쪽), **김학주 번역본**(334쪽), **김형찬 번역본**(123쪽), **동양고전연구회 번역본**(211쪽), **류종목 번역본**(340쪽), **박삼수 번역본**(294쪽), **박유리 번역본**(423쪽), **배병삼 번역본**(1권, 556쪽), **부남철 번역본**(326쪽), **신정근 번역본**(399쪽), **양차오밍 번역본**(251쪽), **유교문화연구소 번역본**(345쪽), **윤재근 번역본**(1권, 740쪽), **이강재 번역본**(213~214쪽), **이우재 번역본**(429쪽), **이을호 번역본**(131쪽), **임옥균 번역본**(204쪽), **장기근 번역본**(360쪽), **정태현·이성민 번역본**(2권, 137쪽), **조명화 번역본**(2권, 138쪽), **최근덕 번역본**(244쪽), **최영갑 번역본**(1권, 384쪽), **한필훈 번역본**(173쪽), **황희경 번역본**(179쪽)

• 鄕人을 "시골/지방 사람"이라고 번역한 번역본

박종연 번역본(291~292쪽), **성백효 번역본**(286쪽), **이기동 번역본**(406쪽), **이한우 번역본**(702쪽)

• 기타

박헌순 번역본 향리 사람들이 나례를 하면, 조복 차림을 하고 동쪽 섬돌에 서 계셨다. (1권, 615쪽)

신창호 번역본 동네 사람들이 연말에 나쁜 귀신을 쫓아내려고 굿을 할 때는 예복을 입고 묘당의 층계 위에 서 있었다. (263쪽)

이기석·한백우 번역본 향리의 사람들이 나례(儺禮)를 지내면 조복을 입으시고 동쪽 섬돌에 서 계셨다. (221쪽)

차주환 번역본 향리의 사람들이 나례(儺禮)를 지내면, 조복을 입으시고 동쪽 층계에 서셨다. (171쪽)

여기서 기타로 분류한 번역본들은 『논어』「향당」14에 나오는 鄕人을 (신창호 번역본만 제외한다면) 모두 "향리 사람들"이라고 번역한다는 점이 특징적이다. 그러나 고대 중국에서 '鄕'과 '里'는 구분되는 주민 집거 단위였음을 기억할 필요가 있다. 그리고 2음절어로서 '향리'를 번역어로 사용하면, 시골이라는 함의를 갖게 되므로, 앞에서 논한 바와 같은 鄕의 (野에 비하여) 상대적으로 도시적 성격을 반영하는 데 한계가 있다.

> 子貢問曰, 鄕人皆好之, 何如. 子曰, 未可也. 鄕人皆惡之, 何如. 子曰, 未可也, 不如鄕人之善者好之, 其不善者惡之. (『論語』「子路」24)
>
> 자공子貢이 여쭈었다. "지역 사람들이 모두 그를 좋아하면 어떻습니까?" 선생님께서 말씀하셨다. "아직 안 된다. "지역 사람들이 모두 그를 미워하면 어떻습니까?" 선생님께서 말씀하셨다. "아직 안 된다. 지역의 좋은 사람이 그를 좋아하고 지역의 나쁜 사람이 그를 미워하는 것만 못하다."

• 鄕人을 "향인"이라고 번역한 번역본

김용옥 번역본 자공이 여쭈어 말하였다: "향인(鄕人) 전부가 한 사람을 다 좋아한다면 그 사람은 어떻습니까?" 이에 공자께서 말씀하시었다: "그것으로는 부족하다." 자공이 또 말하였다: "그렇다면 향인 전부가 한 사람을 다 미워한다면 그 사람은 어떻습니까?" 이에 공자께서 말씀하시었다: "그것으로는 부족하다! 향인 중의 선한 사람들이 그를 좋아하고, 향인 중의 선하지 못한 사람들이 그를 미워하는 것만 같지 못하니라." (III권, 369쪽)

• 鄕人을 "마을/고을 사람"이라고 번역한 번역본

강동석 번역본(289~290쪽), **금장태 번역본**(80쪽), **김도련 번역본**(하권, 199쪽), **김영호 번역본**(229쪽), **김원중 번역본**(320쪽), **김학주 번역본**(415쪽), **김형찬 번역본**(157~158쪽), **동양고전연구회 번역본**(285쪽), **류종목 번역본**(440쪽), **박삼수 번역본**(378~379쪽), **박유리 번역본**(577쪽), **박종연 번역본**(403~404쪽), **박헌순 번역본**(2권, 199~200쪽), **배병삼 번역본**(2권, 168쪽), **부남철 번역본**(432쪽), **성백효 번역본**(385~386쪽), **신정근 번역본**(523쪽), **심경호 번역본**(2권, 232쪽), **양차오밍 번역본**(335쪽), **유교문화연구소 번역본**(470쪽), **윤재근 번역본**(2권, 236쪽), **이강재 번역본**(262~263쪽), **이기동 번역본**(499쪽), **이기석·한백우 번역본**(313~314쪽), **이동희 번역본**(153~154쪽), **이우재 번역본**(580쪽), **이을호 번역본**(174쪽), **이지형 번역본**(3권, 561쪽), **이한우 번역본**(922쪽), **임동석 번역본**(3권, 1129쪽), **임옥균 번역본**(259쪽), **장기근 번역본**(494쪽), **정태현·이성민 번역본**(2권, 282쪽), **조명화 번역본**(2권, 335~336쪽), **최근덕 번역본**(333쪽), **최석기 번역본**(118쪽), **최영갑 번역본**(2권, 141~142쪽), **한필훈 번역본**(224쪽), **홍승직 번역본**(254쪽), **황희경 번역본**(232쪽)

• 鄕人을 "시골/지방 사람"이라고 번역한 번역본

이상임 번역본(97쪽)

• 기타

김동인·지정민·여영기 번역본 자공이 물었다. 동네 사람이 다 좋아하면 어떻습니까? 공자께서 답하셨다. 괜찮다고는 할 수 없다. (자공이 물었다.) 동네 사람이 다 싫어하면 어떻습니까? 공자께서 답하셨다. 괜찮다고는 할 수 없다. 동네 사람 중에 선한 자는 좋아하고 불선한 자는 싫어하는 것만 못하다. (3권, 360쪽)

신창호 번역본 자공이 물었다. "어떤 사안에 대해 동네 사람들이 모두 좋아하면 어떻습니까" 공자가 말하였다. "그것만으로 그것을 좋다고 할 수 없다." 자공이 또 물었다. "어떤 사안에 대해 동네 사람들이 모두 싫어하면 어떻습니까" 이에 공자가 말하였다. "그것만으로 그것을 싫다고 할 수 없다. 동네 사람 중에 착한 사람은 그것을 좋아하고, 착하지 않은 사람이 그것을 싫어하는 것만 못하다." (331~332쪽)

차주환 번역본 자공이, "동네 사람들이 어떤 사람을 다 좋아한다면 어떻겠습니까" 하고 여쭈어보았다. 선생님께서, "그래서는 안 된다"고 말씀하셨다. "동네 사람들이 다 그를 미워한다면 어떻겠습니까?" 하고 여쭈어보았다. 선생님께서 말씀하셨다. "그래서는 안 된다. 동네 사람들 중의 선한 사람들은 그를 좋아하고 나쁜 사람들은 그를 미워하느니만 못하다." (232쪽)

여기서 기타로 분류한 번역본들은 모두 『논어』 「자로」 24에 나오는 鄕人을 "동네 사람"이라고 번역한 경우들이다. "동네 사람"이라는 표현이 갖는 막연함은 차치하더라도, "동네"라는 표현은 고대 중국의 鄕이 누렸던 상대적으로 큰 주거집단의 의미를 담기에 적절하지 않다.

이상의 내용을 종합해보면, 이동희 번역본, 이지형 번역본, 임동석 번역본은 『논어』 「향당」 13과 14에 나오는 鄕人은 "향인"이라고 번역하였으나, 『논어』 「자로」 24에 나오는 鄕人은 "마을/고을 사람"이라고 번역하고 있다. 다른 곳에서는 鄕人을 모두 "향인"이라고 번역하던 김용옥 번역본도 『논어』 「향당」 13에서는 鄕人을 "향인"이라고 번역하지 않았다. 즉, 鄕人을 "향인"으로 한 번 이상 번역한 적 있는 번역자들이 모두 일관성을 유지하고 있지 않다고 할 수 있다. 鄕人을 "마을/고을 사람"이라고 번역한 번역본 중에는 더러 일관성을 유지하는 경우가 있으나, 앞에서 논한 바와 같이 鄕을 "마을" 혹은 "고을"이라고 번역하는 것은 鄕이 가진 역사적 맥락을 충분히 반영하지 못한다는 점에서 문제가 있다.

鄕原 개념은 한국 학계에서 이론적 탐구의 대상이 되어왔다. 앞의 주 4에서 언급한 함영대의 연구 이외에도 일찍이 박성규는 향원을 "타락한 군자"로 해석한 바 있다.[6] 근년에는 향원의 해석을 두고 철학적 논쟁이 벌어지기도 하였다. 먼저 이혜경은 향원을 "위선자"로 간주하고, 위선자에 대한 윤리적 변론을 시도하였다.[7] 이혜경에 따르면, 향원이란 완벽한 덕성을 갖추지 않았으면서도 군자처럼 행동하는 위선적인 사람이다. 그러한 향원은 이른바 "마음의 윤리"라고 부른 입장을 가진 이들에 의해서 부당하게 비판받아왔다고 이혜경은 주장한다. 이혜경에 따르면, 비록 완벽한 덕을 구현하지는 못했어도 위선을 통해서나마 노력하는 인간형인 향원을 비난하는 것은 불공정하다. 한편, 이장희는 이러한 이혜경의 주장이 전제하는 향원 이해가 잘못되었다고 비판한다.[8] 이장희에 따르면,

향원의 특징은 "위선성"에 있는 것이 아니라 "사이비성"에 있다. 즉, 향원의 문제는 진정한 군자와 혼동될 만한 유사성에 있는 것이지, 위선적 이중성에 있지 않다. 이장희는 "시중의 윤리를 구현하고 있는 군자야말로 도덕의 표준이기 때문에, 어떤 하나의 추상적인 도덕 원칙으로 환원될 수 없는 인격적 완성자로서의 군자의 판단이 가장 근본적인 규준이기 때문에, 향원과 같이 군자처럼 여겨지는 사이비 근자야말로 도덕의 적인 것이다"라고 결론 내린다.[9]

이 글의 목적은 이와 같은 논쟁의 한 축을 지지하거나 비판하는 데 있지 않다. 그러나 이러한 이론적 논쟁의 대상이 된 鄕原 개념에 역사적인 차원을 더할 수는 있을 것이다. 그리고 그러한 역사적 차원은 좀 더 만족스러운 鄕原 번역에도 기여할 수 있을 것이다. 鄕原이 "위선자"이건 "사이비 군자"이건, 鄕原은 특정 공간을 떠나서 논할 수 있는 인간 유형이 아니다. 당대의 주민 거주지역 중에서는 가장 큰, 그렇다고 해서 특정 정치공동체의 완전한 중심에 있지는 않았던 특정 거주지역인 鄕을 배경으로 하여 유형화된 인간형이 바로 鄕原인 것이다. 즉, 완전히 궁벽하고 초라한 지역은 아니지만, 그렇다고 해서 문화적 중심성을 구현하지도 않는 거주지역에서, 사람들의 환심이나 사고 있는 인간 유형이 鄕原인 것이다. 완전히 궁벽하고 초라한 지역은 아니기에, 鄕原은 그 지역 사람들로부터 환심을 산다는 사실에서 일정한 자기만족을 얻을 수 있다. 그러나 문화 중심지역의 권위를 인정하며 인기에 영합하는 태도를 비판해온 공자의 입장에서 볼 때, 그러한 자기만족은 진정한 의미의 만족이 될 수 없다.[10]

6

주요 개념어의 번역 (4): 士

"士사"는 서주西周 시대 경대부卿大夫와 서민庶民 사이에 존재했던 계층으로 알려져 있다. 이러한 士의 의미는 춘추시대를 거치면서 사회적 책임감을 지닌 이들을 지칭하는 더욱 폭넓은 의미로 재정의된다.[1] 『논어』에서도 이와 같은 맥락의 士에 대한 재정의를 다수 발견할 수 있다. 대체로 士는 통치의 책임 혹은 사회적 책임과 관련되어 논의되기 때문에, 『논어』에서 士는 자신보다 상위의 통치자와 하위의 피치자들과 대비되어 쓰인다. 다행히도 현대의 국어사전에 '사'가 표제어로 등재되어 있다. 따라서 번역자가 원할 경우, 한국어 '사'를 고대 중국어 士에 대한 번역어로 사용할 수 있다. 현대 국어사전에 이 단어가 등재되어 있는 한, 그 번역을 일러 士의 음을 단지 제시한 데 그쳤다고 볼 수는 없다. 士를 '사'라고 바꾼 것 역시 가능한 한국어 번역이라고 할 수 있다.

그러나 이것이 곧 『논어』에서 의미하는 士의 개념과 국어사전에 등재되어 현재 사용되는 단어의 개념이 정확히 일치한다는 말은 아니다.

한국어의 일부인 만큼 국어사전에 등재된 단어를 번역어로 채택하여 사용한 뒤, 그 의미의 동이와 변천을 환기하는 선에서 번역할 수 있다는 말일 뿐이다. 이러한 번역 방법이 있음에도 불구하고, 『논어』에 나오는 士를 과감히 풀어서 번역하고자 한 시도들도 있어왔다. 그것 역시 독자들이 해당 개념어에 좀 더 쉽게 접근할 수 있게 해준다는 점에서 유의미한 시도라고 할 수 있다. 이번 장에서는 『논어』에 나오는 士의 이러한 한국어 번역 현황을 검토하고, 士를 한국어로 풀어 번역하고자 한 시도들의 공과를 살펴본다.

1. 『논어』 한국어 번역본의 士 번역

『논어』에 나오는 士를 번역하기 위하여 동원된 한국어 어휘들은 다양하다. 다음 번역본들은 그러한 다양한 어휘의 구체적인 예를 보여준다(밑줄은 필자).

子曰, 士而懷居, 不足以爲士矣. (『論語』「憲問」2)

신정근 번역본 공 선생님이 한마디 했다. "시대의 일꾼(지식인)이면서 편안한 삶(생활)을 찾는다면, 그런 사람은 시대의 일꾼이 되기는 글러먹었다." (536쪽)

장기근 번역본 공자가 말했다. "선비가 편하게 있기를 바라면, 참다운 선비라 할 수 없다." (504쪽)

居是邦也, 事其大夫之賢者, 友其士之仁者. (『論語』「衛靈公」10)

이을호 번역본 그 나라에 있을 때는 그 나라 대부 중에 잘난 이를 섬기고, 그 나라 벼슬아치 중에 사람다운 사람과 사귀어야 한다. (201쪽)

정태현·이성민 번역본 이 나라에 살면서 大夫 중에 어진 이를 섬기고 士(말단 벼슬아치) 중에 仁한 이를 벗해야 한다. (3권, 28쪽)

子曰, 士, 志於道, 而恥惡衣惡食者, 未足與議也. (『論語』「里仁」9)

박유리 번역본 선생님께서 "사로서 도에 뜻을 두었으면서도, 나쁜 옷과 나쁜 음식을 부끄러워하는 사람은, 그와 함께 논의할 수 없다"고 하셨다. (140쪽)

신정근 번역본 공 선생님이 한마디 했다. "공동체의 일꾼(지식인)이 큰길에 뜻을 두고서 거지 옷이니 싸구려 음식이니 불만을 늘어놓는다면, 더불어 나아갈 길을 이야기할 만하지 못하다." (163쪽)

신창호 번역본 공자가 말하였다. "하급 공무원이 국민에게 봉사하는 데 뜻을 두면서도 서민들이 즐겨 입는 옷 입기를 부끄러워하고 서민들이 즐겨 먹는 음식 먹기를 창피하게 여긴다면, 그와 더불어 대민 봉사에 대해 논의할 가치가 없다." (137쪽)

이을호 번역본 선생 "진리를 탐구한다 하면서 음식과 옷맵시로 이렇다 저렇다 하는 위인과는 탐탁스런 이야기를 할 수가 없다." (54쪽)

홍승직 번역본 선생께서 말씀하셨다. "사람이 진리를 추구하는 것에 뜻을 둔다면서 떨어진 옷을 입는 것과 거친 음식 먹는 것을 부끄러워하면, 그런 사람과는 더 이상 이야기할 것이 없다." (74쪽)

周有八士 (『論語』「微子」11)

박종연 번역본 주나라에 여덟 명의 교양 있는 사람이 있었으니 (567쪽)

신정근 번역본 주나라에는 여덟 명의 지식인이 있었다. (734쪽)

신창호 번역본 주나라에 여덟 명의 훌륭한 인재가 있었다. (441쪽)

차주환 번역본 주나라에는 여덟 인물이 있으니 (324쪽)

士, 見危致命 (『論語』「子張」 1)

신정근 번역본 공동체의 일꾼(시민)은 위기가 닥치면 목숨을 아끼지 않고 (738쪽)

신창호 번역본 지도적 인성을 제대로 갖춘 선비는 위태로움을 보면 목숨을 바치고 (445쪽)

정태현·이성민 번역본 士(士大夫)가 〈國家의〉 危難을 보면 목숨을 바치며 (3권, 181쪽)

위 번역문들이 보여주는 士 번역어를 다음과 같이 분류해볼 수 있다.

① 상대적으로 관습적인 번역: 선비,[2] 사, 사대부
② 정치적인 의미가 상대적으로 약한 번역: 시대의 일꾼, 공동체의 일꾼, 위인, 사람, 교양 있는 사람, 지식인, 인재, 인물
③ 정치적인 함의를 명시적으로 드러낸 번역: 벼슬아치, 말단 벼슬아치, 하급 공무원, 시민, 지도적 인성을 제대로 갖춘 선비

박유리의 주장에 따르면, 일단 "선비"는 士의 번역어로 적절하지 않다.[3] "하급 공무원", 실무행정가 혹은 "(말단) 벼슬아치"라는 번역은 士라는 범주가 공직을 맡을 가능성은 있지만 맡지 않은 이들을 포괄한다는 점에서 문제가 있다. "사람", "위인", "인물", "인재" 같은 번역은 人에 대한 번역어로 적합하기 때문에 士에다가 그러한 번역어를 사용할 경우, 人에 사용할 번역어가 궁색해진다. "지식인" 혹은 "교양 있는 사람" 같은

번역어는 士를 경대부 그룹과 구별하는 데 한계가 있다. "사"와 "사대부"를 혼용하여 번역하는 경우는, 고대 중국에서 사와 대부가 구별되는 신분이었다는 점을 나타내기 어렵다. 정치사상사에서 시민이란 도시적 배경 혹은 공화적인 이념을 전제로 활용되어온 개념이어서, 士를 "시민"으로 번역하기 위해서는 보다 정교한 논의가 필요하다.[4]

그런데 이상의 검토는 각 번역본이 士에 대한 번역어를 일관성 있게 제시했을 때나 고려해볼 수 있는 것이다. 『논어』 한국어 번역본들 가운데 다수는 士에 대한 번역어를 일관되게 제시하지 않고 있다. 다음에서는 『논어』 한국어 번역본들이 보여준 士 번역의 일관성 현황을 정리해보기로 한다.

2. 士 번역의 일관성 문제

한국어 번역본이 士에 대한 번역어를 일관되게 제시하지 않아왔다는 것을 확인하기 위해 해당 번역본별로 복수의 번역문을 검토하기로 한다. 다음 예문에서 드러나듯이 같은 번역본 내에서 士에 대해 서로 다른 번역어를 사용하고 있는 경우가 상당수 있음을 알 수 있다(밑줄은 필자).

류종목 번역본

士, 志於道, 而恥惡衣惡食者, 未足與議也. (『論語』「里仁」 9)

선비로서 도에 뜻을 두고도 나쁜 옷과 나쁜 음식을 부끄럽게 여기는 사람은 함께 이야기할 가치가 없다. (123쪽)

居是邦也, 事其大夫之賢者, 友其士之仁者. (『論語』「衛靈公」 10)

어느 한 나라에 살려면 그 나라의 대부들 가운데 현명한 사람을 섬기고 그 나라의 사(士) 가운데 어진 사람을 벗하여라. (504쪽)

박종연 번역본

士, 不可以不弘毅 (『論語』「泰伯」7)

선비는 강건하고 굳센 의지가 있지 않으면 안 되니 (227쪽)

周有八士 (『論語』「微子」11)

주나라에 여덟 명의 교양 있는 사람이 있었으니 (567쪽)

박헌순 번역본

士何如斯可謂之達矣. (『論語』「顔淵」20)

선비가 어떠해야 달이라고 이를 수 있습니까? (2권, 130쪽)

居是邦也, 事其大夫之賢者, 友其士之仁者. (『論語』「衛靈公」10)

이 나라에 살면 그 대부 가운데 현능한 이를 섬기고 그 사 가운데 어진이를 벗해야 한다. (2권, 346쪽)

배병삼 번역본

士, 不可以不弘毅 (『論語』「泰伯」7)

사(士)는 뜻이 넓고 굳지 않아서는 안 되리라. (1권, 424쪽)

周有八士 (『論語』「微子」11)

주나라에 여덟 선비가 있었으니 (2권, 449쪽)

신정근 번역본

士, 不可以不弘毅 (『論語』「泰伯」7)

공동체의 일꾼은 〔뜻이〕 넓고 굳건하지 않으면 안 된다. (325쪽)

子曰, 士而懷居, 不足以爲士矣. (『論語』「憲問」2)

공 선생님이 한마디 했다. "시대의 일꾼(지식인)이면서 편안한 삶(생활)을 찾는다면, 그런 사람은 시대의 일꾼이 되기는 글러먹었다." (536쪽)

周有八士 (『論語』「微子」11)

주나라에는 여덟 명의 지식인이 있었다. (734쪽)

士, 見危致命 (『論語』「子張」1)

공동체의 일꾼(시민)은 위기가 닥치면 목숨을 아끼지 않고 (738쪽)

신창호 번역본

士, 不可以不弘毅 (『論語』「泰伯」7)

공직에 종사하는 실무자는 반드시 뜻이 넓고 굳세어야 한다. (223쪽)

士何如斯可謂之達矣. (『論語』「顔淵」20)

하급 관리인 공직자들이 어떻게 해야 통달한다고 말할 수 있을는지요? (306쪽)

子路問曰, 何如斯可謂之士矣. 子曰, 切切偲偲, 怡怡如也, 可謂士矣. (『論語』「子路」28)

자로가 물었다. "어떻게 해야 하급 관리, 실무 행정가라고 할 수 있습니까?" 공자가 말하였다. "사람들 사이에 착한 행동을 하도록 간절하게 권하고 잘못을 고치도록 애를 쓰며 함께 화목하게 즐길 수 있으면, 그 역할을 했다고 볼 수 있다." (334쪽)

子曰, 志士仁人, 無求生以害仁, 有殺身以成仁. (『論語』「衛靈公」9)

공자가 말하였다. "뜻있는 선비와 열린 마음을 지닌 사람은 개인적인 삶을 구하기 위해 공동체의 도리를 해치지 않고 자기의 몸을 바쳐서라도 공동체 사회의 도리를 지킨다." (377쪽)

士, 見危致命 (『論語』「子張」1)

지도적 인성을 제대로 갖춘 선비는 위태로움을 보면 목숨을 바치고 (445쪽)

이우재 번역본

士, 不可以不弘毅 (『論語』「泰伯」7)

사(士)는 넓고 굳세지 않으면 안 될 것이니 (351쪽)

且而與其從辟人之士也, 豈若從辟世之士哉. (『論語』「微子」6)

그리고 당신도 사람을 피하는 선비를 따르는 것이 어찌 세상을 피하는 선비를 따르는 것만 같겠소? (773쪽)

이을호 번역본

士, 不可以不弘毅 (『論語』「泰伯」7)

선비는 굳센 대목이 있어야 한다. (104쪽)

居是邦也, 事其大夫之賢者, 友其士之仁者. (『論語』「衛靈公」10)

그 나라에 있을 때는 그 나라 대부 중에 잘난 이를 섬기고, 그 나라 벼슬아치 중에 사람다운 사람과 사귀어야 한다. (201쪽)

이지형 번역본

士何如斯可謂之達矣. (『論語』「顔淵」20)

선비가 어떠해야 통달通達했다고 이를 수 있습니까? (3권, 397쪽)

子貢問曰, 何如斯可謂之士矣. 子曰, 行己有恥, 使於四方, 不辱君命, 可謂士矣. (『論語』「子路」20)

자공子貢이 묻기를 "어떻게 해야만 사士라 이를 수 있습니까?"라고 하니, 공자는 말하기를 "자신의 행동에 부끄러움이 있고, 사방의 나라에 사신으로 가서는 임금의 명命을 욕되게 하지 않는다면 사士라고 이를 수 있다"라고 하였다. (3권, 539쪽)

정태현·이성민 번역본

士, 志於道, 而恥惡衣惡食者, 未足與議也. (『論語』「里仁」9)

선비가 道에 뜻을 두었으면서도 粗惡한 衣服과 음식을 수치로 여기는 자는 더불어 도를 의논하기에 부족하다. (1권, 236쪽)

居是邦也, 事其大夫之賢者, 友其士之仁者. (『論語』「衛靈公」10)

이 나라에 살면서 大夫 중에 어진 이를 섬기고 士(말단 벼슬아치) 중에 仁한 이를 벗해야 한다. (3권, 28쪽)

士, 見危致命 (『論語』「子張」1)

士(士大夫)가 〈國家의〉 危難을 보면 목숨을 바치며 (3권, 181쪽)

조명화 번역본[5]

子貢問曰, 何如斯可謂之士矣. 子曰, 行己有恥, 使於四方, 不辱君命, 可謂士矣. (『論語』「子路」20)

자공이 (스승님께) 여쭙기를: 어떻게 (처신)해야만 사라고 일컬을 수 있겠습니까? 스승님께서 말씀하시기를: 스스로의 처신에서는 염치를 갖추고, 외국에 사신으로 나가서는 군주가 시킨 바를 욕되게 하지 않아야 사라고 일컬을 수 있겠지. (2권, 327쪽)

士, 見危致命 (『論語』「子張」1)

선비로서 (나라의) 위난과 마주치면 목숨을 바치고 (2권, 648쪽)

차주환 번역본

士, 不可以不弘毅 (『論語』「泰伯」7)

선비는 도량이 넓고 꿋꿋하지 않으면 안 될 것이 (137쪽)

居是邦也, 事其大夫之賢者, 友其士之仁者. (『論語』「衛靈公」10)

한 나라에 사는 데는 그 나라의 대부(大夫) 중의 현량한 사람을 섬기고, 그 나라의 사(士) 중의 인자한 사람을 벗으로 삼아라.

(273~274쪽)

周有八士 (『論語』「微子」11)

주나라에는 여덟 인물이 있으니 (324쪽)

한필훈 번역본

士何如斯可謂之達矣. (『論語』「顔淵」20)

선비로서 어떻게 해야 통달했다고 할 수 있습니까? (204쪽)

子曰, 士而懷居, 不足以爲士矣. (『論語』「憲問」2)

공자가 말하였다. "안락한 생활을 꿈꾸는 사람은 선비라고 할 수 없다." (230쪽)

홍승직 번역본

士, 不可以不弘毅 (『論語』「泰伯」7)

도에 뜻을 둔 사람은 도량이 넓고 뜻이 굳세지 않으면 안 된다. (161쪽)

士何如斯可謂之達矣. (『論語』「顔淵」20)

사람이 어떻게 되어야, 통달했다고 할 수 있겠습니까? (235쪽)

子貢問曰, 何如斯可謂之士矣. 子曰, 行己有恥, 使於四方, 不辱君命, 可謂士矣. (『論語』「子路」20)

자공이 물었다. "어떠해야 훌륭한 인물이라고 할 수 있습니까?" 선생께서 말씀하셨다. "자신의 행실에 부끄러워할 줄 알고, 사방의 나라에 사신으로 가서 임금의 명령을 욕되게 하지 않으면 훌륭한 인물이라고 할 수 있다." (251쪽)

子路問曰, 何如斯可謂之士矣. 子曰, 切切偲偲, 怡怡如也, 可謂士矣. (『論語』「子路」28)

자로가 물었다. "어떠해야 '사士'라고 할 수 있습니까?" 선생께서

말씀하셨다. "냉철하게 비판하고 화목하게 어울리면 '사'라고 할 수 있다." (258쪽)

3. 한 문장 혹은 단락 내에서 번역이 다른 경우

士에 대한 번역을 일관되게 제시하지 않는 『논어』 한국어 번역자들은, 『논어』에서 士라는 글자가 맥락에 따라 다른 의미를 띠고 있으므로 같은 번역어를 적용하기 어렵다고 항변할 수도 있을 것이다. 그러나 용어를 일관성 없이 사용해서 번역하다보면, 번역문만 보는 독자들은 그 다양한 번역어들이 같은 단어를 지칭하고 있다는 사실을 알 도리가 없다. 그럼에도 불구하고 번역자는 같은 단어에 대해 다양한 번역어를 적용해가며, 수사적 효과를 기대할 수도 있다. 이 모든 점을 감안하더라도, 한 문장 혹은 단락 내에서조차 같은 단어에 다른 번역어들을 적용해서 번역하는 것은 이해하기 어렵다(밑줄은 필자).

子貢問曰, 何如斯可謂之士矣. 子曰, 行己有恥, 使於四方, 不辱君命, 可謂士矣. (『論語』「子路」20)

신창호 번역본 자공이 물었다. "어떻게 해야 하급 관리로서 실무 행정가 역할을 다한다고 할 수 있습니까?" 공자가 말하였다. "자신의 언행에 부끄러움을 느낄 줄 알아야 한다. 또 다른 나라에 외교 사절로 가면 지도자로부터 위임받은 사명을 욕되지 않게 해야 한다. 그래야 실무 관료라고 할 수 있다." (328쪽)

子路問曰, 何如斯可謂之士矣. 子曰, 切切偲偲, 怡怡如也, 可謂士矣.
(『論語』「子路」28)

조명화 번역본 자로가 여쭙기를 : 어떻(게 처신)해야만 사라고 일컬을 수 있을까요? 스승님께서 말씀하시기를 : (언제나) 간절하게 서로 권면하고 화순(和順)하게 지내야 선비라고 일컬을 수 있겠지. (2권, 341쪽)

2부

번역을 위한 문법

7

『논어』에서 허사 번역 (1): 亦, 曾

고대 중국어로 이루어진 『논어』 텍스트를 정확하게 해석하기 위해서는, 보통 허사虛辭라고 지칭되는 문장 내 어기사, 접두사, 접미사를 엄밀하게 해석해야 한다. 허사는 그 자체로 문장의 실내용을 추가하는 문장성분은 아니지만, 진술, 명령, 의문, 감탄 등의 다양한 어기를 나타낸다.[1] 그런데 허사로 사용되는 한자는 실내용을 추가하는 기능을 가진 실사實辭로 사용되는 경우가 종종 있다. 따라서 어떤 문장을 해석할 때, 특정 한자가 허사로 사용되었는지 혹은 실사로 사용되었는지를 엄밀하게 판단하지 않으면 오역하기 쉽다. 이 장에서는 『논어』 한국어 번역본들이 허사를 얼마나 엄밀하게 다루어왔는지, 그리고 동일한 허사를 번역문에서 얼마나 일관되게 번역했는지를 살펴본다.

1. 허사 亦

> 子曰, 學而時習之, 不亦說乎. (『論語』「學而」1)
> 선생님께서 말씀하셨다. "배우고 때로 익히면, 참으로 기쁘지 아니한가?

『논어』 첫 문장에 나오는 "亦역"의 사전상 가장 흔한 뜻은 "또한"이다. 그래서 『논어』 주석과 번역 중에는 그와 같은 "또한"의 뜻을 살려 풀이한 것들이 있다. 성태용의 주장에 따르면, 주희의 『논어』 해석을 받아들인 한국어 번역본들이 그렇게 번역한다.[2] 그런데 고대 중국어 연구자들에 따르면, 『논어』 첫 문장은 '주어+不亦+자동사+乎'의 구조를 취하고 있으며, 亦은 그러한 문형의 일부로 사용된 것이지, "또한"이라는 추가의 의미를 삽입하기 위해서 사용된 것이 아니다. 不亦 대신에 亦不이 사용되기도 한다.[3] '주어+不亦+자동사+乎'가 고대 중국어에서 반복해서 나타나는 문형이라는 점은, 『논어』 구절들뿐 아니라 『논어』 이외의 고대 중국어 문헌에서도 확인할 수 있다.[4]

子以逐君成名, 子孫不忘, 不亦傷乎. (『左傳』「昭公二十五年」)
그대는 군주를 축출했다고 이름나서 자손들이 잊지 않고 기억할 텐데, 매우 슬프지 않습니까?

今令尹不尋諸仇讎, 而於未亡人之側, 不亦異乎. (『左傳』「莊公二十八年」)
지금 영윤이 그것을 원수 갚는 데 사용하지 않고 미망인의 곁에서 사용하니, 매우 이상하지 않습니까?

彭祖乃今以久特聞, 衆人匹之, 不亦悲乎. (『莊子』「逍遙遊」)

팽조는 지금 오래 살았다고 유명하여 많은 사람들이 그에 견주려 한다. 매우 슬프지 않은가?

그리고 이 문형의 변주로서, '宜의'나 '可가'가 삽입되는 경우가 있다.

此其兄弟遇誅, 不亦宜乎. (『史記』「蒙恬列傳」)

이 형제가 죽임을 당한 것도 매우 마땅하지 않은가?

그리고 유사한 문형으로 '주어+不亦+타동사+전치사+목적어+乎'의 구조가 있다.

魯候不亦善於禮乎. (『左傳』「昭公五年」)

노후는 예에 매우 밝지 않은가?

이와 같은 문장 유형을 모아 비교했을 때 확인할 수 있는 것은 '不亦…乎'가 정착된 패턴이라는 사실이다. 이 문형 내에서 亦은 "또한"이라는 추가의 의미를 전달하지 않고, 문미에 오는 乎와 호응하여 강조와 의문의 어기를 만드는 데 그친다. 따라서 둥즈궈董治國가 주장한 바와 같이, 亦을 "또한"이라고 번역해서는 안 된다.

그럼에도 불구하고 번역자가 亦을 "또한"이라고 번역하는 경우는 두 가지를 상상해볼 수 있다. 첫째, 번역자가 '추가'의 의미 없이 관습적으로 "또한"이라는 말을 넣는 경우를 상상해볼 수 있다. 이것은 번역자가 민감한 사안에 대해 판단을 유보하고 있는 경우다. 둘째, 추가의 의미가 아니라 단순히 어세를 주기 위해서 "또한"이라는 번역어를 사용하는 경우를 상상해볼 수 있다. 번역자의 의도와 무관하게 독자는 "또한"이라는 표현을 통해 무엇인가 추가되었다는 메시지를 받을 수 있으므로, 이러한 번역은 독자에게 불필요한 혼란을 초래할 수 있다. 이를테면, '추가'라는 의미를 『논어』 첫 문장에서 읽은 독자는, 배우고 익히는 일 이외에 또 다른 기쁜 일이 이미 제시되거나 전제되었다고 생각하게 된다. 그러나 이 문장은 『논어』의 서두에 나오는 문장으로서, 그전에 어떤 기쁜 일도 제시된 적이 없다.

이러한 점을 감안할 때, '不亦…乎'의 문형에서 사용되는 亦은 "매우" 혹은 그에 상응하는 표현을 통해서 그 어세를 명시적으로 번역해주는 것이 좋다고 판단된다. 그럼에도 불구하고 상당수의 『논어』 한국어 번역본들은 추가의 의미를 전달하고자 하는 의도에서든, 아니면 관습적으로 해당 글자를 사전상 가장 흔한 뜻에 의거해서 번역하겠다는 의도에서든, "또한" 혹은 그에 상응하는 표현을 사용하여 亦을 번역하고 있다. 물론, (아마도 위에서 말한 어법상의 사정을 고려하여) "또한"이라는 번역어를 사용하지 않은 번역본도 상당수 존재한다. 다음이 그 예이다.

금장태 번역본 배우고 때에 맞게 익히면 기쁘지 아니하랴. (11쪽)

동양고전연구회 번역본 배우고 그것을 때에 맞게 익혀나가면 기쁘지 않겠는가? (23쪽)

부남철 번역본 배우고 때때로 익히면 기쁘지 아니한가? (31쪽)

성백효 번역본 배우고 그것을 때때로 익히면 기쁘지(재미있지) 않겠는가. (27쪽)

신정근 번역본 배우고 때에 맞춰 몸에 익히면 기쁘지 않겠는가? (46쪽)

심경호 번역본 배우고 때때로 익힌다면 기쁘지 아니한가! (1권, 16쪽)

윤재근 번역본 배우거나 본받거나 터득해 늘 그것을 익히니 기쁘지 아니한가? (1권, 50쪽 〈해독〉)

이동희 번역본 새로운 것을 배우고 그것을 때때로 익히면 마음이 기쁘지 않겠느냐? (17쪽)

이상임 번역본 배우고 그것을 때때로 익히면 기쁘지 않겠는가? (7쪽)

이을호 번역본 배우는 족족 내 것을 만들면 기쁘지 않을까! (21쪽)

최근덕 번역본 배우고 그것을 때때로 익히면 기쁘지 않겠는가? (14쪽)

최석기 번역본 배우고 그것을 수시로 익히면 기쁘지 아니한가. (25쪽)

한필훈 번역본 배우고 때로 익히면 기쁘지 않은가? (36쪽)

이 번역본들은 강세를 표시하는 부사를 생략하고 있을 뿐 아니라, "또한"이라는 추가의 의미를 담은 표현 역시 넣지 않고 있다. 단순히 의문형으로 '不亦…乎' 문형을 소화하고 있다. 그러나 의문형을 만들기 위해서는 乎라는 글자 하나로 충분하다. 그리고 단순히 의문형만으로는 亦이 부여하는 강조의 느낌을 표현할 길이 없다. 의문형 자체가 강세를 표현한다고 주장할 수도 있겠으나, 그럴 경우에는 '不亦…乎'와 '不…乎'를 구분할 수 없게 된다. 이 점을 고려한다면, 강세를 나타내는 어휘를 넣어 번역하는 것이 바람직하다. 아마도 이러한 이유에서 다음 번역본들은 강조의 어세를 나타내는 어휘를 추가하고 있다(밑줄은 필자).

김학주 번역본 배우고 때때로 그것을 익히면 매우 기쁘지 않겠는가? (110쪽)

박삼수 번역본 배우고 또 그것을 수시로 익히면 어찌 기쁘지 아니하

겠는가? (18쪽)

박유리 번역본 배우고서 (그것을 익혀야 할) 때에 그것을 익힌다면, 어찌 기쁘지 않겠느냐? (14쪽)

박헌순 번역본 배우고 그것을 제때에 익히면 참으로 기쁘지 아니하랴? (1권, 27~28쪽)

신창호 번역본 삶에 필요한 기예를 배우고 익혀라. 그것만큼 기쁜 일이 어디 있겠는가! (81쪽)

양차오밍 번역본 만일 나의 학설을 시대 혹은 사회에 받아들인다면 어찌 기쁘지 않겠는가? (2쪽)

이강재 번역본 배우고 그것을 계속해서 실천해나갈 수 있다면 그 얼마나 기쁜 일이 아니겠는가? (101쪽)

이한우 번역본 공자는 말했다. "(문을) 배워서 그것을 늘 쉬지 않고 (몸에) 익히면 진실로 기쁘지 않겠는가?" (21쪽)

조명화 번역본 스승님께서 말씀하시기를: (스승을 좇아) 배우면서 그때그때 익힌다는 것, (그건 참) 기꺼운 일 아닌가? (1권, 84쪽)

밑줄로 강조한 부분이 보여주는 것처럼, 이 번역본들은 亦이 강세의 어조를 나타내기 위해서 쓰였음을 명확히 하고 있다. 그런데 과연 이 번역본들이 앞에서 논한 바와 같은 고대 중국어 문형에 대한 명확한 인식 하에 이렇게 번역한 것인지, 아니면 우연히 이렇게 번역한 것인지를 좀 더 탐구해볼 필요가 있다. 그러기 위해서는 이 번역본들이 '주어(혹은 화제)+不亦+자동사+乎'의 문형을 취하고 있는 논어의 다른 구절들을 어떻게 번역하고 있는지를 살펴보아야 한다.

仲弓問子桑伯子. 子曰, 可也, 簡. 仲弓曰, 居敬而行簡, 以臨其民, 不亦可乎. 居簡而行簡, 無乃大簡乎. 子曰, 雍之言然. (『論語』「雍也」2)

중궁仲弓(염옹)이 자상백자子桑伯子에 대해 여쭈었다. 선생님께서 말씀하셨다. "괜찮지. 대범하다." 중궁이 말하였다. "공경을 바탕으로 하되 대범함을 실천하여 피치자들에게 임하면 참으로 괜찮지 않습니까? [그러나] 대범함을 바탕으로 해서 또 대범함을 실천하면, 너무 대범하지 않을까요?" 선생님께서 말씀하셨다. "네 말이 맞다."

이 예문에서 '주어(혹은 화제)+不亦+자동사+乎'의 문형을 취하고 있는 "居敬而行簡, 以臨其民, 不亦可乎" 부분은 다음과 같이 번역되고 있다(밑줄은 필자).

김학주 번역본 마음가짐이 공경스럽고 단순하게 행동하면서 백성들을 대한다면, 매우 좋지 않겠습니까? (224쪽)

박삼수 번역본 스스로 마음가짐을 엄격히 삼가면서 처사를 소탈하게 하여 백성을 다스린다면, 그 또한 괜찮지 않습니까? (152쪽)

박유리 번역본 평상시에 홀로 생활하는 것이 경건하면서 행동하는 것이 대범하며, 이로써 그의 백성들을 대한다면 어찌 훌륭하지 않겠습니까? (211~212쪽)

박헌순 번역본 경에 거하면서 간을 행하여 그 백성들에게 임하면 또한 가능하지 않겠습니까? (1권, 334쪽)

신창호 번역본 몸가짐은 경건하게 하고 행동은 소탈하고 대범하게 하여 백성을 대한다면 또한 괜찮지 않겠습니까? (173~174쪽)

양차오밍 번역본 항상 공경하면서도 간소하게 일을 하며, 이렇게 백성을 다스리면 괜찮지 않습니까? (126~127쪽)

이강재 번역본 마음가짐을 공경스럽게 하면서 소탈한 행동으로 백성들을 다스린다면 정말 괜찮다고 할 수 있지 않습니까? (158쪽)

이한우 번역본 마음은 늘 경건하게 하면서 행동은 대범 소탈하게 하여 이로써 그 백성들을 대한다면 남면할 만한 자질이 있다고 할 수 있지 않겠습니까? (379쪽)

조명화 번역본 기본상 공경하면서 행실은 성글게 하는 태도로 인민에게 다가간다면 (정무를 맡겨도) 괜찮지 않을까요? (1권, 523쪽)

이 번역문들에서 알 수 있듯이, 김학주, 박유리, 이강재 번역본만이 亦을 강세의 어조로 번역하고 있다. 박삼수, 박헌순, 신창호 번역본은 亦을 "또한"이라고 번역하고 있으며, 양차오밍, 이한우, 조명화 번역본은 亦을 번역하고 있지 않다. 지금까지의 논의가 타당하다면, 오직 김학주, 박유리, 이강재 번역본만이 亦이 가진 고대 중국어 문형으로서의 성격을 감안하여 일관되게 번역한 것으로 판단된다. 번역어를 선택함에 있어, 김학주는 "매우", 그리고 박유리는 "어찌"라는 번역어를 일관되게 사용하고 있는 반면, 이강재는 앞의 「학이」 1의 번역에서는 "그 얼마나"라는 번역어를 사용한 반면, 이번에는 "정말"이라는 번역어를 사용하고 있다. 일반 독자를 위한 교양서가 아닌 학술적 목적의 『논어』 번역서라면 같은 글자에 대해 가능한 한 같은 번역어를 일관되게 사용해주는 것이 좋다. 같은 표현이 얼마나 반복되는지를 살펴보는 것도, 학술적 정밀 독해의 중요한 부분이기 때문이다.

앞의 두 『논어』 예문에 대한 번역에서 나타난 김학주, 박유리, 이강재 번역본의 일관성이 '주어(혹은 화제)+不亦+자동사+乎'의 문형을 사용한 또 다른 문장에 대해서는 어떻게 관철되고 있을까? 다음 예문을 살펴보자.

曰, 一言而喪邦, 有諸. 孔子對曰, 言不可以若是, 其幾也. 人之言曰, 予無樂乎爲君, 唯其言而莫予違也. 如其善而莫之違也, 不亦善乎. 如不善而莫之違也, 不幾乎一言而喪邦乎. (『論語』「子路」15)

[정공이 물었다.] "말 한마디로 나라를 망하게 할 수 있다던데, 실제로 그런 경우가 있습니까?" 공자가 대답하였다. "말이 그와 같을 수는 없겠지요. 대략 이렇습니다. 사람들 말에 '나는 군주가 되니 [다른] 즐거움이 없네. 말만 해도, 나를 어기는 사람이 아무도 없네'라고 합니다. 만일 [군주의] 말이 선하여 아무도 어기지 않는다면 참으로 좋지 않겠습니까? 하는 말이 좋지도 않은데 아무도 어기지 못하면, 대략 한마디 말로 나라를 망하게 하는 경우가 아닐까요?"

여기서 '주어(혹은 화제)+不亦+자동사+乎'의 둔형을 취하고 있는 "如其善而莫之違也, 不亦善乎" 부분은 다음과 같이 번역되고 있다(밑줄은 필자).

김학주 번역본 만약 그 말이 훌륭하여 아무도 그것을 어기지 않는다면, <u>매우</u> 좋은 일이 아니겠습니까? (406쪽)
박유리 번역본 만약 그것이 좋은 것이어서, 그것을 어기지 않는다면 <u>어찌</u> 좋지 않겠습니까? (564쪽)
이강재 번역본 만일 군주의 말이 선한 것이어서 어느 누구도 어기지 않는다면 <u>정말</u> 좋은 것입니다. (258쪽)

이 번역문들에서 김학주 번역본은 일관되게 亦을 "매우"라고 번역하고 있고, 박유리 번역본은 일관되게 "어찌"라고 번역하고 있음을 알 수 있다. 그리고 이강재 번역본은 앞에서 한 번 사용한 바 있는 "정말"을 다시 사용하고 있음을 알 수 있다. 세 번역본의 패턴을 확인하기 위해 '주어(혹은 화제)+不亦+자동사+乎'의 문형을 취하고 있는 예문을 더 살펴보자.

曾子曰, 士, 不可以不弘毅, 任重而道遠. 仁以爲己任, 不亦重乎. 死而後已, 不亦遠乎. (『論語』「泰伯」7)

증자가 말하였다. "사士는, 넓고 강인하지 않을 수 없다. 맡은 바는 무겁고 갈 길은 멀다. 인仁을 자기 책임으로 삼으니 참으로 무겁지 아니한가? 죽은 뒤에야 그칠 일이니, 참으로 멀지 아니한가?"

여기서 '주어(혹은 화제)+不亦+자동사+乎'의 문형을 취하고 있는 "仁以爲己任, 不亦重乎. 死而後已, 不亦遠乎" 부분을 다음과 같이 번역하고 있다(밑줄은 필자).

김학주 번역본 어짊을 자기 임무로 삼으니 <u>매우</u> 무겁지 않겠는가? 죽은 뒤에야 그만두는 것이니 <u>매우</u> 멀지 아니한가? (285쪽)

박유리 번역본 "'仁'을 자기의 임무로 삼고 있으니, <u>어찌</u> (그 임무가) 무겁지 않겠으며, (그의 사명은) 죽은 뒤에야 끝이 날 것이니, <u>어찌</u> 멀지 않겠는가?"라고 하셨다. (324쪽)

이강재 번역본 인으로 자기의 임무를 삼으니 책임이 무겁지 않겠는가? 죽은 후에야 그만두니 갈 길이 멀지 않겠는가? (189쪽)

이 번역문들에서도 김학주 번역본은 일관되게 亦을 "매우"라고 번역하고 있고, 박유리 번역본은 일관되게 "어찌"라고 번역하고 있다. 반면 이강재 번역본은 亦을 번역하고 있지 않다. 이렇게 볼 때 김학주 번역본과 박유리 번역본은 亦의 번역에 관하여 상대적으로 일관된 입장을 취하고 있다고 할 수 있다. 이러한 번역상의 일관성 문제는 '주어(혹은 화제)+不亦+자동사+乎'라는 문형의 번역에만 그치지 않는다. 해당 단락 전체의 주어 혹은 화제의 일관성 역시 중요하다. 이 사안에 관련된 문제는 이상임 번역본이 잘 보여준다.

이상임 번역본 군자는 인으로써 자기의 책임을 삼으니 막중하지 않은가? 죽은 뒤에야 끝나는 것이니 멀지 않은가? (47쪽)

『논어』 예문을 보면 단락 처음에 士라는 주어 혹은 화제가 제시되었고, 그 이후에 君子라는 다른 주어 혹은 화제가 새로이 제시된 적이 없음에도 불구하고, 이상임 번역본은 "군자"라는 말을 삽입하고 있다. 번역의 일관성을 위해서는 "군자는"이라는 표현을 빼야 한다.

김학주 번역본, 박유리 번역본, 이강재 번역본의 일관성 정도를 살펴보기 위해 '주어(혹은 화제)+不亦+자동사+乎'의 문형을 사용한 문장을 좀 더 검토해보자.

叔孫武叔語大夫於朝曰, 子貢賢於仲尼. 子服景伯以告子貢. 子貢曰, 譬之宮牆, 賜之牆也及肩, 窺見室家之好. 夫子之牆數仞, 不得其門而入, 不見宗廟之美, 百官之富. 得其門者或寡矣. 夫子之云, 不亦宜乎. (『論語』「子張」23)

숙손무숙叔孫武叔(노나라 대부)이 조정에서 대부들에게 말하였다. "자공子貢이 중니仲尼(공자)보다 현능합니다." 자복경백子服景伯(노나라 대부)이 이 말을 자공에게 알려주자, 자공이 말하였다. "집의 담장에 비유하자면, 저의 담장은 어깨까지 미칠 정도라서 집 안이 좋은지 들여다볼 수 있습니다. 선생님의 담장은 몇 길이나 되니, 문을 통해 들어가지 않으면 종묘의 아름다움과 뭇 관리들의 많음을 볼 수 없습니다. 그 문을 찾아낸 사람은 적을 수도 있으니, 대부(숙손무숙)께서 그렇게 말하는 것도 참으로 당연하지 않겠습니까?"

여기서 '주어(혹은 화제')+不亦+자동사+乎'의 문형을 취하고 있는 "夫子之云, 不亦宜乎"는 다음과 같이 번역되고 있다(밑줄은 필자).

김학주 번역본 그분이 그렇게 말씀하신 것도, 당연한 일이 아니겠습니까? (568쪽)

박유리 번역본 "그러니 부자께서 하신 말씀이 <u>어찌</u> 옳지 않겠습니까?"라고 하였다. (815~816쪽)

이강재 번역본 숙손무숙처럼 이야기하는 것이 당연하지 않겠습니까? (346쪽)

이 번역문들은 김학주 번역본과 이강재 번역본이 亦을 번역하고 있지 않은 반면, 박유리 번역본은 일관되게 亦을 "어찌"라고 번역하고 있음을 보여준다.

『논어』「요왈」 2에서 '주어(혹은 화제)+不亦+자동사+乎'의 문형을 사용한 문장을 하나 더 살펴보자(밑줄은 필자).

子張曰, 何謂惠而不費. 子曰, 因民之所利而利之, 斯不亦惠而不費乎. 擇可勞而勞之, 又誰怨. 欲仁而得仁, 又焉貪. 君子無衆寡, 無小大, 無敢慢, 斯不亦泰而不驕乎. 君子正其衣冠, 尊其瞻視, 儼然, 人望而畏之, 斯不亦威而不猛乎. 子張曰, 何謂四惡. 子曰, 不敎而殺謂之虐, 不戒視成謂之暴, 慢令致期謂之賊, 猶之與人也, 出納之吝, 謂之有司. (『論語』「堯曰」2)

자장子張이 말하였다. "무엇을 일러 베풀되 낭비하지 않는다고 합니까?" 선생님께서 말씀하셨다. "피치자들이 이롭게 여기는 바대로 그들을 이롭게 해주면, 이것이 참으로 '베풀되 낭비하지 않은 것'이 아니리오? 수고할 만한 일을 골라서 수고를 끼친다면, 또 누가 원망하리오? 인仁을 원해서 인仁을 이룬다면 또 무엇을 탐하리오? 군자는 많고 적음, 크고 작음을 따지지 않고 [상대를] 감히 함부로 대하지 않으니 이것이 참으로 '당당하되 교만하지 않은 것'이 아니리오? 군자가 의관을 바르게 하고 시선을 존귀하게 하면 그 모습이 엄연하여, 사람들이 바라보고 어려워할 것이니, 이것이 참으로 '위엄 있되 사납지 않은 것'이 아니리오?" 자장이 말하였다. "무엇을 일러 네 가지 악덕이라고 합니까?" 선생님께서 말씀하셨다. "[미리] 교화하지 않고 [죄를 지으면] 죽이는 것을 잔학하다고 하고, [미리] 경계하지 않고 결과만 책하는 것을 포악하다고 하고, 명령 내리기를 게을리하였으면서 기한을 재촉하는 것을 못살게 군다고 하고, 사람들에게 고르게 나누어주어야 하는데도 출납을 인색하게 하는 것을 [옹졸한] 벼슬아치라고 한다."

이 예문에서 '주어(혹은 화제)+不亦+자동사+乎'의 문형을 취하고 있는 부분인 "斯不亦惠而不費乎. … 斯不亦泰而不驕乎. … 斯不亦威而不猛乎"는 다음과 같이 번역되고 있다(밑줄은 필자).

김학주 번역본 …이것이 은혜를 베풀되 낭비하지 않는 것이 아니겠느냐? … 이것이 편안하되 교만하지는 않은 것이 아니겠느냐? … 이것이 위엄이 있으되 사납지 않은 것이 아니겠느냐? (578쪽)

박유리 번역본 이것이 어찌 은혜로우나 낭비하지 않는 것이 아니겠느냐? … 이것이 어찌 여유가 있으면서 교만하지 않은 것이 아니겠느냐? … 이것이 어찌 위엄이 있으나 사납지 않은 것이 아니겠느냐? (837~838쪽)

이강재 번역본 이것이 은혜를 베풀되 쓸데없이 낭비하지 않는 것이다. … 이것이 태연하게 행동하되 교만하지는 않는 것이 아니겠는가? … 이것이 위엄을 갖추되 사납지 않는 것이 아니겠는가? (351~352쪽)

이 번역문들에서도 김학주 번역본과 이강재 번역본은 亦을 번역하지 않은 반면, 박유리 번역본은 지속적으로 亦을 "어찌"라고 번역하고 있다. 이 모든 사례를 종합해볼 때, 『논어』 본문에서 여러 번 나오는 '주어(혹은 화제)+不亦+자동사+乎'의 문형을 명료하게 인지하고, 그 문형이 나올 때마다 亦에 일관된 번역어를 부여하고 있는 번역본은 박유리 번역본이 유일하다. 박유리 번역본처럼 반복해서 출현하는 특정 문형의 특정 글자에 일관된 번역을 부여하면, 독자는 번역만으로도 원문이 갖는 일관성에 한 걸음 더 접근할 수 있게 되는 장점이 있다.

한 가지 더 주목할 것은, 마지막으로 인용한 이강재 번역본 문장이 같은 문형에 대해서 각기 의문문과 평서문으로 달리 번역하고 있다는 사실이다. 그리고 이것은 이강재 번역본만 그런 것이 아니라 이우재 번역본 역시 그러하다.

이우재 번역본 "그것이 곧 은혜를 베풀되 낭비하지 않는 것이다. … 그것이 바로 태연하되 교만하지 않은 것 아니겠느냐? … 그것이 곧 위엄이 있되 사납지 않은 것 아니겠느냐?"다. (833쪽)

동일하게 '주어(혹은 화제)+不亦+자동사+乎'의 문형을 사용하고 있는 문장들에는 일관되게 의문형 혹은 감탄형으로 번역하는 것이 바람직하다. 평서문으로 번역할 경우, 번역의 일관성에 문제가 생기는 것은 물론, 乎를 제대로 번역할 수 없게 된다.

끝으로 주목해야 할 것은 최영갑 번역본이다. 앞에서 亦을 "또한"이라고 번역할 때 생기는 문제에 대해 논한 바 있다. 설령 번역자가 추가의 뜻이 아니라 단지 강세를 표현하고자 "또한"이라고 번역했을 때조차도, 독자는 그것을 추가의 의미로 이해할 수 있다는 것이다. 흥미롭게도 최영갑 번역본은 亦이 세 번 나오는 앞의 『논어』「요왈」2의 예문을 번역하면서, 첫 번째 나오는 亦은 번역하지 않고 두 번째와 세 번째에 나오는 亦만 "또한"이라고 번역하고 있다.

최영갑 번역본 이것이 바로 은혜로우면서도 낭비하지 않는다는 것이 아니겠느냐? … 또한 태연하면서도 교만하지 않는 것이 아니겠는가? … 이 또한 위엄이 있으면서도 사납지 않은 것이 아니겠는가? (2권, 386~387쪽)

첫 번째 나오는 亦은 허사이기에 번역하지 않고, 두 번째와 세 번째에 나오는 亦은 실사이기에 "또한"이라고 번역하고 있는 것으로 보인다. 그렇지 않고서는 번역상의 비일관성을 설명하기 어렵다. 그런데 최영갑 번역본을 제외한 나머지 번역본들은 이 예문에 나오는 亦을 모두 같은 기능을 하는 것으로 간주하고 있다. 실제로 같은 맥락에서 같은 문형을 사용하고 있으므로, 앞 예문에 나오는 亦은 세 번 모두 같은 용법으로 사용되었다고 보는 것이 타당하다.

亦에 관한 번역 논의를 마무리하면서, 끝으로 왜 이렇게 혼란을 초래하기 쉬운 '不亦…乎' 문형이 고대 중국어에서 정착되었는지 질문을 던져볼 수 있다. 이에 대해서 영어권의 중국학 연구자 에드윈 풀리블랭크Edwin Pulleyblank가 설득력 있는 가설을 제시한 바 있다.[5] 그는 『논어』「헌문憲問」 13에 나오는 "夫子不言, 不笑, 不取乎"라는 구절을 설명하면서, "不言, 不笑, 不取"가 단순히 말하기, 웃기, 취하기라는 특정 행위를 하지 않았다고 부정하는 말들이 아니라, 言언, 笑소, 取취만큼이나 독립적으로 존재하는 어떤 상태를 가리키는 말들이라고 주장했다. 즉, 이 문장에서 不은 단순히 특정 상태의 부정을 하기 위해 사용된 것이 아니라, 言, 笑, 取와는 반대되는 상태 자체를 지칭하기 위해 사용되었다는 것이다. 이와 같은 용법은 형용사의 경우에는 매우 보편적이다. 이를테면, '不善'은 보통 약한 부정의 의미를 띠는 '좋지 않다'라는 뜻이 아니라, 그 자체로 독립적으로 성립하는 '나쁘다'라는 상태를 지칭한다. 풀리블랭크에 따르면, 형용사의 경우에 수사의문문을 만드는 문형 '不亦…乎'가 있는 것은 바로 이 때문일 가능성이 높다. 만약 亦이 사용되지 않으면, '不+형용사'가 단순한 부정이 아니라 不善처럼 하나의 어휘로 해석될 위험이 있다. 예를 들면, 『논어』「학이」 1에 나오는 "有朋自遠方來, 不亦樂乎"라는 문장은 "멀리서 찾아오는 붕우가 있으면, 참으로 즐겁지 아니한가?"가 아니라, 자칫 "멀리서 찾아오는 붕우가 있으면, 불쾌(不樂)한가?"로 해석될 위험이 있는 것이다. 즉, 이런 위험을 피하기 위하여 '不亦…乎'라는 문형이 발달했다는 것이다.

2. 허사 曾

실사로 혼동하기 쉬운 허사의 예로 이번에는 "曾증"을 살펴보자.

> 子夏問孝. 子曰, 色難. 有事, 弟子服其勞, 有酒食, 先生饌, 曾是以爲孝乎. (『論語』「爲政」8)
>
> 자하子夏가 효孝에 대해 여쭈었다. 선생님께서 말씀하셨다. "안색을 제대로 하는 것이 어렵다. 일이 있으면 나이 어린 사람이 수고하고, 술과 음식이 있으면 연장자가 드시도록 하는 일. 그래 이런 일들을 효孝라고 여겼겠는가?"

이 예문에서 曾의 사전상 가장 흔한 뜻은 "일찍이"다. 그래서 『논어』 주석 중에는 그와 같은 "일찍이"의 뜻을 살려서 해설한 것들이 있다. 이를테면 황간이 "曾猶嘗也"(증曾은 상嘗과 같다)라고 해석한 것이 그 대표적인 예이다. 그러나 고대 중국어를 연구한 학자들은 저 문장의 曾은 '曾…乎'라는 문형의 일부임을 밝혀내었다.[6] 이 문형에서 曾은 "일찍이"라는 시간적인 의미를 부여하고 있는 것이 아니라 부정적인 어기를 강화하는 역할을 한다. 따라서 시간을 나타내는 "일찍이"라는 표현을 사용해서 번역하면 안 된다. 고대 중국어에서 "일찍이"와 같은 시간적인 의미를 나타내는 데 종종 사용된 단어는 曾이 아니라 嘗이다.[7] 아마도 이 점을 의식한 듯 오규 소라이는 『논어징』에서 曾을 "乃내"라고 풀이하고 있다. 즉 '曾…乎' 문형에서 曾은 "일찍이"라는 시간의 의미를 전달하지 않고, 曾은 문미에 오는 乎와 호응하여 부정의 어기를 만드는 데 그친다.

그럼에도 불구하고 번역자가 曾을 "일찍이"라고 번역하는 경우는 두 가지를 상상해볼 수 있다. 첫째, 번역자가 시간적인 의미 없이 관습적으로 "일찍이"라는 말을 넣는 경우를 상상해볼 수 있다. 이것은 번역자가 민감한 사안에 대해 판단을 유보하고 있는 경우라고 볼 수 있다. 둘째, 시간적인 의미가 아니라 단순히 어세를 주기 위해 "일찍이"라는 번역어를 사용하는 경우를 상상해볼 수 있다. 번역자의 의도와 무관하게, 독자는 "일찍이"라는 표현을 통해 시간적인 차원의 메시지를 받을 수 있으므로, 이러한 번역은 독자에게 불필요한 혼란을 초래할 수 있다. 이를테면 독자는 해당 내용이 특정 과거에 일어난 적이 있는지 여부를 불필요하게 따지게 된다.

이러한 이유로, '曾…乎'의 용법에서 曾이 부정의 어기로 사용되었다는 것을 분명히 하기 위해서 "그래" 혹은 그에 상응하는 번역어를 사용하는 것이 좋다고 판단된다. 그럼에도 불구하고 상당수의 『논어』 한국어 번역본들은 시간적 차원의 메시지를 전달하기 위해서든, 관습적으로 해당 글자를 사전상 가장 흔한 뜻으로 해석하겠다는 의도에서든 "일찍이" 혹은 그에 상응하는 표현을 사용하여 曾을 번역하고 있다.

앞의 『논어』 예문에서 曾을 "일찍이"라고 해석한 한국어 번역본들은, 강동석 번역본(32쪽), 김동인·지정민·여영기 번역본(1권, 191쪽), 김용옥 번역본(1권, 501~502쪽), 박헌순 번역본(1권, 98~99쪽), 부남철 번역본(71쪽), 성백효 번역본(60쪽), 이상임 번역본(72쪽), 이한우 번역본(123

쪽), 임동석 번역본(1권, 147쪽)이다. 그리고 『논어』 한국어 번역본들 중에서 曾을 아예 해석하지 않은 경우는 김형찬 번역본(41쪽), 신정근 번역본(89쪽), 양차오밍 번역본(34쪽), 이기동 번역본(109쪽), 이우재 번역본(91쪽), 차주환 번역본(35쪽)이다. 번역본들 중에서 曾의 어기를 살려서 번역한 경우는 다음과 같다(밑줄은 필자).

금장태 번역본 술과 음식이 있으면 어른이 드시게 한다고 해서 효도라 하겠느냐? (16쪽)

김도련 번역본 술과 음식이 있으면 부형父兄에게 먼저 잡수시게 하는 것만으로 효孝라고 하겠는가? (상권, 85~86쪽)

김영호 번역본 술과 밥이 있으면 선생이 드시게 하는 것, 그래 이것을 효라 하겠는가? (73~74쪽)

김원중 번역본 (또) 술과 음식이 있어 윗사람이 드시게 한다고 하여, 이런 일만으로 효라고 할 수 있겠느냐? (63~64쪽)

김학주 번역본 술이나 음식이 있을 때 어른들이 먼저 드시게 한다고 해서, 이런 것만으로 효도라 할 수가 있겠느냐? (136~137쪽)

동양고전연구회 번역본 술과 음식이 있으면 어른이 먼저 드시게 하는 것만을 설마 효라고 생각하느냐? (45쪽)

류종목 번역본 술과 음식이 있으면 부모가 먹고, 어찌 이렇게 하는 것을 효도라고 여기느냐? (53쪽)

박삼수 번역본 술과 음식이 있으면 어른이 먼저 맛보게 하는 것, 설마 그런 것을 가지고 효라고 하겠느냐? (47쪽)

박유리 번역본 "술과 음식이 있으면 선배가 먹는 것, 곧 이것을 효라고 하겠는가?"라고 하셨다. (62쪽)

박종연 번역본 술이나 음식이 있으면, 나이 든 사람에게 먼저 먹

고 마시게 하는 것, 설마 이것만을 효도라고 생각하는 것인가? (57~58쪽)

배병삼 번역본 술과 밥이 생겼을 때 상에 올리는 것, 이런 따위야 어디 효라고 하겠더냐! (1권, 86쪽)

신창호 번역본 술과 먹을거리가 있으면 어른께 먼저 올린다고 하여 효를 다했다고 할 수 있겠는가? (99쪽)

유교문화연구소 번역본 술과 밥이 있으면 아버지나 형에게 잡수시게 하는 것을 도대체 효라고 할 수 있겠는가? (37쪽)

윤재근 번역본 술이나 먹을 것이 있으면 어른께 차려드린다. 그런데 이런다고 해서 효라 할 수 있겠느냐? (1권, 134쪽 〈해독〉)

이강재 번역본 술과 음식이 있으면 부모님께서 먼저 드시도록 하지만, 이런 정도만으로 효도를 다했다고 여길 수 있겠는가? (113~114쪽)

이기석·한백우 번역본 좋은 술과 맛있는 음식이 생기면 먼저 드시게 하는 것만으로 어찌 효도를 다했다고 할 수 있겠는가? (28~29쪽)

이동희 번역본 맛있는 음식이 있으면 어버이에게 올리면 물론 좋은 일이다. 그러나 이것만으로 효라고 할 수 있을까? (135쪽)

이을호 번역본 맛 좋은 음식쯤 웃어른께 드리는 것으로 글쎄 그걸 효도라 할 수 있는가? (32쪽)

이지형 번역본 "술과 음식이 있으면 선생에게 먼저 차려 대접하는 것, 그런 것만으로는 곧 이것을 효라고 하겠는가?" 하였다. (1권, 183쪽)

임옥균 번역본 술과 밥이 있으면 아버지나 형이 드시도록 하는 것, 도대체 이것을 가지고 효라고 할 수 있다는 말인가? (70쪽)

장기근 번역본 술이나 음식이 있으면 어른께 올린다. 그러나 그것만으로 효라 할 수 있겠느냐. (63쪽)

정태현·이성민 번역본 술이나 밥이 있으면 부형께 드시게 하는 것을 곧 효도로 여겼더냐? (1권, 120~121쪽)

조명화 번역본 먹을 것이 생기면 윗사람이 (먼저) 잡숫도록 하는 것, 어찌 그런 것을 효라고 하겠느냐? (1권, 240쪽)

최근덕 번역본 술이나 음식이 생기면 어른들이 먼저 드시게 한다고 해서 그것만으로 효라 하겠는가? (40쪽)

최영갑 번역본 술과 밥이 있을 때 부모와 형에게 먼저 드시게 하는 것을 도대체 효라고 할 수 있겠는가? (1권, 62~63쪽)

한필훈 번역본 맛있는 음식을 먼저 드시게 하는 것이 효도의 전부는 아니지 않은가? (50쪽)

홍승직 번역본 마실 것과 먹을 것이 있으면 어른 먼저 들게 하는 것만으로 효라고 여겼단 말인가? (38쪽)

황희경 번역본 술이나 밥이 있으면 어른들이 드시게 하는 일, 그래 이런 것을 효라고 할 수 있겠는가? (49쪽)

이 번역본들이 얼마나 일관성을 가지고 '曾…乎' 문형을 번역해왔는지 알아보기 위하여, '曾…乎' 문형을 사용한 문장을 하나 더 살펴보자.

季氏旅於泰山. 子謂冉有曰, 女弗能救與. 對曰, 不能. 子曰, 嗚呼. 曾謂泰山不如林放乎. (『論語』「八佾」6)

계씨季氏(노나라 대부)가 태산에서 [제후라야 지낼 수 있는] 여旅 제사를 지내려 하였다. 선생님께서 염유冉有에게 말씀하셨다. "네가 그것을 말릴 수 없겠느냐?" 대답하기를, "말릴 수 없습니다." 선생님께서 말씀하셨다. "아! 태산이 그래 [예禮의 근본에 대해 관심을 가진] 임방林放만 못하다고 여기는가?"

이 예문에 나오는 曾의 어기를 살려서 번역한 번역본들 중에서 曾을 “일찍이”라고 해석한 것은 강동석 번역본(49쪽), 김용옥 번역본(II권, 12쪽), 부남철 번역본(100쪽), 성백효 번역본(83쪽), 유교문화연구소 번역본(65쪽), 윤재근 번역본(1권, 198쪽 〈담소〉), 임동석 번역본(1권, 207쪽), 최영갑 번역본(1권, 92쪽)이다. 그리고 번역본들 중에서 曾을 명시적으로 해석하지 않은 경우는 김도련 번역본(상권, 132쪽), 김학주 번역본(156쪽), 박유리 번역본(95~96쪽), 박헌순 번역본(1권, 153쪽), 신정근 번역본(120쪽), 신창호 번역본(116쪽), 이강재 번역본(124쪽), 이기동 번역본(141쪽), 이기석·한백우 번역본(43쪽), 이동희 번역본(161쪽), 이우재 번역본(124쪽), 이지형 번역본(1권, 291쪽), 이한우 번역본(183쪽), 장기근 번역본(91쪽), 조명화 번역본(1권, 319쪽), 한필훈 번역본(62쪽)이다. 번역본들 중에서 曾의 어기를 살려서 번역한 경우는 다음과 같다(밑줄은 필자).

김장태 번역본 “아아! 그래 태산이 임방만도 못하다고 말할 수 있겠는가?” (20쪽)

김동인·지정민·여영기 번역본 “오호라! 어찌 태산이 임방만 못하다고 하겠는가!” (1권, 292쪽)

김영호 번역본 “아! 그래 태산이 (예의 근본을 물은) 임방만 같지 못하다고 하겠느냐?” (84쪽)

김원중 번역본 “아아! 결국 태산의 신이 (예의 근본을 물은) 임방보다도 못하다는 말인가?” (83쪽)

김형찬 번역본 “아아, 어찌 태산이 임방만도 못하다고 생각하는가!” (50~51쪽)

동양고전연구회 번역본 "아! 태산의 신이 설마 (예의 본질을 물은) 임방만도 못하겠는가?" (63쪽)

류종목 번역본 "아, 어찌 태산의 산신이 임방만 못하여 이처럼 예에 맞지 않는 제사를 받고 좋아한다고 하겠는가?" (83쪽)

박삼수 번역본 "오호라, 슬프도다. 하지만 설마 태산의 신령이 임방만 못하다고 생각하느냐?" (71~72쪽)

박종연 번역본 아! 결국 태산의 신이 임방만도 못하단 말이냐? (81쪽)

배병삼 번역본 아아! 태산이 어찌 '임방'만 못하겠더냐. (1권, 130쪽)

양차오밍 번역본 "아아 어찌 태산이 임방만도 못하다 생각하는가!" (55쪽)

이을호 번역본 "기막힐 일이다. 글쎄 태산이 임방만 못할까!" (42쪽)

임옥균 번역본 "아! 도대체 태산이 임방만 못하다는 말인가?" (84쪽)

정태현·이성민 번역본 "아! 곧 泰山이 林放만도 못하다고 여긴 것이냐?" (1권, 165쪽)

차주환 번역본 "슬프다. 그래 태산이 임방만 못하단 말인가." (48쪽)

최근덕 번역본 "오호라! 그래, 태산이 임방만 못하다고 생각하는가?"라고 하셨다. (61쪽)

황희경 번역본 "아아! 그래 태산의 신이 [예의 근본을 물었던] 임방만도 못하다고 여기는 게냐?" (63쪽)

앞에서 제시한 『논어』의 두 예문 모두에 曾의 어기를 명시적으로 살려서 번역한 것은, 금장태 번역본, 김영호 번역본, 김원중 번역본, 동양고전연구회 번역본, 류종목 번역본, 박삼수 번역본, 박종연 번역본, 배병삼 번역본, 이을호 번역본, 임옥균 번역본, 정태현·이성민 번역본, 최근덕 번역본, 황희경 번역본이다. 이들 중 曾에 대하여 일관된 번역어를 제시한 것은, 김영호 번역본("그래"), 동양고전연구회 번역본("설마"), 류종목 번역본("어찌"), 박삼수 번역본("설마"), 이을호 번역본("글쎄"), 임옥균 번역본("도대체"), 정태현·이성민 번역본("곧"), 황희경 번역본("그래")이다. 그렇다면 마지막으로 이 8종의 번역본들이 다음 예문에 대해 어떻게 曾을 처리하고 있는지 살펴보자(밑줄은 필자).

> 吾以子爲異之問, 曾由與求之問. (『論語』「先進」 24)
> 나는 그대가 다른 질문을 할 줄 알았는데, 그래 유由(중유)와 구求(염구)에 대한 질문이구나!

김영호 번역본 나는 그대가 다른 질문을 할까 하였더니 그래 유와 구를 묻는구나. (198쪽)

동양고전연구회 번역본 나는 그대가 지금 묻는 것을 이상한 일이라고 생각한다. 중유와 염구에 관한 질문이기 때문이다. (241쪽)

류종목 번역본 나는 당신이 특이한 것을 물을 줄 알았더니 고작 유와 구에 관하여 묻는군요. (373쪽)

박삼수 번역본 나는 당신이 다른 사람에 대해서 물을 것이라 생각했는데, 뜻밖에도 유와 구에 대해 묻는군요. (323쪽)

이을호 번역본 나는 별다른 질문인가 했더니 유와 구의 이야기구려! (146쪽)

임옥균 번역본 나는 그대가 특이한 것을 물을 줄 알았는데, 겨우 중유와 염구를 묻는구려! (223쪽)

정태현·이성민 번역본 나는 자네가 특이한 질문을 할 것으로 여겼는데, 고작 由와 求에 대한 물음이구려. (2권. 185쪽)

황희경 번역본 나는 그대가 다른 것을 질문하는 줄 알았더니 중유와

염구를 묻는구나. (196쪽)

이 번역문들 가운데 동양고전연구회 번역본, 이을호 번역본, 황희경 번역본은 曾을 명시적으로 번역하지 않고 있다. 반면, 김영호 번역본, 류종목 번역본, 박삼수 번역본, 임옥균 번역본, 정태현·이성민 번역본은 曾이 어세로 쓰였다는 사실을 명확히 드러내는 번역을 하고 있다. 그리고 이 중 김영호 번역본만이 일관되게 "그래"라는 같은 번역어를 사용하고 있음이 주목된다.

8

『논어』에서 허사 번역 (2): 其(상)

1. 허사 其

『설문해자說文解字』에 따르면, "其기"의 본뜻은 "곡식을 까부는 키"다.[1] 그러나 『논어』에서 그와 같은 뜻으로 其가 쓰인 용례는 없다. 『논어』의 한국어 번역을 비평하는 시각에서 볼 때, 『논어』에 나오는 其의 주된 쓰임은 크게 세 가지다. ① 지시어 역할을 하는 실사, ② "합당한"이라는 뜻의 실사, ③ 어세를 나타내는 허사. 『논어』에 나오는 其의 바람직한 번역을 위해서는 이 세 가지 용례를 혼동하지 않는 것이 중요하다.

첫째, 『설문해자』의 其 항목에 대한 단옥재段玉裁(1735~1815)의 주석에서 이미 其를 지시어 "此차"와 통용된다고 명시한 바 있다. 그런데 此는 『논어』 본문에서 사용되지 않고, 대신 斯사와 其 같은 글자들이 지시어 역할을 한다. 다음 예문을 보라.

> 子貢欲去告朔之餼羊. 子曰, 賜也, 爾愛其羊, 我愛其禮. (『論語』「八佾」17)
>
> 자공子貢이 새로운 달을 시작하는 예식의 희생양을 없애고 싶어 하였다. 선생님께서 말씀하셨다. "사賜(자공의 이름)야, 너는 그 양을 아끼지만 나는 그 예禮를 아낀다."

이 문장의 "其羊"과 "其禮"에 반복해서 나오는 其는 명백히 지시어이다. 그러면 其가 각기 다른 단어와 함께 한 단락 내에서 거듭 사용된 예문들을 살펴보자.

> 多聞闕疑, 愼言其餘, 則寡尤. 多見闕殆, 愼行其餘, 則寡悔. 言寡尤, 行寡悔, 祿在其中矣. (『論語』「爲政」18)
>
> 많이 듣고 그중 의심나는 것은 접어두고, 그 나머지에 대해 조심스레 말을 하면 허물이 적을 것이다. 많이 보고 그중 영글지 않은 것을 접어두고, 그 나머지에 대해서는 조심스레 행동하면, 후회가 적을 것이다. 말에 허물이 적고 행동에 후회가 적으면, 관직은 그 가운데 있을 것이다.
>
> 回也, 其心三月不違仁, 其餘則日月至焉而已矣. (『論語』「雍也」7)
>
> 회回(안회)는 그 마음이 석 달 동안 인仁에서 떠나지 않았다. 그 나머지 제자들은 하루나 한 달에 한 번 인仁에 이를 뿐이다.

이 예문들에 나오는 "其中"과 "其心" 같은 표현에서 사용된 其는 모두 지시의 성격을 가지고 있다. 두 예문에서 모두 사용되는 "其餘"라는 표현에서 사용된 其 역시 지시어인데, 이것은 고대 중국어 문헌에서 그 예를 널리 발견할 수 있다. 이를테면 『예기』「잡기雜記」에도 "其餘則直道

而行之是也"(그 나머지에 대해서는 합당한 도리에 따라 행하는 것이 옳다) 같은 문장이 나온다.

둘째, 『논어』에서 其가 "합당한"이라는 뜻의 실사로 사용된 용례를 살펴보자.

> 富與貴, 是人之所欲也. 不以其道得之, 不處也. 貧與賤, 是人之所惡也. 不以其道得之, 不去也. (『論語』「里仁」5)
>
> 부유함과 귀함, 이것은 사람들이 바라는 바이다. 합당한 도道로써 그것을 얻지 못하면 거기에 머물지 않아야 한다. 가난함과 천함, 이것은 사람들이 싫어하는 바이다. 합당한 도道로써 그것을 얻지 못하면 거기서 떠나지 않아야 한다.

其가 "합당한"이라는 뜻의 실사로 사용되었는지 여부는 문형에 의해서가 아니라 문장의 맥락에 따라 판별된다.

셋째, 其가 어세를 나타내는 허사로 사용되곤 한다는 것은 일찍부터 알려졌다. 『설문통훈정성說文通訓定聲』은 其를 일러 가차假借로 기능하는 조사라고 한 바 있다.[2] 실사로 사용될 때 其를 적절히 번역하는 것은 과히 어렵지 않다. 정작 어려운 것은, 어세로 사용된 其와 그 밖의 용례로 사용된 其를 혼동하지 않는 일이다. 그러면 『논어』에서 어세를 나타내기 위해 其를 사용한 예문들을 좀 더 면밀히 살펴보기로 하자.

其가 어세를 나타내는 용법으로 쓰일 때는 대개 추측이나 의도를 나타낸다. 그 밖에 명령문에서는 명령, 권유, 희망의 어기를 전달할 수 있으며, 반어의문문에 사용될 수도 있다.[3] 其가 어세를 나타내는 경우, 어세를 필요로 하는 의문사나 감탄사 혹은 의문형이나 감탄형 어미와 종종 결합한다. 이를테면 『좌전左傳』 「희공 10년僖公十年」에서 "欲加之罪, 其無辭乎"(죄를 뒤집어씌우려면 어찌 핑계가 없겠습니까?)라고 할 때, 其는 乎와 결합하고 있다.

이와 같은 점을 고려하여 『논어』에서 어세로 사용된 其의 용례를 유형별로 분류해 기존 한국어 번역본에서 어떻게 번역되어왔는지를 검토해보기로 한다.

2. 其…與 문형

논어에 나오는 '其…與' 문형은 다시 '其斯之謂與'와 '其+사람(혹은 사람의 대체물)+與'로 구분해볼 수 있다.

1) 其斯之謂與 유형의 번역

子貢曰, 貧而無諂, 富而無驕, 何如. 子曰, 可也. 未若貧而樂, 富而好禮者也. 子貢曰, 詩云, 如切如磋, 如琢如磨, 其斯之謂與. (『論語』「學而」15)

자공子貢이 말하였다. "가난해도 아첨하지 않고, 부유해도 교만하게 행세하지 않으면, 어떻습니까?" 선생님께서 말씀하셨다. "그럭저럭 괜찮겠지. 그런데 가난해도 즐거워하고, 부유해도 예禮를 좋아하는 경우만은 못하다." 자공이 말하였다. "『시詩』에서 '끊어내듯이, 잘라내듯이, 쪼듯이, 갈듯이'라고 한 말은 아마 이것을 이르는 거겠죠?"

이 예문에서 공히 나오는 "其斯之謂與"라는 문장은 도치문이다. 원래는 '其謂斯與'인데, 목적어 斯를 강조하기 위해 앞으로 끌어낸 것이다. 其와 斯 중에서 斯만이 지시어이다. 앞의 其는 종결어미 與와 호응하여 '其…與' 문형을 구성한다. 그렇다면 『논어』 한국어 번역본들은 『논어』 「학이」 15에 나오는 "其斯之謂與"를 어떻게 번역했을까?

- 아예 (혹은 거의) 어세를 고려하지 않고 번역한 번역본
  성백효 번역본(48쪽), **이상임 번역본**(53쪽)

- 별도로 어세를 표현하지 않고 문장 전체를 의문형 혹은 감탄형으로 처리한 번역본
  강동석 번역본(23쪽), **금장태 번역본**(13쪽), **김도련 번역본**(상권, 60쪽), **김원중 번역본**(52쪽), **김형찬 번역본**(36~37쪽), **양차오밍 번역본**(22쪽), **이기동 번역본**(85쪽), **이을호 번역본**(27쪽), **이지형 번역본**(1권, 135쪽), **임동석 번역본**(1권, 115쪽), **정태현·이성민 번역본**(1권, 101쪽), **조명화 번역본**(1권, 194쪽), **한필훈 번역본**(42쪽), **홍승직 번역본**(27쪽), **황희경 번역본**(40쪽)

- 추측성 어세로 번역한 번역본
  김영호 번역본(69쪽), **동양고전연구회 번역본**(35쪽), **류종목 번역본**(40쪽), **박유리 번역본**(40쪽), **박헌순 번역본**(1권, 70쪽), **심경호 번역본**(1권, 50쪽), **유교문화연구소 번역본**(23쪽), **이우재 번역본**(73쪽), **이한우 번역본**(86쪽), **임옥균 번역본**(61쪽), **차주환 번역본**(29쪽), **최영갑 번역본**(1권, 45쪽)

- 강조형 어세로 번역한 번역본
  김용옥 번역본(I권, 388~389쪽), **김학주 번역본**(126쪽), **신정근 번역본**(71쪽), **신창호 번역본**(90쪽), **윤재근 번역본**(1권, 106쪽), **이강재 번역본**(108쪽), **장기근 번역본**(47~48쪽)

문법적인 차원에서 문제가 되는 것은 其를 허사로 처리하지 않고 실사로 처리한 번역들이다. 다음이 그 예이다.

김동인·지정민·여영기 번역본 시에서 말하기를 "여절여차 여탁여마(자르고 다듬듯이 하며 쪼고 갈듯이 한다)"라고 했는데, 그것은 이를 말함입니까? (1권, 136쪽)

박삼수 번역본 『시경』에서 '뼈와 뿔을 자르고 간 것 같고 / 옥과 돌을 쪼고 간 것 같다'라고 하였는데, 그게 바로 이런 이치를 말하는 것이겠지요? (35~36쪽)

박종연 번역본 『시경』에서 말했다. [마치 짐승의 뼈나 뿔·상아·옥과 같은 것을 다루듯이] 먼저 재료를 자트고 다시 다듬고, 세밀하게 쪼은 후에, 갈아 빛을 내야 한다. 그것은 바로 이런 뜻이지요? (43~44쪽)

배병삼 번역본 시詩에 "자르고 쓸고 쪼고 갈듯이 한다"더니 그게 이 말씀이로군요. (1권, 60쪽)

부남철 번역본 『시경』에 '자른 듯하고 다듬은 듯하며, 쫀 듯하고 연마한 듯하다'는 구절이 있는데, 그것이 바로 선생님이 해주신 이 말씀의 의미군요. (52쪽)

이기석·한백우 번역본 『시경詩經』에 이르기를 '끊는 것 같고 가는 것 같으며, 쪼는 것 같고 닦는 것 같다'고 하였는데, 그것이 바로 이와 같음을 두고 한 말입니까? (23쪽)

이동희 번역본 선생님, 시詩 가운데 '절차탁마切磋琢磨'라고 하여 자르고 다듬고 쪼고 간다는 구절이 있습니다. 이 의미가 지금 선생님의 말씀과 같지 않습니까? (123쪽)

최근덕 번역본 『시』에서 '자르는 듯, 다듬는 듯, 쪼는 듯, 가는 듯이 한다'고 하였으니, 그것은 이 말씀을 두고 한 것이군요. (27쪽)

그렇다면 『논어』 「계씨」 12에 나온 "其斯之謂與"는 어떻게 번역되었을까?

齊景公有馬千駟, 死之日, 民無德而稱焉. 伯夷叔齊餓于首陽之下, 民到于今稱之. 其斯之謂與. (『論語』 「季氏」 12)

제나라 경공景公은 말 4천 필을 가지고 있었지만, 죽는 날에는 피치자들이 칭송할 만한 덕이 없었다. 백이와 숙제는 수양산 아래서 굶어 죽었지만 피치자들이 지금까지도 그들을 칭송한다. 아마 이것을 이르는 것인가?

『논어』 「학이」 15에 나오는 "其斯之謂與"는 제자 자공의 말이고, 「계씨」 12에 나오는 "其斯之謂與"는 선생님인 공자의 말이므로 존댓말 여부의 차이는 있을 수 있다. 그러나 동일한 표현이므로, 그 말의 내용은 일관되게 번역되어야 한다. 그 일관성 여부를 검토해본 결과, 다음과 같다.

• 아예 (혹은 거의) 어세를 고려하지 않고 번역한 번역본

김영호 번역본(284쪽), **김용옥 번역본**(III권, 484쪽), **성백효 번역본**(479쪽), **임옥균 번역본**(318쪽), **최근덕 번역본**(426쪽), **차주환 번역본**(294쪽)

• 별도로 어세를 표현하지 않고 문장 전체를 의문형 혹은 감탄형으로 처리한 번역본

임동석 번역본(4권, 1469쪽)

• 추측성 어세로 번역한 번역본

김원중 번역본(397쪽), **동양고전연구회 번역본**(359쪽), **류종목 번역본**(542쪽),

박유리 번역본(710쪽), **박헌순 번역본**(2권, 435쪽), **신정근 번역본**(665쪽), **양차오밍 번역본**(412쪽), **유교문화연구소 번역본**(615~616쪽), **이한우 번역본**(1198쪽), **정태현·이성민 번역본**(3권, 95쪽), **조명화 번역본**(2권, 542쪽), **최영갑 번역본**(2권, 277쪽), **황희경 번역본**(290쪽)

- 강조성 어세로 번역한 번역본

부남철 번역본(529쪽), **신창호 번역본**(406쪽), **이강재 번역본**(311쪽)

『논어』「학이」 15와 「계씨」 12의 번역에서 성백효 번역본은 공히 어세를 번역하지 않았다는 점에서 일관성이 있다. 그러나 어세를 번역하지 않은 것을 바람직하다고 하기는 어려울 것이다. 임동석 번역본도 「학이」 15와 「계씨」 12의 번역에서 별도로 어세를 표현하지 않고 문장 전체를 의문형 혹은 감탄형으로 처리했다는 점에서 일관성이 있다. 「학이」 15와 「계씨」 12에 쓰인 其가 (추측이건 강조이건) 같은 성격의 어세를 전달한다고 전제할 이유는 없으므로, 일단 강조의 어기로 번역하는 것이 바람직한지 아니면 추측의 어기로 번역하는 것이 바람직한지의 문제는 거론하지 않도록 하자. "이를 생각해야 할 것이다"라고 다소 의외의 번역을 제시한 이기동 번역본(598쪽)도 잠시 논외로 하기로 하자. 그렇다면 남는 것은 「계씨」 12에 나오는 其를 허사로 처리하지 않고 실사로 처리한 번역들이다. 이런 경우는 문법적인 차원에서 문제가 된다. 다음이 그 예이다.

강동석 번역본 그 이를 말한 것이다. (372쪽)
금장태 번역본 그것은 이를 두고 말한 것인가? (101쪽)

김도련 번역본 그것은 바로 이를 두고 이른 것이리라! (하권, 395쪽)

김동인·지정민·여영기 번역본 이는 그것을 말함이리라. (4권, 83쪽)

김학주 번역본 그것은 바로 이것을 두고 말한 것인가? (504쪽)

김형찬 번역본 그것은 바로 이것을 말하는 것인가? (194쪽)

박삼수 번역본 사람들은 바로 그 어진 덕을 칭송하는 것이겠지? (466쪽)

박종연 번역본 그것이 바로 이 뜻이겠지! (508쪽)

배병삼 번역본 그것이 이걸 두고 이르는 말일까? (2권, 352쪽)

윤재근 번역본 이런 말씀은 이를 두고 한 것이리라! (2권, 499쪽)

이기석·한백우 번역본 그것은 바로 이를 두고 이르는 말이로다. (399쪽)

이상임 번역본 그 이것을 말한 것이다. (37쪽)

이우재 번역본 그것은 이것을 두고 한 말일까? (713쪽)

이을호 번역본 그것은 이를 두고 이른 말인가! (221쪽)

이지형 번역본 그것은 이를 두고 이를진저! (5권, 15쪽)

장기근 번역본 그것이 곧 이것을 말하는 것이리라. (627쪽)

2) 其+사람+與 유형의 번역

이 용례는 『논어』뿐 아니라, 고대 중국어 문헌에 널리 보인다.[4] 이를테면 "無憂者, 其惟文王乎"(『중용中庸』 18장)와 "大業之後在晉絕祀者, 其趙氏乎"(『사기史記』「조세가趙世家」)의 용례가 있다.

먼저 『논어』「자한子罕」 20의 예문을 보자.

> 語之而不惰者, 其回也與. (『論語』「子罕」 20)
> 일러주면 게을리하지 않는 사람은 아마 회回(안회)일 것이다.

• 아예 (혹은 거의) 어세를 고려하지 않고 번역한 번역본

김장태 번역본(53쪽), **김용옥 번역본**(III권, 135쪽), **김원중 번역본**(224쪽), **김학주 번역본**(313쪽), **성백효 번역본**(258쪽), **신창호 번역본**(246~247쪽), **윤재근 번역본**(1권, 682쪽), **이동희 번역본**(51쪽), **임옥균 번역본**(189쪽), **장기근 번역본**(327쪽), **차주환 번역본**(158쪽), **최근덕 번역본**(218쪽), **최영갑 번역본**(1권, 344쪽), **한필훈 번역본**(160쪽), **황희경 번역본**(167쪽)

• 별도로 어세를 표현하지 않고 문장 전체를 의문형 혹은 감탄형으로 처리한 번역본

동양고전연구회 번역본(193~195쪽)

• 추측성 어세로 번역한 번역본

강동석 번역본(195쪽), **김영호 번역본**(171쪽), **류종목 번역본**(310쪽), **박삼수 번역본**(272쪽), **박종연 번역본**(262쪽), **박헌순 번역본**(1권, 555쪽), **유교문화연구소 번역본**(312쪽), **이우재 번역본**(396쪽), **이을호 번역본**(119쪽), **이한우 번역본**(652쪽), **정태현·이성민 번역본**(2권, 82쪽)

• 강조성 어세로 번역한 번역본

김동인·지정민·여영기 번역본(2권, 524쪽), **김형찬 번역본**(116쪽), **배병삼 번역본**(1권, 495쪽), **신정근 번역본**(370쪽), **양차오밍 번역본**(227쪽), **이강재 번역본**(203쪽), **이기석·한백우 번역본**(201쪽), **이지형 번역본**(2권 409쪽), **임동석 번역본**(2권, 749쪽)

그리고 다음 번역문들은 실사로 처리한 예이다. 이 번역문들은 문법적인 차원에서 문제가 된다.

박유리 번역본 "그에게 말해주었을 때, 게으름을 피우지 않을 사람, 그는 회일 것이다!"라고 하셨다. (381쪽)

부남철 번역본 말해준 대로 실천하는 일에서 게으르지 않았던 그 제자는 회回일 것이다. (297쪽)

이기동 번역본 말해주면 게을리하지 않는 자는 그 안회顔回일 것이다. (378쪽)

조명화 번역본 말이 떨어지면 미적거리지 않(고 바로 실천하)는 사람, 그런 사람이 안회였어! (2권, 95쪽)

그러면 『논어』「자한」27의 예문을 살펴보자.

衣敝縕袍, 與衣狐貉者立, 而不恥者, 其由也與. (『論語』「子罕」27)

낡은 솜옷을 입고서, 여우나 담비 갖옷을 입은 이와 같이 서도 부끄러워 하지 않는 사람은 아마 유由(자로)일 것이다.

- 아예 (혹은 거의) 어세를 고려하지 않고 번역한 번역본

금장태 번역본(54쪽), **김동인·지정민·여영기 번역본**(2권, 540쪽), **김학주 번역본**(317쪽), **신창호 번역본**(250쪽), **심경호 번역본**(2권, 52쪽), **이강재 번역본**(206쪽), **이을호 번역본**(121~122쪽), **장기근 번역본**(333쪽), **차주환 번역본**(161쪽), **최근덕 번역본**(222~223쪽), **최영갑 번역본**(1권, 349쪽), **황희경 번역본**(170쪽)

- 추측성 어세로 번역한 번역본

김영호 번역본(174쪽), **김원중 번역본**(228쪽), **동양고전연구회 번역본**(197쪽),

류종목 번역본(316쪽), **박삼수 번역본**(277쪽), **박종연 번역본**(266~267쪽), **박헌순 번역본**(1권, 562쪽), **양차오밍 번역본**(233쪽), **유교문화연구소 번역본**(319쪽), **이기동 번역본**(384쪽), **이동희 번역본**(53쪽), **이두재 번역본**(401쪽), **이한우 번역본**(661쪽), **임옥균 번역본**(193쪽), **정태현·이성민 번역본**(2권, 88쪽), **홍승직 번역본**(191쪽)

- 강조성 어세로 번역한 번역본

김용옥 번역본(III권, 143쪽), **김형찬 번역본**(117쪽), **신정근 번역본**(376쪽), **윤재근 번역본**(1권, 700쪽), **이기석·한벽우 번역본**(206쪽), **이지형 번역본**(2권, 421쪽), **임동석 번역본**(2권, 765쪽), **한필훈 번역본**(163쪽)

그리고 다음 번역문들은 실사로 처리한 예이다. 이 번역문들은 문법적인 차원에서 문제가 된다.

박유리 번역본 해어진 허름한 옷을 입고서도 화려한 외투를 입은 이와 함께 서서 부끄러워하지 않을 이, 그는 '유'일 것이다. (386쪽)

부남철 번역본 낡은 천으로 기운 솜옷을 입고서도 여우와 너구리 털옷을 입은 사람 옆에 서서 부끄러워하지 않을 그 사람은 자로다. (300쪽)

조명화 번역본 해진 솜옷을 입고서 멋진 털옷을 입은 사람과 나란히 서더라도 (조금도) 부끄러워하지 않는 그런 사람이 중유 아닌가? (2권, 104쪽)

이어서 『논어』「안연」 12의 예문을 살펴보자.

片言可以折獄者, 其由也與. (『論語』「顔淵」12)

몇 마디 말로 옥사獄事를 판결해낼 사람은 아마 유由(자로)일 것이다.

- 어세를 고려하지 않거나 별도의 어세 표현 없이 어미를 통해 상대적으로 약하게 어세를 표현한 번역본

금장태 번역본(70쪽), **김동인·지정민·여영기 번역본**(3권, 228쪽), **김학주 번역본**(381쪽), **배병삼 번역본**(2권, 98쪽), **성백효 번역본**(347쪽), **이강재 번역본**(242쪽), **이을호 번역본**(156쪽), **장기근 번역본**(441쪽), **차주환 번역본**(208쪽), **최근덕 번역본**(297쪽), **최영갑 번역본**(2권, 84쪽),

- 추측성 어세로 번역한 번역본

김영호 번역본(210쪽), **김원중 번역본**(288~289쪽), **동양고전연구회 번역본**(259쪽), **류종목 번역본**(400쪽), **박삼수 번역본**(344쪽), **박유리 번역본**(524쪽), **박종연 번역본**(358쪽), **박헌순 번역본**(2권, 118쪽), **심경호 번역본**(2권, 142쪽), **유교문화연구소 번역본**(416쪽), **이기동 번역본**(460쪽), **이우재 번역본**(527쪽), **임옥균 번역본**(237쪽), **정태현·이성민 번역본**(2권, 227~228쪽), **이한우 번역본**(832쪽), **황희경 번역본**(209쪽)

- 강조성 어세로 번역한 번역본("바로", "틀림없이", 감탄형 등)

김용옥 번역본(III권, 327쪽), **김형찬 번역본**(143쪽), **신정근 번역본**(473쪽), **윤재근 번역본**(2권, 126쪽), **이기석·한백우 번역본**(278쪽), **이지형 번역본**(3권, 369쪽), **임동석 번역본**(3권, 1019쪽), **조명화 번역본**(2권, 253쪽)

- 유일하다는 의미의 "뿐", "밖에", "단지", "오직" 등의 표현을 활용하여 번역한 번역본

신창호 번역본(302쪽), **양차오밍 번역본**(307쪽), **이동희 번역본**(54쪽), **한필훈 번역본**(202쪽)

그리고 다음 번역문은 실사로 처리한 예이다. 이 번역문은 문법적인 차원에서 문제가 된다.

부남철 번역본 한마디 말로 옥사의 시비를 판결할 인물이 있다면 그는 유由일 것이다. (390쪽)

이어서 『논어』「위령공」5의 예문을 살펴보자.

無爲而治者, 其舜也與. (『論語』「衛靈公」5)
굳이 무엇을 하지 않고도 다스린 사람은 아마 순임금일 것이다.

• 아예 (혹은 거의) 어세를 고려하지 않고 번역한 번역본

강동석 번역본(336쪽), **금장태 번역본**(92쪽), **김동인·지정민·여영기 번역본**(3권, 558쪽), **김학주 번역본**(464쪽), **부남철 번역본**(487쪽), **성백효 번역본**(437~438쪽), **신정근 번역본**(601쪽), **신창호 번역본**(373~374쪽), **윤재근 번역본**(2권, 374쪽), **이강재 번역본**(288쪽), **이지형 번역본**(4권, 279쪽), **이한우 번역본**(1072쪽), **임옥균 번역본**(291쪽), **차주환 번역본**(270쪽), **한필훈 번역본**(257쪽),

• 별도로 어세를 표현하지 않고 문장 전체를 의문형 혹은 감탄형으로 처리한 번역본

김형찬 번역본(178쪽), **박종연 번역본**(459쪽), **유교문화연구소 번역본**(545쪽), **이기동 번역본**(551쪽)

• 추측성 어세("아마")로 번역한 번역본

김도련 번역본(하권, 306~307쪽), **김영호 번역본**(257쪽), **김원중 번역본**(365쪽), **동양고전연구회 번역본**(325쪽), **류종목 번역본**(499쪽), **박삼수 번역본**(427쪽), **박헌순 번역본**(2권, 333쪽), **배병삼 번역본**(2권, 270쪽), **심경호 번역본**(3권, 26쪽), **이우재 번역본**(660쪽), **이을호 번역본**(199쪽), **정태현·이성민 번역본**(3권, 20쪽), **최근덕 번역본**(383쪽), **최영갑 번역본**(2권, 214쪽), **황희경 번역본**(264쪽)

• 강조성 어세("바로", "틀림없이" 등)로 번역한 번역본

임동석 번역본(4권, 1334쪽), **장기근 번역본**(568쪽)

• 유일하다는 의미의 "뿐", "밖에", "단지", "오직" 등의 표현을 활용하여 번역한 번역본

김용옥 번역본(Ⅲ권, 436쪽), **양차오밍 번역본**(377쪽)

그리고 다음 번역문들은 실사로 처리한 예이다. 이 번역문들은 문법적인 차원에서 명시적으로 문제가 된다.

박유리 번역본 한 일이 없이 다스린 사람, 그는 순일 것이다. (652쪽)
조명화 번역본 (부러) 하는 일 없이도 나라를 잘 다스렸던 분, 그분은 (바로) 순임금이잖은가? (2권, 452쪽)

이어서 『논어』「위령공」14의 예문을 살펴보자.

> **臧文仲其竊位者與.** (『論語』「衛靈公」14)
> 장문중臧文仲은 아마 지위를 훔친 자인가 보다.

• 아예 (혹은 거의) 어세를 고려하지 않고 번역한 번역본

금장태 번역본(93쪽), **김동인·지정민·여영기 번역본**(3권, 600쪽), **김영호 번역본**(263쪽), **김학주 번역본**(471쪽), **동양고전연구회 번역본**(331쪽), **성백효 번역본**(448쪽), **신창호 번역본**(379쪽), **이강재 번역본**(292쪽), **이기동 번역본**(560쪽), **이한우 번역본**(1098쪽), **장기근 번역본**(581쪽), **조명화 번역본**(2권, 470쪽), **차주환 번역본**(275쪽), **최근덕 번역본**(391쪽), **한필훈 번역본**(262쪽), **황희경 번역본**(268쪽)

• 별도로 어세를 표현하지 않고 문장 전체를 의문형 혹은 감탄형으로 처리한 번역본

류종목 번역본(507쪽), **박헌순 번역본**(2권, 360쪽), **배병삼 번역본**(2권, 285쪽), **심경호 번역본**(3권, 48쪽), **양차오밍 번역본**(383쪽), **이을호 번역본**(203쪽), **최영갑 번역본**(2권, 229쪽)

• 추측성 어세("아마")로 번역한 번역본

김원중 번역본(370쪽), **박삼수 번역본**(434쪽), **박종연 번역븐**(468쪽), **이우재 번역본**(671쪽), **정태현·이성민 번역본**(3권, 35쪽)

그리고 다음 번역문들은 실사로 처리한 예이다. 이 번역문들은 문법적인 차원에서 문제가 된다.

박유리 번역본 장문중, 그는 자리를 훔친 사람일 것이다. (662쪽)

신정근 번역본 장문중 그 사람, [좋은 사람을 쓰지 않으니] 자리를 훔쳐서 먹는 자야! (614쪽)

윤재근 번역본 장문중 그자는 자리를 훔치고 있는 자이다. (2권, 394쪽)

'其+사람+與' 문형을 사용한 『논어』「자한」 20, 27, 「안연」 12, 「위령공」 5, 14의 기존 번역에서 어세를 일관성 있게 번역한 번역본은 찾기 어렵다. 공히 어세를 번역하지 않았다는 점에서 금장태 번역본, 김학주 번역본, 차주환 번역본이 일관성이 있다. 그러나 어세를 번역하지 않은 것을 바람직하다고 하기는 어려울 것이다. 『논어』「자한」 20, 27, 「안연」 12, 「위령공」 5, 14에 쓰인 其가 (추측이건 강조이건) 같은 성격의 어세를 전달한다고 전제할 이유는 없으므로, 일단 강조의 어기로 번역하는 것이 바람직한지 아니면 추측의 어기로 번역하는 것이 바람직한지의 문제는 논의를 유보하기로 하자.

『논어』에서 어세를 나타내는 기능을 하는 其를 번역할 때 가장 피해야 할 함정은 해당 문장에 나오는 其를 허사로 처리하지 않고 실사로 번역하는 일이다. 물론 한국어 번역문상의 "그" 혹은 그와 유사한 표현들이 『논어』 원문에 나오는 其를 번역한 것이 아니라고 하거나 허사로 쓰인 것이라고 주장할 수도 있을 것이다. 그런 경우에도 남는 문제는 독자 입장에서 한국어 번역문상의 "그"를 지시하는 말인 실사로 其를 번역한 것으로 오해할 수 있다는 점이다. 가능한 한 그런 오해의 가능성을 최소화하는 것이 바람직하다.

그러면 其를 실사가 아닌 허사로 취급하기만 하면 만족스러운 번역이 되는 것일까? 어세란 결국 발화의 분위기만 전달할 뿐 구체적인 내용을 전달하는 것은 아니므로, 어세를 일부러 번역할 필요가 없다고 생각할 수도 있다. 그리고 보기에 따라서 의문형이나 감탄형이라는 문형 자체가 일정한 어세를 포함하는 것이라고 생각하고 따로 어세를 표시하지 않을 수도 있다. 그러나 의문형은 與라는 문장 종결어미에 의해 충분히 해소되고 있으므로, 其가 수행하는 기능을 표현할 만한 번역어가 있으면 더 바람직할 것이다. 아마 이와 같은 취지에서 상당수의 번역본들이 이 其의 어세를 부사를 통해 표현한 것으로 보인다. 其를 추측성 어세로 번역한 번역본들은 대개 "아마"나 "혹시"라는 부사를 삽입하거나 종결어미를 "…같습니다", "…이겠지요" 혹은 "…것이리라"라고 처리했다. 그리고 其를 강조성 어세로 번역한 번역본들은 대개 "바로"라는 부사를 삽입하여 처리했다.

그러면 『논어』에서 其가 어세를 표현할 때, 그것은 강조성 어세를 표현하는 것일까, 아니면 추측성 어세를 표현하는 것일까? 문법적인 차원에서 볼 때 其는 양자 모두를 표현할 수 있으므로, 단지 문형에 의존해서는 이 其의 어세가 추측성인지 강조성인지를 정확히 판별하기는 어렵다. 따라서 좀 더 정확하게 번역하기 위해서는 해당 문장의 분위기를 파악할 필요가 있다. 더 나아가 『논어』에서 보여주는 공자의 비전이 명시적인 강조를 동반하는 수사법과 어울리는 것인지, 아니면 가능한 한 강조를 피하는 '삼가 말하기understatement'의 수사법[5]과 어울리는 것인지를 판단해야 한다. 그 판단 여부에 따라 어세를 어떻게 번역할지가 결정될 수 있다. 즉 정확하고 일관된 번역을 위해서는 문형을 이해하는 데 그치지 않고, 한 걸음 더 나아가 논어에 담긴 공자의 비전을 파악할 필요가 있다.

3. 其…哉 문형

大車無輗, 小車無軏, 其何以行之哉. (『論語』「爲政」 22)
큰 수레에 예輗(채 가로대)가 없고 작은 수레에 월軏(멍에 걸이)이 없으면 도대체 무엇을 가지고 수레를 움직여가겠는가?

마지막 문장 "其何以行之哉"는 여러 가지 해석상의 쟁점을 포함하고 있으나, 여기서는 일단 '其…哉' 문형을 어떻게 처리했는지에만 주목하기로 하자. 대부분의 한국어 번역본이 직역보다는 의역에 가까운 번역을 하고 있으므로, 과연 그 번역본들이 어세를 나타내는 허사 其의 문법적 기능을 명료하게 인지하여 번역하고 있는지 판별하기 어렵다. 다만 그중에서도 其를 어세를 나타내는 허사가 아니라 실사로 처리한 것으로 보이는 사례는 다음과 같다. 혹자는 다음 번역문들에서 사용된 "그"라는 번역어를 실사가 아니라 어세라고 주장할 수도 있을 것이다. 그러나 문제는, 독자가 번역문 속의 "그"를 무엇인가를 지시하는 표현으로 받아들일 수 있다는 것이다.

강동석 번역본 큰 수레에 멍에가 없고 작은 수레에 멍에가 없으면 그 무엇으로써 갈 수 있겠는가. (42쪽)
김도련 번역본 큰 수레에 예輗가 없고 작은 수레에 월軏이 없다면 그 어찌 갈 수 있겠는가? (상권, 111쪽)
박유리 번역본 큰 수레에 채가 없고 작은 수레에 멍에가 없다면, 그 무엇으로 그것을 가게 하겠는가? (82쪽)
배병삼 번역본 큰 수레에 끌채고리(輗)가 없고, 작은 수레에 연결고

리(軏)가 없다면 그 어찌 움직일 수 있으랴! (1권, 112쪽)

이지형 번역본 큰 수레에 끌채가 없고 작은 수레에 멍에가 없으면, 그 어떻게 가게 할 수 있겠는가? (1권, 235쪽)

보기에 따라서, 이 번역문들에 나오는 "그"라는 표현이 정확히 어떤 기능을 하고 있는지 명료하지 않을 수 있다. 그렇다면 그 원인은 아마도 번역자들이 큰 문제의식을 느끼지 않고 본문에 나오는 其를 기계적으로 "그"로 번역한 데에 있는 게 아닐까? 그 결과 其가 지시하는 말로 쓰인 것인지 어세를 나타내는 허사로 쓰인 것인지 알 수 없는 모호한 번역문이 만들어진다. 예컨대 "그 어찌 갈 수 있겠는가"라고 했을 때, "그"가 무엇을 지시하는 말인지 혹은 어세로 쓰인 말인지 독자 입장에서는 알기 어렵다. 그리고 "그 무엇"이라는 표현의 경우에는 "그"가 "무엇"을 지칭하고 꾸미는 표현으로 쓰이는 것으로 보이기도 한다. 그리고 "그 어떻게"라는 표현의 경우에는 "그"가 어세의 성격도 약간 띠는 것으로 보이기도 한다. 번역자의 의도가 무엇이든, 이와 같은 번역문들은 '其…哉' 문형의 성격을 명료히 드러내고 있다고 하기 어렵다. 좀 더 바람직한 번역을 위해서는 해당 문장에 나오는 其가 지시하는 말인 실사로 사용된 것인지, 아니면 어세를 나타내는 허사로 사용된 것인지 명료히 판단해야 한다. 그리하여 그 판단 결과를 번역문에 분명히 드러내야 한다. 其에는 복수의 기능이 있으며, 그중 지시하는 기능과 어세의 기능은 별개다. 이 점을 기억하면서 다음 문형으로 넘어가보도록 하자.

4. 其…乎 문형

이 '其…乎' 문형은 다시 '其…乎'의 원형과 그 파생문형인 '其…諸' 문형으로 나누어볼 수 있다. '其…諸' 문형에 나오는 諸는 之乎의 축약형이다. 이를테면, '有諸'는 '有之乎'와 같다. 之乎에서 之는 목적격 대명사이고, 乎는 문장 끝의 의문조사다. 따라서 '其…諸' 문형을 분해해보면 결국 '其…乎' 문형으로 환원된다(諸가 문장 중간에 사용될 때에는 乎 대신 於를 나타내기도 한다. 예컨대 '加諸彼'는 '加之於彼'와 같다).[6] '其…乎' 문형의 첫 번째 예문으로서 『논어』「옹야」 29의 문장을 살펴보자.

> **中庸之爲德也, 其至矣乎.** (『論語』「雍也」 29)
> 중용의 덕德됨은 정말 지극하구나!

• 아예 (혹은 거의) 어세를 고려하지 않고 번역한 번역본

김동인·지정민·여영기 번역본(2권, 154쪽), **김학주 번역본**(245쪽), **부남철 번역본**(211쪽), **성백효 번역본**(183쪽), **양차오밍 번역본**(149쪽), **유교문화연구소 번역본**(204쪽), **이기석·한백우 번역본**(126쪽), **장기근 번역본**(225쪽), **정태현·이성민 번역본**(1권, 348쪽), **조명화 번역본**(1권, 587쪽), **차주환 번역본**(110쪽), **최영갑 번역본**(1권, 233쪽), **한필훈 번역본**(116쪽), **황희경 번역본**(122쪽)

• 별도로 어세를 표현하지 않고 문장 전체를 의문형 혹은 감탄형으로 처리한 번역본

강동석 번역본(130쪽), **금장태 번역본**(38쪽), **김도련 번역본**(상권, 331쪽), **김영호 번역본**(134쪽), **김용옥 번역본**(II권, 517쪽), **김형찬 번역본**(89쪽), **동양고전연구회 번역본**(135쪽), **류종목 번역본**(211쪽), **신창호 번역본**(191쪽),

이기동 번역본(278쪽), **이동희 번역본**(151쪽), **이상임 번역본**(33쪽), **이을호 번역본**(84쪽), **이지형 번역본**(2권, 131쪽), **이한우 번역본**(455쪽), **임옥균 번역본**(145쪽), **홍승직 번역본**(124쪽)

- 추측성 어세로 번역한 번역본

김원중 번역본(162쪽), **이우재 번역본**(283쪽)

- 강조성 어세로 번역한 번역본

박삼수 번역본(178~179쪽), **박헌순 번역본**(1권, 394쪽), **배병삼 번역본**(1권, 342쪽), **신정근 번역본**(257쪽), **심경호 번역본**(1권, 220쪽), **이강재 번역본**(169쪽), **최근덕 번역본**(152쪽)

그리고 다음 번역문들은 실사로 처리한 예이다. 이 번역문들은 문법적인 차원에서 문제가 된다(밑줄은 필자).

박유리 번역본 중용의 덕, 그것은 지극하도다! (251쪽)
박종연 번역본 중용이란 도덕, 그것은 최고의 것이지만, (184쪽)
임동석 번역본 중용中庸의 덕스러움의 그 지극함이여! (2권, 534쪽)

이 중 박유리 번역본과 박종연 번역본은 其를 지시의 의미를 담은 실사로 간주함에 따라 문장의 전반부와 후반부를 연결하는 데 어려움을 겪게 된다. 다시 말해서, 쉼표를 통해 "중용의 (도)덕"과 "그것"이라는 표현이 불필요하게 반복됨에 따라 문장이 부자연스러워진다. 반면, 임동석 번역본은 "그"를 관형어처럼 처리하여 그러한 부자연스러움을 극복하고 있다. 그러나 관형어처럼 처리된 "그"라는 표현이 마치 지시어처럼 보이는 데 문제가 있다.

'其…乎' 문형의 두 번째 예문으로서 『논어』「헌문」 35의 문장을 살펴보기로 하자.

> 知我者, 其天乎. (『論語』「憲問」 35)
> 나를 알아줄 이는 아마 하늘이런가!

• 아예 (혹은 거의) 어세를 고려하지 않고 번역한 번역본

강동석 번역본(323쪽), **김동인·지정민·여영기 번역본**(3권, 503쪽), **김학주 번역본**(450쪽), **성백효 번역본**(422쪽), **이강재 번역본**(280쪽), **임옥균 번역본**(282쪽), **조명화 번역본**(2권, 414쪽), **차주환 번역본**(260쪽), **최근덕 번역본**(367쪽), **최영갑 번역본**(2권, 193쪽), **황희경 번역본**(255쪽)

• 별도로 어세를 표현하지 않고 문장 전체를 의문형 혹은 감탄형으로 처리한 번역본

금장태 번역본(88쪽), **김영호 번역본**(248쪽), **류종목 번역본**(482쪽), **유교문화연구소 번역본**(525쪽), **이기동 번역본**(536쪽), **임동석 번역본**(3권, 1244쪽), **홍승직 번역본**(274쪽)

• 추측성 어세로 번역한 번역본

김원중 번역본(351쪽), **박삼수 번역본**(413쪽), **박헌순 번역본**(2권, 289쪽), **심경호 번역본**(2권, 320쪽), **이우재 번역본**(636쪽), **이한우 번역본**(1041쪽), **정태현·이성민 번역본**(2권, 342쪽)

• 강조성 어세로 번역한 번역본

김도련 번역본(하권, 273쪽), **박종연 번역본**(442쪽), **배병삼 번역본**(2권, 240쪽), **윤재근 번역본**(2권, 336쪽), **이동희 번역본**(69쪽), **이지형 번역본**(4권, 199쪽), **장기근 번역본**(547쪽)

그리고 다음 번역문들은 실사로 처리한 예이다. 이 번역문들은 문법적인 차원에서 문제가 된다(밑줄은 필자).

김용옥 번역본 이 나를 아는 이는 저 하느님이실 것이로다. (III권, 414쪽)

김형찬 번역본 나를 알아주는 것은 저 하늘이로다! (172쪽)

동양고전연구회 번역본 나를 아는 이는 아마 저 하늘이 아닐까! (315쪽)

박유리 번역본 나를 알아줄 것, 그것은 하늘일 것이다! (631쪽)

부남철 번역본 나를 알아주는 건 저 하늘이구나. (470쪽)

신정근 번역본 이런 나를 알아주는 이가 있다면 그분은 반드시 하늘(하느님)일 것이다! (576쪽)

신창호 번역본 나를 알아주는 것은 저 자연뿐이다. (361쪽)

양차오밍 번역본 나를 알아주는 것은 아마도 저 하늘뿐이로다. (364쪽)

이기석·한백우 번역본 나를 알아주는 것은 역시 저 하늘뿐이라. (348쪽)

이을호 번역본 나를 아는 자는 저 하늘인가! (191쪽)

한필훈 번역본 나를 아는 것은 저 하늘뿐이겠지. (247쪽)

이 번역문들은 "天" 앞에 오는 "其"를 처리하기 위하여, "저", "그것", "그분" 등 다양한 표현을 사용하고 있다. 그러나 『논어』에서 天을 지칭할 때는 별도의 지시하는 말을 동반하지 않는다. 『논어』 「팔일」 13의 "獲罪於天, 無所禱也"(하늘에 죄를 지으면 빌 데가 없습니다), 「옹야」 28의 "天厭之"(하늘이 나를 벌할 것이다), 「선진」 9의 "天喪予"(하늘이 나를 버리시는구나) 같은 표현이 그 예이다. 그리고 박유리 번역본은 其를 실사로 간주함에 따라 문장의 전반부와 후반부를 연결하는 데 어려움을 겪게 된다. 다시 말해서, 쉼표를 통해 "나를 알아줄 것"과 "그것"이라는 표현이 불필요하게 반복됨에 따라 문장이 부자연스러워진다. 이 모두 '其…乎' 문형을 번역에 충분히 반영하지 않아서 생기는 현상이라고 할 수 있다.

'其…乎' 문형을 활용하고 있는 세 번째 예문으로 『논어』 「위령공」 24의 문장을 살펴보자.

> 子貢問曰, 有一言而可以終身行之者乎. 子曰, 其恕乎. (『論語』 「衛靈公」 24)
>
> 자공子貢이 여쭈었다. "한마디 말인데도 평생토록 실천할 만한 것이 있습니까?" 선생님께서 말씀하셨다. "서恕이다!"

• 아예 (혹은 거의) 어세를 고려하지 않고 번역한 번역본

부남철 번역본(499쪽), **성백효 번역본**(452쪽), **심경호 번역본**(3권, 68쪽), **이기동 번역본**(566쪽), **이동희 번역본**(107쪽), **차주환 번역본**(279쪽)

• 별도로 어세를 표현하지 않고 문장 전체를 의문형 혹은 감탄형 등으로 처리한 번역본

동양고전연구회 번역본(335쪽)

• 추측성 어세로 번역한 번역본

김원중 번역본(374~375쪽), **류종묵 번역본**(513쪽), **박종연 번역본**(473쪽), **박헌순 번역본**(2권, 370쪽), **유교문화연구소 번역본**(569쪽), **이우재 번역본**(678쪽), **임옥균 번역본**(299쪽), **정태현·이성민 번역본**(3권, 42~43쪽), **조명화 번역본**(2권, 483쪽), **황희경 번역본**(272쪽)

• 강조성 어세로 번역한 번역본

김학주 번역본(477쪽), **윤재근 번역본**(2권, 411쪽), **최근덕 번역본**(397쪽)

그리고 다음 번역문들은 실사로 처리한 예이다. 이 번역문들은 문법적인 차원에서 문제가 된다(밑줄은 필자).

강동석 번역본 자공이 물었다. "한 글자로 종신토록 행할 만한 것이 있습니까?" 공자가 말했다. "그것은 서(恕)일 것이다." (349쪽)

금장태 번역본 자공이 여쭈었다. "한마디 말로 평생토록 실행할 수 있는 것이 있습니까?" 공자께서 대답하셨다. "그것은 '나를 미루어 남에 이르는 것'(恕)일 것이다." (94쪽)

김도련 번역본 자공子貢이 물었다. "한마디 말로 평생토록 행할 만한 것이 있습니까?" 공자께서 말씀하셨다. "그것은 아마 서恕일 것이다!" (하권, 335쪽)

김동인·지정민·여영기 번역본 자공이 물었다. 한마디 말로서 종신토록 행할 만한 것이 있습니까? 공자께서 답하셨다. 그것은 '서'이리라. (3권, 619쪽)

김영호 번역본 자공이 여쭙기를 "한마디로 평생토록 행할 만한 것이

있습니까?" 공자: "그것은 아마 서(恕)일 것이다." (266쪽)

김용옥 번역본 자공(子貢)이 여쭈어 말하였다: "일언(一言)으로 종신(終身)토록 행(行)할 만한 것이 과연 있겠나이까?" 이에 공자께서 말씀하시었다: "서(恕), 그 한마디일 것이다." (III권, 450쪽)

김형찬 번역본 자공이 여쭈었다. "한마디 말로 평생토록 실천할 만한 것이 있습니까?" 공자께서 말씀하셨다. "그것은 서로다!" (182~183쪽)

박삼수 번역본 자공이 여쭈었다. "단 한 글자를 평생토록 받들어 행할 만한 것이 있습니까?" 공자께서 말씀하셨다. "그것은 아마도 '서(恕)'이리라!" (440쪽)

박유리 번역본 자공이 여쭈어 "한마디 말로서, 그것을 몸을 마칠 때까지 행할 수 있는 것이 있겠습니까?"라고 하였더니, 선생님께서는 "그것은 '恕'일 것이다." (669쪽)

배병삼 번역본 자공이 여쭈었다. 숨을 거둘 때까지 행할 만한 '한마디'가 있을는지요. 선생님 말씀하시다. 그건 서(恕)일 게야. (2권, 296쪽)

신정근 번역본 자공이 물었다. "선생님, 한평생 내내 (나침반으로 삼아) 자신을 이끌어갈 만한 한마디가 뭡니까?" 공 선생님이 대꾸했다. "그건 바로 관용의 원칙이지!" (622쪽)

신창호 번역본 제자 자공이 물었다. "한마디 말로, 평생토록 지키고 행할 말이 있습니까?" 공자가 말하였다. "그것은 아마 '타자 배려'일 것이다." (384쪽)

양차오밍 번역본 자공이 여쭈었다. "평생 실천할 수 있는 한 글자가 있습니까?" 공자께서 말씀하셨다. "그것은 서일 것이다." (388쪽)

이강재 번역본 자공이 "한마디 말로 평생 동안 실천할 만한 것이 있습니까?"하고 묻자, 공자가 말하였다. "그것은 '서(恕)'라는 덕목이

다." (294쪽)

이기석·한백우 번역본 자공이 묻기를, "한마디의 말로 평생토록 실행할 만한 것이 있나이까?" 공자께서 말씀하시기를, "그것은 서(恕)일 것이다." (374쪽)

이상임 번역본 자공이 "한 말씀으로써 종신토록 행할 만한 것이 있습니까?" 하고 묻자, 공자께서 말씀하셨다. "그 서(恕)일 것이다." (46쪽)

이을호 번역본 자공이 묻기를 "한마디로 평생을 지켜나갈 수 있는 말이 있을까요?" 선생 "그것은 미루어 생각하는 것일 거야!" (206쪽)

이지형 번역본 자공子貢이 묻기를 "한마디 말로 종신토록 행할 만한 것이 있습니까?"라 하니, 공자는 말하기를 "그것은 서恕일진저!" (4권, 363쪽)

이한우 번역본 자공이 물었다. "한마디 말로 종신토록 행할 만한 것이 있습니까?" 공자는 말했다. "그것은 서(恕)다." (1119쪽)

임동석 번역본 자공子貢이 여쭈었다. "한마디 말이면서 종신토록 행해야 할 것이 있습니까?" 공자가 이렇게 말하였다. "그것은 '서恕' 일 것이로다!" (4권, 1382쪽)

장기근 번역본 자공이 물었다. 「한마디로 평생 지키고 행할 말이 있습니까.」 공자가 말했다. 「그것은 서(恕)니라.」 (583쪽)

최석기 번역본 자공子貢이 "종신토록 실천할 만한 한마디 말이 있을까요?"라고 여쭙자, 공자께서 "그것은 바로 서恕다." (130쪽)

최영갑 번역본 자공이 질문했다. "한마디 말로 죽을 때까지 실천할 수 있는 것이 있습니까?" 공자께서 말씀하셨다. "그것은 아마 서일 것이로다." (2권, 235쪽)

한필훈 번역본 자공이 공자에게 물었다. "평생 교훈으로 삼을 만한 좋은 말 한마디가 있겠습니까?" "그것은 바로 서恕이다." (266쪽)

이 대화에서 其가 '其…乎' 문형의 일부임을 인지하지 않고, 실사로 해석할 경우, 번역은 "그것은…이다" 같은 문장이 된다. 그럴 경우, 어세로서 其를 지시어 역할의 실사로 잘못 해석했다는 문제뿐 아니라, 대화의 간결한 맛이 사라지게 되는 또 다른 문제가 있다. 이 대화는 평생 실천할 만한 무게를 지닌 단 한마디 말을 묻는 자공의 질문에 대해 간결하게 한마디 말("恕서")로 대답하고 있는 공자의 모습을 묘사하고 있다. '其…乎' 문형을 숙지할 때야 비로소 其와 乎가 허사로 처리되고, "恕"라는 한마디 말만 간결하게 대답으로 남게 된다.

'其…乎' 문형을 활용하고 있는 네 번째 예문으로 『논어』「양화」5의 문장을 살펴보자.

> 如有用我者, 吾其爲東周乎. (『論語』「陽貨」5)
> 나를 써주는 사람이 있으면 나는 동쪽의 주나라로 만들 것이다!

- 아예 (혹은 거의) 어세를 고려하지 않고 번역한 번역본
  강동석 번역본(382쪽), **김영호 번역본**(290쪽), **김동인·지정민·여영기 번역본**(4권, 126쪽), **동양고전연구회 번역본**(367쪽), **박종연 번역본**(521~522쪽), **신정근 번역본**(682쪽), **신창호 번역본**(414쪽), **심경호 번역본**(3권, 158쪽), **성백효 번역본**(488쪽), **유교문화연구소 번역본**(628쪽), **이기동 번역본**(609쪽), **이동희 번역본**(198쪽), **이지형 번역본**(5권, 121쪽), **임옥균 번역본**(326쪽), **장기근 번역본**(641쪽), **최영갑 번역본**(2권, 291쪽)

- 별도로 어세를 표현하지 않고 문장 전체를 의문형 혹은 감탄형 등으로 처리한 번역본

김도련 번역본(하권, 417쪽), **김용옥 번역본**(III권, 503쪽), **박헌순 번역본**(2권, 460쪽), **양차오밍 번역본**(422쪽), **이을호 번역본**(226쪽)

- 추측성 어세로 번역한 번역본

이한우 번역본(1224쪽)

- 강조성 어세로 번역한 번역본

박삼수 번역본(476쪽), **박유리 번역본**(728쪽)

- "장차"라는 시간성의 부사로 번역한 번역본

정태현·이성민 번역본(3권, 109쪽), **조명화 번역본**(2권, 561쪽)

상당수 번역본들은 "동주東周"를 이룩할 대상을 지칭할 때 "그", "그 나라", "그곳" 등의 표현을 사용하고 있다. 그런데 과연 그 표현이 其를 번역하여 "그", "그 나라" 혹은 "그곳"이라고 한 것인지, 아니면 그에 해당하는 글자는 원문에 없지만 숨어 있는 목적어를 재구성해준 것인지 분명하지 않다. 따라서 『논어』「양화」 5의 한국어 번역문이 其를 지시어로 번역하고 있는지 아니면 어세 표현으로 번역하고 있는지는 확정하기 쉽지 않다. 이러한 경우에 해당하는 번역본들은 다음과 같다.

금장태 번역본(103쪽), **김원중 번역본**(408쪽), **김학주 번역본**(514쪽), **김형찬 번역본**(198쪽), **류종목 번역본**(556쪽), **배병삼 번역본**(2권, 370쪽), **부남철 번역본**(544쪽), **윤재근 번역본**(2권, 524쪽), **이강재 번역본**(316쪽), **이기석·한백우 번역본**(406쪽), **이우재 번역본**(730쪽), **임동석 번역본**(4권, 1496쪽), **차주환 번역본**(301~302쪽), **최근덕 번역본**(436~437쪽), **한필훈 번역본**(290쪽), **황희경 번역본**(296쪽)

그러면 '其…乎' 문형을 활용하고 있는 다섯 번째 예문으로 『논어』 「자장子張」 12의 문장을 살펴보자.

有始有卒者, 其惟聖人乎. (『論語』「子張」 12)
처음에서 끝까지 꿰는 사람은 아마도 성인뿐이구나.

• 아예 (혹은 거의) 어세를 고려하지 않고 번역한 번역본

강동석 번역본(424쪽), **금장태 번역본**(115쪽), **김동인·지정민·여영기 번역본**(4권, 356쪽), **김학주 번역본**(560쪽), **동양고전연구회 번역본**(409쪽), **부남철 번역본**(597쪽), **성백효 번역본**(534쪽), **심경호 번역본**(3권, 266쪽), **이강재 번역본**(341쪽), **이기동 번역본**(658쪽), **임옥균 번역본**(359쪽), **한필훈 번역본**(320쪽)

• 별도로 어세를 표현하지 않고 문장 전체를 의문형 혹은 감탄형 등으로 처리한 번역본

김도련 번역본(하권, 517쪽), **김용옥 번역본**(III권, 561쪽), **김형찬 번역본**(215쪽), **류종목 번역본**(615쪽), **박헌순 번역본**(2권, 563쪽), **배병삼 번역본**(2권, 467쪽), **신정근 번역본**(751쪽), **양차오밍 번역본**(464쪽), **이을호 번역본**(248쪽), **이지형 번역본**(5권 377쪽), **차주환 번역본**(329쪽), **황희경 번역본**(327쪽)

• 추측성 어세로 번역한 번역본

김원중 번역본(447쪽), **박삼수 번역본**(519쪽), **박종연 번역본**(579쪽), **유교문화연구소 번역본**(701쪽), **이우재 번역본**(803쪽), **이한우 번역본**(1360쪽), **정태현·이성민 번역본**(3권, 193쪽), **조명화 번역본**(2권, 663쪽), **최근덕 번역본**(484쪽), **최영갑 번역본**(2권, 361쪽)

• 강조성 어세로 번역한 번역본

신창호 번역본(452쪽), **장기근 번역본**(712쪽)

그리고 다음 번역문들은 실사로 처리한 예이다. 이 번역문들은 문법적인 차원에서 문제가 된다(밑줄은 필자).

김영호 번역본 처음이 있으며 마침이 있는 것은 그 오직 성인이로다! (315쪽)

박유리 번역본 시작이 있고 끝이 있는 것, 그것은 오직 성인뿐일 것이다. (801쪽)

윤재근 번역본 먼저 하기와 뒤에 하기를 정하는 일, 그것은 성인만이 할 수 있다. (2권, 662쪽)

임동석 번역본 처음이 있고 마침이 있게 순서를 정한 것은, 오직 그 성인만이 할 수 있는 것이어늘! (4권, 1634쪽)

특히 임동석 번역본은 其를 실사로 해석하느냐 어세를 나타내는 허사로 해석하느냐의 문제가 단지 문법 이해의 차원을 넘어 심오한 의미 차이로 이어질 수 있음을 보여준다. 임동석 번역본은 其를 어세를 나타내는 말보다는 대상을 지시하는 말로 간주하기에, 성인 앞에 "그"라는 표현을 넣고 있다. 그렇게 할 경우, 처음에서 끝에 이르기까지의 일관성을 유지하는 것은 성인 일반의 성격이 아니라, 성인 중에서 어떤 특정 개인인 "그 성인"의 성격이 된다. 반면, 문장 내 其를 어세를 나타내는 허사로 보아 "그"라는 표현을 생략할 경우에는 처음부터 끝에 이르기까지의 일관성을 유지하는 것은 특정 개인이 아니라 성인이라는 인간 유형 전반이 공유하는 성격이 된다. 전자의 경우는 특정 개인의 묘사에 그치기 때문에 별도의 일반화 과정을 거치지 않는 한, '성인됨sagehood'의 보편이론을 위한 직접적 전거로 사용될 수 없다. 반면, 후자의 경우는 성인됨의 보편이론을 구성할 때, 직접적인 전거로 사용할 수 있다.

역시 '其…乎' 문형인 『논어』「자장」24의 문장을 살펴보자.

> 人雖欲自絶, 其何傷於日月乎. (『論語』「子張」24)
> 사람들이 비록 스스로 [해와 달과의 관계를] 끊으려고 하더라도 어찌 해와 달에 손상이 있겠습니까?

이 경우는 其가 何라는 의문사와 함께하고 있다. 의문문은 대개 일정한 어세를 동반하기 때문에, 상당수의 번역본들이 의문의 표시 이외에 별도로 어세를 나타내는 표현을 추가하고 있지 않다. 다른 한편, "人雖欲自絶"이라는 문장 전반부와 "其何傷於日月乎"라는 문장 후반부를 연결하는 과정에서 "그것이" 혹은 "그렇게 하는 것"이라는 대명사를 삽입하고 있는 번역본들이 다수 있다. 다음이 그 예이다.

> **강동석 번역본**(433쪽), **김동인·지정민·여영기 번역본**(4권, 402쪽), **김영호 번역본**(320쪽), **김용옥 번역본**(III권, 574쪽), **김형찬 번역본**(219쪽), **동양고전연구회 번역본**(415쪽), **류종목 번역본**(625쪽), **박삼수 번역본**(528쪽), **박유리 번역본**(817쪽), **박종연 번역본**(589쪽), **양차오밍 번역본**(475쪽), **이강재 번역본**(347쪽), **이기석·한백우 번역본**(454쪽), **이을호 번역본**(253쪽), **조명화 번역본**(2권, 681쪽), **차주환 번역본**(335~336쪽)

그런데 이 번역본들이 사용하는 "그것이" 혹은 "그렇게 하는 것" 등의 표현들이 과연 其를 지시어로 간주하여 번역한 것인지, 아니면 문장 전반부를 받는 대명사로 (문장 이음새를 부드럽게 하기 위해 자의적으로) 삽입한 것인지는 판별하기 어렵다. 만약 其를 어세를 나타내는 허사가 아니라 실사로 처리해서 그러한 번역을 한 것이라면, 문법적인 차원에서 문제가 된다.

다음 두 번역문은 특히 其를 지시어 역할을 하는 실사로 해석하고 있는 것으로 보인다(밑줄은 필자).

이지형 번역본 사람이 비록 스스로 (일월을) 끊으려고 한들, 그 일월에 무슨 손상이 있겠는가? (5권, 421쪽)
임동석 번역본 사람이 비록 스스로 끊으려 한다고 해서 그 해와 달이 상처를 입겠습니까? (4권, 1665쪽)

혹자는 이지형 번역문과 임동석 번역문에 나오는 지시어 "그"가 其를 번역한 것이 아니고 (其와 무관하게) 문장 앞부분에 나온 "해와 달(일월)"을 재차 지시하기 위해 (그리하여 문장 흐름을 부드럽게 하기 위해) 삽입했다고 주장할 수도 있다. 그러나 그렇게 보기는 어렵다. 재차 지시하기 위해서는 문장 앞부분에 "해와 달(일월)"에 해당하는 표현이 나와야 하는데, 이 번역문들의 앞부분에는 그러한 표현이 나오지 않기 때문이다.

그렇다면, 결국 이지형 번역문과 임동석 번역문은 (번역자의 의도와 독립적으로) "일월" 혹은 "해와 달"을 수식하는 지시어로서 "그"라는 표현을 삽입하고 있는 것으로 볼 수밖에 없다. 그러나 그러한 번역이 타당하려면, 한문 원문이 "其何傷於日月乎"가 아니라 "何傷於其日月乎"가 되어야 한다.

이제 '其…諸' 문형으로 가보자.

雖欲勿用, 山川其舍諸. (『論語』「雍也」6)

비록 쓰지 않으려고 해도 산천이 차마 그를 버리랴?"

爾所不知, 人其舍諸. (『論語』「子路」2)

네가 알아보지 못한 사람이라고 해서 다른 사람들이 차마 버려두겠느냐?

堯舜其猶病諸. (『論語』「憲問」42)

요堯임금과 순舜임금도 오히려 그 정도에는 정녕 못 미친다고 생각하셨다!

앞에서 말한 바와 같이, 문미에 오는 글자 諸는 之乎의 축약형이며, 之乎에서 之는 목적격 대명사다. 따라서 之 앞에 오는 동사의 목적어를 포함하고 있는 셈이다. 즉, 이 예문들의 문미에 나오는 諸는 그 안에 선행하는 동사인 "舍사", "病병"의 목적어를 포함하고 있다. 따라서 번역문에 "그(것)" 같은 지시어가 등장할 때 과연 원문의 其를 번역한 것인지 之를 번역한 것인지 분명하지 않다. 其를 번역한 것이라면, 어세를 나타내는 허사를 지시어 역할을 하는 실사로 착각했다는 점에서 문법적 오류가 된다.

5. 其…(也)已矣 문형

已이와 矣의는 乎호, 哉재, 與여, 邪야, 夫부 등과 같은 다른 문말조사와 마찬가지로, 다른 문말조사 뒤에 놓일 수 있다.[7] 그런 맥락에서 '其…(也)已矣'처럼 '복합형 문말조사'로 이루어진 문형이 출현한다. 이 문형에서도 역시 其가 어세를 나타내는 허사로 사용된 경우인데, 흥미로운 것은 其의 위치에 따라 번역본들이 현저하게 다른 번역을 보여주고 있다는 사실이다.

어떤 대상이 제시되었을 때, 그것을 재차 지시할 필요가 생기는 것은 그 대상과 일정한 시공간적 거리가 있는 경우다. 그 대상이 방금 호명되었다면, 시공간적 거리가 없기 때문에 그것을 반복해서 지시할 필요는 없다. 그러한 이유에서 어떤 대상이 제시되자마자 其가 곧이어 쓰인다면, 지시어를 필요로 하는 시공간적 거리가 없다는 점에서 그 其는 실사로 보기 어렵다. 억지로 실사로 간주하여 번역하면 부자연스러운 문장이 되고 만다. 그래서 그러한 문장이 『논어』에 나왔을 때, 대부분의 번역본들이 其를 실사로 번역하지 않는 것도 당연하다. 『논어』「태백」20을 예로 들어 살펴보자.

> 周之德, 其可謂至德也已矣. (『論語』「泰伯」20)
> 주나라의 덕德은 정녕 지극한 덕德이라고 할 만하다.

其가 어세를 나타내는 허사임을 분명하게 인식하고 있으면, 번역자는 "주나라의 덕은 정녕 지극한 덕이라고 할 만하다" 혹은 그와 유사한 문장으로 번역할 것이다. 其가 어세를 나타내는 허사임을 분명하게 인식하지 않고 있는 경우에도, 예문에 나오는 "周之德其"라는 표현에서 其를 지시어 역할을 하는 실사로 번역하기는 어렵다. 일부러 지시어를 넣으면 "주나라의 덕(은) 그것은 정녕 지극한 덕이라고 할 만하다"와 같이 부자연스러운 문장이 되기 때문이다. 이런 점을 감안한다면, 번역본 중에서 이 예문에 나오는 其를 실사로 번역하는 경우를 찾기 어려운 것도 이상한 일이 아니다.

- 아예 (혹은 거의) 어세를 고려하지 않고 번역한 번역본

강동석 번역본(175쪽), **금장태 번역본**(49쪽), **김동인·지정민·여영기 번역본**(2권, 433쪽), **김영호 번역본**(161쪽), **김용옥 번역본**(III권, 71쪽), **김학주 번역본**(294쪽), **김형찬 번역본**(109쪽), **동양고전연구회 번역본**(179쪽), **박종연 번역본**(238~239쪽), **박헌순 번역본**(1권, 507~508쪽), **부남철 번역본**(269쪽), **성백효 번역본**(237쪽), **신정근 번역본**(336쪽), **유교문화연구소 번역본**(283쪽), **이강재 번역본**(194쪽), **이기동 번역본**(351쪽), **이기석·한백우 번역본**(179쪽), **이지형 번역본**(2권, 323쪽), **이한우 번역본**(600쪽), **임동석 번역본**(2권, 689쪽), **임옥균 번역본**(176쪽), **정태현·이성민 번역본**(2권, 38쪽), **조명화 번역본**(2권, 46쪽), **최근덕 번역본**(201쪽), **최영갑 번역본**(1권, 313~314쪽), **한필훈 번역본**(149쪽), **황희경 번역본**(154쪽)

- 별도로 어세를 표현하지 않고 문장 전체를 의문형 혹은 감탄형 등으로 처리한 번역본

김도련 번역본(상권, 445~446쪽), **이동희 번역본**(94쪽), **이을호 번역본**(109쪽)

- 추측성 어세로 번역한 번역본

김운중 번역본(207쪽), **박유리 번역본**(342쪽), **이우재 번역본**(365쪽)

• 강조성 어세로 번역한 번역본

류종목 번역본(283쪽), **박삼수 번역본**(247쪽), **배병삼 번역본**(1권, 447쪽), **신창호 번역본**(230쪽), **양차오밍 번역본**(205쪽), **윤재근 번역본**(1권, 628쪽), **장기근 번역본**(298쪽), **차주환 번역본**(143쪽)

『논어』「태백」1 예문도, 其가 제시된 대상에 곧이어 쓰인 경우다. 따라서 『논어』「태백」1에 대해서 역시 대부분의 번역본들이 지시어를 삽입하지 않는다.

> 泰伯其可謂至德也已矣. (『論語』「泰伯」1)
> 태백泰伯이야말로 정녕 지극한 덕德을 지닌 이라고 할 만하다.

• 아예 (혹은 거의) 어세를 고려하지 않고 번역한 번역본

강동석 번역본(161쪽), **금장태 번역본**(46쪽), **김도련 번역본**(상권, 409쪽), **김동인·지정민·여영기 번역본**(2권, 339쪽), **김용옥 번역본**(III권, 22쪽), **김학주 번역본**(280쪽), **김형찬 번역본**(103쪽), **동양고전연구회 번역본**(165쪽), **박삼수 번역본**(226쪽), **박종연 번역본**(220쪽), **박헌순 번역본**(1권, 471쪽), **배병삼 번역본**(1권, 409쪽), **부남철 번역본**(253쪽), **성백효 번역본**(219쪽), **신정근 번역본**(316쪽), **양차오밍 번역본**(189쪽), **유교문화연구소 번역본**(256쪽), **윤재근 번역본**(1권, 571쪽), **이기동 번역본**(325쪽), **이기석·한백우 번역본**(161쪽), **이동희 번역본**(152쪽), **이상임 번역본**(34쪽), **이우재 번역본**(343쪽), **임옥균 번역본**(167쪽), **장기근 번역본**(275쪽), **정태현·이성민 번역본**(2권, 13쪽), **이지형 번역본**(2권, 265쪽), **이한우 번역본**(557쪽), **차주환 번역본**(132쪽), **최근덕 번역본**(186쪽), **최영갑 번역본**(1권, 285쪽), **홍승직 번역본**(156쪽), **황희경 번

역본(144쪽)

- 추측성 어세로 번역한 번역본

김영호 번역본(153쪽), **김원중 번역본**(195쪽)

- 강조성 어세로 번역한 번역본

류종목 번역본(261쪽), **신창호 번역본**(219쪽), **이강재 번역본**(186쪽), **이을호 번역본**(101쪽), **한필훈 번역본**(138쪽)

『논어』「태백」1 예문의 번역에서 其를 실사로 혼동한 것으로 보이는 번역본은 다음 세 가지이다(밑줄은 필자).

박유리 번역본 태백, 그는 지극한 덕을 가졌던 분이라고 할 수 있다. (313쪽)

임동석 번역본 태백泰伯은 가히 그 덕이 지극하다고 이를 만하다. (2권, 640쪽)

조명화 번역본 태백, 그분은 지덕이라고 할 만해. (2권, 8쪽)

이 번역문들은 문법적인 차원에서 문제가 된다. 박유리 번역본과 조명화 번역본은 其를 실사로 처리하기 위해 태백이라는 고유명사 바로 뒤에 "그(분)" 같은 표현을 삽입하고 있다. 그 결과 번역된 문장은, 주제어(혹은 주어)를 연이어 반복하고 있다는 점에서 부자연스럽다. 그 부자연스러움은 其를 어세를 나타내는 허사로 처리하면 해소될 것이다. 임동석 번역본은 덕을 수식하는 지시어로서 "그"라는 표현을 삽입하고 있는데,

그 번역이 타당하려면, 한문 원문이 "泰伯其可謂至德也已矣"가 아니라 "泰伯可謂其德至也已矣"가 되어야 한다.

그러면 '其…(也)已矣' 문형을 취하되, 其가 지시 대상의 바로 다음에 위치하지 않는 경우를 살펴보자. 이 경우 其가 지시 대상과 일정한 시공간적 거리를 두고 있으므로, 그 대상을 재차 지시해도 문장 흐름에 큰 문제가 생기지 않을 것이다. 그래서인지 이 경우에는 많은 번역본들이 허사로 쓰인 其를 실사로 착각하게 된다. 다음 『논어』「양화」26 예문을 보라.

> 年四十而見惡焉, 其終也已. (『論語』「陽貨」26)
> 나이가 사십이 되어서도 미움을 받는다면, 아마도 끝난 것이다.

- 아예 (혹은 거의) 어세를 고려하지 않고 번역한 번역본

금장태 번역본(108쪽), **김도련 번역본**(하권, 462쪽), **김동인·지정민·여영기 번역본**(4권, 233쪽), **김영호 번역본**(302쪽), **신창호 번역본**(429쪽), **심경호 번역본**(3권, 204쪽), **이기동 번역본**(631쪽), **이을호 번역본**(236쪽), **이지형 번역본**(5권, 245쪽), **장기근 번역본**(674쪽), **최영갑 번역본**(2권, 324쪽), **황희경 번역본**(310쪽)

- 강조성 어세로 번역한 번역본

김원중 번역본(423쪽)

그리고 다음 번역문들은 실사로 처리한 예이다. 이 번역문들은 문법적인 차원에서 문제가 된다(밑줄은 필자).

강동석 번역본 나이 마흔에 남들에게 미움을 사면 그것은 끝인 것이다. (399쪽)

김용옥 번역본 나이 사십이 되어서도 사람들에게 미움을 받으면 그것으로 끝장일 뿐이다. (III권, 526쪽)

김학주 번역본 나이 사십이 되어서도 남의 미움을 받으면, 그는 다 끝난 것이다. (532쪽)

김형찬 번역본 나이 사십이 되어서도 남에게 미움을 받는다면, 그런 사람은 끝난 것이다. (205쪽)

동양고전연구회 번역본 나이 마흔이 되어서도 사람들에게 미움을 받으면, 그의 일생은 더 이상 가망이 없다. (387쪽)

류종목 번역본 나이가 마흔이 되어서도 남에게 미움을 받는다면 그 사람은 아마 틀림없이 더 이상 진보하지 못하고 그 상태로 끝나고 말 것이다. (582쪽)

박삼수 번역본 나이가 마흔이 되어서도 남에게 미움을 받는다면, 그의 인생도 다 끝난 것이다. (494쪽)

박유리 번역본 나이 사십이 되어서도 (남들로부터) 미움 받는다면, 그것으로 끝이다. (760쪽)

박종연 번역본 나이 마흔이 되어서도 여전히 미움을 받는다면, 그의 인생도 끝이다. (546~547쪽)

박헌순 번역본 나이 마흔인데도 미움을 받는다면, 그 끝은 그만이다. (2권, 505쪽)

배병삼 번역본 나이 사십이 되어서도 손가락질(惡)을 받으면, 그걸로 끝이다. (2권, 419쪽)

부남철 번역본 나이가 마흔인데 사람들이 미워하는 대상으로 남아 있으면 그것으로 끝난 것이다. (565쪽)

성백효 번역본 나이가 40이 되어서도 미움을 받으면 그대로 끝날 뿐

이다. (508쪽)

신정근 번역본 나이 사십이 되었어도 주위 사람들로부터 손가락질을 받으면 그걸로 끝장이다(모든 기회가 단혀버린다). (710쪽)

양차오밍 번역본 사람이 사십 세까지 살고도 사람의 미움을 받는다면 그 사람의 일생은 여기에서 끝이다. 따라서 이러한 상황은 힘써 피해야 한다. (441쪽)

유교문화연구소 번역본 나이가 40이 되어서도 미움을 받으면 그대로 끝이다. (660쪽)

윤재근 번역본 마흔이 되어서도 미움을 산다면 그 인생은 끝장이다. (2권, 588쪽)

이강재 번역본 일찍 자신을 잘 수양하지 않아 나이 사십이 되어서도 남에게 미움을 받는다면, 그런 사람은 끝장이다. (327쪽)

이기석·한백우 번역본 나이 사십이 되어서도 남에게 미움을 받는다면 그것은 마지막이니라. (424쪽)

이우재 번역본 나이가 마흔이 되어서도 미움을 받는다면 그대로 끝이다. (761쪽)

이한우 번역본 나이 사십이 되어서도 미움을 받으면 그대로 끝날 뿐이다. (1294쪽)

임동석 번역본 나이 마흔이 되고도 미움을 받으면 이는 끝난 것이다. (4권, 1559쪽)

임옥균 번역본 나이가 40이 되어서도 미움을 받는다면, 그대로 인생을 마치고 말 것이다. (338쪽)

정태현·이성민 번역본 나이가 40이 되어서도 남의 미움을 받는다면 그는 그대로 끝날 뿐이다. (3권, 150쪽)

조명화 번역본 나이 사십이 되어서도 (남에게) 미움을 받으면, 그런 인생은 끝이라고 해야겠지. (2권, 608쪽)

차주환 번역본 나이가 40이 되어서도 미움을 받으면 그야말로 마지막이다. (314쪽)

최근덕 번역본 나이가 사십이 되어서도 남의 미움을 받으면 더 볼 것이 없다. 〈그것으로 끝일 뿐이다.〉 (458쪽)

한필훈 번역본 나이 40이 되어서도 남에게 미움을 받는다면 그야말로 끝장이다. (301쪽)

홍승직 번역본 나이 사십이 되어서도 미움을 산다면, 그는 끝난 것이로다. (334쪽)

마찬가지로 '其…(也)已矣' 문형을 취하되, 其가 제시된 대상에 곧이어 쓰이지 않은 경우인 『논어』 「자장」 1의 예문을 살펴보자. 역시 많은 번역본들이 어세를 나타내는 其를 지시어로 착각하였다.

> 士, 見危致命, 見得思義, 祭思敬, 喪思哀, 其可已矣. (『論語』 「子張」 1)
> 사士가 되어, 위기에 마주해서는 목숨을 바치고, 이익에 마주해서는 옳음을 생각하고, 제사에는 공경을 생각하고, 상사에는 슬픔을 생각하면, 아마도 괜찮다고 하겠다.

• 아예 (혹은 거의) 어세를 고려하지 않고 번역한 번역본

금장태 번역본(113쪽), **김도련 번역본**(하권, 501쪽), **김영호 번역본**(311쪽), **김용옥 번역본**(III권, 554쪽), **김학주 번역본**(552쪽), **동양고전연구회 번역본**(405쪽), **류종목 번역본**(605쪽), **박헌순 번역본**(2권, 546쪽), **배병삼 번역본**(2권, 453쪽), **부남철 번역본**(591쪽), **성백효 번역본**(527쪽), **신정근 번역본**(738쪽), **양차오밍 번역본**(455쪽), **유교문화연구소 번역본**(686쪽), **윤재근 번**

역본(2권, 635쪽), **이강재 번역본**(337쪽), **이기동 번역본**(649쪽), **이상임 번역본**(27쪽), **이지형 번역본**(5권, 351쪽), **이한우 번역본**(1333쪽), **임옥균 번역본**(353쪽), **정태현·이성민 번역본**(3권, 181쪽), **조명화 번역본**(2권, 648쪽), **최근덕 번역본**(476쪽), **최영갑 번역본**(2권, 350~351쪽), **한필훈 번역본**(316쪽), **황희경 번역본**(321쪽)

- 추측성 어세로 번역한 번역본

이우재 번역본(793쪽)

- 강조성 어세로 번역한 번역본

박삼수 번역본(512쪽)

그리고 다음 번역문들은 실사로 처리한 예이다. 이 번역문들은 문법적인 차원에서 문제가 된다(밑줄은 필자).

강동석 번역본 선비가 위태로움을 보면 목숨을 바치고 이득을 보면 의로움을 생각하며 제사를 지냄에 공경을 생각하고 초상에 슬픔을 생각한다면 <u>그것만으로도</u> 괜찮다. (415~416쪽)

김동인·지정민·여영기 번역본 선비가 위태로움을 보면 목숨을 바치고, 이득을 보면 의를 생각하고, 제사지낼 때 경건함을 생각하고, 상을 치를 때 슬픔을 생각한다면, <u>그것만으로도</u> 괜찮다(그것으로 충분하다). (4권, 312쪽)

김원중 번역본 [어떤] 선비가 위험을 보고서는 [그] 목숨을 바치고, 이득을 보고서는 [오히려] 의로움을 생각하며, 제사를 지낼 때는

공경함을 마음에 품고, 상을 당해서는 슬픔을 생각한다면, 그는 괜찮다고 할 수 있을 것이다. (441쪽)

김형찬 번역본 선비가 위태로운 일을 보면 목숨을 바치고, 이득 될 일을 보면 의로운 일인가를 생각하며, 제사를 지낼 때는 공경함을 생각하고, 상을 당해서는 슬픔을 생각한다면, 그는 선비로서의 기본적인 자격을 갖춘 것이다. (212쪽)

박유리 번역본 사(士)는 위기를 만나면 목숨을 바치고, 얻을 것을 보면 의를 생각하며, 제사에는 공경함을 생각하고, 상에는 슬픔을 생각한다. 그것이 가능할 뿐이다. (791쪽)

박종연 번역본 선비가 위험을 보면 기꺼이 목숨을 내놓으며, 이익을 보면 마땅히 얻어야 되는 것인가를 생각하며, 제사 때에는 공손함을 생각하며, 상(喪) 중에 있을 때에는 비통함을 생각하면, 그것으로도 된 것이다. (570쪽)

신창호 번역본 지도적 인성을 제대로 갖춘 선비는 위태로움을 보면 목숨을 바치고, 이익 앞에서는 의리를 생각해야 한다. 제사는 공경한 마음으로 모시고, 상례는 애통하는 마음으로 치러야 한다. 그래야 진정한 선비라 할 만하다. (445쪽)

심경호 번역본 선비로서 위기에 직면하면 목숨을 바치고, 이득에 직면하면 의(義)를 생각하며, 제사에 공경함을 생각하고, 상사에 슬픔을 생각한다면 그것으로 괜찮다. (3권, 238쪽)

이기석·한백우 번역본 선비가 위태함을 보면 목숨을 내놓고, 이득을 보면 의를 생각하고, 제사에는 공경함을 생각하고, 상사에는 슬픔을 생각한다면, 그만하면 되느니라. (438쪽)

이을호 번역본 선비는 위험에 직면하여 목숨도 바치고, 소득이 있는 일에는 옳은가 그른가를 생각하고, 제사 때는 경건할 것을, 상례 때는 슬퍼할 것을 생각해야 한다. 그렇게만 하면 되는 거야. (244쪽)

임동석 번역본 선비는 위험을 보면 목숨을 바칠 생각을 하고, 소득을 보면 의를 생각해야 한다. 제사에는 공경을 염두에 두고, 상례에는 슬픔을 생각해야 한다. 그렇게 하면 가可하느니라. (4권, 1610쪽)

장기근 번역본 선비는 위태로움을 보면 생명을 바치고, 이득을 보면 의를 생각해야 한다. 제사 때에는 공경하고, 상례 때에는 애통해야 한다. 그래야 비로소 가하다. (701쪽)

차주환 번역본 선비로서, 위험한 일에 직면해서는 목숨을 내놓고, 소득(所得)에 직면해서는 의(義)를 생각하고, 제사에는 공경스럽기를 생각하고, 상사(喪事)에는 슬픔을 생각한다면, 그만하면 되었다. (325쪽)

최석기 번역본 사士가 위태로운 상황을 보고서는 목숨을 바치고, 재물을 얻을 때는 의로운지를 생각하고, 제사를 지낼 때는 공경함을 생각하고, 상을 당했을 때는 애통함을 생각하면, 그는 올바른 사람에 가까울 것이다. (150쪽)

물론 이 번역문들의 경우에도, 번역문 내의 지시어 "그"("그것", "그래야", "그만하면" 등)가 其를 번역한 것이 아니고 문장 앞부분에 나온 선비(士)의 특징을 재차 지시하기 위해(혹은 문장 흐름을 부드럽게 하기 위해) 삽입했다고 주장할 수도 있을 것이다. 그러나 원문을 대조하는 관점에서 보자면, 번역문의 지시어 "그"("그것", "그래야", "그만하면" 등)는 어순상 其를 지시어로 번역한 결과로 판단된다. 만약 其가 지시어가 아니라 '其…(也)已矣' 문형의 일부로서 어세를 나타낸다는 점을 분명히 인지했다면, 그 번역문에 "그"("그것", "그래야", "그만하면" 등)와 같이 지시어처럼 보이는 표현 대신에 분명하게 어세를 나타내는 표현을 넣어주었을 것이다.

6. 其諸[8]…與 문형

이 문형은 '其…與' 문형과 유사한 형태로, 고대 중국어 문헌에 여러 용례가 존재하며 하나의 패턴을 이룬다.[9] '其諸…與' 문형에서 其는 추측성 어기로서 與 혹은 乎 같은 어미와 함께 쓰여서 약한 의문문을 구성한다. 흔히 보이는 문형인 '其…乎'와 내용이 같다.[10] 다음에서 살펴보는 것처럼 『논어』에는 이 문형 앞에 화제topic가 제시되는 경우가 있다. 일부 문법학자에 따르면, 그 경우에 其는 원래 앞에 나오는 화제를 다시 가리키는 지시사인 是나 此와 다를 바 없었을 가능성을 배제할 수 없다. 그러나 어떤 경우든 결국 其는 어세의 표현으로 정착되는 과정을 밟는다.[11] 『논어』에서 이 문형을 사용한 예문은 다음과 같다.

> 夫子之求之也, 其諸異乎人之求之與. (『論語』「學而」10)
> 선생님께서 추구하는 바는 다른 사람들이 추구하는 바와 아마 다르겠지요?

• 아예 (혹은 거의) 어세를 고려하지 않고 번역한 번역본

강동석 번역본(19쪽), **김도련 번역본**(상권, 48쪽), **김동인·지정민·여영기 번역본**(1권, 96쪽), **김형찬 번역본**(34쪽), **박헌순 번역본**(1권, 55쪽), **배병삼 번역본**(1권, 45쪽), **부남철 번역본**(43쪽), **성백효 번역본**(42쪽), **신창호 번역본**(87쪽), **심경호 번역본**(1권, 38쪽), **유교문화연구소 번역본**(16쪽), **윤재근 번역본**(1권, 88쪽), **이기동 번역본**(77쪽), **이기석·한백우 번역본**(19쪽), **임동석 번역본**(1권, 98쪽), **임옥균 번역본**(58쪽), **장기근 번역본**(39쪽), **정태현·이성민 번역본**(1권, 93쪽), **조명화 번역본**(1권, 168쪽), **차주환 번역본**(25쪽), **최근덕 번**

역본(22쪽), **최영갑 번역본**(1권, 36쪽), **한필훈 번역본**(40쪽)

• 별도로 어세를 표현하지 않고 문장 전체를 의문형 혹은 감탄형 등으로 처리한 번역본

금장태 번역본(12~13쪽), **양차오밍 번역본**(16쪽), **이동희 번역본**(88쪽)

• 추측성 어세로 번역한 번역본

김영호 번역본(66쪽), **김원중 번역본**(48쪽), **동양고전연구회 번역본**(31쪽), **류종목 번역본**(32쪽), **박삼수 번역본**(30쪽), **박유리 번역본**(31쪽), **박종연 번역본**(37쪽), **이우재 번역본**(64쪽), **이한우 번역본**(64쪽), **황희경 번역본**(36쪽)

• 강조성 어세로 번역한 번역본

김용옥 번역본(I권, 350쪽), **신정근 번역본**(62쪽), **이강재 번역본**(106쪽), **이을호 번역본**(25쪽), **이지형 번역본**(1권, 115쪽)

그런데 상당수 번역본들이 사용하는 "그것이" 혹은 "그렇게 하는 것" 등의 표현들이 과연 其를 번역한 것인지, 아니면 문장 전반부를 받는 지시어로 (번역을 부드럽게 하기 위해) 삽입한 것인지는 판별하기 어렵다(밑줄은 필자).

김학주 번역본 선생님께서 듣고자 하셨다 하더라도 그것은 다른 사람들이 듣고자 하는 방법과는 다릅니다. (120쪽)

이를테면 위의 김학주 번역본에 나오는 "그것은"이라는 표현이 본문의 其를 번역한 것인지, 아니면 번역자가 문장 흐름을 위해 자의로 삽입한 것인지는 분명하지 않다. 만약 其를 허사가 아니라 실사로 처리해서 그러한 번역을 했다면, 문법적인 차원에서 문제가 된다. 이러한 번역상의 모호함이 내용적으로 어떤 문제를 일으키게 되는지는 다음 장 마지막 절에서 논하겠다.

9

『논어』에서 허사 번역 (3): 其(하)

1. 其가 의문사와 결합하여 어세를 나타내는 문형들

其가 의문사와 결합하는 경우는, 의문사 때문에 문장이 어차피 의문문(혹은 감탄문)으로 끝나게끔 되어 있다. 따라서 어세를 나타내는 其를 감안하여 번역했느냐 여부는 문장이 평서문이냐 의문문(혹은 감탄문)이냐 여부를 통해 판별할 수는 없다. 따라서 관련 『논어』 한국어 번역문을 분류할 수 있는 경우의 수는 세 가지뿐이다. 첫째, 별도의 어세 표시를 하지 않는 경우, 둘째, 의문문(혹은 감탄문)으로 끝나는 문장 형태 이외에 별도의 부사(혹은 그에 상응하는 다른 기능어)를 사용하여 어세 표시를 하는 경우, 셋째, 其를 허사가 아닌 실사로 취급하는 경우이다.

1) 其如…何 문형

의문을 나타내는 如…何 사이에 대상을 지칭하는 단어가 온다. 그리고 그 전체 구절에 어세를 주기 위하여 如…何 앞에 其가 위치한다.

> 子曰, 天生德於予, 桓魋其如予何. (『論語』「述而」23)
> 선생님께서 말씀하셨다. "하늘이 내게 덕德을 주었으니, 환퇴桓魋가 나를 감히 어찌하겠는가?"

대부분의 번역은 "桓魋환퇴" 바로 뒤에 나오는 其를 감안한 별도의 어세 표시를 하지 않고 있다. 유일한 예외는 其를 "장차"라고 번역한 정태현·이성민 번역본이다(밑줄은 필자).

> **정태현·이성민 번역본** 桓魋가 장차[其] 나를 어찌하겠는가? (1권, 381쪽)

其를 실사로 번역한 예로는 박유리 번역본이 있다(밑줄은 필자).

> **박유리 번역본** 환퇴 그가 나를 어떻게 하겠느냐? (290쪽)

그러면 이와 유사한 문장인 『논어』「자한」5는 어떻게 해석했는지 살펴보자.

匡人其如予何. (『論語』「子罕」 5)

광匡 땅 사람들이 나를 감히 어찌하겠는가?

대부분의 번역은 "匡人광인" 바로 뒤에 나오는 其를 감안한 별도의 어세 표시를 하지 않고 있다. 예외적으로 "감히"라는 별도의 어세 표현을 한 김용옥 번역본(III권, 94쪽), "도대체"라는 어세 표현을 한 신정근 번역본(348쪽), 그리고 "장차"라는 어세 표현을 한 정태현·이성민 번역본(2권, 60쪽)이 있다.

"桓魋其如予何"(『논어』「술이」 23)와 "匡人其如予何"(『논어』「자한」 5)는 문두에 나오는 주어(혹은 주제어)만 다를 뿐, 전체 문장이 같다. 따라서 한국어 번역본들이 일관된 번역을 하고 있는지 여부를 살펴볼 수 있는 좋은 예가 된다. 이와 관련해 박유리 번역본과 정태현·이성민 번역본을 비교해보자(밑줄은 필자).

박유리 번역본 광 땅의 사람들이 나를 어찌하겠느냐? (357쪽)

정태현·이성민 번역본 匡人이 장차[其] 나를 어찌하겠는가? (2권, 60쪽)

박유리 번역본은 "桓魋其如予何"(『논어』「술이」 23)에 나오는 其를 지시어로 해석한 반면, "匡人其如予何"(『논어』「자한」 5)에 나오는 其는 지시어로 해석하지 않고 있다. 같은 문형임을 고려한다면, 두 문장의 번역이 모두 맞을 수는 없고, 이 중 하나는 틀린 것이다. 반면 정태현·이성민 번역본은 두 문장 모두 其를 "장차"로 해석하고 있다. 과연 여기서 其를 "장차"로 번역하는 것이 타당한지에 대해서는 논란의 여지가 있지만, 적어도 일관된 번역을 제공하고 있다는 점은 주목된다.

그러면 역시 같은 문형으로 이루어진 『논어』「헌문」 36은 어떻게 해석했는지 살펴보자.

> 道之將廢也與, 命也. 公伯寮其如命何. (『論語』「憲問」 36)
> 도道가 장차 행해지는 것도 운명이요, 도道가 장차 버려지는 것도 운명이다. 공백료公伯寮가 운명을 감히 어찌하겠는가?

• 其를 (어세로 보아) 해석하지 않은 번역본(이들은 "천명", "명", "운명", 혹은 "하늘의 뜻" 같은 표현을 사용한다)

금장태 번역본(88쪽), **김영호 번역본**(249쪽), **김용옥 번역본**(III권, 416쪽), **김학주 번역본**(451쪽), **김형찬 번역본**(173쪽), **동양고전연구회 번역본**(315쪽), **류종목 번역본**(484쪽), **박삼수 번역본**(414쪽), **박유리 번역본**(632쪽), **박헌순 번역본**(2권, 293쪽), **신정근 번역본**(579쪽), **양차오밍 번역본**(365쪽), **윤재근 번역본**(2권, 338쪽), **이강재 번역본**(281쪽), **이기동 번역본**(538쪽), **이우재 번역본**(638쪽), **이한우 번역본**(1043쪽), **임동석 번역본**(3권, 1247쪽), **장기근 번역본**(549쪽), **차주환 번역본**(260~261쪽), **한필훈 번역본**(248쪽)

같은 문형을 사용하고 있는 "桓魋其如予何"(『논어』「술이」 23)와 "匡人其如予何"(『논어』「자한」 5)의 경우와는 대조적으로, "公伯寮其如命何"(『논어』「헌문」 36)의 한국어 번역에는 其를 어세가 아니라 지시하는 말인 실사로 간주한 번역본들이 다수 있다. 다음이 그 예이다(밑줄은 필자).

강동석 번역본 도가 장차 행해지는 것도 천명이고, 도가 장차 폐해지는 것도 천명이니, 공백료가 그 천명에 어떻게 하겠습니까. (323쪽)

김도련 번역본 도道가 장차 행해지는 것도 천명天命이요, 도道가 장차 폐하게 되는 것도 천명이다. 공백료가 그 천명을 어떻게 하겠는가? (하권, 276쪽)

김동인·지정민·여영기 번역본 도가 장차 행해지는 것도 (천)명이고 도가 장차 폐해지는 것도 명이다. 공백료가 그 명을 어찌하겠는가. (3권, 512쪽)

김원중 번역본 도가 장차 행해지는 것도 천명이고 도가 장차 없어지는 것도 천명이다. 공백료 그자가 천명과 같은 것을 어찌하겠는가? (352쪽)

배병삼 번역본 도(道)가 장차 이뤄지는 것도 운명(命)이요, 도가 장차 없어지는 것도 운명이다. 공백료 따위가 그 운명을 어찌한단 말이냐! (2권, 242쪽)

부남철 번역본 도道가 장차 실행될 것인지는 하늘의 명命에 달려 있다. 도가 장차 실행되지 못함도 하늘의 명命에 달려 있다. 공백료 따위가 그 명命을 어찌 할 수 있단 말이냐? (470~471쪽)

성백효 번역본 道가 장차 행해지는 것도 命이며 道가 장차 폐해지는 것도 命이니, 公伯寮가 그 命에 어찌겠는가? (424쪽)

신창호 번역본 정상적인 정치가 행해지는 것도 하늘의 뜻이고 정상적인 정치가 행해지지 않는 것도 하늘의 뜻입니다. 공백료가 그런 하늘의 뜻을 어떻게 하겠습니까? (362쪽)

심경호 번역본 도가 장차 행해지는 것도 명(命)이고 도가 장차 폐해지는 것도 명이니, 공백료가 그 명을 어찌하겠는가! (2권, 322쪽)

유교문화연구소 번역본 도가 장차 행해지는 것도 명이며 도가 장차 폐해지는 것도 명이니, 공백료가 그 명을 어떻게 하겠는가? (527쪽)

이기석·한백우 번역본 장차 도(道)가 행하여지는 것도 천명(天命)이며, 도가 행하여지지 않는 것도 천명인데, 공백료가 그 천명을 어찌하리오. (349쪽)

이동희 번역본 도(道)가 장차 실현되는 것도 천명이요, 도가 장차 없어지는 것도 천명인데, 공백료가 그 천명을 어찌하겠느냐! (71쪽)

이상임 번역본 도가 장차 행해지는 것도 명(命)이며 도가 장차 폐해지는 것도 명이니, 공손료가 그 명에 어떻게 하겠는가? (26쪽)

이을호 번역본 질서가 제대로 잡혀지는 것도 천명이요, 질서가 문란해져버리는 것도 천명이니, 공백료인들 그 천명을 어떻게 할 것인가! (192쪽)

이지형 번역본 도가 장차 행해지는 것도 천명天命이요, 도가 장차 폐해지는 것도 천명이다. 공백료가 그 천명을 어떻게 하겠는가! (4권, 203쪽)

임옥균 번역본 도가 장차 행해지는 것도 천명이며 도가 장차 폐해지는 것도 천명이니, 공백료가 그 천명을 어떻게 하겠는가? (283쪽)

정태현·이성민 번역본 앞으로 나의 道(主義)가 實行되는 것도 運命이고, 앞으로 나의 道가 廢棄되는 것도 運命이니, 公伯寮가 그 運命을 어찌하겠습니까? (2권, 344쪽)

조명화 번역본 (세상에 바른) 도가 행해진다 해도 천명이고 (세상에 바른) 도가 사라진다 해도 천명이야. 공백료 그 녀석이 천명을 어떡하겠니? (내버려둬라!) (2권, 417쪽)

최근덕 번역본 도(道)가 장차 행하게 되는 것도 명(命)이요 도가 장차 폐하게 되는 것도 명이니 공백료가 그 명을 어찌하겠는가? (368쪽)

최영갑 번역본 도가 장차 행해지는 것도 명이며, 도가 장차 사라지는 것도 명이니 공백료가 그 명을 어떻게 하겠는가? (2권, 196쪽)

황희경 번역본 도의가 실현되는 것도 명(命)이오 실현되지 않는 것도 명이니 공백료가 그 명을 어찌하겠습니까? (256쪽)

2) 如之何其, 奚其, 豈其의 문형

其가 의문사와 결합하여 어기를 나타내는 문형 중에는 번역문이 其를 지시어로 간주하고 있는지 어세로 간주하고 있는지 판별하기 어려운 경우가 상당수 있다. 특히 '如之何其' 문형, '奚其' 문형 그리고 '豈其' 문형이 그러하다. 이 문형들은 앞에 나온 문장의 내용을 지시해야 하는 경우가 대부분이어서, 어차피 문장의 흐름을 만들기 위해 지시어 표시를 해야 한다. 따라서 번역문에 지시어 표현이 있다고 해도 과연 번역자가 其를 지시어로 간주하여 번역한 것인지, 아니면 문장의 흐름상 자신이 삽입한 것인지를 판단할 수 없다. '何其' 문형 역시 번역문이 其를 지시어로 간주하고 있는지 아니면 어세로 간주하고 있는지 여부를 판별하기 어려운 사례에 해당한다. 먼저 『논어』에서 이러한 문형들의 용례를 살펴보자.

(1) 如之何其

의문을 나타내는 如…何 사이에 대상을 지칭하는 之를 삽입한 관용구다. 어세가 아닌 단순히 의문을 나타낼 때는 其 없이 사용된다.

年饑, 用不足, 如之何. (『論語』「顔淵」 9)
흉년이 들어 재정이 부족하니 어찌해야 하는가?

그러나 어세를 부여할 때는 其를 동반한다.

有父兄在, 如之何其聞斯行之. (『論語』「先進」22)

부형父兄이 계시는데, 어떻게 그저 듣는다고 정녕 곧바로 행하겠는가?

二, 吾猶不足, 如之何其徹也. (『論語』「顏淵」9)

10분의 2도 나는 오히려 부족하오. 어째서 굳이 철법이요?

君臣之義, 如之何其廢之. (『論語』「微子」7)

군신 간의 의리를 어찌 정녕 없앨 수 있겠는가?

我之不賢與, 人將拒我, 如之何其拒人也. (『論語』「子張」3)

내가 현능하지 못하다면 남이 장차 나를 거절할 테니, 어떻게 정녕 남을 거절할 수 있겠는가?

如之何其可及也. (『論語』「子張」25)

어찌 감히 미칠 수 있겠소?

어세의 其를 동반하여 "如之何"가 "如之何其"가 되는 사례는 『논어』 이외에 다른 고대 중국어 문헌에도 널리 보인다. 『맹자』에 나오는 사례는 다음과 같다.

如之何其使斯民飢而死也 (『孟子』「梁惠王上」)

그러니 피치자들은 굶어 죽게 만든다면 대체 어떻겠습니까?

(2) 奚其[1]

"어찌하여", "어떻게", "얼마나" 등으로 번역될 수 있는 감탄의 의문사 奚해에 어기를 강화하는 其가 결합한 것이다.

이 표현 역시 고대 중국어 문헌에서 널리 보인다.[2]

是亦爲政, 奚其爲爲政. (『論語』「爲政」21)

이 또한 정치를 행하는 것이다. 어째서 구태여 정치를 일삼겠는가?

子曰, 必也正名乎. 子路曰, 有是哉. 子之迂也. 奚其正. (『論語』「子路」3)

선생님께서 말씀하셨다. "반드시 이름을 바로잡아야지!" 자로가 말하였다. "그런 게 있습니까? 선생님께서는 우원하시군요. 도대체 어떻게 바로잡습니까?"

夫如是, 奚而不喪. (『論語』「憲問」19)

그와 같은데도 어찌 [나라를] 잃지 않습니까?

(3) 豈其[3]

"어찌" 등으로 번역될 수 있는 감탄의 의문사 豈기에 어기를 강화하는 其가 결합한 것이다.

其然. 豈其然乎. (『論語』「憲問」13)

그가 그렇습니까? 어찌 정말로 그럴 수 있습니까?

강한 반문의 어기를 나타내는 豈其의 표현 역시 고대 중국어 문헌에서 널리 보인다. 이를테면 다음과 같다.

公室無度, 幸而得死, 豈其獲祀 (『左傳』「昭公三年」)

공실이 무도하다. 요행이 있어야 그나마 제대로 죽을 터이니, 도대체 어찌 제사를 받을 수 있으리오.

今周與四國服事君王, 將唯命是從, 豈其愛鼎 (『左傳』「昭公十二年」)

주나라 및 네 나라가 임금께 복종하고 섬겨 명령을 따르고자 하는데, 도대체 어찌 그 솥을 아끼겠습니까?

(4) 何其[4]

"어쩌면 그렇게", "얼마나", "어찌하여" 등으로 번역될 수 있는 감탄의 의문사 何에 어기를 강화하는 其가 결합한 것이다.

> 夫子聖者與. 何其多能也. (『論語』「子罕」6)
> 선생님께서는 성인이신가요? 어찌 그리 다재다능하시나요?

이 표현 역시 고대 중국어 문헌에서 널리 보인다. 이를테면 다음과 같다.

悲夫, 士何其易得而難用也. (『戰國策』「齊策四」)

슬프다! 사士는 어찌 그리도 얻기 쉽되 쓰기는 어려운가?

此非吾君也, 何其聲之似我君也. (『孟子』「盡心上」)

이는 우리 임금이 아닌데 어째서 저 목소리가 그리도 우리 임금과 같은가?

대개의 번역이 '何其'를 "어쩌면 그렇게"라고 번역하는데, 이 경우 "그렇게"가 과연 어세로 사용된 것인지, 아니면 지시어로 사용된 것인지 판별하기 어렵다. 어쨌거나 문법적인 차원에서 보자면 '何其' 문형, '奚其' 문형, '豈其' 문형에서 나오는 其는 지시의 의미를 담은 실사가 아니라 어세를 나타내는 허사임을 기억할 필요가 있다.

그러면 번역자가 '의문사+其' 문형을 취하는 문장을 "그렇게"라는 표현을 사용해서 번역했을 때, 그것이 과연 지시어인지 어세 표현인지를 판별해볼 기회는 전혀 없는 것일까? 흥미롭게도 『논어』「헌문」 13의 문장은 그와 관련된 드문 기회를 제공한다.

> 其然. 豈其然乎. (『論語』「憲問」 13)
> 그가 그렇습니까? 어찌 정말로 그럴 수 있습니까?

이 문장이 번역비평이라는 관점에서 흥미로운 이유는 "그렇게/그럴" 등의 표현으로 어세를 나타낼 수 있는 其가 역시 "그렇게/그럴" 등의 표현으로 지시를 나타낼 수 있는 표현인 然과 결합하고 있기 때문이다. 其와 然이 연이어 쓰인다고 해서, 번역자는 "그렇게"라는 표현을 반복하기는 어렵다. 그렇게 하면 문장이 이상해지고 만다. 따라서 번역자는 其와 然이 각기 어떤 기능을 하는지를 따로 인지하고 번역해야 한다. 그러나 대부분의 번역은 연이어 사용되는 其와 然을 구별하기 위해 별도의 번역어를 사용하지는 않고 있다. 다음 번역문들은 其와 然을 구별해서 번역한 흔치 않은 예이다(밑줄은 필자).

강동석 번역본 그러합니까? 어찌 그것이 그럴 수 있겠습니까. (306쪽)
김도련 번역본 그러한가요. 어찌 그가 그러했겠습니까? (하권, 235쪽)
김영호 번역본 그가 그렇던가? 어찌 그가 그러하리오? (239쪽)
김용옥 번역본 그럴까? 과연 그 사람이 그 수준에 이른 사람일까? (III권, 391쪽)
이강재 번역본 그가 그러한가? 정말 그가 그럴 수 있는가? (271쪽)

이지형 번역본 그랬어요? 어찌 그가 그러했겠습니까? (4권, 95쪽)
최근덕 번역본 그가 그러한가? 어떻게 그가 그러할까? (350쪽)

이 번역문들은 其와 然를 구별해서 번역하고 있기는 하지만, 其를 어세가 아니라 지시어로 간주해서 번역하고 있다는 공통된 문제가 있다. 그러나 "豈其然乎"에 나오는 其는 지시어가 아니라 豈其 문형, 즉 '의문사+어세 其' 문형의 일부로서 사용된 어세를 나타내는 허사임을 기억할 필요가 있다.

2. 其가 조건문과 결합하는 경우

1) 조건문+其

특히 조건절에서 제시된 사실과 반대되는 결론을 제시하는 문장에 其가 사용된다.[5]

如有政, 雖不吾以, 吾其與聞之. (『論語』「子路」14)
만약 [나라의] 정사가 있었다면, 비록 내가 쓰이고 있지는 않지만 나도 꼭 참여해 그에 대해 들었을 것이다.

조건을 나타내는 표현 뒤에 오는 其는 乎와 與 같은 별도의 문장 종결사를 반드시 필요로 하는 것은 아니므로, 그 존재를 간과하기 쉽다. 그래서인지 대부분의 번역본은 번역문에 어세를 나타내는 별도의 표현을 포함하지 않고 있다. 다음 번역문들은 조건문에 따르는 其의 기능을 강하게 의식하여 번역한 것으로 판단되는 예이다(밑줄은 필자).

김도련 번역본 만약 정사가 있었다면 비록 내 등용되지는 않았지만 나도 아마 참여하여 들었을 것이다. (하권, 177쪽)

김용옥 번역본 만약 중요한 정무였다면, 내가 비록 벼슬의 자리에는 있지 않으나, 나에게 반드시 상의했을 것이다. (III권, 355쪽)

김원중 번역본 만일 [나라에] 정사가 있었다면, 비록 내가 등용되지 않았더라도, 나는 아마도 참여하여 그것을 들었을 것이다. (311쪽)

박유리 번역본 만약 정무가 있었다면, 비록 나를 써주지 않는다고 하더라도, 나는 반드시 참여하여 그것을 들었을 것이다. (563쪽)

박헌순 번역본 국정이 있었다면 비록 나를 써주지는 않았으나 내가 아마 참여하여 들었을 것이다. (2권, 177쪽)

신정근 번역본 그게 아니고 만약 정부의 공적인 일이었다면 내가 비록 현직에 있지는 않지만 국가 원로의 자격으로도 틀림없이 알게 되었을 것이다. (510쪽)

이우재 번역본 만일 정사가 있었다면 비록 나를 쓰지 않았지만, 나도 아마 그 일을 함께 들었을 것이다. (563쪽)

정태현·이성민 번역본 만약 政事가 있었다면 비록 내가 〈현재〉 쓰이지 않고 있지만 내 반드시[其] 참여하여 들었을 것이다. (2권, 265쪽)

위에서 김도련 번역본, 김원중 번역본, 박헌순 번역본, 이우재 번역본은 其를 추측의 어세로 번역하고 있고, 김용옥 번역본, 박유리 번역본, 신정근 번역본, 정태현·이성민 번역본은 其를 강조의 어세로 번역하고 있다. 물론 其의 존재를 의식해서 그렇게 번역한 것이 아니라, 문장을 자연스럽게 만드는 과정에서 그러한 표현이 들어갔을 수도 있다(다만 정태현·이성민 번역본은 "반드시"가 其를 번역한 것임을 밝히고 있다). 그러나 번역문과 원문을 대조해보면, 其를 그렇게 번역했을 것으로 추정된다.

> 微管仲, 吾其被髮左衽矣. (『論語』「憲問」 17)
>
> 관중이 없었다면, 우리는 하마터면 [오랑캐처럼] 머리를 풀어 헤치고 옷섶을 왼쪽으로 여미고 있을 것이다.

• 어세를 반영하지 않고 번역한 번역본

김동인·지정민·여영기 번역본(3권, 448쪽), **김용옥 번역본**(III권, 399쪽), **김학주 번역본**(436쪽), **김형찬 번역본**(167쪽), **박종연 번역본**(427~428쪽), **박헌순 번역본**(2권, 255쪽), **배병삼 번역본**(2권, 217쪽), **부남철 번역본**(456쪽), **성백효 번역본**(406쪽), **신창호 번역본**(350쪽), **양차오밍 번역본**(353쪽), **유교문화연구소 번역본**(504쪽), **윤재근 번역본**(2권, 294쪽), **이강재 번역본**(273쪽), **이기동 번역본**(521쪽), **이기석·한백우 번역본**(335쪽), **이동희 번역본**(121쪽), **이우재 번역본**(613쪽), **이을호 번역본**(184쪽), **이지형 번역본**(4권, 131쪽), **이한우 번역본**(984쪽), **임동석 번역본**(3권, 1196쪽), **임옥균 번역본**(273쪽), **장기근 번역본**(526쪽), **최근덕 번역본**(354쪽), **최영갑 번역본**(2권, 171쪽), **황희경 번역본**(246~247쪽)

• 추측성 어세로 번역한 번역본

김영호 번역본(240~241쪽), **김원중 번역본**(340쪽), **동양고전연구회 번역본**(303쪽), **류종목 번역본**(467쪽), **박삼수 번역본**(400쪽), **박유리 번역본**(612쪽), **심경호 번역본**(2권, 282쪽), **정태현·이성민 번역본**(2권, 324쪽), **조명화 번역본**(2권, 381쪽)

그리고 다음 번역문은 실사로 처리한 예이다. 이 번역문은 문법적인 차원에서 문제가 된다(밑줄은 필자).

강동석 번역본 관중이 없었다면 우리는 그 머리를 풀고 옷깃을 왼편으로 하는 오랑캐가 되었을 것이다. (310쪽)

2) 其或[6]

或혹은 상황에 대한 추측을 나타내는 "아마도", 그리고 언급한 조건이 가설임을 나타내는 "만약에" 같은 뜻을 지닐 수 있다. 이와 같은 或에 어세를 강화하는 其가 결합한 것이다.

其或繼周者, 雖百世, 可知也. (『論語』「爲政」23)
정녕 주나라를 계승하는 경우라면 비록 백 세대 후라도 그 예禮를 알 수 있다.

• 아예 (혹은 거의) 어세를 고려하지 않고 번역한 번역본
강동석 번역본(43쪽), **금장태 번역본**(18쪽), **김도련 번역본**(상권, 114쪽), **김동인·지정민·여영기 번역본**(1권, 252쪽), **김영호 번역본**(81쪽), **김용옥 번역본**(I권, 573쪽), **동양고전연구회 번역본**(57쪽), **류종목 번역본**(71쪽), **박삼수 번역본**(63쪽), **박종연 번역본**(72쪽), **배병삼 번역본**(1권, 114쪽), **성백효 번역본**(73쪽), **신정근 번역본**(107쪽), **신창호 번역본**(108쪽), **양차오밍 번역본**(46쪽), **유교문화연구소 번역본**(56~57쪽), **윤재근 번역본**(1권, 177쪽), **이강재 번역본**(120쪽), **이기석·한백우 번역본**(38쪽), **이동희 번역본**(89쪽), **이우재 번역**

본(120쪽), **이을호 번역본**(38쪽), **이한우 번역본**(163쪽), **임동석 번역본**(1권, 184쪽), **임옥균 번역본**(78쪽), **장기근 번역본**(79쪽), **조명화 번역본**(1권, 287쪽), **차주환 번역본**(43쪽), **최근덕 번역본**(52쪽), **최영갑 번역본**(1권, 80쪽), **황희경 번역본**(58쪽)

- 추측성 어세로 번역한 번역본

김원중 번역본(74쪽)

다음 번역문들은 실사로 처리한 예이다. 이 번역문들은 문법적인 차원에서 문제가 된다. 대개의 번역본들은 "만약" "혹시" 같은 번역어를 사용하고 있으며, "그"와 같이 지시어로 해석될 수 있는 표현을 삼가고 있는 데 비해, 다음 번역문들은 조건문을 구성해서 번역하더라도 "그" 같은 지시어를 삽입하고 있다. 그런데 조건문은 或으로만 성립한다. 이런 번역에 대해 독자는 其가 지시어를 나타낸다고 오해할 수 있다(밑줄은 필자).

김동인·지정민·여영기 번역본 그 혹시 주나라를 잇는 자는 비록 백세라도 가히 알 수 있다. (1권, 252쪽)

김학주 번역본 그 누구든 주나라를 계승한다면 비록 백 세 뒷일이라도 알 수가 있는 것이다. (149쪽)

김형찬 번역본 그 누군가 주나라를 계승하는 자가 있다면 백 왕조 뒤의 일이라 할지라도 알 수 있을 것이다. (47쪽)

박유리 번역본 그러니 그 어떤 나라가 만약 주나라를 잇는다면, 비록 백세라고 하더라도 알 수가 있다. (83쪽)

박헌순 번역본 그 누군가 주나라를 잇는 자라면 비록 백세라도 알 수 있다. (1권, 129쪽)

부남철 번역본 그 어떤 나라도 주나라를 계승하면 백세百世 이후라도 알 수 있을 것이다. (89쪽)

이기동 번역본 그 누군가 주周를 계승해간다면 백 대 뒤라도 알 수 있을 것이다. (130쪽)

이지형 번역본 그 혹시라도 주나라를 계승하여 일어나는 나라가 있다면, 비록 100세 뒤라도 알 수 있을 것이다. (1권, 237쪽)

다음 정태현·이성민 번역본과 한필훈 번역본은 이 번역본들과는 구별되는 예라서 특히 주목을 요한다.

정태현·이성민 번역본 앞으로[其] 혹 周나라를 繼承하는 나라가 있다면 비록 百世라도 알 수 있다. (1권, 143쪽)

한필훈 번역본 이런 사실로 미루어보면, 수천 년 후의 일이라도 사회 규범과 도덕의 큰 줄기는 알 수 있을 것이다. (55쪽)

정태현·이성민 번역본은 其를 "앞으로"라는 시제의 의미로 번역했는데, 근거가 무엇인지 분명하지 않다. 한필훈 번역본은 其에 해당하는 부분을 "이런 사실로 미루어보면"이라고 옮겼는데, 이 역시 근거가 불분명하다.

3. 若是其幾의 번역

『논어』에 나타난 其의 허사 용법에 대한 논의 중 마지막으로 『논어』에 단 한 번 등장하는 "若是其幾"라는 표현을 살펴보자.

> **定公問, 一言而可以興邦, 有諸. 孔子對曰, 言不可以若是, 其幾也. 人之言曰, 爲君難, 爲臣不易. 如知爲君之難也, 不幾乎一言而興邦乎.** (『論語』「子路」15)
>
> 정공定公(노나라 군주)이 물었다. "말 한마디로 나라를 흥하게 할 수 있다던데, 실제로 그런 경우가 있습니까?" 공자가 대답하였다. "말이 그와 같을 수는 없겠지요. 대략 이렇습니다. 사람들 말에 '군주 노릇 하기도 어렵고 신하 노릇 하기도 쉽지 않다'고 합니다. 군주 노릇 하기 어려움을 제대로 안다면, 대략 한마디 말로 나라를 흥하게 하는 경우가 아닐까요?"

앞의 예문에서 若是其幾의 앞뒤에 나오는 문장은 그다지 이해하기 어려워 보이지 않는다. 따라서 적당히 의역을 해도 문장 흐름이 크게 부자연스럽지 않은 것 같다. 그래서일까. 상당수의 번역본들이 이 구절에 대해서 직역이 아니라 의역을 시도한다. 직역보다는 의역에 훨씬 가깝다고 판단되는 번역본은 다음과 같다.

> **금장태 번역본** 말이란 그렇게 할 수 있는 것이 아닙니다. (77~78쪽)
> **김용옥 번역본** 인간의 말이라는 것이 그토록 효과를 낼 수 있는 것이 어디 있겠습니까마는, 한번 말씀드려 보지요. (III권, 356쪽)
> **동양고전연구회 번역본** 말 한마디로는 그렇게 할 수야 없습니다. (279쪽)

류종목 번역본 말이란 그럴 수가 없습니다. (431쪽)

박헌순 번역본 말은 이와 같이 아주 맞을 수는 없습니다만 (2권, 179쪽)

배병삼 번역본 말이 어디 꼭 그렇겠습니까마는 (2권, 149쪽)

이기석·한백우 번역본 말이란 그렇게 한마디로 그 뜻을 나타낼 수 없거니와 (305쪽)

이동희 번역본 그렇듯 간단하게 예측할 수는 없지만 (97쪽)

이을호 번역본 말만으로 꼭 그렇게 되기야 어렵겠지만 (169쪽)

장기근 번역본 말은 원래 그렇게 할 수 있는 것이 아닙니다. (481쪽)

차주환 번역본 말은 그와 같을 수는 없습니다, (226쪽)

한필훈 번역본 말 한마디로 그렇게 할 수는 없겠지요. (218쪽)

그러나 若是其幾의 문법적 이해는 쉽지 않다. 의역만 보아서는 과연 해당 번역들이 이 若是其幾 네 글자의 문법을 어떻게 이해하고 있는지 확인하기 어렵다. 若是其幾의 문법을 이해하기 위하여 먼저 주희의 주석을 살펴보자.[7] 즉 주희는 『시경』의 전고를 활용하면서 幾를 '기대하다' 혹은 '기필하다'로 해석한다. 그러나 주희의 해석만으로는 其가 문장 내에서 어떤 기능을 하는지 정확히 알 수 없다. 若是를 幾(=期)의 목적어로 보고 문장이 도치됨에 따라서 其를 삽입한 것일까? 아니면 其를 단순히 어세를 나타내는 허사로 간주하고 있는 것일까? 어쨌건 중국에서 널리 읽히는 류쥔톈劉俊田 등의 『사서전역四書全譯』과 리쩌허우李澤厚의 『논어금독論語今讀』은 이와 같은 주희의 견해를 따라서 번역하고 있다.[8] 『논어』 한국어 번역본 가운데 상당수도 주희의 주석을 따르고 있다. 다음 예들이 보여주듯이 이 번역본들은 幾를 "기대하다", "기필하다", "기약하다", "바라다" 등으로 번역하고 있다.

강동석 번역본 말은 이처럼 기필할 수는 없습니다. (281쪽)

김도련 번역본 말로 이와 같은 것을 기대할 수는 없거니와 (하권, 178~179쪽)

김동인·지정민·여영기 번역본 말은 그렇게 되는 것을 기대할 수 없습니다. (3권, 326쪽)

김영호 번역본 말로는 이와 같이 바라지 못합니다. (224쪽)

김원중 번역본 그런 말이란 그런 식으로 기약할 수는 없는 법입니다. (312쪽)

김학주 번역본 말이란 그처럼 효과를 기대할 수는 없는 것입니다. (406쪽)

김형찬 번역본 말이란 그와 같이 결과를 기약할 수는 없는 것입니다. (154쪽)

박삼수 번역본 사람의 말은 그처럼 반드시 그 효과를 기대할 수는 없습니다. (370쪽)

부남철 번역본 말이 이와 같은 효과가 있는지 꼭 기약할 수는 없습니다. (419쪽)

성백효 번역본 말은 이와 같이 〈효과를〉 기약할 수 없거니와 (375쪽)

신정근 번역본 말만으로는 이와 같기를 바랄 수 없습니다. (511쪽)

신창호 번역본 말이란 것이 원래 그렇게 기약할 수 있는 것이 아닙니다. (325쪽)

유교문화연구소 번역본 말은 이와 같이 기약할 수는 없지만 (457쪽)

이강재 번역본 말이란 그처럼 기대할 수 있는 것이 아니기는 합니다. (257쪽)

이우재 번역본 말은 그와 같은 것을 아마 기약할 수 없을 것입니다. (565쪽)

이지형 번역본 말의 효과를 이와 같이 바랄 수는 없으나 (3권, 521쪽)

이한우 번역본 말은 이와 같이 기약할 수 없거니와 (897쪽)

임동석 번역본 말 한마디로 가히 그와 같이 되기란 기대할 수는 없습니다. (3권, 1101쪽)

임옥균 번역본 말은 이와 같이 기약할 수는 없지만 (253쪽)

최근덕 번역본 말이라는 것이 이렇듯 기대할 수는 없습니다만 (324쪽)

최영갑 번역본 말은 이와 같이 기약할 수 없지만 (2권, 126쪽)

황희경 번역본 말이라는 것을 이렇듯 기대할 수는 없습니다만 (225쪽)

그러면 주희의 『논어집주』 이전에 가장 큰 영향을 미친 논어 주석가 중 한 사람인 하안은 이 구절을 어떻게 해석하고 있을까? 하안의 『논어집해』에서는 "幾, 近也"라고 해서 "가깝다"라고 풀이하고 있다.[9] 이러한 간단한 풀이만으로는 其가 문장 내에서 어떤 기능을 하는지 정확히 할 수 없다. 하안의 이러한 해석을 반영했다고 판단되는 한국어 번역본은 다음과 같다. 번역문에서 其가 어떻게 처리되고 있는지는 분명히 드러나지 않는다.

박유리 번역본 말은 이렇게 가까울 수 없습니다만 (564쪽)

양차오밍 번역본 말은 절대적이지 않지만 그 말에 가까운 말이 있습니다. (327쪽)

이기동 번역본 말은 이와 같이 근사할 수는 없습니다만 (489쪽)

정태현·이성민 번역본 말이 이와 같을 수는 없으나, 이에 가까운 말이 있습니다. (2권, 267쪽)

조명화 번역본 '바로 이 말이다'라고 할 수는 없지만, 그것에 가까운 말은 있습니다. (2권, 317쪽)

한편 현대 중국의 영향력 있는 경전주석가 양보쥔의 『논어역주』는 류쥔텐과 리쩌허우와는 확연히 다른 해석을 제시한다. 그는 특히 幾를 "융통성 없다"는 뜻인 "機械"로 풀이한다.[10] 이와 같은 양보쥔의 해석과 궤를 같이하는 한국어 번역은 박종연 번역본이다. 이 경우에도 其를 어떻게 처리하고 있는지는 분명하지 않다.

> **박종연 번역본** 말을 그렇게 간단하고 융통성 없게 해서는 안 됩니다. (391쪽)

그러면 해당 문장을 좀 더 문법적으로 이해하기 위하여, 이 사안에 대해 가장 심도 있는 연구를 한 장쑹후이張松輝와 저우샤오루周曉露의 연구를 참조해보자.[11] 그들에 따르면, 기존 해석은 두 가지 문제가 있다. 첫째, 기존 해석에 따르면, 공자는 나라를 흥하게 할 결정적 한마디 말을 찾는 정공의 생각과 질문을 일단 부정하는 모습을 보인다. 그러고 난 후에 그 결정적 한마디를 태연히 제시하는 것은 곧 정공의 생각과 질문을 긍정하는 셈이어서 모순이 된다. 즉 "말이 그와 같기를 기대할 수는 없겠지요" 혹은 "그에 가까운 말이 없겠지요"라고 부정했으면, 나라를 흥하게 할 만한 말을 제시하지 않는 것이 자연스럽다. 그런데 왜 공자는 이어서 "군주 노릇 하기도 어렵고 신하 노릇 하기도 쉽지 않다"라는 말을 하는 것일까? 기존 해석은 이 모순을 해결하지 못하고 있다.

둘째, 문제가 되고 있는 단락은 하나의 통일된 대화인데, 기존 해석들은 그 대화에 나오는 모든 幾자를 일관되게 해석하지 않는다는 약점이 있다. 즉 "若是其幾"의 幾는 期나 近의 뜻으로 해석하는 반면, 뒤에 나오는 "不幾乎一言而興邦乎"의 幾는 그렇게 해석하지 않고 있어서 일관성에 문제가 있다는 것이다. 이렇게 기존 해석의 문제점을 지적한 뒤에, 장쑹후이와 저우샤오루는 설득력 있는 대안을 제시한다. 그 대안에 따르면, "言不可以若是其幾也"라는 문장을 기존에 하던 방식과는 달리 "言不可以若是, 其幾也"로 끊어서 읽어야 한다. 이렇게 할 경우 "其幾也"에서 其는 완곡한 어기("대략" 혹은 "대체로")를 나타내는 것으로, 幾는 "不幾乎一言而興邦乎"에서 나오는 幾乎와 의미가 같아진다. 그와 같은 제언을 받아들여서 한국어로 번역해보면 "말이 그와 같을 수는 없겠지요. 대략 이렇습니다"가 된다. 즉 정공의 생각과 질문에 담긴 과장을 일단 걷어낸 뒤, 공자는 경청할 만한 한마디 말을 전해주고자 했던 것이다. 이와 같은 장쑹후이와 저우샤오루의 해석이 남기는 하나의 의문은 其가 也와 결합하는 경우가 과연 패턴을 이룰 정도로 흔하냐는 것이다.

4. 실사로서의 其

「『논어』에서 허사 번역: 其(상·하)」라는 제하의 글에서 지금까지 일관되게 주장해온 것은, 어세를 나타내는 허사로 쓰인 其와 지시어 역할의 실사로 쓰인 其를 명백하게 구별해서 번역하는 것이 바람직하다는 점이었다. 적지 않은 『논어』 한국어 번역본이 이 두 용법을 혼동한다. 그리고 많은 『논어』 한국어 번역본이 애매모호하게 처리하고 있다. 두 용법이 분명히 구별되고, 그러한 구별이 번역에 충분히 반영될 때에야 비로소 其가 어세를 나타내고 있는 문장을 좀 더 잘 이해할 수 있을 뿐 아니라, 其가 지시어로 쓰인 문장도 잘 이해할 수 있다. 其가 명백히 지시어로 쓰이고 있다는 것을 알게 되면, 과연 그것이 무엇을 지시하는지를 논의할 수 있게 되고, 지시 대상에 대한 논의는 심오한 내용 해석 문제로 이어진다. 그와 같은 점을 『논어』 「옹야」 11에 나오는 其를 예로 들어 확인해 보도록 하겠다.

> **子曰, 賢哉, 回也. 一簞食, 一瓢飮, 在陋巷, 人不堪其憂, 回也不改其樂. 賢哉, 回也.** (『論語』 「雍也」 11)
>
> 선생님께서 말씀하셨다. "현능하구나, 회回(안회)는! 한 그릇 밥과 한 바가지 물로 누추한 동네에서 사는 경우, 다른 사람 같으면 그 근심을 감당치 못하였을 텐데, 회는 그 즐거움을 바꾸지 않는다. 현능하구나, 회는!"

이 문장의 핵심에 해당하는 안회가 즐거움을 바꾸지 않았다는 사실은, 안회가 이미 '즐거워하는 상태(樂道)'였음을 전제한다. 그리고 그 즐거워하는 상태는 가난과 같은 조건을 바꿀 수 없는 어떤 것임을 공자는 강조하고 있다. 도대체 어떤 즐거움이길래 가난 같은 엄혹한 조건조차 그 즐거움을 훼손할 수 없는 것일까? 이러한 의문은 독자와 청자로 하여금 '즐거움(樂)'을 수식하는 其에 주목하게 만든다. 樂을 수식하는 其는 명백히 지시어다. 역대 주석가들은 이 문장 속의 지시어 其가 가리키는 바에 대해서 탐색하였다. 먼저 주희의 『논어집주』를 살펴보자. 주희는 이 구절을 해설하면서 다음과 같은 정자程子(정이)의 발언을 인용한다.

> 程子曰, 顔子之樂, 非樂簞瓢陋巷也, 不以貧窶累其心而改其所樂也. 故夫子稱其賢. 又曰, 簞瓢陋巷非可樂, 蓋自有其樂爾. 其字當玩味, 自有深意.

又曰, 昔受學於周茂叔, 每令尋仲尼顔子樂處, 所樂何事. (『論語集註』)

정자가 말하였다. "안자의 즐거움은 단표누항을 즐긴 것이 아니라 가난으로 그 마음을 얽어매서 그 즐기던 바를 고치지 아니한 것이다. 그러므로 부자께서 그 어짊을 칭찬하셨다." 또 말하였다. "단표누항은 즐길 만한 것이 아니다. 대개 그 즐기는 것이 본래부터 있다. 기(其)자를 완미해야 하니, 그 자체에 깊은 의미가 있다." 또 말하였다. "예전에 주무숙에게 배울 적에, 매양 중니와 안자가 즐겼던 곳에서 즐긴 것이 무엇인지를 찾게 하셨다."[12]

먼저 정자는 안회가 가난을 즐거워한 것이 아니라, 가난에도 불구하고 (무엇인가를) 즐거워한 것임을 분명히 한다. 정자에 따르면, 가난이라는 조건이 닥치기 이전에 이미 어떤 즐거움을 향유하고 있었음을 나타내는 글자가 바로 其다. 그렇다면 그 즐거움의 내용은 무엇일까? 흥미롭게도 그 내용에 대해서 정자는 각자 알아서 깨달아야 한다고 하면서 더 이상 이야기하지 않는다. 이에 후대의 주석가들은 그 구체적인 내용을 정의하기 위해 심혈을 기울이게 된다. 그 내용의 일단은 『논어집주대전論語集註大全』의 세주에 보인다.[13] 주석가들의 탐색은 매우 구체적이어서 '안자의 즐거움(顔子之樂)'과 '공자의 즐거움(孔子之樂)'을 비교하고 난 뒤, 양자 간의 위계를 만드는 데까지 이른다. 그런데 이 『논어』 번역비평의 관점에서 한층 더 흥미로운 것은 다음과 같은 오규 소라이의 주석이다.

程子曰, "其字當玩味." 妄哉. "不改其樂", 與"不堪其憂"相對, 憂者憂貧, 豈可拘其字? 則不改其樂, 亦要在'不改'二字耳.

정자는 "'기(其)'자를 완미하여야 한다"고 했는데, 잘못이다. "그 즐거움을 고치지 않음"과 "그 근심을 견뎌내지 못함"은 서로 대응이 되는데, 근심이란 가난함을 근심함이니 어찌 '기(其)'자에 구애될 수 있겠는가? 따라서 "그 즐거움을 고치지 않음" 역시 요점은 "고치지 않음[不改]" 두 글자에 있을 따름이다.[14]

여기서 오규 소라이는 본격적으로 주희가 인용한 정자의 말을 반박하고 있다. 그에 따르면, 『논어』 원래 문장에서 "其樂"은 "其憂"와 대구를 이루는 것이니, 두 단어에서 其는 일관되게 해석되어야 한다. 其憂의 경우, 특별히 심오한 근심을 가리키는 것이 아니라 그저 가난에 대한 근심을 말하는 것에 불과한 것이니, 其樂에도 대단한 의미를 부여하기 어렵다는 것이다. 이러한 관점에서 보면, 其樂의 내용에 대해 철학적 탐색을 진행하는 것은 바람직하지 않다. 『논어』의 해당 문장에서 핵심은 그 즐거움의 내용이 아니라, (보통 사람과는 달리 안회는) 즐거워하는 마음 상태를 쉽게 바꾸지 않았다는 사실 자체에 있다는 것이다.

이러한 오규 소라이의 논의는 기존에 있던 其樂에 관한 여러 철학적 논의를 무의미하게 만드는 동시에, 새로운 이론적 논의를 촉발한다. 도대체 현인은 어떤 자질을 가지고 있길래 즐거워하는 마음 상태를 쉽게 바꾸지 않을 수 있는가? 그의 즐거움의 질과 양이 대단해서인가, 아니면 그는 외적 환경에 둔감할 수 있는 능력을 가지고 있기 때문인가? 이러한 질문은 독자와 청자로 하여금 『논어』의 해당 구절을 더 깊이 음미할 수 있게 해준다.

이 단락의 목표는 문장에서 其가 촉발할 수 있는 다양한 이론적인 주석들을 소개하는 것이 아니었다. 그러나 지금껏 살펴본 바와 같이 其의 해석을 둘러싸고 흥미로운 해석이 존재해왔음을 알 수 있다. 그처럼 다양한 해석이 가능했던 것은 주석가들이 문장에서 其가 특정한 것을 지시하고 있음을 명확히 알고 있었기 때문이다. 『논어』 한국어 번역문에서도 其의 의미와 기능이 분명히 드러나 있어야, 독자들이 그 중요성을 인지하고 『논어』 내용에 대해 스스로 탐색해나갈 수 있을 것이다. 그러기 위한 첫걸음은 『논어』 번역자들이 其가 지시어 역할을 하는 실사로 쓰였는지 아니면 어세를 나타내는 허사로 쓰였는지를 명료하게 판별하여 한국어 번역에 반영하는 일이다.

10

『논어』에서 '爲' 번역 (1)

"爲위"는 실사뿐만 아니라 허사로도 사용되어 그 용례가 다채롭다. 따라서 번역할 때에도 각별한 주의를 요한다. 『논어』 본문에 나오는 爲의 번역을 위해 알아두어야 할 爲의 주된 뜻과 쓰임을 정리하면 다음과 같다.

> ① '만들다', ② '하다', ③ '위하여/때문에', ④ '이다/되다', ⑤ 피동 문형을 만들 때, ⑥ '奚爲'를 구성할 때, ⑦ '여기다'라는 뜻의 판단사[1]의 기능, ⑧ '何…爲' 문형.

이번 장에서는 이와 같은 여덟 가지 쓰임을 중심으로 『논어』 한국어 번역본들에 나타난 쟁점들을 검토해보기로 하겠다. 그러고 난 뒤, 爲의 번역 차이가 얼마나 큰 의미상의 차이로 이어질 수 있는지를 음미해 본다.

1. 『논어』에서 爲의 쓰임과 뜻

1) '만들다'라는 뜻의 爲

爲의 가장 흔한 뜻 중의 하나로, '만들다'를 들 수 있다. 『이아爾雅』 같은 사전에서도 "作造, 爲也"(만든다는 것이 위爲다)라고 말한 바 있으며, 『주례』「춘관종백春官宗伯」 '전동典同'의 주注에서도 "爲, 作也"(위란 만든다는 뜻이다)라고 말한 바 있다. 『묵자墨子』「절용상節用上」에는 옷과 갖옷을 '만들다'는 뜻을 가진 "爲衣裘"라는 표현이 나온다. 『논어』「자한」 19에서는 "譬如爲山"(산을 쌓는 데 비유하자면)과 같은 표현에 쓰인 爲가 '만들다'라는 뜻을 가진 爲다. '쌓다'와 '만들다'는 통용되는 뜻이다.

2) '하다'라는 뜻의 爲

爲는 '하다'라는 뜻으로도 자주 쓰인다. 『맹자』에 나오는 "是不爲也, 非不能也"(이것은 하지 않는 것이지 하지 못하는 것이 아니다)에 쓰인 爲가 대표적인 예이다. 『논어』에서는 "爲政"(정치/행정을 하다)이라는 표현이 거듭 나오는데, 그 표현에 쓰인 爲가 바로 '하다'라는 뜻을 가진 爲다.

3) '위해서' 혹은 '때문에'라는 뜻의 爲

'위하다'라는 뜻은 '이다' 혹은 '되다'라는 뜻에서 파생된 것으로 보이는데, 독립된 동사적 혹은 계사적 의미로 발전했다.[2] 『맹자』에서는 "爲長者折枝"(연장자를 위해서 가지를 꺾는 것을), "而王豈爲是哉"(그러나 왕께서는 어찌 이 때문이겠습니까?), "爲其象人而用之也"(그가 사람 모양으로 만들어 장례에 사용했기 때문이다), "百姓之不見保, 爲不用恩焉"(피치자들이 보호받지 못하는 것은 은혜를 베풀지 않았기 때문이다) 같은 문장에서 쓰였다. 『논어』에서는 「술이」 15의 "夫子爲衛君乎"(선생님께서는 위나라 군주를 도우실까?)와 「학이」 4의 "爲人謀而不忠乎"(남을 위해 도모하는 일에 남김없이 정성을 쏟지 않았나?) 같은 문장에서 사용되었다. 여기서 '돕다'와 '위하다'는 통용되는 뜻이다.

4) '이다' 혹은 '되다'라는 뜻의 爲

爲는 "이다"라는 뜻의, 주어와 술어를 연결하는 계사繫詞로 사용될 수 있다.[3] 『맹자』에 나오는 "孟子爲卿於齊"(맹자는 제나라에서 경이 되었다) 같은 문장에 쓰인 爲가 대표적인 예다. 『논어』에서는 「옹야」 13의 "女爲君子儒, 無爲小人儒"(너는 군자 같은 식자가 되어라, 소인 같은 식자가 되지 말아라) 같은 문장에 사용된 爲가 그 예이다. 알려져 있다시피, 고대중국어에서 "이다"의 의미는 별도의 계사 없이도 표현 가능하다. 그러나 矣와 같은 종결어가 문미에 올 경우에는 爲가 사용되는 패턴이 있다. 즉, "많지 않은 것은 아니다" 같은 표현은 "非不多也"처럼 별도의 계사 없이 표현될 수 있지만, 문미에 矣가 올 경우에는 대개 爲가 따르는 것이다. 『맹자』에 나오는 "不爲不多矣"(많지 않은 것은 아니다) 같은 표현이 그 예이다.[4]

爲는 문장에서 하는 기능이 비교적 분명하기 때문에, 위와 같은 爲의 뜻을 번역하기는 그다지 어렵지 않다. 그런데 '주어(명사 혹은 대명사+爲+명사)+(也)+술어'의 문형을 취할 때 번역이 쉽지 않은 경우가 있다.[5] 먼저 '주어(명사 혹은 대명사+爲+명사)+(也)+술어'의 문형을 사용한 예문들을 살펴보자.

尙爲人仁 (『史記』「伍子胥列傳」)
상尙은 사람 됨됨이가 인仁하다.
其爲人也孝弟 (『論語』「學而」2)
그의 사람됨이 부모에게 효도하고 연장자를 공경하는데
戰(之)爲事也危 (『韓非子』「五蠹」)
싸움이란 일 됨됨이가 위태롭다.
淮南王爲人剛 (『史記』「袁盎列傳」)
회남왕은 사람 됨됨이가 굳세다.

이 예문들에서 나오는 "爲人위인"이라는 표현은 이미 한국어의 일부("사람됨" 혹은 "사람 됨됨이")가 되어 있으므로, 번역하기 까다롭지 않다. 그러나 이 爲가 人이 아닌 다른 단어와 결합할 때, 번역이 부자연스러워지는 경우가 생긴다. 『한비자韓非子』「오두五蠹」에 나오는 "爲事위사"라는 표현은 내용상 일의 성격을 나타내지만, 사람됨과는 달리 "일됨" 혹은 "일 됨됨이"라는 표현은 한국어로 정착되어 있지 않다. 따라서 부자연스럽게 들린다. 그러나 일됨/일 됨됨이라는 번역을 사용하면 사람됨/사람 됨됨이라는 표현과 더불어 일관성을 이루게 되는, 그 나름의 장점이 있다. 그러면 『논어』 한국어 번역본들은 이러한 딜레마를 어떻게 처리해왔는지 살펴보자.

(1) 爲人의 번역

其爲人也孝弟, 而好犯上者, 鮮矣. (『論語』「學而」 2)

그의 사람됨이 부모에게 효도하고 연장자를 공경하는데, 윗사람에게 덤비기 좋아하는 경우는 드물구나!

• 爲人을 "사람됨"으로 번역한 번역본

금장태 번역본(11쪽), **김도련 번역본**(상권, 28쪽), **김동인·지정민·여영기 번역본**(1권, 39쪽), **김영호 번역본**(61쪽), **김용옥 번역본**(I권, 259쪽), **김원중 번역본**(40쪽), **김학주 번역본**(111쪽), **김형찬 번역본**(30쪽), **동양고전연구회 번역본**(25쪽), **류종목 번역본**(20쪽), **박삼수 번역본**(20쪽), **박종연 번역본**(26쪽), **박헌순 번역본**(1권, 33쪽), **배병삼 번역본**(1권, 29쪽), **부남철 번역본**(33쪽), **성백효 번역본**(30쪽), **신창호 번역본**(82쪽), **양차오밍 번역본**(5쪽), **유교문화연구소 번역본**(4쪽), **윤재근 번역본**(1권, 56~57쪽), **이강재 번역본**(102쪽), **이기동 번역본**(57쪽), **이상임 번역본**(71쪽), **이우재 번역본**(48~49쪽), **이지형 번역본**(1권, 79쪽), **이한우 번역본**(33쪽), **임동석 번역본**(1권, 73쪽), **임옥균 번역본**(52쪽), **장기근 번역본**(25쪽), **정태현·이성민 번역본**(1권, 74쪽), **조명화 번역본**(1권, 101쪽), **차주환 번역본**(21쪽), **최근덕 번역본**(15쪽), **최석기 번역본**(26~27쪽), **최영갑 번역본**(1권, 20~21쪽)

• 爲人을 "사람 됨됨이"로 번역한 번역본

강동석 번역본(12쪽), **신정근 번역본**(50쪽), **홍승직 번역본**(15쪽), **황희경 번역본**(31쪽)

• 爲人을 "성품"으로 번역한 번역본

박유리 번역본(18쪽)

• 爲人을 번역하지 않거나 과감히 의역한 번역본

이기석·한백우 번역본 효성과 우애가 있는 사람으로서 윗사람에게 도리에 벗어난 행동을 하는 사람은 드물다. (14쪽)

이동희 번역본 가정에서 효제, 즉 어버이를 경애하고 형을 공경하면서 그 윗사람을 거역하고 반항하기를 좋아하는 사람은 없다. (133쪽)

이을호 번역본 효(孝) 제(弟)의 도를 아는 사람은 윗사람에게 함부로 굴지 않을 거야! (21쪽)

한필훈 번역본 부모에게 효성스럽고 형제 간에 우애 있는 사람이 윗사람에게 도리에 어긋나는 짓을 하는 경우는 드물다. (36쪽)

爲人을 "사람됨"으로 번역한 사례가 가장 많다. 반면 과감히 의역을 한 사례 중에서 특히 문제가 되는 것은 이을호 번역본이다. "其爲人也孝弟"라는 표현에서 "도를 안다"라고 의역할 만한 부분은 없다. 『논어』에 담긴 사상을 탐구할 때, 과연 공자와 그 제자들이 "孝弟" 같은 덕목을 행동의 차원에서 이해했는지, 아니면 심리적 덕성의 차원에서 이해했는지, 그것도 아니면 우주를 관통하는 원리(도)의 차원에서 이해했는지는 중요한 논쟁거리다. 그러한 쟁점을 감안하다면, "도를 안다" 같은 표현을 외삽하는 일은 신중을 요한다. "도를 안다" 같은 의역은 독자에게 『논어』 원문에는 전혀 존재하지 않았던 의미를 전달할 가능성이 높기 때문이다.

爲人이라는 표현은 '주어(명사 혹은 대명사+爲+명사)+(也)+술어+(목적어)' 문형에도 나타난다.[6] 『맹자』에 나오는 다음과 같은 구절들이 대표적인 예이다.

其爲人也好善 (『孟子』「告子下」)

그 사람 됨됨이가 선을 좋아한다.

其爲人也小有才 (『孟子』「盡心下」)

그의 사람 됨됨이가, 재주가 작은데

『논어』에서는 다음 문장이 그러한 예이다.

> 其爲人也, 發憤忘食, 樂以忘憂. (『論語』「述而」 19)
>
> 그의 사람됨은 [새로운 것을 배울 때는] 발분하여 먹는 것도 잊고, [얻었을 때는] 그 즐거움으로 근심을 잊는다.

그러면 『논어』 한국어 번역본들은 이 문장에 나오는 爲人을 어떻게 번역해왔을까? 번역본들 가운데 爲人을 "사람됨"으로 번역한 경우가 가장 많다.

• 爲人을 "사람됨"으로 번역한 번역본

강동석 번역본(145~146쪽), **금장태 번역본**(42~43쪽), **김도련 번역본**(상권, 372쪽), **김동인·지정민·여영기 번역본**(2권, 263쪽), **김영호 번역본**(144쪽), **김용옥 번역본**(II권, 579쪽), **김원중 번역본**(179쪽), **김학주 번역본**(263쪽), **김형찬 번역본**(96쪽), **동양고전연구회 번역본**(151쪽), **박삼수 번역본**(203쪽), **박종연 번역본**(202쪽), **박헌순 번역본**(1권, 437쪽), **배병삼 번역본**(1권, 375쪽), **성백효 번역본**(204쪽), **신창호 번역본**(205쪽), **심경호 번역본**(1권, 244쪽), **양차오밍 번역본**(173쪽), **유교문화연구소 번역본**(230~231쪽), **윤재근 번역본**(1권, 519쪽), **이기동 번역본**(303쪽), **이동희 번역본**(26쪽), **이상임 번역본**(7쪽), **이우재 번역본**(318~319쪽), **이지형 번역본**(2권, 215쪽), **이한우 번역본**

(511쪽), **임동석 번역본**(2권, 587쪽), **임옥균 번역본**(155~156쪽), **정태현·이성민 번역본**(1권, 377쪽), **차주환 번역본**(121쪽), **최근덕 번역본**(168~169쪽), **최영갑 번역본**(1권, 262쪽), **황희경 번역본**(132~133쪽)

이 목록을 통해 알 수 있는 것은 앞에서는 爲人의 번역어로 "사람 됨됨이"를 선택했던 강동석 번역본과 황희경 번역본이 이번에는 爲人의 번역어로 "사람됨"을 선택하고 있다는 사실이다. 번역이 잘못되었다고 할 수는 없으나 특별한 이유 없이 번역어를 바꾸었다. 일관성이 없는 번역이다.

• 爲人을 "위인(됨)"으로 번역한 번역본

류종목 번역본 그의 위인은, 분발하면 밥 먹기를 잊고, 즐거움으로 근심을 잊으며, 늙음이 곧 닥쳐온다는 사실조차도 모르는, 그런 사람일 뿐입니다. (235쪽)

이기석·한백우 번역본 그의 위인됨에 분발하여 식음을 전폐하며, 즐거워하여 근심을 잊어서 늙음이 닥쳐오는 것도 알지 못한다. (144쪽)

이 두 번역본은 爲人을 그대로 음역하여 "위인"이라고 하고 있다. "위인"이 이미 한국어 단어의 일부가 되었으므로 이와 같은 번역이 잘못된 것은 아니다. 다만 이기석·한백우 번역본은 위인에다가 "됨"이라는 말을 붙였는데, 이는 위인에서 "위"의 뜻을 반복하는 것이므로 잘못된 것이다. 류종목 번역본의 경우는 『논어』「학이」2의 "其爲人也孝弟, 而好犯上者, 鮮矣"에 나오는 爲人은 사람됨이라고 번역했다는 점을 상기해볼 때, 같은 단어에 대해 번역이 일관되지 않다고 할 수 있다. 번역어의 일관성이라는 점에서 볼 때는 爲人을 일관되게 "성품"이라고 번역하고 있는 박유리 번역본과 "사람 됨됨이"로 번역하고 있는 신정근 번역본이 돋보인다. 그 밖에 爲人을 "사람된 품"으로 번역하고 있는 이을호 번역본이 특기할 단하다.

• 爲人을 "성품"이라고 번역한 번역본

박유리 번역본 그분의 성품은 발분하면 먹을 것도 잊어버리고, 즐거우면 이로써 근심을 잊어버리며, 늙음이 장차 다가온다는 것을 알지도 못하십니다. (283쪽)

• 爲人을 "사람 됨됨이"로 번역한 번역본

신정근 번역본 그 사람의 됨됨이는 말입니다, 한 가지 주제에 깊이 열중하다보면 밥 먹는 것도 잊어버리고, 나아가는 길에 즐거워하며 삶의 시름마저 잊어버려서 앞으로 황혼이 찾아오는 것조차 의식하지 못한 채 〔늘 젊음을 유지하고 있습니다.〕 (287쪽)

• 爲人을 "사람된 품"으로 번역한 번역본

이을호 번역본 그 사람된 품이 한 번 열이 나면 밥도 잊고, 즐거움에 취하여 걱정도 잊고, 늙는 줄도 모른다. (92쪽)

• 爲人을 번역하지 않거나 의역한 번역본

부남철 번역본 그분은 학문에 몰두해서 식사마저 잊으며 깨달음의 즐거움으로 인해 근심을 잊어서 늙어가는 것조차 모른다. (234쪽)

이강재 번역본 그 사람은 배움을 좋아하여 알고자 하는 마음이 생겨

나면 밥 먹는 것조차 잊어버리고, 배움을 통해 알게 되면 그 즐거움으로 근심조차 잊어, 늙음이 자신에게 다가오고 있다는 것도 깨닫지 못하는 사람이라고 (177~178쪽)

장기근 번역본 그분은 분발하면 먹는 것도 잊고, 도를 즐김으로써 모든 근심을 잊으며, 늙는 것조차 알지 못한다. (253쪽)

조명화 번역본 그분은 발분하면 끼니도 잊고 시름일랑 음악으로 없애기 때문에 늙음(=죽음)이 닥치는 것도 모르는 그런 사람이라고 말이야. (1권, 648쪽)

한필훈 번역본 그 사람은 학문에 열중하면 끼니도 잊고, 진리를 즐기느라 근심 걱정을 잊어 자기가 늙어가는 것조차 모르는 사람이라고. (127쪽)

이와 같이 "됨"의 뜻을 가진 爲를 번역에 반영하지 않은 번역문들은 해당 사람의 성품(…됨)에 대한 것이라기보다는 일회적인 양상에 대한 묘사로 오해될 소지가 있다.

(2) 爲德의 번역

爲가 人이 아닌 다른 단어와 결합할 때, 번역이 부자연스러워진다는 점을 앞에서 지적한 바 있다. 이러한 딜레마를 『논어』의 다음 구절에서도 확인할 수 있다.

中庸之爲德也, 其至矣乎. (『論語』「雍也」29)

중용의 덕德됨은 정말 지극하구나!

爲人의 경우와 마찬가지로 "爲德"에서의 爲 역시 "됨됨이" 혹은 "성격"의 뜻으로 사용되었으나 "덕됨" "덕 됨됨이" "중용의 덕 성격" 등과 같은 번역어는 모두 자연스럽게 들리지 않는다. 그래서일까. 많은 번역본들이 爲를 번역하지 않고 "중용의 덕"이라고만 옮기고 있다. 爲人을 번역할 때 爲를 일관되게 "성격"으로 번역했던 박유리 번역본조차도 이 경우에는 그냥 "중용의 덕"이라고 옮기고 있다. "중용의 덕, 그것은 지극하도다!"(박유리 번역본, 251쪽)

그러나 "…의 덕"이라는 표현은 "…의" 앞에 오는 것이 덕 자체는 아니되 그것이 덕으로서의 성격을 가지고 있을 때 적당하다. 그러나 중용은 그 자체로 덕이라고 부를 수 있는 것이다. 마치 누군가의 사람 됨됨이를 논할 때 그 사람은 그 자체로 사람인 것처럼, 중용의 덕 됨됨이를 논할 때, 중용은 그 자체로 덕인 것이다. 그런 점에서 보면 "중용의 덕"이라는 번역은 충분히 만족스럽지는 않다.

- 爲德에서 爲를 번역하지 않고 "중용의 덕(성)"이라고 옮긴 번역본

강동석 번역본(130쪽), **김도련 번역본**(상권, 330~331쪽), **김영호 번역본**(134쪽), **김학주 번역본**(245쪽), **김형찬 번역본**(89쪽), **동양고전연구회 번역본**(135쪽), **박삼수 번역본**(178쪽), **부남철 번역본**(211쪽), **성백효 번역본**(183쪽), **심경호 번역본**(1권, 220쪽), **양차오밍 번역본**(149쪽), **유교문화연구소 번역본**(204쪽), **이강재 번역본**(169쪽), **이기동 번역본**(278쪽), **이동희 번역본**(151쪽), **이상임 번역본**(33쪽), **임옥균 번역본**(145쪽), **장기근 번역본**(225쪽), **정태현·이성민 번역본**(1권, 348쪽), **최영갑 번역본**(1권, 233쪽), **홍승직 번역본**(124쪽), **황희경 번역본**(122쪽)

- 爲德에서 爲를 "(…이) 됨"으로 번역한 번역본

금장태 번역본(38쪽), **김동인·지정민·여영기 번역본**(2권, 154쪽), **김용옥 번역본**(II권, 517쪽), **김원중 번역본**(162쪽), **박헌순 번역본**(1권, 394쪽), **배병삼 번역본**(1권, 342쪽), **이우재 번역본**(283쪽), **이지형 번역본**(2권, 131쪽), **최근덕 번역본**(152쪽)

爲德에서 爲를 "(…이) 됨"으로 번역한 경우들은 문법에는 충실했으나 번역이 다소 부자연스럽다는 난점이 있다.

- 爲德에서 爲를 "됨됨이"로 번역한 번역본

류종목 번역본 중용의 덕 됨됨이는 지고지상의 것이리라! (211쪽)

爲를 "됨됨이"로 번역하는 것은 의미상 타당하다. 그런데 류종목 번역본은 앞에서 爲人을 "사람됨"과 "위인"으로 번역한 바 있기 때문에, 번역에 일관성이 없다.

- 爲德에서 爲를 "(실천)하다"로 번역한 번역본

신창호 번역본 삶에서 중용의 올바른 실천이 최고인가 보다! (191쪽)

이기석·한백우 번역본 중용(中庸)의 덕(德)을 행함이 덕의 극치이다. (126쪽)

이을호 번역본 중용의 올바른 실천이란 지극한 것인가 보다! (84쪽)

이 번역본들은 爲德의 爲를 爲人의 爲와는 다른 의미를 지닌 것으로 보는 셈이다. 의미상 가능한 번역이기는 하지만, "中庸之爲德也"의 어순을 어떻게 이해하고 번역한 것인지가 분명하지 않다. 번역문에서 유추해 보면 원문이 "爲中庸之德"이 되어야 爲를 "실천하다"는 뜻으로 번역할 수 있다.

• 爲德에서 爲를 "이루다"로 번역한 번역문

이한우 번역본 중용이 덕(德)을 이루어냄이 지극하구나! (455쪽)

중용은 일반적으로 그 자체로 덕으로 간주되므로, 중용이 덕을 새삼 이룬다는 것은 의미상 자연스럽지 않다. 중용이 덕을 이룬다는 표현은 중용이 덕이 아닌/아닐 가능성을 전제하기 때문이다. 다음 번역본들은 중용이 곧 덕이라는 사실을 적극적으로 반영한 예이다. 그러나 이 번역본들은 원문의 순서를 알 수 없을 정도로 의역을 하고 있다.

박종연 번역본 중용이란 도덕, 그것은 최고의 것이지만 (184쪽)

윤재근 번역본 중용이란 바로 덕이다. (1권, 464쪽)

임동석 번역본 중용中庸의 덕스러움의 그 지극함이여! (2권, 534쪽)

조명화 번역본 중용은 더할 나위 없이 덕이 되는데도 (1권, 587쪽)

한필훈 번역본 중용은 도덕의 극치이다. (116쪽)

의역이라는 점에서 보자면, 가장 명시적인 의역을 시도한 것은 신정근 번역본으로 보인다.

신정근 번역본 중도와 평범성의 진리는 참으로 더 말할 나위가 없구나! (257쪽)

여기서 주목할 것은 의역이라는 사실 자체보다 中, 庸, 德 세 글자를 모두 분리하고 있다는 점, 그리고 中을 "중도", 庸을 "평범성", 德을 "진리"라고 번역하고 있다는 점이다. '中庸'을 2음절로 보지 않고 中과 庸으로 나누어보는 것은 가능한데, 德을 진리라고 번역하는 것은 매우 특이하다. 德은 이미 한국어 단어의 일부가 되어 있으므로 별도의 번역이 필요한지 의문스럽다. 德에 대해 별도의 번역을 시도한 사례로는 차주환 번역본을 주목할 수 있다.

차주환 번역본 중용(中庸)의 힘은 대단하기도 하다. (110쪽)

차주환 번역본은 德을 "힘"으로 번역하고 있는데, 영어 번역에서도 덕을 "power"라고 번역하는 사례가 있다는 점을 감안하면, 덕을 "진리"로 번역한 것만큼 특이한 것은 아니다.[7]

2. 피동 문형에 사용되는 爲

한문에서 피동문을 만드는 방식은 대체로 다음과 같다.[8]

① 주어+타동사+전치사 於+명사

君子役物, 小人役於物. (『荀子』「修身」)

군자는 대상을 부리고, 소인은 대상에 의해 부려진다.

② 주어+조동사 見+동사

擧世皆濁, 我獨淸, 衆人皆醉, 我獨醒, 是以見放. (『楚辭』「漁父」)[9]

온 세상 사람들이 모두 더러워도 나 혼자 깨끗하고, 뭇 사람들이 다들 술에 취해도 나 혼자 깨어 있었다. 그래서 쫓겨났다.

③ 주어+조동사 被+동사

國一日被攻, 雖欲事秦, 不可得也. (『戰國策』「齊策」)

나라가 하루 아침에 공격을 받으면, 진나라를 섬기려 해도 섬길 수 없습니다.

④ 타동사 하나만으로 피동의 뜻을 나타내기도 한다. 형태상으로는 능동문과 차이가 없다.

昔者龍逢斬, 比干剖, 萇弘胣, 子胥靡. (『莊子』「胠篋」)

옛날에 관용봉은 목이 잘리고, 비간은 도려지고, 장홍은 배가 갈리고, 오자서는 문드러졌다.

魯酒薄而邯鄲圍, (『莊子』「胠篋」)

노나라 술이 좋지 않아 한단이 포위되었다.

兵挫地削, 亡其六郡. (『史記』「屈原賈生列傳」)

병사가 꺾이고 땅이 분할되어, 여섯 군을 잃었다.

⑤ 계사 爲 역시 일종의 피동 혹은 수동 구조를 만든다.[10]

止, 將爲三軍獲. (『左傳』「襄公十八年」)

멈추면, 장차 삼군에 의해 사로잡힐 것이다.

在上爲烏鳶食, 在下爲螻蟻食. (『莊子』「列禦寇」)

위에서는 까마귀와 솔개에 의해 먹힐 것이고, 아래서는 땅강아지와 개미에 의해 먹힐 것이다.

未接刃而桀走, 遂之至大沙, 身體離散, 爲天下戮 (『呂氏春秋』「愼大覽」'愼大')

칼날을 대어보지도 못한 채 걸桀은 도망가서 대사로 축출되어, 신체가 흩어지고 천하 사람들에 의해 도륙되었다.

賢能爲之用. (『三國志』「蜀書」'諸葛亮傳')

능력 있는 이는 그에 의해 쓰일 것이다.

이와 같은 문형을 해설하는 과정에서 풀리블랭크는 爲 뒤에 나오는 보어를 첫 번째 나오는 명사와 명사가 이어져서 소유격을 이루는 것으로 이해해서는 안 된다고 강조한다.[11] 즉 "爲三軍獲"에서 "三軍"과 "獲"이 이어져서 소유격을 이루어 "삼군의 포획"이라고 이해한 뒤에 "삼군의 포획이 될 것이다" 식으로 번역하면 안 된다는 것이다. 爲의 바로 뒤에 나오는 단어는 행위자를 나타내는 명사이고, 그다음에 나오는 단어는 행위를 나타내는 동사이다. 따라서 爲의 뒤에 나오는 두 단어 간의 관계가 소유격이라고 이해해서는 안 된다.

한나라 초엽 혹은 그 이전부터 이 爲 피동문에는 所가 삽입되는 경우들이 나타난다.[12] 즉 "爲三軍獲" 같은 문장은 "爲三軍所獲" 같은 형태가 되는 것이다. 그래서 『사기』에 "終爲之所擒矣"(결국 그에 의해 붙잡혔다)

같은 표현이 나온다. 그리고 피동을 나타내는 행위자는 생략될 수 있다. 이를테면 『한비자』의 "厚者爲戮, 薄者見疑"(최악의 경우 도륙되고, 그보다 나은 경우에도 의심을 받았다) 같은 문장이 그 예이다. 그러면 『논어』 한국어 번역본에서 문제가 되는 사례를 살펴보자.

出則事公卿, 入則事父兄, 喪事不敢不勉, 不爲酒困, 何有於我哉.
(『論語』「子罕」16)

나가서는 공경公卿을 섬기고, 들어와서는 부형을 섬기고, 장례에서는 감히 힘쓰지 아니함이 없고, 술로 인해 곤란에 처하지 않는 일, 나에게 무슨 어려움이 있겠는가?

이 문장에서 주목되는 것은 "不爲酒困"에 나오는 爲의 쓰임이다. 둥즈궈의 연구에 의하면 이것은 '주어+爲+주어에게 영향을 미치는 존재+타동사'의 형태를 취하여 피동의 뜻을 나타내는 것이다.[13] 고대 중국어의 예문으로는 다음과 같은 것들이 있다.

懷王 … 爲天下笑. (『史記』「屈原賈生列傳」)

회왕이 … 세상 사람들의 웃음거리가 되다.

身爲宋國笑. (『韓非子』「五蠹」)

그는 송나라 사람들로부터 비웃음을 샀다.

道術將爲天下裂. (『莊子』「天下」)

도술이 세상 사람들에 의해 찢기다.

今爲赤帝子斬之. (『史記』「高帝本紀」)

지금 적제의 아들에 의해 베어졌다.

…爲螻蟻食也. (『戰國策』「楚策」)

땅강아지나 개미에 의해 먹히다.

…爲人笑. (『韓非子』「姦劫弑臣」)

사람들로부터 비웃음을 사다.

그런데 "不爲酒困"의 한국어 번역은 의외로 다양하다. 그 이유는 困이 '피곤하다', '곤란을 겪다', '괴롭다' 등 다양한 의미로 쓰이기 때문이다. 이 글의 목적을 고려할 때, 일단 困을 어떻게 번역하는 것이 좋은지 문제는 차치하고, 爲의 번역 문제에만 집중해보자. 먼저 상당수의 번역본들이 "爲酒"를 "술에" 혹은 "술로"로 번역하고 있음을 알 수 있다.

- 爲酒를 "술에" 혹은 "술로"로 번역하고 있는 번역본

금장태 번역본 …술로 괴로워지지 않음은, 그중에 어느 것이 나에게 있겠느냐? (52~53쪽)

김도련 번역본 술로 고생하지 않는 일, 이런 일들이 어찌 나에게 있겠는가? (상권, 484쪽)

김동인·지정민·여영기 번역본 술에 취하지 않는 것, 내게 (이런 일들 중) 무엇이 있겠는가?(없다.) (2권, 509쪽)

김영호 번역본 …술에 곤란함을 당하지 않으니 (이 밖에) 무엇이 나에게 있겠는가? (170쪽)

박유리 번역본 …술에 흐트러지지 않는 일이, 나에게 무슨 어려울 것이 있겠는가? (374쪽)

박헌순 번역본 …술에 곤란을 겪지 않는 등의 일이, 나에게 할 수 있는 일이 무엇이 있을까? (1권, 549쪽)

성백효 번역본 …술에 곤함을 당하지 않는 것, 이 중에 어느 것이 나

에게 있겠는가? (256쪽)

이기석·한백우 번역본 …술에 마음이 어지러워지지 아니함을 어찌 나라고 못하겠는가. (197쪽)

이을호 번역본 …술에 지치는 일이 없어야 하는데, 그런 일을 어떻게 너가 할 수 있을까? (118쪽)

이지형 번역본 …술에는 괴로움을 당하지 않는 것이 (그렇게 장한 일이 아닌데) 어찌 나에게 있다 없다 할 필요가 있겠는가? (2권, 397쪽)

이한우 번역본 …술에는 괴로움을 당하지 않는 것이 (그렇게 장한 일이 아닌데) 어찌 나에게 있다 없다 할 필요가 있겠는가? (644쪽)

임동석 번역본 …술에 곤핍을 당하는 일이 없는 것, 이 중에 그 무엇이 나에게 있으리오? (2권, 740쪽)

최근덕 번역본 …술에 빠지지 않음이 어찌 나에게 있겠느냐? (216쪽)

홍승직 번역본 …술에 빠지지 않는 것 중 나는 어떤 것을 이루었나? (182쪽)

이와 같은 번역본들에서 과연 爲가 피동의 의미로 처리되고 있는지 여부는 잘 알 수 없다. 그리고 아예 과감한 의역을 시도한 번역본들에서는 爲가 어떻게 처리되고 있는지를 더욱 알 수 없다. 다음이 그 예이다.

김학주 번역본 …술마시고 난동을 일으키지 않는 일 같은 것은, 나에게 무슨 문제가 되겠느냐? (310쪽)

김형찬 번역본 …술 마시고 실수하지 않는 일과 같은 것은, 나에게 무슨 문제가 있겠는가? (115쪽)

동양고전연구회 번역본 …술로 제정신을 잃지 않는 것과 같은 일들을 행하는 데 내게 어떤 어려움이 있겠는가? (193쪽)

부남철 번역본 …술주정을 하지 않는 것, 이런 것 중에서 내가 제대로 하는 것이 무엇인가? (294쪽)

신창호 번역본 …잔치에서 지나치게 술을 마셔 고생하지 않는 것, 나는 이런 일을 처리하는 데 어려움을 느끼지 않는다. (244~245쪽)

양차오밍 번역본 …술을 마시고 곤경에 처하지 않으면, 나에게 무슨 문제가 있겠는가? (224쪽)

한필훈 번역본 …술 마시고 실수하지 않는 일. 이 네 가지 가운데 내가 제대로 실천한 것이 과연 있었을까? (158~159쪽)

황희경 번역본 …취해 떨어지도록 술 마시지 않는 것 중에 내가 잘 하는 것이 무엇인가? (165쪽)

그러면 爲의 용례에 주목하여 그 의미를 명료히 살려서 번역한 예들을 살펴보자. 이에 해당하는 번역본들은 ① 爲를 "때문에" 혹은 "인하여"와 같이 인과의 뜻을 지닌 것으로 브아 번역한 것들과 ② 爲를 피동 문형을 이루는 구성요소로 보아 번역한 것들로 크게 나눌 수 있다. 먼저 인과의 뜻을 살려 번역한 예를 살펴보자.

- 爲酒에 나오는 爲를 인과의 의미를 가진 것으로 해석한 번역본

김용옥 번역본 …술로 인해 주정부리지 않는 것, 이것이 어찌 나에게 어려운 일일 수 있겠는가! (III권, 124쪽)

류종목 번역본 …술로 인하여 고생하지 않는 것, 이 가운데 무엇이 나에게 갖추어져 있는가? (307쪽)

박삼수 번역본 …술로 인해 곤란을 당하지 않는 것이 내게 무슨 어려움이 있겠느냐? (269쪽)

박종연 번역본 …술로 인해 곤란을 당하지 아니함, 이 일들 가운데 내가 어떤 것들을 했겠느냐? (259쪽)

신정근 번역본 …술로 인해 어려움을 겪지 않아야 한다. 이 가운데 어떤 것을 내가 잘할까? (365쪽)

심경호 번역본 …술 때문에 곤경에 빠지지 않는 것, 이 가운데 어느 것이 내게 있겠는가? (2권, 40쪽)

유교문화연구소 번역본 …술 때문에 곤란해지지 않는 것 중에 어느 것이 나에게 있는가? (307~308쪽)

윤재근 번역본 …술 때문에 문란해지지 않는다. 이런 일들은 나한테 아주 쉬운 일이다! (1권, 674쪽)

이강재 번역본 …술 때문에 곤혹스러운 일이 생기지 않는 것들이 나에게 무슨 어려움이겠는가? (202쪽)

이기동 번역본 …술 때문에 곤란하게 되지 아니하니, 나에게 (이 외에) 무엇이 있겠는가? (375쪽)

이동희 번역본 …술로 인하여 실수를 않으니, 이런 일 가운데 내가 어떤 것을 했겠느냐? (195쪽)

이우재 번역본 …술로 인해 곤란해지지 않는다. 이런 일들이라면 내게 무슨 어려움이 있겠는가? (391~392쪽)

임옥균 번역본 …술 때문에 곤란해지지 않는 것 가운데 어느 것이 나에게 있는가? (188쪽)

장기근 번역본 …술로 인해 문란해지지 않는다. 이런 것들을 나는 쉽게 행할 수 있다. (324쪽)

정태현·이성민 번역본 …술 때문에 心性을 어지럽힌 적이 없는 것이 누구에게 있겠는가? 나에게만 있을 뿐이다. (2권, 79쪽)

조명화 번역본 …술 때문에 곤란당하지는 않기, (그런 일은) 나에게 아무런 어려움이 없다. (2권, 89쪽)

최영갑 번역본 …술 때문에 곤란을 당하지 않는 것이 어찌 나에게 있겠는가? (1권, 340쪽)

그런데 중국어 문법학자 풀리블랭크는 피동 문형에 나온 爲를 오인하여 '위하여, 때문에, 대신에'의 의미로 쓰이는 爲로 혼동해서는 안 된다고 강조한다.[14] 그러면 "不爲酒困"에서 爲가 가진 피동의 의미를 최대한 살려서 번역한 예를 살펴보자.

- 不爲酒困에서 爲가 가진 피동의 의미를 살린 번역본

강동석 번역본 …술에게 곤욕을 당하지 않는 것 그 가운데 무엇이 나에게 있던가. (192쪽)

김원중 번역본 …술에 휘둘림이 없어야 한다. 내가 이런 일을 하는 데 무슨 어려움이 있겠는가? (222쪽)

배병삼 번역본 …술에는 휘둘리지 않음, 이 가운데 내게 (능한 것이) 무얼꼬! (1권, 488쪽)

차주환 번역본 …술로 말미암아 난잡해지지 않는 데는 나는 자신이 있다. (156~157쪽)

이 번역본들 중 강동석 번역본, 김원중 번역본, 배병삼 번역본은 앞에서 거론한 爲酒를 "술에"로 번역한 예에 해당한다. 그런데 김원중 번역본과 배병삼 번역본은 "휘둘림"이라는 술어를 채택하고 있다. 그 "휘둘림"이 爲가 아니라 困을 번역한 결과일지는 모르나, 결과적으로 爲가 갖는 피동의 의미를 전달하고 있다. 흥미로운 점은 강동석 번역본은 "술에"

뒤에 “게”라는 말을 덧붙인 반면, 배병삼 번역본은 “술에” 뒤에 “는”이라는 말을 덧붙이고 있다는 사실이다. “술에”와 “술에게”는 의미상 차이가 없으나, “술에”와 “술에는” 사이에는 의미상 큰 차이가 있다. “술에는 휘둘리지 않음”이라는 말은 술 아닌 다른 것에는 휘둘릴 수 있다는 의미를 전달하기 때문이다. 차주환 번역본은 爲를 “…로 말미암아”로 번역하고 있다. “말미암아”라는 표현은 인과를 나타낼 수도 피동을 나타낼 수도 있다는 점에서 차주환 번역본은 爲를 인과의 의미를 가진 것으로 해석하고 있다고 볼 여지도 있다. 그런데 爲를 “말미암아”로 번역하게 되면, 由의 번역과 차이가 없게 된다.

3. 판단의 뜻을 나타내는 爲

‘주어+爲+동사의 영향을 받는 대상’ 문형에 사용된 爲는 ‘여기다’ 혹은 ‘이다’ 등으로 번역된다. 이 문형에서는 경우에 따라 주어가 생략될 수 있다.[15] 이 문형은 주어와 ‘동사의 영향을 받는 대상’이 동일한 사물임을 표현할 때, 그리고 주어에게 특정한 성질을 부여하고자 할 때 사용된다. 요컨대 이 문형은 판단을 나타내는데, 동사 爲가 바로 판단의 뜻을 나타낸다. 爲의 주어와 ‘동사의 영향을 받는 대상’의 위치에는 명사, 대명사, 동사, 형용사가 올 수 있다. 고대 중국어 텍스트에서 이 문형이 나타나는 사례는 많다. 『맹자』에 국한해서 보아도 다음과 같은 예들이 있다.

爾爲爾, 我爲我. (『孟子』「萬章下」)

너는 너이고 나는 나이다.

民爲貴, 社稷次之, 君爲輕 (『孟子』「盡心下」)

피치자가 귀하고 사직이 그다음이고 군주는 가볍다

事孰爲大, 事親爲大, 守孰爲大, 守身爲大. (『孟子』「離婁上」)

누구를 섬기는 것이 큰일인가? 어버이를 섬기는 것이 크다. 무엇을 지키는 것이 큰일인가? 자신을 지키는 것이 가장 크다.

『논어』에 나오는 다음과 같은 문장들은 모두 이 문형을 적용해서 해석해야 한다.

和爲貴. (『論語』「學而」12)

조화를 귀하게 여긴다.

知之爲知之, 不知爲不知, 是知也. (『論語』「爲政」17)

아는 것을 안다고 하고, 모르는 것을 모른다고 하는 것, 이것이 아는 것이다.

里仁爲美. (『論語』「里仁」1)

마을이 인仁하면 아름답다.

'만들다' 혹은 '하다'의 의미로 爲가 사용될 때 의문사는 다른 타동사의 경우와 마찬가지로 爲 앞에 위치한다. 그러나 '…이다"라는 의미로 爲가 사용될 때는 의문사가 爲의 뒤에 위치하는 경우가 있다.[16] 爲誰가 대표적인 예이다.[17] 그러면 '주어+爲+誰' 문형을 살펴보자.

長沮曰, 夫執輿者爲誰. 子路曰, 爲孔丘. … 桀溺曰, 子爲誰. 曰, 爲仲由. (『論語』「微子」6)

장저長沮가 말하였다. "저 수레 고삐를 쥐고 있는 사람은 누구요?"

> 자로가 말하였다. "공구孔丘입니다." … 걸닉이 말하였다. "당신은 누구요?" [자로가] 말하였다. "중유仲由(자로)입니다."

둥즈궈의 설명에 따르면, '주어+爲+誰' 문형에서 爲는 동사로서 판단의 뜻을 나타내고, 誰는 의문사로서 爲의 영향을 받는 대상으로서 기능한다.[18] 誰 대신 다른 의문사가 올 수도 있다. 이를테면, 何가 올 경우에는 '주어+爲+何' 문형이 된다. 『사기』「맹상군열전孟嘗君列傳」에 나오는 "子之子爲何"(아들의 아들은 무엇인가) 같은 문장이 그 예이다.

그렇다면 '주어+爲+誰' 문형에서 爲는 어떤 역할을 하는가? 이 질문에 답하기 위해서는 爲가 없되, 유사한 구조를 가진 '주어+誰' 문형과 비교해볼 필요가 있다. '주어+誰' 문형의 예로는 『사기』「회음후열전淮陰侯列傳」에 나오는 "若所追者誰"(그대가 좇은 것은 누구인가) 같은 문장을 들 수 있다. 그렇다면 과연 爲의 존재 여부에 따라 무엇이 달라지는 것일까? 둥즈궈는 爲가 추가됨으로써 의문사가 爲의 영향을 받는 대상이 된다는 설명을 할 뿐, 의미상의 차이에 대해서는 설명을 하지 않고 있다. 의미상 차이에 대한 설명은 풀리블랭크의 연구에서 찾아볼 수 있다.

"다른 문헌에서 보이는 '誰也' 대신, 여기에서는 왜 '爲誰'가 사용되었는지 의문을 가질 수 있다. 그 이유는 아마도 기대되는 대답이 추가적인 정보가 아니라 이미 알고 있거나 알 수 있는 사람들 중에서 특정인의 이름을 확인하는 것이기 때문일 것이다."[19] 즉, 爲의 존재로 말미암아 그 의문문은 단순한 의문문이 아니라 기존에 있는 일정한 프레임에 특정 대상이 해당하는가 하는 질문이 된다는 것이다. 한국어로 번역해보자면, A+誰也는 "A는 누구인가"라고 번역된다면, A+爲誰는 (기존 프레임에서) "A는 누구에 해당되는가"라고 번역된다고 할 수 있다. 이 같은 현상은 爲

뿐 아니라 다른 계사/판단사에도 적용된다. 전국시대 문헌에서 是爲×는 전제된 정보를 지시하고, 是×也는 새로운 정보를 추가한다.[20]

그러면 爲의 이러한 성격이 『논어』 한국어 번역에는 어떻게 반영되고 있는지 살펴보자. 『논어』에서 반복해서 나오는 "弟子孰爲好學"(제자 중에서 누가 배움을 좋아한다고 하시겠소?)이라는 문장을 예로 들 수 있다. 이 문장에서 爲는 과연 어떤 기능을 하는가? 이 질문을 달리 표현하면, "弟子孰爲好學"이라는 문장과 "弟子孰好學"이라는 문장에는 어떤 차이가 있는가? 문형이라는 측면에서 본다면, "弟子孰爲好學"에 사용된 爲는 지금까지 논한 바대로 판단사에 해당한다. 그리고 爲誰의 경우에 爲가 의문사 誰와 결합했던 경우와 마찬가지로 여기서 爲는 의문사 孰과 결합하고 있다. 그렇다면, 爲는 여기서 거론하고 있는 대상이 기존의 일정한 프레임에 해당하는가 하는 질문을 만든다. 즉 "孰好學"이 "누가 배움을/배우기를 좋아하는가"로 번역된다면, "弟子孰爲好學"은 "누가 배움을 좋아한다고 할 수 있는가" 혹은 "누가 '배움을 좋아함'이라는 범주에 들어가는가"로 번역될 수 있다. 이러한 주장의 설득력을 높이려면 "好學"이라는 것이 단순히 "배움을 좋아하다"라는 뜻이 아니라, 이미 하나의 정착된 프레임 혹은 범주임을 보여줄 필요가 있다. 다음의 『논어』 예문들은, 『논어』에서 "好學"이 반복적으로 거론되며, 그만큼 하나의 범주로 기능하고 있음을 보여준다.

君子食無求飽, 居無求安, 敏於事而愼於言, 就有道而正焉, 可謂好學也已. (『論語』「學而」14)

군자는 먹는 일에서 배부름을 추구하지 않고, 거처에 있어 편안함을 추구하지 않고, 일 처리에 애쓰고 말을 신중히 하고, 도道가 있는 곳에 나아가 시비를 바르게 가린다. 그러하면 정녕 배움을 좋아한다고 할 만하다.

敏而好學, 不恥下問, 是以謂之文也. (『論語』「公冶長」 15)

애써 배움을 좋아하였고, 아랫사람에게 묻는 것을 부끄러워하지 않았다. 그래서 문文이라고 평가한 것이다.

十室之邑, 必有忠信如丘者焉, 不如丘之好學也. (『論語』「公冶長」 28)

작은 마을에 반드시 나만큼 충성스럽고 믿음직스러운 사람이 있을 것이다. 그러나 나만큼 배움을 좋아하지는 않을 것이다.

篤信好學, 守死善道. 危邦不入, 亂邦不居. (『論語』「泰伯」 13)

믿음을 도탑게 하여 배움을 좋아하고, 죽음을 무릅쓰고 훌륭한 도에 매진한다. 위태로운 나라에는 들어가지 않고, 어지러운 나라에는 머물지 않는다.

好仁不好學, 其蔽也愚. 好知不好學, 其蔽也蕩. 好信不好學, 其蔽也賊. 好直不好學, 其蔽也絞. 好勇不好學, 其蔽也亂. 好剛不好學, 其蔽也狂. (『論語』「陽貨」 8)

인仁을 좋아하되 배움을 좋아하지 않으면, 그 폐단은 어리석게 되는 것이다. 지혜를 좋아하되 배움을 좋아하지 않으면, 그 폐단은 방자하게 되는 것이다. 믿음직함을 좋아하되 배움을 좋아하지 않으면, 그 폐단은 해를 끼치게 되는 것이다. 곧음을 좋아하되 배움을 좋아하지 않으면 그 폐단은 가차 없게 되는 것이다. 용기를 좋아하되 배움을 좋아하지 않으면, 그 폐단은 어지럽게 되는 것이다. 굳셈을 좋아하되 배움을 좋아하지 않으면, 그 폐단은 의욕이 과도하게 되는 것이다.

日知其所亡, 月無忘其所能, 可謂好學也已矣. (『論語』「子張」 5)

나날이 자신이 결여하고 있는 바를 알고, 다달이 자신이 할 수 있는 바를 잊지 않으면, 배움을 좋아한다고 할 만하다.

이처럼 "好學"이 하나의 범주로서 정착되어 있다면, "弟子孰爲好學"은 단순히 누가 배움을 좋아하느냐고 묻는 것이 아니라, 공유하고 있는 '배움을 좋아함'이라는 범주에 제자 중 누가 해당하느냐고 묻는 것이다.

> 哀公問, 弟子孰爲好學. 孔子對曰, 有顔回者好學, 不遷怒, 不貳過. 不幸短命死矣, 今也則亡, 未聞好學者也. (『論語』「雍也」3)
>
> 애공哀公이 물었다. "제자 중에서 누가 배움을 좋아한다고 하시겠소?" 공자가 대답하였다. "안회顔回라는 사람이 있었습니다. 그가 배우기를 좋아하고, 화를 옮기지 않고 같은 잘못을 거듭 저지르지 않았습니다. 불행히도 명이 짧아 죽었습니다. 지금은 [그런 사람이] 없습니다. 배우기를 좋아하는 사람을 아직 들어본 적 없습니다."

- 弟子孰爲好學을 "제자 가운데(중에) 누가 학문을 좋아합니까? (사랑합니까, 즐거워합니까?)" 혹은 그와 유사하게 번역한 번역본[21]

강동석 번역본(111쪽), **금장태 번역본**(34쪽), **김도련 번역본**(상권, 282쪽), **김영호 번역본**(122쪽), **김용옥 번역본**(II권, 403쪽), **김원중 번역본**(144쪽), **김학주 번역본**(225쪽), **김형찬 번역본**(80~81쪽), **동양고전연구회 번역본**(119쪽), **박삼수 번역본**(153~154쪽), **박종연 번역본**(309쪽), **부남철 번역본**(186쪽), **성백효 번역본**(159쪽), **신정근 번역본**(226쪽), **신창호 번역본**(174쪽), **양차오밍 번역본**(128쪽), **유교문화연구소 번역본**(169~170쪽), **윤재근 번역본**(1권, 395쪽), **이강재 번역본**(159쪽), **이기석·한백우 번역본**(101쪽), **이동희 번역본**(49쪽), **이상임 번역본**(8쪽), **이우재 번역본**(245쪽), **이을호 번역본**(73~74쪽), **이한우 번역본**(384쪽), **임동석 번역본**(2권, 464쪽), **임옥균 번역본**(132쪽), **정태현·이성민 번역본**(1권, 307쪽), **차주환 번역본**(93~94쪽), **최영갑 번역본**(1권, 198쪽), **한필훈 번역본**(104쪽), **황희경 번역본**(107쪽)

- 爲好學을 "호학하다"로 번역한 번역본

김동인·지정민·여영기 번역본 애공이 물었다. 제자 중에 누가 호학합니까? (2권, 29쪽)

배병삼 번역본 애공이 물었다. 제자들 가운데 누가 호학(好學)한가? (1권, 288쪽)

"호학"이라는 단어가 한국어의 일부로 들어와 있는 한, 본문의 好學을 그냥 "호학"이라고 음성을 기록하듯 번역해도 문제가 될 것은 없다. 그러나 "배움을 좋아하다" 대신 "호학하다"라고 번역했을 경우, 본문의 爲를 "하다"로 번역했을 것이라는 혐의를 받을 수 있다는 것이 문제다. 즉, "好學"을 동사화한 것이 아니라 "爲好學"을 "호학하다"로 번역했을 수도 있다는 의문을 불러일으킨다. 정말 爲를 "하다"로 번역했는지는 번역문만 보아서는 확정할 수 없지만, 만약 爲를 "하다"로 번역한 결과 "爲好學"이 "호학하다"가 되었다면, 그것은 오역이다. "好學"이 『논어』에서 일종의 범주로서 작용하기는 해도, 그것이 행동의 목적어로서 기능할 수 있는 명사로 성립한 흔적은 『논어』뿐 아니라 당시의 다른 한문 텍스트에서도 찾을 수 없기 때문이다.

그 밖의 가능성은 위 번역문들의 "호학하다"가 "호학을 하다"라는 뜻이 아니라 "호학"을 형용사로 보아 "호학한 상태이다"라는 뜻으로 사용되었을 경우다. 특히 배병삼 번역본은 "호학하다"라기보다 "호학한다"를 의문형으로 만든 것으로 보이기 때문에, 이 가능성이 더 크다. 이럴 경우에는 "호학하다"는 "배움을 좋아하다"의 문어체에 불과하므로, "배움을 좋아하다"라고 본문을 번역한 사례의 일종으로 간주될 수 있다. 이지형 번역본(1권, 617쪽)은 "제자들 가운데 누가 학學을 좋아합니까?"라고 번역하고 있는데, "배움을 좋아하다"보다는 더 문어체이고 "호학하다"보다는 덜 문어체의 번역이라고 할 수 있다.

- 弟子孰爲好學을 "제자 가운데(중에) 학문을 좋아하는 이가 누구입니까?"와 같이 번역한 번역본: 이것은 好學이 좀 더 범주화된 번역이라고 할 수 있다(밑줄은 필자).

박유리 번역본 애공이 "제자 중에 누가 배우기를 좋아한다고 여깁니까?" 하고 물었다. (213쪽)

박헌순 번역본 애공이 물었다. "제자 가운데 배우기를 좋아한다고 할 만한 자가 누구입니까?" (1권, 337~338쪽)

이기동 번역본 애공이 물었다. "제자 중에 학문을 좋아하는 사람이 누구입니까." (243쪽)

이을호 번역본 애공이 묻기를 "학문을 좋아하는 제자는 누구입니까?" (73~74쪽)

조명화 번역본 애공께서 (공자께) 여쭙기를: (당신의) 제자들 가운데 누가 호학(이라고 할 만한 사람)인가요? (1권, 526쪽)

홍승직 번역본 애공이 물었다. "제자 중 누가 배우는 것을 좋아한다고 할 수 있습니까?" (103쪽)

- 기타(밑줄은 필자)

류종목 번역본 애공이 "제자들 중에 누가 배우기를 가장 좋아합니까?" 하고 묻자 (181쪽)

장기근 번역본 애공이 물었다. 『제자 중에서 누가 가장 배우기를 좋아합니까.』 (192쪽)

최근덕 번역본 애공(哀公)이 묻기를, "제자 가운데 누가 학문을 가장 좋아합니까?"라고 하니 (131쪽)

'기타'로 분류된 번역본들은 공통적으로 好를 "가장 좋아하다"라고 번역하고 있다. 그러나 好를 최상급으로 만들 만한 어떤 문장 요소도 원문에 없다는 점에서 부정확한 번역이라고 할 수 있다. 그러면 "弟子孰爲好學"이라는 표현이 나오는 다른 예문을 살펴보자.

> 季康子問, 弟子孰爲好學. 孔子對曰, 有顔回者好學, 不幸短命死矣. 今也則亡. (『論語』「先進」7)
>
> 계강자季康子(노나라 대부)가 물었다. "제자 중에서 누가 배움을 좋아한다고 하시겠소?" 공자가 대답하였다. "안회顔回라는 사람이 있어 배움을 좋아하였는데, 불행히도 명이 짧아 죽었습니다. 지금은 [그런 사람이] 없습니다."

• 弟子孰爲好學을 "제자 가운데(중에) 누가 학문을/배우기를 좋아합니까?" 혹은 그와 유사하게 번역한 번역본

강동석 번역본(226쪽), **금장태 번역본**(61쪽), **김도련 번역본**(하권, 31쪽), **김영호 번역본**(190쪽), **김용옥 번역본**(III권, 249쪽), **김원중 번역본**(255쪽), **김형찬 번역본**(129쪽), **동양고전연구회 번역본**(227쪽), **류종목 번역본**(355쪽), **박삼수 번역본**(308쪽), **박헌순 번역본**(2권, 19쪽), **부남철 번역본**(342쪽), **성백효 번역본**(299~300쪽), **신정근 번역본**(420쪽), **신창호 번역본**(273~274쪽), **양차오밍 번역본**(271쪽), **유교문화연구소 번역본**(362쪽), **윤재근 번역본**(2권, 33쪽), **이강재 번역본**(221쪽), **이기동 번역본**(419쪽), **이기석·한백우 번역본**(236쪽), **이동희 번역본**(51쪽), **이상임 번역본**(27쪽), **이우재 번역본**(452쪽), **이지형 번역본**(3권, 157쪽), **임동석 번역본**(3권, 903쪽), **임옥균 번역본**(213~214쪽), **장기근 번역본**(377쪽), **정태현·이성민 번역본**(2권, 160쪽), **차주환 번역본**(182쪽), **최근덕 번역본**(257~258쪽), **최영갑 번역본**(2권, 13쪽),

한필훈 번역본(182쪽), **황희경 번역본**(187쪽)

- 爲好學을 "호학하다"로 번역한 번역본(밑줄은 필자)

김동인·지정민·여영기 번역본 계강자가 물었다. 제자 중에 누가 호학합니까? (3권, 33쪽)

배병삼 번역본 계강자가 물었다. 제자들 가운데 누가 호학(好學)하는가? (2권, 20쪽)

김동인·지정민·여영기 번역본과 배병삼 번역본은 앞서와 마찬가지로 "배움을 좋아하다" 대신 "호학하(한)다"라고 번역하고 있다는 점에서는 일관성이 있는 것으로 보인다. 그런데 배병삼 번역본은 앞에서는 "제자들 가운데 누가 호학(好學)한가?"라고 번역했는데, 같은 문장을 두고 여기서는 "제자들 가운데 누가 호학(好學)하는가?"로 번역하고 있다는 점에서 일관성이 충분하지 않다. "호학한가"는 "호학"을 형용사로 보아 "호학한 상태인가"라는 뜻으로 사용될 수도 있지만, "호학하는가"는 동사로밖에 간주될 수 없으므로 이 차이는 무시할 수 있는 차이가 아니다.

- 弟子孰爲好學을 "제자 가운데(중에) 학문을 좋아하는 이가 누구입니까?"와 같이 번역한 번역본: 이것은 好學이 좀 더 범주화된 번역이라고 할 수 있다(밑줄은 필자).

박유리 번역본 계강자가 "제자들 가운데 누구를, 배우기 좋아한다고 여기십니까?" 하고 묻자 (450쪽)

조명화 번역본 계강자가 (스승님께) 여쭙기를: 제자들 가운데서 누가 '호학'(이라고 부를 만한 사람)인가요? (2권, 167쪽)

• 기타(밑줄은 필자)

김학주 번역본 계강자가 여쭈었다. "제자들 중에서 누가 배우기를 가장 좋아합니까?" (347쪽)

이한우 번역본 계강자가 물었다. "제자들 중에서 누가 배우기를 (가장) 좋아합니까?" (732쪽)

위와 같은 결과를 두고 보면, 『논어』에서 한 글자도 틀리지 않고 반복되는 문장인 "弟子孰爲好學"에 대해서 일관된 번역을 제시하는 번역본은 극히 소수라고 결론 내릴 수 있다. 게다가 爲의 기능을 고려하는 동시에 일관된 번역을 제시하는 번역은 한층 더 소수다.

4. 감탄, 강조의 어미로서 爲

爲는 감탄문 혹은 명령문 등의 문미에 사용되어서 어기를 나타낼 수 있다.[22] 다음 문장들이 그 예다.

歸休乎君, 予無所用天下爲. (『莊子』「逍遥游」)

돌아가 쉬시오, 그대는, 나는 천하를 쓸 데가 없소!

濟嘗詣湛, 見床頭有周易, 問曰, 叔父何用此爲. (『晉書』「王湛列傳」)

제濟가 일찍이 왕담王湛을 방문해서, 침상 머리맡에 주역이 있는 것을 보고 묻기를, "숙부는 어찌 이 책을 쓰시나요?"

爲는 哉와 결합하여 爲哉의 유형을 띠기도 한다.

日出而作, 日入而息, 逍遙於天下之間, 而心意自得, 吾何以天下爲哉. (『莊子』「讓王」)

해가 뜨면 일어나고, 해가 지면 쉬고, 천지 간에 소요하고, 마음이 자족한데, 어찌 천하를 신경 쓰겠는가?/천하를 가지고 무엇을 하겠는가?

爲는 명령문의 경우 종종 금지사 '無무, 毋무, 勿물, 亡무' 등과 함께 사용된다.

毋徒苦天下之民父子爲也. (『史記』「項羽本紀」)

천하의 백성들과 아비 자식들을 헛되이 고생시키지 마시오!

다음에서는 爲가 의문사와 결합하여, '何(혹은 奚, 曷, 胡 등의 유사한 의문사)+(以)…爲' 문형을 만드는 경우를 집중적으로 살펴보기로 하자.

何以文爲. (『論語』「顔淵」8)

어째서 세련되게 표현하겠는가?

何以伐爲. (『論語』「季氏」1)

어째서 정벌하려 하는가?

亡人得生, 又何不來爲. (『國語』「楚語上」)

도망간 사람이 살길을 구했는데, 어찌 오지 않겠습니까?/오지 않고 뭐 하겠습니까?

臣不忠於王, 楚何以軫爲. (『戰國策』「秦策一」)

제가 진왕에게 불충했다면 초나라인들 저(陳軫)를 받아주었겠습니까?

秦制天下, 將何以天下爲. (『戰國策』「趙策四」)

진나라가 천하를 제패하면, 장차 천하로 무엇을 하겠습니까?/장차 어찌 천하를 일삼겠습니까?

奚以之九萬里而南爲. (『莊子』「逍遙遊」)

어찌 저 새(붕새)가 구만리 하늘에 올라 남쪽 끝으로 갈 수 있겠는가?

文王其猶未邪. 又何以夢爲乎. (『莊子』「田子方」)

문왕은 아직 멀었군요. 어째서 꿈을 가지고 그런답니까?/꿈을 가지고 무엇을 하려 하나요?

吾何以天下爲哉. 悲夫, 子之不知余也. (『莊子』「讓王」)

제가 어찌 천하에 (연연하겠습니까?) 슬픕니다. 당신은 저를 몰라주는군요.

兩君合好, 夷狄之民, 何爲來爲. (『穀梁傳』「定公十年」)

양국의 군주가 서로 화합하는데, (예의를 모르는) 오랑캐 백성들이 여기 무엇 하러 오는가?[23]

古之人曷引天爲. (『天論中』)

옛사람들은 어찌하여 하늘을 운운했는가?

于是加寵, 將何治爲. (『國語』「晉語」)

여기에다가 총애를 더해준다면 장차 어찌 다스리렵니까?/장차 다스려서 무엇을 하렵니까?

穰苴曰, 何後期爲. 賈謝曰, 不佞大夫親戚送之, 故留. (『史記』「司馬穰苴列傳」)

양저가 말했다. "어찌하여 늦었소?" 가사가 말했다. "저의 대부 친척들이 환송하느라고 머물렀습니다."

爲人君, 仁義而已矣, 何以利爲. (『史記』「魏世家」)

군주가 되어서는 인의일 뿐입니다. 어째서 이익을 추구하십니까?

臣亦柔耳, 何用剛爲. (『說苑』「敬愼」)

저 역시 약하니, 어찌 강함을 따르겠습니까?/강함으로 무엇을 하겠습니까?

이 문장들은 모두 반어의문문을 나타내는 '何…爲' 문형의 예이다. 何와 爲 사이에 어떤 문장성분이 오느냐에 따라 몇 가지 변형이 존재하지만, 문두에 의문사가 오고 문미에 爲가 위치한다는 점에서는 동일하다. 논란이 되는 것은 문미에 오는 爲를 문말조사로 볼 것인가 아니면 동사로 볼 것인가의 문제다.[24] 이에 대해 장사오위는 『고대중국어 어휘의미론』(374쪽)에서 두 입장 모두 일리가 있다고 말한다. 그리고 "…을 하다"가 원래 문미의 爲가 가진 의미였는데 결국 의문조사로 정착하는 변화를 겪었다고 보아 두 입장을 절충하고 있다.

그런데 이보다 흥미로운 장사오위의 입장은 다음과 같은 것이다.[25] 장사오위는 문미에 爲가 나오는 문장들을 하나의 문형으로 다루지 말고, 서로 다른 爲의 쓰임을 가진 별개의 문형으로 다루자고 제안한다. 의문문은 문말조사가 없어도 문장이 성립되는 경향이 있으므로, 문미의 爲를 없애보아도 문장이 성립하는 경우는 爲를 문말조사로 간주하고, 문미의 爲를 없애면 문장이 아예 성립하지 않는 경우는 爲를 "…을 하다"라는 실사로 간주하자고 제안한다.

장사오위에 따르면, "何以文爲" 같은 문장의 경우, 문미의 爲를 없애면 남은 "何以文"만 가지고는 문장이 성립하지 않으므로, 문미의 爲를 문말조사로 보기 어렵다. 반면, "奚以之九萬里而南爲" 같은 문장은 문미의 爲를 제거해도 그 앞에 동사 상당어구가 와서 "奚以之九萬里而南"이 되므로 충분히 문장이 성립된다. 따라서 이러한 문장에서는 문미의 爲를 문말조사도 보아도 좋다는 것이다. 끝으로 "兩君合好, 夷狄之民, 何爲來爲" 같은 문장에 나오는 爲는 문말조사일 뿐 결코 "…하다"라는 뜻의 실사가 될 수 없다고 장사오위는 주장한다. 문장 속에 개사介詞(전치사) 以가 없기 때문이다.

이러한 장사오위의 주장은 각각의 문장들에 있는 성분들을 충실하게 반영한다는 점에서 장점이 있는 반면, 유사한 문형들에 대해서 통일된 관점을 주는 데는 한계가 있다. 장사오위가 爲가 빠지면 문장이 성립하지 않는다고 본 사례들도, 다른 문장성분이 생략되었을 뿐 문장이 성립한다고 보는 입장도 가능하다. 이를테면 "何以文"에서 동사가 생략되었을 뿐 하나의 문장으로서 성립하지 못할 이유는 없다고 여길 수도 있다. 다시 말해서, 文을 명사로 보고 그 文을 목적어로 삼는 동사가 생략된 문장으로 여길 수도 있다.

장사오위와는 달리 둥즈궈는 관련 문장들을 모두 하나의 문형(과 그 변종)으로 보아야 한다고 주장한다. 이러한 둥즈궈의 입장은 관련된 모든 문장에 나오는 문미의 爲는 예외 없이 어기를 강하게 만드는 역할을 하는 어기사(문말조사)라고 보는 것이다.[26] 이것은 궈시량郭錫良 등이 쓴 『고대중국어』의 입장과도 같다. "'爲'는 이미 문법화되어 어기사가 되었으므로 … '왜 그걸 가지고 그러는가?'로 의심 없이 묻는 것이다."[27] 둥즈궈가 정리하는 문형은 다음과 같다.[28]

〈문형1〉 주어+何(혹은 奚, 惡, 安)+以(혹은 用)+동사의 영향을 받는 대상+爲(혹은 爲哉, 爲乎)

何以는 관용적으로 묶인 것으로 보아 "어째서"와 같은 뜻을 지니는 것으로 해석할 수 있다.

何以假爲. (『史記』「淮陰候列傳」)

어째서 가왕假王이고자 하는가?

子何以其志爲哉. (『孟子』「滕文公下」)

그대는 어째서 그 뜻을 따지는가?

我何以湯之聘幣爲哉. (『孟子』「萬章上」)

내 어찌 탕 임금이 초청하는 폐백을 (연연하리오?)

奚以薛爲. (『韓非子』「說林下」)

어찌 설나라가 문젯거리이겠습니까?

奚以夫譊譊爲乎. (『莊子』「至樂」)

어찌 저 시끄러운 소리를 들으랴.

惡用是鶂鶂者爲哉 (『孟子』「滕文公下」)

이 꽥꽥거리는 것을 어디에 쓴다는 거야?

〈문형1의 변종①〉 주어+何+동사의 영향을 받는 더상+爲

이 문형은 〈문형 1〉에서 以/用이 생략된 형태이다. 이러한 생략이 가능하려면 何 뒤에 오는 '동사의 영향을 받는 대상'이 동사의 성격을 가져야 한다.

何辭爲 (『史記』「項羽本紀」)

어째서 인사하랴!

我何渡爲 (『史記』「項羽本紀」)

내가 어째서 건너가랴!

又何戰爲 (『史記』「宋微子世家」)

또 어째서 싸우랴!

何哭爲 (『史記』「吳起列傳」)

어째서 우는가!

何厚葬爲 (『漢書』「張湯傳」)

어째서 후하게 장사지내랴!

〈문형1의 변종②〉 何(혹은 奚)+以+爲

이 문형은 〈문형 1〉에서 '동사의 영향을 받는 대상'이 생략된 형태이다.

勝自礪劍, 人問曰何以爲. (『史記』「伍子胥列傳」)

승이 스스로 칼을 갈자, 어떤 이가 묻기를 "어째서인가?"

其爲宮室何以爲. (『墨子』「節用」)[29]

집을 만드는 것은 어째서 만드는 것인가?/무엇을 만드는 것인가?

誦詩三百, 授之以政, 不達, 使於四方, 不能專對, 雖多, 亦奚以爲. (『論語』「子路」5)

시 300편을 외어도, 정사를 맡겼을 때 제대로 잘 해내지 못하고, 사방으로 사신 갔을 때 독자적으로 대처해내지 못한다면, 비록 많이 외운들 어째서 외우는 것이겠는가?/무엇을 하겠는가?

不能以取尊榮, 雖多亦奚以爲. (『史記』「蘇秦列傳」)

존귀함과 영예를 얻을 수 없을진대, 많다고 한들 어째서 하겠는가?/무엇을 하겠는가?

장사오위의 입장을 따르든, 둥즈궈의 입장을 따르든 한 가지는 확실하다. 문미의 爲를 "…하다"라는 실사로 간주한다면, 문두에 나오는 何(以)나 奚(以) 같은 의문사는 爲의 목적어를 나타내는 "무엇"으로 번역해야지, 이유를 나타내는 "어째서" 등과 같은 표현으로 번역해서는 안 된다. 그리고 문미의 爲를 문말조사로 간주한다면, 문두에 나오는 何(以)나 奚(以) 같은 의문사는 "무엇"으로가 아니라, 이유를 나타내는 "어째서" 등과 같은 표현으로 번역해야 한다. 그리고 장사오위의 입장을 따르든 둥즈궈의 입장을 따르든, 『논어』에 나오는 같은 문형의 문장들에 대해서는 일관되게 번역하는 것이 바람직하다.

누군가는 "무엇"으로 번역하든 "어째서" 혹은 그와 유사하게 이유를 나타내는 말로 번역하든, 결국 반문의 어기만 전달하면 충분하다고 주장할 수도 있다. 그러나 그럴 경우에는 원문의 문법 구조를 충실히 반영하지 않은 번역이 되고 만다. 원문의 문법 구조를 무시하지 않아도 이해할 수 있게 번역할 수 있다면 되도록 원문의 문법 구조를 유지해주는 것이 좋다.

그뿐 아니라, 반문을 나타내기 위해서 사용된 "무엇", "어째서" 등의 표현은 경우에 따라 아주 다른 의미를 전달할 수도 있기에 주의를 요한다. 예를 들어 '何…爲' 문형으로 이루어진 문장을 "어째서…" 혹은 "무엇을 하러…" 같은 표현을 사용해서 번역하는 경우를 상상해보자. 두 표현 모두 반문을 나타낼 수 있다는 점에서는 일견 동일해 보인다. 그러나 한국어에서 "어째서…"는 이유를 묻는 것으로도 이해될 수 있고, "무엇을 하러…"는 목적을 묻는 것으로도 해석될 수 있기 때문에 두 번역어는 한국어 독자들에게 각각 다른 메시지를 전달할 수 있다. 따라서 주의를 요한다.

"어째서…"와 "무엇을 하러…"는 문법적 재구성의 차원에서도 각각 다른 결과를 낸다. "어째서…"는 문두의 何를 번역한 것이고, 문미의 爲는 어기를 나타낸다고 분석될 수 있다. 반면 "무엇을 하러…"에서 '무엇을'은 爲何라는 표현에서 의문사인 何를 번역한 것이고, '하려'는 爲를 번역한 것이라고 분석될 수 있다. 何가 의문사이기 때문에 문두에 위치하게 되고, 그 결과 爲가 문미에 남아서 '何…爲' 문형을 보이고 있다고 보는 것이다. 즉 "무엇을 하려…"의 한국어 번역은 문미의 爲를 문말조사가 아니라 실사인 "하다"로 간주하고 있는 것이다.

이러한 점들을 감안하면, '何(혹은 奚)+(以)…爲' 문형을 해석할 때, 단순히 반문의 어기를 전달하는 데 그치지 말고, 정교하게 번역어를 선택할 필요가 있다. 그렇다면 『논어』 한국어 번역본들은 이 사안을 어떻게 처리해왔는지 살펴보자.

誦詩三百, 授之以政, 不達, 使於四方, 不能專對, 雖多, 亦奚以爲. (『論語』 「子路」 5)

시 300편을 외워도, 정사를 맡겼을 때 제대로 잘 해내지 못하고, 사방으로 사신 갔을 때 독자적으로 대처해내지 못한다면, 비록 많이 외운들 대체 무엇을 하겠는가?"

- "어디에 쓰겠는가" 등으로 번역한 번역본

강동석 번역본(274쪽), **김영호 번역본**(220쪽), **배병삼 번역본**(2권, 136쪽), **성백효 번역본**(368쪽), **유교문화연구소 번역본**(443~444쪽), **이상임 번역본**(67쪽), **이우재 번역본**(555쪽), **이한우 번역본**(878쪽), **임옥균 번역본**(248쪽), **조명화 번역본**(2권, 295쪽), **최영갑 번역본**(2권, 115쪽)

- "무엇에(다) 쓰겠는가" 등으로 번역한 번역본

금장태 번역본(76쪽), **김도련 번역본**(하권, 164쪽), **심경호 번역본**(2권, 192쪽), **이을호 번역본**(166쪽), **이지형 번역본**(3권, 479쪽), **임동석 번역본**(3권,

1076쪽), **정태현·이성민 번역본**(2권, 257쪽)

- "무슨 소용(쓸모, 쓸데)이 (있)겠는가" 등으로 번역한 번역본

김동인·지정민·여영기 번역본(3권, 299쪽), **김용옥 번역본**(III권, 348쪽), **김원중 번역본**(305~306쪽), **김학주 번역본**(398~399쪽), **김형찬 번역본**(151쪽), **동양고전연구회 번역본**(273쪽), **류종목 번역본**(422쪽), **박삼수 번역본**(363쪽), **박종연 번역본**(382쪽), **부남철 번역본**(413쪽), **신정근 번역본**(503쪽), **신창호 번역본**(319쪽), **양차오밍 번역본**(321쪽), **윤재근 번역본**(2권, 184쪽), **이강재 번역본**(253~254쪽), **이동희 번역본**(43~44쪽), **장기근 번역본**(470쪽), **차주환 번역본**(220~221쪽), **최근덕 번역본**(317쪽) **한필훈 번역본**(214쪽), **홍승직 번역본**(244쪽), **황희경 번역본**(220쪽)

- "무엇(을) 하겠는가" 등으로 번역한 번역본

박유리 번역본(553쪽), **박헌순 번역본**(2권, 164쪽), **이기동 번역본**(481쪽), **이기석·한백우 번역본**(299쪽), **최석기 번역본**(115쪽)

"어디에 쓰겠는가", "무엇에(다) 쓰겠는가", "무슨 소용(쓸모, 쓸데)이 (있)겠는가" 등의 번역은 뜻은 통하지만, '何…爲'의 문법 구조를 반영한 번역이라고 볼 수 없다. 이러한 번역문들은 원문의 구조를 추론할 수 없을 정도로 과감한 의역이 이루어진 경우들이라고 할 수 있다. 반면 "무엇(을) 하겠는가"라고 번역한 경우는 爲를 문말조사가 아니라 "하다"라는 실사로 번역한 경우로 판단된다. 앞서 살펴보았듯이, 장사오위는 문미의 爲를 없애보아도 문장이 성립하는 경우는 爲를 문말조사로 간주하고, 문미의 爲를 없애면 문장이 아예 성립하지 않는 경우는 爲를 "…을 하다"라는 실사로 간주하자고 주장한 바 있다. 그때 장사오위가 예로 든 "何以文

爲"의 문장의 경우, 문미의 爲를 문말조사로 보아 없애버리면, 남은 "何以文"만 가지고는 문장이 성립하지 않으므로, 문미의 爲를 문말조사로 보기 어려운 것으로 간주되었다. 그와 같은 논리를 따르자면, 앞에서 나온 『논어』「자로」5의 "奚以爲" 문장에서 문미의 爲를 없앨 경우 남는 "奚以" 역시 문장이 성립된다고 보기 어렵다. 따라서 장사오위의 관점에서는, 爲를 "…을 하다" 같은 실사로 보아야 한다.

> 求, 無乃爾是過與. 夫顓臾, 昔者先王以爲東蒙主, 且在邦域之中矣, 是社稷之臣也, 何以伐爲. (『論語』「季氏」1)
>
> 구求(염유)야, [그렇다면] 네가 잘못한 것 아니겠느냐? 전유는 옛날에 선왕께서 동쪽 몽산蒙山의 제주祭主로 삼으셨고, 게다가 우리나라 강역 안에 있으니, 이는 바로 사직을 받드는 신하국인데 어째서 정벌하려 하는가?

이 예문에 나오는 "何以伐爲"는 "何…爲" 문형 중에서도 동사의 영향을 받는 대상이 문장 내에 명시되어 있는 경우이므로 비교적 혼동의 여지가 적다. 그래서인지 상당히 많은 『논어』 한국어 번역본이 이유를 나타내는 표현을 사용해서 번역하였다.

- 어찌/어째서/무엇 때문에 (등 이유를 나타내는 의문사) 정벌할 수 있겠는가/정벌하는가/치는가 등으로 번역한 번역본

강동석 번역본(362쪽), **금장태 번역본**(97~98쪽), **김도련 번역본**(하권, 366~367쪽), **김영호 번역본**(275~276쪽), **김용옥 번역본**(III권, 470~471쪽), **김학주 번역본**(492쪽), **김형찬 번역본**(188쪽), **동양고전연구회 번역본**(349~351쪽), **류종목 번역본**(532~533쪽), **박삼수 번역본**(454쪽), **박유리 번**

역본(689쪽), **박종연 번역본**(488~494쪽), **배병삼 번역본**(2권, 323쪽), **부남철 번역본**(515쪽), **성백효 번역본**(465쪽), **신정근 번역본**(644~645쪽), **신창호 번역본**(397쪽), **양차오밍 번역본**(402쪽), **유교문화연구소 번역본**(593~594쪽), **윤재근 번역본**(2권, 453쪽), **이기석·한백우 번역본**(386쪽), **이우재 번역본**(697~698쪽), **이을호 번역본**(214~215쪽), **이지형 번역본**(4권, 439~441쪽), **이한우 번역본**(1163~1164쪽), **임동석 번역본**(4권, 1430~1432쪽), **장기근 번역본**(605쪽), **차주환 번역본**(286~288쪽), **최근덕 번역본**(410~412쪽), **최영갑 번역본**(2권, 254~255쪽), **한필훈 번역본**(276쪽), **황희경 번역본**(281~282쪽)

- 정벌해서 무엇하는가 등으로 번역한 번역본

김동인·지정민·여영기 번역본(4권, 15~18쪽), **박헌순 번역본**(2권, 405~407쪽), **이강재 번역본**(302~304쪽), **이기동 번역본**(581~582쪽), **임옥균 번역본**(309~310쪽)

"이처럼 정벌해서 무엇하는가" 등으로 번역한 번역본들은 爲를 "…을 하다"라는 뜻을 가진 실사로 간주한 것으로 판단된다. 그 밖에 김원중 번역본(387쪽)과 조명화 번역본(2권, 514쪽)은 "어떻게 정벌한다는 것이냐" 등으로 번역했는데, 번역자가 반문의 뜻을 담아 그렇게 번역했다고 하더라도, "어떻게"라는 표현은 방법을 묻는 것으로 오해될 소지가 있다. 정태현·이성민 번역본(3권, 60~61쪽)은 "칠 필요가 뭐 있는가"로 번역하고 있는데, 이것은 과감한 의역이라고 할 수 있다

君子質而已矣, 何以文爲. (『論語』「顔淵」 8)

군자가 바탕이면 되었지 어째서 세련되게 표현하겠는가?

• 何以…爲를 어디에/무엇에 쓰리오로 번역한 번역본

강동석 번역본(254쪽), **김도련 번역본**(하권, 107쪽), **박종연 번역본**(352쪽), **배병삼 번역본**(2권, 89쪽), **부남철 번역본**(383쪽), **성백효 번역본**(341쪽), **유교문화연구소 번역본**(409쪽), **이동희 번역본**(145쪽), **이우재 번역본**(517~518쪽), **이한우 번역본**(422쪽), **임옥균 번역본**(234쪽), **정태현·이성민 번역본**(2권, 215쪽)

• 何以…爲를 무엇을 하리오/하겠습니까 등으로 번역한 번역본

김형찬 번역본(141쪽), **동양고전연구회 번역본**(255~257쪽), **박헌순 번역본**(2권, 105~106쪽), **신창호 번역본**(299쪽), **윤재근 번역본**(2권, 112쪽), **이강재 번역본**(240쪽), **이기동 번역본**(454쪽), **이기석·한백우 번역본**(271~272쪽), **이을호 번역본**(154쪽), **차주환 번역본**(204쪽), **황희경 번역본**(206쪽)

• 何以…爲를 어찌/무엇 때문에/왜…하리오 등으로 번역한 번역본: 이 경우는 이유를 묻는 의문사와 "하다"라는 실사로서의 爲가 결합한 것으로 본 것 같다.

김동긴·지정민·여영기 번역본(3권, 204쪽), **김영호 번역본**(207쪽), **김원중 번역본**(284쪽), **류종목 번역본**(395쪽), **박삼수 번역본**(339~340쪽), **박유리 번역본**(514쪽), **이지형 번역본**(3권, 335쪽), **장기근 번역본**(431~432쪽), **조명화 번역본**(2권, 242쪽), **최영갑 번역본**(2권, 75쪽)

다음 번역본들은 과감한 의역을 한 예이다.

금장태 번역본 군자는 바탕일 따름이니, 어찌 문채로 군자를 삼겠습니까? (69쪽)

김용옥 번역본 군자는 질(質)로써 충분하다. 어찌하여 문(文)해야 한다고 그리 법석을 떠는가? (III권, 322쪽)

김학주 번역본 군자에게는 바탕만이 중요한 것인데, 어째서 겉차림도 중요한 것인지요? (377쪽)

신정근 번역본 자율적 인간이 본바탕만 갖추면 되지 무엇 때문에 꾸미기(장식)를 할 필요가 있을까요? (466쪽)

심경호 번역본 군자는 실질이 중요할 따름입니다. 어찌 몸을 닦아 꾸밀 필요가 있겠습니까? (2권, 134쪽)

양차오밍 번역본 군자는 바탕만 좋으면 되는데, 어찌 겉모습을 갖추려 하십니까? (302쪽)

임동석 번역본 군자로서 질質이면 되었지 어찌 문文까지 힘써야 한단 말인가? (3권, 1004쪽)

최근덕 번역본 "군자는 질만 숭상할 뿐이니 어찌 문을 숭상하겠는가?"라고 하였다. (292~293쪽)

한필훈 번역본 군자는 내면이 훌륭하면 그만이지 말이나 행동을 교양 있게 하는 게 뭐 그리 중요합니까? (200쪽)

11

『논어』에서 '爲' 번역 (2)

『논어』에 나오는 爲 번역 검토의 마지막 순서로 "爲仁위인"의 번역 문제를 다룬다. 爲仁은 비교적 단순한 어법을 취하고 있기에, 번역 과정에서 문법상의 어려움은 없다. 爲仁은 '인仁을 행하다' 혹은 '인仁이 되다' 혹은 '인仁이다' 등으로 번역될 수 있다. 그렇다면 그중 어느 것이 타당한 번역일까? 이 질문에 답하기 위해서는 문법뿐 아니라 仁의 성격에 대한 정교한 이해가 필요하다. 『논어』에서 가장 중요한 개념이라고 해도 과언이 아닌 仁을 어떻게 해석하느냐에 따라 그 앞에 나오는 爲의 번역이 크게 달라질 수 있기 때문이다. 따라서 爲仁의 해석 문제는 『논어』의 바람직한 번역을 위해서 문법적 이해나 역사적 지식뿐 아니라 깊은 철학적 판단이 필요함을 보여주는 사례라고 할 수 있다. 그러면 爲仁에 연루되어 있는 철학적 문제가 무엇인지, 그리고 『논어』에 나오는 爲仁이라는 표현을 기존 한국어 번역본들이 어떻게 번역해왔는지 검토해보자.

1. 『논어』 주석사를 통해 살펴본 爲仁의 해석

爲仁을 어떻게 해석하느냐 하는 문제는 일찍부터 주석가들의 주목 대상이었다. 그 점을 『논어』에서 가장 처음 등장하는 爲仁 표현에 대한 주석사를 통해서 확인해보자.

> 孝弟也者, 其爲仁之本與. (『論語』「學而」2)
> 부모에게 효도하고 연장자를 공경하는 것은 인仁을 실천하는 일의 근본일 것이다.

1) 爲仁에 대한 주희의 해석

주희는 『논어집주』에서 爲仁에 대해 다음과 같이 철학적이면서도 간명한 진술을 하고 있다.

> 仁者, 愛之理, 心之德也. 爲仁, 猶曰行仁. (『論語集註』)
> 인仁이란 사랑의 이理이고, 심心의 덕德이다. 위인爲仁이란 인仁을 행한다고 말하는 것과 같다.

이 주석에 따르면, 仁은 행위가 아니라 형이상학적 이치(理)이며 마음에 깃드는 덕이다. 따라서 仁이 현실에서 작동하기 위해서는 매개체가 필요하다. 효제孝弟가 바로 그러한 매개 역할을 한다. 효제를 통해서 仁은 비로소 형이상학적 이치에 그치지 않고, 현실에서 작동하는 원리가 될 수 있는 것이다. 이와 같은 취지에서 주희는 爲仁의 爲를 “행하다”(行)로 풀이했는데, 이때 行이라는 글자에 담긴 뜻은 다름 아닌 형이상학적 이치가 현실에서 구현되는 과정이라고 할 수 있다. 이와 같은 주희의 爲仁 해석은, 다음에서 다룰 정이의 해석을 통해 좀 더 분명히 그 면모를 드러낸다.

2) 爲仁에 대한 정이의 해석

『논어집주』에서 주희는 자신의 爲仁 해석을 뒷받침하기 위해 다음과 같은 정이의 말을 인용한다.

> 或問, 孝弟爲仁之本, 此是由孝弟可以至仁否. 曰非也. 謂行仁自孝弟始, 孝弟是仁之一事. 謂之行仁之本則可, 謂是仁之本則不可. 蓋仁是性也, 孝弟是用也, 性中只有箇仁, 義, 禮, 智四者而已, 曷嘗有孝弟來. 然仁主於愛, 愛莫大於愛親, 故曰孝弟也者, 其爲仁之本與. (『論語集註』)
>
> 혹자가 물었다. "효제가 인仁을 행하는 근본이라는데, 이것은 효제로부터 말미암아 인仁에 도달할 수 있다는 겁니까?" 대답했다. "아니다. 인仁을 행하는 것이 효제로부터 시작한다. 효제는 인仁의 한 가지 일이다. 효제를 일러서 인仁의 근본을 행한다고 하는 것은 괜찮지만, 효제를 일러서 인仁의 근본이라고 하는 것은 안 된다. 대개 인仁은 성性이고 효제는 용用이다. 성 안에는 인仁, 의義, 예禮, 지智 네 가지가 있을 뿐이다. 그 안에 어찌 효제가 있었겠는가. 그러나 인仁은 아끼는 것을 주로 하고, 아끼는 일은 어버이를 아끼는 것보다 큰 것은 없다. 그래서 효제는 인仁을 행하는 근본이라고 말한 것이다.

여기서 정이는 (주희보다 더욱) 자세하고 분명하게 仁이 이치이지 행위가 아니라는 점을 강조하고 있다. 반면, 효제는 仁이라는 이치를 실천하는 방법이지 仁과 동급의 존재론적 위치를 누릴 수 없다. 요컨대, 仁은 행위가 아니며, 효제는 이치가 아니다. 그렇다면 효제는 "仁을 행하는 근본"일지언정 "仁의 근본"은 아니다. 『논어』 「학이」 2에서 만약 爲를 빼고, "孝弟也者, 其仁之本與"라고 말하면 "효제=仁을 행하는 근본"이 아니라, "효제=仁의 근본"이 되어버린다. 仁이 가진 형이상학적 이치로서의 성격을 분명히 하려면 爲라는 글자가 반드시 필요하다. 만약 번역자가 주희의 해석에 따라 『논어』 본문을 해석하겠다고 마음먹는다면, 반드시 이 점을 고려하여 爲라는 글자를 적극적으로 번역해주어야 한다.

3) 爲仁에 대한 정약용의 해석

그런데 이 사안에 대하여 정약용은 주희와 견해가 다르다.[1] 정약용은 『논어고금주論語古今註』에서 "孝弟亦仁, 仁亦孝弟"(효제는 또한 인이며, 인도 또한 효제이다)라고 말하여 효제와 仁이 같은 존재론적 차원에 있음을 분명히 하고 있다. 효제는 외부로 드러난 행위이고, 仁은 형이상학적 세계나 마음속에 내장되어 있는 이치라는 구분법을 정약용은 받아들이지 않은 것이다. 그래서 "지금의 유자儒者들은 인의예지의 네 알맹이가 사람의 뱃속에 오장처럼 있고 사단四端이 모두 이로부터 나온다고 알고 있으니, 이것은 잘못된 것이다."(今之儒者, 認之爲仁義禮智四顆, 在人腹中如五臟然, 而四端皆從此出, 此則誤矣)라고 말한다. 효제와 仁이 모두 현실 속의 실천이라면, 爲가 문장에 꼭 들어갈 필요는 없다. 그래서 "仁과 爲仁은 반드시 엄격하게 구별할 필요는 없다"(仁與爲仁, 不必猛下分別也)라고 말한다. 즉 "孝弟也者, 其仁之本與"라고 하든 "孝弟也者, 其爲仁之本與"라고 하든, 별 차이가 없는 것이다. 어떤 경우든 정약용이 보기에 『논어』의 해당 문장은 "효제란 인의 근본이다"라는 뜻을 갖는다. 즉 효제라는 실천은 仁이라는 보다 광역의 실천의 근본일 뿐이다. 정약용의 취지에 따라 『논어』 본문에 나오는 爲仁을 번역해본다면, 爲仁은 "仁을 행하다"라는 뜻이 아니라 "仁이다"가 된다.

4) 爲仁에 대한 유월의 해석

유월兪樾(1821~1906)의 『군경평의群經平議』에서는 爲仁의 爲를 별 뜻 없는 허사로 간주한다. 그 점을 강조하기 위해 爲가 빠져 있는 판본들을 열거한다.

> 爲字乃語詞. 阮氏校勘記曰, 足利本無爲字. 蓋語詞無實義, 故省之也. 其爲仁之本與, 猶云其仁之本與 … 有子之言, 本自平實, 後人恥事功, 而虛談心性, 於是其說始多矣. (『群經平議』「論語」)
> "爲"자는 허사虛辭이다. 완원阮元의 『교감기校勘記』에서는 "아시카가본足利本에는 爲자가 없다"라고 말했는데, 생각건대 허사로서 실제적인 의미가 없기 때문에 그것을 생략한 것인 듯하다. 그러므로 "其爲仁之本與"는 "其仁之本與"라고 말하는 것과 같다. … 유자有子의 말은 본래 평범하고 실제적인 것인데, 후인들이 너무나 평범한 일이라는 사실을 꺼려서 쓸데없이 본성心性을 이야기하게 되자, 여기에서 그 견해들이 많아졌다.[2]

爲라는 글자가 해당 논문 원문에서 별다른 역할을 하지 못한다고 간주하는 점, 仁을 형이상학적 이치르 보는 데 반대한다는 점에서는 유월과 정약용은 상당한 공감대가 있다.

이와 같은 논의를 종합해보면, 누구의 해석이 맞든 간에, 爲의 해석을 어떻게 하느냐의 문제는 곧 『논어』에서 가장 중요한 개념이라고 할 수 있는 仁을 어떻게 해석하느냐의 사안과 직결되어 있음을 알 수 있다. 즉, 仁을 실천적 행위를 가리키는 것으로 볼 것이냐, 아니면 형이상학적 실체를 가리키는 것으로 볼 것이냐로 해석이 크게 나뉜다. 그리고 전자의 경우는 爲仁에서 爲가 "행하다" 혹은 "실천하다"로 번역되는 반면, 후자의 경우는 爲仁에서 爲가 "이다"로 번역된다.

爲仁 해석은 영어 번역 과정에서도 큰 차이를 낳는다. 다음 영어 번역본들의 서로 다른 번역을 비교해보라.

> 孝弟也者, 其爲仁之本與. (『論語』「學而」2)
>
> ① As for filial and fraternal responsibility, it is, I suspect, the root of authoritative conduct (ren 仁).[3]
>
> ② And surely proper behavior towards parents and elder brothers is the trunk of Goodness?[4]
>
> ③ Being good as a son and obedient as a young man is, perhaps, the root of a man's character.[5]
>
> ④ Filial piety and fraternal submission! - are they not the root of all benevolent actions?[6]

①과 ④의 영어 번역은 爲仁을 행위(conduct 혹은 actions)의 차원에서

해석하고 있는 반면, ②와 ③의 영어 번역은 행위의 차원이 아니라 덕성이나 이치(Goodness 혹은 character)의 차원에서 해석하고 있다.

그리고 爲仁의 해석 문제는 "孝弟也者, 其爲仁之本與" 문장에만 국한된 사안이 아니다. 『논어』 텍스트 전반에 걸쳐 爲仁의 해석은 문젯거리가 되어왔다. 이를테면 『논어』「안연」 1에 나오는 "克己復禮爲仁"이라는 말을 해석할 때, 황간은 "爲仁人之法"(인한 사람이 되는 법)이라고 해석한 바 있다. 즉 爲仁을 爲仁人으로 풀이한 것인데, 그 과정에서 爲는 "되다"로 번역한 것이다. 반면, 오규 소라이는 통치자가 인정을 '행한다'는 차원에서 爲仁을 해석하였다.

> "爲仁"者, 行安民之道也. 非謂克己復禮卽仁也, 欲行安民之道, 必先納身於禮而後可得而行也.
> "인을 행한다"는 것은 백성을 편안하게 하는 도를 행하는 것이다. 자기를 다스려 예를 실천하는 것이 곧 인이라는 말이 아니다. 백성을 편안하게 하는 도를 행하고자 한다면 반드시 먼저 자신을 예에 들어가게 한 후에 행할 수 있다.[7]

다시 말해서, 황간은 爲仁을 해석할 때 仁을 인한 사람이라고 풀이했기에 爲를 "되다"라고 해석한 것이다. 반면, 오규 소라이는 爲仁을 해석할 때 "仁=安民之道"로 풀이했기에 爲를 "하다"라고 해석한 것이다.

이렇게 볼 때 『논어』에 나오는 爲仁이라는 표현에서 爲의 해석은 仁에 대한 해석과 불가분의 관계가 있다. 즉, 『논어』에 나오는 중요 개념인 仁에 대해 일관되고 체계적인 견해를 가지고 있어야 爲를 제대로 번역할 수 있다. 그렇지 않으면 『논어』에서 빈번하게 등장하는 爲仁이라는 표현을 일관되게 번역할 수 없고, 자신의 번역에 대해 정당화할 수 없게 된다. 그렇다면 『논어』 한국어 번역본들은 『논어』에 나오는 爲仁이라는 표현을 어떻게 번역하고 있을까?

2. 『논어』 한국어 번역본을 통해 살펴본 爲仁의 해석

> 孝弟也者, 其爲仁之本與. (『論語』「學而」2)
> 부모에게 효도하고 연장자를 공경하는 것은 인仁을 실천하는 일의 근본일 것이다.

- 爲仁에 나오는 爲를 "(행)하다/실천하다"로 번역한 번역본

강동석 번역본(12쪽), **금장태 번역본**(11쪽), **김도련 번역본**(상권, 28쪽), **김동인·지정민·여영기 번역본**(1권, 40쪽), **김용옥 번역본**(I권, 259쪽), **김원중 번역본**(40쪽), **김형찬 번역본**(30쪽), **동양고전연구회 번역본**(25쪽), **박헌순 번역본**(1권, 34쪽), **부남철 번역본**(34쪽), **성백효 번역본**(31쪽), **신창호 번역본**(82쪽), **심경호 번역본**(1권, 20쪽), **양차오밍 번역본**(5쪽), **유교문화연구소 번역본**(4쪽), **윤재근 번역본**(1권, 56~57쪽), **이기동 번역본**(57쪽), **이기석·한백우 번역본**(14쪽), **이상임 번역본**(71쪽), **이한우 번역본**(33쪽), **임동석 번역본**(1권, 73쪽), **임옥균 번역본**(53쪽), **정태현·이성민 번역본**(1권, 75쪽), **차주환 번역본**(21쪽), **최근덕 번역본**(15쪽), **최석기 번역본**(27쪽), **최영갑 번역본**(1권, 21~22쪽), **홍승직 번역본**(15쪽)

이처럼 爲를 "(행)하다/실천하다"로 번역한 번역본이 많은 것은 『논어집주』의 압도적인 영향력 때문인 것으로 추측된다.

- 爲仁에 나오는 爲를 번역하지 않거나(즉 '仁'과 '爲仁'의 번역에 차이를 두지 않거나), 爲仁(之本)에 나오는 爲를 "…이다"로 번역했다고 판단되는 번역본

김영호 번역본(61~62쪽), **류종목 번역본**(20쪽), **박삼수 번역본**(20쪽), **박유리 번역본**(18쪽), **박종연 번역본**(27쪽), **배병삼 번역본**(1권, 29쪽), **신정근 번역본**(50쪽), **이강재 번역본**(102쪽), **이동희 번역본**(133쪽), **이우재 번역본**(48~49쪽), **이을호 번역본**(22쪽), **이지형 번역본**(1권, 79쪽), **한필훈 번역본**(36쪽), **황희경 번역본**(31쪽)

- 爲仁에 나오는 爲를 "이루다/이룩하다/완성하다"로 번역한 번역본

김학주 번역본(111쪽), **장기근 번역본**(25쪽), **조명화 번역본**(1권, 101쪽)

지금까지 살펴본 바에 따르면, "효제는 仁을 실천하는 근본이다", "효제는 仁의 근본이다", "효제는 仁을 완성하는 근본이다", "효제는 仁의 근본을 완성한다"는 모두 爲仁을 한국어로 번역한 결과들이다. 이 번역들의 차이는 단지 한국어 표현에만 있는 것이 아니다. 『논어』의 주석사가 보여주듯이, 그 표현상의 차이는 원문에 나오는 仁을 다르게 표상하는 결과를 낳게 된다.

> 我未見好仁者, 惡不仁者. 好仁者, 無以尙之. 惡不仁者, 其爲仁矣, 不使不仁者加乎其身. (『論語』「里仁」6)
>
> 나는 인仁을 좋아하는 사람과 인仁하지 않음을 미워하는 사람을 아직 보지 못하였다. 인仁을 좋아하는 사람이야 더할 나위 없다. 인仁하지 않음을 미워하는 사람은, 인仁을 실천하면서 인仁하지

않음이 자신에게 더해지지 못하게 한다.

대부분의 『논어』 한국어 번역본은 이 예문에 나오는 爲仁을 "仁을 행한다"는 뜻으로 번역하고 있다. 예외는 다음과 같은 번역본들이다.

신정근 번역본 나는 공동체의 평화(화합)를 참으로 좋아하고 반평화, 즉 이간질(분쟁)을 참으로 싫어하는 그런 사람을 아직 본 적이 없다네. 평화를 참으로 좋아하는 사람이라면 더 바랄 나위가 없다. 이간질(분쟁)을 참으로 싫어하는 사람의 경우 자신이 평화를 일구려고 할 때, 이간질하는 이로 하여금 자신을 물들이지 못하도록 해야 한다. (159쪽)

신창호 번역본 나는 아직 진정으로 열린 마음을 지닌 사람을 보지 못했다. 또 닫힌 마음을 지닌 자를 미워하는 사람도 보지 못했다. 더불어 사는 사회에서 열린 마음을 지닌 사람보다 더 착한 사람은 없으리라. 닫힌 마음을 지닌 자를 미워하는 사람도 스스로 열린 마음으로 세상을 마주할 수 있다. 이때 닫힌 마음을 지닌 자가 가까이 다가와 영향을 미치지 않게 하는 것이 중요하다. (135~136쪽)

이을호 번역본 나는 아직 사람 구실을 즐기는 이나, 못된 짓을 싫어하는 사람을 보지 못했다. 사람 구실을 즐기는 이는 더 말할 나위도 없고, 못된 짓을 싫어하는 사람은 그가 사람 구실을 함에 있어서 못된 버릇이 제 몸에 젖지 않도록 한다. (53쪽)

임옥균 번역본 내가 어진 것을 좋아하는 사람과 어질지 않은 것을 미워하는 사람을 보지 못하였다. 어진 것을 좋아하는 사람은 더할 나위 없고, 어질지 않은 것을 미워하는 사람은 어질지 않은 것을 자신에게 몸에 가까이하지 않는다. (102쪽)

한필훈 번역본 나는 아직 양심적인 것을 진심으로 좋아하는 사람과 거짓된 것을 진심으로 미워하는 사람을 보지 못하였다. 양심적인 것을 좋아하는 사람은 아무리 좋은 일이라도 양심을 지키는 것보다 더 좋은 일은 없다는 것을 알 테고, 거짓을 미워하는 사람은 오로지 옳은 일만 함으로써 거짓된 것이 자기 몸에 붙지 못하게 할 것이다. (76쪽)

이 여섯 종의 번역본들은 爲仁이라는 표현을 지나치게 의역을 하거나, 아예 번역하지 않고 생략하였다.

克己復禮, 爲仁. 一日克己復禮, 天下歸仁焉. 爲仁由己, 而由人乎哉. (『論語』「顏淵」1)

자신을 이기고 예禮로써 남을 대하는 것이 인仁을 실천하는 것이다. 하루라도 자신을 이기면 천하가 인仁으로 향한다. 인仁을 실천한다는 것이 자기로부터 말미암는 것이지, 남으로부터 말미암는 것이겠는가?

• 爲仁에 나오는 爲를 "(행)하다/실천하다/실행하다"로 번역한 번역본

강동석 번역본(247~248쪽), **금장태 번역본**(67쪽), **김동인·지정민·여영기 번역본**(3권, 139쪽), **김영호 번역본**(203쪽), **박삼수 번역본**(332쪽), **박헌순 번역본**(2권, 79쪽), **부남철 번역본**(373쪽), **성백효 번역본**(328쪽), **유교문화연구소 번역본**(395~396쪽), **이상임 번역본**(52쪽), **이우재 번역본**(499쪽), **이한우 번역본**(791쪽), **임옥균 번역본**(229쪽), **최근덕 번역본**(284쪽), **최석기 번역본**(105쪽), **최영갑 번역본**(2권, 56~57쪽)

• 爲仁에 나오는 爲를 "(仁)이다" 혹은 "(仁)이라고 한다"고 번역한 번역본

김도련 번역본 자기(사욕私欲)를 이겨 예禮로 돌아가는 것이 인仁이다. 하루라도 사욕을 이겨 예禮로 돌아간다면 천하가 인자仁者라고 칭찬할 것이다. 인仁을 하는 것은 자기로부터 말미암는 것이니, 어찌 남에게서 말미암겠는가? (하권, 85쪽)

김용옥 번역본 자기를 이기어 예(禮)로 돌아가는 것을 인(仁)이라고 한다. 하루라도 자기를 이기어 예로 돌아갈 수 있다면 천하가 모두 인(仁)으로 돌아간다. 인을 실천하는 것은 오로지 자기로 말미암는 것이니, 어찌 타인으로 말미암아 인을 실천할 수 있겠느뇨? (III권, 313쪽)

김원중 번역본 자기를 이겨내고 예로 돌아가는 것이 인이다. 하루라도 자기를 이겨내고 예로 돌아가면, 천하가 인에 돌아갈 것이다. 인을 행하는 방법은 자기로부터 말미암는 것이다. [어찌] 다른 사람으로부터 말미암는 것이겠는가? (277쪽)

김학주 번역본 자기를 이겨내고 예로 돌아가는 것이 어짊이다. 어느 날이고 자기를 이겨내고 예로 돌아가면, 천하가 어짊에 귀착(歸着)케 될 것이다. 어짊을 실천하는 것은 자기에게 달린 것이지, 남에게 달린 일이겠느냐? (370쪽)

김형찬 번역본 자기를 이겨내고 예(禮)로 돌아가는 것이 인이다. 하루만이라도 자기를 이겨내고 예로 돌아가면, 천하가 인에 귀의할 것이다. 인을 실천하는 것이야 자신에게 달린 것이지 다른 사람에게 달린 것이겠느냐? (138쪽)

류종목 번역본 자기 자신을 이기고 예로 돌아가는 것이 인이다. 어느 날 자기를 이기고 예로 돌아가게 되면 온 천하가 이 사람을 어질다고 할 것이다. 인을 행하는 것이 자기 자신에게 달려 있지 남

에게 달려 있겠느냐? (387쪽)

박유리 번역본 자기의 사욕을 누르고 예로 돌아가는 것을 인이라고 한다. 하루라도 자기의 사욕을 이기고 예로 돌아간다면, 천하가 모두 인으로 귀의할 것이다. 그런데 인을 행하는 것은 자기에게 말미암지 남에게 말미암겠느냐? (501쪽)

박종연 번역본 자기를 억제하고 말과 행동이 모두 예에 맞도록 하는 것이 곧 인이다. 일단 이렇게 하면 천하 사람들이 너를 어진 사람이라고 칭찬할 것이다. 인덕을 실천하는 것이 완전히 자기 자신에 의지해야지, 어찌 다른 사람에게 의지할 것이냐? (342쪽)

심경호 번역본 사욕을 극복해 예로 돌아가는 것이 인이니, 하루 사욕을 극복해 예로 돌아간다면 천하가 그 인으로 귀화하게 된다. 인을 행하는 것은 자기로부터 말미암지, 남으로부터 말미암겠는가. (2권, 118쪽)

양차오밍 번역본 자기를 이겨내고 언행이 예에 부합하는 것이 인이다. 하루라도 언행이 예에 부합하면 세상 사람이 모두 인한 방향으로 돌아갈 것이다. 인을 실천하는 것은 자신에게 달려 있는 것이지 어찌 다른 사람에게 달려 있겠는가? (294쪽)

윤재근 번역본 자기를 이겨내고 예(禮)로 돌아감이 인(仁)이다. 하루라도 자기를 이겨내고 예로 돌아가면 천하가 인에게로 돌아온다. 나로부터 인을 이룩함이니 남에게 의존할 것이겠느냐! (2권, 88쪽)

이강재 번역본 자신의 사욕을 이겨내어 사람 사이의 조화를 이루는 예로 돌아가는 것이 인이다. 하루라도 자신의 사욕을 이겨내고 예로 돌아간다면 천하가 인으로 귀의할 것이다. 인을 행하는 것이 자신에게 달린 것이지 남에게 달린 것이겠는가? (235쪽)

이기동 번역본 자기를 이기고 예로 돌아가는 것이 인이니, 어느 날 하루 자기를 이기고 예로 돌아가면 천하가 인으로 돌아간다. 인을

하는 것은 자기로 말미암는 것이니, 남으로 말미암는 것이겠는가! (443쪽)

이동희 번역본 사욕을 이기고 예(禮)로 돌아가는 것이 곧 인이니라. 하루만이라도 일단 이렇게 하면 천하가 너를 어질다 할 것이다. 인을 행하는 것이 자기 자신에게서 비롯되는 것이지 어찌 다른 사람에게서 시작될 것인가? (117쪽)

이지형 번역본 극기克己하여 예禮로 돌아가는 것이 인이다. 하루아침에 극기하여 예로 돌아가면 천하가 인에 귀화歸化할 것이다. 인仁을 하는 것은 나로부터 말미암는 것이니, (어찌) 남으로부터 말미암겠는가? (3권, 289쪽)

임동석 번역본 자신을 극복하고 예로 돌아가는 것이 인이다. 하루라도 이렇게 자신을 극복하여 예로 돌아간다면 천하가 인으로 함께하게 될 것이다. 인을 실천하는 것은 자신으로부터 말미암는 것이지 남으로 말미암는 것이랴? (3권, 976쪽)

장기근 번역본 자신을 극복하고 예에 돌아가는 것이 곧 인이다. 어느 날이건 자신을 극복하고 예에 돌아가면 곧 천하가 인에 돌아간다. 인의 실현은 자신에게 달렸다. 남에게 달렸겠는가. (414쪽)

조명화 번역본 자기(의 사적인 욕망)을 누르고 (보편적 규범인) 예를 회복하는 것이 인(을 실천하는 방법)이다. (군자가) 단 하루를 자기(의 사적인 욕망)을 누르고 예를 회복하더라도 천하(모두)는 (인의 덕화를 느낀 나머지) 인(의 효용)에 마음을 쏟게 될 것이다. 인(의 실천)은 자기에게서 비롯하지, 남에게서 비롯하겠는가? (2권, 225쪽)

차주환 번역본 '자기를 극복하고 예로 돌아가는 것이 인이다.' 어느 때이건 자기를 극복하고 예로 돌아가게 되면 온 천하가 인에 따르게 될 것이다. 인을 실천하는 것은 자기로부터 시작되지 남으로부터 시작되기야 하겠느냐? (199쪽)

한필훈 번역본 자기의 욕망을 극복하고 예禮로 돌아오는 것이 인이다. 단 하루만이라도 이를 실천한다면 세상 사람들이 다 인에 귀의할 것이다. 이처럼 인의 실천이란 바로 자기 자신에게 달린 것이다. (196쪽)

황희경 번역본 자기를 단속하여 예로 돌아가는 것이 인이니, 하루라도 자기를 단속하여 예로 돌아간다면 천하가 모두 그 인으로 돌아갈 것이다. 인을 실천하는 것은 나에게 달린 것이지, 남에게 달린 일이겠는가? (201쪽)

이 번역본들은 모두 한 단락에서 나오는 같은 표현인 爲仁을 일관되지 않게 (예: "인이다"와 "인을 실천하다") 번역하고 있다는 공통점이 있다.[8]

- 爲仁에 나오는 爲를 "인이 되다"로 번역한 번역본(밑줄은 필자)

배병삼 번역본 극기복례(克己復禮)하면 '인'이 되는 게지. 어느 날 문득 저를 이겨 예로 돌아오면, 온 천하가 '인'으로 귀의할 것이니, '인'이 저로부터 나오는 것이지, 남으로부터 나오는 것이겠느냐? (2권, 67쪽)

이기석·한백우 번역본 자기를 극복하고 예에 돌아감이 곧 인이 되는 것이니, 하루 자기를 극복하여 예로 돌아가게 된다면 온 천하가 다 인을 따르게 될 것이니라. 인이 되는 것은 자기로 말미암은 것이지 어찌 남으로 말미암은 것이겠는가? (264쪽)

정태현·이성민 번역본 몸을 단속하여 禮로 돌아가면 仁이 되니, 〈임금이〉 하루라도 몸을 단속하여 예로 돌아간다면 천하가 〈모두〉 仁한 임금에게 귀의할 것이다. 仁을 하는 것이 나에게 달린 것이지 남에게 달린 것이겠느냐? (2권, 203~204쪽)

이 번역본들 중 이기석·한백우 번역본은 두 번 나오는 爲仁이라는 표현을 일관성 있게 "인이 되다"로 번역하고 있다. 반면, 배병삼 번역본과 정태현·이성민 번역본은 모두 처음에 나오는 爲仁이라는 표현을 "인이 되다"로 번역했을 뿐, 뒷부분에 나오는 爲仁은 달리 번역하여 일관성을 결여하고 있다.

- 爲仁에 나오는 爲를 "인하게 되다"로 번역한 번역본(밑줄은 필자)

동양고전연구회 번역본 자기를 이겨 예(禮)로 돌아가면 인하게 된다. 하루라도 자기를 이겨 예로 돌아가면, 세상 사람들이 모두 인으로 귀의할 것이다. 인하게 되는 것이 자기에게 달려 있지, 남에게 달려 있겠는가? (249쪽)

동양고전연구회 번역본은 두 번 나오는 爲仁이라는 표현을 일관성 있게 "인하게 되다"로 번역하고 있다.

- 爲仁에 나오는 爲를 "인을 실현하다"로 번역한 번역본

홍승직 번역본 자기를 이기고 예로 돌아가는 것이 인을 실현하는 것이다. 하루라도 자기를 이기고 예로 돌아가면, 천하 사람들이 인으로 돌아갈 것이다. 인을 실현하는 것은 자기로부터 시작된다. 남으로부터 시작되겠는가? (220쪽)

홍승직 번역본은 두 번 나오는 爲仁이라는 표현을 일관성 있게 "인을 실현하다"로 번역하고 있다.

• 원문을 재구성하기 어려울 정도로 의역한 번역본

신정근 번역본(452쪽), **신창호 번역본**(293쪽), **이을호 번역본**(150쪽)

子貢問爲仁. 子曰, 工欲善其事, 必先利其器. 居是邦也, 事其大夫之賢者, 友其士之仁者. (『論語』「衛靈公」10)

자공子貢이 인仁을 실천하는 것에 대해 여쭈었다. 선생님께서 말씀하셨다. "장인匠人은 맡은 일을 잘하고자 하면, 반드시 먼저 연장을 잘 벼려둔다. 이 나라에 머무르면서 대부와 사士 중에서 현능하고 인한 사람들을 섬기고 벗하라."

• 爲仁에 나오는 爲를 "하다", "행하다", "실행하다", "실천하다" 등으로 번역한 번역본

강동석 번역본(340쪽), **금장태 번역본**(93쪽), **김도련 번역본**(하권, 316~317쪽), **김동인·지정민·여영기 번역본**(3권, 579쪽), **김영호 번역본**(261쪽), **김용옥 번역본**(III권, 442쪽), **김원중 번역본**(368쪽), **김학주 번역본**(469쪽), **김형찬 번역본**(179쪽), **류종목 번역본**(504쪽), **박유리 번역본**(657쪽), **박헌순 번역본**(2권, 346쪽), **성백효 번역본**(443쪽), **심경호 번역본**(3권, 40쪽), **양차오밍 번역본**(380쪽), **유교문화연구소 번역본**(553쪽), **이강재 번역본**(290~291쪽), **이기동 번역본**(556쪽), **이기석·한백우 번역본**(365쪽), **이동희 번역본**(122쪽), **이상임 번역본**(48쪽), **이우재 번역본**(666쪽), **이한우 번역본**(1087쪽), **임동석 번역본**(4권, 1349쪽), **임옥균 번역본**(294쪽), **정태현·이성민 번역본**(3권, 27~28쪽), **조명화 번역본**(2권, 461~462쪽), **최근덕 번역본**(388~389쪽), **최영갑 번역본**(2권, 222쪽), **한필훈 번역본**(260쪽), **홍승직 번역본**(286쪽), **황희경 번역본**(266쪽)

• 爲仁에 나오는 爲를 "이룩하다/실현하다"르 번역한 번역본

윤재근 번역본 자공이 인(仁)을 이룩하는 일을 묻자 (2권, 386쪽)

이지형 번역본 자공子貢이 인仁을 실현하는 방법을 물었는데 (4권, 305쪽)

장기근 번역본 자공이 인을 이룩하는 방법을 묻자 (576쪽)

• 爲仁에 나오는 爲를 "되다"로 번역한 번역본

동양고전연구회 번역본 자공이 인한 사람이 되는 방법을 물었다. (329쪽)

• 爲仁에 나오는 爲를 "함/배양하다/닦다"로 번역한 번역본

박삼수 번역본 자공이 인덕을 어떻게 함양하는지를 여쭙자 (430~431쪽)

박종연 번역본 자공이 어떻게 인덕을 배양하는지를 묻자 (464쪽)

배병삼 번역본 자공이 인(仁)을 닦는 방법을 여쭈었다. (2권, 279쪽)

• 爲仁에 나오는 爲를 번역하지 않은 번역본

부남철 번역본 자공이 인仁에 대해 질문했다. (491쪽)

차주환 번역본 자공(子貢)이 인에 관해서 여쭈어 보았다. (273~274쪽)

• 원문을 재구성하기 어려울 정도로 의역한 번역본

신정근 번역본(608쪽), **신창호 번역본**(377쪽), **이을호 번역본**(201쪽)

인용한 번역본들 가운데 부남철 번역본과 차주환 번역본은 "子貢問爲仁"을 "자공이 인에 대해(관해서) 질문했다(여쭈어보았다)"라고 번역하고 있다. 즉, 爲仁에 나오는 爲를 번역하지 않았다. 그렇다면 이들은 『논어』 「양화」 6의 "子張問仁於孔子" 같은 문장은 어떻게 번역했을까? 이들

은 "問仁"과 "問爲仁"의 차이를 번역에 반영하고 있을까? 부남철 번역본은 "子張問仁於孔子"를 "자장이 공자에게 仁에 대해 질문했다"(545쪽)라고 번역하고 있다. 그리고 차주환 번역본은 "자장이 공자에게 인에 관해서 여쭈어보았다"(302~303쪽)라고 번역하고 있다. 즉, 부남철 번역본과 차주환 번역본은 仁과 爲仁을 동일하게 번역한 것이다. 『논어』 주석사에서 爲의 해석이 심각하게 문제시되어온 사실을 감안한다면 仁과 爲仁을 동일하게 번역할 때에는 왜 그렇게 해야 하는지에 대해 설명이 필요하다.

子張問仁於孔子. 孔子曰, 能行五者於天下, 爲仁矣. 請問之. 曰, 恭寬信敏惠. (『論語』「陽貨」6)

자장子張이 인仁에 대해 선생님께 여쭈었다. 선생님께서 말씀하셨다. "다섯 가지를 세상에 행할 수 있으면, 인仁을 실천하는 것이다." [자장이] 그 다섯 가지를 여쭈었다. [선생님께서] 말씀하셨다. "공손함, 너그러움, 믿음직스러움, 애씀, 베풂이다."

• 爲仁에 나오는 爲를 "(인을) (실)행하다/실천하다"로 해석한 번역본

박삼수 번역본(477쪽), **윤재근 번역본**(2권, 528쪽), **이우재 번역본**(733~734쪽), **이한우 번역본**(1227쪽), **임동석 번역본**(4권, 1500~1501쪽), **최영갑 번역본**(2권, 292쪽)

• 爲仁에 나오는 爲를 "(인이) 되다"로 해석한 번역본

강동석 번역본(382~383쪽), **금장태 번역본**(103~104쪽), **김영호 번역본**(290~291쪽), **김용옥 번역본**(III권, 506쪽), **박헌순 번역본**(2권, 461쪽),

배병삼 번역본(2권, 374쪽), **성백효 번역본**(488쪽), **유교문화연구소 번역본**(629~630쪽), **이기동 번역본**(610쪽), **이상임 번역본**(42쪽), **이지형 번역본**(5권, 143쪽), **임옥균 번역본**(327쪽), **장기근 번역본**(643쪽), **최근덕 번역본**(438쪽), **최석기 번역본**(141~142쪽), **황희경 번역본**(296쪽)

• 爲仁에 나오는 爲를 "(인)이다", "인하다" 등으로 해석한 번역본

김도련 번역본(하권, 419쪽), **김동인·지정민·여영기 번역본**(4권, 131쪽), **김학주 번역본**(515쪽), **김형찬 번역본**(198쪽), **류종목 번역본**(557쪽), **박유리 번역본**(731쪽), **부남철 번역본**(545쪽), **이강재 번역본**(317쪽), **이기석·한백우 번역본**(407~408쪽), **정태현·이성민 번역본**(3권, 112쪽), **차주환 번역본**(302쪽), **한필훈 번역본**(290쪽)

• 爲仁에 나오는 爲를 "(인을) 구현하다"로 번역한 번역본

김원중 번역본(408~409쪽)

• 爲仁에 나오는 爲를 "(인한) 사람이다" 혹은 "인한 사람이 되다"로 번역한 번역본

동양고전연구회 번역본(369쪽), **박종연 번역본**(522~523쪽), **양차오밍 번역본**(423쪽)

• 爲仁에 나오는 爲를 "(인을) 완성하다"로 번역한 번역본

조명화 번역본(2권, 566쪽)

• 번역문으로부터 원문을 재구성하기 어려울 정도로 의역한 번역본

신정근 번역본(683쪽), **신창호 번역본**(415쪽), **이을호 번역본**(226~227쪽)

曾子曰, 堂堂乎張也. 難與並爲仁矣. (『論語』「子張」16)

증자曾子가 말하였다. "당당하도다, 자장子張이여! [그러나] 더불어 인仁을 실천하기는 어렵구나."

• 爲仁에 나오는 爲를 "(인을) (실)행하다/실천하다"로 해석한 번역본

강동석 번역본(426쪽), **금장태 번역본**(115쪽), **김도련 번역본**(하권, 524쪽), **김동인·지정민·여영기 번역본**(4권, 379쪽), **김영호 번역본**(316쪽), **김용옥 번역본**(III권, 564쪽), **김원중 번역본**(448쪽), **김학주 번역본**(563쪽), **김형찬 번역본**(216쪽), **동양고전연구회 번역본**(411쪽), **류종목 번역본**(618쪽), **박유리 번역본**(806쪽), **박종연 번역본**(580~581쪽), **박헌순 번역본**(2권, 571쪽), **배병삼 번역본**(2권, 471쪽), **부남철 번역본**(599쪽), **성백효 번역본**(537쪽), **심경호 번역본**(3권, 274쪽), **유교문화연구소 번역본**(705~706쪽), **윤재근 번역본**(2권, 670쪽), **이강재 번역본**(343쪽), **이기동 번역본**(660쪽), **이기석·한백우 번역본**(448쪽), **이우재 번역본**(809쪽), **이지형 번역본**(5권, 401쪽), **임동석 번역본**(4권, 1645쪽), **임옥균 번역본**(360쪽), **정태현·이성민 번역본**(3권, 196쪽), **조명화 번역본**(2권, 669쪽), **차주환 번역본**(331쪽), **최근덕 번역본**(486쪽), **최영갑 번역본**(2권, 365쪽), **한필훈 번역본**(321쪽), **황희경 번역본**(328쪽)

• 爲仁에 나오는 爲를 "(인을) 이루다/성취하다"라고 번역한 번역본

양차오밍 번역본(468쪽), **장기근 번역본**(717쪽)

• 爲仁에 나오는 爲를 "(인을) 추구하다"라고 번역한 번역본

박삼수 번역본 증자가 말했다. "위풍당당하구나, 자장이여! 하지만 그대와 함께 인(仁)을 추구하기는 어렵도다." (522쪽)

• 爲仁을 "어질다"라고 번역한 번역본

이한우 번역본 증자는 말한다. "당당하구나, 자장이여! 그러나 그와 더불어 어질기는 힘들구나." (1366쪽)

• 원문을 재구성하기 어려울 정도로 의역한 번역본

신정근 번역본(756쪽), **신창호 번역본**(454쪽), **이을호 번역본**(249쪽)

司馬牛問仁. 子曰, 仁者, 其言也訒. 曰, 其言也訒, 斯謂之仁矣乎. 子曰, 爲之難, 言之得無訒乎. (『論語』「顔淵」3)

사마우司馬牛가 인仁에 대해 여쭈었다. 선생님께서 말씀하셨다. "인仁한 사람은 말을 함부로 하지 않는다." [사마우가] 여쭈었다. "말을 함부로 하지 않으면, 그것을 인仁이라고 할 수 있습니까?" 선생님께서 말씀하셨다. "[그것을] 실천하기 어렵다. 말을 하면서 말조심하지 않을 수 있겠는가?"

이 인용문에 나오는 "爲之難"의 之는 별 뜻 없이 단어 뒤에서 동사로서의 성격을 강화하는 역할을 하고 있다고 보거나, 아니면 대명사로서 역할을 하여 仁을 가리킨다고 볼 수 있다. 전자의 경우는 (무엇인지를 확정하고 있지는 않지만 그 무엇인가를) 행하는 것으로서 爲之라는 표현을 사용한 것이다, 후자의 경우는 '爲之=爲仁'이 되는 셈이다. 그리고 '爲之=爲仁'으로 해석하는 경우에도 그것을 "인이 되다"로 해석할 수도 있고, "인을 행하다"로 해석할 수도 있다. 황간은 "인을 행하다"로 해석한 데 비해, 슬링거랜드Edward Slingerland의 영어 번역본은 '爲之難, 言之得無訒乎" 를 "When being Good is so difficult, how can one not be hesitant to speak about it?"[9]이라고 번역하고 있어서, "인이 되다"로 해석하고 있음을 알 수 있다.

• 爲之에서 之가 仁의 대명사라고 명시적으로 간주하지 않고 "실천하다", "행하다" 등으로 번역한 번역본

강동석 번역본(250쪽), **금장태 번역본**(68쪽), **김도련 번역본**(하권, 95쪽), **김동인·지정민·여영기 번역본**(3권, 182쪽), **김영호 번역본**(204쪽), **김용옥 번역본**(III권, 316쪽), **김원중 번역본**(279~280쪽), **김학주 번역본**(372쪽), **김형찬 번역본**(139쪽), **류종목 번역본**(390쪽), **박삼수 번역본**(334~335쪽), **박유리 번역본**(506쪽), **박종연 번역본**(345~346쪽), **박헌순 번역본**(2권, 90~91쪽), **배병삼 번역본**(2권, 78쪽), **부남철 번역본**(377쪽), **성백효 번역본**(333~334쪽), **신정근 번역본**(458쪽), **심경호 번역본**(2권, 124쪽), **양차오밍 번역본**(297~298쪽), **유교문화연구소 번역본**(399~400쪽), **이강재 번역본**(237쪽), **이기동 번역본**(448쪽), **이기석·한백우 번역본**(266~267쪽), **이동희 번역본**(110쪽), **이상임 번역본**(41쪽), **이우재 번역본**(509쪽), **이을호 번역본**(151~152쪽), **이지형 번역본**(3권, 311쪽), **임동석 번역본**(3권, 986~987쪽), **김옥균 번역본**(231쪽), **장기근 번역본**(421쪽), **조명화 번역본**(2권, 233쪽), **최근덕 번역본**(287쪽), **최영갑 번역본**(2권, 65쪽), **한필훈 번역본**(197쪽), **홍승직 번역본**(223쪽), **황희경 번역본**(203쪽)

• 爲之에서 之가 仁의 대명사라고 명시적으로 간주한 번역본(밑줄은 필자)

동양고전연구회 번역본 …"말하기를 어려워한다면, 곧 인하다고 할 수 있겠습니까?" 하고 물으니, 선생님께서 말씀하셨다. "인을 행하기가 쉽지 않은데, 말하는 것이 어찌 어렵지 않겠는가?" (253쪽)

윤재근 번역본 …사마우가 여쭈었다. "말하기를 어려워한다는 그 말

씀이 곧 어짊이란 말씀입니까?" 공자께서 말해주었다. "어짊을 실천하기가 어려우니 어짊을 말하기를 쉽게 할 수 있겠는가?" (2권, 97쪽)

이한우 번역본 …사마우가 "(나의 경우) 말만 조심하여 함부로 하지 않으면 그것이 인이라 이를 수 있는 것입니까"라고 다시 묻자 공자가 답했다. 인을 행하기는 지극히 어려운 것이다. 과연 말하기를 어렵게 여기지 않을 수 있겠는가?" (804쪽)

정태현·이성민 번역본 …〈司馬牛가〉 말하였다. "말하기를 어려워하면 이를 仁이라고 할 수 있습니까?" 子께서 말씀하셨다. "仁은 행하기 어려우니, 말을 어찌 어렵게 하지 않을 수 있겠는가?" (2권, 208쪽)

차주환 번역본 …"말하는 것이 더듬거리면 곧 인자하다는 것입니까?" 하고 말씀드리자 선생님께서는, "인을 실천하기가 힘드는데 그것을 말하는 것이 더듬거려지지 않을 수 있겠느냐?" 하고 말씀하셨다. (201쪽)

爲之에서 之가 仁의 대명사라고 명시적으로 간주한 한국어 번역들은 모두 '爲之=爲仁'을 "실천하다" "행하다" 등으로 번역하고 있음을 알 수 있다.

지금까지 살펴본 바에 따르면, 『논어』 한국어 번역본들은 爲仁이라는 표현을 "인이다", "인(한 사람)이 되다/된다", "인을 실천/실행하다", "인을 이룩하다/이루다", "인을 추구하다", "인을 구현하다", "인을 닦다" 등으로 다양하게 번역해왔음을 알 수 있다. 그런데 하나의 번역본이 『논어』 텍스트 전체에 나오는 爲仁이라는 표현을 일관되게 번역하고 있는 경우는 드물다. 동시에 왜 표현상의 일관성을 포기해야 하는지를 설명하고 있는 번역본 역시 찾기 어렵다. 그러나 『논어』 주석사가 보여주듯이 爲仁에는 심각한 철학적 이슈가 연루되어 있다. 이 점을 고려한다면, 爲仁의 한국어 번역은 좀 더 일관되게, 그리고 철학적 근거를 바탕으로 해서 이루어지는 것이 바람직하다.

12

『논어』에서 '莫' 번역

"莫막"이라는 글자는 不불, 弗불 등과 더불어 문장의 내용을 부정하는 어휘로 널리 알려져 있다. 그러나 莫에는 부정의 의미뿐 아니라 다양한 뜻이 있다. 『논어』에서도 부정어로서 莫의 용례뿐 아니라 그 밖의 다양한 용례를 발견할 수 있다. 이를테면 『논어』에는 "莫春모춘"이라는 표현이 나오는데, "화창한 봄날"이라고 번역한 한필훈 번역본(192쪽)을 제외하고는 모든 『논어』 한국어 번역본들이 "늦(은)봄"이라고 번역하고 있다. 즉, "莫春"이라는 표현에서 莫은 부정의 뜻과 무관하게 봄의 일정한 시기를 지칭하기 위해 사용되고 있다.

한편 莫이 부정의 의미로 사용되었는지 그렇지 않은지에 대해서도 주석가들 간에 의견이 갈린다. 『논어』 「술이」 33의 "文, 莫吾猶人也. 躬行君子, 則吾未之有得"(세련된 표현에 관한 한, 나는 다른 사람 정도 되는 듯하다. 군자됨을 몸소 실천하는 데 관한 한, 아직 해내지 못하고 있다) 같은 문장에 나오는 莫이 그 예다. 주희는 莫을 확정 짓지 못하는 의미라고 풀이하는 반면, 하안은 莫을 無무와 같은 부정어로 보고, 오규 소라이는 "文莫"을 함께 묶어서 "힘쓰고 노력함"이라는 뜻이라고 풀이한다.

그리고 莫이 부정의 의미를 담을 때조차도, 문장의 내용을 부정하는 기능 이외의 용례로 사용되기도 한다. 이를테면 『논어』「이인」 10의 "君子之於天下也, 無適也, 無莫也, 義之與比"(군자가 천하에서 처신하는 경우, 친할 것도 없고 소원해질 것도 없다. 올바름과 더불어 짝한다)의 문장에 나오는 莫이 그 예다. 이 莫은 부정의 의미를 담고 있지만, 문장 전체를 부정하는 기능을 하고 있는 것은 아니다. 이 莫의 뜻에 대해서는 주석가들마다 의견 차이가 있지만, 문장 내의 適적과 대조되는 뜻으로 사용되었다는 데에서는 대체로 의견의 일치를 보고 있다.

이상과 같은 莫의 용례는 『논어』에서 단 한 번 나오는 것들이다. 『논어』에서 반복적으로 나오는 莫은 대상을 지시하는 뜻을 가진다(중국어 문법용어로는 '지시대사指示代詞' 혹은 '지시대체사指示代體詞'라고 한다). 그러한 의미로 쓰인 莫의 용례는 문장을 부정하는 기능을 하는 부정(부)사로서의 莫의 용례와 문법적으로 분명히 구별된다. 그럼에도 불구하고, 의미의 유사성으로 말미암아 번역상의 혼란을 초래해온 것으로 보인다. 따라서 이 글에서는 『논어』에서 지시대사로 쓰인 莫의 번역 문제를 집중적으로 검토해 보기로 한다.

1. 지시대사로서 莫

『논어』에서 가장 흔한 莫의 용례가 지시대사로서의 용례다.[1] 지시대사는 사람, 사물, 현상 등을 대신 지칭하는 단어들을 의미한다. 비교적 가까이 있는 대상을 지칭하는 근지近指, 비교적 멀리 떨어져 있는 대상을 지칭하는 원지遠指, 대상의 원근이 아니라 별도의 곳에 있음을 지시하는 방지旁指, 지시 대상을 말하고자 하지 않을 때 사용하는 허지虛指, 지시 대상이 존재하지 않음을 나타내는 무지無指 등으로 지시대사들을 분류할 수 있다. 莫은 그중에서 무지의 지시대사에 속한다.[2] 무지의 지시대사에는 莫막, 無무, 亡무, 毋무, 靡미 등이 있다. 다음은 그 예들이다.

朝廷之臣, 莫不畏王. (『戰國策』「齊策」)

조정의 신하 중에 왕을 두려워하지 않는 이는 아무도 없다.

天下之水, 莫大於海. (『莊子』「秋水」)

천하의 물 중에 바다보다 큰 것은 아무것도 없다.

臣少好相人, 相人多矣, 無如季相. (『漢書』「高帝紀」)

신이 어려서부터 사람 관상 보기를 좋아하여 사람 관상 본 것이 많은데, 계의의 관상만 한 이가 아무도 없었습니다.

河曲智叟亡以應. (『列子』「湯問」)

하곡의 지혜로운 노인은 아무 응답할 말이 없었다.

上察宗室諸竇, 毋如竇嬰賢. (『史記』「魏其武安侯列傳」)

황제가 종실과 두씨 일족을 살펴보아도 두영만큼 현명한 사람이 아무도 없었다.

天下遺文古事, 靡不畢集. (『史記』「太史公自序」)

천하의 유실된 문헌과 옛일 중에 수집되지 않은 것이 아무것도 없었다.

晉國, 天下莫强焉. (『孟子』「梁惠王 上」)

진나라의 경우, 천하의 어떤 나라도 그보다 강하지 못했다.

君臣莫對. (『戰國策』「楚策」)

군신 중 어느 누구도 대답하는 사람이 없다.

殺臣, 宋莫能守, 可攻也. (『墨子』「公輸」)

소신을 죽이면 송나라에서는 아무도 막아낼 이가 없으니 공격할 수 있다.

終窶且貧, 莫知我艱. (『詩經』「邶風」'北門')

궁핍하고 가난한데, 이러한 나의 괴로움을 하는 이는 아무도 없네.

人誰無過, 過而能改, 善莫大焉. (『左傳』「宣公二年」)

사람이 누가 잘못이 없겠는가. 잘못해도 고칠 수 있으면 바람직함이 그보다 큰 것이 없다.

一府中皆慴伏, 莫敢起. (『史記』「項羽本紀」)

부府 안의 사람들 모두 두려워해서 감히 일어나는 이가 아무도 없었다.

東西南北, 莫可奔走. (『鹽鐵論』「非鞅」)

동서남북 어디로도 도망할 데가 없었다.

이처럼 무지의 지시대사로 사용된 莫을 번역할 때 특히 유의해야 할 점은 다음과 같다.

첫째, 무지의 지시대사로서의 莫을 단순 부정부사의 莫으로 혼동하지 말아야 한다. 다음 예문은 莫이 단순히 진술문을 부정하기 위해 사용된 경우다.

諸將皆莫信. (『史記』「淮陰候列傳」)

뭇 장군이 모두 믿지 않았다.

학자들에 따르면, 단순 부정부사로서의 莫은 한나라 이후에 등장하며, 선진先秦시대 문헌에 나오는 莫은 대체로 무지의 지시대사로 해석될 수 있다.[3] 단순 부정부사의 莫은 "…하지 않음" 혹은 그와 유사한 문장으로 번역되는 반면, 무지의 지시대사로서의 莫은 "…하는 사람은 아무도 없다" 혹은 그와 유사한 문장으로 번역된다.

둘째, 무지의 지시대사로서의 莫을 금지사의 莫으로 혼동하지 말아야 한다. 다음 예문은 莫이 勿물처럼 "…하지 마라"라는 뜻의 금지어로 쓰인 경우다.

> 秦惠王車裂商君以徇, 曰莫如商鞅反者. (『史記』「商君列傳」)
> 진나라 혜왕이 상앙을 수레로 찢고서 호령하며 말하였다. "상앙처럼 모반하지 마라."

학자들에 따르면, 금지를 나타내는 莫의 용법 역시 춘추전국시대 이후에 비로소 발견된다고 한다.[4] 그렇다면, 번역자들은 별도의 근거가 없는 한,[5] 『논어』에 나오는 莫을 단순 부정부사나 금지사가 아니라 무지의 지시대사로 해석해서 번역해야 한다. 단순 부정부사로도 해석 가능하고 무지의 지시대사로 해석 가능해 보이는 경우에조차도, 『논어』 텍스트가 진·한시대 이전의 것이라는 전제를 유지하는 한, 무지의 지시대사로 간주하는 것이 바람직하다.

셋째, 무지의 지시대사들은 반드시 주어의 역할을 한다는 점을 기억해야 한다.[6] 대개 사람과 사물, 그리고 간혹 장소를 가리킨다. 따라서 번역문은 "아무도/아무것도/아무 일도/아무 곳도 없다" 같은 문장으로 이루어진다. 그리고 이 "아무"에 해당하는 범주를 정하기 위해 무지의 지시대사 앞에 선행사가 오는 경우가 대부분이다. 앞에서 거론한 예문들에서는 "朝廷之臣"(조정의 신하 중에), "天下之水"(천하의 물 중에), "相人多矣"(사람 관상 본 것이 많은데), "河曲之叟"(하곡의 지혜로운 노인은), "宗室諸竇"(종실과 두씨 일족을), "天下遺文古事"(천하의 유실된 문헌과 옛일 중에), "天下"(천하의), "君臣"(군신 중), "宋"(송나라에서는), "一府中"(부 안의 사람들), "東西南北"(동서남북) 등이 그러한 선행사에 해당한다. 선행사들을 화제topic로 간주하고, 그 뒤에 오는 문장을 화제에 대한 논평comment으로 볼 수도 있다.

넷째, 그렇다고 해서 반드시 대상을 한정하는 선행사가 와야만 하는 것은 아니다. 다음 예문은 특정 범위를 한정한다기보다는 언급한 하나를 제외한 나머지 전체를 부정하고 있는 것이다.

> 虎負嵎, 莫之攻攖. (『孟子』「盡心下」)
> 호랑이가 산모퉁이를 등지고 있어서 아무도 감히 다가가지 못했다.
> 吾楯之堅, 莫能陷也. (『韓非子』「難一」)
> 내 방패의 견고함으로 말하자면, 뚫을 수 있는 것이 없다.

무지의 지시대사로서 莫이 위와 같은 특징을 가지고 있다면, 여러 뜻을 가진 莫이 무지의 지시대사 용법으로 사용되었는지 여부를 판별할 수 있는 중요한 지표는 (필요할 경우) 선행사의 존재 여부와 주어의 위치에 莫이 놓여 있느냐 여부이다. 그리고 무지의 지시대사 용법을 명료하게 이해하고 번역했는지를 판별할 수 있는 중요한 지표는 번역문에 "아무…"라는 표현 혹은 그에 상응하는 표현이 사용되었느냐 여부이다.

2. 『논어』 한국어 번역본에서 莫의 번역

1) 무지의 지시대사로 사용된 莫을 번역하기

그러면 『논어』에서 무지의 지시대사로 사용된 莫을 기존 한국어 번역본들은 무리 없이 번역하고 있는가? 관건은, 莫을 단순 부정부사로 혼동하지 않는 것이다. 누군가가 어떤 행동을 했는지를 부정하는 문장의 경우, 莫을 (그러한 사람이) "없으면"으로 번역하던 그것은 무지의 지시대사임을 인지하고 있는 번역이고, 莫을 (그러한 행동을) "하지 않으면"으로 번역하면 그것은 莫을 단순 부정부사로 간주하여 번역한 것이라고 할 수 있다. 지금부터 다룰 예문들은 모두 莫이 무지의 지시대사로 사용된 문장들이다. 그럼 첫 번째 예문을 살펴보자.

> 在陳絶糧, 從者病, 莫能興. (『論語』「衛靈公」2)
>
> 진陳나라에 이르러 식량이 떨어져, 따르던 사람들이 병이 들어 일어날 수가 없었다.

- 莫을 (사람을 지시하는) 무지의 지시대사로 의식하고 번역에 반영한 번역본

  김원중 번역본(363쪽), **김학주 번역본**(462쪽), **류종목 번역본**(496쪽), **박종연 번역본**(456~457쪽), **박헌순 번역본**(2권, 323쪽), **양차오밍 번역본**(374쪽), **이우재 번역본**(655쪽), **임옥균 번역본**(289쪽)

- 莫을 단순 부정부사로 번역한 번역본

강동석 번역본(333~334쪽), **금장태 번역본**(91쪽), **김도련 번역본**(하권, 301쪽), **김동인·지정민·여영기 번역본**(3권, 543쪽), **김영호 번역본**(255쪽), **김용옥 번역본**(III권, 434쪽), **김형찬 번역본**(177쪽), **동양고전연구회 번역본**(325쪽), **박삼수 번역본**(424~425쪽), **박유리 번역본**(648쪽), **배병삼 번역본**(2권, 263쪽), **부남철 번역본**(485쪽), **성백효 번역본**(434쪽), **신정근 번역본**(598쪽), **신창호 번역본**(372쪽), **심경호 번역본**(3권, 20쪽), **유교문화연구소 번역본**(541~542쪽), **윤재근 번역본**(2권, 366쪽), **이강재 번역본**(286~287쪽), **이기동 번역본**(549쪽), **이기석·한백우 번역본**(358쪽), **이동희 번역본**(147쪽), **이을호 번역본**(197쪽), **이지형 번역본**(4권, 253쪽), **이한우 번역본**(1063쪽), **임동석 번역본**(4권, 1324~1325쪽), **장기근 번역본**(563쪽), **정태현·이성민 번역본**(3권, 16쪽), **조명화 번역본**(2권, 445쪽), **차주환 번역본**(268쪽), **최근덕 번역본**(380쪽), **최영갑 번역본**(2권, 210쪽), **한필훈 번역본**(256쪽), **홍승직 번역본**(283쪽), **황희경 번역본**(262쪽)

두 번째 예문을 살펴보자.

賢者識其大者, 不賢者識其小者, 莫不有文武之道焉. (『論語』「子張」 22)

현능한 사람은 그 도道의 큰 부분을 기억하고, 현능하지 않은 사람은 그 도道의 작은 부분을 기억하고 있으니, 문왕과 무왕의 도道를 지니지 않은 사람이 없습니다.

• 莫을 (사람을 지시하는) 무지의 지시대사로 의식하고 번역에 반영한 번역본

금장태 번역본(116쪽), **김도련 번역본**(하권, 530~531쪽), **김동인·지정민·여영기 번역본**(4권, 395쪽), **김용옥 번역본**(III권, 570쪽), **김학주 번역본**(567쪽), **류종목 번역본**(622쪽), **박삼수 번역본**(526쪽), **박헌순 번역본**(2권, 580쪽), **배병삼 번역본**(2권, 479쪽), **이강재 번역본**(345쪽), **조명화 번역본**(2권, 676~677쪽), **차주환 번역본**(334쪽), **최근덕 번역본**(490~491쪽), **최석기 번역본**(152~153쪽), **홍승직 번역본**(352쪽), **황희경 번역본**(331쪽)

- 莫을 단순 부정부사로 번역한 번역본

강동석 번역본(431쪽), **김영호 번역본**(319쪽), **성백효 번역본**(539~540쪽), **유교문화연구소 번역본**(713쪽), **이기동 번역본**(665쪽), **이상임 번역본**(19쪽), **이지형 번역본**(5권, 415쪽), **임옥균 번역본**(363쪽), **최영갑 번역본**(2권, 371쪽)

- 莫을 장소를 지시하는 지시대사로 본 번역본

김원중 번역본(452쪽), **김형찬 번역본**(218쪽), **동양고전연구회 번역본**(415쪽), **박유리 번역본**(814쪽), **박종연 번역본**(586쪽), **부남철 번역본**(603쪽), **신정근 번역본**(763쪽), **심경호 번역본**(3권, 284쪽), **양차오밍 번역본**(472쪽), **이기석·한백우 번역본**(452쪽), **이우재 번역본**(814쪽), **정태현·이성민 번역본**(3권, 201쪽), **한필훈 번역본**(324쪽)

- 莫을 사물(…것)을 지시하는 지시대사로 본 번역본

신창호 번역본(457~458쪽), **윤재근 번역본**(2권, 683쪽), **이을호 번역본**(252쪽), **임동석 번역본**(4권, 1658~1659쪽), **장기근 번역본**(722쪽)

- 기타

이한우 번역본 어진 자는 그 큰 것을 기억해 알고 있고, 그보다 못한 자도 그 작은 것을 기억해 알고 있어 문왕과 무왕의 도리가 여전히 남아 있으니, (1375쪽)

세 번째 예문을 살펴보자.

上好禮, 則民莫敢不敬, 上好義, 則民莫敢不服, 上好信, 則民莫敢不用情. (『論語』「子路」4)

윗사람이 예禮를 좋아하면, 피치자들 중에 감히 공경하지 않는 사람이 없고, 윗사람이 올바름을 좋아하면, 피치자들 중에 감히 복종하지 않는 사람이 없고, 윗사람이 믿음직스러움을 좋아하면, 피치자들이 감히 실상으로 응대하지 않는 사람이 없다.

• 莫을 (사람을 지시하는) 무지의 지시대사로 사용되었음을 의식하고 번역에 반영한 번역본: "백성 가운데 아무도 그에게 복종하지 않는 사람이 없을 것이고"와 같은 번역들

강동석 번역본(273쪽), **류종목 번역본**(420~421쪽), **박종연 번역본**(381쪽), **박헌순 번역본**(2권, 161쪽), **성백효 번역본**(367쪽), **유교문화연구소 번역본**(441~442쪽), **이강재 번역본**(253쪽), **이우재 번역본**(553~554쪽), **이한우 번역본**(874쪽), **임동석 번역본**(3권, 1072~1073쪽), **임옥균 번역본**(247~248쪽), **정태현·이성민 번역본**(2권, 253~254쪽), **홍승직 번역본**(243쪽)

• 莫을 단순 부정부사로 번역한 번역본

금장태 번역본(75쪽), **김도련 번역본**(하권, 162쪽), **김동인·지정민·여영기 번역본**(3권, 296쪽), **김영호 번역본**(219쪽), **김용옥 번역본**(III권, 344쪽), **김원중 번역본**(304~305쪽), **김학주 번역본**(397~398쪽), **김형찬 번역본**(151쪽), **동양고전연구회 번역본**(271~ 273쪽), **박삼수 번역본**(362쪽), **박유리 번역본**(551쪽), **배병삼 번역본**(2권, 133쪽), **부남철 번역본**(413쪽), **신정근 번역본**(500쪽), **신창호 번역본**(318쪽), **심경호 번역본**(2권, 190쪽), **양차오밍 번역본**(320~321쪽), **윤재근 번역본**(2권, 179~180쪽), **이기동 번역본**(479~480

쪽), **이기석·한백우 번역본**(297쪽), **이동희 번역본**(86~87쪽), **이을호 번역본**(165쪽), **이지형 번역본**(3권, 473쪽), **장기근 번역본**(468쪽), **조명화 번역본**(2권, 290~291쪽), **차주환 번역본**(219~220쪽), **최근덕 번역본**(316쪽), **최영갑 번역본**(2권, 114쪽), **한필훈 번역본**(214쪽), **황희경 번역본**(219쪽)

2) 莫 번역의 일관성 문제

『논어』에 나오는 일련의 莫이 반드시 무지의 지시대사가 아니고, 단순 부정(부)사로 쓰였다고 주장하는 번역자를 상상해볼 수 있다. 그러한 번역자는 莫의 부정사 용법이 한나라 이후에 정착되었다는 내용의 학계 연구를 모르고 있을 가능성이 크다. 만약 학계의 연구를 알고 있다면, 그 연구 내용에 동의하지 않기 때문에 일부러 일련의 莫을 무지의 지시대사가 아니라 부정사로 번역하려고 드는 것이리라. 그러한 사람이 보기에는, 『논어』에 나오는 일련의 莫은 거꾸로 莫의 부정(부)사 용법이 진·한 시대 이전으로 소급됨을 증명하는 사례가 될 수 있다. 정말로 莫이 춘추 전국시대 문헌에도 광범위하게 부정(부)사로 사용되었을까? 이 점이 입증되려면, 좀 더 많은 증거가 필요할 것이다. 다음에서는 莫을 부정(부)사로 간주하여 번역하는 이들이 과연 그러한 일관된 번역 원칙을 유지하는지 살펴볼 것이다.

(1) 같은 단락에 莫이 반복해서 나오는 경우

다음 예문에서는 같은 유형의 莫이 거듭 나온다. 莫을 부정(부)사로 간주하여 번역하는 이들이 과연 일관된 번역 원칙을 유지하고 있을까?

人之言曰, 予無樂乎爲君, 唯其言而莫予違也. 如其善而莫之違也, 不亦善乎. 如不善而莫之違也, 不幾乎一言而喪邦乎. (『論語』「子路」15)

사람들 말에 '나는 군주가 되니 [다른] 즐거움이 없네. 말만 해도, 나를 어기는 사람이 아무도 없네'라고 합니다. 만일 [군주의] 말이 선하여 아무도 어기지 않는다면 참으로 좋지 않겠습니까? 하는 말이 좋지도 않은데 아무도 어기지 못하면, 대략 한마디 말로 나라를 망하게 하는 경우가 아닐까요?

- 莫을 (사람을 지시하는) 무지의 지시대사로 의식하고 번역에 반영한 번역본

금장태 번역본(78쪽), **김동인·지정민·여영기 번역본**(3권, 327~328쪽), **김원중 번역본**(312쪽), **김학주 번역본**(406쪽), **동양고전연구회 번역본**(279쪽), **류종목 번역본**(431쪽), **박삼수 번역본**(370쪽), **박종연 번역본**(392쪽), **박헌순 번역본**(2권, 180~181쪽), **신정근 번역본**(511쪽), **신창호 번역본**(325쪽), **심경호 번역본**(2권, 208쪽), **이강재 번역본**(257~258쪽), **이동희 번역본**(98쪽), **이우재 번역본**(565쪽), **정태현·이성민 번역본**(2권, 268쪽), **조명화 번역본**(2권, 316~317쪽), **한필훈 번역본**(219쪽)

- 莫을 단순 부정부사로 번역한 번역본

김영호 번역본(224쪽), **김형찬 번역본**(154~155쪽), **부남철 번역본**(420~421쪽), **유교문화연구소 번역본**(456~457쪽), **이기동 번역본**(489~490쪽), **이을호 번역본**(170쪽), **임동석 번역본**(3권, 1102쪽), **임옥균 번역본**(253쪽), **장기근 번역본**(482쪽), **차주환 번역본**(226쪽), **최근덕 번역본**(324~325쪽), **최영갑 번역본**(2권, 128쪽), **황희경 번역본**(226쪽)

• 莫을 한 번은 무지의 지시대사로, 다른 한 번은 부정(부)사로 간주하여, 일관성 없이 번역한 번역본(밑줄은 필자)

강동석 번역본 사람들 말에 '내가 임금된 것에 즐거움이 없고, 오직 내가 말을 하면 내 말을 어김이 없다'고 말합니다. 만일 임금의 말이 선한데도 어김이 없다면 얼마나 좋지 않겠습니까. 만일 임금의 말이 선하지 못한데도 어기는 이가 없다면 한마디 말로 나라를 잃게 됨을 기필할 수 있지 않겠습니까. (281쪽) → 일관성이 없음

김도련 번역본 사람들의 말에 '나는 임금이 된 것이 즐거운 게 아니라 오직 말을 하면 아무도 나를 어기지 못하는 것이 즐거울 뿐이다'라고 하니, 만약 임금의 말이 옳아서 아무도 어기지 못한다면 또한 좋은 것이 아니겠습니까? 만약 임금의 말이 옳지 않은데도 어기지 못한다면 이 한마디 말로 나라를 잃음을 예측할 수 있지 않겠습니까? (하권, 180~181쪽) → 일관성이 없음

김용옥 번역본 사람들이 하는 말에 이런 말이 있습니다: '아~ 짐이 임금 되었다 하나 특별한 낙(樂)이 없노라. 단지 내 입에서 말이 떨어지면 아무도 나에게 거슬려고 하지 않는 것이 즐겁도다!' 만약 당신의 말이 선하다면 거스르지 않아도 물론 좋겠지요. 그러나 만약 당신의 말이 선하지 않고 아무도 거스르지 않을진댄, 이 한마디 말로도 나라를 망하게 하는 데 거의 이르게 할 수 있지 않겠습니까? (III권, 357쪽) → 일관성이 없음

박유리 번역본 사람들은 말을 하여 '나는 임금이 된 것에서 즐거운 일이 없다. 다만 내가 말을 하면 나를 어기는 사람이 없는 것이다'라고 합니다. 그런데 만약 그것이 좋은 것이어서, 그것을 어기지 않는다면 어찌 좋지 않겠습니까? 그러나 만약 좋지 않은데도 어기지 않는다면, (그것이) 어찌 한마디 말로서 나라를 멸망시키는 것에 가깝지 않겠습니까? (564~565쪽) → 일관성이 없음

배병삼 번역본 사람들 말에 "임금 노릇 하는 게 즐거운 것이 아니라, 말을 하면 아무도 거역하지 않는 게 즐겁다"는 말이 있더이다. 만일 그 말이 선한데 누구도 어기지 않는다면 또한 좋은 일이지 않겠습니까. (허나) 선하지 않은데도 거역하지 않는다면, 한마디가 나라 망칠 실마리가 되지 않겠습니까? (2권, 150쪽) → 일관성이 없음

성백효 번역본 사람들의 말에 '나는 군주된 것은 즐거울 것이 없고, 오직 내가 말을 하면 어기지 않는 것이 즐겁다' 합니다. 만일 군주의 말이 善한데 어기는 이가 없다면 좋지 않겠습니까. 만일 군주의 말이 善하지 못한데 어기는 이가 없다면 한마디 말로 나라를 망하게 함을 기약할 수 없겠습니까. (376~377쪽) → 일관성이 없음

윤재근 번역본 백성이 말합니다. '나는 임금이 되는 것을 즐거워하지 않는다. 오로지 그런 말을 내가 위반하지 않는다.' 만약에 임금의 말씀이 선하고 그 선한 말씀을 위반하지 않는다면 그 또한 좋지 않겠습니까? 만약에 선하지 않은데 아무도 그 말을 위반하지 못한다면, 그런 말이 나라를 잃어버리게 하는 한마디가 아니겠습니까? (2권, 210쪽) → 일관성이 없음

이지형 번역본 사람들의 말에 '나는 임금이 된 것에 즐거운 것이 없고, 오직 말을 하면 아무도 나를 어기지 않는 것이 즐겁다'라고 하였으니, 만약 임금의 말이 착해서 아무도 어기지 않는다면 또한 좋지 않겠습니까? (그렇지 않고) 만약 임금의 말이 착하지 않은데도 어기지 않는다면, 이 한마디 말로 나라를 잃게 하는 것을 바랄 수 있지 않겠습니까? (3권, 521쪽) → 일관성이 없음

이한우 번역본 사람들의 말 중에는 '나는 군주된 것은 즐거울 것이 없고 오로지 내가 말을 하면 어기지 않는 것이 즐겁다'는 것이 있습니다. 만일 군주의 말이 선한데 어기는 이가 없다면 이 또한 좋지 않겠습니까? 만일 군주의 말이 선하지 못한데 어기는 이가 없

다면 한마디 말로 나라를 망하게 함을 기약할 수 없겠습니까? (897~898쪽) → 일관성이 없음

• 기타

양차오밍 번역본 어떤 사람이 '나는 임금 노릇 하는 데 흥미가 없고 내가 흥미를 가지는 부분은 너가 한 말을 사람들이 거역하지 않는 것이다'라고 말했습니다. 만약 그 말이 옳아 사람들이 거역하지 않으면 매우 좋은 일이 아니겠습니까? 그러나 만약 그 말이 옳지 않는데도 사람들이 거역하지 않는다면 이 말이 한마디 말로 나라를 잃게 하는 말에 가깝지 않겠습니까? (327쪽)

이기석·한백우 번역본 세인의 말에는 '나는 임금 노릇을 하는 것이 즐거운 것이 아니고, 내가 말만 하면 아무도 나를 어기지 못하는 것이 즐거운 것이니라'라는 것이 있습니다. 역시 좋은 말이 아니겠습니까? 그것이 한마디로 나라를 잃는다는 말에 가깝지 않겠습니까? (305쪽)

한 문장 내에 나온 같은 유형의 莫을 일관되지 않게 번역했다는 사실은, 이들이 莫을 일관되게 부정(부)사로 여기고 있지는 않음을 보여준다. 왜 일관성을 유지하지 않아야 되는지에 대한 설명은 찾기 어렵다.

(2) 何莫의 경우

『논어』에는 何莫이라는 표현이 두 차례 나온다. 莫을 부정(부)사로 보든 무지의 지시대사로 보든, 이 표현은 일관성 있게 번역해야 할 것이다. 그러면, 『논어』 한국어 번역본들은 何莫이 나오는 『논어』 「양화」 9와 「옹야」 17을 어떻게 번역해왔을까?

小子, 何莫學夫詩. (『論語』「陽貨」9)

제자들아, 어째서 시詩를 공부하는 사람이 아무도 없느냐?

• 莫을 무지의 지시대사로 의식하고 번역에 반영한 번역본

김원중 번역본(411쪽), **박헌순 번역본**(2권, 471쪽), **이우재 번역본**(740쪽), **조명화 번역본**(2권, 573쪽)

• 莫을 단순 부정부사로 번역한 번역본

강동석 번역본(386쪽), **금장태 번역본**(105쪽), **김도련 번역본**(하권, 428쪽), **김동인·지정민·여영기 번역본**(4권, 151쪽), **김영호 번역본**(293쪽), **김용옥 번역본**(III권, 509쪽), **김학주 번역본**(518쪽), **김형찬 번역본**(200쪽), **동양고전연구회 번역본**(373쪽), **류종목 번역본**(563쪽), **박삼수 번역본**(480~481쪽), **박유리 번역본**(737쪽), **박종연 번역본**(529쪽), **배병삼 번역본**(2권, 384쪽), **부남철 번역본**(550쪽), **성백효 번역본**(493쪽), **신정근 번역본**(687쪽), **신창호 번역본**(418쪽), **양차오밍 번역본**(425쪽), **유교문화연구소 번역본**(636쪽), **윤재근 번역본**(2권, 539쪽), **이강재 번역본**(319~320쪽), **이기동 번역본**(615쪽), **이기석·한백우 번역본**(411쪽), **이동희 번역본**(181쪽), **이상임 번역본**(67쪽), **이을호 번역본**(228쪽), **이지형 번역본**(5권, 175쪽), **이한우 번역본**(1246쪽), **임동석 번역본**(4권, 1512쪽), **임옥균 번역본**(329쪽), **장기근 번역본**(650쪽), **정태현·이성민 번역본**(3권, 120쪽), **차주환 번역본**(305쪽), **최근덕 번역본**(442~443쪽), **최영갑 번역본**(2권, 299쪽), **한필훈 번역본**(293쪽), **홍승직 번역본**(323쪽), **황희경 번역본**(299쪽)

誰能出不由戶, 何莫由斯道也. (『論語』「雍也」17)

누가 문을 통하지 않고서 나갈 수 있으리오? 어째서 이 도를 말미암는 사람이 아무도 없는가?

• 莫을 무지의 지시대사로 의식하고 번역에 반영한 번역본

강동석 번역본(122쪽), **류종목 번역본**(199쪽), **박삼수 번역본**(168쪽), **박종연 번역본**(174쪽), **박헌순 번역본**(1권, 369쪽), **성백효 번역본**(174쪽), **양차오밍 번역본**(141쪽), **이동희 번역본**(18쪽), **이상임 번역본**(18쪽), **이우재 번역본**(266쪽), **이한우 번역본**(419쪽), **임옥균 번역본**(139쪽), **조명화 번역본**(1권, 559쪽), **홍승직 번역본**(114쪽)

• 莫을 단순 부정부사로 번역한 번역본

금장태 번역본(37쪽), **김도련 번역본**(상권, 310쪽), **김동인·지정민·여영기 번역본**(2권, 98쪽), **김영호 번역본**(129쪽), **김용옥 번역본**(II권, 463쪽), **김원중 번역본**(155쪽), **김학주 번역본**(236쪽), **김형찬 번역본**(86쪽), **박유리 번역본**(236쪽), **배병삼 번역본**(1권, 320쪽), **신창호 번역본**(183쪽), **유교문화연구소 번역본**(189쪽), **윤재근 번역본**(1권, 433~434쪽), **이강재 번역본**(165쪽), **이기동 번역본**(260쪽), **이을호 번역본**(80쪽), **이지형 번역본**(2권, 65쪽), **임동석 번역본**(2권, 504쪽), **장기근 번역본**(212~213쪽), **정태현·이성민 번역본**(1권, 332쪽), **차주환 번역본**(103~104쪽), **최근덕 번역본**(144쪽), **최영갑 번역본**(1권, 219~220쪽), **황희경 번역본**(116쪽)

• 기타

동양고전연구회 번역본 누가 문을 거치지 않고 나갈 수 있겠는가? 그런데도 사람들은 어째서 이 도를 따르지 아니하는가? (127쪽)

부남철 번역본 누구든지 밖으로 나갈 때 문門을 경유하지 않을 수 없건만 어째서 사람들은 이 도道를 경유하지 않는 것일까? (201쪽)

신정근 번역본 누구라도 방을 나서려면 문을 거치지 않을 수 있는가? 그런데 도대체 사람들은 왜 이 길을 지나가지 않는가? (245쪽)

이기석·한백우 번역본 누가 감히 이 문을 통하지 않고 밖으로 나갈 수

있으리요마는, 세상 사람들은 왜 이 도(道)를 경유하지 않으려 한단 말인가? (113쪽)

한필훈 번역본 누구든 집을 나설 때 문을 거치지 않을 수 없다. 그런데 사람들은 왜 살아가면서 인생의 문인 도덕을 거치지 않으려 하는 걸까! (110쪽)

'기타'로 분류된 번역본들은 무지의 지시대사로서 莫의 성격을 나타내는 전형적인 번역어인 "아무도" 같은 표현을 사용하지 않지만, 그래도 "(세상) 사람(들)은"처럼 주어를 지칭하는 용어들을 사용하고 있다. 그렇기 때문에 일견 무지의 지시대사로서 莫의 성격을 인지하고 있는 번역들처럼 보인다. 그러나 莫은 전면적인 부정의 뜻을 갖기에 '無指무지'라는 표현이 붙은 것이다. "남, 주위, 사람" 같은 표현들보다는 "아무도" 같은 표현이 전면적인 부정의 뜻을 더 분명히 전달한다.

(3) 莫과 知가 함께 쓰인 경우

『논어』「이인」 14, 「헌문」 17, 35, 39에서는 莫과 知가 함께 쓰임에 따라, 같은 용례에 해당한다고 간주할 만한 충분한 근거가 있다. 무지의 지시대사라는 점을 의식한다면, 번역은 "알아주는 이가 아무도 없다" 혹은 그와 유사한 문장이 되어야 한다.

不患無位, 患所以立. 不患莫己知, 求爲可知也. (『論語』「里仁」 14)

자리 없음을 걱정하지 말고, 과연 그 자리를 맡을 수 있는 역량이 있는지를 걱정하라. 자신을 알아주는 사람이 아무도 없다고 걱정하지 말고, 알아줄 만하게 되기를 구하라.

• 莫을 무지의 지시대사로 의식하고 번역에 반영한 번역본

강동석 번역본(76쪽), **김원중 번역본**(108쪽), **동양고전연구회 번역본**(91쪽), **류종목 번역본**(128쪽), **박삼수 번역본**(107쪽), **박종연 번역본**(116쪽), **박헌순 번역본**(1권, 238쪽), **성백효 번역본**(117쪽), **신창호 번역본**(140쪽), **심경호 번역본**(1권, 144쪽), **조명화 번역본**(1권, 414쪽), **최석기 번역본**(52쪽), **최영갑 번역본**(1권, 139쪽), **홍승직 번역본**(78쪽)

• 莫을 단순 부정부사로 번역한 번역본

금장태 번역본(26쪽), **김도련 번역본**(상권, 198쪽), **김동인·지정민·여영기 번역본**(1권, 439쪽), **김영호 번역본**(101쪽), **김용옥 번역본**(II권, 173쪽), **김학주 번역본**(187쪽), **김형찬 번역본**(65쪽), **박유리 번역본**(146~147쪽), **배병삼 번역본**(1권, 206쪽), **유교문화연구소 번역본**(112~113쪽), **윤재근 번역본**(1권, 281쪽), **이강재 번역본**(139~140쪽), **이기동 번역본**(190쪽), **이동희 번역본**(28쪽), **이우재 번역본**(174쪽), **이지형 번역본**(1권, 455쪽), **이한우 번역본**(276쪽), **임동석 번역본**(1권, 300쪽), **임옥균 번역본**(105쪽), **장기근 번역본**(136쪽), **정태현·이성민 번역본**(1권, 240쪽), **차주환 번역본**(68쪽), **최근덕 번역본**(93쪽), **황희경 번역본**(83쪽)

• 기타

부남철 번역본 다른 사람이 자신을 알아주지 않음을 근심하지 말고 (138쪽)

신정근 번역본 주위에서 자신의 존재를 알아주지 않는다고 걱정하지 말고 (168쪽)

양차오밍 번역본 사람이 자신을 알아주지 않는다고 걱정하지 말고 (87쪽)

이기석·한백우 번역본 남이 자기를 알아주지 않는 것을 근심하지 말

고 (68쪽)

이을호 번역본 남이 몰라주는 것쯤 괜찮아. (56쪽)

한필훈 번역본 남들이 알아주지 않는 것을 걱정하지 말고 (78쪽)

'기타'로 분류된 번역본들은 무지의 지시대사로서 莫의 성격을 나타내는 전형적인 번역어인 "아무도"와 같은 표현을 사용하지 않지만, 그래도 "남(들)", "주위에서", "사람이"처럼 주어를 지칭하는 용어들을 사용하고 있다. 그렇기 때문에 일견 무지의 지시대사로서 莫의 성격을 인지하고 있는 번역들처럼 보인다. 그러나 莫은 전면적인 부정의 뜻을 갖기에 '無指'라는 표현이 붙은 것이다. "남, 주위, 사람" 같은 표현들보다는 "아무도" 같은 표현이 전면적인 부정의 뜻을 더 분명히 전달한다.

豈若匹夫匹婦之爲諒也, 自經於溝瀆, 而莫之知也. (『論語』「憲問」17)

어찌 필부匹夫·필부匹婦가 작은 신의를 위해 스스로 목매 죽은 뒤 [시신이] 도랑에 뒹굴어도 알아주는 사람이 아무도 없는 것과 같이 하겠는가?

• 莫을 (사람을 지시하는) 무지의 지시대사로 의식하고 번역에 반영한 번역본

강동석 번역본(310쪽), **금장태 번역본**(85쪽), **김동인·지정민·여영기 번역본**(3권, 450쪽), **김영호 번역본**(241쪽), **김용옥 번역본**(III권, 399쪽), **김원중 번역본**(340쪽), **김학주 번역본**(436쪽), **김형찬 번역본**(167쪽), **동양고전연구회 번역본**(303쪽), **류종목 번역본**(467쪽), **박삼수 번역본**(400~401쪽), **박유리 번역본**(611~612쪽), **박종연 번역본**(428쪽), **박헌순 번역본**(2권, 256쪽), **부**

남철 번역본(456쪽), **성백효 번역본**(406쪽), **신정근 번역본**(553~554쪽), **신창호 번역본**(350쪽), **심경호 번역본**(2권, 282쪽), **이강재 번역본**(273쪽), **이기동 번역본**(521쪽), **이기석·한백우 번역본**(335쪽), **유교문화연구소 번역본**(503~504쪽), **이우재 번역본**(613~614쪽), **이지형 번역본**(4권, 131쪽), **이한우 번역본**(984쪽), **임옥균 번역본**(273쪽), **장기근 번역본**(525~526쪽), **정태현·이성민 번역본**(2권, 324쪽), **조명화 번역본**(2권, 381~382), **차주환 번역본**(248~249쪽), **최영갑 번역본**(2권, 171쪽), **황희경 번역본**(246~247쪽)

- 莫을 단순 부정부사로 번역한 번역본

배병삼 번역본(2권, 217쪽), **윤재근 번역본**(2권, 294쪽), **이을호 번역본**(184~185쪽)

- 기타

김도련 번역본 어찌 필부필부匹夫匹婦들이 하찮은 신의를 지키기 위하여 스스로 깊은 구렁에서 목매어 죽어도 사람들이 알지 못하는 그런 꼴과 같겠느냐? (하권, 244쪽)

양차오밍 번역본 관중이 어찌 보통 사람처럼 작은 신의를 지키기 위해 더러운 도랑에서 자살해 사람들이 알지 못하도록 하겠는가? (352~353쪽)

이동희 번역본 어찌 일반 백성들과 같이 작은 신의와 절개를 위해 산골짜기에서 목을 매어 죽어 사람들이 알아주지 않는 것과 같겠느냐? (121쪽)

임동석 번역본 어찌 필부필부匹夫匹婦가 작은 신의를 위해 스스로 목매어 죽어 구독溝瀆에 묻혀 세상이 알아주지 못해도 되는 것처럼 하겠느냐? (3권, 1196쪽)

최근덕 번역본 어떻게 필부(匹夫) 필부(匹婦)가 작은 신의를 위해 개

천에서 스스로 목매달아 죽어도 사람이 알지 못하는 것과 같으리오? (354쪽)

'기타'로 분류된 번역본들은 무지의 지시대사로서 莫의 성격을 나타내는 전형적인 번역어인 "아무도" 같은 표현을 사용하지 않지만, 그래도 "세상이", "사람(들)이"처럼 주어를 지칭하는 용어들을 사용하고 있다. 그렇기 때문에 일견 무지의 지시대사로서 莫의 성격을 인지하고 있는 번역들처럼 보인다. 그러나 莫은 전면적인 부정의 뜻을 갖기에 '無指'라는 표현이 붙은 것이다. "세상이", "사람(들)이" 같은 표현들보다는 "아무도" 같은 표현이 전면적인 부정의 뜻을 더 분명히 나타낸다. 끝으로 한필훈 번역본을 살펴보자.

한필훈 번역본 그러므로 보통 사람들이 작은 신의와 지조를 지키기 위해 스스로 목을 매어 죽는 것과 비교할 수 없는 일이다. (239쪽)

한필훈 번역본은 아예 해당 부분을 번역하지 않고 있다.

莫我知也夫. … 何爲其莫知子也. (『論語』「憲問」35)

"나를 알아주는 사람이 아무도 없구나!" … "어째서 선생님을 알아주는 사람이 아무도 없겠습니까?"

• 두 번 나오는 莫을 (사람을 지시하는) 무지의 지시대사로 의식하고 번역에 반영한 번역본

강동석 번역본(322쪽), **김도련 번역본**(하권, 274~275쪽), **김동인·지정민·여영기 번역본**(3권, 503쪽), **김용옥 번역본**(III권, 414쪽), **김원중 번역본**(351쪽), **김학주 번역본**(450쪽), **동양고전연구회 번역본**(313쪽), **류종목 번역본**(482쪽), **박삼수 번역본**(413쪽), **박유리 번역본**(630~631쪽), **박종연 번역본**(441쪽), **박헌순 번역본**(2권, 289쪽), **배병삼 번역본**(2권, 240쪽), **성백효 번역본**(422쪽), **신정근 번역본**(576쪽), **심경호 번역본**(2권, 318쪽), **양차오밍 번역본**(364쪽), **유교문화연구소 번역본**(525쪽), **이강재 번역본**(280쪽), **이기동 번역본**(536쪽), **이기석·한백우 번역본**(348쪽), **이동희 번역본**(69쪽), **이우재 번역본**(636쪽), **이지형 번역본**(4권, 199쪽), **이한우 번역본**(1041쪽), **임동석 번역본**(3권, 1244쪽), **임옥균 번역본**(282쪽), **정태현·이성민 번역본**(2권, 341쪽), **조명화 번역본**(2권, 414쪽), **차주환 번역본**(260쪽), **최근덕 번역본**(367쪽), **최영갑 번역본**(2권, 193쪽), **한필훈 번역본**(247쪽), **홍승직 번역본**(274쪽), **황희경 번역본**(255쪽)

• 두 번 나오는 莫을 단순 부정부사로 번역한 번역본

금장태 번역본(88쪽), **김영호 번역본**(248쪽), **윤재근 번역본**(2권, 336쪽)

• 莫我知는 무지의 지시대사로 번역하고, 莫知子는 단순 부정부사로 번역한 번역본

김형찬 번역본(172쪽), **부남철 번역본**(469쪽), **신창호 번역본**(361쪽), **이을호 번역본**(191쪽), **장기근 번역본**(547쪽)

莫己知也, 斯已而已矣. (『論語』「憲問」 39)

자기를 알아주는 사람이 아무도 없으면 곧 그만둘 일이지!

• 莫을 (사람을 지시하는) 무지의 지시대사로 의식하고 번역에 반영한 번역본

김동인·지정민·여영기 번역본(3권, 522쪽), **김학주 번역본**(454쪽), **류종목 번역본**(488쪽), **박삼수 번역본**(417쪽), **박유리 번역본**(637쪽), **박종연 번역본**(447쪽), **박헌순 번역본**(2권, 301쪽), **심경호 번역본**(2권, 330쪽), **양차오밍 번역본**(367쪽), **이강재 번역본**(282쪽), **이기동 번역본**(541쪽), **정태현·이성민 번역본**(2권, 350쪽), **차주환 번역본**(263~264쪽), **최근덕 번역본**(371~372쪽), **홍승직 번역본**(276쪽), **황희경 번역본**(258쪽)

• 莫을 단순 부정부사로 번역한 번역본

강동석 번역본(326쪽), **금장태 번역본**(89쪽), **김도련 번역본**(하권, 283쪽), **김영호 번역본**(250~251쪽), **김용옥 번역본**(III권, 421쪽), **김원중 번역본**(354쪽), **김형찬 번역본**(174쪽), **동양고전연구회 번역본**(317쪽), **배병삼 번역본**(2권, 247쪽), **부남철 번역본**(475쪽), **성백효 번역본**(427쪽), **신정근 번역본**(584쪽), **신창호 번역본**(364쪽), **유교문화연구소 번역본**(531~532쪽), **윤재근 번역본**(2권, 346쪽), **이기석·한백우 번역본**(352쪽), **이동희 번역본**(198쪽), **이우재 번역본**(642~643쪽), **이을호 번역본**(193쪽), **이지형 번역본**(4권, 221쪽), **이한우 번역본**(1049쪽), **임동석 번역본**(3권, 1258쪽), **임옥균 번역본**(284쪽), **장기근 번역본**(553쪽), **조명화 번역본**(2권, 423~424쪽), **최영갑 번역본**(2권, 200쪽), **한필훈 번역본**(250쪽)

현재의 고대 중국어 연구 성과를 고려한다면, 무지의 지시대사로 간주할 만한 莫의 용례가 포함된 『논어』 문장은 일관되게 "…하는 이는 아무도 없다" 혹은 그와 유사한 문장으로 번역해야 한다. 그래야 무지의 지시대사로서 莫의 성격이 드러난다. 그렇게 하지 않고, 무지의 지시대사

로 사용된 莫을 부정(부)사로 간주하여 번역하고자 하려면, 춘추전국시대에 莫이 부정(부)사로 사용되었다는 점을 먼저 입증해야 한다. 설령 그 사실을 입증할 수 있는 경우를 상상할 수 있다고 할지라도, 왜 어떤 경우에는 무지의 지시대사로 간주해야 하고, 다른 경우에는 부정(부)사로 간주해야 하는지에 대해 번역의 원칙이 있어야 한다. 그러한 원칙 천명 없이는, 해당 문장에 대한 일관된 한국어 번역을 기대하기 어렵다. 지금까지 본문에서 논의한 바가 맞다면, 『논어』에서 莫이 무지의 지시대사로 사용된 용례들을 명료하게 인지하고, 그에 대해 일관된 번역을 제공하는 번역본은 박헌순 번역본이 유일하다.

13

문말조사의 번역

문장 마지막에 위치하여 문장을 종결하는 조사는 문장의 종류를 결정하는 데 결정적 역할을 한다. 어떤 문말조사가 오느냐에 따라 평서문, 의문문, 감탄문 등이 결정되는 것이다. 그뿐 아니라 문장의 어조를 전달하는 구실도 한다. 이러한 문말조사를 정교하게 번역하는 일은 생각보다 쉽지 않다. 『논어』「학이」 14와 거기 나오는 "也已"의 용례를 통해 이 사안을 살펴보기로 하겠다.

1. 문말조사 也已

子曰, 君子食無求飽, 居無求安, 敏於事而愼於言, 就有道而正焉, 可謂好學也已. (『論語』「學而」 14)

선생님께서 말씀하셨다. "군자는 먹는 일에서 배부름을 추구하지 않고, 거처에 있어 편안함을 추구하지 않고, 일 처리에 애쓰고 말을 신중히 하고, 도道가 있는 곳에 나아가 시비를 바르게 가린다. 그러하면 정녕 배움을 좋아한다고 할 만하다."

박종연의 조사에 따르면, 「학이」 14의 마지막 구절인 "可謂好學也已"의 끝부분이 판본마다 다르다. 예컨대, 황소본皇疏本과 정평본正平本에는 '也已矣야이의'로 되어 있고, 한석경漢石經에는 '已矣이의'로 되어 있고, 당석경唐石經에는 '也已야이'로 되어 있다.[1] 여기서는 『논어』에 수록된 대로 「학이」 14의 마지막 부분이 "可謂好學也已"라고 간주하고, 문장 종결 부분인 也已의 의미를 살펴보자.

也는 가장 흔한 문말조사 중 하나다. 그리고 已는 범위를 한정하는 "…일 뿐이다/따름이다"라는 뜻으로 자주 쓰이는 문말조사다. 김원중 번역본이 『논어』 「학이」 14의 마지막 부분인 "可謂好學也已"를 "배우기를 좋아한다고 말할 수 있을 뿐이다"(51쪽)라고 번역한 것도 그와 같은 용례를 따른 것으로 보인다.

류종목의 주석은 조금 다르다. 그에 따르면, "也와 已가 모두 단정적인 어기를 표시하지만 이 둘을 연용함으로써 더욱 단정적인 어기를 표시할 수 있다."[2] 그러나 유사한 기능을 하는 조사가 연이어 사용된다고 해서 그 뜻이 강화되는지는 별도의 근거 없이 확언하기 어렵다. 也已는 『좌전』 「성공 2년」에 나오는 "政亡, 則國家從之, 弗可止也已"(정치가 망하면 국가도 망하는 것이니 이는 막을 수가 없다)에 보이는 것처럼 고대 중국에 널리 쓰였을 뿐 아니라, 『논어』에서도 「학이」 14뿐 아니라 여러 곳에서 사용되었다.

2. 『논어』에서 也已의 용례

그러면 『논어』에서 也已의 용례를 집중적으로 살펴보자. 하나의 대표적 사례로서 김원중의 『논어』 번역을 예로 들어서 검토해보기로 한다(밑줄은 필자).

> **如有周公之才之美, 使驕且吝, 其餘不足觀也已.** (『論語』「泰伯」 11)
>
> **김원중 번역본** 만일 주공(단旦)과 같은 훌륭한 재주를 가졌다 하더라도, 단약 교만하고 인색하다면 그 나머지는 볼 필요도 없다. (201쪽)

필자의 대안 번역: 주공의 재주와 같은 훌륭함을 지녔더라도, 만약 교만하고 인색하면, 그 나머지는 아예(강조의 也已) 볼 것도 없다.

> **舜有臣五人, 而天下治. 武王曰, 予有亂臣十人. 孔子曰, 才難, 不其然乎. 唐虞之際, 於斯爲盛. 有婦人焉, 九人而已. 三分天下有其二, 以服事殷. 周之德, 其可謂至德也已矣.** (『論語』「泰伯」 20)
>
> **김원중 번역본** 천하의 3분의 2를 차지하고 있으면서도 은나라를 섬겼다. 주나라의 덕은 아마도 지극한 덕이라고 할 수 있을 것이다. (207쪽)

필자의 대안 번역: [주나라 무왕이] 천하의 3분의 2를 가지고서도 은나라를 섬겼으니, 주나라 덕은 정녕(강조의 也已) 지극한 덕이라고 할 만하다.

公山弗擾以費畔, 召, 子欲往. 子路不說, 曰, 末之也已, 何必公山氏之之也. (『論語』「陽貨」5)

김원중 번역본 공산불요가 비읍을 근거지로 해서 반란을 일으키고 나서 [공자를] 부르자, 공자께서 가시려고 했다. 자로가 언짢아하며 말했다. "가실 곳이 없으면 그만이지, 어찌하여 꼭 공산씨에게 가시려고 하십니까?" (407~408쪽)

필자의 대안 번역: 공산불요가 비 땅을 근거지로 모반을 일으켰다. 이에 선생님을 부르니 선생님께서 가시려고 하였다. 자로가 기뻐하지 않으며 말하였다. "가실 곳이 없으면 정녕(강조의 也已) 그만두실 일이지 하필이면 공산씨에게 가시려고 합니까?

既竭吾才, 如有所立卓爾. 雖欲從之, 末由也已. (『論語』「子罕」11)

김원중 번역본 이미 나의 재주를 다하면 [어떨 때는 이제] 자립할 수 있다는 생각도 들지만, [그럴 때마다 선생님의 가르침이] 우뚝 앞을 가로막고 서 있으니, 비록 따르고 싶어도 어떻게 따라야 할지 모르겠구나. (218쪽)

필자의 대안 번역: 이미 나의 깜냥을 다 하였으나, 여전히 무엇인가 우뚝 서 있는 것 같다. 비록 그것을 따라가고 싶어도 정녕(강조의 也已) 따라갈 수가 없다.

이상은 김원중 번역본이 也已가 가진 강조의 의미를 살리지 않고 번역한 사례들이다. 김원중의 번역대로라면 원문에 也已가 꼭 들어갈 필요가 없다. 也已가 가진 강조의 의미를 살리려면 "정녕" 혹은 "아예" 같은 부사를 추가하는 것이 좋다. 김원중 번역본에도 也已가 가진 강조의 의미를 살려서 번역한 사례들이 있다. "年四十而見惡焉, 其終也已"(『논어』 「양화」 26)를 김원중 번역본은 이렇게 번역한다. "나이 마흔이 되어서도 미움을 받는다면 그야말로 끝이다."(423쪽) 여기서 김원중은 也已를 "…일 뿐이다"로 번역하지 않고 "그야말로 …이다"로 번역하고 있다. "그야말로" 같은 표현에서 드러나듯이 「양화」 26의 也已 번역에서는 강조의 뜻이 분명하게 살아 있다.

也已가 겨우 '강조'의 여부 문제라면, 어떻게 번역하느냐가 대수롭지 않은 사안이라고 생각할 수 있다. 강조가 되든 안 되든 해당 문장의 의미는 변하지 않을 것이라고 여기는데, 실상은 그렇지 않다. 다음 예문을 보라.

> 後生可畏, 焉知來者之不如今也. 四十五十而無聞焉, 斯亦不足畏也已. (『論語』「子罕」 23)
>
> **김원중 번역본** 공자께서 말씀하셨다. "뒤에 태어난 자들이 두렵다. [뒤따라]오는 자들이 지금 사람만 못할 거라는 사실을 어찌 알겠는가? [그러나] 40세나 50세가 되어도 [이름이] 알려지지 않으면 이 또한 두려워할 만한 사람이 못 된다." (226쪽)

이 문장은 김원중 번역본이 也已가 가진 강조의 뜻을 살리지 않은 또 다른 예이다. 그 결과, 미래세대가 실로 두려워할 만한 존재라는 것이 『논어』 「자한」 23의 핵심 취지처럼 여겨진다. "40세나 50세가 되어도 [이름이] 알려지지 않으면 이 또한 두려워할 만한 사람이 못 된다"는 뒷문장은 미래세대 중 두려워할 만하지 않은 경우를 가볍게 첨언하는 정도로 해석된다. 보기에 따라서는 '이 또한' 역시 강조의 어세로 읽힐 수 있다. 그런데 '또한'이라는 표현은 추가 및 첨언의 의미를 전달할 수 있다는 점에서 좀 더 나은 번역을 모색할 필요가 있다. 也已가 가진 강조의 뜻을 한껏 살려서 번역해보면 「자한」 23의 의미가 달라진다.

> 필자의 대안 번역: 후생을 두려워할 만하니, [후생의] 미래가 지금만 못하리라는 것을 어찌 알겠는가? [그러나] 마흔이나 쉰이 되어서 좋은 평이 들리지 않으면, 정녕(也已 강조) 두려워할 만하지 않다.

也已가 가진 강조의 뜻을 살리면, 뒤의 문장에도 앞의 문장 못지않은 무게가 실리게 된다. 따라서 미래세대가 두려워할 만한 대상이기는 하지만, 일정한 나이에 이르도록 좋은 평이 없으면 두려워할 만하지 않다고 못박는다. 이렇게 보면, 「자한」 23의 취지는 단순히 미래세대의 잠재력에 대한 높은 평가라기보다는, 미래세대에 대한 강한 권고처럼 들린다. 다시 말해서, 也已가 가진 강조의 뜻을 살리지 않고 번역하면 기성세대에게 미래세대를 두려워할 필요가 있다고 경고하는 발언처럼 들리지만, 也已가 가진 강조의 뜻을 살려 번역하면 미래세대에게 분발을 촉구하는 발언처럼 들린다. 이처럼 也已의 해석 여부가 해석상의 큰 차이를 낳을 수도 있다.

끝으로 앞에서 검토했던 『논어』 「학이」 14의 마지막 부분 "可謂好學也已"에 나오는 也已와 가장 유사한 경우를 살펴보자.

子貢曰, 如有博施於民, 而能濟衆, 何如. 可謂仁乎. 子曰, 何事於仁, 必也聖乎. 堯舜其猶病諸. 夫仁者, 己欲立而立人, 己欲達而達人. 能近取譬, 可謂仁之方也已. (『論語』「雍也」30)

김원중 번역본 자공이 여쭈었다. "만약 백성들에게 널리 은덕을 베풀어 많은 사람을 구제할 수 있다면 어떻습니까? [그를] 인仁하다고 할 수 있습니까?" 공자께서 말씀하셨다. "어찌 인한 데서 그칠 일이겠느냐, 반드시 성덕聖德일 것이다. 요임금이나 순임금조차도 [그렇게 하지 못함을] 부족한 것으로 여기셨다. 인이라는 것은 자기가 서고자 하면 남을 일으켜주고, 자신이 이루고자 하면 남을 이루게 해주는 것이다. 가까운 데서 구체적인 예를 찾을 수 있으면 그것이 **바로** 인仁의 [실천] 방법이라고 할 수 있을 것이다." (162~163쪽) (밑줄 및 강조는 필자)

『논어』「학이」14의 "可謂好學也已"와 『논어』「옹야」30의 "可謂仁之方也已" 모두 也已가 평가를 나타내는 可謂의 뒤에서 쓰이고 있다. 즉 「학이」14와 「옹야」30에서 也已의 용법은 같다. 김원중의 『논어』「옹야」30의 번역은 "바로"라는 부사를 통해서 也已가 가진 강조의 의미를 잘 살리고 있다. 그러한 취지를 살려서 김원중의 『논어』「학이」14의 "可謂好學也已" 번역 역시 "배우기를 좋아한다고 말할 수 있을 뿐이다"(51쪽)가 아니라 "정녕 배움을 좋아한다고 할 수 있다"라고 번역해야 한다.

요컨대, 也已는 대상을 한정하는 기능을 하는 것이 아니라, 판단에 수반되는 긍정, 감탄, 단정의 어기를 강조하는 기능을 한다.

3부

번역을 위한 문형 이해

14

『논어』에서 도치문 번역 (1)

고대 중국어에서 도치[1]는 다양한 맥락에서 이루어진다. 도치를 운운한다는 것은, 일반적으로 예상되는 문장성분 간의 순서가 있다는 점을 전제하는 것이며, 그 예상된 순서가 뒤바뀐다는 것이다. 그렇다면 도치를 이야기하기 전에 먼저 고대 중국어의 통상적인 어순에 대해 이야기해야 한다. 한국어의 기본 어순이 주어-목적어-술어(subject-object-verb), 이른바 'verb-final' 어순인 데 비해, 중국어는 술어(동사)가 중간에 위치한다(subject-verb-object). 이른바 'verb-medial' 어순이다. 즉, 중국어는 통상 주어가 술어에 선행하고, 술어는 목적어에 선행하고, 화제는 그에 대한 논평에 선행하고, 전치사, 부사, 관형사 같은 수식어는 그것이 수식하는 대상에 선행한다.

고대 중국어에는 이러한 통상적인 어순에도 예외, 즉 도치문이 있다. 이번 장에서는 『논어』의 한국어 번역본들이 『논어』의 도치문 혹은 그와 유사한 문장들을 얼마나 문법에 근거하여 정확하게 번역하고 있는지를 살펴보고자 한다. 먼저『논어』텍스트를 번역할 때 특히 고려해야 할 도치 관련 문법들을 먼저 일람해보기로 한다. 도치에 관련된 문법들은 다른 문법에 비해 복잡하므로,『논어』번역에 필요한 도치 관련 문법들을 일목요연하게 정리할 필요가 있다. 다음 내용은 기존 연구서들의 관련 부분을 재구성하고 보완하여 정리한 것이다.[2]『논어』한국어 번역본들이 이와 같은 도치 관련 문법들을 얼마나 잘 반영하여 번역하고 있는지 여부는 다음 장에서 살펴볼 것이다.

1. 도치의 문법

1) '주어+술어' 문형

술어를 강조하기 위해 술어를 주어 앞에 둔다. 의문문이나 감탄문에서 주어와 술어의 어순이 바뀌는 것이 대표적인 예이다.[3]

誰與, 哭者. (『禮記』「檀弓上」)
누구인가, 곡하는 이는?
子邪, 言伐莒者. (『呂氏春秋』「重言」)
그대인가, 거나라를 정벌하자고 한 사람이?

위에서 "誰與, 哭者"의 도치 이전 문장은 "哭者誰與"이고, "子邪, 言伐莒者"의 도치 이전 문장은 "言伐莒者子邪"이다.『논어』에서는 다음 문장들을 예로 들 수 있다.

大哉, 問. (『論語』「八佾」 4)

대단하구나, 그 질문은!

君子哉, 若人. (『論語』「公冶長」 3)

군자로구나, 이와 같은 사람은!

賢哉, 回也. (『論語』「雍也」 11)

현능하구나, 회回(안회)는!

大哉, 堯之爲君也. (『論語』「泰伯」 19)

위대하구나, 요堯임금의 임금됨이여!

大哉, 孔子. 博學而無所成名. (『論語』「子罕」 2)

위대하구나, 공자는! 널리 배우기는 하였지만, 이름을 이룬 바는 없다.

久矣哉, 由之行詐也. (『論語』「子罕」 12)

오래되었구나, 유由(자로)가 사람을 속인 것이!

孝哉, 閔子騫. (『論語』「先進」 5)

효성스럽구나, 민자건閔子騫은!

善哉, 問. (『論語』「顔淵」 21)

좋구나, 그 질문은!

富哉, 言乎. (『論語』「顔淵」 22)

[뜻이] 풍부하구나, 그 말씀은!

여기에서 "大哉, 問"의 도치 이전 문장은 "問大哉"이고, "君子哉, 若人"의 도치 이전 문장은 "若人君子哉"이고, "賢哉, 回也"의 도치 이전 문장은 "回也賢哉"이고, "大哉, 堯之爲軍也"의 도치 이전 문장은 "堯之爲軍也大哉"이고, "大哉, 孔子"의 도치 이전 문장은 "孔子大哉"이고, "久矣哉, 由之行詐也"의 도치 이전 문장은 "由之行詐也久矣哉"이고, "孝哉, 閔子

騫"의 도치 이전 문장은 "閔子騫孝哉"이고, "善哉, 問"의 도치 이전 문장은 "問善哉"이고, "富哉, 言乎"의 도치 이전 문장은 "言(乎)富哉"다.

2) '목적어(의문사)+술어' 문형

목적어가 의문사일 때 술어(혹은 전치사)보다 선행하곤 한다.[4]

寡人有子, 未知其誰立焉. (『左傳』「閔公二年」)
나는 자식들이 있는데 누구를 후계자로 세워야 할지 아직 모르겠다.
聖王有百, 吾孰法焉. (『荀子』「非相」)
성왕이 많이 있으니, 나는 누구를 본받아야 하나?
大王來, 何操. (『史記』「項羽本紀」)
대왕께서 오실 때 무엇을 가져오셨나?
皮之不存, 毛將安傅. (『左傳』「僖公十四年」)
피부가 없으면, 털이 장차 어디에 붙어 있겠나?

위에서 "誰立"의 도치 이전 문장은 "立誰"이고, "孰法"의 도치 이전 문장은 "法孰"이고, "何操"의 도치 이전의 문장은 "操何"이고, "安傅"의 도치 이전이 문장은 "傅安"이다. 『논어』에서는 다음 문장들을 예로 들 수 있다.

何謂也. (『論語』「爲政」5)
뭐라고 말씀하신 건가요?
何爲則民服. (『論語』「爲政」19)
무엇을 하면 피치자가 복종하겠소?

앞 예문에서 "何謂"는 "謂何"의 도치이고, "何爲"는 "爲何"의 도치이다. 랴오전유廖振佑가 지적하듯이 이러한 도치의 법칙이 절대적인 것은 아니다.[5]

3) '목적어(화제)+술어' 문형

화제를 삼기 위해 술어의 목적어 혹은 술어 뒤에 오는 대상을 문장의 처음에 두는 경우가 있다.[6] 즉, 문장의 어떤 성분이 원래 있어야 할 위치가 아닌 문장의 맨 앞에 놓여 특별한 대우를 받는 것이다.[7] 화제가 설정된 이후에는 그에 대한 언급인 논평이 뒤따르게 된다. 풀리블랭크가 든 예를 따르면, "코끼리는 코가 길다"라는 문장에서 "코끼리"는 화제이고, "코가 길다"는 논평이다. 그렇다면 고대 중국어 문장을 예로 들어보자.

五畝之宅, 樹之以桑 (『孟子』「梁惠王上」)
오무의 택지에 뽕나무를 심다.

여기서 "五畝之宅"은 문장의 맨 앞에 위치하여 화제의 기능을 수행하고 있다.

4) '부정사+인칭대명사+술어' 문형

부정문에서 인칭대명사는 부정사와 술어 사이에 위치하곤 한다.

父母之不我愛. (『孟子』「萬章 上」)

부모는 나를 사랑하지 않는다.

故不吾遠也. (『左傳』「昭公二十年」)

그러므로 나를 멀리하지 않다.

僂句不余欺也. (『左傳』「昭公二十五年」)

누구는 나를 속이지 않다.

我無爾詐, 爾無我虞. (『左傳』「宣公十五年」)

우리는 너희를 속이지 않고, 너희는 우리를 걱정시키지 않는다.

子不我思, 豈無他人. (『詩經』「鄭風」'褰裳')

그대가 나를 사모하지 않으니, 어찌 다른 사람이 없으랴.

이 예문에서 "父母之不我愛"는 "父母之不愛我"의 도치이고, "故不吾遠也"는 "故不遠吾也"의 도치이고, "僂句不余欺也"는 "僂句不欺余也"의 도치이고, "我無爾詐, 爾無我慮"는 "我無詐爾, 爾無慮我"의 도치이고, "子不我思"는 "子不思我"의 도치다.

다음 『논어』 문장들이 이러한 문형에 속한다.

不患人之不己知, 患不知人也. (『論語』「學而」16)

남이 나를 알아주지 않는 것을 걱정하지 말고, 내가 남을 알아주지 않는 것을 걱정하라.

居則曰, 不吾知也, 如或知爾, 則何以哉. (『論語』「先進」26)

평소에 [너희들은] '나를 알아주는 사람이 없다!'고들 하는데, 만약 누군가 너희를 알아준다면, 어떻게 하겠는가?

如有政, 雖不吾以, 吾其與聞之. (『論語』「子路」14)

만약 [나라의] 정사가 있었다면, 비록 내가 쓰이고 있지는 않지만 나도 꼭 참여해 그에 대해 들었을 것이다.

歲不我與. (『論語』「陽貨」1)

세월은 나와 함께 있어 주지 않소.

이 예문에서 "不己知"는 "不知己"의 도치이고, "不吾知也"는 "不知吾也"의 도치이고, "不吾以"는 "不以吾"의 도치이고, "歲不我與"는 "歲不與我"의 도치다. 이러한 도치의 법칙이 절대적인 것은 아니다. 랴오전유(요진우)가 지적하듯이,[8] 『장자莊子』「지북유知北遊」에 나오는 "無爲謂不應我, 非不我應, 不知應我也"(무위위가 나에게 대응하지 않는데, 그것은 나에게 대응하지 않는 것이 아니라 대응할지 모르는 것이다) 같은 문장처럼 예외가 종종 등장한다. 이러한 예외적인 문장의 예를 들면 다음과 같다.

有事而不告我. (『左傳』「襄公二十八年」)

일이 있어도 나에게 고하지 않다.

夫不惡女乎. (『左傳』「襄公二十六年」)

그가 너를 미워하지 않을까?

不知我者, 謂我何求. (『詩經』「王風」'黍離')

나를 모르는 이들이 내가 무엇을 구한다고 한다.

漢果不擊我矣. (『漢書』「趙充國傳」)

한나라가 과연 우리를 공격하지 않았다.

한나라 이후에는 목적어 도치가 줄어드는데 후대에 목적어를 술어 앞으로 도치하는 것은 과거의 방식을 모방하기 위해서 그렇다고 한다.[9] 다음은 그 예이다.

彼不我恩也. (柳宗元, 「童區寄傳」)

그는 나에게 은혜를 내리지 않는다.

古之人不余欺也. (蘇軾, 「石鐘山記」)

옛사람은 나를 속이지 않는다.

이 예문에서 "彼不我恩也"는 "彼不恩我也"의 도치이고, "古之人不余欺也"는 "古之人不欺余也"의 도치다.

그런데 유의해야 할 점은 君과 子 같은 단어는 의미상 무엇을 대신 지칭하는 역할을 하는 대명사로 보이지만, 문법적으로 보통명사로 분류된다.[10] 따라서 다음 예문에서 보듯이 도치되지 않는다.

若不許君, 將焉用之. (『左傳』「昭公四年」)

임금님의 요구를 허락하지 않는다면 (송에서 맺은 맹약이) 장차 무슨 소용이 있겠습니까?

我非子, 固不知子矣. (『莊子』「秋水」)

내가 선생이 아니므로 나는 선생을 결코 모른다.

즉, 이 문장에서 "不君許", "不子知"와 같은 표현은 등장하지 않는 것이다.

5) '부정사+목적어+술어' 문형

세 번째와 네 번째 경우의 결합으로 해석할 수 있는 도치문이 있다. 화제를 삼기 위해 술어의 목적어 혹은 술어 뒤에 오는 대상을 문장의 처음에 두되, 그 문장이 부정문인 경우다. 다음 예문을 보라.

然而不王者, 未之有也. (『孟子』「梁惠王上」)

그러고도 왕 노릇 하지 않은 자는 있은 적이 없다.

이 문장이 도치되기 이전 형태는 "未有然而不王者也"인데, 목적어를 문두에 놓아 화제로 삼은 다음에, 그 목적어를 다시 之로 재지시한 것이라고 분석할 수 있다.[11] 부정문이기에 그 목적어는 부정사와 술어 사이에 위치한다고 볼 수 있다. 즉, "未有之也"가 아니라 "未之有也"가 되는 것이다. 다음 『논어』 예문들이 이러한 문형에 속한다.

不好犯上, 而好作亂者, 未之有也. (『論語』「學而」2)

윗사람에게 덤비기 좋아하지 않는데, 난리를 일으키기 좋아하는 경우는 있은 적이 없다.

我未見力不足者. 蓋有之矣, 我未之見也. (『論語』「里仁」6)

나는 힘이 부족한 사람은 아직 보지 못하였다. 있기는 하겠지만 나는 아직 보지 못하였다.

子路有聞, 未之能行, 唯恐有聞. (『論語』「公冶長」14)

자로子路는 가르침을 들었는데, 아직 실천하지 못한 것이 있으면 오직 또 [다른 가르침을] 들을까 걱정하였다.

躬行君子, 則吾未之有得. (『論語』「述而」33)

군자됨을 몸소 실천하는 데 관한 한, 아직 해내지 못하고 있다.

軍旅之事, 未之學也. (『論語』「衛靈公」1)

군사에 관한 일은 아직 배우지 못하였습니다.

이 예문에서 "未之有也"는 "未有之也"의 도치이고, "我未之見也"는 "我未見之也"의 도치이고, "未之能行"은 "未能行之"의 도치이고, "吾未之有得"은 "吾未有得之"의 도치이고, "未之學也"는 "未學之也"의 도치다.

6) '부정사(弗, 勿)+타동사' 문형

부정문에서 목적어로 쓰이는 인칭대명사는 부정사와 술어 사이에 위치하곤 한다면, 아예 목적어를 포함하고 있는 부정사가 사용될 때는 어떻게 될까? 弗과 勿이 바로 그러한 부정사다. 의미상 弗은 '不+之'이며, 勿은 '毋+之'이다. 즉 弗과 勿은 부정사와 목적어로 사용된 삼인칭 대명사 '之'와 결합하여 생긴 글자이다."[12] 딩성수丁聲樹는 예외를 인정하면서 '弗'과 '不'의 차이를 다음과 같이 정리한다.[13]

① '弗'은 목적어를 생략한 타동사 앞에 사용된다.
② 자동사, 목적어를 동반한 타동사 앞에는 '不'만을 사용하고, 弗은 사용하지 않는다.
③ 부사 앞에는 '不'만을 사용하고 '弗'은 사용하지 않는다.

이 점을 가장 극명하게 보여주는 예문은 『맹자』에 나오는 다음과 같은 문장들이다.

一簞食, 一豆羹, 得之則生, 弗得則死 (『孟子』「告子上」)
한 그릇 밥과 한 그릇 국을 얻으면 살 수 있고, 얻지 못하면 죽는 경우에 처해서도

以兄之室則弗居, 以於陵則居之 (『孟子』「滕文公下」)

형의 집에는 살지 않고, 오릉에서는 사는 일

즉, 같은 구조의 문장에서도 弗을 사용하는 부정문에서는 대명사 목적어 之가 나오지 않는 반면, 긍정문에서는 之가 나온다는 사실을 이 예문들은 공통적으로 보여주고 있다. 요컨대 (예외가 없는 것은 아니지만) 弗은 주로 (대명사) 목적어가 출현하지 않는 타동사에 사용되는 것이다. 『논어』에서 예를 들면 다음과 같다.

季氏旅於泰山. 子謂冉有曰, 女弗能救與. (『論語』「八佾」6)

계씨季氏(노나라 대부)가 태산에서 [제후라야 지낼 수 있는] 여旅 제사를 지내려 하였다. 선생님께서 염유冉有에게 말씀하셨다. "네가 그것을 말릴 수 없겠느냐?"

吾與女, 弗如也. (『論語』「公冶長」9)

나와 너는 회回(안회)만 못하지.[14]

君子博學於文, 約之以禮, 亦可以弗畔矣夫. (『論語』「雍也」27)

군자는 세련된 표현에 관해서 널리 배우고, 예禮로써 자신을 단속한다. [그러면 도道에] 참으로 위배되지 않을 것이다!

이 예문의 공통점은 弗 뒤에 대명사 之가 나오지 않는다는 것이다. 긍정문에서는 대명사 之가 사용될 수 있지만, 弗을 사용한 부정문에서는 대명사 없이 부정사 弗이 대명사를 포함함을 알 수 있다. 마찬가지 원칙이 '毋'와 '之'가 결합된 글자인 勿에도 적용된다.[15] 그리하여 뤼수샹呂叔湘은 毋와 勿의 용법 차이는 不과 弗의 용법 차이와 같다고 결론 내린다.[16] 『논어』에서 예를 들면 다음과 같다.

過則勿憚改. (『論語』「學而」8)

잘못을 저지르면 고치기를 꺼리지 마라.

雖欲勿用, 山川其舍諸. (『論語』「雍也」6)

비록 쓰지 않으려고 해도 산천이 차마 그를 버리랴?

非禮勿視, 非禮勿聽, 非禮勿言, 非禮勿動. (『論語』「顏淵」1)

예禮가 아니면 보지 말고, 예禮가 아니면 듣지 말고, 예禮가 아니면 말하지 말고, 예禮가 아니면 움직이지 마라.

己所不欲, 勿施於人. (『論語』「顏淵」2)

자신이 원하지 않는 것을 남에게 하지 않는다.

愛之, 能勿勞乎. 忠焉, 能勿誨乎. (『論語』「憲問」7)

아끼면서, [상대를] 수고롭게 하지 않을 수 있겠는가? 충심을 다하면서 [상대를] 깨우쳐주지 않을 수 있겠는가?

勿欺也. 而犯之. (『論語』「憲問」22)

속이지 말고, 얼굴을 마주하고 간언해야 한다.

如得其情, 則哀矜而勿喜. (『論語』「子張」19)

만약 그들의 실정을 알게 되면, 슬퍼하고 불쌍히 여겨야지, 기뻐하지 마라.

이와 같은 弗과 勿의 용법에도 예외가 있으며, 不의 경우에도 목적어 대명사 之가 생략되곤 한다. 이를테면 다음 예문을 보라.

孔子進以禮, 退以義, 得之不得曰有命. (『孟子』「萬章上」)

공자는 예로서 나아가고 의로서 물러나셨다. 얻느냐 얻지 못하느냐의 사안에 대하여 "천명이 있는 법"이라고 하셨다.

이 문장에서 "得之不得"에 나오는 不은 마치 弗처럼 기능하고 있다. 그러면 이러한 예외들을 고려하여 어떻게 弗의 특징을 설명할 수 있을까? 풀리블랭크에 따르면, 갑골문이나 『서경』 같은 이른 시기 문헌에서 弗은 자동사 혹은 명사 목적어를 가진 타동사 모두에 사용될 수 있었다. 그럴 때 弗은 상태의 변화를 나타내는 반면, 不은 동작을 표현하는 경향이 있다. 그리고 弗은 문미의 矣와 함께 쓰이는 경향을 보이며, 부정문임에도 불구하고 대명사가 부정사와 술어(동사) 사이에 오는 것이 아니라 술어 뒤에 온다.[17] 한대 이후는 不이 점점 弗을 대체하여 일반적인 부정사로 사용된다.

그러나 이러한 설명이 완전히 만족스러운 것은 아니다. 弗과 勿이 사용되는 부정문에도 목적어가 나타나는 경우가 있을 뿐 아니라, 대명사 목적어가 술어 앞에 놓이는 경우도 있다. 다음 문장이 그 예이다.

大國亦弗之從而愛利. (『墨子』「非攻」)

대국을 따르지 않으면서도 이익에 집착한다.

7) 之, 是, 焉, 斯, 之爲 등을 활용한 도치문

목적어를 강조하기 위해 之, 是, 焉, 斯, 之爲 등의 표지를 활용해서 목적어를 술어 (혹은 전치사) 앞에 두는 경우가 있다.[18]

寡君其罪之恐 (『左傳』「昭公三十一年」)

우리 군주가 자기 죄를 두려워하여

君亡之不恤 而群臣是憂, 惠之至也. (『左傳』「僖公十五年」)

군주가 (자신이) 망명 중임을 근심하지 않고 뭇 신하를 걱정하니, 은혜가 지극하다('君亡之不恤'에 나오는 之가 도치의 표지).

宋何罪之有. (『墨子』「公輸」)

송나라가 무슨 죄가 있는가?

前世不同教, 何古之法, 帝王不相復, 何禮之循 (『商君書』「更法」)

전대들은 가르침을 함께하지 않았으니, 어떤 옛것을 본받아야 하는가. 제왕들은 서로를 답습하지 않았으니, 어떤 예를 따라야 하는가?

我楚國之爲, 豈爲一人. (『左傳』「襄公二十八年」)

우리가 초나라를 위하여 온 것이지, 어찌 한 사람을 위해 왔겠습니까?

이 예문에서 "其罪之恐"의 도치 이전 형태는 "恐其罪"이고, "亡之不恤"과 "群臣是優"의 도치 이전 형태는 "不恤亡"과 "優群臣"이고, "何罪之有"의 도치 이전 형태는 "有何罪"이고, "何古之法"의 도치 이전 형태는 "法何古"이고, "何禮之循"의 도치 이전 형태는 "循何禮"이고, "楚國之爲"의 도치 이전 형태는 "爲楚國"이다.

다음 『논어』 예문이 이러한 문형에 속한다.

義之與比. (『論語』「里仁」10)

올바름과 더불어 짝한다.

其言之不怍, 則爲之也難. (『論語』「憲問」20)

그 말하는 것을 부끄러워하지 않으면 그 말을 실천하기 어렵다.

何必公山氏之之也. (『論語』「陽貨」5)

하필이면 공산씨公山氏에게 가시려고 합니까?('公山氏之'에 나오는 之가 도치의 표지)

"義之與比"의 도치 이전 형태는 "與義比"이고, "其言之不怍"의 도치 이전 형태는 "不怍其言"이고, "何必公山氏之之也"의 도치 이전 형태는 "何必之公山氏"이다.

앞의 인용문 중 "宋何罪之有"(송나라가 무슨 죄가 있는가? 『묵자』「공수公輸」) 같은 문장은 의문사를 포함하는 대상이 도치되면서 之가 삽입되는 유형이다. 何는 "어찌"처럼 단독사로 사용된 것이 아니라 뒤에 오는 명사 등의 문장성분을 수식하여 "무슨" 혹은 "어떤"의 의미로 사용된 것이다. 단독사가 아니라 뒤의 문장성분을 수식하기에, 의문사를 포함하는 하나의 단위로 여겨져서 술어 앞으로 도치된 것이다. 여기서 何 대신 曷갈, 奚해, 胡호, 誰수 등이 올 수도 있으며, 고대 중국어에서 널리 발견되는 문장 유형이라고 할 수 있다.[19]

다음은 그 예문이다.

何功之有哉. (『史記』「魏公子列傳」)
무슨 공이 있겠는가?
奚國之有. (『韓非子』「揚權」)
무슨 나라가 있겠는가?
何不吉之有哉. (『戰國策』「齊策」)
무슨 불길함이 있겠는가?
何不利之有. (『易』「繫辭」)
무슨 불리함이 있겠는가?
何老之有. (『新序』「雜事」)
무슨 늙음이 있겠는가?
何亡國敗家之有. (『孟子』「離婁上」)
무슨 망국과 패가가 있겠는가?

"何功之有哉"의 도치 이전 형태는 "有何功哉"이고, "奚國之有"의 도치 이전 형태는 "有奚國"이고, "何不吉之有哉"의 도치 이전 형태는 "有何不吉哉"이고, "何不利之有"의 도치 이전 형태는 "有何不利"이고, "何老之有"의 도치 이전 형태는 "有何老"이고, "何亡國敗家之有"의 도치 이전 형태는 "有何亡國敗家"이다.

이러한 유형은 『논어』에도 여러 번 나온다.

君子居之, 何陋之有. (『論語』「子罕」 14)

군자가 거처하는 데 무슨 누추함이 있겠는가?

未之思也, 夫何遠之有. (『論語』「子罕」 31)

그리워하지 않는 것이다. [그리워한다면] 멀다고 한들?

夫子焉不學, 而亦何常師之有. (『論語』「子張」 22)

선생님께서 어디선들 배우지 않았겠습니까? 대체 무슨 일정한 모범이 있었겠소.

"何陋之有"의 도치 이전 형태는 "有何陋"이고, "未何遠之有"의 도치 이전 형태는 "未有何遠"이고, "何常師之有"의 도치 이전 형태는 "有何常師"이다.

그런데 위 문형을 '何+주어+之+술어' 문형과 혼동해서는 안 된다. 이 문형은 '술어+목적어'를 포함하는 문형과는 달리 목적어가 없고 대신 주어가 분명히 드러난다.[20] 여기서 之는 "그토록" 정도로 번역될 수 있는 강세어다. 고대 중국어 문헌에서 이와 같은 문형도 널리 발견되는데, 그 예는 다음과 같다.

何追者之衆. (『列子』「說符」)

어찌 좇는 이가 그토록 많은가?

何夫子之娛也. (『莊子』「秋水」)

어찌 선생님은 그토록 즐기고 계십니까?

何其智之明也. (『史記』「春申君列傳」)

얼마나 지혜가 그토록 밝았던가?

何는 뒤에 오는 명사 등의 문장성분을 수식하여 "무슨" 혹은 "어떤"의 의미로 사용된 것이 아니라, "어찌" 혹은 "얼마나"처럼 단독사로 사용된 것이다. 이러한 유형은 『논어』에도 나타난다.

> 何德之衰. (『論語』「微子」5)
>
> 어찌 덕德이 그토록 쇠하였는가?

도치문에서 之뿐 아니라 是가 사용될 때도 있다. 그런데 원래 목적어가 보통 명사가 아니라 대명사일 경우는, 재지시할 때 是가 아닌 之만 사용한다.

其我之謂矣. (『左傳』「宣公二年」)

아마 나를 이른 것이로구나.

其斯之謂與. (『穀梁傳』「僖公二年」)

아마 이것을 이른 것이로구나.

"其我之謂矣"의 도치 이전 형태는 "其謂我矣"이고, "其斯之謂與"의

도치 이전 형태는 "其謂斯與"다.

『논어』에서는 다음 문장을 예로 들 수 있다.

其斯之謂與. (『論語』「學而」15)

아마 이것을 이르는 거겠죠?

吾斯之未能信. (『論語』「公冶長」6)

저는 아직 이 일에 확신이 없습니다.

古者民有三疾, 今也或是之亡也. (『論語』「陽貨」16)

옛날에는 피치자들에게 세 가지 병통이 있었는데, 이제는 그나마 도 없는 것 같다.

"其斯之謂與"의 도치 이전 형태는 "其謂斯與"이고, "吾斯之未能信"의 도치 이전 형태는 "吾未能信斯"이고, "今也或是之亡也"의 도치 이전 형태는 "今也或亡是也"이다.

『시경』, 『좌전』, 『국어』 등 비교적 이른 시기 문헌들에서 앞에 언급된 특정 대상을 之, 是, 焉, 斯, 之爲 등을 사용하여 반복한다. 이때 사용된 대명사(之, 是, 焉, 斯, 之爲 등)는 부정문이 아니어도 술어(동사) 앞에 위치한다. 후대로 갈수록 이러한 경향은 강화된다.[21]

戎狄是膺. (『詩經』「魯頌」'閟宮')

융적을 응징하다.

寡人之從君而西也, 亦晉之妖夢是踐. (『左傳』「僖公十五年」)

과인이 임금을 따라 서쪽으로 간 것은 또한 진나라의 요망한 꿈, 그것을 실천한 것이다.

病而後質焉, 何遲之有. (『左傳』「定公八年」)

문제가 생긴 뒤에 볼모를 잡히는 것이 무슨 늦음이 있겠는가?

我周之東遷, 晉鄭焉依. (『左傳』「隱公六年」)

우리 주나라가 동쪽으로 옮기는 것은, 진나라와 정나라에 의존하는 것이다.

朋酒斯饗, 曰殺羔羊. (『詩經』「豳風」'七月')

두 통 술 마시고, 새끼 양을 잡네.

故人苟生之爲見, 若者必死, 苟利之爲見, 若者必害. (『荀子』「禮論」)

그러므로 사람이 반드시 삶만 바라보면, 그러한 사람은 반드시 죽고, 반드시 이익만 바라보면, 그러한 사람은 반드시 해를 입는다.

이 예문에서 "戎狄是膺"의 도치 이전 형태는 "膺戎狄"이고, "晉之妖夢是踐"의 도치 이전 형태는 "踐晉之妖夢"이고, "何遲之有"의 도치 이전 형태는 "有何遲"이고, "晉鄭焉依"의 도치 이전 형태는 "依晉鄭"이고, "朋酒斯饗"의 도치 이전 형태는 "饗朋酒"이고, "苟生之爲見"의 도치 이전 형태는 "苟見生"이고, "苟利之爲見"의 도치 이전 형태는 "苟見利"이다.

도치된 목적어의 범위를 한정하기 위하여 唯(혹은 惟)가 부가되는 경우가 있다. '唯…是…', '唯…之', '唯…之爲' 문형이 그 예다. 여기서 唯(혹은 惟)는 목적어의 배타성을 나타내는 표현인 "오직…" 등으로 번역된다.

率師以來, 唯敵是求. (『左傳』「宣公十二年」)

군대를 이끈 이래 오직 적만을 찾았다.

唯才是擧. (曹操, 「求賢令」)

오직 인재만을 천거하라.

恈恈然, 唯利之見. (『荀子』「榮辱」)

탐욕스럽게 오직 이익만을 바라본다.

唯仁之爲守, 唯義之爲行. (『荀子』「不苟」)

오직 인을 지키고, 오직 의를 행한다.

"唯敵是求"의 도치 이전 형태는 "求唯敵"이고, "唯才是擧" 도치 이전 형태는 "擧唯才"이고, "唯利之見"의 도치 이전 형태는 "見唯利"이고, "唯仁之爲守, 唯義之爲行"의 도치 이전 형태는 "守唯仁, 行唯義"다.

『논어』에서는 다음 문장을 예로 들 수 있다.

父母唯其疾之憂. (『論語』「爲政」6)

부모는 오직 자식이 병날까 걱정합니다.

"唯其疾之憂"의 도치 이전 형태는 "憂唯其疾"이다.

8) 강조를 위한 '목적어+술어' 도치문

강조하기 위해 특별한 표지 없이 단순히 목적어와 술어의 순서를 뒤바꾸는 경우가 있다.[22]

肉食者鄙, 未能遠謀. (『左傳』「莊公十年」)

고기를 먹는 이들은 비루하니, 멀리 도모할 수 없다.

臣死且不避, 卮酒安足辭. (『史記』「項羽本紀」)

신은 죽음조차 피하지 않거늘 한잔 술을 어찌 사양하리오.

維葉莫莫, 是刈是濩. (『詩經』「周南」'葛覃')

잎사귀 무성한데, 그것을 베고 그것을 삶는다.

昭王南征而不復, 寡人是問. (『左傳』「僖公四年」)

소왕이 남쪽으로 정벌을 가서 돌아오지 않으니, 과인이 이를 묻는다.

이 예문에서 "肉食"의 도치 이전 형태는 "食肉"이고, "死且不避"의 도치 이전 형태는 "且不避死"이고, "是刈是濩"의 도치 이전 형태는 "刈是濩是"이고, "是問"의 도치 이전 형태는 "問是"이다.

9) 방위명사나 시간명사는 도치

방위명사나 시간명사는 종종 도치된다.

沛公北嚮坐, 張良西嚮侍 (『史記』「項羽本紀」)

패공은 북쪽을 향해 앉고, 장량은 서쪽을 향해 모시고 섰다.

위 예문에서 "沛公北嚮坐, 張良西嚮侍"의 도치 이전 형태는 "沛公坐北嚮, 張良侍西嚮"이다.

10) 수량사의 도치

강조를 위해 수량사가 수식하는 대상 앞에 올 수 있다.[23]

吏皆送奉錢三. (『史記』「蕭相國世家」)

관리들은 모두 돈 세 닢을 바쳤다.

孟嘗君予車五十乘, 金五百斤. (『戰國策』「齊策」)

맹상군은 오십 량의 수레와 오백 근의 금을 주었다.

이 예문에서 "吏皆送奉錢三"의 도치 이전 형태는 "吏皆送奉三錢"이고, "孟嘗君予車五十乘, 金五百斤"의 도치 이전 형태는 "孟嘗君予五十乘車, 五百斤金"이다.

11) 관형어의 도치

강조를 위해 형용사의 관형어가 수식하는 대상 앞에 올 수 있다.[24]

復爲羽聲忼慨 (『史記』「刺客列傳」)

다시 강개한 우성의 곡조가 되었다.

이 예문에서 "復爲羽聲忼慨"의 도치 이전 형태는 "復爲忼慨羽聲"이다.

12) 自의 도치

自가 대명사 목적어로 쓰일 때는 다른 목적어와는 달리 술어 뒤가 아니라 앞에 위치한다. 통상적인 목적어 위치를 감안한다면 도치로 보아도 큰 무리는 없다.[25]

먼저 自의 일반적 쓰임에 대해 살펴보자. 自는 다양한 뜻과 용례를 지닌 단어이다. 허러스何樂士가 편찬한 『고대한어허사사전古代漢語虛詞詞

典』에 따르면, 自의 용법은 크게 보아 전치사(개사介詞), 접속사(연사連詞), 부사, 대명사(대사代詞)로 나눌 수 있다.[26]

(1) 전치사로서의 自

① 장소 전치사로서의 自

楚人有涉江者, 其劍自舟中墜於水 (『呂氏春秋』「察今」)

초나라 사람 중 강을 건너는 이가 있었는데, 그의 칼이 배에서 물로 떨어졌다.

君自故鄕來, 應知故鄕事 (王維, 「雜詩之二」)

그대는 고향으로부터 왔으니, 고향 일을 알 것이다.

『논어』에서 自가 장소 전치사로 쓰인 예문은 다음과 같다.

有朋自遠方來, 不亦樂乎. (『論語』「學而」 1)

멀리서 찾아오는 붕우朋友가 있으면, 참으로 즐겁지 아니한가?

自牖執其手, 曰. (『論語』「雍也」 10)

창문 너머에서 그의 손을 잡고서 말씀하셨다.

吾自衛反魯, 然後樂正. (『論語』「子罕」 15)

내가 위나라에서 노나라로 돌아온 이후에 음악이 바르게 되었다.

② 시간 전치사로서의 自

自此, 冀之南, 漢之陰, 无隴斷焉. (『列子』「湯問」)

이 이후로, 기주冀州의 남쪽에서 한수漢水의 남단에까지 깎아 세운 듯한 높은 언덕이 없다.

『논어』에서 自가 시간 전치사로 쓰인 예문은 다음과 같다.

禘, 自旣灌而往者, 吾不欲觀之矣. (『論語』「八佾」 10)
체禘 제사에서 술 따르는 순서 다음은 [예가 엉망이라] 나는 보고 싶지가 않다.

自古皆有死. (『論語』「顔淵」 7)
자고로 모두 죽게 되어 있다.

③ 대상 전치사로서의 自

諸律令所更定, 及列侯悉就國, 其說皆自賈生發之. (『史記』「屈原賈生列傳」)
뭇 율령이 고쳐지고 각 제후들이 모두 봉국으로 나아가니, 그 논의는 모두 가의로부터 나온 것이었다.

『논어』에서 自가 대상 전치사로 쓰인 예문은 다음과 같다.

晨門曰, 奚自. 子路曰, 自孔氏. (『論語』「憲問」 38)
문지기가 물었다. "어디에서 왔습니까?" 자로가 말하였다. "공 선생님 문하에서 왔소."

天下有道, 則禮樂征伐, 自天子出. 天下無道, 則禮樂征伐, 自諸侯出. 自諸侯出, 蓋十世希不失矣. 自大夫出, 五世希不失矣. 陪臣執國命, 三世希不失矣. (『論語』「季氏」 2)

천하에 도道가 있으면, 예악과 정벌이 천자르부터 나온다. 천하에 도道가 없으면, 예악과 정벌이 제후로부터 나온다. 제후로부터 그러한 것들이 나오면, 열 세대가 지나도록 나라를 잃지 않는 경우가 드물다. 대부로부터 나오면 다섯 세대가 지나도록 나라를 잃지 않는 경우가 드물다. 가신이 나라의 명령권을 쥐고서 삼 세대가 지나도록 나라를 잃지 않는 경우가 드물다.

④ 조건 전치사로서의 自

自其同者視之, 萬物皆一也. (『莊子』「德充符」)
같은 것으로부터 보면 만물이 다 같다.

(2) 접속사로서의 自
① 가정의 접속사로서의 自

自非聖人, 得志而不驕佚者, 未之有也. (『鹽鐵論』「論功」)
성인이 아니라면, 뜻을 얻었는데도 교만방탕하지 않은 이는 있은 적이 없다.

② 양보의 접속사로서의 自

昌爲人彊力, 敢直言, 自蕭曹等皆卑下之. (『史記』「張丞相列傳」)
주창周昌은 사람됨이 강력하여 감히 진언을 하였다. 소하蕭何와 조참曹參 같은 사람들조차도 그에 대해서는 자신을 낮추었다.

(3) 부사副詞로서의 自

① "스스로"라는 의미의 부사

旦日不可不蚤自來謝項王. (『史記』「項羽本紀」)

다음 날 아침 일찍 스스로 찾아와 항왕에게 사죄하지 않을 수 없다.

『논어』에서 自가 "스스로"라는 의미의 부사로 쓰인 예문으로는 다음과 같은 것들이 있다.

人雖欲自絕, 其何傷於日月乎. 多見其不知量也. (『論語』「子張」 24)

사람들이 비록 스스로 [해와 달과의 관계를] 끊으려고 하더라도 어찌 해와 달에 손상이 있겠습니까? 그저 자기 국량을 알지 못함을 드러낼 뿐입니다.

② "저절로", "각기"라는 의미의 부사

諸陳王故人皆自引去, 由是無親陳王者. (『史記』「陳涉世家」)

뭇 진왕의 옛사람들은 모두 각기 떠났으며, 이로부터 진왕을 가까이 하는 사람이 없었다.

③ "원래", "자연스레"라는 의미의 부사

是以古之作者, 寄身於翰墨, 見意於篇籍, 不假良史之辭, 不託飛馳之勢, 而聲名自傳於後. (『典論』「論文」)

옛 글쓰는 이는 자신을 한묵에 기착하고, 전적 속에 뜻을 보인다. 역사가의 말에 기대지 않고, 나는 듯한 권세에 의탁하지 않고도 이름이 후세에 자연스레 전해진다.

(4) 대명사로서의 自

故知之難, 不在見人, 在自見. (『韓非子』「喻老」)
앎의 어려움은 타인을 이해하는 데 있는 것이 아니라 자신을 이해하는 데 있다.
山木自寇也, 膏火自煎也. (『莊子』「人間世」)
산의 나무는 스스로를 해치며, 기름불은 스스르를 태운다.
多行不義, 必自斃. (『左傳』「隱公元年」)
불의한 일을 많이 행하면, 그것은 반드시 스스로를 망하게 한다.
一里長幼, 喜躍抃舞, 弗能自禁. (『列子』「湯問」)
마을 전체의 늙은이 젊은이가 모두 기뻐 춤추어, 스스로를 통제할 수 없었다.

『논어』에서 自가 대명사로 쓰인 예문은 다음과 같다.

不可則止, 毋自辱焉. (『論語』「顏淵」 23)
불가능하면 그만두어 스스로를 욕되게 하지 마라.
豈若匹夫匹婦之爲諒也, 自經於溝瀆, 而莫之知也. (『論語』「憲問」 17)
어찌 필부匹夫·필부匹婦가 작은 신의를 위해 스스로 목매 죽은 뒤 [시신이] 도랑에 뒹굴어도 알아주는 사람이 아무도 없는 것과 같이 하겠는가?

夫人自稱曰小童. (『論語』「季氏」14)

부인이 자신을 칭할 때는 '소동小童'이라고 한다.

人未有自致者也, 必也親喪乎. (『論語』「子張」17)

사람이 [평소에는] 스스로 정성을 다함이 없더라도 반드시 어버이의 장례에는 정성을 다해야 한다.

앞에서 언급했듯이 이 自가 흥미로운 점은 대명사 목적어로 쓰일 때 술어(동사) 뒤에 위치하는 것이 아니라 마치 부사처럼 술어 앞에 위치한다는 사실이다. 목적어의 통상적인 위치를 고려하면, '見自, 煎自, 鬻自, 禁自, 辱自, 經自, 稱自, 致自'가 되어야 하는데, 自의 특성에 의해 '自見, 自煎, 自鬻, 自禁, 自辱, 自經, 自稱, 自致'로 바뀐 것이다.

이와 같은 自의 특성은 술어가 2음절어일 때도 마찬가지로 유지된다.[27]

王自以爲與周公, 孰仁且智. (『孟子』「公孫丑下」)

왕께서 주공과 자신 중 누가 인하고 지혜롭다고 생각하십니까?

목적어 自가 그 특성상 술어 以爲 앞에 있음에 유의할 필요가 있다. 목적어의 통상적인 위치를 고려하면, "以爲自與周公"이 되어야 하는데, 自의 특성에 의해 "自以爲與周公"으로 변한 것이다. 이 점을 좀 더 명백하게 이해하기 위하여 기존 『맹자』 한국어 번역본들이 이 문장을 어떻게 번역하고 있는지 예를 들어 살펴보자.

강동석 번역본 왕께서는 스스로 생각하시기에 주공과 더불어 누가 더 어질고 또 지혜롭다고 생각하십니까? (『맹자』, 한국학술정보, 2015, 176쪽)

금장태 번역본 임금님께서 스스로 생각하시기에 주공과 더불어 누가 더 어질고 또 지혜롭다고 여기십니까? (『우리말 사서』, 지식과교양, 2013, 208쪽)

김동구 번역본 임금님 스스로 생각하시기에, 주공(周公)과 비교해서 누가 더 어질고 슬기롭다고 〈생각하십니까.〉 (『맹자집주』, 명문당, 2010, 224쪽)

김정진 번역본 왕이 스스로 생각할 때 주공과 더불어 누가 어질고 또 지혜롭습니까? (『원본맹자집주대전』, 형설출판사, 1988, 95쪽)

성백효 번역본 왕께서 스스로 생각하시기에 周公과 비교하여 누가 더 仁하고 또 지혜롭다고 여기십니까? (『현토신역 맹자집주 [天]』, 한국인문고전연구소, 2014, 269쪽)

신창호 번역본 당신께서 스스로 생각하시기에 주나라에 비해 누가 더 인자하고 지혜롭다고 생각하십니까? (『한글맹자』, 판미동, 2015, 157쪽)

우재호 번역본 왕께서 스스로 생각하시기에 왕과 주공을 비교하여 누가 더 낫다고 여기십니까? (『맹자역주』, 중문, 2005, 148쪽)

유교문화연구소 번역본 왕께서 스스로 생각하시기에 주공과 더불어 누가 더 인하고 또 지혜롭다고 여기십니까? (『맹자』, 성균관대학교출판부, 2006, 272쪽)

이종찬 번역본 왕께서 스스로 생각하시되 주공周公과는 누가 더 인자하고 지혜롭다 여기십니까. (『맹자』, 새문사, 2011, 417쪽)

임동석 번역본 왕께서 스스로 여기시기에 왕과 주공은 누가 더 어질고

지혜롭다고 보십니까? (『사서집주언해 맹자』, 학고방, 2004, 188쪽)

장기근 번역본 임금님 스스로 생각하시기에, 주공(周公)과 비교해서 누가 더 어질고 슬기롭다고 〈생각하십니까.〉 (『맹자의 명언명구』, 명문당, 2013, 149쪽)

황호현 번역본 왕(王)께서 스스로(自) 생각(以) 하시기를(爲) 주공(周公)과 누가(孰) 어질며(仁) 또(且) 지혜스럽다(智) 하시나이까. (『맹자정해』, 건도시스템, 1991, 271쪽)

『맹자』 한국어 번역본들은 모두 自를 "스스로"라는 의미의 부사로 번역하고 있다. 그러나 與(…과)는 앞뒤로 비교가 되는 대상들을 A與B의 형태로 병렬할 것을 요구하는 단어다. 따라서 "自與周公"이 원래 문장인데, 自가 갖는 독특한 성격에 의하여 술어인 以爲 앞에 自가 위치하게 된 것이다. 즉, 이 문장에서 自는 부사가 아니라 대명사 목적어로 쓰이고 있는 것이다.

이와 같은 自 관련 문법이 함의하는 바는, 술어(동사) 앞에 自가 나올 때, 自가 부사로 사용되었는지, 대명사로 사용되었는지를 自의 위치만 가지고는 판별할 수 없다는 점이다. 自를 정확히 번역하기 위해서는 문장 내 自의 위치에 대한 정보 이외에 추가적인 고려가 필요하다.

15

『논어』에서 도치문 번역 (2)

이 장에서는 『논어』 한국어 번역본들이 앞 장에서 다룬 도치 관련 문법들을 얼마나 잘 반영하여 번역하고 있는지 살펴볼 것이다. 도치 문형 가운데 특히 의문사를 동반하는 목적어가 문두로 도치되는 문장 유형, 즉 '의문사(何)를 포함하는 대상+之+술어' 문형의 번역 현황과 이와 유사한 '의문사(何)+주어+之+술어' 문형의 번역이 어떻게 이루어지고 있는지를 다룰 것이다. 그리고 다양한 뜻과 용례를 지닌 '自'가 대명사 목적어로 쓰일 때 도치되는 문장 유형을 『논어』에서 살펴 한국어 번역 현황을 검토하겠다.

1. 의문사를 포함하는 대상이 문두로 도치되는 문장

의문사를 포함하는 대상이 문장 맨 앞으로 도치되고, 之, 是, 焉, 斯,

之爲 등의 표지(혹은 목적어 재지시어)가 술어(혹은 전치사) 앞에서 목적어를 재지시하는 문장 유형에 대해서 앞에서 살펴본 바 있다. 『논어』 텍스트에서는 다음 예문이 그러한 문형에 해당한다(밑줄은 필자).

> 君子居之, 何陋之有. (『論語』「子罕」 14)
> 군자가 거처하는 데 무슨 누추함이 있겠는가?
> 未之思也, 夫何遠之有. (『論語』「子罕」 31)
> 그리워하지 않는 것이다. [그리워한다면] 멀다고 한들?
> 夫子焉不學, 而亦何常師之有.(『論語』「子張」 22)
> 선생님께서 어디선들 배우지 않았겠습니까? 대체 무슨 일정한 모범이 있었겠소.

예문에서 『논어』「자한」 14의 "何陋之有"의 도치 이전 형태는 "有何陋"이고, 「자한」 31의 "夫何遠之有"의 도치 이전 형태는 "夫有何遠"이고, 「자장」 22의 "何常師之有"의 도치 이전 형태는 "有何常師"이다. 何陋, 何遠, 何常師는 의문사를 포함하는 대상이다. 의문사가 문두에 위치하는 도치의 규칙을 감안할 때, 의문사를 포함하는 대상 전체가 문두로 도치되는 것은 당연하다고 하겠다. 何陋, 何遠, 何常師에 사용된 何는 "어찌" 처럼 단독사로 사용된 것이 아니라 뒤에 오는 명사 등의 문장성분을 수식하여 "무슨" 혹은 "어떤"의 의미로 사용된 것이다. 만약 何와 陋가 분리되고, 何와 遠이 분리되고, 何와 常師가 분리되어 있는 것이라면(즉, 何가 "무슨"이나 "어떤"이 아니라 "어찌"라면), 何만 문두로 도치되면 되지 陋, 遠, 常師가 何와 함께 앞으로 도치될 필요는 없을 것이다. 즉, 何가 바로 뒤의 글자(陋, 遠, 常師)를 수식하여 何陋, 何遠, 何常師가 주어를 이루기에, 술어 앞으로 도치되는 것이다.

이와 같은 문장을 『논어』 한국어 번역본들이 어떻게 번역하고 있는지 살펴보자.

> 君子居之, 何陋之有. (『論語』「子罕」14)
> 군자가 거처하는 데 무슨 누추함이 있겠는가?

- "어찌 누추함이 있겠는가" 혹은 그와 유사한 표현으로 번역한 번역본

금장태 번역본(52쪽), **김도련 번역본**(상권, 482쪽), **김영호 번역본**(169~170쪽), **김용옥 번역본**(III권, 118쪽), **김학주 번역본**(309쪽), **신창호 번역본**(243쪽), **양차오밍 번역본**(222쪽), **윤재근 번역본**(1권, 669쪽), **이강재 번역본**(201쪽), **이기석·한백우 번역본**(195쪽), **이우재 번역본**(390쪽), **이지형 번역본**(2권, 393쪽), **임동석 번역본**(2권, 736쪽), **장기근 번역본**(322쪽) **최근덕 번역본**(215쪽), **최영갑 번역본**(1권, 339쪽)

앞에서 논한 바가 타당하다면, 이 번역본들은 "어떤 누추함" 혹은 "무슨 누추함" 등으로 번역해야 할 何陋를 "어찌 누추함이"로 잘못 번역하고 있는 셈이다. 좀 더 분석적으로 말한다면, 何陋를 하나의 단위로 보지 않고 何와 陋를 나누어서 보고 있는 것이다. 반면, 何陋를 하나의 단위로 보아 "어떤 누추함" 혹은 "무슨 누추함" 등으로 번역하고 있는 『논어』 한국어 번역본은 다음과 같은 것들이 있다.

- "무슨 누추함이 있겠는가" 혹은 그와 유사한 표현으로 번역한

번역본

강동석 번역본(191쪽), **김동인·지정민·여영기 번역본**(2권, 504쪽), **김원중 번역본**(221쪽), **김형찬 번역본**(114쪽), **동양고전연구회 번역본**(191쪽), **류종목 번역본**(305~306쪽), **박삼수 번역본**(266쪽), **박유리 번역본**(371쪽), **박헌순 번역본**(1권, 547쪽), **배병삼 번역본**(1권, 485쪽), **부남철 번역본**(293쪽), **성백효 번역본**(255쪽), **심경호 번역본**(2권, 38쪽), **유교문화연구소 번역본**(305쪽), **이기동 번역본**(372쪽), **이상임 번역본**(103~104쪽), **이한우 번역본**(639쪽), **임옥균 번역본**(186쪽), **정태현·이성민 번역본**(2권, 77쪽), **조명화 번역본**(2권, 85쪽), **차주환 번역본**(155쪽), **한필훈 번역본**(158쪽), **황희경 번역본**(164쪽)

• 기타

위 두 가지 유형의 번역에 속하지 않는 것으로 판단되는 번역은 다음과 같은 것들이 있다.

박종연 번역본 군자가 가서 살면, 누추하지 않게 될 것이다. (258쪽)

신정근 번역본 자율적 인간이 사는 곳이라면 낙후된 곳이 어디에 있단 말인가요? (362쪽)

이동희 번역본 군자가 사는데 누추할 게 뭐 있겠느냐? (196쪽)

이을호 번역본 참된 인간이 산다면이야 더러울 게 어디 있담! (117쪽)

이 중 이동희 번역본에서 제시하는 "누추할 게 뭐 있겠느냐"는 번역은 "무슨 누추함"을 풀어 쓴 것으로 이해할 수도 있다. 그러나 신정근 번역본과 이을호 번역본은 何를 "어디에"로 번역하고 있다는 점에서 앞에서 제시한 번역문들과는 분명히 구별된다. 그러나 어떤 근거에서 何를 "어디에"로 번역할 수 있는지는 분명하지 않다. 끝으로 박종연 번역본은 (수사)의문문의 형태를 띤 원문을 평서문으로 과감히 바꾼 예이다. 원문의 형태를 그렇게 바꾸어야 할 이유를 찾기 어렵고, 결과적으로 何陋를 어떻게 해석하고 있는지 짐작할 수 없다.

비교 삼아, 이 문장의 영어 번역은 어떠한지 살펴보자(밑줄은 필자).

• 영어 번역본

Ames and Rosemont Were an exemplary person (junzi 君子) to live among them, what crudeness could there be?" (129쪽)[1]

Lau Once a gentleman settles amongst them, what uncouthness will there be? (98쪽)[2]

Legge If a superior man dwelt among them, what rudeness would there be? (221쪽)[3]

Slingerland If a gentleman were to dwell among them, what uncouthness would there be? (91쪽)[4]

Waley Were a true gentleman to settle among them there would soon be no trouble about lack of refinement. (141쪽)[5]

위에서 인용한 『논어』 번역본 중에서 웨일리Arthur Waley를 제외하고는 모두 何陋를 "어떤 누추함"(what crudeness, what uncouthness, what rudeness)으로 이해하고 있음을 보여준다.

『논어』의 다음 문장을 살펴보자.

未之思也, 夫何遠之有. (『論語』「子罕」31)

그리워하지 않는 것이다. [그리워한다면] 멀다고 한들?

• "어찌 멂(먼 곳)이 있겠는가" 혹은 그와 유사한 표현으로 번역한 번역본

강동석 번역본(202쪽), **금장태 번역본**(54쪽), **김도련 번역본**(상권 507쪽), **김동인·지정민·여영기 번역본**(2권, 566쪽), **김영호 번역본**(175쪽), **김용옥 번역본**(III권, 155~156쪽), **김학주 번역본**(320쪽), **김형찬 번역본**(118쪽), **동양고전연구회 번역본**(199쪽), **박유리 번역본**(391쪽), **박종연 번역본**(270쪽), **성백효 번역본**(267쪽), **신창호 번역본**(253쪽), **유교문화연구소 번역본**(325쪽), **윤재근 번역본**(1권, 710쪽), **이기동 번역본**(389쪽), **이기석·한백우 번역본**(209쪽), **이동희 번역본**(43쪽), **이우재 번역본**(406쪽), **이을호 번역본**(123쪽), **이지형 번역본**(2권, 437쪽), **이한우 번역본**(673쪽), **임동석 번역본**(2권, 775쪽), **장기근 번역본**(338쪽), **정태현·이성민 번역본**(2권, 92~93쪽), **최영갑 번역본**(1권, 356쪽)

앞에서 논한 바가 타당하다면, 이 번역본들은 "어떤 멂" 혹은 "무슨 멂" 등으로 번역해야 할 何遠을 "어찌 멂이"로 잘못 번역하고 있는 셈이다. 좀 더 분석적으로 말한다면, 何遠을 하나의 단위로 보지 않고 何와 遠를 나누어서 보고 있는 것이다. 반면, 何遠을 하나의 단위로 보아 "어떤 멂" 혹은 "무슨 멂" 등으로 번역하고 있는 번역본은 검토 대상 번역본 중에서 임옥균 번역본("생각하지 않는 것이지, 무슨 멀다는 것이 있겠는가?", 194~195쪽)이 유일하다.

• "먼 것이 어디에 있겠는가" 혹은 그와 유사한 표현으로 번역한 번역본

양차오밍 번역본(236쪽), **이강재 번역본**(207쪽), **조명화 번역본**(2권, 114쪽), **최근덕 번역본**(226쪽), **황희경 번역본**(172~173쪽)

이 번역본들은 何를 "어디에"로 번역하고 있다는 점에서 위에서 제시한 번역문들과는 분명히 구별된다. 그러나 어떤 근거에서 何를 "어디에"로 번역할 수 있는지는 분명하지 않다.

• 기타

김원중 번역본 그리워하지 않는 것일 테지, 무엇이 멀리 있다는 것인가? (231쪽)

류종목 번역본 그를 그리워하지 않은 것이지 멀 것이 뭐 있느냐? (320쪽)

박삼수 번역본 진실로 그리워하지 않음이로다 집이 먼 게 무슨 대수란 말인가? (281쪽)

박헌순 번역본 그리워하지 않는 것이다. 무엇이 멀겠는가? (1권, 572쪽)

배병삼 번역본 생각이 없는 게지, 먼 것이 무슨 문제가 될꼬! (1권, 512쪽)

부남철 번역본 생각하는 마음이 없는 것이지 어찌 거리가 멀다고 핑계를 대는가! (304쪽)

신정근 번역본 아직 참으로 생각하지 않는 거다. 참으로 생각한다면 과연 극복할 수 없는 먼 거리가 있겠는가? (381쪽)

한필훈 번역본 실제로는 그리워하지 않는 것이다. 진정으로 그리워한다면 거리가 먼 것이 무슨 문제일까? (165쪽)

이 중에서 김원중 번역본, 류종목 번역본, 박헌순 번역본은 "무엇이 멀겠는가" 혹은 그와 유사한 번역문을 제시하고 있다. 何와 遠을 주어 술어 관계로 번역한 것으로 보인다는 점에서 문제가 있다. 그리고 배병삼 번역본과 한필훈 번역본은 何를 "무슨 문제"로 번역하고 있는데, 여기서 "문제"라는 표현은 자의적으로 삽입된 것으로 보인다. 그 밖에 박삼수 번역본, 부남철 번역본, 신정근 번역본은 원문을 상당히 의역하고 있는 것으로 판단되는데, 그 의역의 근거는 정확히 알 수 없다. 의역이 갖는 문제는 추후 별도의 장에서 다루게 될 것이다.

이 문장의 영어 번역은 어떠한지 살펴보자(밑줄은 필자).

• 영어 번역본

Ames and Rosemont He wasn't really thinking of her, or how could she be far away? (133쪽)

Lau He did not really think of her. If he did, there is <u>no such thing as being far away</u>. (100쪽)

Legge It is the want of thought about it. How is it distant? (226쪽)

Slingerland He was not really thinking of her. If he were, what difference would the distance make? (97쪽)

Waley He did not really love her. Had he done so, he would not have worried about the distance. (145쪽)

위에서 인용한 『논어』 영어 번역본들 중에서는 라우D. C. Lau의 번역본이 그나마 "no such thing as being far away"라는 표현을 통해서 何遠이 갖는 어법을 살리고 있음을 알 수 있다.

『논어』의 다음 문장을 살펴보자.

> 夫子焉不學, 而亦何常師之有.(『論語』「子張」22)
> 선생님께서 어디선들 배우지 않았겠습니까? 대체 무은 일정한 모범이 있었겠소.

- "어찌 일정한 스승이 있겠습니까" 혹은 그와 유사한 표현으로 번역한 번역본

강동석 번역본(430~431쪽), **금장태 번역본**(116쪽), **김영호 번역본**(319쪽), **김용옥 번역본**(III권, 569~570쪽), **김원중 번역본**(452쪽), **김학주 번역본**(567쪽), **김형찬 번역본**(218쪽), **동양고전연구회 번역본**(415쪽), **류종목 번역본**(622쪽), **박삼수 번역본**(526쪽), **박유리 번역본**(814쪽), **박종연 번역본**(586쪽), **배병삼 번역본**(2권, 479쪽), **부남철 번역본**(603쪽), **성백효 번역본**(540쪽), **신정근 번역본**(763쪽), **신창호 번역본**(457~458쪽), **심경호 번역본**(3권, 284쪽), **양차오밍 번역본**(472쪽), **유교문화연구소 번역본**(713쪽), **윤재근 번역본**(2권, 683쪽), **이강재 번역본**(345쪽), **이기동 번역본**(665쪽), **이기석·한백우 번역본**(452쪽), **이상임 번역본**(19쪽), **이우재 번역본**(814쪽), **이을호 번역본**(252쪽), **이지형 번역본**(5권, 415쪽), **이한우 번역본**(1375쪽), **임동석 번역본**(4권, 1658쪽), **임옥균 번역본**(363쪽), **장기근 번역본**(722쪽), **정태현·이성민 번역본**(3권, 201쪽), **조명화 번역본**(2권, 676~677쪽), **차주환 번역본**(334쪽), **최근덕 번역본**(491쪽), **최석기 번역본**(153쪽), **최영갑 번역본**(2권, 371쪽), **홍승직 번역본**(352쪽), **황희경 번역본**(331쪽)

앞에서 논한 바가 타당하다면, 이 번역본들은 "무슨 일정한 스승" 등으로 번역해야 할 何常師를 "어찌 일정한 스승이"로 잘못 번역하고 있는

셈이다. 좀 더 분석적으로 말한다면, 何常師를 하나의 단위로 보지 않고 何와 常師를 나누어서 보고 있는 것이다. 반면, 何常師를 하나의 단위로 보아 "무슨 일정한 스승" 등으로 번역하고 있는 『논어』 한국어 번역본은 다음과 같다.

- "무슨 일정한 스승이 있겠습니까" 혹은 그와 유사한 표현으로 번역한 번역본

김동인·지정민·여영기 번역본(4권, 395쪽), **박헌순 번역본**(2권, 580쪽)

- 기타

김도련 번역본 공자께서 어디에선들 배우지 못하시겠으며, 또 일정한 스승이 있을 필요가 어디 있겠습니까? (하권, 530~531쪽)

한필훈 번역본 왜 선생님께서 배울 곳이 없었겠습니까? 선생님께는 스승이 따로 있지 않았습니다. (324쪽)

김도련 번역본은 何를 "어디에"로 번역하고 있다는 점에서 위에서 제시한 번역문들과는 분명히 구별된다. 그러나 어떤 근거에서 何를 "어디에"로 번역할 수 있는지는 분명하지 않다. 한필훈 번역본은 (수사)의문문의 형태를 띤 원문을 평서문으로 과감히 바꾼 예이다. 원문의 형태를 그렇게 바꾸어야 할 이유를 찾기 어렵고, 결과적으로 何常師를 어떻게 해석하고 있는지 짐작할 수 없다.

이 문장의 영어 번역은 어떠한지 살펴보자(밑줄은 필자).

• 영어 번역본

Ames and Rosemont Who then does the Master not learn from? Again, how could there be a single constant teacher for him? (223쪽)

Lau From whom, then, does the Master not learn? Equally, how could there be such a thing as a constant teacher for him? (156쪽)

Legge Where could our Master go that he should not have an opportunity of learning them? And yet what necessity was there for his having a regular master? (346쪽)

Slingerland From whom did the Master not acquire his learning? And what need was there for him to have a formal teacher? (228쪽)

Waley From whom indeed did our Master not learn? But at the same time, what need had he of any fixed and regular teacher? (229쪽)

위 『논어』 영어 번역본들 중에서는 라우의 번역본이 그나마 "such a thing as a constant teacher"라는 표현을 통해서 何常師가 갖는 어법을 살리고 있음을 알 수 있다.

지금까지 의문사를 포함하는 대상이 문장 맨 앞으로 도치되고, 之가 동사 술어(혹은 전치사) 앞에서 목적어를 재지시하는 『논어』 문장들의 번역본들을 살펴보았다. 물론 고대 중국어 문법에 기초한 나의 문형 제시와 해석에 동의하지 않을 수도 있다. 그러나 대안적인 문형 제시나 해석이 제공되고 있는 번역이 존재한다고 볼 수는 없다. 어떤 번역본도 같은 문형에 대해 일관된 번역을 제공하지 않고 있기 때문이다.

2. '何+주어+之+술어' 문형

앞 절에서 검토한 의문사를 포함하는 대상이 문두로 도치되는 문장 유형과 '何+주어+之+술어' 문형을 혼동해서는 안 된다. '何+주어+之+술어' 문형은 '술어+목적어'를 포함하는 문형과는 달리 주어가 분명히 드러난다.[6] 여기서 之는 "그토록" 정도로 번역될 수 있는 강세어이며,[7] 何는 "무슨" 혹은 "어떤"처럼 뒷말을 수식하는 역할이 아니라, "어찌" 혹은 "얼마나"처럼 단독사로 사용된 것이다. 『논어』 텍스트에서는 다음 예문이 그러한 문형에 해당한다.

> 何德之衰. (『論語』「微子」5)
> 어찌 덕德이 그토록 쇠하였는가?

- "어찌 덕이 쇠하였는가" 혹은 그와 유사한 표현으로 번역한 번역본

강동석 번역본(404~405쪽), **금장태 번역본**(110쪽), **김도련 번역본**(하권, 474쪽), **김동인·지정민·여영기 번역본**(4권, 261쪽), **박유리 번역본**(767쪽), **성백효 번역본**(513쪽), **신정근 번역본**(721쪽), **심경호 번역본**(3권, 212쪽), **유교문화연구소 번역본**(668쪽), **이기석·한백우 번역본**(428쪽), **이동희 번역본**(207쪽), **이우재 번역본**(771쪽), **이지형 번역본**(5권, 275쪽), **이한우 번역본**(1310쪽), **임옥균 번역본**(343~344쪽), **정태현·이성민 번역본**(3권, 160쪽), **최영갑 번역본**(2권, 330쪽)

이 번역본들은 '何+주어+之+술어' 문형을 살려서 번역한 경우들이

다. 그러나 之를 어떻게 처리했는지는 분명하지 않다. 강조어를 삽입하지 않은 점을 감안하다면 之를 주격 조사로 간주했을 가능성이 크다.

- (아마도 之를 "그렇게"라고 번역하여) "어찌 덕이 그렇게 쇠하였는가" 혹은 그와 유사한 표현으로 번역한 번역본

김영호 번역본(304~305쪽), **김원중 번역본**(430~431쪽), **김학주 번역본**(539쪽), **김형찬 번역본**(207쪽), **동양고전연구회 번역본**(393쪽), **박삼수 번역본**(500쪽), **박헌순 번역본**(2권, 517쪽), **배병삼 번역본**(2권, 430쪽), **부남철 번역본**(571쪽), **양차오밍 번역본**(447쪽), **윤재근 번역본**(2권, 601~602쪽), **이강재 번역본**(330쪽), **이기동 번역본**(637쪽), **이을호 번역본**(239쪽), **임동석 번역본**(4권, 1576쪽), **장기근 번역본**(683쪽), **차주환 번역본**(317~318쪽), **최근덕 번역본**(463~464쪽), **최석기 번역본**(145쪽), **황희경 번역본**(314쪽)

이 번역본들은 앞의 번역본들과 달리 "그렇게"라는 강조어를 삽입하고 있다. 이 역시 '何+주어+之+술어' 문형을 살려서 번역한 경우들이라고 할 수 있다. 그러나 "그렇게"라는 표현이 之를 번역한 것인지, 아니면 문장에 리듬을 주기 위하여 단순히 삽입한 것인지는 분명하지 않다.

- 기타

김용옥 번역본 나타나지 않아야 할 세상에 나타나서 돌아다니는 네 모습이 초라하다. (III권, 537쪽)

류종목 번역본 어찌하여 그대의 덕을 쇠퇴하게 만드는가? (590쪽)

박종연 번역본 왜 이렇게 불운한가? (554쪽)

신창호 번역본 참으로 덕이 쇠했구나! (435쪽)

조명화 번역본 어쩌면 이다지도 추레한고. (2권, 625쪽)

한필훈 번역본 쇠한 덕을 어찌할까. (306쪽)

홍승직 번역본 어찌 덕이 쇠퇴한 시절에 나타났는가? (337쪽)

이 번역본들은 앞에서 분류한 유형 어디에도 속하지 않는 것들이다. 한필훈 번역본에서는 "쇠한 덕"이라는 표현을 사용하는데, "德之衰"는 어떤 경우에도 그렇게 직역될 수 없다. 류종목 번역본은 "덕을 쇠퇴하게 만든다"는 표현을 사용하는데, 문장 내에서 그러한 사역의 뜻을 일으키는 요소를 찾을 수 없다. 신창호 번역본은 "참으로"라는 강조어를 사용한 것이 두드러지는데, 何를 그렇게 번역한 것인지, 之를 그렇게 번역한 것인지 알 수 없다. 김용옥 번역본, 박종연 번역본, 조명화 번역본, 홍승직 번역본은 과감한 의역을 시도한 경우라고 판단되는데, 원문을 어떻게 해석했는지 재구성하기가 쉽지 않을 정도다.

3. 自의 번역 문제

앞에서 언급했듯이 自가 흥미로운 점은 대명사 목적어로 쓰일 때 술어(동사) 뒤에 위치하는 것이 아니라 마치 부사처럼 술어 앞에 위치한다는 사실이다. 통상적인 목적어 위치를 감안한다면 도치로 보아도 큰 무리는 없다. 이와 같은 自 관련 문법이 번역 과정에서 함의하는 바는, 술어 앞에 自가 발견될 때, 그 自가 부사로 사용되었는지, 대명사 목적어로 사용되었는지를 自의 위치만 가지고는 판별할 수 없다는 점이다. 自를 정확히 번역하기 위해서는 문장 내 自의 위치에 대한 정보 이외에 추가적인 고려가 필요하다. 많은 경우, 문장의 맥락을 고려하면 문장 내 自가 부사로 사용되었는지 대명사 목적어로 사용되었는지 판별할 수 있다.

自가 부사로 사용되었으면 "스스로" 혹은 그와 유사한 표현으로 自를 번역하는 것이 무난하고, 대명사 목적어로 사용되었으면 "스스로를"이라고 번역하는 것 좋다. "을/를"이 존재할 때야 우리는 "스스로"가 목적어로 사용되었음을 분명히 알 수 있다. "을/를"을 동반하지 않은 "스스로"는 부사로 간주하는 것이 타당할 것이다. 이 점을 염두에 두고 『논어』에 나오는 다음 예문을 살펴보기로 하자(밑줄은 필자).

> 見賢思齊焉, 見不賢<u>而內自省</u>也. (『論語』「里仁」17)
> 현능한 사람을 보면 그와 같아지기를 생각하고, 현능하지 못한 사람을 보면 속으로 스스로를 반성한다.
>
> 已矣乎, 吾未見能見其過, <u>而內自訟</u>者也.[8] (『論語』「公冶長」27)
> 끝났구나! 나는 자신의 허물을 발견하고, 속으로 스스로를 나무라는 사람을 아직 보지 못하였다.

이 두 문장은 번역자들이 自의 번역에 대해 어떤 견해를 가지고 있는지 살펴볼 수 있는 좋은 기회를 제공한다. 첫째, 두 문장에서 自가 대명사 목적어로 사용된 것인지 아니면 부사로 사용되었는지는 쉽게 판별하기 어렵다. 따라서 번역자는 해당 사안에 대해서 깊이 생각하고 번역할 필요가 있다. 둘째, 두 문장은 "而內自省"과 "而內自訟"이라는 유사한 절을 포함하고 있다. 省과 訟이라는 서로 다른 글자를 사용한다는 점에서 차이가 있지만, 自의 쓰임에 관한 한 같을 것이라고 유추할 만한 문장 유형상 유사점이 있다. 省과 訟은 비슷한 뜻을 지니는 타동사로 기능할 수 있다는 점에서 그러하다. 따라서 自의 번역에 대해 고민한 번역자라면 위 두 문장에 사용된 自를 일관되게 번역할 것임을 기대할 수 있다. 혹은 두 문장에 사용된 自를 일부러 일관되게 번역하지 않으려면 그에 대한 합당한 논거를 제시하는 것이 좋을 것이다.

나는 이 두 문장에서 自가 대명사 목적어로 사용되었다고 판단한다. 첫째, 省과 訟은 대명사 목적어를 동반할 수 있는 타동사로 사용될 수 있다. 訟의 경우는 訟事, 訟案, 訟詞 등과 같은 표현에서 보이듯이 목적어를 동반할 수 있는 동사다. 省의 경우도 마찬가지다. 『논어』 텍스트에 나오는 「학이」 4의 "曾子曰, 吾日三省吾身"(증자가 말하였다. "나는 하루에 세 번나 자신을 살핀다.") 같은 용례를 보면 省이 吾身이라는 목적어를 동반함을 확인할 수 있다. 즉, 省 역시 목적어를 동반할 수 있는 동사다.

둘째, 오늘날에는 비록 自省이라는 말이 2음절어로 정착되었지만, 당시 고대 중국어에서는 많은 2음절 단어가 그러하듯이 自省 역시 2음절어로 아직 정착되지 않은 것으로 보인다. 自訟도 마찬가지다. 이 점을 감안할 때, 自를 부사로 간주하면 內와 自라는 두 개의 부사가 연속적으로 나오는 문장이 된다. 그런데 두 개의 부사가 별다른 이유 없이 연용된다는 것은 부자연스럽다. 따라서 自省이나 自訟이라는 말에서 自가 부사가 아니라 省과 訟의 목적어로 사용되었다고 보는 것이 좀 더 그럴 듯하다. 이러한 추론이 타당하다면, 앞의 두 문장에서 自는 "스스로" 혹은 그와 유사한 표현이 아니라 "스스로를" 혹은 "자기를" 같은 표현을 사용하여 번역되어야 한다. 즉, "을/를" 같은 목적어를 명시하는 조사가 필요하다. 이 점을 염두에 두고 『논어』 한국어 번역본들이 이 문장들을 어떻게 번역했는지 살펴보기로 하자.

見賢思齊焉, 見不賢而內自省也. (『論語』「里仁」17)

현능한 사람을 보면 그와 같아지기를 생각하고, 현능하지 못한 사람을 보면 속으로 스스로를 반성한다.

• "안으로(속으로) 스스로 반성하다(살피다)" 혹은 그와 유사한 표현으로 번역한 번역본

강동석 번역본(78쪽), **금장태 번역본**(26쪽), **김도련 번역본**(상권, 205쪽), **김영호 번역본**(102쪽), **김원중 번역본**(110쪽), **박삼수 번역본**(110쪽), **성백효 번역본**(120쪽), **심경호 번역본**(1권, 150쪽), **유교문화연구소 번역본**(117쪽), **이기동 번역본**(194쪽), **이동희 번역본**(124쪽), **이우재 번역본**(183쪽), **이한우 번역본**(284쪽), **장기근 번역본**(141쪽), **조명화 번역본**(1권, 424쪽), **최영갑 번역본**(1권, 144쪽)

이 번역본들의 공통점은 自를 "스스로를" 혹은 "자신을"이라고 번역하지 않고 "스스로"라고 번역하고 있다는 점이다. 즉, 自를 부사로 보고 있다고 판단된다.

• "안으로(속으로) 스스로'를'(자기'를') 반성하다(살피다)" 혹은 그와 유사한 표현으로 번역한 번역본

김동인·지정민·여영기 번역본(1권, 467쪽), **김용옥 번역본**(II권, 191쪽), **김학주 번역본**(189쪽), **동양고전연구회 번역본**(93쪽), **류종목 번역본**(131쪽), **박유리 번역본**(151쪽), **박헌순 번역본**(1권, 247), **배병삼 번역본**(1권, 212쪽), **윤재근 번역본**(1권, 288~289쪽), **이지형 번역본**(1권, 467쪽), **임옥균 번역본**(106쪽), **정태현·이성민 번역본**(1권, 242~243쪽), **차주환 번역본**(69쪽), **최근덕 번**

역본(95쪽), 홍승직 번역본(80쪽), 황희경 번역본(84쪽)

이 번역본들의 공통점은 "를"이라는 목적격 조사를 붙여 自를 "스스로"가 아니라 "스스로를" 혹은 그와 유사한 표현으로 번역하고 있다는 점이다. 즉, 이 번역본들은 원문의 自가 부사가 아니라 목적어임을 분명히 하고 있다.

- 부사로 사용된 內를 번역하지 않고, 自를 의역한 번역본(밑줄은 필자)

김형찬 번역본 어진 이를 보면 그와 같아질 것을 생각하고, 어질지 못한 이를 보면 자신 또한 그렇지 않은지를 반성한다. (66쪽)

박종연 번역본 어진 사람을 보면 그와 나란히 되려고 해야 하며, 어질지 못한 사람을 보면 곧 자신을 반성해야 한다[그와 유사한 잘못은 없는지]. (119쪽)

부남철 번역본 현인을 보고 그런 인격을 가질 수 있기를 생각하고 그렇지 못한 사람을 보면 자신에게 그런 단점이 있는지 스스로 반성한다. (140~141쪽)

신정근 번역본 뛰어난 인물을 만나서는 〔어떻게든 본받아서〕 그이와 같아지도록 바라고, 모자라는 사람(즉 반면교사)을 만나서는 교훈을 받아들여서 스스로 단속한다. (171쪽)

신창호 번역본 현명한 사람을 보면 그와 같이 현명하게 되기를 생각하고, 현명하지 못한 사람을 보면 '나는 어떤가?' 하고 스스로 깊이 반성해야 한다. (141쪽)

양차오밍 번역본 어진 사람을 보면 그와 같아지려 생각하고, 어질지

않은 사람을 보면 자신은 그렇지 않은지 살펴보아야 한다. (90쪽)

이을호 번역본 잘난 이를 만나면 나도 그렇게 되기를 생각하고, 못난 이를 만나면 그렇게 되지 않도록 명심해야 한다. (57쪽)

최석기 번역본 어진 이의 훌륭한 행실을 보면 그와 같아지기를 생각하고, 어질지 못한 사람의 나쁜 행실을 보면 마음속으로 그런 점이 없는지를 스스로 반성해야 한다. (55쪽)

한필훈 번역본 어진 사람을 보면 '나도 저 사람처럼 되어야겠다' 하고 생각하고, 어질지 못한 사람을 보면 '내게도 혹시 저런 잘못이 있는 건 아닐까' 하고 반성해보아라. (80쪽)

이 번역본들은 과감한 의역을 시도하되, 문장 내에서 부사로 사용된 內를 명시적으로 번역하지 않고 있다는 공통점이 있다. 그리고 목적어인 自를 풀어서 "자신에게 그런 단점이 있는지" "'나는 어떤가?' 하고", "자신은 그렇지 않은지", "그렇게 되지 않도록", "그런 점이 없는지를", "내게도 혹시 저런 잘못이 있는 건 아닐까" 등으로 번역하고 있다. 이것은 번역이라기보다는 풀이에 가깝다. 부남철 번역본, 신정근 번역본, 신창호 번역본, 최석기 번역본은 그러한 풀이에 그치지 않고 "스스로"라는 단어를 추가하고 있다. 결과적으로 이 네 번역본에서는 自가 부사로 처리되고 있는지, 아니면 목적어로 처리되고 있는지, 혹은 부사로도 처리되고 목적어로도 처리되는지(즉 중복하여 처리되는지) 판별할 수 없다. 다음의 이기석·한백우 번역본은 부남철 번역본, 신정근 번역본, 신창호 번역본, 최석기 번역본과는 달리 의역을 최대한 피하고 있다. 따라서 自를 중복으로(부사적으로도 처리하고, 목적어로도 처리하는) 해석하고 있다는 점이 더욱 분명히 드러난다(밑줄은 필자).

이기석·한백우 번역본 어진 사람을 보면 자신도 그와 같이 되기를 생각하겨, 어질지 않은 사람을 보면 나 자신을 스스로 살펴야 하느니라. (70쪽)

• 自省이라는 2음절어를 사용해서 번역한 번역본(밑줄은 필자)

임동석 번역본 어진 이를 보면 그와 같아지기를 생각하고, 어질지 못한 이를 보면 안으로 자성自省해야 하느니라. (1권, 309쪽)

임동석 번역본은 自省이라는 2음절어를 사용하고 있다는 점이 특징인데, 번역문에서 自를 문법적으로 어떻게 인식하고 있는지는 드러나지 않는다.

• 기타(밑줄은 필자)

이강재 번역본 어진 덕을 갖춘 사람을 보면 그 사람과 같아져야겠다고 생각하게 되며, 어질지 못한 사람을 보면 혹시 자신의 내면에 그와 같은 점이 있는지 스스로 반성하게 된다. (141쪽)

이강재 번역본의 특징은 문제가 되는 부분을 "혹시 자신의 내면에 그와 같은 점이 있는지 스스로 반성하게 된다"라고 번역하는데, 원문의 內를 어떻게 처리한 것인지 분명하지 않다. "내면에"는 원문의 內를 번역한 것인지 아니면 의역 과정에서 첨가된 것인지 알 수 없다. 만약 원문의

內를 번역한 것이라면 다른 번역본들과는 다르게 內를 해석하고 있는 것이다. "스스로"라는 표현은 이강재 번역본이 自를 부사로 처리하고 있음을 나타낸다. 만약 "그와 같은 점이 있는지"가 自를 번역한 말이라면, 앞에서 논한 예들과 마찬가지로 自를 중복으로(부사적으로도 처리하고, 목적어로도 처리하는) 해석하고 있다고 할 수 있다.

『논어』의 다음 문장을 살펴보자.

> 已矣乎, 吾未見能見其過, 而內自訟者也. (『論語』「公冶長」27)
>
> 끝났구나! 나는 자신의 허물을 발견하고, 속으로 스스로를 나무라는 사람을 아직 보지 못하였다.

• "안으로(속으로) 스스로 꾸짖다" 혹은 그와 유사한 표현으로 번역한 번역본

강동석 번역본(107쪽), **김도련 번역본**(상권, 271쪽), **김영호 번역본**(120쪽), **김원중 번역본**(138쪽), **박종연 번역본**(155쪽), **신정근 번역본**(218쪽), **신창호 번역본**(168쪽), **유교문화연구소 번역본**(164쪽), **이강재 번역본**(156쪽), **이지형 번역본**(1권, 603쪽), **정태현·이성민 번역본**(1권, 302쪽), **최석기 번역본**(65쪽), **최영갑 번역본**(1권, 192쪽)

이 번역본들의 공통점은 自를 "스스로"라고 번역하고 있다는 것이다. 즉, 自를 부사로 보고 있다고 판단된다.

• "안으로(속으로) 스스로'를'(자기'를') 꾸짖다" 혹은 그와 유사한 표현으로 번역한 번역본

금장태 번역본(33쪽), **김동인·지정민·여영기 번역본**(1권, 603쪽), **김학주 번역본**(221쪽), **박유리 번역본**(206쪽), **박헌순 번역본**(1권, 328쪽), **배병삼 번역본**(1권, 276쪽), **이기동 번역본**(238~239쪽), **이기석·한백우 번역본**(98쪽), **이우재 번역본**(236쪽), **임동석 번역본**(1권, 409쪽), **조명화 번역본**(1권, 517쪽), **차주환 번역본**(90쪽), **최근덕 번역본**(126~127쪽), **황희경 번역본**(105쪽)

이 번역본들의 공통점은 "를"이라는 목적격 조사를 붙여 自를 "스스로"가 아니라 "스스로를" 혹은 그와 유사한 표현으로 번역하고 있다는 점이다.[9] 즉, 이 번역본들은 원문의 自가 부사가 아니라 목적어임을 분명히 하고 있다.

- "자책"이라는 2음절어를 사용해서 번역한 번역본

김용옥 번역본 자신의 허물을 보고서 내심 스스로 자책하는 사람을 나는 보지 못하였다. (II권, 379쪽)

류종목 번역본 자기의 잘못을 발견하고 속으로 자책할 줄 아는 사람을 나는 아직까지 보지 못했으니. (173쪽)

박삼수 번역본 나는 아직 능히 자신의 잘못을 알고, 마음속으로 깊이 자책하는 사람을 보지 못하였다. (148쪽)

부남철 번역본 나는 능히 자기 허물을 보고 스스로 자신을 마음의 법정에 세워 자책하는 사람을 보지 못했다. (178~179쪽)

성백효 번역본 나는 아직 자신의 허물을 보고서 안(마음)으로 自責하는 자를 보지 못하였다. (155쪽)

심경호 번역본 나는 아직 자신의 허물을 보고서 안으로 자책하는 사람을 보지 못했다. (1권, 188쪽)

이동희 번역본 나는 아직 자기의 허물을 발견하고 속으로 자책하는 사람을 보지 못했다. (109쪽)

임옥균 번역본 내가 자신의 허물을 보고 마음으로 자책할 수 있는 사람을 아직 보지 못하였다. (129쪽)

장기근 번역본 나는 아직까지 자기의 잘못을 보고 스스로 마음속으로 자책할 수 있는 사람을 보지 못했다. (186쪽)

이 번역본들은 "자책自責"이라는 2음절어를 사용하고 있다는 점이 특징인데, 여기서 自를 문법적으로 어떻게 인식하고 있는지는 드러나지 않는다. 이 번역본들과 대조가 되는 것은 동양고전연구회 번역본이다. "나는 아직 자기 잘못을 알아서 안으로 자신을 책망하는 사람을 보지 못했다"(115쪽). 즉 동양고전연구회 번역본은 자책을 "자신을 책망하다"로 풀었기에 自를 문법적으로 어떻게 처리하고 있는지 분명히 알 수 있다. 다른 한편, 김용옥 번역본과 부남철 번역본과 장기근 번역본은 자책에 이미 自라는 글자가 포함되어 있는데도 "스스로"라는 표현을 추가하고 있다. 결과적으로 이 번역본들은 自를 이중으로(목적어로도 해석하고 부사로도 해석함) 해석하고 있는 셈이다.

• 自를 명시적으로 번역하지 않은 번역본

김형찬 번역본 나는 아직 자기의 허물을 보고서 마음속으로 반성하는 사람을 보지 못했다. (79쪽)

양차오밍 번역본 나는 아직 자신의 허물을 보고 마음속으로 반성하는 사람을 보지 못했다. (122쪽)

이한우 번역본 나는 아직 (나만큼) 자기 허물을 발견하여 마음속으로 송사를 하듯이 맹렬하게 하는 자를 보지 못하였다. (371쪽)
한필훈 번역본 나는 아직까지 자기 잘못을 깨닫고 깊이 반성하는 사람을 보지 못하였다. (100쪽)

이 번역본들은 "반성하다" 혹은 "송사를 하듯이 맹렬하게 하다"는 동사를 사용하여 訟을 번역하고 있으나, 동사의 목적어를 명시적으로 밝히고 있지 않아서 自가 어떻게 번역되고 있는지 확인할 수 없다.

• 기타
윤재근 번역본 내 여태껏 제 잘못을 살펴보고 마음속을 스스로 책망할 수 있는 사람을 만나보지 못했다. (1권, 386쪽)
이을호 번역본 나는 아직 제 허물을 알면서 제 자신이 이를 이겨내는 사람을 보지 못했거든. (72쪽)

윤재근 번역본은 自를 부사로 간주하고, 內를 訟의 목적어로 처리하고 있다는 점에서 다른 번역본들과 분명한 차이가 있다. 이 특이한 번역이 체계적인 숙고의 산물인지는 분명하지 않다. 윤재근 번역본은 문장의 유형이 비슷한 『논어』 「이인」 17의 "見賢思齊焉, 見不賢而內自省也"를 번역할 때는 自를 "스스로를"이라고 번역하여 원문의 自가 부사가 아니라 목적어임을 분명히 한 바 있기 때문이다. 즉, 自를 부사로 간주하고 內를 訟의 목적어로 처리한 해석이 타당한지는 차치하고라도, 일관성이 결여된 번역이라고 할 수 있다. 이을호 번역본은 과감하게 의역을 했기 때문에 內와 自가 어떻게 이해되어 번역되고 있는지 확인할 수 없다. 만약 "제 자신이"라는 표현이 自를 번역한 것이라면, 自를 목적어가 아니라 오히려 주어로 해석한 것이 된다.

번역어의 일관성이라는 점을 기준으로 『논어』 한국어 번역본들을 분류하면 아래와 같다.

- 自를 일관되게 부사로 간주하고 번역한 번역본

  강동석 번역본, 김도련 번역본, 김영호 번역본, 김원중 번역본, 유교문화연구소 번역본, 최영갑 번역본

- 自를 일관되게 대명사 목적어로 간주하고 번역한 번역본

  김동인·지정민·여영기 번역본, 김학주 번역본, 박유리 번역본, 박헌순 번역본, 배병삼 번역본, 차주환 번역본, 최근덕 번역본, 황희경 번역본

16

『논어』에서 도치문 번역 (3)

이 장에서는 문장의 특정 성분을 강조하기 위해 도치한 문장을 살펴보기로 한다. 특별한 표지 없이 목적어와 술어의 순서를 바꾼 경우와 '之(혹은 是)', '之爲' 같은 표지를 활용해 목적어와 술어의 순서를 바꾼 경우로 나누어볼 수 있다. 이러한 문장 유형을 『논어』에서 살펴 한국어 번역 현황을 검토하겠다.

1. 특별한 표지 없이 강조하기 위한 도치문

별다른 표지 없이 단지 순서를 뒤바꿔서 문장의 특정 성분을 강조하는 경우가 있다. 『논어』의 다음 문장이 그러한 경우로 해석될 소지가 있다(밑줄은 필자).

曾子曰, 吾日三省吾身. 爲人謀而不忠乎, 與朋友交而不信乎, 傳不習乎. (『論語』「學而」4)

증자曾子가 말하였다. "나는 하루에 세 번 나 자신을 살핀다. 남을 위해 도모하는 일에 남김없이 정성을 쏟지 않았나? 붕우와 교제할 때 믿음직스럽게 대하지 않았나? 익히지 않은 것을 전해주지 않았나?"

이 문장의 바람직한 해석과 번역을 위해서 가장 고민이 되는 것은 첫 부분에 나오는 "三省"이라는 표현과 마지막 문장인 "傳不習乎"이다. 이 사안에 대해서는 이강재가 일찍이 연구를 진행한 바 있다.[1] 먼저 그 연구에 기초하여 어떤 해석이 가능할지 선택지들을 정리해보자.

1) 三省에 대한 해석

(1) 三省을 "세 가지에 대하여 반성하였다"로 해석한 견해

이 해석은 대체로 三省 뒤에 세 가지 사안이 거론된다는 사실에 기초한 것이다. 이러한 견해를 지지한 이들은 황간의 『논어의소』, 주희의 『논어집주』, 현대학자 쉬스잉許世瑛 등이다.[2]

(2) 三省을 "세 차례 반성하였다"로 해석한 견해

당나라 육덕명陸德明의 『경전석문經典釋文』, 이토 진사이伊藤仁齋(1627~1705), 다자이 슌다이太宰春臺(1680~1747) 등이 이러한 견해를 지지한다. 이강재 역시 『논어』에서 수사數詞가 동사 앞에 나온 용례들을 조사한 끝에 三省을 "세 차례 (혹은 여러 차례) 반성하였다"로 해석하는 것이 바람직하다고 결론 내렸다.

2) 傳不習乎에 대한 해석

傳不習乎의 해석에서 논란이 되는 것은, 선행하는 두 문장인 "爲人謀而不忠乎. 與朋友交而不信乎"가 모두 而를 통해서 해당 문장의 전반부와 후반부를 연결하고 있는 데 반해서 傳不習乎는 而가 빠져 있다는 사실이다. 과연 독자는 而가 빠져 있다는 사실에 착안하여 傳不習乎가 선행하는 두 문장과 완전히 다른 문장 형식을 이루고 있다고 간주해야 하는가, 아니면 而가 생략되었을 뿐 傳不習乎는 선행하는 두 문장과 같은 문장 형식을 이루고 있다고 보아야 하는가? 이 질문에 답하는 과정에서 도치문의 가능성이 제기된다.

(1) 不習을 傳의 목적어로 파악한 견해

『논어집해』에서 하안은 "言凡所傳之事, 得無素不講習而傳乎"(무릇 전해야 할 것을 평소에 연구하고 익히지 않고 전한 것은 없었던가, 라고 말하는 것이다)라고 말하고 있다.[3] 황간의 『논어의소』 역시 "凡有所傳述, 皆必先習, 後乃可傳, 豈可不經先習而妄傳之乎"(전술하는 바는 모두 먼저 익혀야 한다. 그러한 뒤에야 전할 수 있다. 어찌 평소에 먼저 익히지 않고 망령되이 전할 수 있으리오)라고 말하고 있다. 이와 같은 해석들은 선행하는 傳을 동사로 보고, 후행하는 不習을 목적어로 본다. 따라서 傳不習은 도치문이 아니다.

(2) 傳과 不習을 병렬적으로 파악한 견해

곽익郭翼(1305~1364)은 『설이재필기雪履齋筆記』에서 傳不習乎는 "전하기만 하고 익히지는 않는가"라고 해석해야 한다고 주장하였다. "전하기만 하고 익히지 않는다"는 것은 "익히지 않은 것을 전하는" 것과 내용상 다르지 않다. 그런 점에서 이 해석은 앞서 검토한 (1)과 유사점이 있다. 그러나 不習을 傳의 목적어로 명시적으로는 파악하고 있지 않다는 점에서 (1)의 입장과 문장 형식을 달리 이해하고 있다고 할 수 있다.

(3) 傳을 不習의 목적어로 파악한 견해

주희의 『논어집주』와 유보남劉寶楠(1791~1855)의 『논어정의論語正義』는 모두 "전해 받은 것을 익히지 않음"으로 傳不習乎를 해석한다. 이 경우 목적어가 동사 앞으로 도치된 것이기에 도치문으로 간주할 수 있다. 동시에 傳과 不習 사이에 而가 생략되었다고 보아도 무방하다. 그렇게 보면 傳不習乎는 선행하는 "爲人謀而不忠乎. 與朋友交而不信乎"와 같은 유형의 문장이 된다.

(4) 傳을 專으로 보는 견해

『경전석문經典釋文』에 인용된 정주鄭注는 "魯讀傳爲專, 今從古"(논어에서는 傳을 專으로 읽었는데, 지금은 고론古論을 따른다)고 말하고 있다. 즉, 傳을 專으로 해석한 것이다. 이에 기초하여 쑹시펑宋錫鳳과 바오관옌包慣言 같은 이들은 傳不習乎를 "전문적으로 삼은 업을 익히지 않다"로 해석한다.[4]

이강재는 이와 같은 다양한 논의들을 비교 검토한 끝에, 不習을 傳의 목적어로 파악한 하안과 황간의 견해, 그리고 傳을 不習의 목적어로 파악한 주희와 유보남의 견해가 모두 타당하다고 결론 내린다. 이러한 이강재의 견해에 따르면, 傳을 專으로 보는 견해만 무리가 있다. 그러면 기존 『논어』 한국어 번역본들은 이 사안을 어떻게 번역하고 있을까?

3) 한국어 번역본 비교

- "전수받은 것을 복습하지 않았던가?" 혹은 그와 유사한 표현으로 傳不習乎를 번역한 번역본

강동석 번역본(14쪽), **금장태 번역본**(11쪽), **김도련 번역본**(상권, 33쪽), **김동인·지정민·여영기 번역본**(1권, 57쪽), **김영호 번역본**(62~63쪽), **김용옥 번역본**(I권, 275쪽), **김원중 번역본**(42~43쪽), **김학주 번역본**(113쪽), **김형찬 번역본**(31쪽), **동양고전연구회 번역본**(25쪽), **박삼수 번역본**(22쪽), **박종연 번역본**(29쪽), **박헌순 번역본**(1권, 39쪽), **배병삼 번역본**(1권, 34쪽), **부남철 번역본**(36쪽), **성백효 번역본**(33쪽), **신정근 번역본**(53쪽), **심경호 번역본**(1권, 24쪽), **양차오밍 번역본**(8쪽), **유교문화연구소 번역본**(7쪽), **윤재근 번역본**(1권, 65쪽), **이강재 번역본**(102~103쪽), **이기동 번역본**(60~61쪽), **이동희 번역본**(103쪽), **이우재 번역본**(54쪽), **이을호 번역본**(22쪽), **이지형 번역본**(1권, 91쪽), **이한우 번역본**(42쪽), **임동석 번역본**(1권, 79쪽), **장기근 번역본**(28쪽), **조명화 번역본**(1권, 131쪽), **차주환 번역본**(22~23쪽), **최근덕 번역본**(16~17쪽), **최석기 번역본**(29쪽), **최영갑 번역본**(1권, 24쪽), **홍승직 번역본**(17쪽), **황희경 번역본**(32쪽)

- "익히지 않은 것을 전해주었던가?" 혹은 그와 유사한 표현으로 傳不習乎를 번역한 번역본

박유리 번역본(22쪽), **이기석·한백우 번역본**(15쪽), **임옥균 번역본**(54쪽), **정태현·이성민 번역본**(1권, 77쪽), **한필훈 번역본**(37쪽)

- 기타(밑줄은 필자)

류종목 번역본 나는 매일 다음과 같이 세 가지 측면에서 나 자신을 반성해본다. 다른 사람을 위하여 일을 도모하면서 충실하지 않았

는지? 친구와 교제하면서 미덥지 않았는지? 제자들에게 지식을 전수하면서 스스로 익숙하지 않았는지? (22쪽)

신창호 번역본 나는 매일 세 번씩 세 가지 일에 대해 자신을 돌아본다. 첫째, 남을 위하는 일에 충실하였는가? 둘째, 벗들과 사귀면서 신뢰를 주었는가? 셋째, 스승으로부터 전해받은 것을 제대로 익혔는가?(스승으로서 제대로 익히지도 않은 것을 전하지는 않았는가?) (83쪽)

류종목 번역본은 習의 목적어를 명시하지 않고 있다는 특징이 있다. 번역문만 보아서는 화자인 증자曾子가 전수 대상인 지식에 익숙하지 않았는지 아니면 그 전수하는 과정 자체에 익숙하지 않았는지 독자가 판단하기 어렵다.[5] 신창호 번역본은 상호 경쟁하는 두 해석을 모두 제시하고 있어서 그중에 어떤 번역을 선호하고 있는지 판단하기 어렵다.

그렇다면 지금까지 거론한 해석 중에서 어느 것이 더 설득력이 있는가? 『논어』 한국어 번역본들의 압도적 다수가 傳不習乎를 "전수받은 것을 복습하지 않았던가?" 혹은 그와 유사한 표현으로 번역하고 있지만, 그것이 곧 해석의 유일한 타당성을 보증하지는 않는다. "익히지 않은 것을 전해주었는가?" 혹은 그와 유사한 표현으로 번역한 것도 문법상 아무 문제가 없다. 『논어』 한국어 번역본의 압도적 다수가 傳不習乎를 "전수받은 것을 복습하지 않았던가?" 혹은 그와 유사한 표현으로 번역하는 이유는, 어법상의 타당성 때문이라기보다는 한국 학계의 『논어』 이해가 주희의 『논어집주』의 압도적 영향 아래 있기 때문인 것으로 추측된다.

4) 傳不習乎의 발언 주체

그러면 문법을 떠나서, 문장의 내적 맥락상 어느 해석이 더 설득력 있는지를 살펴보기로 하자. 먼저, 병렬되고 있는 세 가지 사안의 관계를 생각해보자. ① 爲人謀而不忠乎, ② 與朋友交而不信乎, ③ 傳不習乎. 이 세 가지 사안은 각기 다른 대상과 관련된 일을 말하고 있는 것으로 보인다.[6] ① 爲人謀而不忠乎는 人(붕우보다 먼 타인, 아마도 통치자 혹은 지배층)과 관련된 사안을 이야기하고 있다면, ② 與朋友交而不信乎는 일반 타인보다는 가까운 타자인 朋友와 관련된 사안을 이야기하고 있다. 그렇다면 명시적인 대상을 생략하고 있는 ③ 傳不習乎는 붕우보다도 가까운 존재인 자기 자신에 대한 사안일 가능성이 있다. 忠은 일반 타인과 관련된 일에서 중요한 덕목 행위이고, 信은 붕우 간의 교제에서 중요한 덕목이라면, 자기 스스로의 일에서 중요한 것은 무엇인가? 傳과 習 중에서 어떤 것이 자신에게 보다 핵심적인 사안인가? 이 질문에 답하기 위해서는 傳不習乎에서 전제하고 있는 자신의 정체성을 파악해야 한다. 傳不習乎라는 발언은 傳을 담당하는 선생의 발언인가, 習을 담당하는 학생의 발언인가. 주희는 傳을 해설하는 과정에서 "受之於師"(스승으로부터 받음)이라는 표현을 사용함으로써 習의 주체는 학생임을 명확히 하였다. 즉 학생의 입장에 있는 "나"는 스승으로부터 전수받은 바를 잘 익혔는지 자문해봐야 한다는 것이다. 반면 하안은 "素不講習而傳之"(평소에 연구하고 익히지 않고 전한 것은 없었던가)라고 하여, 선생의 입장에서 習과 傳의 의미를 풀이했다. 오규 소라이 역시 하안과 마찬가지로 이 문장은 증자가 선생으로서의 자기반성을 표명하는 말이라고 보았다.[7]

傳不習乎가 선생으로서의 자기반성을 표현하는 것인지, 아니면 학생으로서 자기반성을 표현하는 것인지를 알기 위하여 해당 문장이 曾子라는 표현을 사용하고 있다는 사실에 주목해보자. 선생을 지칭하는 존칭인 '子'를 붙인 것을 보면, 이 문장은 증자와 동급 인물이 아니라 증자의 문하생에 해당하는 이가 기록한 문장일 가능성이 크다. 마치 '閔子'라는 표현이 나오는 아래와 같은 문장이 민자건의 문하생이 기록한 문장일 가능성이 큰 것처럼.

閔子侍側, 誾誾如也. 子路, 行行如也. 冉有子貢, 侃侃如也. 子樂. (『論語』「先進」13)

민자閔子(민자건)는 선생님을 옆에서 모실 때 온화하였고, 자로子路는 팔팔하였고, 염유冉有와 자공子貢은 떳떳했다. 선생님께서는 즐거워하셨다.

이와 같은 추론이 타당하다면, ③ 傳不習乎는 증자가 선생의 입장에서 한 말일 가능성이 크다. 그렇다면 주희보다는 하안과 오규 소라이의 견해가 설득력을 얻는다.

그렇다면, 증자가 선생의 입장에서 행한 발언들, 즉 『논어』에서 "曾子曰"로 시작되는 문장들을 모아서 살펴보기로 하자. 『논어』에서 "曾子曰"로 시작되는 문장들은 일정한 패턴을 보여주며, 그 패턴은 세 가지로 분류할 수 있다.[8]

(1) 지배층을 청중으로 둔 발언들

曾子曰, 愼終追遠, 民德歸厚矣. (『論語』「學而」9)

증자曾子가 말하였다. "죽음을 갖아 장례를 신중하게 치르고, 먼

조상에게 정성스레 제사 지내라. 피치자의 덕德이 도타워질 것이다."

孟氏使陽膚爲士師, 問於曾子. 曾子曰, 上失其道, 民散久矣. 如得其情, 則哀矜而勿喜. (『論語』「子張」 19)

맹씨孟氏가 양부陽膚(증자의 제자)를 사사士師(형벌 담당 관리)로 삼자, [양부가] 증자曾子에게 상의하였다. 증자가 말하였다. "위에서 도道를 잃으니, 피치자들이 흩어진 지 오래되었다. 만약 그들의 실정을 알게 되면, 슬퍼하고 불쌍히 여겨야지, 기뻐하지 마라."

첫 번째 문장은 제사와 장례를 치를 수 있는 자원을 가진 이를 대상으로 한 발언이다. 당시의 사회·경제적 여건을 감안할 때, 그 정도 자원을 가진 이는 지배층에 속한다고 할 수 있다. 게다가 자신의 덕德에 감화되어 피치자의 덕도 도타워진다는 취지 역시 지배층에게 필요한 메시지다. 두 번째 문장은 관리가 될 가능성을 가진 이를 대상으로 한 발언이다. 그럴 가능성을 가진 이 역시 지배층에 속한다고 할 수 있다. 게다가 피치자를 불쌍히 여겨야 한다는 취지 역시 대체로 통치자에게 필요한 메시지라고 할 수 있다. 따라서 이 문장들이 전제하고 있는 주된 청중은 지배층 혹은 지배층이 되기를 희망하는 집단이라고 해도 무리가 없다.

(2) 공자와 여타 문인들을 매개하는 위치에서 한 발언들

子曰, 參乎. 吾道一以貫之. 曾子曰, 唯. 子出, 門人問曰, 何謂也. 曾子曰, 夫子之道, 忠恕而已矣. (『論語』「里仁」 15)

선생님께서 말씀하셨다. "삼參(증자의 이름)아! 나의 도道는 하나로 꿰뚫는다." 증자가 말하였다. "네." 선생님께서 나가시자, 문인들

이 물었다. "뭐라고 하신 거요?" 증자가 말하였다. "선생님의 도道는 충성스러움, 그리고 자기 마음을 비추어 남을 배려하는 것일 뿐이다."

曾子曰, 吾聞諸夫子, 人未有自致者也, 必也親喪乎. (『論語』「子張」17)

증자曾子가 말하였다. "내가 선생님께 들으니 '사람이 [평소에는] 스스로 정성을 다함이 없더라도 반드시 어버이의 장례에는 정성을 다해야 한다'고 하셨다."

曾子曰, 吾聞諸夫子, 孟莊子之孝也, 其他可能也, 其不改父之臣與父之政, 是難能也. (『論語』「子張」18)

증자曾子가 말하였다. "내가 선생님께 들으니 '맹장자孟莊子(노나라 대부)의 효에서 다른 것은 다 따라할 수 있는데, 그가 아버지의 신하와 아버지의 정사를 바꾸지 않은 것만큼은 해내기 어렵다'고 하셨다."

이 예문들의 공통점은 공자-증자-문인으로 이어지는 메시지 전달 구조다. 일단 "參"(증자)이라는 특정 청중(그리고 듣고 있는 나머지)을 대상으로 한 공자의 메시지가 전제된다. 그리고 이어지는 증자의 발언은 공자-증자-문인으로 이어지는 메시지 전달 구조에서 어떤 해석상의 문제를 해소하는 역할을 하고 있다. 최종 청중인 증자의 문하생들은 증자를 매개로 하여 공자의 가르침에 접속하게 된다.

(3) 붕우와 관련하여 한 발언들

曾子曰, 以能問於不能, 以多問於寡, 有若無, 實若虛, 犯而不校. 昔者, 吾友嘗從事於斯矣. (『論語』「泰伯」5)

증자曾子가 말하였다. "능한데도 능하지 않은 사람에게 묻고, 많은데도 적은 사람에게 묻고, 있어도 없는 것처럼 하고, 가득 차 있어도 비어 있는 것처럼 하고, 침범당해도 앙갚음하지 않는 일. 예전에 내 친구가 일찍이 이러한 일에 종사하였다."

曾子曰, 堂堂乎張也. 難與並爲仁矣. (『論語』「子張」16)

증자曾子가 말하였다. "당당하도다, 자장子張이여! [그러나] 더불어 인을 실천하기는 어렵구나."

첫 번째 문장에서 말하는 "내 친구"는 안연을 지칭하는 것이라고 대다수 주석가들이 동의하고 있다. 그렇다면 이 예문들의 공통점은 특정 공자 문하생과 관련해서 증자가 한 발언들이라는 점이다.

(4) 군자 혹은 士에 대한 언명들

曾子曰, 可以託六尺之孤, 可以寄百里之命, 臨大節而不可奪也, 君子人與, 君子人也. (『論語』「泰伯」6)

증자曾子가 말하였다. "육 척의 고아(어린 임금을 일컬음)를 맡길 수 있고, 백 리 땅의 명운을 위임할 수 있고, 큰 절개가 요청되는 상황에서 [그의 절개를] 빼앗을 수 없으면, 군자다운 사람인가? 군자다운 사람이다!"

曾子曰, 士, 不可以不弘毅, 任重而道遠. 仁以爲己任, 不亦重乎. 死而後已, 不亦遠乎. (『論語』「泰伯」7)

증자曾子가 말하였다. "사士는, 넓고 강인하지 않을 수 없다. 맡은 바는 무겁고 갈 길은 멀다. 인仁을 자기 책임으로 삼으니 참으로 무겁지 아니한가? 죽은 뒤에야 그칠 일이니, 참으로 멀지 아니한가?"

曾子曰, 君子以文會友, 以友輔仁. (『論語』「顔淵」24)

증자曾子가 말하였다. "군자는 세련된 표현을 통해 친구를 모으고, 친구를 통해 인仁을 북돋는다."

曾子曰, 君子思不出其位. (『論語』「憲問」26)

증자曾子가 말하였다. "군자는 생각이 자신의 자리를 벗어나지 않는다."

이 예문들이 각기 어떠한 발화 상황에서 나온 것인지 알 수는 없다. 발화의 맥락이 다르기에 강조하고 있는 덕목도 다르다. 각기 다른 덕목이 강조되고 있음에도 불구하고, 이 예문들은 군자 혹은 사士의 특질을 명시적으로 정의하고자 한다는 공통점이 있다.

이상과 같은 『논어』 텍스트에서 증자의 발언 패턴을 염두에 두고서 이 장의 앞머리에서 제시한 "曾子曰, 吾日三省吾身. 爲人謀而不忠乎. 與朋友交而不信乎. 傳不習乎"(『논어』「학이」4)라는 문장으로 다시 가보자. 이 문장은 증자가 자기반성의 필요를 역설하는 과정에서 자연스럽게 자신이 행하고 있는 활동을 분류하고 있음을 알 수 있다. 그러면 이 문장에서 분류하고 있는 증자의 세 가지 활동과 『논어』에 나오는 다른 "曾子曰" 문장들이 보여주는 패턴을 견주어보자. ① 爲人謀而不忠乎는 앞에서 논한 '통치자 혹은 지배층을 청중으로 둔 발언들'과 관련된 활동이다. ② 與朋友交而不信乎는 '붕우와 관련하여 한 발언들' 및 '군자 혹은 士에 대한 언명들'과 관련된 활동이다. 그렇다면, ③ 傳不習乎는 남은 한 가지 범주의 활동, 즉 '공자와 여타 문인들을 매개하는 위치에서 한 발언들'과 관련된 활동일 가능성이 크다. 그렇다면 傳不習乎는 자신이 (공자로부터 전수받았으나) 충분히 익히지 않은 채 그것을 전하지 않았나 하는 우려와 자기반성을 담은 문장일 것이다. 이러한 추론에 기반할 때, 나는 "익히지 않은 것을 전해주지 않았나?"가 좀 더 나은 傳不習乎의 번역이라고 생각한다. 이처럼 상당수에게 도치문으로 여겨졌던 문장도 탐구 결과 도치가 아닌 것으로 판명될 수도 있다.

2. 之(혹은 是)를 표지로 활용한 도치문

之(혹은 是)를 표지로 활용해서 목적어를 술어 앞으로 도치하는 경우를 살펴보자.[9] 『맹자』에 나오는 다음 문장들은 之(혹은 是)의 표지를 활용해서 목적어를 술어 앞으로 도치한 예이다.

> 戎狄是膺. (『孟子』「滕文公上」)
>
> 융적을 응징하다.
>
> 子是之學, 亦爲不善變矣. (『孟子』「滕文公上」에 인용된 『詩經』「魯頌」'閟宮')
>
> 당신은 (오히려) 그들을 배우니, 이것은 잘못된 변화이다.

그러면 『논어』에 나오는 관련 문장들을 살펴보자.

> 吾斯之未能信. (『論語』「公冶長」6)
>
> 저는 아직 이 일에 확신이 없습니다.

이 문장의 해석상의 논란은 주로 문장에서 信이 정확히 무엇을 뜻하는지 그리고 대명사인 斯가 무엇을 가리키는지를 두고 이루어져왔다. 그런데 이 글의 목적은 도치문의 해석에 관한 것이므로, 信과 斯의 의미에 대한 논의는 차치하고, 도치문의 번역 문제에 집중하기로 하자. "斯之未能信"은 "未能信斯"의 도치이며, 之는 도치의 표지 혹은 목적어를 재지시한 단어다. 그러면 『논어』 한국어 번역본들은 이 문장을 어떻게 번역해왔을까?

- 도치문임을 명시적으로 드러내며 "이것(벼슬일)에 자신할 수 없다" 혹은 그와 유사한 표현으로 번역한 번역본

강동석 번역본(89쪽), **금장태 번역본**(29쪽), **김도련 번역본**(상권, 227~228쪽), **김동인·지정민·여영기 번역본**(1권, 507쪽), **김영호 번역본**(108쪽), **김용옥 번역본**(II권, 243쪽), **김원중 번역본**(120쪽), **김학주 번역본**(202쪽), **김형찬 번역본**(71쪽), **동양고전연구회 번역본**(101쪽), **류종목 번역본**(147쪽), **박삼수 번역본**(122쪽), **박유리 번역본**(169쪽), **박종연 번역본**(130쪽), **박헌순 번역본**(1권, 271쪽), **부남철 번역본**(154쪽), **성백효 번역본**(130~131쪽), **신정근 번역본**(188쪽), **양차오밍 번역본**(102쪽), **유교문화연구소 번역본**(133쪽), **윤재근 번역본**(1권, 323쪽), **이강재 번역본**(146쪽), **이기동 번역본**(210~211쪽), **이기석·한백우 번역본**(80쪽), **이동희 번역본**(29쪽), **이우재 번역본**(201쪽), **이지형 번역본**(1권, 499쪽), **이한우 번역본**(315쪽), **임동석 번역본**(1권, 344쪽), **임옥균 번역본**(116쪽), **장기근 번역본**(154쪽) **정태현·이성민 번역본**(1권, 260쪽), **조명화 번역본**(1권, 452쪽), **차주환 번역본**(76쪽), **최근덕 번역본**(105~106쪽), **최영갑 번역본**(1권, 159쪽), **한필훈 번역본**(88쪽), **홍승직 번역본**(90쪽), **황희경 번역본**(92쪽)

"吾斯之未能信"이 다른 번역 가능성을 거의 허용하지 않을 정도로 분명하게 '주어+목적어+之(혹은 是)+타동사' 문형을 이루고 있기 때문인지, 『논어』 한국어 번역본 대다수가 비슷한 번역문을 제시하고 있다. 그러나 다음과 같은 예외도 있다.

• 기타

배병삼 번역본 전 아직 믿을 만하지 못합니다. (1권, 236쪽)

신창호 번역본 선생님, 저는 아직 공무원이 될 자질을 갖추지 못했습니다. (152쪽)

이을호 번역본 저는 아직 자신이 없습니다. (63쪽)

배병삼 번역본과 이을호 번역본은 信의 목적어인 斯를 명시적으로 번역하지 않고 있다. 따라서 원문이 가진 도치문으로서의 성격이 분명히 드러나지 않을 뿐 아니라, 과연 화자가 무엇에 대해 자신이 없거나 믿을 만하지 않은지 알 수 없다. 반면, 신창호 번역본은 斯를 과감하게 "공무원이 될 자질"로 의역하고 있다는 점에서 배병삼 번역본, 이을호 번역본과 대조를 이룬다. 그런데 신창호 번역본이 원문의 信을 어떻게 처리하고 있는지는 분명하지 않다. 그러면 '목적어+之(혹은 是)+타동사' 문형의 두 번째 사례를 살펴보자(밑줄은 필자).

其言之不怍, 則爲之也難. (『論語』 「憲問」 20)

그 말하는 것을 부끄러워하지 않으면 그 말을 실천하기 어렵다.

주희의 『논어집주』는 이 "其言之不怍"을 "말하는 것을 부끄러워하지 않는 것"이라고 해석한다. 즉, '술어+목적어'의 도치로 본다. 그러나 마융馬融(79~166) 같은 이들은 "자기의 말이 부끄럽지 않으려면"으로 해석한다.[10] 즉 '주어+술어'로 해석한다. 그러면 『논어』 한국어 번역본들은 이 문장을 어떻게 번역해왔는가?

• 言之不怍이 不怍言의 도치로 보아서, "자신의 말을 부끄러워하지 않으면" 혹은 그와 유사한 표현으로 번역한 번역본

강동석 번역본(312쪽), **금장태 번역본**(86쪽), **김동인·지정민·여영기 번역본**(3권, 461쪽), **김영호 번역본**(242쪽), **김원중 번역본**(343쪽), **김형찬 번역본**(168쪽), **동양고전연구회 번역본**(305쪽), **박유리 번역본**(616쪽), **박헌순 번역본**(2권, 262쪽), **배병삼 번역본**(2권, 222쪽), **부남철 번역본**(458~459쪽), **성백효 번역본**(410쪽), **유교문화연구소 번역본**(508쪽), **이강재 번역본**(274쪽), **이기동 번역본**(524쪽), **이기석·한백우 번역본**(337쪽), **이지형 번역본**(4권, 151쪽), **이한우 번역본**(995쪽), **임동석 번역본**(3권, 1206쪽), **임옥균 번역본**(275쪽), **차주환 번역본**(251쪽), **최근덕 번역본**(357쪽), **최영갑 번역본**(2권, 176쪽), **한필훈 번역본**(240쪽)

이 번역본들은 "言之不怍"의 之를 도치의 표지로 간주한다고 할 수 있다.

• 言之不怍을 '言之+不怍'으로 보아 병렬적으로 번역한 번역본

김도련 번역본 큰소리를 치고 부끄러워하지 않으면 실천하기 어렵다. (하권, 250쪽)

박삼수 번역본 사람이 큰소리를 치면서 부끄러워하지 않는다면, 그 말을 실천하기는 어렵다. (402~403쪽)

박종연 번역본 저 사람이 큰소리치고서 부끄러워하지 않는다면, 실행하기가 쉽지 않을 것이다. (430쪽)

신정근 번역본 사람이 큰소리쳐놓고 부끄러워할 줄 모른다면, 그이가 말대로 실천하는 것은 쉽지 않은 일이지. (558쪽)

신창호 번역본 함부로 큰소리를 치며 말을 하고도 부끄럽게 여기지 않는다면, 그 말을 실천하기 어렵다. (352쪽)

심경호 번역본 큰소리쳐놓고 부끄러워하지 않는다면 실행하기 어렵다. (2권, 288쪽)

양차오밍 번역본 큰소리치고 부끄러워하지 않는다면, 힘써 실천하려 해도 매우 어렵다. (355쪽)

장기근 번역본 함부로 말을 하고도 부끄럽게 여기지 않는다면 〈그 말을〉 행하기 어려울 것이다. (531쪽)

이 번역본들은 "言之不怍"의 之를 동사 뒤에 붙는 종지어 혹은 대명사 목적어로 간주한다고 할 수 있다.

• 言之不怍을 '주어+술어'로 보고 번역한 번역본

김학주 번역본 자기가 한 말은 부끄럽게 되지 않아야 하는데, 그것을 실천하기가 어렵기 때문이다. (439쪽)

윤재근 번역본 자기의 말이 부끄럽지 않다면 곧 그렇게 말한 대로 실천하기란 어렵다. (2권, 302쪽)

정태현·이성민 번역본 자기의 말이 부끄럽지 않으려면 〈內實이 있어야 하니,〉 내실을 쌓기가 어렵다. (2권, 329쪽)

이 번역본들은 "言之不怍"의 之를 주격의 표지로 간주한다고 할 수 있다.

• 기타

김용옥 번역본 그 말을 부끄럼 없이 확실하게 하는 사람은, 그 말을 실천하는 것도 매우 어렵다는 것을 잘 알고 있다. (III권, 403쪽)

류종목 번역본 말해서 부끄럽지 않은 일이라면 행하기가 어렵다. (470쪽)

이우재 번역본 그 말에 부끄러움이 없는 것, 그것을 행하기가 어렵다. (618쪽)

이을호 번역본 아무렇게나 이야기해버리면 실행할 때 곤란하지. (186쪽)

조명화 번역본 망설임 없이 쉽게 나오는 말은 실천되기 어렵다. (2권, 387쪽)

홍승직 번역본 말하는 데 부끄러워하지 않으면, 실행이 어렵다. (266쪽)

황희경 번역본 말을 할 때 부끄러워하지 않으면 실천하기가 어렵다. (248쪽)

이 번역본들은 "言之不怍"을 상당히 의역하고 있다고 판단된다. 따라서 정확히 어떤 문법을 적용하여 원문을 번역한 것인지 추적하기 어렵다. 그러면 한층 더 논쟁적인 문장을 검토해보자(밑줄은 필자).

> 德之不修, 學之不講, 聞義不能徙, 不善不能改, 是吾憂也. (『論語』「述而」3)

> 덕德을 닦지 않고, 배움을 익히지 않고, 올바름을 들어도 그리로 옮겨갈 수 없고, 좋지 않은 점을 고칠 수 없는 것, 이러한 것들이 나의 걱정이다.

이 문장의 전반부 "德之不修, 學之不講"은 같은 문형을 리듬감 있게 반복하고 있다. 그렇다면 과연 어떤 문형을 반복하고 있는 것일까? "德之不修, 學之不講"의 문형 해석에는 두 가지 가능성이 있다.

① 德之不修를 不修德의 도치로, 學之不講을 不講學의 도치로 보는 경우: 이 경우 之는 도치의 표지 혹은 목적어를 재지시한 것이 되고, 전체 문형은 '타동사(修, 講)+목적어'가 된다.
② 德之不修, 學之不講을 도치가 아니라 '주어+술어' 문장으로 보는 경우: 이 경우 之는 주격 조사가 된다.

그러면 『논어』 한국어 번역본은 "德之不修, 學之不講"을 어떻게 번역하고 있을까?

- 도치문으로 보아, "덕을 닦지 않고…" 등으로 번역한 번역문

김동인·지정민·여영기 번역본(2권, 183쪽), **김영호 번역본**(137쪽), **김원중 번역본**(168~169쪽), **김학주 번역본**(251쪽), **김형찬 번역본**(92쪽), **박삼수 번역본**(186쪽), **박유리 번역본**(261쪽), **박종연 번역본**(189~190쪽), **신정근 번역본**(267쪽), **신창호 번역본**(196쪽), **양차오밍 번역본**(157쪽), **유교문화연구소 번역본**(211쪽), **윤재근 번역본**(1권, 478~479쪽), **이강재 번역본**(172쪽), **이기동 번역본**(286쪽), **이우재 번역본**(296쪽), **임옥균 번역본**(148쪽), **장기근 번역**

본(233쪽), **최석기 번역본**(77쪽), **최영갑 번역본**(1권, 241쪽), **한필훈 번역본**(120쪽), **홍승직 번역본**(130쪽), **황희경 번역본**(125쪽)

이 번역본들은 "德之不修, 學之不講"에 나오는 之를 도치의 표지로 보고 있다고 할 수 있다.

- 도치문으로 보지 않고 "덕이 닦이지 않은 것…" 등으로 번역한 번역본

강동석 번역본(134~135쪽), **금장태 번역본**(40쪽), **김도련 번역본**(상권, 343쪽), **동양고전연구회 번역본**(141쪽), **류종목 번역본**(219~220쪽), **박헌순 번역본**(1권, 406~407쪽), **배병삼 번역본**(1권, 351쪽), **성백효 번역본**(189~190쪽), **이기석·한백우 번역본**(130~131쪽), **이동희 번역본**(126쪽), **이상임 번역본**(33쪽), **이지형 번역본**(2권, 149쪽), **임동석 번역본**(2권, 549쪽), **정태현·이성민 번역본**(1권, 353쪽), **조명화 번역본**(1권, 605쪽), **차주환 번역본**(112쪽), **최근덕 번역본**(157~158쪽)

이 번역본들은 "德之不修, 學之不講"에 나오는 之를 주격의 표지로 보고 있다고 할 수 있다.

- 기타

김용옥 번역본 덕(德)이 잘 닦이지 않는 것, 배운 것을 잘 강습하지 못하는 것, 의(義)를 듣고도 실천하지 못하는 것, 나에게 불선(不善)이 있는 것을 알고도 고치지 못하는 것, 이것이 평소 나의 삶의

걱정이다. (II권, 535쪽)

부남철 번역본 덕을 수양하는 것도 잘 안 되고, 학문도 연마되지 않으며, 의義를 듣고도 실행에 옮기지 못하고, 불선不善을 고치지 못하는 것, 이런 것이 나의 근심거리다. (218쪽)

이을호 번역본 인격도 닦지 못하고 학문도 부실하며 옳은 일을 듣고도 행하지 못하고, 흠집을 고치지도 못하니, 그게 내 걱정이야. (87쪽)

이한우 번역본 덕을 제대로 닦지 못한 것이 아닌지, 배움이 충분히 익지 못한 것이 아닌지, 의로운 말을 듣고서도 능히 그것을 실천하지 못한 것이 아닌지, 선하지 못한 것을 고치지 못한 것이 아닌지, 이 네 가지가 나의 걱정이다. (469쪽)

이 번역본들은 각기 다른 번역문을 제시하고 있지만, "德之不修, 學之不講"에 일관된 문형을 적용하지 않고 있다는 공통점이 있다. 김용옥 번역본은 "덕(德)이 잘 닦이지 않는 것, 배운 것을 잘 강습하지 못하는 것"이라고 하여 德之不修를 '주어+술어' 문형으로 보는 데 비해, 學之不講은 '목적어+술어' 문형으로 보고 있다. 반면, 부남철 번역본은 "덕을 수양하는 것도 잘 안 되고, 학문도 연마되지 않으며"라고 하여 德之不修를 '목적어+술어' 문형으로 보는 데 비해, 學之不講은 '주어+술어' 문형으로 보고 있다. 이을호 번역본 역시 "인격도 닦지 못하고 학문도 부실하며"라고 하여 德之不修를 '목적어+술어' 문형으로 보는 데 비해, 學之不講은 '주어+술어' 문형으로 보고 있다. 이한우 번역본도 "덕을 제대로 닦지 못한 것이 아닌지, 배움이 충분히 익지 못한 것이 아닌지"라고 하여 德之不修를 '목적어+술어' 문형으로 보는 데 비해, 學之不講은 '주어+술어' 문형으로 보고 있다. 하지만 왜 이처럼 문형을 일관성 없이 적용하는지에 대한 납득할 만한 설명은 없다.

3. 之爲를 표지로 활용한 도치문[11]

『맹자』와 『순자』에 나오는 다음 문장들은 之爲를 표지로 활용해 도치한 예로 들 수 있다.[12]

> 使弈秋誨二人弈, 其一人專心致志, 惟弈秋之爲聽. (『孟子』「告子上」)
> 혁추로 하여금 두 사람에게 바둑을 가르치게 한다고 할 때, 그중 한 사람은 마음을 집중하고 뜻을 다하여 혁추의 말만 듣는다.
> 唯仁之爲守, 唯義之爲行. (『荀子』「不苟」)
> 오직 인을 지키고 오직 의를 행한다.

『논어』에서는 다음 문장들이 공통적으로 이와 같은 문형을 사용하고 있는 것으로 보인다. 과연 그러한지 좀 더 살펴보자.

> 有慟乎. 非夫人之爲慟而誰爲. (『論語』「先進」10)
> 지나치게 애통해한다고? 저 사람을 위해 지나치게 애통해하지 않고, 누구를 위해 지나치게 애통해한단 말인가!
> 吾非斯人之徒與而誰與. (『論語』「微子」6)
> 내가 이 사람들과 함께하지 않는다면 누구와 함께하겠는가?

이 예문에 나오는 "非夫人之爲慟而誰爲"와 "非斯人之徒與而誰與"는

'非+목적어+동사+而+의문사+동사' 문형과 비슷한 구조를 이루고 있어 번역자가 이 문형을 일관되게 번역하고 있는지 살펴볼 수 있는 기회를 제공한다.

1) 非夫人之爲慟而誰爲에 대한 해석

먼저 "有慟乎. 非夫人之爲慟而誰爲"(『논어』「선진」10)를 살펴보자. 之 혹은 之爲의 위치를 보건대, 이 문장이 도치문임은 비교적 분명하다. 도치 이전의 원래 문장이 어떠했는지에 대해서 두 가지 가능성이 있다.

① 夫人之爲慟을 爲夫人慟의 도치라고 보는 경우: 이것은 夫人之爲慟의 之 한 글자만 도치의 표지로 본 경우이다. 이 경우에, 爲는 "위하다"(혹은 때문에)라는 뜻의 실사이다. 결과적으로 夫人之爲慟은 "저 사람을 위해 애통해하다" 혹은 그와 비슷한 표현으로 번역할 수 있다.

② 夫人之爲慟을 慟夫人의 도치라고 보는 경우: 이것은 夫人之爲慟의 之爲 두 글자를 모두 도치의 표지로 본 경우다. 결과적으로 夫人之爲慟은 "저 사람을 애통해하다" 혹은 그와 비슷한 표현으로 번역할 수 있다.

그런데 ②의 경우에는 夫人之爲慟의 爲를 뒤에 나오는 誰爲의 爲와 일관되게 해석하기 어렵다. 따라서 문장 내의 爲를 일관되게 설명하려면, ①의 해석을 취해야 한다. 그리고 ①의 해석을 취할 때 비로소 "非夫人之爲慟而誰爲"와 "非斯人之徒與而誰與"를 일관된 문형으로 이해할 수 있게 된다.

그러면 『논어』 한국어 번역본들은 "有慟乎. 非夫人之爲慟而誰爲" (『논어』「선진」 10)를 어떻게 번역했을까?

- 도치문임을 인식하여 "저 사람을 위해 (지나치게) 애통해하지 않는다면 누구를 위해 (지나치게) 애통해하겠는가" 혹은 그와 유사한 표현으로 번역한 번역문

강동석 번역본(228쪽), **금장태 번역본**(61쪽), **김도련 번역본**(하권, 35~36쪽), **김동인·지정민·여영기 번역본**(3권, 40쪽), **김영호 번역본**(192쪽), **김용옥 번역본**(III권, 255쪽), **김원중 번역본**(257쪽), **김학주 번역본**(350쪽), **김형찬 번역본**(130쪽), **동양고전연구회 번역본**(229쪽), **류종목 번역본**(358~359쪽), **박삼수 번역본**(310쪽), **박유리 번역본**(457~458쪽), **박종연 번역본**(311~312쪽), **박헌순 번역본**(2권, 24쪽), **배병삼 번역본**(2권, 24쪽), **부남철 번역본**(344~345쪽), **성백효 번역본**(302쪽), **신정근 번역본**(424쪽), **신창호 번역본**(275쪽), **심경호 번역본**(2권, 83쪽), **양차오밍 번역본**(273쪽) **유교문화연구소 번역본**(366쪽), **윤재근 번역본**(2권, 40쪽), **이강재 번역본**(222쪽), **이기동 번역본**(421~422쪽), **이기석·한백우 번역본**(239쪽), **이우재 번역본**(457쪽), **이을호 번역본**(140쪽), **이지형 번역본**(3권, 173쪽), **이한우 번역본**(742쪽), **임옥균 번역본**(215쪽), **장기근 번역본**(380쪽), **정태현·이성민 번역본**(2권, 164쪽), **최근덕 번역본**(260~261쪽), **최석기 번역본**(99쪽), **최영갑 번역본**(2권, 16~17쪽), **한필훈 번역본**(183쪽), **황희경 번역본**(188~189쪽)

이 번역본들은 문장에 두 번 등장하는 爲를 고두 "위하다(혹은 때문에)"라는 뜻의 실사로 간주하고 있다고 할 수 있다.

• 도치문임을 인식하되 "저 사람을 (지나치게) 애통해하지 않는다면 누구를 (지나치게) 애통해하겠는가" 혹은 그와 유사한 표현으로 번역한 번역문

조명화 번역본 (내가 지금) 너무 큰 소리로 운다고? (그래, 내가) 저 사람 죽음에 크게 울지 않는다면 누구의 죽음에 크게 울겠느냐? (2권, 173쪽)

차주환 번역본 내가 통곡했던가? 그 사람을 통곡하지 않는다면 누구를 통곡하겠느냐? (183~184쪽)

홍승직 번역본 내가 너무 통곡하였느냐? 이 사람을 통곡하지 않으면, 누구를 통곡하겠느냐? (209쪽)

이 번역본들은 "夫人之爲慟"의 之爲 두 글자를 모두 도치의 표지로 간주했다고 할 수 있다.

• 기타

이동희 번역본 내가 지나치게 애통해하더란 말이냐? 대저 이 사람을 위해 애통해하지 않으면, 누구를 위해 애통해한단 말이냐!" (196쪽)

임동석 번역본 "지나치게 애통해한다고? 내 무릇 이런 사람을 위하여 애통해하지 않고 누구를 위하여 애통해한단 말이냐?" (3권, 910쪽)

이 두 번역문의 특징은 "夫人之爲慟"에 나오는 夫人을 "대저 이 사람" 혹은 "무릇 이런 사람"이라고 번역한 것이다. 그런데 夫의 용법 중에서 범칭을 나타내는 "무릇" 혹은 "대저"의 용법과 "이"라고 번역할 수 있

는 지시어로서의 용법은 구분되는 별개의 용법이다. 즉, 번역자는 두 용법 중 하나를 선택해야만 한다. 그러나 위 두 번역문은 夫人을 "대저 이 사람" 혹은 "무릇 이런 사람"이라고 함으로써 夫를 이중으로 번역하고 있는 것으로 판단된다.

2) 吾非斯人之徒與而誰與에 대한 해석

다음으로 "吾非斯人之徒與而誰與"(『논어』「미자」 6)를 살펴보자. 이 문장에 나오는 非斯人之徒與가 非與斯人之徒의 도치문임은 일견 분명해 보인다. 그러면 『논어』 한국어 번역본은 이 문장을 어떻게 번역했을까?

- 도치로 보아서 "내가 이 사람의 무리와 더불어 하지 않고 누구와 더불어 하겠는가" 혹은 그와 유사한 표현으로 번역한 번역본

  강동석 번역본(406~407쪽), **금장태 번역본**(110~111쪽), **김도련 번역본**(하권, 479쪽), **김동인·지정민·여영기 번역본**(4권, 268쪽), **김영호 번역본**(306쪽), **김용옥 번역본**(III권, 538~539쪽), **김원중 번역본**(432~433쪽), **김학주 번역본**(541쪽), **김형찬 번역본**(209쪽), **동양고전연구회 번역본**(395쪽), **류종목 번역본**(594쪽), **박삼수 번역본**(502쪽), **박유리 번역본**(770~771쪽), **박종연 번역본**(559쪽), **박헌순 번역본**(2권, 521쪽), **배병삼 번역본**(2권, 435쪽), **부남철 번역본**(574쪽), **성백효 번역본**(515~516쪽), **신정근 번역본**(723~724쪽), **신창호 번역본**(437쪽), **심경호 번역본**(3권, 220쪽), **양차·오밍 번역본**(448쪽), **유교문화연구소 번역본**(673쪽), **윤재근 번역본**(2권, 606~607쪽), **이강재 번역본**(331~332쪽), **이기동 번역본**(639~640쪽), **이기석·한백우 번역본**(429~430쪽), **이동희 번역본**(208쪽), **이우재 번역본**(774쪽), **이을호 번역본**(240쪽), **이지형 번역본**(5권, 281쪽), **이한우 번역본**(1313쪽), **임동석 번역본**(4권, 1581

쪽), **임옥균 번역본**(345~346쪽), **장기근 번역본**(686쪽), **정태현·이성민 번역본**(3권 165쪽), **최근덕 번역본**(465쪽), **최석기 번역본**(146~147쪽), **최영갑 번역본**(2권, 334~335쪽), **한필훈 번역본**(308쪽), **황희경 번역본**(315~316쪽)

이 번역본들은 與를 '함께하다', '더불다' 등의 뜻을 가진 실사로 보는 공통점이 있다.

• 도치로 보지 않은 번역본

조명화 번역본 내가 (사람을 따르는) 인간 종자가 아니라면 누구이겠느냐? (2권, 628~629쪽)

차주환 번역본 내가 이 세상 사람들에 끼어 사는 사람이 아니라면 무엇이란 말인가? (319쪽)

조명화 번역본과 차주환 번역본은 誰를 "무엇" 혹은 "누구"로 번역하느냐에서 차이를 보인다. 그러나 양자 모두 吾非斯人之徒與而誰與를 도치문으로 보지 않는다는 점에서는 공통점이 있다. 기존 『논어』 주석사에서도 이 문장을 도치로 보지 않은 경우가 있는데, 유월이 그러한 예이다.[13] 유월에 따르면, "吾非斯人之徒與而誰與" 두 번 나오는 與는 모두 어조사다. 즉, "내가 이 사람들이 아니면 누구랴?"처럼 번역된다.

17

『논어』에서 도치문 번역 (4)

앞 장에서는 특정 도치 문형별로 『논어』에 나오는 문장들을 분류·검토하고, 그 문장들이 『논어』 한국어 번역본들에서 어떻게 번역되어왔는지 살펴보았다. 이번 장에서는 『논어』에서 도치 여부와 관련하여 해석상의 논란을 빚고 있는 문장들을 검토해보기로 하겠다. 이 문장들의 의미에 대해서는 아직도 논란이 종식되지 않았기에, 관련 어법도 확정하기 어려운 경우가 많다. 따라서 이 장에서는 다음 문장들의 의미와 어법을 확정하기보다는 논란의 성격을 분명히 하고, 그 논란에 비추어볼 때 『논어』 한국어 번역본을 어떻게 분류하고 평가할 수 있는지를 살펴보기로 하겠다.

1. 『논어』「선진」21의 경우

> 論篤是與, 君子者乎, 色莊者乎. (『論語』「先進」21)
>
> 논의가 진중하다고 인정한다면, 군자라는 것인가? 겉모습만 장엄한 사람이라는 것인가?

이 문장은 『논어』에서 뜻이 불분명하다고 여겨져온 문장 중 하나다. 특히 "論篤是與"에 대한 해석이 분분하다. 먼저 論篤에 대하여 하안은 "언술에 있어, 가려 말함이 없는 것"(口無擇言)이라고 해석하고, 주희는 "말의 독실함"(言論篤實)이라고 해석하고, 오규 소라이는 "당시 사람들의 의론"(時人之論)이라고 해석하였다.[1] 與에 대해서는 크게 두 가지 입장이 있다. 첫째, 與를 추측과 감탄을 나타내는 종결사로 보는 입장이 있고, 둘째, '인정하다'라는 뜻의 동사로 보는 입장이 있다.

"論篤是與"의 문장 구조에 관해서도 크게 세 가지 입장이 있다. 첫째, 도치로 보는 입장이 있다. 이에 따르면, 與는 동사이고 論篤은 與의 목적어이며, 是는 도치의 표지다. 뜻은 "論篤을 인정하다"가 된다. 둘째, 論篤과 是與를 분리하는 입장이 있다. 뜻은 "論篤하다면 이것을 인정하다"가 된다. 이 경우 문장은 도치문이지만, 是는 도치의 표지가 아니라 "이것"을 지칭하는 대명사로서 도치의 대상이 된다. 셋째, 論篤과 是를 '주어+술어' 관계로 보고 與는 종결어미로 보는 입장이 있다. 뜻은 "論篤이 옳은가"가 된다. 이 경우 是는 "옳다"는 뜻의 술어가 된다.

앞서 말했듯, 이 문장은 『논어』에서 뜻이 불분명하다고 여겨져온 문장 중 하나이며, 그만큼 해석이 분분하여 어느 하나가 단연 설득력 있다고 확정하기 쉽지 않다. 다수의 문법 학자들은 是를 도치의 표지로 보아 "論篤을 인정하다"와 같이 풀이한다.[2]

• 論篤是與를 與論篤의 도치라고 보는 번역본

강동석 번역본(236쪽), **금장태 번역본**(63쪽), **김도련 번역본**(하권, 57쪽), **김동인·지정민·여영기 번역본**(3권, 88쪽), **김영호 번역본**(196~197쪽), **김원중 번역본**(265쪽), **동양고전연구회 번역본**(237쪽), **박삼수 번역본**(319~320쪽), **박종연 번역본**(323쪽), **배병삼 번역본**(2권, 46쪽), **성백효 번역본**(313쪽), **신정근 번역본**(437쪽), **양차오밍 번역본**(283쪽), **유교문화연구소 번역본**(380쪽), **이기석·한백우 번역본**(252쪽), **이우재 번역본**(478쪽), **이지형 번역본**(3권, 245쪽), **이한우 번역본**(767쪽), **임동석 번역본**(3권 944쪽), **임옥균 번역본**(220~221쪽), **조명화 번역본**(2권, 202쪽), **최영갑 번역본**(2권, 34쪽)

이 번역본들은 "論篤是與"에 나오는 是를 도치의 표지로 간주한다고 할 수 있다. 그리고 與는 '인정하다' 혹은 '참여하다'는 뜻의 타동사로 풀이되며, 論篤은 與의 목적어로 본다.

• 論篤是與를 論篤, 是與로 나누어 보아서 "말이 독실하면, 이것(혹은 이 사람)을 인정하겠지만" 등으로 번역한 번역본

김용옥 번역본(III권, 282쪽), **김학주 번역본**(358쪽), **김형찬 번역본**(134쪽), **류종목 번역본**(370쪽), **박헌순 번역본**(2권, 51쪽), **부남철 번역본**(358쪽), **신창호 번역본**(283쪽), **심경호 번역본**(2권, 100쪽), **차주환 번역본**(191쪽), **최근덕 번역본**(269~270쪽), **한필훈 번역본**(188쪽), **황희경 번역본**(194쪽)

이 번역본들은 "論篤是與"에 나오는 是를 대명사로 간주한다고 할 수 있다.

• 論篤是與에서 論篤을 주어로 보고 是를 술어로 보고 與를 종결 어미로 보아 "論篤이 옳은가" 등으로 번역한 번역본

이기등 번역본 논설이 독실한 사람이 옳은 것인가? (432쪽)

• 기타

윤재근 번역본 논함이 독실하다 하여 (2권, 68쪽)

이강재 번역본 말하는 내용이 독실한가? (227쪽)

이을호 번역본 말솜씨만 가지고 판단한다면 (145쪽)

장기근 번역본 변론을 잘한다고 편들지만 (395쪽)

정태현·이성민 번역본 言論이 敦原하면 〈善人〉일까? (2권, 180쪽)

이 중 윤재근 번역본과 이강재 번역본은 "論篤是與"에 나오는 是를 어떻게 처리하고 있는지 재구성하기 어렵다. 이을호 번역본, 장기근 번역본, 정태현·이성민 번역본은 과감하게 의역하였다.

2. 『논어』「선진」24의 경우

吾以子爲異之問, 曾由與求之問. (『論語』「先進」24)

나는 그대가 다른 질문을 한다고 여겼는데, 그래 유由(중유)와 구求(염구)에 대한 질문이구나!

이 문장에는 두 개의 도치문이 있을 수 있다. "吾以子爲異之問"과 "曾由與求之問"이다. 먼저 "吾以子爲異之問"을 어떻게 해석할 수 있는지 살펴보자.

1) 以A 爲B 용법(A를 B로 간주하다)으로 보고 해석하는 경우

"吾以子爲異之問"에서 子를 A에 해당하는 요소로 보고 異之問을 B에 해당하는 요소로 보아, "그대(子)를 異之問이라고 간주하다"로 해석하는 것이다. 이러한 해석이 야기하는 문제는 과연 B(異之問)를 선행하는 A(子)에 어울리게 해석할 수 있느냐는 것이다. 異之問을 해석하는 방법은 적어도 두 가지가 있다. 첫째, 之를 관형격으로 보아 異之問을 "다른 질문"으로 해석하는 것이다.[3] 그러할 경우 "吾以子爲異之問"을 "나는 그대를 다른 질문으로 간주하다"로 해석할 수 있다. 그런데 사람 자체가 곧 질문으로 간주될 수는 없으므로 이는 부자연스러운 해석이다. 둘째, 之를 도치의 표지로 보아 異之問을 問異의 도치문으로 해석하는 것이다. 그러할 경우 "吾以子爲異之問"을 "나는 그대가 다른 질문을 했다고 간주한다"로 해석할 수 있다. 의미상 대체로 자연스러운 해석이라고 할 수 있다.[4] 문제가 있다면 異라는 글자 하나가 과연 問이라는 동사의 목적어 역할을 충분히 할 수 있느냐는 것이다.[5]

2) 以와 爲를 별개의 동사로 보고 해석하는 경우

"吾以子爲異之問"이 以A 爲B 용법을 취하고 있다고 보지 않고, 爲異之問을 "다른 질문을 하다"로 해석하는 것이다. 즉, 之를 관형격으로 보아 異之問을 "다른(혹은 이상한) 질문"으로 해석하고, 爲를 "하다"로 해석하는 것이다. 이 경우 以를 어떻게 해석하느냐는 문제가 남는다. 해결책은 以는 "생각하다"라는 뜻을 가진 전체 문장의 동사로 보고 子爲異之問을 以의 목적어로 보는 것이다. 『일본 논어 훈점본의 해독과 번역』이 바

로 이러한 입장을 취하고 있다.[6] 즉, 以를 思로 풀이한 것이다. 이 해석에는 두 가지 난점이 있다. 첫째, 고대 중국어에서 以가 "생각하다"로 쓰이는 사례가 간혹 있지만, 『논어』에서 유사한 용례를 찾기 어렵다.[7] 둘째, 爲異之問이 "다른 질문을 하다"라는 표현으로서 얼마나 자연스러우냐는 것이다. 爲異之問이 異之問(다른 질문)이라는 목적어와 爲(하다)라는 타동사가 결합하여 이루어진 문장이라면, 爲善之問(좋은 질문을 하다) 같은 유사한 문장을 고대 중국어에서 기대할 수 있을 텐데, 그와 같은 문장 패턴을 찾기는 어렵다.

그러면 『논어』 한국어 번역본들은 이 사안을 어떻게 처리했는지 살펴보자.

- "나는 당신이 다른 것/일/사람을 물을 것이라고 생각하다" 혹은 그와 유사한 표현으로 번역한 번역본

금장태 번역본(64쪽), **류종목 번역본**(373쪽), **박삼수 번역본**(323쪽), **박유리 번역본**(484쪽), **박종연 번역본**(327쪽), **심경호 번역본**(2권, 106쪽), **양차오밍 번역본**(285쪽), **유교문화연구소 번역본**(384쪽), **이강재 번역본**(229쪽), **이동희 번역본**(80쪽), **이우재 번역본**(483쪽), **임옥균 번역본**(222~223쪽), **조명화 번역본**(2권, 208쪽), **황희경 번역본**(196쪽)

이 번역본들은 異之問에 나오는 之를 도치의 표지로 보는 셈이다. 즉, 異之問은 問異의 도치문이며, 問이 명사가 아니라 동사다.

• 爲를 "하다" 동사라고 보고, 異之問을 "다른/특이한 질문"이라는 목적어로 보아, "다른 물음을 하다" 혹은 그와 유사한 표현으로 번역한 번역본

강동석 번역본(239쪽), **김도련 번역본**(하권, 63쪽), **김동인·지정민·여영기 번역본**(3권, 97쪽), **김영호 번역본**(198~199쪽), **김용옥 번역본**(III권, 290쪽), **김원중 번역본**(267~268쪽), **김형찬 번역본**(135쪽), **박헌순 번역본**(2권, 57쪽), **배병삼 번역본**(2권, 50쪽), **부남철 번역본**(360쪽), **성백효 번역본**(316쪽), **신창호 번역본**(285쪽), **윤재근 번역본**(2권, 75~76쪽), **이기동 번역본**(435쪽), **이기석·한백우 번역본**(255쪽), **이을호 번역본**(146쪽), **이지형 번역본**(3권, 257쪽), **이한우 번역본**(774쪽), **임동석 번역본**(3권, 953쪽), **장기근 번역본**(399쪽), **정태현·이성민 번역본**(2권, 185쪽), **차주환 번역본**(193쪽), **최근덕 번역본**(273쪽), **최영갑 번역본**(2권, 38쪽), **한필훈 번역본**(190쪽)

이 번역본들은 異之問에 나오는 之를 관형격으로 보는 셈이다. 즉, 問은 동사가 아니라 명사인 셈이다.

• 기타

김학주 번역본 나는 선생께서 뛰어난 사람에 대하여 물으실 줄 알았더니, 겨우 유(由)와 구(求)에 대한 질문이시군요. (361쪽)

동양고전연구회 번역본 나는 그대가 지금 묻는 것을 이상한 일이라고 생각한다. 중유와 염구에 관한 질문이기 때문이다. (241쪽)

신정근 번역본 나는 당신이 뭔가 남다른(중요한) 문제를 의논할까 생각했는데, 고작 자로와 염구의 일이었군요. (441쪽)

김학주 번역본과 신정근 번역본은 번역문으로 원문을 재구성하기 어려울 정도로 의역을 하고 있는 것으로 보인다. 동양고전연구회 번역본은 앞에서 논한 문장 형태와는 전혀 연관이 없는 번역을 제시하고 있는 것으로 판단된다.

3) 曾由與求之問의 해석과 관련된 경우의 수

크게 보아 두 가지 경우의 수가 있다. 첫째, 之를 관형격으로 보고, 問을 명사로 보아, "중유와 염구의(혹은 중유와 염구에 대한) 질문이다"로 번역하는 경우가 있을 수 있다. 둘째, 之를 도치의 표지로 보고, 問을 동사로 보아, "중유와 염구를(혹은 중유와 염구에 대해) 묻다"로 번역하는 경우가 있을 수 있다.

그러면 과연 어떤 해석이 맞는 것일까? 이 사안에 대한 문법학자의 견해는 확고하다. 이를테면, 궈시량 등이 쓴 『고대중국어』의 다음과 같은 견해를 보라. "처음 고대 중국어를 배우는 사람은 이러한 형식에서 대체사가 중복 지시의 기능을 한다는 점을 알아차리지 못한 채, 전치된 목적어가 전체 문장의 주어이고, 대체사 '是'나 '之'가 그 외의 다른 사람이나 사물을 지시하는 것으로 오해하는 경우가 있다. 또는 '是'가 현대 중국어의 판단사 '是'와 같고, '之'가 현대 중국어의 구조조사 '的'과 같다고 생각하는 오류를 범할 수도 있다. … '曾由與求之問'을 '중유와 염구의 질문'으로 해석한다면 이는 완전히 잘못된 해석이다."[8]

이제 『논어』 한국어 번역본들이 "曾由與求之問"을 어떻게 다루었는지를 살펴보자.

• 之를 관형격으로 보아, "중유와 염구의/염구에 대한 질문이다" 혹은 그와 유사한 표현으로 번역한 번역본

강동석 번역본(239쪽), **김도련 번역본**(하권, 63쪽), **김동인·지정민·여영기 번역본**(3권, 97쪽), **김학주 번역본**(361쪽), **김형찬 번역본**(135쪽), **동양고전연구회 번역본**(241쪽), **박헌순 번역본**(2권, 57쪽), **배병삼 번역본**(2권, 50쪽), **이기석·한백우 번역본**(255쪽), **이우재 번역본**(483쪽), **이지형 번역본**(3권, 257쪽), **정태현·이성민 번역본**(2권, 185쪽)

• 之를 도치의 표지로 보아, "중유와 염구를 묻다" 혹은 그와 유사한 표현으로 번역한 번역본

금장태 번역본(64쪽), **김영호 번역본**(198~199쪽), **김용옥 번역본**(III권, 290쪽), **김원중 번역본**(267~268쪽), **류종목 번역본**(372~373쪽), **박삼수 번역본**(323쪽), **박유리 번역본**(484쪽), **박종연 번역본**(327쪽), **부남철 번역본**(360쪽), **성백효 번역본**(316쪽), **신창호 번역본**(285쪽), **심경호 번역본**(2권, 106쪽), **양차오밍 번역본**(285쪽), **유교문화연구소 번역본**(384쪽), **윤재근 번역본**(2권, 75~76쪽), **이강재 번역본**(229쪽), **이기동 번역본**(435쪽), **이동희 번역본**(80쪽), **이한우 번역본**(774쪽), **임동석 번역본**(3권, 953쪽), **임옥균 번역본**(222~223쪽), **장기근 번역본**(399쪽), **조명화 번역본**(2권, 208쪽), **차주환 번역본**(193쪽), **최근덕 번역본**(273쪽), **최영갑 번역본**(2권, 38쪽), **한필훈 번역본**(190쪽), **황희경 번역본**(196쪽)

• 기타

신정근 번역본 나는 당신이 뭔가 남다른(중요한) 문제를 의논할까 생각했는데, 고작 자로와 염구의 일이었군요. (441쪽)

이을호 번역본 나는 별다른 질문인가 했더니 유와 구의 이야기구려! (146쪽)

신정근 번역본과 이을호 번역본은 "曾由與求之問"의 之를 관형격으로 보아, "중유와 염구의/염구에 대한 질문이다" 혹은 그와 유사한 표현으로 번역한 경우에 해당한다. 그럼에도 별도로 이 두 번역본을 분류한 것은 두 번역본 모두 問에 대해서 일관되게 번역하고 있지 않기 때문이다. "吾以子爲異之問"에 나오는 問을, 신정근 번역본처럼 "문제"로 번역하든, 이을호 번역본처럼 "질문"으로 번역하든, 그것은 큰 문제가 아니다. 두 번역본 모두 뒤이어 나오는 "曾由與求之問"의 問은 "일" 혹은 "이야기"로 번역하는 것이 문제다. 바로 앞에 선행하는 "吾以子爲異之問"의 問을 "질문" 혹은 "문제"로 번역했다면, 뒤이어 나오는 "曾由與求之問"의 問 역시 그렇게 번역하는 것이 바람직하다. 그래야 독자들이 이 문장에서 같은 말이 반복되고 있음을 알 수 있다. 일관된 번역을 피해야 할 분명한 이유가 있지 않은 다음에야 일관된 번역을 제시하는 것이 좋다.

3. 『논어』「안연」19의 경우

草上之風必偃. (『論語』「顏淵」19)

풀 위에 바람이 불면, 풀은 반드시 눕습니다.

1) "草上之風必偃"에서 上은 尙과 발음이 같으며, 『논어』 판본 중에는 上 대신 尙을 채택하고 있는 것도 있다. 그리하여 황간은 "尙猶加也"라고 하여 "(풀에 바람을) 가하다"라는 뜻으로 풀고 있다. 주희 역시 尙 혹은 上을 加의 뜻으로 보는 데 동의한다. 이 해석의 특징은 草를 화제로 보고, 上을 동사로 보고, 之를 대명사로 보는 것이다. 공안국孔安國이 "加草

以風"(바람으로써 풀에 가하다)이라고 주석을 단 것 역시 그러한 해석을 반영한 것이라고 할 수 있다. "풀의 경우, 바람이 가해지면 반드시 눕는다"와 같이 번역된다.

2) 草를 화제로 간주하되, 上之風을 風上의 도치문으로 보는 해석도 가능하다. 1)번 해석과 공통점은 草를 화제로 간주한다는 점이다. 그러나 風을 동사로 보고, 之를 도치의 표지로 간주한다는 점에서는 1)번과 다르다. "풀의 경우, 위에 바람이 불면 반드시 눕는다"와 같이 번역된다.

3) 草上之風을 風草上의 도치문으로 보는 해석도 가능하다. 이 경우 별도의 화제는 없고, 風은 동사로 간주되고, 之는 도치의 표지로 간주된다. "풀 위에 바람이 불면, 반드시 눕는다"와 같이 번역된다.

- 草上之風를 風草上의 도치로 보아, "풀 위에 바람이 불다"로 해석한 번역본

김동인·지정민·여영기 번역본(3권, 245쪽), **김영호 번역본**(213쪽), **김용옥 번역본**(III권, 332~333쪽), **김학주 번역본**(385쪽), **김형찬 번역본**(145쪽), **동양고전연구회 번역본**(261쪽), **박삼수 번역본**(349쪽), **배봉삼 번역본**(2권, 105쪽), **부남철 번역본**(394쪽), **신정근 번역본**(481쪽), **신창호 번역본**(306쪽), **양차오밍 번역본**(311쪽), **유교문화연구소 번역본**(423쪽), **이기동 번역본**(466쪽), **이동희 번역본**(82쪽), **이우재 번역본**(534쪽), **이을호 번역본**(158쪽), **이지형 번역본**(3권, 393쪽), **임동석 번역본**(3권, 1034쪽), **임옥균 번역본**(239~240쪽), **조명화 번역본**(2권, 264쪽), **최근덕 번역본**(301~302쪽), **최석기 번역본**(111쪽), **최영갑 번역본**(2권, 90쪽), **한필훈 번역본**(204쪽), **홍승직 번역본**(234쪽)

이 번역본들은 之를 도치의 표지로 보고 있다고 할 수 있다.

• 草를 아예 화제로 빼고 上之風을 風上의 도치문으로 보아 "풀은 (그) 위에 바람이 불면"으로 해석한 번역본

금장태 번역본(71쪽), **김원중 번역본**(292~293쪽), **심경호 번역본**(2권, 154쪽), **이강재 번역본**(245쪽), **차주환 번역본**(210쪽)

이 번역본들의 특징은 번역문에서 화제("풀은")의 존재감을 나타낸다는 점이다. 그리고 이 번역본들은 上을 "가하다"라는 뜻의 동사로 번역하지 않고 "위"라는 뜻으로 번역하고 있다.

반면, 다음 번역본들은 번역문만 보아서는 "上"을 어떻게 처리했는지 알기 어렵다.

기타

김도련 번역본 풀은 바람이 불면 반드시 쓰러지는 것입니다. (하권, 128~129쪽)

박종연 번역본 바람이 어느 쪽으로 불면, 풀은 바람에 따라 그쪽으로 쓰러집니다. (363쪽)

이기석·한백우 번역본 풀은 바람이 불면 반드시 쓰러지는 것이오. (283쪽)

장기근 번역본 풀은 바람이 불면 반드시 쏠리게 마련입니다. (447쪽)

황희경 번역본 풀은 바람이 불면 반드시 따라 쓰러지게 되어 있습니다. (211쪽)

4. 『논어』「자로」 22의 경우

> 不恒其德, 或承之羞. (『論語』「子路」 22)
>
> 그 덕德을 한결같게 하지 않으면, 수치가 따른다.

『논어』에 나오는 "不恒其德 或承之羞"는 『주역』「항괘구삼효恒卦九三爻」에도 나온다. 이 문장에서 "或承之羞"에 대한 해석이 분분하다. 주희는 承을 進이라고 해석했으며, 요시다 겐코吉田賢抗(1900~1995)는 受라고 해석했으며, 데루이 잇타쿠照井一宅(1819~1881)는 수중에 받은 것을 '나아가서 올리는 것, 전수하는 것' 등으로 풀었다.

이 글의 관심사는 과연 이 문장을 도치문으로 볼 수 있느냐는 것이다. 먼저 시중에서 구할 수 있는 『주역』 한국어 번역본들은 이 문장을 어떻게 번역했는지 살펴보자.

- 或承之羞를 "부끄러움을 잇다(받다)" 혹은 그와 유사한 표현으로 번역한 번역본

  혹 부끄러움을 이으니[9]

  혹 부끄러움을 받을 것이니[10]

  혹 수치를 承하리니(받으리니)[11]

  혹 부끄러움을 이어 받드니[12]

  혹시 [君子를 대할 적에] 부끄러운 일을 당할지도 모른다.[13]

  부끄러움을 당할지도 모른다.[14]

  욕을 받을 수 있으니,[15]

  혹 치욕을 당하니[16]

  혹 부끄러움을 받을 것이니[17]

혹 부끄러움을 받을 것이니[18]

혹 부끄러움을 이으니[19]

혹 부끄러움을 받은 것이니[20]

혹 수치스런 일을 당할 수도 있고[21]

때로 수치를 받는다.[22]

혹은 수치(羞恥)를 받으리니[23]

혹 수치를 당하리라[24]

수치를 겪을 수 있고[25]

때로 부끄러움을 이어받으니[26]

남에게 치욕을 당할 때가 있는데,[27]

혹시 브끄러움을 받드는 것이다.[28]

혹 부끄러움을 이어 받드니[29]

혹 부고러움을 이어 받드니[30]

或 부그러움을 이을지니,[31]

혹 부그러움을 당하니,[32]

혹 창피함을 당하니,[33]

세상에 용납되지 않아 부끄러움을 당할지도 모른다.[34]

이 번역본들은 "或承之羞"를 '타동사(承)+목적어(羞)' 문형으로 보고, 어순대로 해석한다. 즉 도치문으로 간주하지 않는다.

• 或承之羞를 "부끄러움이 이어지다" 혹은 그와 유사한 표현으로 번역한 번역본

혹 수치스러운 일이 이어질 것이니[35]

혹 부끄러움이 이를 것이니,[36]

부끄러움이 혹 이를 것이니,[37]

혹 부끄러움이 이어지니[38]

혹[或] 수치스러움이[羞] 따르고[承][39]

이 번역본들은 "或承之羞"를 '주어(羞)+자동사(承)' 문형으로 보고 之를 도치의 표지로 보고 있다. 羞가 주어의 기능을 하고 있으므로 선행하는 或은 주어의 기능을 하지 않는다.

- 或承之羞를 "부끄러움에 이어지다" 혹은 그와 유사한 표현으로 번역한 번역본

혹(或) 수치스런 일(羞)에 이어질(承) 수 있다.[40]

혹 부끄러움으로 이어질 것이니[41]

이 번역본들은 주어를 생략하고 있기에 주어와 동사의 위치를 해석하는 데는 무리가 없다. 그러나 "부끄러움"과 "이어지다" 사이에 위치한 之를 설명하기 어렵다는 난점이 있다.

그러면 『논어』 한국어 번역본들이 "或承之羞"를 어떻게 번역해왔는지 살펴보자.

- 或承之羞를 도치로 파악하지 않고 "부끄러움(羞)에 나아가다(承)" 혹은 그와 유사한 표현으로 번역한 번역본

금장태 번역본(79쪽), **이상임 번역본**(35쪽), **이한우 번역본**(917쪽), **임동석 번역본**(3권, 1124쪽), **조명화 번역본**(2권, 331쪽)

이 번역본들은 "或承之羞"를 "어떤 주어(或)가 부끄러움(羞)에 나아가다(承)"라고 해석한다는 점에서 두 가지 공통점이 있다. 첫째, "或承之羞"를 어순대로 해석한다. 즉 도치문으로 간주하지 않는다. 둘째, "或承之羞"에서 之를 어떻게 해석하고 있는지 불확실하다.

- 或承之羞를 도치로 파악하지 않고 "부끄러움(羞)을 받다/당하다(承)" 혹은 그와 유사한 표현으로 번역한 번역본

김영호 번역본(228쪽), **김용옥 번역본**(III권, 366쪽), **김원중 번역본**(319쪽), **김형찬 번역본**(157쪽), **동양고전연구회 번역본**(283쪽), **류종목 번역본**(439쪽), **박삼수 번역본**(377쪽), **박유리 번역본**(574~575쪽), **배병삼 번역본**(2권, 165쪽), **신정근 번역본**(521쪽), **신창호 번역본**(330쪽), **심경호 번역본**(2권, 228쪽), **양차오밍 번역본**(333쪽), **유교문화연구소 번역본**(467~468쪽), **이기동 번역본**(497쪽), **이기석·한백우 번역본**(312쪽), **이우재 번역본**(578쪽), **이을호 번역본**(173쪽), **임옥균 번역본**(257~258쪽), **차주환 번역본**(231쪽), **최근덕 번역본**(331~332쪽), **최영갑 번역본**(2권, 139쪽), **한필훈 번역본**(223쪽)

이 번역본들은 "或承之羞"를 "어떤 주어(或)가 부끄러움(羞)을 받는다/당한다(承)"라고 해석한다는 점에서 두 가지 공통점이 있다. 첫째, "或承之羞"를 어순대로 해석한다. 즉 도치문으로 간주하지 않는다. 둘째, "或承之羞"에서 之를 어떻게 해석하고 있는지 불확실하다.

- 或承之羞를 도치로 파악하지 않고 "부끄러움(羞)을 준다/초래한다(承)" 혹은 그와 유사한 표현으로 번역한 번역본

강동석 번역본 어떤 사람이 부끄러움을 안겨다준다. (288쪽)

김동인·지정민·여영기 번역본 누군가가 수치를 보낸다. (3권, 355쪽)

박종연 번역본 결국 부끄러움을 초래한다고 하였다. (401쪽)

박헌순 번역본 누군가가 수치를 보내준다. (2권, 196쪽)

성백효 번역본 혹자가 부끄러움을 올린다. (384쪽)

윤재근 번역본 수치를 불러온다고 한다. (2권, 230~231쪽)

장기근 번역본 수치를 초래한다 (492쪽)

황희경 번역본 부끄러운 일을 초래하게 되는 수가 있다. (231쪽)

이 번역본들은 "或承之羞"를 "어떤 주어(或)가 부끄러움(羞)을 초래한다(承)"라고 해석한다는 점에서 두 가지 공통점이 있다. 첫째, "或承之羞"를 어순대로 해석한다. 즉, 도치문으로 간주하지 않는다. 둘째, "或承之羞"에서 之를 어떻게 해석하고 있는지 불확실하다. 수치를 받는 누군가를 지칭하는 대명사로 之를 이해한다고 보기에는, 번역본들 중 어느 것도 그 "누군가"를 번역문에 언급하고 있지 않다.

- 或承之羞를 도치로 파악하여 "부끄러움(羞)이 다가오다(承)" 혹은 그와 유사한 표현으로 번역한 번역본

김도련 번역본 혹 수치羞恥가 다가올 것이다. (하권, 195~196쪽)

김학주 번역본 수치스런 일이 닥칠 것이다. (414쪽)

부남철 번역본 혹 부끄러운 일이 생길 것이다. (430쪽)

이강재 번역본 수치스러운 일만 이어질 것이므로 (262쪽)

이지형 번역본 혹 치욕이 이르게 될 것이다. (3권, 551쪽)

정태현·이성민 번역본 혹 羞恥가 이른다. (2권, 279쪽)

이 번역본들은 "或承之羞"를 "부끄러움(羞)이 이르다(承)"라고 해석한다는 점에서 두 가지 공통점이 있다. 첫째, "或承之羞"를 도치문으로 간주한다. 둘째, 羞가 주어의 기능을 하고 있으므로 선행하는 或은 주어의 기능을 하지 않는다.

5. 『논어』「양화」 13의 경우

> 鄕原, 德之賊也. (『論語』「陽貨」 13)
> 향원鄕原은 덕德을 해친다.

이 문장에서 의미상 토론의 대상이 되어온 것은 "鄕原"과 "德"이라는 단어이지만, 문법 면에서는 "德之賊"이라는 세 글자의 이해가 논쟁적이다. 크게 보아 두 가지 해석이 가능하다. 첫째, "德之賊"의 之를 관형격으로 보아 "덕의 적이다"라고 해석하는 경우. 둘째, "德之賊"의 之를 도치의 표지로 보아 "덕을 해친다"라고 해석하는 경우로, "德之賊"은 賊德의 도치문이다. 이러한 입장을 취하는 이가 바로 오규 소라이다.[42] 그러면 『논어』 한국어 번역본들은 이 문장을 어떻게 번역해왔을까?

- 도치로 보지 않고 "덕을 해치는 자이다" 혹은 "덕의 적이다" 등 그와 유사한 표현으로 번역한 번역본

강동석 번역본(389쪽), **금장태 번역본**(105쪽), **김도련 번역본**(하권, 434쪽), **김동인·지정민·여영기 번역본**(4권, 168쪽), **김영호 번역본**(295쪽), **김용옥 번역본** III권, 513쪽), **김원중 번역본**(413쪽), **김학주 번역본**(521쪽), **김형찬 번역**

본(201쪽), 류종목 번역본(568쪽), 박삼수 번역본(483쪽), 박유리 번역본(744쪽), 박종연 번역본(532쪽), 박헌순 번역본(2권, 477쪽), 배병삼 번역본(2권, 391쪽), 부남철 번역본(554쪽), 성백효 번역본(496쪽), 신정근 번역본(690쪽), 신창호 번역본(420쪽), 심경호 번역본(3권, 178쪽), 유교문화연구소 번역본(641쪽), 윤재근 번역본(2권, 548쪽), 이강재 번역본(321쪽), 이기석·한백우 번역본(414쪽), 이동희 번역본(45쪽), 이상임 번역본(37쪽), 이우재 번역본(743쪽), 이을호 번역본(230쪽), 이지형 번역본(5권, 191쪽), 이한우 번역본(1260쪽), 임동석 번역본(4권, 1522쪽), 임옥균 번역본(331쪽), 장기근 번역본(655쪽), 정태현·이성민 번역본(3권, 127쪽), 최근덕 번역본(446쪽), 최석기 번역본(142쪽), 최영갑 번역본(2권, 304~305쪽), 한필훈 번역본(294쪽), 홍승직 번역본(326쪽), 황희경 번역본(301쪽)

이 번역본들은 之를 관형격으로 보고 있는 셈이다.

- 도치로 보고 "덕을 해친다" 혹은 그와 유사한 표현으로 번역한 번역본

동양고전연구회 번역본(377쪽), 양차오밍 번역본(428쪽), 이기동 번역본(619쪽), 차주환 번역본(307쪽)

이 번역본들은 之를 도치의 표지로 보고 있는 셈이다.

그렇다면 어느 번역이 더 타당한 것일까? 일단 문법적인 차원에서는 모두 타당하므로 우열을 가리기 어렵다. 흥미롭게도 『논어』에는 이와 같은 문장 구조를 가진 언명이 존재한다. 따라서 번역자들이 해당 문형을

얼마나 일관되게 번역하는지 알아볼 수 있다. 공교롭게도 『논어』 「양화」 13의 "鄕原, 德之賊也" 바로 다음에 같은 문장 구조의 문장이 등장한다.

6. 『논어』 「양화」 14의 경우

> 道聽而塗說, 德之棄也. (『論語』「陽貨」 14)
> 길에서 듣고 길에서 말하여 [흘려버리는 일은] 덕德을 버리는 짓이다.

이 문장 역시 문법 면에서는 "德之棄"라는 세 글자의 이해가 논쟁적이다. 크게 보아 두 가지 해석이 가능하다. 첫째, "德之棄"의 之를 관형격으로 보아 "德의 버림이다"라고 해석하는 경우. 둘째, "德之棄"의 之를 도치의 표지로 보아 "德을 버리다"라고 해석하는 경우로, "德之棄"은 棄德의 도치문이다. 그러면 『논어』 한국어 번역본들은 이 문장을 어떻게 번역해 왔을까?

- 도치로 보고 "덕을 버리는 것이다" 혹은 그와 유사한 표현으로 번역한 번역본

강동석 번역본(389쪽), **금장태 번역본**(105쪽), **김도련 번역본**(하권, 435~436쪽), **김동인·지정민·여영기 번역본**(4권, 172쪽), **김영호 번역본**(295쪽), **김용옥 번역본**(III권, 515쪽), **김원중 번역본**(414~415쪽), **김학주 번역본**(522쪽), **김형찬 번역본**(201쪽), **동양고전연구회 번역본**(379쪽), **류종목 번역본**(569쪽), **박삼수 번역본**(484쪽), **박유리 번역본**(746쪽), **박헌순 번역본**(2권, 480쪽), **배병삼 번역본**(2권, 392쪽), **부남철 번역본**(555쪽), **성백효 번역본**(496쪽), **신정근 번역본**(691쪽), **신창호 번역본**(420쪽), **심경호 번역본**(3권, 180쪽), **양차**

오밍 번역본(428쪽), **유교문화연구소 번역본**(642쪽), **윤재근 번역본**(2권, 550쪽), **이강재 번역본**(321쪽), **이기동 번역본**(620쪽), **이기석·한백우 번역본**(415쪽), **이상임 번역본**(37쪽), **이우재 번역본**(744쪽), **이지형 번역본**(5권, 199쪽), **이한우 번역본**(1263쪽), **임동석 번역본**(4권, 1524쪽), **임옥균 번역본**(331쪽), **장기근 번역본**(655~656쪽), **조명화 번역본**(2권, 585쪽), **차주환 번역본**(307~308쪽), **최근덕 번역본**(446쪽), **최영갑 번역본**(2권, 305쪽), **한필훈 번역본**(294~295쪽), **홍승직 번역본**(327쪽), **황희경 번역본**(302쪽)

이 번역본들은 之를 도치의 표지로 보는 경우이거나 의역하는 과정에서 우연히 그러한 번역문이 된 경우라고 할 수 있다.

• 기타

박종연 번역본 마땅히 버려야 할 태도이다. (533쪽)

이을호 번역본 제 인격을 짓밟는 짓이다. (230쪽)

정태현·이성민 번역본 德이 있는 자에게 버림을 받는다. (3권, 128쪽)

박종연 번역본과 이을호 번역본은 과감하게 의역을 하고 있어 원문의 문장 구조를 어떻게 파악하고 있는지 가늠하기 어렵다. 정태현·이성민 번역본은 "爲有德者所棄"(덕 있는 자에게 버림받는다)라고 한 형병의 주석에 기초하여 번역한 것으로 보인다.

이렇게 볼 때, 德之賊也와 德之棄也를 일관성 있게 해석하고 있는 번역본은 동양고전연구회 번역본, 양차오밍 번역본, 이기동 번역본, 차주환 번역본이다.

7. 『논어』「자장」3의 경우

子夏云何. (『論語』「子張」3)
자하는 무엇이라고 하던가?

이 글의 목적에 비추어 위 문장에서 주목할 만한 사안은 "云何"다. 의문사가 도치되어 문장 앞에 위치하는 어법을 감안한다면, 子夏何云이 되어야 마땅할 것 같은데 왜 "云何"라고 되어 있을까? 이 질문에 두 가지 답을 할 수 있다.

첫째, 2음절어로서 "云何"를 "어떻게", "왜" 등으로 해석할 수 있다. 다음이 그 예이다.[43]

既見君子, 云何不樂 (『詩經』「唐風」'揚之水')
군자를 보았는데 왜 기쁘지 않은가?
先公勳業如是, 君作東征賦, 云何相忽略. (『世說新語』「文學」)
선공의 훈업이 이와 같은데, 그대가 동정부를 지을 때 어째서 소홀히 하였는가?

둘째, "云何"를 '술어+목적어' 구문으로 보아서, "무엇을 말하다" 등으로 해석하는 것이다. 다음이 그 예이다.

今江東无此, 皆通呼粳米爲稻耳. 不知其色類, 復云何也. (『新修本草』「米下」'稻米')
지금 강동에 이것이 없어서 모두 갱미粳米를 도稻라고 칭할 뿐이다. 그 색과 품종을 모르면서 또 무엇이라 말하겠는가?

도치와 관련된 질문은 바로 이 두 번째 해석에서 야기된다. 기존 중국어 어법 연구자 상당수는 의문사 도치문에 대해 확고한 견해를 가지고 있었다. 왕리王力는 "의문대명사 목적어 전치 규칙은 부정문 대명사 목적어 전치보다도 엄격하고, 여기에 예외는 거의 없다"라고 말한 바 있다.[44] 그리고 학자들은 그 점에서는 『논어』도 예외가 아닌 것으로 보아왔다. 취윈주屈雲柱는 「논어에서 빈어가 전치되는 것에 대한 분석」이라는 논문에서 "의문대명사가 목적어일 때는 반드시 전치가 된다. 이런 문장이 『논어』에서 단 하나의 예외도 없다"[45]라고 한 바 있다. 그러나 한경숙은 『논어』에 "子夏云何"라는 예외가 존재한다고 지적한다. 과연 그렇다. 云何에서 何는 의문사임에도 불구하고 왜 도치가 일어나지 않는 것일까? 이 문제에 대한 한경숙의 연구를 따라가보자.[46]

리린李林은 아예 선진시대의 목적어 전치를 도치된 것으로 보지 않고, '원시 한장어元始漢藏語'(한족과 장족의 원시 공통 조어)의 잔존 형식으로 간주한다.[47] 다시 말해서, 리린은 원시 중국어가 '목적어+술어' 형식이었다고 보고, 차츰 '술어+목적어' 형식으로 바뀌어갔다고 본다.

그리고 후대에 그러한 어법이 종종 보이는 것은, 그 변천 과정에서 잔존한 문장들이 있기 때문이다. 요컨대, 리린은 중국어가 원래 '술어+목적어' 형식인데, 경우에 따라 도치가 일어난다는 식의 일반적 이해를 거부하는 것이다.

실제로 주나라 이전 중국어에는 목적어가 대명사일 때 이런 목적어가 술어 앞에 전치되어 있는 경우가 많이 있는데, 한경숙에 따르면 상고 중국어의 특수 어순이며, 『논어』에서는 대명사 목적어의 후치도 꽤 나타난다. 목적어가 술어 앞에 오는 경우는 모두 화자가 그 목적어를 강조할 필요가 있는 경우들이다. 일반적으로는, '술어+목적어' 형식이 대세를 이루어갔으며, 특히 전한前漢(서한) 이후에는 '목적어+술어' 형식을 찾기 힘들다. 춘추전국시대는 이러한 흐름의 과도기에 있었고, 의문대명사 전치 현상의 예외인 "子夏云何" 역시 과도기적 현상이다. "子夏云何"가 사용된 맥락상, 화자가 何가 대신하고 있는 것을 강조할 필요가 없는 상황이었기에, 도치의 필요를 느끼지 못했던 것이다.

그러면 『논어』 한국어 번역본들은 "云何"를 어떻게 번역해왔을까?

- 云何를 "(자하가) 무엇이라 말했는가" 혹은 그와 유사한 표현으로 번역한 번역본

강동석 번역본(417쪽), **금장태 번역본**(113쪽), **김도련 번역본**(하권, 504쪽), **김동인·지정민·여영기 번역본**(4권, 319쪽), **김영호 번역본**(311~312쪽), **김용옥 번역본**(III권, 555쪽), **김원중 번역본**(442쪽), **김형찬 번역본**(213쪽), **동양고전연구회 번역본**(405쪽), **류종목 번역본**(608쪽), **박삼수 번역본**(513쪽), **박종연 번역본**(571쪽), **박헌순 번역본**(2권, 548쪽), **배병삼 번역본**(2권, 455쪽), **부남철 번역본**(591~592쪽), **성백효 번역본**(528쪽), **신정근 번역본**(740쪽), **신창호 번역본**(446쪽), **심경호 번역본**(3권, 242쪽), **양차오밍 번역본**(457~458쪽), **유교문화연구소 번역본**(689쪽), **윤재근 번역본**(2권, 639쪽), **이기동 번역본**(651쪽), **이기석·한백우 번역본**(440쪽), **이상임 번역본**(87쪽), **이우재 번역본**(794쪽), **이을호 번역본**(245쪽), **이지형 번역본**(5권, 355쪽), **이한우 번역본**(1340쪽), **임동석 번역본**(4권, 1614쪽), **임옥균 번역본**(354쪽), **장기근 번역본**(703쪽), **정태현·이성민 번역본**(3권, 183쪽), **조명화 번역본**(2권, 650쪽), **차주환 번역본**(326쪽), **최근덕 번역본**(477~478쪽), **최영갑 번역본**(2권, 352쪽), **홍승직 번역본**(342쪽), **황희경 번역본**(322쪽)

- 云何를 "어떻게 말하다" 혹은 그와 유사한 표현으로 번역한 번역본

  김학주 번역본(553쪽), **박유리 번역본**(792쪽), **이강재 번역본**(338쪽), **한필훈 번역본**(316쪽)

"云何" 번역에 대한 『논어』 한국어 번역본들의 공통점은 "云何"를 일종의 2음절어로 본 경우는 없다는 것이다.

18

『논어』에서 가정문 번역 (1)

고대 중국어에서는 가정문이나 조건문을 표시하는 방법이 대체로 세 가지가 있다.[1] 첫째, 특별한 표지 없이 맥락만으로 가정의 뜻을 담는 경우가 있다. 둘째, 선행하는 가정절 앞부분에 위치하는 가정접속사를 사용하여 가정의 뜻을 담는 경우가 있다. 셋째, 주절의 조사를 사용하여 가정의 뜻을 담는 경우가 있다. 한국어 번역문은 "만약" 혹은 "…면" 같은 표현을 사용한다.

이번 장에서는 이와 같은 가정문 관련 문법을 일별한다.[2] 그리고 이어지는 글에서는 그러한 문법에 비추어, 한국어 번역본들이 『논어』 텍스트 내의 가정문들을 어떻게 다루어왔는지 검토한다.

1. 특별한 표지 없는 가정문

특별한 표지 없이 만들어진 가정문의 예로 다음 문장들을 들 수 있다.

不奪不饜. (『孟子』「梁惠王上」)

빼앗지 않으면 만족하지 않는다.

不能更鳴, 東徙猶惡子之聲. (『說苑』「談叢」)

울음소리를 바꿀 수 없으면, 동쪽으로 옮겨도 여전히 그대의 소리를 미워할 것이다.

『논어』에서 특별한 표지 없이 만들어진 가정문은 다음 문장들을 예로 들 수 있다.

道之以政, 齊之以刑, 民免而無恥. 道之以德, 齊之以禮, 有恥且格. (『論語』「爲政」3)

정치로써 이끌고 형벌로써 가지런히 하면, 피치자들은 제재를 면하려 들 뿐 부끄러움을 모른다. 덕德으로써 이끌고 예禮로써 가지런히 하면, 부끄러움을 알고 선한 곳에 이른다.

說之不以道, 不說也. (『論語』「子路」25)

도道로써 기쁘게 하지 않으면 기뻐하지 않는다.

이 문장들은 모두 가정을 표시하는 별도의 문장성분이 없다. 문장의 전후, 그리고 문장 내의 맥락을 살펴서 가정의 뜻을 구성해내야 한다.

2. 가정접속사를 활용한 가정문

고대 중국어에서 가정문은 주로 가정접속사를 사용해서 만든다. 가정접속사가 포함된 절이 가정의 조건을 나타내고, 이어지는 절이 그러한 조건하에서 발생하는 결과를 나타낸다. 고대 중국어 문법책에서 흔히 다루는 가정접속사는 若약, 如여, 而이,[3] 苟구, 今금, 向향, 使사, 令령, 卽즉, 非비, 微미, 儻당, 設설, 自자, 爲위, 藉使자사, 假令가령, 設使설사, 但使단사, 當使당사,[4] 藉弟(第)領자제령 등이 있다. 가정접속사는 문장의 맨 앞에 오는 경우가 많지만 주어와 술어 사이에 오기도 한다.

1) 가정접속사 如의 예문

如有地動, 尊則振龍, 機發吐丸, 而蟾蜍銜之. (『後漢書』「張衡列傳」)
만약 지진이 발생하면, 술통이 곧 용을 진동하고, 기기가 작동하여 구슬을 토하고, 두꺼비가 받아 넣는다.
如欲平治天下, 當今之世, 舍我其誰也. (『孟子』「公孫丑下」)
천하를 질서 있게 다스려내고자 하신다면, 지금 세상에 나를 빼고 누가 있는가?

『논어』에서 가정접속사 如의 예문

『논어』에는 如를 사용한 가정절이 상당히 많이 나오는데, 주요 예문은 다음과 같다.

如有復我者, 則吾必在汶上矣. (『論語』「雍也」9)

다시 날 부르러 오는 사람이 있으면, 나는 반드시 [제나라의] 문수汶水 가에 있을 것이오.

如有博施於民, 而能濟衆, 何如. (『論語』「雍也」30)

만약 피치자들에게 널리 베풀고, 많은 사람들을 구제할 수 있으면 어떻습니까?

如不可求, 從吾所好. (『論語』「述而」12)

만약 추구할 만한 것이 아니라면, 내가 좋아하는 바를 좇겠다.

如有周公之才之美, 使驕且吝, 其餘不足觀也已. (『論語』「泰伯」11)

주공周公의 재주와 같은 훌륭함을 지녔더라도, 만약 교만하고 인색하면, 그 나머지는 아예 볼 것도 없다.

如用之, 則吾從先進. (『論語』「先進」1)

만약 [예악을] 써야 한다면, 나는 선배들을 따르겠다.

如或知爾, 則何以哉. (『論語』「先進」26)

만약 누군가가 너희를 알아준다면, 어떻게 하겠는가?

如有政, 雖不吾以, 吾其與聞之. (『論語』「子路」14)

만약 [나라의] 정사가 있었다면, 비록 내가 쓰이고 있지는 않지만 나도 꼭 참여해 그에 대해 들었을 것이다.

夫如是, 奚而不喪. (『論語』「憲問」19)

그와 같은데도 어찌 [나라를] 잃지 않습니까?

如有所譽者, 其有所試矣. (『論語』「衛靈公」25)

만약 누군가를 칭찬하는 경우가 있다면, [내가] 시험한 바가 있어서일 것이다.

如有用我者, 吾其爲東周乎. (『論語』「陽貨」5)

나를 써주는 사람이 있으면 나는 동쪽의 주나라로 만들 것이다!

子如不言, 則小子何述焉. (『論語』「陽貨」19)

선생님께서 말을 하지 않으시면, 저희들은 무엇을 받아 전한단 말입니까?

2) 가정접속사 而의 예문

주어가 있는 경우에 가정접속사 而는 예외 없이 주어 뒤에 놓인다.[5]

子產而死, 誰其嗣之. (『左傳』「襄公三十年」)

자산이 죽으면 누가 그를 이을 것인가.

人而無知, 與木何異. (『梁書』「儒林列傳」'范縝')

사람에게 지각이 없으면, 나무와 무엇이 다르랴.

『논어』에서 가정접속사 而의 예문

『논어』에서 而를 활용한 가정문의 대표적 예는 다음과 같다.

人而無信, 不知其可也. (『論語』「爲政」22)

사람이 믿음직하지 않으면, 그 사람이 쓸 만한지 알 수 없다.

管氏而知禮, 孰不知禮. (『論語』「八佾」22)

관중이 예禮를 안다고 하면 누가 예禮를 알지 못하리오?

人而無恒, 不可以作巫醫. (『論語』「子路」22)

사람이 한결같지 않으면, 무당이나 의사도 될 수 없다.

士而懷居, 不足以爲士矣. (『論語』「憲問」2)

사士가 안식처를 마음속에 품고 있다면, 사士라고 하기에는 부족하다.

그 밖에 而의 쓰임과 관련하여 논쟁적인 문장들도 『논어』에 상당히 있는데, 그 문장들은 『논어』 한국어 번역본들의 번역 사례를 검토하는 과정에서 자세히 살펴보도록 하겠다.

3) 가정접속사 若의 예문

若闕地及泉, 隧而相見, 其誰曰不然 (『左傳』「隱公元年」)

땅을 파서 황천에 닿게 하고 지하통로를 만들어 서로 만난다면, 누가 맹세를 어겼다고 말하겠습니까?

『논어』에서 가정접속사 若의 예문

若臧武仲之知, 公綽之不欲, 卞莊子之勇, 冉求之藝, 文之以禮樂, 亦可以爲成人矣. (『論語』「憲問」 12)

장무중臧武仲(노나라 대부)의 앎, 공작公綽의 욕심 없음, 변장자卞莊子의 용기, 염구冉求의 재주를 갖춘 뒤에, 예악으로 세련된 표현을 더한다면, 과연 완성된 인간이라고 할 수 있다.

4) 가정접속사 苟의 예문

苟富貴, 無相忘 (『史記』「陳涉世家」)

부귀해지면 서로 잊지 말자.

苟爲善, 後世子孫必有王者矣 (『孟子』「梁惠王下」)

만약 선을 행한다면, 후세에 자손 중에 반드시 왕이 나올 것입니다.

『논어』에서 가정접속사 苟의 예문

苟志於仁矣, 無惡也. (『論語』「里仁」4)

만약 인仁에 뜻을 두기만 하면, 악惡이 없을 것이다.

苟子之不欲, 雖賞之不竊. (『論語』「顏淵」18)

만약 대부께서 탐욕을 부리지만 않으면, [그에 감화되어] 상을 준다 하더라도 도적질하지 않을 것입니다.

苟有用我者, 期月而已可也, 三年有成. (『論語』「子路」10)

만약 나를 써주는 사람이 있기만 하면, 1년이면 [나라를] 쓸 만한 상태로 만들어놓을 수 있고, 3년이면 완성하겠다.

苟正其身矣, 於從政乎何有. (『論語』「子路」13)

만약 자신을 바르게 할 수만 있다면, 정사에 종사함에 무슨 어려움이 있겠는가?

苟患失之, 無所不至矣. (『論語』「陽貨」15)

잃을까 정녕 안달하게 되면 못할 짓이 없다.

이 예문 중에서 두 번째 문장은 '가정접속사 … 雖 …' 문형의 일부다. 『논어』에 나오는 해당 예문으로는 다음과 같은 것이 있다.[6]

信如君不君, 臣不臣, 父不父, 子不子, 雖有粟, 吾得而食諸. (『論語』「顏淵」11)

정녕 임금이 임금답지 않고, 신하가 신하답지 않고, 아비가 아비답지 않고, 자식이 자식답지 않으면, 비록 곡식이 있어도 내가 그것을 먹을 수 있으리오?

이 예문에서 가정접속사와 함께 나오는 부사 信과, 그와 유사한 역할을 하는 誠에 대해 주목해보자. 誠과 信은 "진실로"와 같은 말로 번역되곤 하는데, 이때의 "진실로"란 해당 문장의 진실 혹은 허위의 문제와는 상관이 없다. 단지 해당 문장이 가진 가정적 성격을 강조하는 기능을 할 뿐이다. 즉, 이 단어들은 진실 여부를 언급하는 기능이 아니라 가정문의 문법적 표지 역할을 한다. 따라서 혼동을 피하기 위해 "진실로"보다는 "정녕"이나 그와 유사한 표현으로 대신하는 것이 낫다.[7]

> 誠如是也, 民歸之, 由水之就下. (『孟子』「梁惠王上」)
> 정녕 이와 같으면 피치자들이 따르는 것이 마치 물이 아래로 흐르는 것과 같을 것이니
> 信能行此五者, 則鄰國之民仰之若父母矣. (『孟子』「公孫丑上」)
> 정녕 이 다섯 가지를 행할 수 있으면, 이웃 나라의 피치자들이 부모처럼 우러러볼 것이다.

그리고 誠은 다음과 같이 가정접속사와 결합하여 가정문을 이루기도 한다.

> 誠令成安君聽足下計, 若信者亦已爲禽矣. (『史記』「淮陰侯列傳」)
> 정녕 만약 성안군이 당신의 계책을 따른다면, 한신과 같은 이들은 모두 사로잡힐 것이오.
> 誠使秦王得志於天下, 天下皆爲虜矣. (『史記』「秦始皇本紀」)
> 정녕 만약 진나라 왕이 천하에 뜻을 얻으면, 천하는 모두 포로가 될 것이오.

5) 가정접속사 今의 예문

君不私國, 臣不誣能, 行此道者, 雖未大治, 正民之經也. 今以誣能之臣, 事私國之君, 而能濟功名者, 古今無之. (『管子』「法法」)

군주가 나라를 사사로이 여기지 않고, 신하가 유능한 이를 무고하지 않고, 이 도를 행한다면, 비록 크게 다스려지지는 않더라도 백성을 바르게 하는 길이다. 만약 유능한 이를 무고하는 신하로 나를 사사로이 여기는 군주를 섬기게 하면, 그러고도 공명을 이룰 수 있는 경우는 예부터 지금까지 없었다.

가정접속사로 사용된 今은 시제를 나타내기 위해 사용된 今과는 별개의 것이다.[8] 따라서 今을 번역할 때 각별한 주의가 필요하다. 이 점에 대해서는 다음 장에서 『논어』 한국어 번역본의 今 관련 번역을 검토하면서 좀 더 자세히 논하도록 하겠다.

6) 가정접속사 向의 예문

여기에 나오는 向은 嚮과 호환된다.

嚮吾不爲斯役, 則久已病矣. (『古文眞寶』「捕蛇者說」)

만약 내가 이 사역을 하지 않았다면, 곧 오래전에 이미 곤궁해졌을 것이다.

向不遭度, 則郡早爲丘墟, 而民係於虜廷矣. (『三國志』「魏書」'公孫度傳')

만약 공손도를 만나지 않았다면 고을은 일찍이 폐허가 되고, 백성들은 적군의 포로가 되었을 것이다.

向不出其技, 虎雖猛, 疑畏, 卒不敢取. (「黔之驢」)

만약 당나귀가 그 재주를 드러내지 못했다면, 호랑이가 비록 사나울지라도 의심스럽고 두려워 결국 감히 취하지 않았을 것이다.

『논어』에서 가정접속사 向을 활용한 문장은 없다.

7) 가정접속사 使의 예문

使趙不將括卽已, 若必將之, 破趙軍者必括也. (『史記』「廉頗藺相如列傳」)

가령 조나라가 조괄을 장군으로 삼지 않으면 그뿐이다. 만약 반드시 그를 장군으로 삼으면, 조나라 군대를 깨뜨릴 이는 반드시 조괄이다.

『논어』에서 가정접속사 使의 예문

> 如有周公之才之美, 使驕且吝, 其餘不足觀也已. (『論語』「泰伯」11)
>
> 주공周公의 재주와 같은 훌륭함을 지녔더라도, 만약 교만하고 인색하면, 그 나머지는 아예 볼 것도 없다.

8) 가정접속사 令의 예문

太后怒, 不食, 曰今我在也, 而人皆藉吾弟, 令我百歲後, 皆魚肉之矣. (『史記』「魏其武安侯列傳」)

태후가 노하여 식사를 하지 않고, 말하기를 "지금 내가 여기 있는데도 사람들이 내 동생을 업신여기니, 만약 내가 죽은 뒤에는 모두 생선이나 고기마냥 잡아먹자고 덤빌 것이다"라고 하였다.

『논어』에서 가정접속사 令을 활용한 문장은 없다.

9) 가정접속사 卽의 예문

卽不爲河伯娶婦, 水來漂沒, 溺其人民. (『史記』「滑稽列傳」)
만약 하백에게 아내를 얻어주지 않으면 물이 밀려와 잠기게 하고 사람들을 물로 삼킬 것이다.
仲父家居有病, 卽不幸而不起此病, 政安遷之. (『韓非子』「十過」)
중보가 병으로 집에 머물러 있습니다. 만약 불행히도 일어나지 못하시면, 정부를 누구에게 옮겨야 할까요?

『논어』에서 가정접속사 卽을 활용한 문장은 없다.

10) 가정접속사 非의 예문

뒤따르는 명사 술어를 부정하면서 조건절을 이룬다. 이 경우 명사 술어에 흔히 따르는 也는 생략된다.

非我族類, 其心必異. (『左傳』「成公四年」)
우리 부족 사람이 아니면, 마음이 분명 다를 것이다.

『논어』에서 가정접속사 非의 예문

非其鬼而祭之, 諂也. 見義不爲, 無勇也. (『論語』「爲政」24)

제사 지낼 귀신이 아닌데도 제사 지내면 아부하는 것이다. 올바름을 보고도 실천하지 않으면 용기가 없는 것이다.

朋友之饋, 雖車馬, 非祭肉, 不拜. (『論語』「鄕黨」23)

붕우가 보낸 것이 비록 수레와 말이라고 하여도, 제사 고기가 아니면 절하지 않으셨다.

宗廟會同, 非諸侯而何. (『論語』「先進」26)

종묘 제사와 외교적 회동이 제후의 일이 아니면 무엇이냐?

非禮勿視, 非禮勿聽, 非禮勿言, 非禮勿動. (『論語』「顔淵」1)

예禮가 아니면 보지 말고, 예禮가 아니면 듣지 말고, 예禮가 아니면 말하지 말고, 예禮가 아니면 움직이지 마라.

11) 가정접속사 微의 예문

뒤따르는 명사 술어를 부정하면서 조건절을 이룬다. 이는 '微(詎非 혹은 自非)+전분구前分句+후분구後分句' 문형의 일종이다.[9]

微禹吾其魚乎. (『左傳』「昭公元年」)

우가 아니었다면 우리는 물고기가 되지 않았을까?

微楚之惠, 不及此. (『左傳』「僖公二十八年」)

초나라의 은혜가 아니었다면, 여기에 이르지 못했다.

噫, 微斯人, 吾誰與歸. (「嶽陽樓記」)

아, 이 사람이 아니면, 나는 누구와 함께 돌아가티.

微我, 晉不戰矣. (『國語』「周語中」)

내가 아니라면, 진나라는 싸우지 않을 것이다.

『논어』에서 가정접속사 微의 예문

微管仲, 吾其被髮左衽矣. (『論語』「憲問」 17)

관중이 없었다면, 우리는 하마터면 [오랑캐처럼] 머리를 풀어 헤치고 옷섶을 왼쪽으로 여미고 있을 것이다.

12) 가정접속사 儻의 예문

儻急難有用, 敢效微軀. (「與韓荊州書」)

만약 위급하고 곤란하여 사람이 필요하시면, 감히 미천한 몸을 바치겠나이다.

『논어』에서 가정접속사 儻을 활용한 문장은 없다.

13) 가정접속사 設의 예문

此特帝在卽錄錄, 設百歲後, 是屬寧有可信者乎. (『史記』「魏其武安侯列傳」)

이는 단지 황제가 살아 계시는데도 용렬하거늘 만약 돌아가신 뒤라면, 이 중에서 어찌 신뢰할 만한 이가 있으리오?

設秦得人, 如何. (『揚子法言』)

진나라가 사람을 얻는다 하더라도 어쩌랴.

『논어』에서 가정접속사 設을 활용한 문장은 없다.

14) 가정접속사 自의 예문

自非停午夜分, 不見曦月. (『水經注』「江水」)
만약 정오와 한밤중이 아니면, 해와 달을 볼 수 없다.

『논어』에서 가정접속사 自를 활용한 문장은 없다.

15) 가정접속사 爲의 예문

爲悅其言, 因任其身, 則焉得無失乎. (『韓非子』「顯學」)
만약 그의 말을 기뻐하여 그를 관리에 임명하면 어찌 실패가 없을 수 있겠는가?

『논어』에서 가정접속사 爲를 활용한 문장은 없다.

16) 가정접속사 藉使의 예문

藉使自嬰有庸主之才, 僅得中佐, 山東雖亂, 秦之地可全而有, 宗廟之祀未當絕. (『史記』「秦始皇本紀」)
만약 자영이 평범한 군주의 자질이 있다면, 단지 중급 정도의 보좌를 얻으면, 화산 동쪽 지방이 비록 어지러워도 진나라 땅이 보전될 수 있으니, 종묘의 제사가 끊기지 않을 것이다.

『논어』에서 가정접속사 藉使를 활용한 문장은 없다.

17) 가정접속사 假令의 예문

假令悼惠王王齊, 元王王楚, 中子王趙, 幽王王淮陽, 共王王梁, 靈王王燕, 厲王王淮南, 六七貴人皆亡恙, 當是時陛下卽位, 能爲治虖. (『漢書』「賈誼傳」)
가령 도혜왕悼惠王이 제齊왕으로 봉해지고, 원왕元王이 초楚왕으로 봉해지고, 가운데 아들이 조趙왕으로 봉해지고, 유왕幽王이 회양淮陽왕으로 봉해지고, 공왕共王이 양梁왕으로 봉해지고, 영왕靈王이 연燕왕으로 봉해지고, 여왕厲王이 회남淮南왕으로 봉해져, 이 예닐곱 귀인들이 모두 무탈히 살아 있으니, 이때에 폐하께서 즉위하시면 잘 다스릴 수 있겠습니까?

『논어』에서 가정접속사 假令을 활용한 문장은 없다.

18) 가정접속사 設使의 예문

設使國家無有孤, 不知當幾人稱帝, 幾人稱王 (『三國志』「魏書」‘武帝紀’)
설령 국가에 과인이 없다면, 몇 사람이 황제를 칭하고 몇 사람이 왕을 칭할지 모르겠다.

『논어』에서 가정접속사 設使를 활용한 문장은 없다.

19) 가정접속사 但使의 예문

但使龍城飛將在, 不教胡馬度陰山. (「出塞」)
만약 용성 비장군이 아직 살아 있다면, 오랑캐 말들이 음산 남쪽으로 넘어오게 하지 않을 것이다.

『논어』에서 가정접속사 但使를 활용한 문장은 없다.

20) 가정접속사 當使의 예문

當使虎豹失其爪牙, 則人必制之矣. (『韓非子』「人主」)
만약 호랑이와 표범이 그 발톱과 어금니를 잃는다면, 사람이 반드시 제압할 수 있다.

『논어』에서 가정접속사 當使를 활용한 문장은 없다.

21) 가정접속사 藉第(弟)領의 예문

公等遇雨, 皆已失期, 失期當斩. 藉第令毋斬, 而戍死者固十六七. (『史記』「陳涉世家」)
그대들이 비를 만나 모두 기한을 넘겼는데, 기한을 넘기면 목이 베인다. 만약 목이 베이지 않으면 변경을 지키다 죽는 이가 열에 육이나 칠이 될 것이다.

『논어』에서 가정접속사 藉第領을 활용한 문장은 없다.

3. 주절의 조사를 활용한 가정문

1) 則[10]

則을 주절에서 사용하는 가정문의 경우는 선행하는 가정절에 별도의 가정접속사가 없어도 가정의 뜻을 나타내는 경우가 있다. 이때 가정절은 화제를 제시하는 기능을 한다.

河內凶, 則移其民於河東. (『孟子』「梁惠王上」)
하내에 흉년이 들면, 피치자들을 하동으로 이사시킨다.
以五十步笑百步, 則何如. (『孟子』「梁惠王上」)
오십 보 도망간 것으로써 백 보 도망간 것을 비웃는다면 어떻겠습니까?

그런데 則에는 가정과 일견 유사해 보이지만 구별되는 용법이 하나 있다. "조건의 결과절을 유도하는 조사로서의 기능 이외에 노출된 명사구를 대비시키는 역할을 담당하는 표지로 사용될 수 있다."[11]

士則茲不悅. (『孟子』「公孫丑下」)
나(윤사尹士)는 이것이 탐탁지 않다.
是則可憂也. (『孟子』「離婁下」)
이런 것은 근심할 만한 일이다.
孔子曰, 聖則吾不能. (『孟子』「公孫丑上」)
공자께서 말씀하시길, 성인이야 내가 감당 못할 일이다.

『논어』에서 則을 사용한 가정문의 예

學而不思則罔, 思而不學則殆. (『論語』「爲政」 15)

배우되 생각하지 않으면 무턱대고 속임을 당하고, 생각하되 배우지 않으면 제대로 영글지 못한다.

哀公問曰, 何爲則民服. 孔子對曰, 擧直錯諸枉, 則民服, 擧枉錯諸直, 則民不服. (『論語』「爲政」 19)

애공哀公(노나라 군주)이 "무엇을 하면 피치자가 복종하겠소?"라고 물었다. 공자가 대답하였다. "곧은 사람을 들어 굽은 사람 위에 놓으면 피치자가 복종하고, 굽은 사람을 들어 곧은 사람 위에 놓으면 피치자가 복종하지 않습니다."

不可則止. (『論語』「顔淵」 23)

불가능하면 그만두라.

欲速則不達, 見小利則大事不成. (『論語』「子路」 17)

빨리 이루려고 하면, 제대로 이룰 수 없고, 작은 이익에 눈을 두면 큰일을 이룰 수 없다.

2) 斯

王無罪歲, 斯天下之民至焉. (『孟子』「梁惠王上」)

왕께서 흉년 탓을 하지 않으시면, 천하의 피치자들이 몰려들 것입니다.

『논어』에서 斯를 사용한 가정문의 예

攻乎異端, 斯害也已.[12] (『論語』「爲政」 16)

편향된 극단에 골몰하면, 해로울 뿐이다.

人之過也, 各於其黨. 觀過, 斯知仁矣. (『論語』「里仁」 7)

사람의 허물은 각기 그 부류에 따라 다르다. 허물을 보면 곧 인仁에 대해 알 수 있다.

事君數, 斯辱矣, 朋友數, 斯疏矣. (『論語』「里仁」 26)

많은 군주를 섬기면 욕을 당하게 되고, 많은 붕우와 관계를 맺으면 소원해진다.

季文子三思而後行. 子聞之, 曰, 再斯可矣. (『論語』「公冶長」 20)

계문자季文子(노나라 대부 계손씨)는 세 번 생각한 후에 행동에 옮겼다. 선생님께서 듣고서 말씀하셨다. "두 번이면 되었을 것을."

我欲仁, 斯仁至矣. (『論語』「述而」 30)

내가 인仁을 원하면, 인仁은 곧 이를 것이다.

四十五十而無聞焉, 斯亦不足畏也已. (『論語』「子罕」 23)

마흔이나 쉰이 되어서 좋은 평이 들리지 않으면, 정녕 두려워할 만하지 않다.

不憂不懼, 斯謂之君子矣乎. (『論語』「顔淵」 4)

걱정하지 않고 두려워하지 않으면 이를 곧 군자라고 이를 수 있습니까?

何如斯可謂之士矣. (『論語』「子路」 20)

어떻게 하면 사士라고 할 만합니까?

莫己知也, 斯已而已矣. (『論語』「憲問」 39)

자기를 알아주는 사람이 아무도 없으면 곧 그만둘 일이지!

君子固窮, 小人窮斯濫矣. (『論語』「衛靈公」 2)

군자는 궁함을 견뎌낸다. 소인은 궁하면 막 나간다.

立之斯立, 道之斯行, 綏之斯來, 動之斯和. (『論語』「子張」 25)

세워주면 곧 서고, 이끌어주면 곧 [이끌어주는 대로] 가고, 편안케 해주면 곧 다가오고, 움직이게 하면 곧 조화를 이루게 됩니다.

이 밖에 "生而知之者, 上也. 學而知之者, 次也. 困而學之, 又其次也. 困而不學, 民斯爲下矣"(『논어』「계씨」9)에 나오는 斯에 가정의 뜻이 있는지를 따져볼 수 있다. "民"과 "爲下矣"를 연결하는 위치에 있는 이 斯는 해석상 논란이 되어왔다.[13]

『논어』 텍스트 내에서 斯는 일반 대명사로 주로 쓰인다. 반면 『논어』 텍스트 내에서 此가 단 한 번도 일반 대명사로 사용되지 않는 점을 고려하면, 이러한 용례는 특징적이다. 위에서 거론한 것과 같은 문장에 등장하는 '斯'를 화제로 제시된 대상을 다시 지시하는 대명사적인 성격이 있다고 본 학자들이 있다.[14] 그러나 양세욱에 따르면, 노나라 방언과 관계되어서 그럴 가능성이 크다. 양세욱은 斯가 사용되는 통사적 환경이나 문형으로 볼 때, 조건문의 표지임에 분명하다고 결론 내린다.[15]

3) 卽

原三日卽下矣. (『韓非子』「外儲說」)

원은 3일이면 바로 함락될 것이다.

助之視聽者衆, 則其所聞見者遠矣. … 助之動作者衆, 卽其擧事速成矣. (『墨子』「尙同」)

그가 보고 듣는 것을 돕는 사람이 많으면 듣고 보는 것이 멀리까지 미칠 것이다. … 그가 행동하는 것을 돕는 사람이 많으면 일의 수행이 금방 이루어질 것이다.

두 번째 예문은 卽과 則이 동일한 기능을 한다는 것을 보여준다.

『논어』에서 卽을 사용한 가정문의 사례는 없다.

4. 복수의 가정접속사가 결합된 가정문: 向使, 向若, 苟如

복수의 가정접속사가 모여 가정문을 만드는 경우다. 이런 예문들은 가정문을 만드는 요소들이 복수로 활용될 수 있다는 사실을 보여준다.

向使天下之人, 其心盡如汝子, 汝則反迷矣. (『列子』「周穆王」)

만약 천하의 사람들이 그 마음을 그대의 아들과 같게 한다면 당신은 오히려 미혹될 것입니다.

向使四君卻客而不內, 疏士而不用, 是使國無富利之實, 而秦無彊大之名也. (『史記』「李斯列傳」)

만약 네 군주가 빈객을 물리치고 받아들이지 않으며, 인재를 멀리하고 등용하지 않으셨다면, 국가에 부귀와 이익의 결실이 없었을 것이며, 진나라는 강대국의 명성도 없었을 것입니다.

向使嬰有庸主之才, 僅得中佐, 山東雖亂, 秦之地可全而有, 宗廟之祀未當絶也. (『史記』「秦始皇本紀」)

만약 자영이 그저 그런 군주의 재능을 지니고서 겨우 중간급 보좌만이라도 얻었다면 산동에서 비록 난리가 났어도 진나라의 땅은 온전히 유지되었을 것이며, 종묘 제사도 끊기지 않았을 것이다.

向使能瞻前顧後, 援鏡自戒, 則何陷於凶患乎. (『後漢書』「張衡列傳」)

만약 앞을 보고 뒤를 돌아볼 수 있고, 거울을 가지고 스스로를 경계했다면, 어찌 흉환에 빠질 수 있겠는가.

向若隕讎雪怨, 衆敗身滅, 亦當隸跡醜徒, 編名逆黨者邪. (『史通·外篇』「疑古」)

만약 소강, 오자서가 원수를 갚고 설욕을 하려다가, 병사가 패배하고 몸이 망가진다면 또한 나쁜 무리에 속하는 것이니, 반역의 도당에 이름이 오르지 않겠는가.

小民但知其爲瘠土, 向若如古法休一歲二歲, 未始非沃土矣. (『明夷待訪錄』「田制三」)

백성들이 그곳이 척박한 땅이라고 할 뿐인데, 만약 옛법처럼 1, 2년을 쉬게 한다면, 애초 비옥한 땅이 아님이 없을 것이다.

苟如公言, 不可徼幸邪 (『史記』「淮南衡山列傳」)

그대의 말대로라면, 요행이 아닌가.

『논어』에서 가정접속사 向使나 向若, 苟如를 활용한 문장은 없다.

19

『논어』에서 가정문 번역 (2)

1. 『논어』에서 가정 표현 今의 번역

가정접속사로 사용될 때, 今은 다른 글자와 결합하지 않는다. 반면, 시간을 나타내는 표지로 사용될 때 今은 다른 글자와 결합할 수도 있고 하지 않을 수도 있다. 따라서 다른 글자와 결합한 今은 시간의 표지로 해석하면 되지만, 다른 글자와 결합하지 않고 단독으로 사용된 今의 경우는 가정접속사로 해석해야 할지 아니면 시제를 나타내는 표지로 해석해야 할지 꼼꼼하게 따져보아야 한다. 혹자는 단독으로 사용된 今에 시간과 가정의 의미가 동시에 담길 수 있다고 주장하려 들지 모르지만, 현대의 문법학자들은 今에 담긴 시간과 가정의 의미를 명료히 구분하고 있다.[1] 현대 문법학자들의 견해를 감안할 때, 단독으로 사용된 今을 "이제" 혹은 "지금"으로 번역해놓고, 그 안에 시간과 가정의 의미가 모두 포함되어 있다고 주장하는 것은 명료한 태도가 아니다. 이러한 입장에 입각해서 『논어』 한국어 번역본의 今 번역을 살펴보기로 하자.

1) 다른 글자와 결합한 今의 경우

(1) 今之

今之孝者, 是謂能養. (『論語』「爲政」 7)

요즘의 효孝란 음식 공양을 잘하는 것을 말한다.

今之從政者何如. (『論語』「子路」 20)

요즘 정사에 종사하는 사람들은 어떻습니까?

今之成人者, 何必然. (『論語』「憲問」 12)

요즘의 완성된 인간이야 어찌 꼭 그러기야 하겠는가?

古之學者爲己, 今之學者爲人. (『論語』「憲問」 24)

옛날의 배우는 사람들은 자기 자신의 향상을 위해서 하였으나, 요즘의 배우는 사람들은 남에게 보이기 위해서 한다.

古之狂也肆, 今之狂也蕩, 古之矜也廉, 今之矜也忿戾, 古之愚也直, 今之愚也詐而已矣. (『論語』「陽貨」 16)

옛날의 의욕이 넘치는 사람은 시원시원했으나 오늘날의 의욕이 넘치는 사람은 제멋대로 행동하며, 옛날의 자긍심 높은 사람은 딱 부러졌으나 오늘날의 자긍심 높은 사람은 성내며 다투려 들며, 옛날의 어리석은 사람은 솔직했으나 오늘날의 어리석은 사람은 거짓말을 할 뿐이다.

今之從政者殆而. (『論語』「微子」 5)

요즘 정사에 종사하는 사람은 위태롭다.

(2) 如今

焉知來者之不如今也. (『論語』「子罕」23)

미리가 지금만 못하리라는 것을 어찌 알겠는가?

(3) 今也

有顔回者好學, 不遷怒, 不貳過. 不幸短命死矣, 今也則亡, 未聞好學者也. (『論語』「雍也」3)

안회顔回라는 사람이 있었습니다. 그가 배우기를 좋아하고, 화를 옮기지 않고 같은 잘못을 거듭 저지르지 않았습니다. 불행히도 명이 짧아 죽었습니다. 지금은 [그런 사람이] 없습니다. 배우기를 좋아하는 사람을 아직 들어본 적 없습니다.

麻冕, 禮也. 今也純, 儉, 吾從衆. (『論語』「子罕」3)

삼베 모자를 쓰는 것이 예이다. 그런데 지금은 실로 짠 것을 쓴다. 그것은 검소한 것이니 나는 다수의 사람들을 따르겠다.

古者民有三疾, 今也或是之亡也. (『論語』「陽貨」16)

옛날에는 피치자들에게 세 가지 병통이 있었는데, 이제는 그나마도 없는 것 같다.

(4) 今而後

今而後, 吾知免夫. (『論語』「泰伯」3)

이제야 나는 면하게 되었음을 알겠도다!

(5) 到于今

民到于今受其賜. (『論語』「憲問」17)

피치자들은 지금에 이르도록 그 은혜를 받고 있다.

> 伯夷叔齊餓于首陽之下, 民到于今稱之. (『論語』「季氏」 12)
>
> 백이와 숙제는 수양산 아래에서 굶어 죽었지만 피치자들이 지금까지도 그들을 칭송한다.

이 예문들에서 今은 다른 글자와 결합하여 시간을 나타낸다. 따라서 今의 용법을 파악하는 과정에서 혼란이 일어나지 않는다. 그래서인지 『논어』 한국어 번역본들도 모두 이 예문들에 나오는 今을 시간의 표지로 간주하고 번역하고 있다.

2) 다른 글자와 결합하지 않고 단독으로 쓰인 今의 경우

> 始吾於人也, 聽其言而信其行. 今吾於人也, 聽其言而觀其行. (『論語』「公冶長」 10)
>
> 처음에 내가 사람을 대할 때, 그 사람의 말을 듣고 그의 행동을 믿었다. 이제 나는 사람을 대할 때, 그 사람의 말을 듣고서 그의 행동까지 살펴본다.

이 예문에서 今은 시간을 나타낸다. 문장 처음에 시점을 나타내는 글자인 始가 나오고 今이 거기에 호응하고 있기 때문에, 今의 용법을 파악하는 과정에서 혼란이 일어나지 않는다. 그래서인지 『논어』 한국어 번역본들도 모두 이 예문에 나오는 今을 시간의 표지로 간주하고 번역하고 있다.

> 力不足者, 中道而廢. 今女畫. (『論語』「雍也」 12)
>
> 힘이 부족하면 중간에 그만둔다. 그런데 지금 너는 [해보지도 않고] 금을 긋는구나.

이 예문에서 今은 시간을 나타낸다. 今이 문장의 마지막 부분에 위치하므로, 가정의 결과를 나타내는 종속절이 없다. 따라서 이 문장 속의 今은 가정의 기능을 하고 있다고 보기 어렵다. 『논어』 한국어 번역본들도 모두 이 예문에 나오는 今을 시간의 표지로 간주하고 번역하고 있다.

> 今亡矣夫. (『論語』「衛靈公」 26)
>
> 이제는 그러한 일들이 없구나.

이 예문에서 今은 시간을 나타낸다. 이 문장에는 가정의 결과를 나타낼 종속절이 없으므로 가정문이 될 수 없다. 따라서 여기서 今은 시간을 나타냄이 틀림없고, 『논어』 한국어 번역본들도 그렇게 번역하고 있다.

> 今夫顓臾, 固而近於費. 今不取, 後世必爲子孫憂. … 今由與求也, 相夫子, 遠人不服而不能來也, (『論語』「季氏」 1)
>
> "지금 전유顓臾(노나라의 부속국)는 [성곽이] 견고하고, 비費 땅에 가까우니, 지금 취하지 않으면 후세에 반드시 자손의 근심거리가 될 것입니다." … "그런데 유由(중유)와 구求(염구)의 경우는 대부(계씨)를 도우면서, 먼 데 있는 사람들이 복종하지 않아도 오게 하지 못한다."

이 예문에는 今이 세 번 나온다. 『논어』 한국어 번역본들은 모두 시간의 표지로서 今을 해석하고 있다. 단독으로 사용된 今은 가정문의 표지로도 해석될 수 있지만, 이 문장에 나오는 첫 번째와 두 번째의 今은 모두 시간의 표지를 나타내고 있음에 틀림없다. "後世" 같은 다른 시간 표지와 호응을 이루고 있기 때문이다.

所謂大臣者, 以道事君, 不可則止. 今由與求也, 可謂具臣矣. (『論語』「先進」24)

이른바 대신이라는 자들은 도道로써 군주를 섬기고, 그것이 여의치 않으면 그만둔다. 지금의 유由(중유)와 구求(염구)는 자리나 채우는 신하라고 할 만하다.

여기서 今은 시간을 나타내는 용법일 수도 있고, 가정을 나타내는 용법일 수도 있다. 문장 요소만 보아서는 어느 쪽인지 판별할 수 없다. 만약 今이 시간을 나타낸다면, 위 예문의 내용은 당시의 중유와 염구에 대해서만 논하는 것이다. 만약 今이 가정을 나타낸다면 특정 시점의 중유와 염구만이 아니라, 그보다 더 일반적인 차원에서 중유와 염구를 의미할 수 있다. 즉, 어느 쪽을 선택하느냐에 따라 문장의 의미는 달라진다. 그런데 『논어』 한국어 번역본들은 모두 시간을 나타낸다고 번역하고 있다. 이 문장에서 쓰인 今이 시간을 나타내느냐 아니면 가정을 나타내느냐를 판별할 수 있는 결정적인 증거도 부족하지만, 그 어느 쪽을 선택하더라도 그로 말미암아 의미가 더 크게 달라지지는 않는다. 따라서 이 문장에서 今은 그다지 중요한 문장 요소가 아닐 수도 있다. 그러나 때로 今의 용법에 대한 이해 차이가 큰 의미상의 차이로 이어지기도 한다. 그 점을 환기하기 위해 다음 예문을 보자.

麻冕, 禮也. 今也純, 儉, 吾從衆. 拜下, 禮也. 今拜乎上, 泰也. 雖違衆, 吾從下. (『論語』「子罕」3)

삼베 모자를 쓰는 것이 예이다. 그런데 지금은 실로 짠 것을 쓴다. 그것은 검소한 것이니 나는 다수의 사람들을 따르겠다. 당 아래에서 절하는 것이 예이다. 그런데 지금은 당 위에서 절한다. 그것은 교만한 것이니 비록 다수 사람과 다르더라도 나는 아래에서 [절하는 것을] 따르겠다.

전반부에 사용된 今也의 해석은 어렵지 않다. 앞에서 지적했듯이, 시제를 나타내는 조사 也와 결합되어 있기 때문이다. 후반부에 사용된 今의 해석은 좀 더 복잡하다. "今拜乎上"에 사용된 今은 시간을 나타내는 용법일 수도 있고, 가정을 나타내는 용법일 수도 있다. 문장 요소만 보아서는 어느 쪽인지 판별할 수 없다. 여기서 今이 시간을 나타낸다고 본다면, 위 예문은 당시의 습속을 묘사하는 문장이다. 즉 "지금은 당 위에서 절한다"라고 번역하면 족하다. 만약 여기서 今이 가정을 나타낸다고 본다면 당시 습속을 사실적으로 묘사하기보다는 어떤 상황을 가정하고 있는 것이다. "만약 당 위에서 절하면 교만한 것이니"라고 번역된다. 이 今이 과연 둘 중 어느 쪽이냐에 따라 문장의 의미는 크게 달라진다. 今이 시간을 나타낸다고 보면 위 예문 속의 공자는 당시의 유행하는 습속에 대해 거부감을 가진 사람으로 (그리하여 옛 습속으로 복기하고자 하는 사람으로) 드러난다. 반면, 만약 여기서 今이 가정을 나타낸다고 본다면, 공자는 당시의 유행하는 습속에 대해 거부감을 가지고 있는 사람이라기보다는 다만 다수의 뜻으로 환원되지 않는 원칙을 가진 사람으로 드러난다.

『논어』 한국어 번역본들은 대체로 "今拜乎上"에 사용된 今이 시간을 나타낸다고 파악하고 번역하고 있다. 그리고 『논어』 곳곳에서 공자가 옛 습속을 존중하고자 하는 취지의 언명을 하고 있기에, 주나라 초(특히 주공周公)의 예를 숭앙하는 복고주의자로서의 공자 이미지와 잘 들어맞는 것으로 보인다.[2] 그러나 이러한 지배적인 해석을 재고하고, "今拜乎上"에 사용된 今이 가정을 나타낸다고 볼 수도 있는, 고고학적 연구 성과가 학계에서 제출되었음을 필자는 강조하고자 한다.[3] 고고학자 팔켄하우젠Lothar Von Falkenhausen은 그간 중국 내외에서 진행된 청동기 유물 고증을 치밀하게 종합하여, 공자가 주공 당시에 융성했다고 간주하고 자신이 계승하겠다고 천명한 이상적 문화의 모습이, 공자가 말한 것보다는 훨씬 근과거에 일어난 것임을 보여주었다. 그에 따르면, 공자가 이상적 과거라고 묘사하는 문화는 주공이 활동하였던 주나라 초기에 존재하였던 것이 아니라, 공자 생전보다 두 세기 전, 즉 기원전 850년경에 비로소 형성되기 시작하여 공자 당시 그리고 공자 사후 반세기 정도 시기까지 지속되었던 문화였다.[4] 요컨대, 공자는 자신의 사유를 구성함에 있어, 과거 전통을 계승하는 데 충실했다기보다는 자신의 당대에 가까운 어떤 문화 현상에 기초했던 것이다. 이러한 결론은, 『논어』라는 텍스트상의 공자 언명과 충돌하는 것임에도 불구하고, 청동기에 새겨져 있는 계보적genealogical 데이터와 청동기의 형태와 기능상의 변화를 꼼꼼히 추적하여 확보한 것이기에 높은 설득력을 지닌다. 한 걸음 더 나아가, 이러한 고고학적 연구는 기존에 공자를 복고주의자로 묘사하는 듯 보였던 『논어』 텍스트의 문장들을 재검토하게 만든다. 그러한 취지에서 본다면, "今拜乎上"에 사용된 今을 시간을 나타내는 표지가 아니라, 가정을 나타내는 표지로 보아도 무리가 없게 된다. 오히려 고고학적 성과와 잘 어울리는 해석이라고까지 할 수 있다. 그리고 어떤 해석이 더 설득력이 있건 간에, 今을 시간의 표지로 볼 것인가, 가정의 표지로 볼 것인가 하는 사안은 공자에 관련된 매우 심각한 해석 차이로 이어질 수 있음을 이 예문을 통해 알 수 있다.

3) '今…則' 문형의 번역 문제

子曰, 食夫稻, 衣夫錦, 於女安乎. 曰, 安. 女安, 則爲之. 夫君子之居喪, 食旨不甘, 聞樂不樂, 居處不安, 故不爲也. 今女安, 則爲之. (『論語』「陽貨」21)

선생님께서 말씀하셨다. "[상중에] 쌀밥을 먹고 비단옷을 입으면 너는 편하냐?" [재아가] 대답하였다. "편합니다." 선생님께서 말씀하셨다. "네가 편하다면 그렇게 해라! 군자가 상중에는 맛난 음식을 먹어도 달지 않고, 음악을 들어도 즐겁지 않고, 집 안에 있어도 편안하지 않기 때문에 하지 않는 것이다. 정녕 네가 편하다면, 그렇게 하려무나!"

이 예문의 끝부분 "今女安, 則爲之"에 나오는 今을 어떻게 해석할 것인가? 이 구절보다 앞서 나오는 "女安, 則爲之"와 어떤 차이가 있는가? 今은 시간의 뜻을 더하고 있는 것인가, 아니면 가정의 뜻을 더하고 있는 것인가? 여기에 나오는 今이 시간의 뜻을 더하고 있다고 보면, "지금 네가 편하다면, 그렇게 해라!"와 같이 번역된다. 그러나 앞뒤 내용을 좀 더 살펴보면, '지금' 벌어지는 상황은 제자가 편하다고 '말하는' 상황이지, 실제로 편함을 누리고 있는 상중의 특정 상황은 아니다. 그러니 이 문장이 현재 일어나는 일을 묘사하는 것이라고 간주하려 든다면, 상중의 상황이 아니라 대화하는 상황을 묘사하는 것으로 간주해야 한다. 그렇게 간주하면 "今女安, 則爲之"는 "지금 네가 편하다면, 그렇게 해라!"의 뜻이 된다. 그러나 "今女安, 則爲之" 안에 '말하다'에 해당하는 글자는 없다. 즉, 현재 일어나는 상황을 묘사하는 것으로 간주하려면 '말하다'라는 표현을 번역문에 외삽해야 하기에 부자연스럽다. 이런 점들을 고려할 때

이 문장은 현재 벌어지는 상황을 서술하고 있다고 보기 어렵다.

이와 같은 난점에 더하여, 우리는 공자가 실제로 대화 상대인 재아를 포함한 보통의 인간들이 (상중에) 쌀밥을 먹고 비단옷을 입는 상황을 편하게 여긴다고 인정하지 않고 있음을 상기할 필요가 있다. 그렇다고 할 때, "今女安, 則爲之"에 나오는 今은 가정의 용법으로 보는 것이 더 설득력이 있다. 즉 今은 뒤에 나오는 則을 한층 강조하기 위해 삽입된 것으로 보인다. 則은 가정의 뜻을 전달하게끔 발전되어오긴 했지만, 원래는 문장을 연결하는 기능을 하는 글자였지 가정문을 만드는 구성 요소는 아니었다. 그래서인지 원래 가정을 나타내는 문장 구성 요소와 결합하는 경우가 종종 있다.[5] 다음은 고대 중국어에서 今이 가정을 나타내는 구성 요소로서 기능하며 則과 결합하는 경우의 예문들이다.

今有受人之牛羊而爲之牧之者, 則必爲之求牧與芻矣. (『孟子』「公孫丑下」)

김동구 번역본 만약에 남의 소나 양을 맡아 가지고 목양하는 자가 있다면, 즉 반드시 목장을 찾고 풀을 먹게 해야 합니다. (명문당, 2010, 211쪽)

• 今을 가정의 표지로 파악한 번역본

김동구 번역본(명문당, 2010, 211쪽), **윤재근 번역본**(동학사, 2009, I권 833쪽)

• 今을 시간의 표지로 파악하거나 가정과 시제를 혼용한 번역본

강동석 번역본(한국학술정보, 2015, 165쪽), **금장태 번역본**(지식과교양, 2013, 204~205쪽), **김경국·박상책 번역본**(전남대학교출판부, 2016, 2권, 234쪽), **김동길·허호규 번역본**(창지사, 1994, 130쪽), **김용옥 번역본**(통나무, 상권 2012, 275

쪽), **김정진 번역본**(형설출판사, 1988, 89쪽), **김종식 번역본**(민음사, 1991, 122쪽), **박기봉 번역본**(비봉출판사, 2001, 100쪽), **박일봉 번역본**(육문사, 2013, 158쪽), **서정기 번역본**(한국학술정보, 2013, 200쪽), **성백효 번역본**(전통문화연구회, 2012, 173쪽), **송주밀 번역본**(여산한학연구소, 1993, 150쪽), **신창호 번역본**(판미동, 2015, 148쪽), **심귀득 번역본**(형설, 2002, 383쪽), **우재호 번역본**(을유문화사, 2007, 279쪽), **유교문화연구소 번역본**(성균관대학교출판부, 2006, 256쪽), **이가원 번역본**(삼덕출판사, 1979, 187쪽), **이기동 번역본**(성균관대학교출판부, 2007, 202쪽), **이용원 번역본**(플러스 마인드, 2013, 98쪽), **이종원 번역본**(홍신문화사, 1977, 157쪽), **이종찬 번역본**(새문사, 2011, 410쪽), **이한우 번역본**(해냄출판사, 2015, 250쪽), **임동석 번역본**(학고방, 2004, 175쪽), **장세경 번역본**(세종대왕기념사업회, 2012, 211쪽), **장현근 번역본**(살림, 2006, 209쪽), **전일환 번역본**(자유문고, 1990, 126쪽), **정천구 번역본**(산지니, 2014, 170쪽), **최경열 번역본**(그린비, 2016, 158쪽), **황호현 번역본**(건도시스템, 1991, 254쪽)

不見諸侯, 宜若小然; 今一見之, 大則以王, 小則以霸. (『孟子』「滕文公下」)

박기봉 번역본 선생님께서 제후들을 찾아뵙지 않으시는데, 작은 절조(小節)에 너무 얽매이시는 듯합니다. 만약 한번 찾아가보신다면, [상대방의 인물 여하에 따라서는] 크게는 천하를 통일할 수도 있고, 작게는 그를 패제후로 만들 수도 있을 것입니다. (비봉출판사, 2001, 148쪽)

• 今을 가정의 표지로 파악한 번역본

박기봉 번역본(비봉출판사, 2001, 148쪽)

• 今을 시간의 표지로 파악하거나 가정과 시제를 혼용한 번역본

강동석 번역본(한국학술정보, 2015, 233쪽), **금장태 번역본**(지식과교양, 2013, 227쪽), **김경국·박상택 번역본**(전남대학교출판부, 2017, III권, 162쪽), **김동구 번역본**(명문당, 2010, 300쪽), **김동길·허호규 번역본**(창지사, 1994, 189쪽), **김용옥 번역본**(통나무, 2012, 상권 341쪽), **김정진 번역본**(형설출판사, 1988, 126쪽), **김종식 번역본**(민음사, 1991, 168쪽), **박일봉 번역본**(육문사, 2013, 217쪽), **서정기 번역본**(한국학술정보, 2013, 284쪽), **성백효 번역본**(전통문화연구회, 2012, 240쪽), **송주밀 번역본**(여산한학연구소, 1993, 206쪽), **신창호 번역본**(판미동, 2015, 198쪽), **우재호 번역본**(을유문화사, 2007, 389쪽), **유교문화연구소 번역본**(성균관대학교출판부, 2006, 373쪽), **윤재근 번역본**(동학사, 2009, I권 1179쪽), **이가원 번역본**(삼덕출판사, 1979, 253쪽), **이기동 번역본**(성균관대학교출판부, 2007, 274쪽), **이용원 번역본**(플러스마인드, 2013, 143쪽), **이종원 번역본**(홍신문화사, 1977, 223쪽), **이종찬 번역본**(새문사, 2011, 449쪽), **이한우 번역본**(해냄출판사, 2015, 351쪽), **임동석 번역본**(학고방, 2004, 250쪽), **장기근 번역본**(명문당, 2013, 201쪽), **장세경 번역본**(세종대왕기념사업회, 2012, 2권 8쪽), **장현근 번역본**(살림, 2006, 225쪽), **전일환 번역본**(자유문고, 1990, 172쪽), **정천구 번역본**(산지니, 2014, 230쪽), **최경열 번역본**(그린비, 2016, 220쪽), **황호현 번역본**(건도시스템, 1991, 365쪽)

今天下之君有好仁者, 則諸侯皆爲之敺矣. (『孟子』「離婁上」)

박기봉 번역본 만약 천하의 임금들 가운데 인(仁)을 좋아하는 자가 있다면, 다른 모든 제후들은 그에게로 백성들을 몰아줄 것이다. (비봉출판사, 2001, 184쪽)

• 今을 가정의 표지로 파악한 번역본

박기봉 번역본(비봉출판사, 2001, 184쪽)

• 今을 시간의 표지로 파악하거나 가정과 시제를 혼용한 번역본

강동석 번역본(한국학술정보, 2015, 295쪽), **금장태 번역본**(지식과교양, 2013, 246쪽), **김동구 번역본**(명문당, 2010, 381쪽), **김동길·허호규 번역본**(창지사, 1994, 241쪽), **김용옥 번역본**(통나무, 2012, 상권 399쪽), **김정진 번역본**(형설출판사, 1988, 160쪽), **김종식 번역본**(민음사, 1991, 215쪽), **박일봉 번역본**(육문사, 2013, 268쪽), **서정기 번역본**(한국학술정보, 2013, 360쪽), **성백효 번역본**(전통문화연구회, 2012, 299쪽), **송주밀 번역본**(여산한학연구소, 1993, 257쪽), **신창호 번역본**(판미동, 2015, 244쪽), **우재호 번역본**(을유문화사, 2007, 481쪽), **유교문화연구소 번역본**(성균관대학교출판부, 2006, 479쪽), **윤재근 번역본**(동학사, 2009, I권 1497쪽), **이가원 번역본**(삼덕출판사, 1979, 312쪽), **이기동 번역본**(성균관대학교출판부, 2007, 340쪽), **이용원 번역본**(플러스 마인드, 2013, 179쪽), **이종원 번역본**(홍신문화사, 1977, 281쪽), **이종찬 번역본**(새문사, 2011, 484쪽), **이한우 번역본**(해냄출판사, 2015, 450쪽), **임동석 번역본**(학고방, 2004, 312쪽), **장기근 번역본**(명문당, 2013, 268쪽), **전일환 번역본**(자유문고, 1990, 217쪽), **정천구 번역본**(산지니, 2014, 279쪽), **최경열 번역본**(그린비, 2016, 276쪽), **황호현 번역본**(건도시스템, 1991, 473쪽)

今有場師, 舍其梧檟, 養其樲棘, 則爲賤場師焉. (『孟子』「告子上」)

김동구 번역본 만약에 정원사가 오동나무나 가래나무를 버리고 대추나무나 가시나무를 심고 키운다면, 그를 천박한 정원사라고 여길 것이다. (명문당, 2010, 622쪽)

• 今을 가정의 표지로 파악한 번역본

김동구 번역본(명문당, 2010, 622쪽), **박일봉 번역본**(육문사, 2013, 439쪽), **장기근 번역본**(명문당, 2013, 469쪽)

• 今을 시간의 표지로 파악하거나 가정과 시제를 혼용한 번역본

강동석 번역본(한국학술정보, 2015, 481쪽), **금장태 번역본**(지식과교양, 2013, 303쪽), **김동길·허호규 번역본**(창지사, 1994, 392쪽), **김용옥 번역본**(통나무, 2012, 하권 641쪽), **김정진 번역본**(형설출판사, 1988, 258쪽), **김종식 번역본**(민음사, 1991, 337쪽), **박기봉 번역본**(비봉출판사, 2001, 309쪽), **서정기 번역본**(한국학술정보, 2013, 591쪽), **성백효 번역본**(전통문화연구회, 2012, 478쪽), **송주밀 번역본**(여산한학연구소, 1993, 413쪽), **신창호 번역본**(판미동, 2015, 380쪽), **우재호 번역본**(을유문화사, 2007, 748쪽), **유교문화연구소 번역본**(성균관대학교출판부, 2006, 806쪽), **윤재근 번역본**(동학사, 2009, II권 642쪽), **이가원 번역본**(삼덕출판사, 1979, 491쪽), **이기동 번역본**(성균관대학교출판부, 2007, 526~527쪽), **이용원 번역본**(플러스마인드, 2013, 300쪽), **이종원 번역본**(홍신문화사, 1977, 454쪽), **이종찬 번역본**(새문사, 2011, 597쪽), **이한우 번역본**(해냄출판사, 2015, 764쪽), **임동석 번역본**(학고방, 2004, 525쪽), **전일환 번역본**(자유문고, 1990, 358쪽), **정천구 번역본**(산지니, 2014, 452쪽), **최경열 번역본**(그린비, 2016, 466쪽), **황호현 번역본**(건도시스템, 1991, 266쪽)

今王與百姓同樂, 則王矣. (『孟子』「梁惠王下」)

박기봉 번역본 만약 왕께서 백성들과 함께 즐기신다면, 천하의 왕이 되실 수 있습니다. (비봉출판사,2001,32~33쪽)

• 今을 가정의 표지로 파악한 번역본

박기봉 번역본(비봉출판사, 2001, 32~33쪽), **박일봉 번역본**(육문사, 2013, 65쪽), **우재호 번역본**(을유문화사, 2007, 118쪽), **이용원 번역본**(플러스마인드, 2013, 41쪽), **전일환 번역본**(자유문고, 1990, 51쪽)

• 今을 시간의 표지로 파악하거나 가정과 시제를 혼용한 번역본

강동석 번역본(한국학술정보, 2015, 57쪽), **금장태 번역본**(지식과교양, 2013, 172쪽), **김경국·박상택 번역본**(전남대학교출판부, 2015, 198쪽), **김동구 번역본**(명문당, 2010, 74쪽), **김동길·허호규 번역본**(창지사, 1994, 47쪽), **김용옥 번역본**(통나무, 2012, 상권 174쪽), **김정진 번역본**(형설출판사, 1988, 32쪽), **김종식 번역본**(민음사, 1991, 51쪽), **서정기 번역본**(한국학술정보, 2013, 66쪽), **성백효 번역본**(전통문화연구회, 2012, 70쪽), **송주밀 번역본**(여산한학연구소, 1993, 60쪽), **신창호 번역본**(판미동, 2015, 74쪽), **심귀득 번역본**(형설, 2002, 251쪽), **유교문화연구소 번역본**(성균관대학교출판부, 2006, 74쪽), **윤재근 번역본**(나들목, 2004, 64쪽), **이가원 번역본**(삼덕출판사, 1979, 83쪽), **이기동 번역본**(성균관대학교출판부, 2007, 74쪽), **이종원 번역본**(홍신문화사, 1977, 60쪽), **이종찬 번역본**(새문사, 2011, 349쪽), **이한우 번역본**(해냄출판사, 2015, 74~75쪽), **임동석 번역본**(학고방, 2004, 65쪽), **장기근 번역본**(명문당, 2013, 46~47쪽), **장세경 번역본**(세종대왕기념사업회, 2012, 93쪽), **장현근 번역본**(살림, 2006, 176쪽), **정천구 번역본**(산지니, 2014, 62쪽), **최경열 번역본**(그린비, 2016, 51쪽), **황호현 번역본**(건도시스템, 1991, 78쪽)

今有一人, 入人園圃. 竊其桃李, 衆聞, 則非之, 上爲政者得則罰之. (『墨子』「非攻上」)

송정희 번역본 어떤 사람이 남의 과수원에 들어가 복사와 오얏을 훔쳤다고 하자. 사람들은 이 사실을 듣고서 그의 나쁜 행실을 비난할 것이오. 정치하는 사람은 이를 잡아다 벌줄 것이다. (명지대학 출판사, 1972, 195쪽)

• 今을 가정의 표지로 파악한 번역본

송정희 번역본(명지대학 출판사, 1972, 195쪽)

• 今을 시간의 표지로 파악하거나 가정과 시제를 혼용한 번역본

기세춘 번역본(바이북스, 2007, 527쪽), **김학주 번역본**(명문당, 2003, 185~186쪽), **박문현 번역본**(지식을만드는지식, 2012, 82쪽), **신동준 번역본**(인간사랑, 2014, 311쪽), **이운구 번역본**(도서출판 길, 2012, 249쪽), **이원섭 번역본**(현암사, 1974, 159쪽)

위에서 드러나듯이, '今…則' 문형 속의 今을 가정의 표지가 아니라 시제의 표지로 보고 번역해온 번역서들이 훨씬 많다. 그러면 다시 위에서 논한 『논어』의 문장으로 돌아가보자. 『논어』 한국어 번역본들은 문제가 되는 "今女安, 則爲之"를 어떻게 번역해왔을까?

2. 『논어』 한국어 번역본의 '今…則' 문형 번역

• "지금 네가 편안하다면" 혹은 그와 유사한 표현으로 번역한 번역본(밑줄은 필자)

강동석 번역본 공자가 말했다. "삼년상을 하지 않고 쌀밥을 먹고 비단옷을 입는 것이 너에게 편안한가?" "편안합니다." "네가 편안하면 그렇게 해라. 군자가 초상을 치를 때 맛있는 음식을 먹어도 달지 않고 음악을 들어도 즐겁지 않으며 거처할 때에도 편안하지 않기 때문에 하지 않는 것인데, 지금 네가 편안하다면 그렇게 해라." (394~395쪽)

김동인·지정민·여영기 번역본 공자께서 말씀하셨다. 쌀밥을 먹고 비단옷을 입는 것이 너에게는 편안한가? (재여가) 답했다. 편안합니다. 네가 편안하면 그리하라. 무릇 군자가 상을 치름에, 기름진 음식을 먹어도 달지 않고, 음악을 들어도 즐겁지 않고, (통상의 방에) 거처해도 편안하지 않기 때문에 하지 않는 것이다. 지금 네가 편안하면 그리하라. (4권, 210~212쪽)

김영호 번역본 공자: "밥을 먹으며 비단옷을 입는 것이 너에게는 편안하냐?" 재아: "편안합니다." 공자: "네가 편안하거든 그렇게 해라. 군자가 상례를 치를 때는 맛있는 것을 먹어도 달지 않으며 음악을 들어도 즐겁지 않으며 거처도 편안하지 않으므로 하지 않는 것이다. (그런데) 지금 네가 편안하면 그렇게 하도록 해라." (299쪽)

김형찬 번역본 공자께서 말씀하셨다. "쌀밥을 먹고 비단옷을 입는 것이 너에게는 편안하냐?" "편안합니다." "네가 편안하다면 그렇게 하여라. 대체로 군자가 상을 치를 때는, 맛있는 것을 먹어도 맛이 없고, 음악을 들어도 즐겁지 않으며, 집에 있어도 편하지 않기 때문에 그렇게 하지 않는 것이다. 지금 네가 편안하다면 그렇게 하여라." (203~204쪽)

신정근 번역본 공 선생님은 〔예기치 않은 주장에 꽤나 당황했다가〕 몇 가지를 물었다. "〔그래. 부모님이 돌아가시고 1년 만에〕 쌀밥을 먹고 비단옷을 걸치면 자네는 마음이 편안할 것 같은가?" 재아가 대꾸했다. "편안할 듯합니다." 공 선생님이 〔못마땅한 듯〕 비꼬았다. "그래. 자네가 편안하다면 그렇게 하시게! 자율적 인간이 상중에 있으면 맛있는 음식을 먹어도 달지 않고 음악을 들어도 즐겁지 않고 평소 자던 자리에 누워도 편하지 않기 때문에 그렇게 하지 않는 것이다. 지금 자네가 편안하게 느껴지면 그렇게 하시게!" (701쪽)

심경호 번역본 공자께서 "거상할 때 쌀밥 먹고 비단옷 입는 것이 네 마음에 편안하느냐?" 하시자, 재아가 "편안합니다"라고 했다. 공자께서 말씀하셨다. "네가 편안하거든 그렇게 해라. 무릇 군자가 거상할 때는 맛난 것을 먹어도 달지 않고 음악을 들어도 즐겁지 않으며 평소 있던 곳에 거처해도 편안하지 않다. 그 때문에 하지 않는 것이니, 지금 네가 편안하거든 그렇게 해라."(3권, 192쪽)

이강재 번역본 그러자 공자가 "그렇게 해서 쌀밥을 먹고 비단옷을 입으면 네 마음이 편하겠느냐?" 하고 묻자, 재아가 "편안합니다"라고 말하였다. 이에 공자가 말하였다. "네가 편안하다면 그렇게 해라! 군자는 상을 당하여 맛있는 것을 먹어도 달게 느끼지 못하며 음악을 들어도 즐겁지 않고 좋은 곳에 머물러도 편안하지 못하기 때문에 그렇게 하지 않는 것이다. 그런데 지금 네가 편안하다면 그렇게 해라!" (324~325쪽)

이기동 번역본 공자께서 말씀하셨다. "쌀밥을 먹고 비단옷을 입는 것이 너에게는 편안하냐?" "편안합니다." "네가 편안하다면 그렇게 하라. 대저 군자가 상을 입을 때에 기름진 것을 먹어도 달게 느껴지지 않으며, 음악을 들어도 즐거워지지 아니하며, 처소에 있어도 편해지지 않았다. 그러므로 하지 아니한 것이다. 지금 네가 편안하다면 그렇게 하라." (626쪽)

이우재 번역본 공자께서 말씀하셨다. "쌀밥을 먹고 비단옷을 입는 것이 네게는 편안하느냐?" "편안합니다." "네가 편안하거든 그렇게 하라. 무릇 군자는 상중에는 기름진 음식을 먹어도 달지 않으며, 음악을 들어도 즐겁지 않고, 집에 머물러도 편안하지 않기 때문에 그렇게 하지 않는다. 지금 네가 편안하다면 그렇게 하라." (751쪽)

정태현·이성민 번역본 子께서 말씀하셨다. "쌀밥을 먹고 비단옷을 입는 것이 네 마음에 편안하냐?" 宰我가 대답하였다. "편안합니다." 〈子께서 말씀하셨다.〉 "네가 편안하다면 그리하라. 君子가 喪中에 있을 때에 맛난 것을 먹어도 달지 않으며, 음악을 들어도 즐겁지 않으며, 방 안에 거처해도 편안하지 않다. 그러므로 그리하지 않는다. 〈그런데〉 지금 네가 편안하면 그리하라." (3권, 138쪽)

최영갑 번역본 공자께서 말씀하셨다. "쌀밥을 먹고 비단옷을 입는 것이 너에게 편안하냐?" 대답하기를 "편안합니다"라고 하였다. (공자께서 말씀하셨다.) "네가 편안하면 그렇게 하여라. 군자가 상을 당하면 맛있는 것을 먹어도 달지 않으며, 음악을 들어도 즐겁지 않고, 거처할 때도 편안하지 않는 것이다. 그러므로 하지 않는 것인데, 지금 네가 편안하면 그렇게 하여라." (2권, 316~317쪽)

이렇게 번역할 경우에 "今女安, 則爲之"는 "현재라는 시점에서 네가 편안한 상태라면"이라는 가정의 의미이고, 今은 편안한 상태의 시점을 나타낸다.

• "이제 네가 편(안)하(다)면" 혹은 그와 유사한 표현으로 번역한 번역본(밑줄은 필자)

금장태 번역본 공자께서 물으셨다. "쌀밥을 먹고 비단옷을 입으니 너는 마음이 편안하느냐?" 재아가 대답했다. "편안합니다." 공자께서 말씀하셨다. "네가 편안하다면 그렇게 하거라. 군자란 상중에 있으면 좋은 음식을 먹어도 맛이 없고 음악을 들어도 즐겁지 않고 거처하여도 편안하지 않으니, 그래서 하지 않는 것이다. 이제 네가 편안하다면 그렇게 하거라." (106~107쪽)

동양고전연구회 번역본 선생님께서 말씀하셨다. "쌀밥을 먹으며 비단옷을 입는 것이 네 마음에 편하겠느냐?" "편합니다." "네가 편하다면 그렇게 해라. 대체로 군자가 상을 입을 때에 맛있는 음식을 먹어도 달지 않고, 음악을 들어도 즐겁지 않으며, 거처함에 편안하지 않기 때문에 하지 않는 것이다. 이제 네가 편하다면 그렇게 하여라!" (383쪽)

류종목 번역본 공자께서 "삼 년이 지나기 전에 쌀밥을 먹고 솜옷을 입는 것이 너에게는 편안하냐?"라고 하셨다. "편안합니다"라고 하자 "네가 편안하면 그렇게 하여라. 대체로 군자는 상중에 있으면 맛있는 음식을 먹어도 감미롭지 않고 음악을 들어도 즐겁지 않으며 집 안에 가만히 있어도 편안하지 않기 때문에 그렇게 하지 않는 것이다. 이제 네가 편안하다면 그렇게 하여라"라고 하셨다. (577쪽)

박헌순 번역본 부자께서 말씀하셨다. "쌀밥을 먹고 비단옷을 입는 것이 네게는 편안한가?" (재아가) 대답하였다. "편안합니다." (부자께서 말씀하셨다.) "네가 편안하다면 그리 해라. 대저 군자의 거상은, 맛있는 음식을 먹어도 맛이 없고 음악을 들어도 즐겁지 않으며, 거처함이 편치 않다. 그 때문에 아니하는 것이다. 이제 네가 편안하다면 그리 해라." (2권, 494~495쪽)

이기석·한백우 번역본 공자께서 말씀하시기를, "쌀밥을 먹고 비단옷을 입으면 너는 편하겠느냐?" 말하기를, "편하나이다." "네 마음이 편하다면 그대로 해라. 군자는 상중에는 좋은 음식을 먹어도 맛이 없으며, 음악을 들어도 즐겁지 않으며, 거처하는 것이 불안하기 때문에 그렇게 하는 것이다. 이제 네가 편하다면 그대로 하여라." (420쪽)

이지형 번역본 공자는 말하기를 "쌀밥을 먹고 비단옷을 입는 것이 너의 마음에 편안하겠는가?" (재아가) 말하기를 "편안합니다"라고 하자, "네가 편안하거든 그대로 해라. 대저 군자가 상중에 있을 때는 맛있는 것을 먹어도 달지 않고, 풍악을 들어도 즐겁지 않으며, 거처가 좋아도 편안하지 않기 때문에 하지 않는 것이다. 이제 네가 편안하거든 그대로 해라"라고 하였다. (5권, 219~221쪽)

차주환 번역본 선생님께서 물었다. "쌀밥을 먹고 비단옷을 입으면 너의 마음이 편하겠느냐?" "편합니다." "네가 편하다면 그대로 하여라. 군자는 상중(喪中)에는 좋은 음식을 먹어도 맛이 없고, 음악을 들어도 즐겁지 않고, 거처하는 것이 불안하기 때문에 그렇게 하지 않는 것이다. 이제 네가 편하다면 그대로 하여라." (311~312쪽)

최근덕 번역본 선생님께서 말씀하시기를, "쌀밥을 먹고 비단옷을 입으면 네 마음이 편안하겠느냐?"고 하시자 재아가 대답하기를 "편안합니다"라고 하니, "네가 편안하다면 그대르 하라. 군자는 상중에는 맛있는 것을 먹어도 맛이 없고 음악을 들어도 즐겁지 않고 거처하는 것이 불안하기 때문에 이를 하지 않는 것이다. 이제 네가 편안하다면 그렇게 하라"고 하셨다. (452쪽)

황희경 번역본 공자께서 말씀하셨다. "맛있는 것을 먹고 좋은 옷을 입으면 네 마음이 편안하겠느냐?" "편안합니다." "네가 편안하다면 그렇게 하라. 군자는 상중에는 맛있는 것을 먹어도 맛이 없고 음악을 들어도 즐겁지 않고 처소에 거하는 것도 불안하기 때문에 〔그렇게〕 하지 않는 것이다. 이제 네가 편안하다면 그렇게 하라." (306쪽)

"이제"는 "지금"과 동의어로 사용될 수도 있지만, "지금"과는 달리 "시간적으로 지금부터 앞으로"라는 미래 지향을 나타내기도 한다. 따라서 今을 "이제"라고 번역하면, 재아가 편안하다고 선언한 이 시점 이래의 상황을 강조하는 효과를 갖는다. 그런데 편안함의 선언과 편안함의 상태는 구분되는 것이다. 선언한다고 해서 어떻게 그 순간부터 편해질 수 있는 것일까? 이 문제를 해결하기 위해서 이다음에 소개하는 번역본들은 "편안하다면" 대신에 "편안하다니"라고 번역하는 것으로 보인다.

• "이제 네가 편안하다니(하다고 하니)" 혹은 그와 유사한 표현으로 번역한 번역본(밑줄은 필자)

김도련 번역본 공자께서 말씀하셨다. "쌀밥을 먹고, 비단옷을 입는 것이 너의 마음에 편안하겠느냐?" (재아가) 답했다. "편안합니다." "네가 편안하거든 그대로 하라! 군자는 상중에 있을 때는 맛있는 것을 먹어도 달지 않으며, 음악을 들어도 즐겁지 않으며, 좋은 거처에 살아도 편안치 않기 때문에 하지 않는 것이다. 이제 네가 편안하다니 그대로 하라." (2권, 450~451쪽)

앞에서 소개한 번역본들과 마찬가지로 여기서도 "이제"는 "시간적으로 지금부터 앞으로"라는 미래 지향을 나타낸다. 따라서 今을 "이제 네가 편안하다니"라고 번역하면, 재아가 편안하다고 선언한 이 시점 이래의 상황을 강조하는 효과를 갖는다. 특히 "하다니…"라는 표현에 의해, 이 시점은 편안한 상태의 시점을 말하는 것이 아니라 편안하다는 선언의 시점을 가리키는 것을 알 수 있다. 이 번역의 문제는 원문에 "하다니…"에 해당하는 글자가 없다는 것이다. 즉, 번역자가 임의로 넣은 것이다.

• "지금 네가 편안하다니(하다고 하니)" 혹은 그와 유사한 표현으로 번역한 번역본(밑줄은 필자)

김용옥 번역본 이에 공자께서 말씀하시었다: "그 기간에 쌀밥 먹고 비단옷 입는 것이 너에게는 편안하냐?" 재아가 대답하였다: "편안하옵니다." 공자께서 말씀하시었다: "네가 편안하면 그리해라! 대저 군자가 상(喪)에 거(居)하는 동안에는 맛있는 것을 먹어도 입맛이 없으며, 음악을 들어도 즐겁지 아니하며, 거처하는 것 그 자체가 편안치 아니한 법이다. 그러므로 그리하는 것인데, 지금 네가 편안하다 하니 너 혼자 그리해라!" (III권, 521쪽)

김원중 번역본 공자께서 말씀하셨다. "쌀밥을 먹고 비단옷을 입는 것이 너에게 편안하겠느냐?" "편안합니다." "네가 편안하면 그렇게 하거라. 군자는 상을 치르는 기간에 기름진 것을 먹어도 맛을 모르고 음악을 들어도 즐거움을 모르며, 집에 있어도 편안하지 않다. 그래서 그렇게 하지 않는 것이다. 지금 너는 편안하다고 하니 그렇게 하거라." (419쪽)

김학주 번역본 공자께서 말씀하셨다. "쌀밥을 먹고 비단옷을 입어도, 네 마음이 편안하겠느냐?" "편안할 겁니다." "네가 편안하다면 그렇게 하거라! 군자는 상을 치를 적에는, 맛있는 것을 먹어도 달지 않고, 음악을 들어도 즐겁지 않으며, 잘 지내고 있어도 편안치 않기 때문에, 그렇게 하지 않는 것이다. 지금 너는 편안하다니 그렇게 하거라!" (527~528쪽)

박유리 번역본 이에 선생님께서 "저 쌀밥을 먹고 저 비단옷을 입는 것이 너에게 편안하냐?"라고 하자 (재아는) "편안합니다"라고 하였다. (선생님께서는) "네가 편안하다면 그렇게 하여라. 그런데 군자가 상중에 있을 때에는, 맛있는 것을 먹어도 달지 않고, 음악을 들어도 즐겁지 않으며, 집에 있어도 편안치 못하다. 그러므로 (그렇게) 하지 않는 것이다. 그러나 지금 너는 편안하다고 하니 그렇게 하여라"고 하셨다. (753쪽)

배병삼 번역본 선생님 말씀하시다. (부모가 죽었는데도) 거…… 쌀밥 먹고, 거…… 비단옷 입어도, 넌 편안하단 말이지? (재아가) 말하였다. 편안합니다요! 네가 편안하다면, 그렇게 해라. (그러나) 군자란 상(喪)을 치를 적엔 맛난 것을 먹어도 달지 않고, 음악을 들어도 즐겁지 않으며, 집에 있어도 편안하지가 않다. 그래서 그렇게 하지 않는 것인데, 지금 너는 편안하다니 그렇다면 그렇게 해라. (2권, 404쪽)

임동석 번역본 공자가 이렇게 물었다. "무릇 쌀밥을 먹고 비단옷을 입으면 너는 편안하다고 여기느냐?" 재아가 대답하였다. "편안합니다." "네가 편안하다니, 그러면 네 하고 싶은 대로 하려무나! 무릇 군자의 거상居喪에는 맛있는 음식을 먹어도 달지 않으며, 음악을 들어도 즐겁지 아니하며, 거처에도 편안을 느끼지 못하기 때문에 그러한 것은 하지 않는 것이다. 그런데 지금 너는 편안하다고 하니, 그렇다면 네 하고 싶은 대로 하려무나!" (4권, 1542~1543쪽)

조명화 번역본 스승님께서 말씀하시기를: (부모님 돌아가시고 한 해 만에) 쌀밥 먹고 비단옷 입는 것이 네게는 편안하겠느냐? (재아가) 대답하기를: 편안하(지 못할 것은 없)지요, (뭐). (스승님께서 말씀하시기를): 네가 편안하다면 그렇게 하(면 되겠)지. (그러나 일반적으로) 군자라면 거상하는 동안 기름진 음식을 먹어도 달지 않고 음악을 들어도 즐겁지 않으며 (자기 집에서) 거처해도 편안하지 않기 때문에 그렇게 하지 않을 따름이다. 지금 너는 편안하다고 하니까 그렇게 하려무나. (2권, 599쪽)

"지금"은 "이제"와는 달리 "시간적으로 지금부터 앞으로"라는 미래 지향을 나타내지 않고, 특정 시점으로서의 현재를 지칭한다. 따라서 今을 "지금 네가 편안하다니"라고 번역하면, 재아가 편안하다고 선언한 이 시점 이래의 상황이 아니라 바로 현재 시점의 상태를 강조하는 효과를 가진다. 특히 "하다니…"라는 표현에 의해, 이 시점은 편안한 상태의 시점을 말하는 것이 아니라 편안하다고 선언한 시점을 뜻한다는 것을 알 수 있다. 이 번역본들 또한 원문에 "하다니…"에 해당하는 글자가 없는데, 번역자가 임의로 넣은 것이다.

• 시점에 대한 언급 없이 번역한 번역본(밑줄은 필자)

성백효 번역본 孔子께서 "쌀밥을 먹고 비단옷을 입는 것이 네 마음에 편안하냐?" 하시니, 〈宰我가〉 대답하기를 "편안합니다" 하였다. 〈孔子께서 말씀하셨다.〉 "네가 편안하거든 그리 하라. 君子가 居喪할 때에 맛있는 것을 먹어도 달지 않으며 음악을 들어도 즐겁지 않으며 거처함에 편안하지 않다. 이 때문에 하지 않는 것이니, 네가 편안하거든 그리 하라." (504쪽)

유교문화연구소 번역본 공자께서 말씀하셨다. "쌀밥을 먹으며 비단옷을 입는 것이 너에게는 편안하냐?" 재아가 대답하였다. "편안합니다." 공자께서 말씀하셨다. "네가 편안하면 그렇게 하여라. 군자가 상을 치를 때에 맛있는 것을 먹어도 달지 않으며 음악을 들어도 즐겁지 않으며 거처함에 편안하지 않기 때문에 하지 않는 것이니, 네가 편안하면 그렇게 하여라." (652쪽)

이상임 번역본 공자께서 "쌀밥을 먹고 비단옷을 입는 것이 너에게는 편안하냐?" 하시니, 〈재아가〉 대답하기를 "편안합니다" 하였다. 공자께서 말씀하셨다. "네가 편안하면 그리 해라. 군자가 상을 입을 때에 맛있는 것을 먹어도 알지 않으며 음악을 들어도 즐겁지 않으며, 거처함에 편안하지 않기 때문에 하지 않는 것이니, 네가 편안하면 그리 해라." (74쪽)

이을호 번역본 선생 "그처럼 쌀밥을 먹고, 그처럼 비단옷을 입어도 너는 괜찮으냐?" "괜찮습니다." "네가 괜찮거든 그대로 하려무나! 대개 성실한 인물들은 상 중에는 음식을 먹어도 맛이 없고, 음악을 들어도 즐겁지 않고, 집 안에서도 편안한 줄 모르므로 그렇게 않는 것이다. 네가 괜찮거든 그렇게 하려무나!" (234쪽)

이한우 번역본 공자는 말했다. "쌀밥을 먹고 비단옷을 입는 것이 네 마음에 편안하냐?" 재아는 "편안합니다"고 답한다. 이에 공자는 말했다. "네가 편안하거든 그렇게 해라. 군자가 거상할 때에 맛있는 것을 먹어도 달지 않으며, 음악을 들어도 즐겁지 않으며, 거처함이 편안하지 않다. 이 때문에 하지 않는 것인데, 네가 편안하거든 그렇게 해라." (1280~1281쪽)

임옥균 번역본 공자가 말하였다. "쌀밥을 먹으며 비단옷을 입는 것이 너에게는 편안하냐?" "편안합니다." 공자가 말하였다. "네가 편안하면 그렇게 하라. 군자가 장례를 치를 때에 맛있는 것을 먹어도 달지 않으며, 음악을 들어도 즐겁지 않으며, 거처함에 편안하지 않기 때문에 하지 않는 것이다. 네가 편안하면 그렇게 하라." (335쪽)

"今女安, 則爲之"의 번역문에 시점에 대한 언급이 없는 이유는 두 가지가 있을 수 있다. 첫째, 번역자가 원문을 소홀히 한 나머지 今을 번역하지 않은 경우. 둘째, 今이 시간을 나타내지 않고 가정을 나타낸다고 본 경우. 후자의 경우라면, 필자가 지금까지 전개하온 논지와 호응하는 번역이라고 할 수 있다. 그렇다면 '則' 한 글자만 사용했을 때의 가정문과 '今…則'의 문형을 사용한 가정문을 어떻게 구별할 것인가? 가정문이라는 점에서 양자의 차이는 없기 때문에, 자칫 번역문상으로는 차이가 전혀 드러나지 않을 수 있다. 즉, "女安, 則爲之"과 "今女安, 則爲之"의 번역에 아무런 차이도 없게 되는 것이다. 今이 나타나는 뉘앙스를 살리기 위해, 후자를 번역할 때는 "정녕" 같은 강조어를 넣어주는 것이 좋다고 필자는 생각한다.

• 기타

박삼수 번역본(489쪽), **박종연 번역본**(540~541쪽), **부남철 번역본**(561쪽), **신창호 번역본**(424~425쪽), **양차오밍 번역본**(432쪽), **윤재근 번역본**(2권, 573~574쪽), **이동희 번역본**(137~138쪽), **장기근 번역본**(666~668쪽), **한필훈 번역본**(298쪽)

이 번역본들은 "네가 편하다면"처럼 번역하는 대신에 "네 마음이 편하다면"으로 번역한다. "마음"이라는 표현을 번역문에 삽입하고 있다는 공통점이 있는데, 원문에 "마음"에 해당하는 글자는 없다.

20

『논어』에서 가정문 번역 (3)

1. 『논어』에서 조건의 표지로 사용된 而의 번역

『논어』에서 而가 조건의 표지로 사용된 예로 다음과 같은 문장들이 있다.

人而無信, 不知其可也. (『論語』「爲政」22)

사람이 믿음직하지 않으면, 그 사람이 쓸 만한지 알 수 없다.

管氏而知禮, 孰不知禮. (『論語』「八佾」22)

관중이 예禮를 안다고 하면 누가 예禮를 알지 못하리오?

人而無恒, 不可以作巫醫. (『論語』「子路」22)

사람이 한결같지 않으면, 무당이나 의사도 될 수 없다.

士而懷居, 不足以爲士矣. (『論語』「憲問」2)

사士가 안식처를 마음속에 품고 있다면, 사士라고 하기에는 부족하다.

而에는 가정의 표지 이외에도 여러 기능이 있고, 고대 중국어에서는 별다른 표지 없이도 가정의 뜻을 담을 수 있기 때문에 이 예문에서 而의 기능을 지나치기 십상이다. 이 문장들을 문법에 충실하게 번역하기 위한 관건은, 而가 문장에서 가정의 표지로서 활용되고 있다는 점을 인지하는 일이다. 그렇다면 『논어』 한국어 번역자들은 과연 而를 가정의 표지로 명징하게 인식하고 그 점을 반영하여 번역하고 있을까?

한글 번역문만 가지고는, 번역자가 해당 원문을 번역할 당시 가정문을 만드는 而의 쓰임새를 인식하고 있었는지 여부를 쉽게 확인할 방도는 없다. 번역자의 마음속으로 들어가기는 불가능하기 때문이다. 다만, 번역문에 가정문을 만드는 而의 쓰임새를 반영하고 있는지 그 여부를 따져볼 수 있을 뿐이다.

가정문을 만드는 而의 쓰임새를 명시적으로 반영하지 않아도 그 번역이 잘못된 것은 아니다. 번역자가 而의 쓰임새를 모르고 번역하더라도, 즉 해당 문장을 가정을 나타내는 명시적인 표지 없이 이루어진 가정문이라고 간주하고 번역하더라도, 결과는 모두 가정문이기 때문이다. 두 경우는 명시적인 가정 표현이 존재하느냐는 정도의 차이가 있을 뿐이다.

그래서인지 『논어』 한국어 번역본들은 이 예문들을 대개 가정문으로 번역하고 있다. 맥락상 가정문으로 번역하는 것이 자연스러운 문장이라서, 번역자들이 과연 而를 가정의 표지로 인지하고 번역한 것인지는 확인하기 어렵다. 간혹 아예 가정문으로 번역하지 않은 경우도 있다. "士而懷居, 不足以爲士矣"(『논어』「헌문」 2)에 대한 김용옥의 번역본이 그 예이다. "선비랍시고 익숙한 생활환경에 안주하기만을 바라는 자는 선비라 할 수 없다"(김용옥 번역본, III권 379쪽).

1) 가정의 표지로 사용된 而에 대한 복합적인 논의가 가능한 예문

> 富而可求也, 雖執鞭之士, 吾亦爲之. 如不可求, 從吾所好. (『論語』「述而」 12)
>
> 만약 부가 추구할 만한 것이라면, 비록 길 정리하는 말단 관리 일이라도 나 역시 하겠다. 만약 추구할 만한 것이 아니라면, 내가 좋아하는 바를 좇겠다.

이 문장의 특징은 글의 전반부와 후반부에 而와 如가 대구를 이루며 쓰이고 있다는 점이다. 결과적으로, 가정접속사로서 사용 빈도가 상대적으로 낮은 而의 가정 용법을 쉽게 알 수 있게 해준다는 점에서 유용한 예문이다.[1] 而도 如처럼 가정접속사임을 명확하게 인지하고 있는 번역자는 如뿐 아니라 而에도 "만약/만일" 같은 명시적인 가정 표지를 부여할 것으로 예상할 수 있다. 그렇지 않고, "如不可求"는 如에 의한 가정문이라는 점을 인지하지만, "富而可求也"는 명시적인 가정 표지가 없다고 보는 번역자는 如에만 "만약"이라는 명시적인 표지를 부여할 뿐, 而에는 "만약"이라는 명시적인 표지를 부여하지 않은 채 가정문을 만들 공산이 크다.

如에만 "만약"이라는 명시적인 표지를 부여할 뿐, 而에는 "만약"이라는 명시적인 표지를 부여하지 않은 채 가정문을 만든 번역본들의 예로는 다음과 같은 것들이 있다.

> **금장태 번역본**(41~42쪽), **김동인·지정민·여영기 번역본**(2권, 228쪽), **김영호 번역본**(140~141쪽), **김원중 번역본**(174쪽), **양차오밍 번역본**(167쪽), **유교문화연구소 번역본**(221쪽), **황희경 번역본**(129쪽), **박헌순 번역본**(1권, 421쪽), **이**

우재 번역본(304쪽), **이지형 번역본**(2권, 175쪽), **임옥균 번역본**(152쪽), **차주환 번역본**(115쪽), **최근덕 번역본**(163쪽)

2) 가정문 번역에서 문제가 되는 번역본들의 예

강동석 번역본 부를 구하여 가능하다면 비록 채찍을 잡는 자의 일이라도 내가 또한 하겠지만 만일 구하여 불가능한 것이라면 내가 좋아하는 바를 따르겠다. (140쪽)

강동석 번역본의 경우는, "가능하다면"이라는 표현을 "구하여"와 "비록" 사이에 삽입함에 따라, 과연 무엇이 가능하다는 가정문인지 알기 어렵게 되어버렸다.

김학주 번역본 부유한 것이 만약 추구할 만한 경우라면, 비록 채찍을 드는 천한 일이라도 나는 그걸 위해 하겠다. 만약 추구할 게 못되는 것이라면, 내가 좋아하는 길을 따르겠다. (257쪽)

김학주 번역본에 나오는 "만약 추구할 만한 경우라면"이라는 표현은 부유함 자체를 논하는 것이 아니라 부유함의 사례에 대해 논하는 것이라는 인상을 준다. 반면, "만약 추구할 게 못 되는 것이라면"이라는 표현은 부유함 자체의 속성에 대해 논하는 것이라는 인상을 준다. 그러나 한문 원문은 사례이든 그 자체의 속성이든 일관되게 번역해야 한다.

박종연 번역본 부가 구할 수 있는 것이라면, 시장에서 문을 지키는 사졸 노릇이라도 나는 할 것이다. 만약 그것을 구할 수 없다면, 차라리 나는 내가 좋아하는 것을 할 것이니라. (196쪽)

박종연 번역본에 나오는 "구할 수 없다면"이라는 표현은 부유함 자체를 논하는 것이 아니라 부유함의 사례에 대해 논하는 것 같은 인상을 준다. 반면, "구할 수 있는 것이라면"이라는 표현은 부유함 자체의 속성에 대해 논하는 것이라는 인상을 준다. 마찬가지로 한문 문장은 사례이든 그 자체의 속성이든 일관되게 번역해야 한다.

그 밖에 과감한 의역을 한 번역본들이 있다. 다음 번역본들은 원문의 문법 구조를 어떻게 파악해서 번역했는지 파악하기 쉽지 않을 정도로 의역이 된 경우들이다.

배병삼 번역본(1권, 365쪽), **부남철 번역본**(228쪽), **신정근 번역본**(275쪽), **신창호 번역본**(201쪽), **한필훈 번역본**(124쪽)

2. 『논어』에서 조건의 표지로 사용된 者의 번역

者의 많은 용법 중에서 상대적으로 덜 알려진 것이 조건문의 표지로서의 기능이다. 者가 조건의 표지로 사용된 문장의 상당수는 "…한 것/사람"이라는 뜻을 전달하는 者의 용법을 적용해도 그 나름대로 해석이 된다. 따라서 번역자는 者에 조건의 용법이 없다고 생각하기 쉽다. 그러나 다음 예문에서 "不者"와 같은 표현은 者가 조건문의 표지임을 분명히 보여준다.[2] (밑줄은 필자)

若入前爲壽, 壽畢, 請以劍舞, 因擊沛公於坐殺之, 不者若屬皆且爲所虜. (『史記』「項羽本紀」)

당신이 들어가서 앞에서 축수를 하라. 축수가 끝나면 칼춤 추기를 청하라. 그것을 기회로 앉아 있는 패공을 쳐서 죽여라. 그렇지 않으면 당신들은 모두 포로가 될 것이다.

1) 『논어』 텍스트에서 논란이 될 만한 예문 ①

다음 문장의 번역은 적어도 세 가지 경우의 수가 있을 수 있으며, 문법적인 면에 국한해보자면 세 가지 모두 타당하다.

力不足者, 中道而廢. (『論語』「雍也」12)

① 힘이 부족하다는 것은 중간에 그만두는 것이다. (者=…것)

② 힘이 부족한 사람은 중간에 그만두는 것이다. (者=…한 사람)

③ 힘이 부족하면, 중간에 그만둔다. (者=가정의 표지)

『논어』에서 者가 "…것/사람"의 용법으로 사용될 때는 대개 智者, 仁者, 勇者처럼 인간형으로 유형화할 수 있는 경우였다는 사실을 감안하면, 이 문장을 가정문으로 보는 것이 상대적으로 설득력이 있어 보인다.

그래서인지, 양보쥔은 이 문장이 가정문임을 명백히 하고 있다.[3] 그러나 문법이나 증거만으로는 이 사안에 대해 확고한 판단을 내리기는 어렵다. 그렇다면 『논어』 한국어 번역본들은 이에 대해 어떤 입장을 취해왔을까?

- 者를 "…자/사람"의 표지로 파악하여 번역한 번역본

강동석 번역본(118쪽), **금장태 번역본**(36쪽), **김도련 번역본**(상권, 301쪽), **김동인·지정민·여영기 번역본**(2권, 83쪽), **김영호 번역본**(127쪽), **김용옥 번역본**(II권, 444쪽), **김원중 번역본**(151~152쪽), **김학주 번역본**(233쪽), **김형찬 번역본**(84쪽), **동양고전연구회 번역본**(125쪽), **류종목 번역본**(194쪽), **박유리 번역본**(229쪽), **박헌순 번역본**(1권, 361쪽), **부남철 번역본**(197쪽), **성백효 번역본**(170쪽), **신창호 번역본**(181쪽), **심경호 번역본**(1권, 200쪽), **양차오밍 번역본**(137쪽), **유교문화연구소 번역본**(182~183쪽), **윤재근 번역본**(1권, 420쪽), **이강재 번역본**(163쪽), **이기동 번역본**(254쪽), **이기석·한백우 번역본**(108쪽), **이상임 번역본**(17쪽), **이우재 번역본**(260쪽), **이지형 번역본**(2권, 51쪽), **임옥균 번역본**(137쪽), **장기근 번역본**(207쪽), **정태현·이성민 번역본**(1권, 324쪽), **차주환 번역본**(100쪽), **최근덕 번역본**(140쪽), **최석기 번역본**(70쪽), **최영갑 번역본**(1권, 214쪽), **한필훈 번역본**(109쪽), **황희경 번역본**(113쪽)

- 者를 "…것/…경우"의 표지로 파악하여 번역한 번역본

배병삼 번역본(1권, 310쪽), **신정근 번역본**(238쪽), **이동희 번역본**(24쪽), **임동석 번역본**(2권, 492쪽), **홍승직 번역본**(109쪽)

- 者를 가정의 표지로 파악하여 번역한 번역본

박삼수 번역본(163쪽), **박종연 번역본**(170~171쪽), **이을호 번역본**(78쪽), **조명화 번역본**(1권, 549쪽)

• 기타(밑줄은 필자)
이한우 번역본 "힘이 부족하다고 말하는 자는 다 부분 중도에 포기하는 자인데" (408쪽)

이한우 번역본은 "말하는"에 해당하는 원문이 없는데도 "말하는"이라는 표현을 삽입하고 있다.

2)『논어』 텍스트에서 논란이 될 만한 예문 ②

다음 문장을 충실하게 해석하기 위한 관건은 두 가지다. 가정의 표지임을 간과하기 쉬운 者의 의미를 충분히 살려서 번역하는가, 그리고 "所謂" 이하의 인용문을 얼마나 적절하게 처리하는가?(밑줄은 필자)

夫子之得邦家者, 所謂立之斯立, 道之斯行, 綏之斯來, 動之斯和. 其生也榮, 其死也哀, 如之何其可及也. (『論語』「子張」25)

만약 선생님께서 나라를 얻으시면, 이른바 '세워주면 곧 서고, 이끌어주면 곧 [이끌어주는 대로] 가고, 편안케 해주면 곧 다가오고, 움직이게 하면 곧 조화를 이루게 됩니다. 그가 살아 계실 때는 영예로 여기고, 돌아가시면 애통해한다'는 것이니 어찌 감히 미칠 수 있겠소?

첫 번째 사항과 관련하여, "夫子之得邦家者"에 나오는 者의 문법적 의미를 번역자들이 얼마나 의식하고 번역했는지는 판별하기 쉽지 않다. 이 문장은 문맥상 가정문으로 파악하기 용이하기 대문에, 번역자들은 者

에 담긴 가정의 표지를 인식하건 하지 않건 간에 이 문장을 가정문으로 번역할 것이다. 그러나 이지형 번역본은 번역자들 대다수가 이 문장을 가정문으로 번역했다고 하여, 그것이 꼭 者의 가정 용법에 유의해서 그러한 것이라고 볼 수 없다는 점을 보여준다.

이지형 번역본 (만약) 부자가 나라를 얻어 다스린다고 하였을 때는 이른바 '백성을 세우면 이에 서고, 인도하면 이에 따르고, 편안하게 하면 이에 몰려오고, 고무시키면 이에 옹화雍和되어서, 그가 살아 있을 때는 영예로워하고 죽었을 때는 슬퍼한다'는 그런 분이니, 어떻게 이에 미칠 수 있겠는가? (5권, 425쪽)

이지형 번역본의 흥미로운 점은 번역문 서두에 "만약"이라는 가정 표지를 하면서, 동시에 그것을 괄호로 처리했다는 사실이다. 여기서 괄호는 문장 내에 "만약"에 해당하는 요소는 없지만, 맥락상 필요하다고 여겨서 "만약"이라는 말을 넣었다는 신호인 것처럼 보인다. 者가 가정의 표지라는 점을 인지했다면, 굳이 괄호로 표시하지는 않았을 것이다.

요시카와 고지로吉川幸次郎를 비롯한 여러 학자들은 위 문장에 나오는 "所謂"라는 표현에 근거해서 "所謂" 이하의 말은 자공의 말이 아니라, 이미 존재하는 언명을 자공이 인용한 것으로 간주해왔다.[4] 그런데 이 "所謂"라는 말을 아예 번역하지 않은 번역본이나, "所謂" 이하의 내용이 인용문이라는 점을 번역문에 반영하지 않은 번역본들도 있다. 그리고, "所謂"라는 말을 번역하더라도 전체 문장에서 그 이하의 부분이 어떤 기능을 하는지에 대해 번역본들마다 다양한 입장을 보여준다.

• 所謂라는 말을 아예 번역하지 않고, 이하의 내용이 인용문이라는 점을 번역문에 반영하지 않은 번역본

김원중 번역본(454쪽), **양차오밍 번역본**(475~476쪽), **유교문화연구소 번역본**(718~719쪽), **최근덕 번역본**(495쪽), **황희경 번역본**(334쪽)

• 所謂를 "이른바" 혹은 "말 그대로" 등으로 번역했을 뿐, 어디서부터 어디까지가 인용문인지를 적시하지 않은 번역본

강동석 번역본(434쪽), **김용옥 번역본**(III권, 575쪽), **김학주 번역본**(570쪽), **김형찬 번역본**(219쪽), **류종목 번역본**(627쪽), **박삼수 번역본**(529~530쪽), **박종연 번역본**(591~592쪽), **이기동 번역본**(668쪽), **한필훈 번역본**(326쪽)

이 번역본들은 결과적으로 "其生也榮, 其死也哀"를 者로 시작하는 가정문으로부터 배제하고 번역하는 경우가 대부분이다.

• 所謂에서 시작되는 인용문이 其生也榮, 其死也哀 이전에서 끝난다고 명시한 번역본

동양고전연구회 번역본(417쪽), **배병삼 번역본**(2권, 484쪽), **신정근 번역본**(766~767쪽), **이기석·한백우 번역본**(455쪽), **조명화 번역본**(2권, 682쪽)

• 所謂에서 시작되는 인용문이 其生也榮, 其死也哀를 포함한다고 명시한 번역본

금장태 번역본(117쪽), **김도련 번역본**(하권, 536쪽), **김동인·지정민·여영기 번역본**(4권, 407쪽), **박유리 번역본**(819쪽), **박헌순 번역본**(2권, 586쪽), **부남철 번역본**(607쪽), **성백효 번역본**(543쪽), **심경호 번역본**(3권, 296쪽), **이강재 번역본**(348쪽), **이우재 번역본**(819쪽), **이을호 번역본**(254쪽), **이한우 번역본**

(1380쪽), **임옥균 번역본**(365~366쪽), **장기근 번역본**(727쪽), **정태현·이성민 번역본**(3권, 207쪽), **차주환 번역본**(336쪽), **최영갑 번역본**(2권, 376쪽)

• 기타

신창호 번역본 제 스승이 나라를 맡아 다스린다면, '사람다운 생활을 하게 분위기를 만들어주니 사람들이 나가서 일을 하고, 도덕을 실천하도록 가르쳐주니 사람들이 올바르게 행동하며 따르고, 편안하게 살게 하니 사람들이 모여들고, 저마다 활동할 수 있게 격려하니 서로 어울리고, 살아 계실 때는 서로 존중하여 영광으로 여기고 돌아가시면 서로 슬퍼하게 된다'라고 했습니다. 경지가 이러한데 어찌 다른 사람이 제 스승에 미칠 수 있겠습니까? (460쪽)

임동석 번역본 선생님께서 만약 나라를 얻어 다스리셨다면, 소위 말하는 세우면 이에 세워지고, 인도하면 이에 실행되며, 편안히 해주면 찾아오고, 움직이면 화합하여, 살아 계시면 영광스럽게 여길 것이요, 돌아가시면 슬픔을 어찌할 수 없었을 것이니, 어찌 가히 그에게 미칠 수 있겠습니까? (4권, 1668쪽)

신창호 번역본은 인용문임을 적시하기는 했으나 所謂를 "…라고 했습니다"라고 번역했기 때문에, 者로 시작하는 가정문 "다스린다면"과 호응을 이루지 않는다. 즉, 비문이다.

임동석 번역본은 所謂를 "소위 말하는"이라고 번역하여 이하 내용이 인용문임을 나타냈으나, 者로 시작하는 가정문 표현 "다스리셨다면"과 "소위 말하는"과 "없었을 것이니"라는 표현들이 자연스럽게 호응을 이루지 않는다.

3. 『논어』에서 조건의 표지로 사용된 苟의 번역

다른 가정의 표지에 비해 상대적으로 가정의 성격을 더 강조하는 표지로 誠과 信이 있다.[5] 苟 역시 가정의 성격을 강조할 때 사용된다. 이는 역대 주석가들이 苟를 誠과 같다고 본 데서도 드러난다.[6] 번역자들은 상대적으로 강한 뜻을 가진 이러한 가정 표지들을 관습적으로 "진실로"(혹은 그와 유사한 표현인 "참으로", "진정으로", "정녕")르 번역해오곤 했는데, 사실 이 가정 표지들이 전달하고자 하는 것은 진실과 허위의 문제가 아니라 가정의 강조다. 따라서 "진실로"라고 번역하기보다는, 진실·허위와는 관련 없는 강조어를 사용하는 것이 바람직하다. 그렇지 않으면 자칫 苟를 진실과 허위 여부를 나타내는 표지로 오해할 수 있기 때문이다. 강조어 없이 "만약/만일"로 苟를 번역하는 경우는, 苟가 진실과 허위 여부를 나타내는 표지가 아니라 가정의 표지임을 분명히 한다는 장점이 있는 반면, 강조의 함의는 드러나지 않는다는 아쉬움이 있다. 이러한 점을 고려한다면, "만약/만일"에 강조 표현이 추가될 필요가 있다.

가정 표지로서 苟를 사용한 『논어』의 예문과 함께 한국어 번역본들이 苟를 어떻게 번역했는지 살펴보자.

> 苟志於仁矣, 無惡也. (『論語』「里仁」 4)
>
> 만약 인仁에 뜻을 두기만 하면, 악惡이 없을 것이다.

- 苟志於仁矣, 無惡也를 번역할 때 苟를 "진실로+가정문"으로 번역한 번역본

강동석 번역본(69쪽), **금장태 번역본**(24쪽), **김도련 번역본**(상권, 182쪽), **김동**

인·지정민·여영기 번역본(1권, 402쪽), **김영호 번역본**(97쪽), **김용옥 번역본**(II권, 142쪽), **김학주 번역본**(180쪽), **김형찬 번역본**(62쪽), **동양고전연구회 번역본**(85쪽), **박삼수 번역본**(98쪽), **부남철 번역본**(127쪽), **성백효 번역본**(109쪽), **심경호 번역본**(1권, 126쪽), **양차오밍 번역본**(76쪽), **유교문화연구소 번역본**(99쪽), **윤재근 번역본**(1권, 257쪽), **이강재 번역본**(136쪽), **이기동 번역본**(179쪽), **이기석·한백우 번역본**(61쪽), **이동희 번역본**(113쪽), **이상임 번역본**(45쪽), **이우재 번역본**(163쪽), **이을호 번역본**(52쪽), **이지형 번역본**(1권, 421쪽), **이한우 번역본**(254쪽), **임동석 번역본**(1권, 275쪽), **장기근 번역본**(126쪽), **정태현·이성민 번역본**(1권, 229쪽), **차주환 번역본**(63쪽), **최근덕 번역본**(86쪽), **최영갑 번역본**(1권, 127쪽), **황희경 번역본**(78쪽)

- 苟志於仁矣, 無惡也를 번역할 때 苟를 "정말로/참으로/진정(으로)/정녕+가정문"으로 번역한 번역본

김원중 번역본(102쪽), **류종목 번역본**(116쪽), **박헌순 번역본**(1권, 220쪽), **배병삼 번역본**(1권, 181쪽), **신정근 번역본**(155쪽), **조명화 번역본**(1권, 391쪽), **한필훈 번역본**(74쪽), **홍승직 번역본**(70쪽)

- 苟志於仁矣, 無惡也를 번역할 때 苟를 "만약/만일+가정문"으로 번역한 번역본

박유리 번역본(134~135쪽), **박종연 번역본**(108쪽), **임옥균 번역본**(100쪽)

苟有過, 人必知之. (『論語』「述而」 31)

만약 허물이 있기만 하면, 남이 반드시 알아차리니.

- 苟有過, 人必知之를 번역할 때 苟를 "(진)실로+가정문"으로 번역한 번역본

김도련 번역본(상권, 393쪽), 김영호 번역본(149쪽), 김학주 번역본(272쪽), 김형찬 번역본(100쪽), 부남철 번역본(245쪽), 양차오밍 번역본(182~183쪽), 이기동 번역본(317쪽), 이기석·한백우 번역본(154쪽), 이을호 번역본(97~98쪽), 임동석 번역본(2권, 617쪽), 정태현·이성민 번역본(1권, 391~392쪽), 최근덕 번역본(178~179쪽), 황희경 번역본(140쪽)

• 苟有過, 人必知之를 번역할 때 苟를 "정녕"으로 번역한 번역본

배병삼 번역본(1권, 395쪽)

• 苟有過, 人必知之를 번역할 때 苟를 "만약/만일+가정문"으로 번역한 번역본

강동석 번역본(154쪽), 김동인·지정민·여영기 번역본(2권, 308쪽), 김원중 번역본(187쪽), 동양고전연구회 번역본(157쪽), 박유리 번역본(299~300쪽), 박종연 번역본(212~213쪽), 성백효 번역본(213쪽), 신정근 번역본(304쪽), 이지형 번역본(2권, 243쪽), 이한우 번역본(538쪽), 최영갑 번역본(1권, 276쪽)

• 苟有過, 人必知之를 번역할 때 苟를 "…면"으로 번역한 번역본

류종목 번역본(248쪽), 박삼수 번역본(217쪽), 유교문화연구소 번역본(245~246쪽), 윤재근 번역본(1권, 550쪽), 이강재 번역본(182쪽), 이동희 번역본(165쪽), 이우재 번역본(332쪽), 임옥균 번역본(161~162쪽), 차주환 번역본(127쪽), 한필훈 번역본(133쪽)

• 苟有過, 人必知之를 번역할 때 苟를 가정의 강조 표현을 넣어 번역한 번역본(예: 조금이라도 …하면, 혹시라도)

금장태 번역본(44쪽), 김용옥 번역본(II권, 606쪽), 박헌순 번역본(1권, 457쪽), 신창호 번역본(212쪽), 장기근 번역본(266쪽), 조명화 번역본(1권, 680~681쪽)

苟子之不欲, 雖賞之不竊. (『論語』「顔淵」18)

만약 대부께서 탐욕을 부리지만 않으면, [그에 감화되어] 상을 준다 하더라도 도적질하지 않을 것입니다.

- 苟子之不欲, 雖賞之不竊을 번역할 때 苟를 "(진)실로+가정문"으로 번역한 번역본

금장태 번역본(71쪽), **김도련 번역본**(하권, 127쪽), **김영호 번역본**(212쪽), **김학주 번역본**(384~385쪽), **김형찬 번역본**(145쪽), **동양고전연구회 번역본**(261쪽), **류종목 번역본**(404쪽), **신정근 번역본**(479쪽), **양차오밍 번역본**(310쪽), **유교문화연구소 번역본**(421~422쪽), **이기동 번역본**(464~465쪽), **이기석·한백우 번역본**(282쪽), **이동희 번역본**(82쪽), **이지형 번역본**(3권, 389쪽), **이한우 번역본**(844쪽), **임동석 번역본**(3권, 1032쪽), **정태현·이성민 번역본**(2권, 233쪽), **최근덕 번역본**(300쪽), **한필훈 번역본**(204쪽), **황희경 번역본**(211쪽)

- 苟子之不欲, 雖賞之不竊을 번역할 때 苟를 "만약/만일+가정문"으로 번역한 번역본

강동석 번역본(261쪽), **김동인·지정민·여영기 번역본**(3권, 242쪽), **김원중 번역본**(292쪽), **박삼수 번역본**(348쪽), **박유리 번역본**(529쪽), **박종연 번역본**(361~362쪽), **성백효 번역본**(351쪽), **심경호 번역본**(2권, 152쪽), **이강재 번역본**(244쪽), **임옥균 번역본**(239쪽), **최영갑 번역본**(2권, 89쪽)

- 苟子之不欲, 雖賞之不竊을 번역할 때 苟를 "…면"으로 번역한 번역본

김용옥 번역본(III권, 332쪽), **부남철 번역본**(394쪽), **신창호 번역본**(305쪽), **윤재근 번역본**(2권, 138쪽), **장기근 번역본**(446쪽), **조명화 번역본**(2권, 262쪽), **차주환 번역본**(210쪽)

• 苟子之不欲, 雖賞之不竊을 번역할 때 苟를 "정말(로)/참으로/진정(으로)/정녕+가정문"으로 번역한 번역본

박헌순 번역본(2권, 126쪽), **배병삼 번역본**(2권, 104쪽), **이우재 번역본**(533쪽)

• 苟子之不欲, 雖賞之不竊 번역할 때 苟에 해당하는 가정의 강조 표현을 넣어 번역한 번역본

이을호 번역본(158쪽)

苟有用我者, 期月而已可也, 三年有成. (『論語』「子路」10)

만약 나를 써주는 사람이 있기만 하면, 1년이면 [나라를] 쓸 만한 상태로 만들어놓을 수 있고, 3년이면 완성하겠다.

• 苟有用我者, 期月而已可也, 三年有成을 번역할 때 苟를 "(진)실로+가정문"으로 번역한 번역본

금장태 번역본(76~77쪽), **김영호 번역본**(222쪽), **김학주 번역본**(402쪽), **김형찬 번역본**(153쪽), **유교문화연구소 번역본**(450쪽), **윤재근 번역본**(2권, 198쪽), **이기동 번역본**(485쪽), **이기석·한백우 번역본**(302쪽), **이우재 번역본**(560쪽), **정태현·이성민 번역본**(2권, 262쪽)

• 苟有用我者, 期月而已可也, 三年有成을 번역할 때 苟를 "만약/만일+가정문"으로 번역한 번역본

강동석 번역본(277쪽), **김도련 번역본**(하권, 172쪽), **김동인·지정민·여영기 번역본**(3권, 314쪽), **김용옥 번역본**(III권, 352~353쪽), **김원중 번역본**(309쪽), **동양고전연구회 번역본**(275~277쪽), **박삼수 번역본**(366쪽), **박유리 번역본**(558~559쪽), **박종연 번역본**(387쪽), **부남철 번역본**(417쪽), **성백효 번역본**

(372쪽), **신정근 번역본**(507쪽), **심경호 번역본**(2권, 200쪽), **양차오밍 번역본**(324쪽), **이강재 번역본**(255~256쪽), **이동희 번역본**(197쪽), **이지형 번역본**(3권, 493쪽), **이한우 번역본**(889쪽), **임옥균 번역본**(250~251쪽), **최근덕 번역본**(320~321쪽), **최영갑 번역본**(2권, 121쪽), **한필훈 번역본**(216쪽), **황희경 번역본**(223쪽)

• 苟有用我者, 期月而已可也, 三年有成을 번역할 때 苟를 "…면"으로 번역한 번역본

류종목 번역본(426쪽), **신창호 번역본**(322쪽), **차주환 번역본**(223쪽)

• 苟有用我者, 期月而已可也, 三年有成을 번역할 때 苟를 "정말(로)/참으로/진정(으로)/정녕+가정문"으로 번역한 번역본

박헌순 번역본(2권, 171쪽), **배병삼 번역본**(2권, 142쪽), **임동석 번역본**(3권, 1089쪽)

• 苟有用我者, 朞月而已可也, 三年有成을 번역할 때 苟에 해당하는 가정의 강조 표현을 넣어 번역한 번역본(예: 조금이라도 …하면)

이을호 번역본(168쪽), **장기근 번역본**(475쪽), **조명화 번역본**(2권, 306쪽)

苟正其身矣, 於從政乎何有. (『論語』「子路」13)

만약 자신을 바르게 할 수만 있다면, 정사에 종사함에 무슨 어려움이 있겠는가?

• 苟正其身矣, 於從政乎何有를 번역할 때 苟를 "(진)실로+가정문"으로 번역한 번역본

금장태 번역본(77쪽), 김도련 번역본(하권, 176쪽), 김영호 번역본(223쪽), 김원중 번역본(310쪽), 김학주 번역본(404쪽), 김형찬 번역본(153쪽), 동양고전연구회 번역본(277쪽), 심경호 번역본(2권, 204쪽), 양차오밍 번역본(326쪽), 유교문화연구소 번역본(453~454쪽), 이강재 번역본(256쪽), 이기동 번역본(487쪽), 이기석·한백우 번역본(303쪽), 이동희 번역본(87쪽), 이우재 번역본(562쪽), 이을호 번역본(169쪽), 이지형 번역본(3권, 509쪽), 이한우 번역본(894쪽), 임동석 번역본(3권, 1096쪽), 정태현·이성민 번역본(2권, 264쪽), 최영갑 번역본(2권, 124쪽)

- 苟正其身矣, 於從政乎何有를 번역할 때 苟를 "만약/만일+가정문"으로 번역한 번역본

강동석 번역본(279쪽), 김동인·지정민·여영기 번역본(3권, 322쪽), 박유리 번역본(561쪽), 박종연 번역본(388쪽), 신정근 번역본(509쪽), 윤재근 번역본(2권, 204쪽), 최근덕 번역본(322쪽), 황희경 번역본(224쪽)

- 苟正其身矣, 於從政乎何有를 번역할 때 苟를 "…면"으로 번역한 번역본

김용옥 번역본(III권, 355쪽), 류종목 번역본(428쪽), 박삼수 번역본(368쪽), 신창호 번역본(323쪽), 임옥균 번역본(252쪽), 장기근 번역본(478쪽), 차주환 번역본(224~225쪽), 최석기 번역본(116쪽), 한필훈 번역본(218쪽)

- 苟正其身矣, 於從政乎何有를 번역할 때 苟를 "정말(이지)/참으로/진정(으로)/정녕+가정문"으로 번역한 번역본

박헌순 번역본(2권, 176쪽), 배병삼 번역본(2권, 145쪽), 부남철 번역본(418쪽), 성백효 번역본(374쪽)

• 苟正其身矣, 於從政乎何有를 번역할 때 苟에 해당하는 가정의 강조 표현을 넣어 번역한 번역본

조명화 번역본(2권, 313쪽)

苟患失之, 無所不至矣. (『論語』「陽貨」15)

잃을까 정녕 안달하게 되면 못할 짓이 없다.

• 苟患失之, 無所不至矣를 번역할 때 苟를 "(진)실로+가정문"으로 번역한 번역본

금장태 번역본(105쪽), **김도련 번역본**(하권, 437쪽), **김영호 번역본**(296쪽), **김학주 번역본**(523쪽), **김형찬 번역본**(201쪽), **류종목 번역본**(570쪽), **박삼수 번역본**(484~485쪽), **부남철 번역본**(556쪽), **이동희 번역본**(30쪽), **이우재 번역본**(745쪽), **이지형 번역본**(5권, 201쪽), **임동석 번역본**(4권, 1526쪽), **정태현·이성민 번역본**(3권, 129쪽), **차주환 번역본**(308쪽), **최근덕 번역본**(447쪽), **최영갑 번역본**(2권, 307쪽)

• 苟患失之, 無所不至矣를 번역할 때 苟를 "정말(이지)/참으로/진정(으로)/진짜로/정녕+가정문"으로 번역한 번역본

박헌순 번역본(2권, 482쪽), **배병삼 번역본**(2권, 393쪽), **신정근 번역본**(692쪽), **신창호 번역본**(421쪽), **이기동 번역본**(620~621쪽), **이기석·한백우 번역본**(415쪽), **이한우 번역본**(1265쪽), **조명화 번역본**(2권, 586쪽), **황희경 번역본**(302쪽)

• 苟患失之, 無所不至矣를 번역할 때 苟를 "만약/만일+가정문"으로 번역한 번역본

강동석 번역본(390쪽), **김용옥 번역본**(III권, 516쪽), **김원중 번역본**(415쪽), **동양고전연구회 번역본**(379쪽), **박유리 번역본**(746쪽), **박종연 번역본**(534쪽), **성백효 번역본**(497쪽), **양차오딩 번역본**(428~429쪽), **유교문화연구소 번역본**(643쪽), **윤재근 번역본**(2권, 552쪽), **임옥균 번역본**(332쪽)

- 苟患失之, 無所不至矣를 번역할 때 苟를 "…면"으로 번역한 번역본

심경호 번역본(3권, 182쪽), **이강재 번역본**(321~322쪽), **장기근 번역본**(656쪽), **홍승직 번역본**(328쪽)

- 苟患失之, 無所不至矣를 번역할 때 苟의 쓰임을 추측하기 어려울 정도로 의역했다고 판단되는 번역본

김동인·지정민·여영기 번역본(4권, 176쪽), **이을호 번역본**(231쪽), **한필훈 번역본**(295쪽)

지금까지 살펴본 바대로라면, 『논어』 한국어 번역본 중에서 苟가 가진 가정 강조의 성격을 반영하여 일관되게 번역한 번역본은 없다고 할 수 있다.

4. 『논어』에서 조건의 표지로 사용된 則의 번역

조건의 표지로 則이 사용된 『논어』의 문장들 중에서 논쟁적인 요소를 포함하고 있는 다음 사례를 살펴보자.

恭而無禮則勞, 愼而無禮則葸, 勇而無禮則亂, 直而無禮則絞. 君子篤於親, 則民興於仁, 故舊不遺, 則民不偸. (『論語』「泰伯」2)

공손하기만 하고 예가 없으면 수고롭게 되고, 신중하기만 하고 예가 없으면 두려워하게 되고, 용감하기만 하고 예가 없으면 난폭해지고, 곧기만 하고 예가 없으면 까칠해진다. 군자가 어버이에게 독실하게 굴면 피치자들이 인仁으로 인해 촉발되며, 오랜 친구를 버리지 않으면 피치자들이 야박해지지 않는다.

전반부("恭而無禮則勞, 愼而無禮則葸, 勇而無禮則亂, 直而無禮則絞")와 후반부("君子篤於親, 則民興於仁, 故舊不遺, 則民不偸")는 내용도 자못 다르고, 문장 구조도 차이가 있다. 그래서 주석가나 번역자들 중에는 전반부와 후반부를 완전히 분리해서 보려는 이들도 있다. 분리해서 보든 연결해서 보든, 일단 양자 간의 관계를 파악해보도록 하자.

전반부의 취지는 무엇인가? 앞에서 거론하는 것들(恭, 愼, 勇, 直)과 뒤에 등장하는 것들(勞, 葸, 亂, 絞)은 독자적인 덕목이지만, 예의 개입 여부에 따라 상호 대립적인 특성이 될 수 있음을 말하고 있다. 즉, 예는 "恭, 愼, 勇, 直"에게 일정한 규율을 부여하여, 그것들이 "勞, 葸, 亂, 絞" 같은 부정적 성질이 되지 않게끔 한다. 즉, 예가 구현되지 않는다면, "공손함, 신중함, 용감함, 곧음"은 "수고로움, 두려워함, 난폭함, 까칠함"에 불과하다. 후반부의 취지는 무엇인가? 위정자가 "篤於親"이나 "舊不遺" 같은 행동이나 태도를 유지하면, 그에 상응하는 효과가 피치자에게서 나타난다는 주장을 하고 있다.

그러면 전반부와 후반부의 관계는 무엇인가? 양자가 완전히 별개의 문장이 아니라는 전제하에서 살펴보자. "어버이에게 독실하게 굴다"와 "오랜 친구를 버리지 않는다"를 예의 일종으로 간주하면, 양자 간의 관계는 비교적 분명하다. 앞부분에서 예에 대한 원론적인 설명을 하고 뒷부분에는 그 실천의 사례와 그를 통해 얻을 수 있는 바람직한 결과를 제시하고 있는 것이다.[7] 그 밖에 전반부와 후반부에는 문형상의 공통점이 있어 보이는데, 모든 문장들이 則에 의해 연결되는 형태를 띠고 있다는 점이다. 일단 후반부에 사용된 則은 가정의 표지임에 틀림없다. 위정자의 특정 행동이나 태도가 가정절을 이루고, 則 이하의 결과절은 그러한 가정으로 인해 피치자에게 나타나는 결과를 묘사하고 있다. 문제는 전반부에 사용된 則을 어떻게 이해할 것인가이다. 則은 가정문의 표지 이외에도 특정 주어 혹은 주체를 노출하는 기능이 있고,[3] 문법적으로 보자면 전반부에서 사용된 則은 그 어느 쪽으로도 해석 가능하다. 이 점을 좀 더 분명히 하기 위해, 『논어』 영어 번역본들을 먼저 살펴보자.[9]

Ames and Rosemont Deference unmediated by observing ritual propriety (li 禮) is lethargy; caution unmediated by observing ritual propriety is timidity; boldness unmediated by observing ritual propriety is rudeness; candor unmediated by observing ritual propriety is rudeness. (120쪽)[10]

Lau Unless a man has the spirit of the rites, in being respectful he will wear himself out, in being careful he will become timid, in having courage he will become unruly, and in being forthright he will become intolerant. (69쪽)[11]

Legge Respectfulness, without the rules of propriety, becomes laborious bustle; carefulness, without the rules of propriety, becomes timidity; boldness, without the rules of propriety, becomes insubordination; straightforwardness, without the rules of propriety, becomes rudeness. (208쪽)[12]

Slingerland If you are respectful but lack ritual you will become exasperating; if you are careful but lack ritual you will become timid; if you are courageous but lack ritual you will become unruly; and if you are upright but lack ritual you will become inflexible. (78쪽)[13]

Waley Courtesy not bounded by the prescriptions of ritual becomes tiresome. Caution not bounded by the prescriptions of ritual becomes timidity, daring becomes turbulence, inflexibility becomes harshness. (132쪽)[14]

라우D. C. Lau, 레그James Legge, 슬링거랜드Edward Slingerland, 웨일리Arthur Waley의 영어 번역본들은 특정 주체가 예를 제대로 구현하지 못할 때, 일련의 긍정적인 덕목(恭, 愼, 勇, 直)은 부정적인 덕목(勞, 葸, 亂, 絞)이 "되어 버린다"고 해석하고 있다. 이러한 점은 네 번역본에서 공히 "become"이라는 술어를 사용하는 데서 잘 나타나고 있다. 반면, 에임스Roger T. Ames는 특정 주체가 예를 제대로 구현하지 못할 경우, 일련의 긍정적인 덕목은 후자의 부정적인 덕목에 불과할 뿐이라고 해석하고 있다. 이러한 점은 에임스의 번역본에서 "become"이라는 술어 대신 "is"라는 술어를 사용하는 데서 잘 나타나고 있다. 즉, 에임스의 해석은 긍정적인 덕목조차도 예가 부재하는 상황에서는 부정적인 덕목일 뿐이라는 것이다. 예컨대, 예가 부재한다면 공손함이 수고스러움이 "되는" 것이 아니라, 공손함이 곧 "수고스러움"인 것이다. 즉, 예가 있을 때에야 긍정적인 덕목은 긍정적인 덕목일 수 있다는 것이다. 에임스 식의 해석에 따르면, 여기서 則은 조건의 표지라기보다는, 특정 주어 혹은 주체를 노출하는 기능을 하고 있는 셈이다.

이에 덧붙여 각 구절마다 숨겨진 주어 혹은 청중이 누구냐는 질문을 던져볼 수 있다. "君子篤於親, 則民興於仁, 故舊不遺, 則民不偸"는 君子와 民이라는 주어를 명시적으로 드러내고 있다. 아마도 가정의 주체와 결과의 주체가 다르기 때문에, 주어를 명시적으로 드러낼 필요가 있었으리라고 생각된다. 반면, "恭而無禮則勞, 愼而無禮則葸, 勇而無禮則亂, 直而無禮則絞"는 각 덕목을 구현하는 주어 혹은 그 말을 듣는 청중이 생략되어 있다. 『논어』 전반에 걸쳐, 예는 위정자 혹은 위정자의 위치에 오를 가능성이 있는 인물들에게 주로 권장되는 것임을 상기한다면, 생략된 주어 혹은 청중은 위정자 일반일 가능성이 크다. 다시 말해서 "恭而無禮則勞, 愼而無禮則葸, 勇而無禮則亂, 直而無禮則絞"는 위정자의 덕목이 예의 구현 여부에 따라 좌우되는 면을 진술하고 있다고 할 수 있다.

이렇게 보았을 때, "君子篤於親, 則民興於仁, 故舊不遺, 則民不偸"에 사용된 則이 조건의 표지라는 데는 이론의 여지가 없지만, "恭而無禮則勞, 愼而無禮則葸, 勇而無禮則亂, 直而無禮則絞"에 사용된 則을 가정의 표지로 볼 것인지, 아니면 노출의 표지로 볼 것인지는 논란의 여지가 있을 수 있다. 則을 가정의 표지로 본다면, 예가 부재했을 때 위정자는 "恭, 愼, 勇, 直" 같은 덕 대신에 "勞, 葸, 亂, 絞" 같은 악덕을 구현하게 된다는 말이 된다. 이렇게 해석하고자 한다면, 가능한 한 숨어 있는 주어(위정자)를 재구성하면서 번역해주는 것이 좋다. 則을 노출의 표지로 본다면, "恭, 愼, 勇, 直" 같은 덕이 예와 결합하지 못했을 때의 상황을 주제어로 노출하고, 그 상황을 "勞, 葸, 亂, 絞" 같은 악덕으로 규정한 것이다. 둘 중 어느 해석을 택하든, 문장의 각 부분이 동일한 패턴을 반복한다는 점에서 그 則은 일관되게 해석되어야 한다. 그러면 『논어』 한국어 번역본들이 전반부 則과 관련된 사안을 어떤 식으로 처리했는지 살펴보기로 하자.

- 전반부의 則을 일관되게 가정의 표지로 본 번역본

김학주 번역본(281쪽), **류종목 번역본**(261~262쪽), **박유리 번역본**(314쪽), **신정근 번역본**(318쪽), **신창호 번역본**(220쪽), **이강재 번역본**(186~187쪽), **이우재 번역본**(344쪽), **장기근 번역본**(277쪽), **최근덕 번역본**(186~187쪽), **최영갑 번역본**(1권, 287~288쪽), **홍승직 번역본**(163쪽)

이 번역본들은 "되다"/"…해지다"(become) 혹은 그에 상응하는 표현을 일관되게 사용한다. 그러나 숨겨진 주어를 재구성하지는 않았다.

- 전반부의 則을 부분적으로 가정의 표지로 보고 "되다" 표현을 일부 사용한 번역본

김용옥 번역본(III권, 24쪽), **김원중 번역본**(196쪽), **김형찬 번역본**(103쪽), **동양고전연구회 번역본**(165쪽), **박삼수 번역본**(227~228쪽), **박종연 번역본**(221~222쪽), **박헌순 번역본**(1권, 474쪽), **배병삼 번역본**(1권, 411~412쪽), **부남철 번역본**(253~254쪽), **유교문화연구소 번역본**(257~258쪽), **윤재근 번역본**(1권, 574~575쪽), **이기동 번역본**(326쪽), **이기석·한백우 번역본**(162쪽), **이동희 번역본**(166쪽), **이한우 번역본**(560쪽), **임동석 번역본**(2권, 643쪽), **임옥균 번역본**(168쪽), **정태현·이성민 번역본**(2권, 15~16쪽), **차주환 번역본**(133쪽), **한필훈 번역본**(139쪽)

이 번역본들은 "되다"(become) 혹은 그에 상응하는 표현을 부분적으로만 사용한다. 즉, 則의 번역에 관한 한 일관성이 충분하지 않다.

- 전반부의 則을 동격의 표지로 보았으리라 추정되며 "되다"라는 표현을 사용하지 않은 번역본

강동석 번역본(162쪽), **금장태 번역본**(46쪽), **김도련 번역본**(상권, 412쪽), **김동인·지정민·여영기 번역본**(2권, 346~348쪽), **김영호 번역본**(153쪽), **성백효 번역본**(220쪽), **심경호 번역본**(1권, 264쪽), **양차오밍 번역본**(190쪽), **이상임 번역본**(51쪽), **이을호 번역본**(101쪽), **이지형 번역본**(2권, 271쪽), **조명화 번역본**(2권, 10쪽)

이 번역본들은 전반부 則 이하를 번역할 때 "되다"(become)라는 표현을 사용하지 않는다는 점에서 일관성이 있다. 물론 "되다"라는 표현 없이도, '가정-결과'의 뜻을 표현할 수 있으며, 이 번역본들도 그런 사례일 수 있다. 그러나 만약 번역자가 則을 가정의 의미로 분명히 인식했다면, "되다"라는 번역어를 사용해야 그 뜻이 더욱 분명해질 것이다.

21

화제-논평 문장 번역 (1)

어떤 것을 맨 처음에 내세워 주목을 끈 뒤, 이어서 그 주목받은 주제에 대해서 언급하는 식의 문장이 있다.[1] 이것을 흔히 화제topic...논평comment 문장이라고 부른다. "화제는 문두에 위치하여 문장의 설명 또는 언급의 대상이 되는 요소이며, 이와 상대적인 개념인 논평은 화제에 대하여 설명 또는 언급을 하는 나머지 부분이다."[2] 예컨대 '사천지방은 음식이 맵다' 같은 예문이 화제-논평 문장이다. 이 문장에서 맨 앞에 나온 '사천지방'은 화제에 해당하고 '음식이 맵다'는 논평에 해당한다. 이러한 화제-논평 문장은 『논어』에서도 많이 발견된다. 본격적으로 화제-논평 문장을 검토하기 전에 먼저 화제-논평 문장이 무엇인지 설명할 수 있는 예문을 살펴보자.

> 子曰, 詩三百, 一言以蔽之, 曰, 思無邪. (『論語』「爲政」2)
> 선생님께서 말씀하셨다. "『시』 300편을 한마디로 요약하자면, '생각에 요사스러움이 없다'는 것이다."

이 예문을 읽는 독자라면 누구도 문두에 나왔다는 이유 하나로 "詩三百"을 문장의 주어라고 생각하지 않을 것이다. "詩三百" 뒤에 "一言以蔽之"라는 말이 나오고 있다는 점을 감안할 때, 공자가 詩三百에 '대해서' 그 이하 내용을 이야기하겠다는 것이지, 詩三百'이' 주어로서 그 이하 내용을 이야기하겠다는 것이 아님을 쉽게 알 수 있기 때문이다. 이렇게 본다면, 뒤에 나오는 "思無邪"는 문장 처음에 설정된 "詩三百"이라는 화제에 대한 논평이 된다.[3] 고대 중국어에는 "一言以蔽之"에 해당하는 말이 생략된 채, 화제와 논평이 바로 연결되는 문장이 많으며, 그러한 문장들을 화제-논평 문장이라고 부르는 것이다.

1970년대까지만 해도 고대 중국어 연구자들은 인도유럽어의 문법 체계에 큰 영향을 받은 나머지, 고대 중국어의 문형이 주어-술어 관계로 이루어진다는 전제하에서 연구하였다. 그 결과 여러 문제가 노정되었고, 그 이후로는 점차 기존의 전제를 재고하게 되었다. 고민 끝에 주어-술어 문형의 부분적 대안으로 제시된 것이 화제-논평 문형이다.[4] 주어-술어 문형에 딱 들어맞지 않는 일련의 문장들을 화제-논평 문형이라는 틀 속에서 새로 보게 되자, 이 화제-논평 문형이 고대 중국어에서 차지하는 비율이 상당히 높다는 사실이 드러났다. 연구자들의 견해에 따르면, 『여씨춘추』에서 화제-논평 문형이 차지하는 비율은 약 40%, 『좌전』에서는 약 35%, 『순자』에서는 약 75%에 달한다. 즉, 1970년대까지의 문법 연구에 머물러 있어서는 이 많은 문장들을 제대로 해석하기 어려운 것이다.[5]

이번 장에서는 고대 중국어를 해석하는 데 이토록 중요한 화제-논평 문형이 『논어』 텍스트에서 어떻게 나타나는지, 그리고 『논어』 한국어 번역본들이 『논어』 텍스트의 화제-논평 문장들을 어떻게 번역해왔는지를 살펴보기로 하겠다. 아울러 화제-논평 문형을 적극적으로 고려했을 때 『논어』 텍스트에 어떤 깊은 의미상의 변화가 발생하는지를 고찰해보도록 하겠다.

1. 화제-논평 문장을 번역할 때 유의점

1) 화제와 주어 구분하기

화제-논평 문형은 협의로도 혹은 광의로도 정의될 수 있다. 풀리블랭크는 "문장의 어떤 성분은 정상적인 위치가 아닌 문장의 맨 앞에 놓여 특별한 지위를 부여받을 수 있다. 이러한 상황이 발생하는 대표적인 경우의 하나로 문법적으로 주어가 아닌 성분이 '화제'(topic)로 등장하는 경우를 들 수 있다. 그러나 동사의 목적어와 같은 요소가 화제가 되지 않으면서도 대조적인 강조가 부여되는 '노출'(exposure) 역시 이러한 효과를 수반한다. 연관된 문법적 장치가 유사하므로 두 문제를 함께 다루는 것이 편리할 것이다"[6]라고 하였다. 즉 협의의 화제-문형은 주어가 아닌 문장성분이 문두에서 문장 나머지 부분의 이야기 주제가 되는 경우를 지칭하지만, 목적어 같은 문장성분이 문두에 나와서 노출되어 주목을 받는 경우도 넓게 보아 유사한 현상이라고 볼 수 있다.

이러한 점을 감안할 때, 화제-논평 문형 파악에서 가장 중요한 점은,

화제와 단순한 문법적인 주어(그리고 도치를 통해 문두에 노출된 목적어)를 혼동하지 않는 일이다. 이 문장 구성요소들은 다 문장의 처음에 위치하는 경향이 있으므로, 그들을 혼동하면 오역에 이르기 쉽다. 이를테면 다음과 같은 『논어』 예문의 맨 앞에 나오는 문장 구성요소는 모두 주어가 아니라 화제다.

> 甯武子, 邦有道, 則知, 邦無道, 則愚. (『論語』「公冶長」21)
>
> 영무자甯武子(위나라 대부)는 나라에 도道가 있을 때는 지혜로웠고, 나라에 도道가 없을 때는 우직하였다.
>
> 夫仁者, 己欲立而立人, 己欲達而達人. (『論語』「雍也」30)
>
> 인仁이란, 자기가 서고자 하면 이미 선 사람을 닮아야 하고, 자기가 달통하고자 하면 이미 달통한 사람을 닮아야 한다.

양세욱이 논한 바와 같이, 첫 예문에서 "'甯武子'는 〈'知'·'愚'〉의 논항이기는 하지만 〈'邦有道'·'邦無道'〉의 논항이 아니다. … '甯武子'와 〈'知'·'愚'〉 사이의 통사구조는 일반적인 주어-술어의 구조와 다르므로 甯武子 역시 주어로 볼 수 없다". 그리고 두 번째 예문에서 "夫仁者"는 주요 술어의 논항이 아니므로 주어로 볼 수 없다. 요컨대 "甯武子", "夫仁者"는 "나머지 부분의 논평 대상으로 선택되어 문두에 위치하는 성분이므로 모두 화제이다".[7]

2) 화제, 주어, 도치된 목적어 구분하기

> 夏禮, 吾能言之, 杞, 不足徵也. (『論語』「八佾」9)
>
> 하夏나라 예禮는 내가 말할 수 있으나 [그 후예인] 기杞나라를 가지고는 [하나라 예법을] 증명하기에 부족하다.

이 예문에서 "夏禮, 吾能言之"의 해석은 비교적 간단하다. 夏禮가 비록 문두에 있기는 하지만, 그것을 주어로 착각할 소지는 거의 없다. 바로 뒤에 명백한 주어인 吾가 나오고 있기 때문이다. 따라서 夏禮는 목적어로서 문두에 노출된 경우이며, 이 목적어는 이후 吾能言之의 之로 반복되고 있다고 혹은 재지시하고 있다고 보면 된다.

반면, "杞, 不足徵也"의 경우는 간단하지 않다. 문두에 나온 杞 뒤에 명백한 주어가 나타나지 않고 있으므로, 杞가 不足徵也의 주어일 가능성을 배제할 수 없다. 즉, "杞, 不足徵也"는 주어-술어 문형일 수도 있고, 화제-논평 문형일 수도 있고, 목적어가 앞으로 노출된 도치문일 수도 있다. 그런데 목적어가 앞으로 노출된 도치문이 되려면 숨은 주어인 吾와 不足이 호응해야 하는데, 그 호응 관계가 자연스럽지는 않다.[8]

이러한 점들을 고려하면, 세 가지 정도의 번역이 가능하다.

① 杞를 주어로 간주하는 경우: "기나라가 (하나라를) 증명할 수 없다."
② 杞를 협의의 화제로 간주하는 경우: "기나라의 경우, (내 말을 뒷받침하는) 증거로 삼을 수 없다."
③ 杞를 노출을 위해 도치된 목적어로 간주하는 경우(광의의 화제): "기나라를 (나는) 징험할 수 없다."

그러면 『논어』 한국어 번역본들은 이 문장을 어떻게 번역해왔을까?

- 杞를 주어로 간주한 것처럼 보이는 번역본: 대개 杞에 "가"라는 조사가 붙는다.

김도련 번역본(상권, 140쪽), **김영호 번역본**(86쪽), **김용옥 번역본**(II권, 37

쪽), **배병삼 번역본**(1권, 137쪽), **성백효 번역본**(87쪽), **이우재 번역본**(130쪽), **정태현·이성민 번역본**(1권, 174쪽), **최영갑 번역본**(1권, 97~98쪽)

- 杞를 화제로 간주한 것처럼 보이는 번역본: 대개 杞에 "에서/(로써)는" 같은 조사가 붙는다.

강동석 번역본(52쪽), **금장태 번역본**(20쪽), **김원중 번역본**(85~86쪽), **김학주 번역본**(159쪽), **김형찬 번역본**(52쪽), **동양고전연구회 번역본**(67쪽), **류종목 번역본**(87쪽), **김동인·지정민·여영기 번역본**(1권, 305쪽), **박삼수 번역본**(75쪽), **박유리 번역본**(100~101쪽), **박종연 번역본**(84쪽), **박헌순 번역본**(1권, 161쪽), **신정근 번역본**(125쪽), **신창호 번역본**(118쪽), **양차오밍 번역본**(58쪽), **유교문화연구소 번역본**(69~70쪽), **윤재근 번역본**(1권, 204쪽), **이강재 번역본**(126쪽), **이기동 번역본**(145쪽), **이기석·한백우 번역본**(45쪽), **이동희 번역본**(20쪽), **이을호 번역본**(43쪽), **이지형 번역본**(1권, 307쪽), **이한우 번역본**(192쪽), **임동석 번역본**(1권, 216쪽), **임옥균 번역본**(86쪽), **장기근 번역본**(96쪽), **조명화 번역본**(1권, 332쪽), **차주환 번역본**(50쪽), **최근덕 번역본**(65쪽), **한필훈 번역본**(64쪽), **황희경 번역본**(65쪽)

- 杞를 노출을 위해 도치된 목적어로 간주한 번역본

부남철 번역본(106~107쪽)

2. 『논어』에서 논쟁적인 화제-논평 문장 검토

1) 술어-목적어 문형과 화제-논평 문형의 비교

邦有道, 危言危行, 邦無道, 危行言孫. (『論語』「憲問」3)

나라에 도道가 있으면, 말과 행동을 딱 부러지게 하고, 나라에 도道가 없으면, 행동은 딱 부러지게 하되 말은 겸손하게 하라.

이 예문의 특징은 다양한 대비contrast다. 나라에 도가 있는 상황과 나라에 도가 없는 상황을 대비할 뿐 아니라, 말과 행동을 대비하고 있고, 危(딱 부러지게 함)와 孫(겸손)을 대비하고 있다. 그뿐 아니다. 술어-목적어 문형과 화제-논평 문형 역시 대비되고 있다. 문장 구조로 볼 때, 危言과 危行은 모두 술어-목적어 문형이다. 반면, 言孫은 화제-논평 문형이다. 문장의 전반부는 술어-목적어로 일관되게 끌고 오다가, 마지막 순간에 분위기를 반전시키면서, (행동은 그렇게 해도) 말은 이러이러해야 한다는 식으로 문장을 끝맺고 있는 것이다. 이러한 문장의 드라마를 살리기 위해서는 인용문의 맨 마지막 부분인 言孫이 화제-논평의 한문 문장임을 반드시 드러내면서 번역해야 한다.

- "말은 공손하게 해야 한다"와 같이 화제-논평 문형을 살려서 번역한 번역본

강등석 번역본(298쪽), **금장태 번역본**(82쪽), **김도련 번역본**(하권, 216쪽), **김동인·지정민·여영기 번역본**(3권, 393쪽), **김영호 번역본**(234쪽), **김용옥 번역본**(III권, 381쪽), **김학주 번역본**(424쪽), **김형찬 번역본**(161쪽), **동양고전연구회 번역본**(293쪽), **류종목 번역본**(451쪽), **박삼수 번역본**(388쪽), **박유리 번역본**(589~590쪽), **박종연 번역본**(412쪽), **박헌순 번역본**(2권, 218쪽), **배병삼 번역본**(2권, 188쪽), **부남철 번역본**(441쪽), **성백효 번역본**(392쪽), **신정근 번역본**(537쪽), **신창호 번역본**(341쪽), **심경호 번역본**(2권, 252쪽), **양차오밍 번**

역본(344쪽), **유교문화연구소 번역본**(482~483쪽), **윤재근 번역본**(2권, 261쪽), **이강재 번역본**(267쪽), **이기동 번역본**(507쪽), **이기석·한백우 번역본**(321쪽), **이동희 번역본**(128쪽), **이우재 번역본**(595쪽), **이을호 번역본**(178쪽), **이지형 번역본**(4권, 27쪽), **이한우 번역본**(947쪽), **임동석 번역본**(3권, 1153쪽), **장기근 번역본**(504쪽), **정태현·이성민 번역본**(2권, 292쪽), **조명화 번역본**(2권, 350쪽), **차주환 번역본**(236~237쪽), **최근덕 번역본**(341~342쪽), **최석기 번역본**(121쪽), **최영갑 번역본**(2권, 151쪽), **한필훈 번역본**(230~231쪽), **황희경 번역본**(238쪽)

- "공손하게 말해야 한다"와 같이 화제-논평 문형을 살리지 않고 번역한 번역본

김원중 번역본(329쪽), **임옥균 번역본**(264쪽), **홍승직 번역본**(263쪽)

『논어』에서 논쟁적인 화제-논평 문장을 좀 더 보자.

老者安之, 朋友信之, 少者懷之. (『論語』「公冶長」26)

늙은이의 경우는 편케 해주고, 붕우의 경우는 신뢰로 대하고, 젊은이의 경우는 은혜로 품어주련다.

이 예문은 명백히 같은 문형이 세 번 반복되는 것으로 보인다. 따라서 "老者安之"와 "朋友信之"와 "少者懷之"의 세 문장을 일관되게 해석하는 것이 좋다. 이 문장의 문형상 번역 가능성은 크게 보아 세 가지가 있다.

① 원래 술어+목적어였던 문형이 도치되어 목적어+술어가 되었다고 보는 경우: 이렇게 볼 경우, 老者, 朋友, 少者가 각기 도치된 목

적어이고. 安, 信, 懷가 동사 술어이며, 之는 목적어가 대명사로 반복된 것이거나, 安, 信, 懷의 동사적 성격을 강화하는 표지다. 번역은 대체로 다음과 같은 식이 된다. "늙은이를 편케 해주고, 붕우를 신뢰하고, 젊은이를 품어주련다."

② 화제+논평 문형의 반복으로 보는 경우: 이렇게 볼 경우, 老者, 朋友, 少者가 각기 화제이고, 安之, 信之, 懷之가 논평이다. 그리고 논평 안에서는 安, 信, 懷가 동사 술어이며, 之는 앞에 제시된 화제를 대명사 목적어로 다시 반복 혹은 재지시하는 글자다. 번역은 다음과 같은 식이 된다. "늙은이의 경우(혹은 늙은이는), 그들을 편케 해주고, 붕우의 경우(붕우는), 그들을 신뢰하고, 젊은이의 경우(젊은이는), 그들을 은혜로 품어주련다." 화제를 나타낼 때는 "…경우"라는 표현 혹은 "은/는"이라는 조사를 쓰는 것이 자연스럽다.

③ 주어+술어+목적어 문형의 반복으로 보는 경우: 이렇게 볼 경우, 老者, 朋友, 少者가 각기 주어이고. 安, 信, 懷이 동사 술어이며, 之가 대명사 목적어다. 번역은 다음과 같은 식이 된다. "늙은이가 나를 편케 여기고, 붕우가 나를 신뢰하고, 젊은이가 나를 생각한다."

그러면 『논어』 한국어 번역본에서는 "老者安之, 朋友信之, 少者懷之"(『논어』「공야장」26)를 어떻게 번역하고 있을까?

• 술어+목적어였던 문형이 도치되어 목적어+술어가 되었다고 본, 혹은 그렇게 여겨지도록 번역한 번역본

강동석 번역본(106쪽), **금장태 번역본**(33쪽), **김동긴·지정민·여영기 번역본**(1권, 594쪽), **김영호 번역본**(119쪽), **김원중 번역본**(137~138쪽), **류종목 번역본**(172쪽), **박삼수 번역본**(147쪽), **박종연 번역본**(154쪽), **박헌순 번역본**(1권, 325쪽), **배병삼 번역본**(1권, 275쪽), **부남철 번역본**(178쪽), **성백효 번역본**(153~154쪽), **심경호 번역본**(1권, 186쪽), **유교문화연구소 번역본**(162쪽), **윤재근 번역본**(1권, 382쪽), **이한우 번역본**(369쪽), **임옥균 번역본**(128쪽), **장기근 번역본**(184쪽), **최석기 번역본**(64쪽), **최영갑 번역본**(1권, 190쪽), **한필훈 번역본**(100쪽)

• 화제+논평 문형의 반복으로 보고 번역한 번역본

김도련 번역본(상권, 269쪽), **김학주 번역본**(220쪽), **김형찬 번역본**(79쪽), **박유리 번역본**(203~204쪽), **신정근 번역본**(217쪽), **이강재 번역본**(156쪽), **이기동 번역본**(236~237쪽), **이기석·한백우 번역본**(97쪽), **이동희 번역본**(91쪽), **이우재 번역본**(232쪽), **이지형 번역본**(1권, 601쪽), **임동석 번역본**(1권, 404쪽), **차주환 번역본**(90쪽), **최근덕 번역본**(125~126쪽), **황희경 번역본**(104쪽)

• 주어+술어+목적어 문형의 반복으로 보고 번역한 번역본

정태현·이성민 번역본(1권, 301쪽), **조명화 번역본**(1권, 515쪽)

• *老者安之*와 *朋友信之*와 *少者懷之*의 문형을 일관되게 해석하지 않거나 상당히 의역한 번역본

동양고전연구회 번역본(113~115쪽), **신창호 번역본**(158쪽), **양차오밍 번역본**(120쪽), **이을호 번역본**(71쪽)

문법이라는 면에서 보자면, ① 술어+목적어였던 문형이 도치되어 목적어+술어가 되었다고 보든, ② 화제+논평 문형의 반복으로 보든, ③ 주어+술어+도적어 문형의 반복으로 보든 모두 타당하다. 그중에서 어느 것이 상대적으로 더 설득력이 있는지를 알려면 문장 내의 흐름, 그리고 "老者安之, 朋友信之, 少者懷之"와 유관한 『논어』 텍스트 내 다른 내용을 참고해야 한다. 『논어』에서 노소老少를 함께 다룬 다른 문장은 다음과 같다.

> 君子有三戒. 少之時, 血氣未定, 戒之在色. 及其壯也, 血氣方剛, 戒之在鬪. 及其老也, 血氣旣衰, 戒之在得. (『論語』「季氏」7)
>
> 군자에게는 세 가지 주의할 점이 있다. 어릴 때는 혈기가 아직 안정되지 않았으니 주의할 점이 안색에 있고, 장성해서는 혈기가 바야흐로 강성하니 주의할 점이 싸움에 있고, 늙어서는 혈기가 이미 쇠하였으니 주의할 점이 탐욕에 있다.

이 문장은 사람이 어릴 때, 장성했을 때, 늙었을 때, 각기 주의해야 할 사안에 대하여 이야기하고 있다. 그 사안은 어린 이, 장성한 이, 늙은이에 대한 일정한 이해를 전제로 하고 있다. 이 문장에서 공자가 주목하는 어린 이의 특징은 아직 혈기가 불안정한 상태에 있다는 것, 그리고 늙은이의 특징은 혈기가 쇠약한 상태에 있다는 것. 그러한 점을 감안하여, 이 문장은 군자 스스로 주의해야 할 사안을 이야기하고 있다. 이에 비해 앞에서 본 "老者安之, 朋友信之, 少者懷之"(『논어』「공야장」26)는 젊은이, 붕우, 늙은이와 관련한 공자의 '의지(志)'를 이야기하고 있다.

> 顔淵季路侍. 子曰, 盍各言爾志. 子路曰, 願車馬衣輕裘, 與朋友共, 敝之而無憾. 顔淵曰, 願無伐善, 無施勞. 子路曰, 願聞子之志. 子曰,

老者安之, 朋友信之, 少者懷之. (『論語』「公冶長」 26)

안연顔淵(안회)과 계로季路(자로)가 선생님을 모시고 있었다. 선생님께서 말씀하셨다. "어찌 각자 너희의 뜻을 말하지 않느냐?" 자로가 말하였다. "바라건대 수레와 말과 가벼운 갖옷을 붕우와 함께 쓰다가 해지더라도 원망하지 않으려고 합니다." 안연이 말하였다. "바라건대, 나 잘난 바를 자랑하지 않고, 남 고생시키지 않으려고 합니다." 자로가 여쭈었다. "선생님의 뜻을 듣고 싶습니다." 선생님께서 말씀하셨다. "늙은이의 경우는 편케 해주고, 붕우의 경우는 신뢰로 대하고, 젊은이의 경우는 은혜로 품어주련다."

위 예문은 "老者安之, 朋友信之, 少者懷之"를 포함하는 단락 전체다. 전체 단락을 보면, 주된 이슈가 의지(志)의 문제라는 점을 알 수 있다. 의지는 주체의 능동성을 전제한다. 그런 점에서 "老者安之, 朋友信之, 少者懷之"의 발화자인 공자가 수동적인 객체라기보다는 능동적인 주체가 되게끔 문장을 번역해주는 것이 좋다. 따라서 "老者安之"와 "朋友信之"와 "少者懷之"에서 老者, 朋友, 少者는 주어가 아니라 목적어이며, 숨은 주어는 공자로 보는 것이 상대적으로 더 설득력이 있다. 공자의 대답에 선행하는 안연과 자로의 대답에서도 숨은 주어는 안연과 자로이지, 그들이 거론하는 대상이 아니다.

2) 대비를 이루는 화제-논평 문장

三軍可奪帥也, 匹夫不可奪志也. (『論語』「子罕」 26)

삼군三軍의 경우라도 그 장수를 빼앗을 수는 있다. 그러나 필부匹夫의 경우라도 그 뜻을 빼앗을 수는 없다.

이 문장을 제대로 해석하기 위해서는 삼군과 필부가 주어가 아니라 화제임을 인지해야 한다. 삼군과 필부를 주어로 간주하면, 삼군이 장수를 뺏고, 필부가 뜻을 뺏는 셈이 되어 문장의 뜻이 통하지 않게 되어버린다. 그리고 "三軍可奪帥也"와 "匹夫不可奪志也"가 정확히 대비를 이루는 문장임을 고려하여 번역해야 한다. 그래야 군대와 장수의 관계는 필부와 뜻의 관계에 비견될 수 있음이 잘 드러난다. 이러한 점들을 고려한다면, 다음과 같은 경우의 수를 생각할 수 있다.

① 화제로 기능하는 삼군과 필부의 대비를 충분히 살려서 번역하는 경우가 있을 수 있다. 이 경우, 삼군과 필부에다가 '…경우(라도)', 혹은 '은/는' 등 화제를 표시하기 적절한 조사가 따를 것으로 예상된다. 예컨대 "삼군(많은 군대)의 경우라도 그 장수를 빼앗을 수는 있다. 그러나 필부의 경우라도 그 뜻을 빼앗을 수는 없다" 같은 번역이 나오게 되는 것이다.

② 화제로 기능하는 삼군과 필부의 대비를 충분히 살리지 않고 번역하는 경우가 있을 수 있다. 이 경우, 삼군과 필부 뒤에 붙은 조사 혹은 부속 표현이 대비를 이루지 못하게 된다. 예컨대 "삼군 가운데 수장을 빼앗을 수 있지만, 필부는 그 뜻을 빼앗을 수 없다" 같은 번역이 나오게 되는 것이다.

③ 삼군과 필부의 대비를 살리되, 화제의 문법적 역할을 명시적으로 드러내지 않고 번역하는 경우를 들 수 있다. 이러한 번역들은 삼군과 장수가 원문에서 명백히 동떨어진 구성요소로 기능하고 있음에도 불구하고, "(삼군)에게서 장수를" 혹은 "삼군의 장수" 같은 표현을 써서, 원래 문장이 구현하고 있는 화제-논평 문형을 알 수

없게끔 의역한다. 예컨대 "삼군에게서 장수를 빼앗을 수 있지만, 필부에게서 그 뜻을 빼앗을 수는 없다" 같은 번역이 나오게 되는 것이다.

- 화제로 기능하는 三軍과 匹夫의 대비를 충분히 살려서 번역한 번역본

김동인·지정민·여영기 번역본(2권, 537쪽), **류종목 번역본**(315쪽), **박종연 번역본**(266쪽), **박헌순 번역본**(1권, 561쪽), **심경호 번역본**(2권, 50쪽), **윤재근 번역본**(1권, 698~699쪽), **이우재 번역본**(400~401쪽), **홍승직 번역본**(190쪽)

- 화제로 기능하는 三軍과 匹夫의 대비를 충분히 살리지 않고 번역한 번역본

강동석 번역본(198쪽), **배병삼 번역본**(1권, 501쪽), **디기석·한백우 번역본**(205쪽), **임동석 번역본**(2권, 763쪽), **한필훈 번역본**(162쪽)

- 三軍과 匹夫의 대비를 살리되, 화제의 문법적 역할을 명시적으로 드러내지 않고 번역한 번역본

금장태 번역본(54쪽), **김도련 번역본**(상권, 498쪽), **김영호 번역본**(174쪽), **김용옥 번역본**(III권, 142쪽), **김원중 번역본**(228쪽), **김학주 번역본**(317쪽), **김형찬 번역본**(117쪽), **동양고전연구회 번역본**(197쪽), **박삼수 번역본**(276~277쪽), **박유리 번역본**(385쪽), **부남철 번역본**(300쪽), **성백효 번역본**(262쪽), **신정근 번역본**(374쪽), **신창호 번역본**(250쪽), **양차오밍 번역본**(232쪽), **유교문화연구소 번역본**(318쪽), **이강재 번역본**(205~206쪽), **이기동 번역본**(383쪽), **이동희 번역본**(132쪽), **이을호 번역본**(121쪽), **이지형 번역본**(2권, 419쪽), **이한우 번역본**(660쪽), **임옥균 번역본**(192쪽), **장기근 번역본**(332쪽), **정태현·이성민 번역본**(2권, 87쪽), **조명화 번역본**(2권, 103쪽), **차주환 번역본**(160쪽), **최근덕 번역본**(222쪽), **최영갑 번역본**(1권, 349쪽), **황희경 번역본**(170쪽)

3) 능동-피동과 관련된 화제-논평 문장

子曰, 由之瑟, 奚爲於丘之門. 門人不敬子路. 子曰, 由也升堂矣. 未入於室也. (『論語』「先進」15) (밑줄은 필자)

선생님께서 말씀하셨다. "유由(자로)의 거문고 연주의 경우, 어째서 나 집 문에서 [행해지는가]?" 이에 문인들이 자로(유)를 공경하지 않았다. 선생님께서 말씀하셨다. "유는 당堂(대청마루)에 올라오긴 하였다. 아직 방(높은 경지)에는 들어오지 못하였을 뿐이다."

이 예문을 번역할 때 가장 문제가 되는 것은 "由之瑟, 奚爲於丘之門" 부분이다. 관건은 "由之瑟"과 "奚爲於丘之門"의 관계를 어떻게 이해하느냐다. 그 관계를 주어-술어 관계로 이해하면, 사람이 아닌 물건이 주어가 됨에 따라, 뒤에는 피동 혹은 수동 표현이 와야 자연스럽다. 그런데 "奚爲於丘之門"에서 피동 표현으로 간주할 만한 요소를 찾기 어렵다. 혹자는 爲를 피동 표현으로 간주하려 들지도 모르지만, 여기에 나오는 爲는 奚爲의 일부로서 '왜' '무엇 때문에' 등의 뜻을 가진 허사다.[9] 이러한 점을 고려한다면, "由之瑟"과 "奚爲於丘之門"의 관계를 화제-논평으로 이해하는 것이 가장 자연스럽다. 화제-논평의 문형을 반영하기 위해서는 由(중유, 자로)를 주어로 처리하지 말아야 한다. 그렇다면 『논어』 한국어 번역본들은 이 문장을 어떻게 번역해왔을까?

- 중유(자로)를 주어로 보는 경우: "중유가 거문고 연주를 어찌하여 나의 문 앞에서 하는가" 혹은 그와 유사한 번역본

강동석 번역본(232쪽), **금장태 번역본**(62쪽), **김동인·지정민·여영기 번역본**(3

권, 60쪽), **김용옥 번역본**(III권, 269쪽), **김원중 번역본**(261쪽), **동양고전연구회 번역본**(233쪽), **류종목 번역본**(364쪽), **박삼수 번역본**(314~315쪽), **박종연 번역본**(317~318쪽), **신창호 번역본**(279쪽), **양차오밍 번역본**(276~277쪽), **윤재근 번역본**(2권, 53쪽), **이동희 번역본**(40쪽), **이우재 번역본**(468쪽), **이지형 번역본**(3권, 197쪽), **이한우 번역본**(753쪽), **임동석 번역본**(3권, 925쪽), **장기근 번역본**(386쪽), **조명화 번역본**(2권, 184쪽), **차주환 번역본**(187쪽), **홍승직 번역본**(213쪽), **황희경 번역본**(191~192쪽)

• 유의 슬(자로의 거문고)을 주어로 삼는 경우: "유의 슬이 어찌 우리 집 문 안에서 울리느냐?" 혹은 그와 유사한 번역본

박헌순 번역본(2권, 33~34쪽), **배병삼 번역본**(2권, 34쪽), **부남철 번역본**(351~352쪽), **신정근 번역본**(430쪽), **이강재 번역본**(225쪽)

• 유의 슬(자로의 거문고)을 목적어로 본 도치문이라고 보는 경우: "유의 슬을 어찌 나의 집에서 연주하겠는가?" 혹은 그와 유사한 번역본

김도련 번역본(하권, 44쪽), **김영호 번역본**(194쪽), **김학주 번역본**(353~354쪽), **김형찬 번역본**(132쪽), **성백효 번역본**(306~307쪽), **심경호 번역본**(2권, 90쪽), **유교문화연구소 번역본**(372쪽), **이기동 번역본**(427쪽), **이기석·한백우 번역본**(245쪽), **이을호 번역본**(142쪽), **임옥균 번역본**(218쪽), **정태현·이성민 번역본**(2권, 170~171쪽), **최근덕 번역본**(264~265쪽), **최영갑 번역본**(2권, 23~24쪽)

• 유의 슬을 명백히 화제-논평 문형의 일부로 보는 번역본

박유리 번역본 선생님께서 "유의 '슬'은 어떻게 내 집에서 연주하겠는가?"라고 하셨다. 이에 문인들은 자로를 공경하지 않았다. 선생

님께서는 "유는 (이미) 당(堂) 위로 올라왔다. 아직 실(室)에 들어오지 못했을 뿐이다"라고 하셨다. (466쪽)

• 예외적 의역

한필훈 번역본 자로가 연주하는 거문고 소리는 거칠고 급했다. 어느 날 공자가 여러 제자들 앞에서 자로에게 면박을 주었다. "누가 내 집에서 그따위 천박한 소리를 내느냐!" 이 일이 있은 뒤, 다른 제자들이 자로를 우습게 보기 시작했다. 그 사실을 눈치챈 공자가 제자들을 타일렀다. "너희들 그러지 말아라. 중유의 학문은 이미 마루 위까지 올라왔지만 아직 방에 들어오지 못했을 뿐이다. 너희들이 우습게 볼 상대가 아니다." (185~186쪽)

4) 인용문이 화제로 기능하는 문장

다음은 인용문으로 시작하는 문장이, 화제-논평 문형으로 간주될 수 있음을 보여주는 예이다.

子曰, 善人爲邦百年, 亦可以勝殘去殺矣. 誠哉, 是言也. (『論語』「子路」11)

선생님께서 말씀하셨다. "'좋은 사람이 100년 동안 나라를 다스려야 겨우 잔악함을 이기고, 사형 집행이 없어도 될 정도로 만들 수 있다'고 하는데, 진실이로구나, 이 말은!"

공안국의 주석에 따르면, 공자가 옛날에 있던 말을 거론하고 그에 대해 논평한 것이다. 이 경우는 뒤에 "是言"이라는 표현이 있어서, 앞부분이 인용문임을 쉽게 인지할 수 있다. 따라서 한국어 번역본들도 모두 앞부분을 인용문으로 번역하고 있다.

> 子曰, 孝哉, 閔子騫. 人不間於其父母昆弟之言. (『論語』「先進」 5) (밑줄은 필자)
>
> 선생님께서 말씀하셨다. "'효성스럽구나, 민자건閔子騫은!' 민자건의 부모 형제가 하는 이런 말에 사람들이 이의를 제기하지 않는다."

오규 소라이에 따르면, "孝哉, 閔子騫"은 다른 사람들이 하는 말이고, 공자는 그 말에 대해 "人不間於其父母昆弟之言"이라고 언급한 것이다.[10] 이렇게 보면, "孝哉, 閔子騫"은 화제에 해당하고, "人不間於其父母昆弟之言"은 논평에 해당한다. 그리고 오규 소라이의 『논어징』 한국어 번역본 주석에 따르면, "민자건의 이름은 손(損)이고 자건은 자이다. 공자는 제자들을 부를 때 그들의 이름을 불렀으므로, 아마도 '효성스럽다, 민손이여!'라고 했을 것이다. 그러므로 '효성스럽다. 민자건이여!'이라고 말한 것은 공자가 아니라 다른 사람의 말일 것이다."[11]

그러면 『논어』 한국어 번역본들은 이 문장을 어떻게 번역해왔을까?

- 孝哉, 閔子騫이 인용문임을 명시하고 번역한 번역문
  동양고전연구회 번역본(225쪽), **이우재 번역본**(450쪽), **이을호 번역본**(138쪽), **차주환 번역본**(180쪽)

- 孝哉, 閔子騫이 인용문이라고 보지 않고 번역한 번역문
  강동석 번역본(224쪽), **금장태 번역본**(60쪽), **김도련 번역본**(하권, 29쪽), **김동**

인·지정민·여영기 번역본(3권, 28쪽), **김영호 번역본**(190쪽), **김용옥 번역본**(III권, 247쪽), **김원중 번역본**(254쪽), **김학주 번역본**(346쪽), **김형찬 번역본**(128쪽), **류종목 번역본**(354쪽), **박삼수 번역본**(307쪽), **박유리 번역본**(448쪽), **박종연 번역본**(308쪽), **박헌순 번역본**(2권, 16쪽), **배병삼 번역본**(2권, 16쪽), **부남철 번역본**(341쪽), **성백효 번역본**(298~299쪽), **신정근 번역본**(417쪽), **신창호 번역본**(273쪽), **심경호 번역본**(2권, 76쪽), **양차오밍 번역본**(269쪽), **유교문화연구소 번역본**(360쪽), **윤재근 번역본**(2권, 29쪽), **이강재 번역본**(220쪽), **이기동 번역본**(417쪽), **이기석·한백우 번역본**(235쪽), **이동희 번역본**(54쪽), **이지형 번역본**(3권, 149쪽), **이한우 번역본**(728쪽), **임동석 번역본**(3권, 899쪽), **임옥균 번역본**(213쪽), **장기근 번역본**(375쪽), **정태현·이성민 번역본**(2권, 158쪽), **조명화 번역본**(2권, 163쪽), **최근덕 번역본**(256쪽), **최영갑 번역본**(2권, 11쪽), **한필훈 번역본**(181쪽), **황희경 번역본**(186쪽)

이와 유사한 예문이 또 있다.

子曰 三人行, 必有我師焉. 擇其善者而從之, 其不善者而改之. (『論語』「述而」22)

선생님께서 말씀하셨다. "세 사람이 같이 갈 경우 반드시 내가 본받을 모범이 있다. 그중 좋은 것을 택하여 따르고, 그중 좋지 않은 것은 고친다."

오규 소라이에 따르면, "三人行, 必有我師焉"은 이미 존재하는 옛말이고, 공자는 그 말을 인용한 뒤, "擇其善者而從之, 其不善者而改之"라고 언급한 것이다.[12] 이렇게 보면, "三人行, 必有我師焉"은 화제에 해당하고, "擇其善者而從之, 其不善者而改之"는 논평에 해당한다.

曾子有疾, 孟敬子問之. 曾子言曰, 鳥之將死, 其鳴也哀. 人之將死, 其言也善. (『論語』「泰伯」4) (밑줄은 필자)

증자曾子가 병이 나자 맹경자孟敬子(노나라 대부)가 문병을 왔다. 증자가 말하였다. "새가 죽을 때가 되면 그 울음소리가 슬프고, 사람이 죽을 때가 되면 그 말이 선한 법."

"鳥之將死, 其鳴也哀"를 주희는 증자가 발화한 겸손의 표현("此, 曾子謙辭")이라고 보았지만, 오규 소라이는 당시의 속담이라고 보았다("鳥之將死, 其鳴也哀, 二句必是時諺, 朱子謂曾子之謙辭, 非矣").[13]

이처럼 인용문인지 아닌지를 판별하는 일이 단지 해당 문장이 화제-논평 문형임을 파악하는 문법적인 일에 그치는 것은 아니다. 『논어』 텍스트 내에서 인용문을 판별하는 일은 보다 심오한 해석상의 차이를 동반할 수 있다. 이 점을 확인하기 위하여 오규 소라이가 문장 내 특정 부분을 인용문이라고 파악한 다른 예문을 살펴보자.

林放問禮之本. 子曰, 大哉, 問. 禮, 與其奢也, 寧儉, 喪, 與其易也, 寧戚. (『論語』「八佾」4)

임방林放이 예禮의 근본에 대해 여쭈었다. 선생님께서 말씀하셨다. "대단하구나, 그 질문은! 예禮는 사치스럽게 하느니 차라리 검소하게 해야 한다. 상례는 형식에 연연하느니 차라리 슬퍼해야 한다."

이 예문의 해석상 난제는, 임방의 물음과 공자의 대답의 맥락이 일치하지 않아 보인다는 점이다. 임방이 예의 '근본'에 대해 질문했기에 공자가 그에 합당한 심오한 대답을 할 것으로 기대되는데, 정작 공자의 대답은 매우 '일상적인' 지침에 불과하다.[14] 이러한 불일치로 인해 주석가들은 이 인용문의 합당한 해석이 무엇인지 골몰하게 된 것이다.

도대체, 임방의 질문과 공자의 대답 간의 합당한 관계는 무엇이란 말인가? 공자가 말하는 상례는 단지 예의 사례일 뿐인가? 예의 근본을 물은 것이 왜 대단한가? 예에 대해서 물었기에 대단한 것인가, 아니면 '근본'에 대해서 물었기에 대단한 것인가? 아니면 예의 '근본'에 대해서 물었기에 대단한 것인가? 영어 번역본의 예를 들자면, 레그의 번역보다 웨일리의 번역이 '근본'이 갖는 원리적 성격에 더 주목해서 번역한 것으로 보인다(밑줄은 필자).

Legge Lin Fang asked what was the first thing to be attended to in ceremonies. The Master said, 'A great question indeed! 'In festive ceremonies, it is better to be sparing than extravagant. In the ceremonies of mourning, it is better that there be deep sorrow than a minute attention to observances.' (155~156쪽)[15]

Waley Lin Fang asked for some main principles in connexion with ritual. The Master said, A very big question. In ritual at large it is a safe rule always to be too sparing rather than too lavish; and in the particular case of mourningrites, they should be dictated by grief rather than by fear. (94쪽)[16]

어쩌면 공자는 특별한 철학적 고려 없이 임방의 '근본'적 질문을 찬탄한 것인지도 모른다. 그러나 주희 같은 성리학자는 좀 더 '심오한' 형이상학적 해석을 부여하고 싶어 한다. 그래서 주희는 『논어집주』의 해당 구절 주석에서 "근본을 얻으면, 예의 총체성이 그 안에 있지 않음이 없다

(蓋得其本, 則禮之全體, 無不在其中矣)"라고 말한다. 전체를 관통하는 어떤 원리가 부분에 총체적으로 깃들 수 있다는 성리학의 형이상학을 반영한 주석이라고 할 수 있다.[17] 즉, 주희의 주석은 성리학 이전의 『논어』 주석과는 사뭇 다른 형이상학 사고체계를 반영한 것이다. 한편, 동아시아 사상사의 맥락에서 성리학 이후의 사상가라고 할 수 있는 오규 소라이는 성리학의 형이상학을 받아들이지 않고, 대신 매우 다른 해석을 제시한다.

> "禮與其奢也, 寧儉. 喪與其易也, 寧戚." 蓋古語. 孔子不直語其本而引此, 使放思而得之. 孔子之教皆爾. 何以知其爲古語. 答與問不正相値也.
>
> "예는 사치스럽기보다는 차라리 검소해야 하며, 상례는 잘 치르기보다는 차라리 슬퍼해야 한다." 이는 옛말인데, 공자가 그 근본을 바로 말하지 않고 이것을 인용하여 임방으로 하여금 생각해서 이해하도록 한 것이다. 공자의 가르침이 모두 그럴 뿐이다. 어떻게 그것이 옛말인 줄 알 수 있는가? 답이 질문과 바로 서로 일치되지 않기 때문이다.[18]

오규 소라이가 공자의 대답이 옛말을 인용한 것으로 보는 표면적인 이유는 공자의 답과 임방의 질문이 서로 일치하지 않기 때문이며, 공자가 일부러 그렇게 한 이유는 그의 교수법의 일환이라고 본 것이다. 이러한 해석은, 특정한 형이상학적 전제를 동원하여 공자의 답과 임방의 질문 간의 불일치를 해소하고자 한 주희의 해석과는 매우 다르다. 그리고 그 다름은 그들의 세계관의 차이를 반영한 것이다.

22

화제-논평 문장 번역 (2)

이번에는 『논어』의 화제-논평 문장을 어떻게 번역할 것인가의 문제, 그리고 그러한 번역에 따라 발생하는 좀 더 큰 의미의 변화에 대해 살펴보도록 하자.

1. 화제의 설정과 이론적 함의: 吾, 民, 士

이 절에서는 문장 처음에 오는 단어를 주어로 보느냐, 화제로 보느냐 여부가 『논어』에 담긴 사상을 이해하는 데 얼마나 중요한지 살펴본다. 그 사례로 '吾오, 士사, 民민'이라는 세 단어를 집중적으로 검토한다. 이 단어들이 문장 처음에 위치할 때는 주어로도, 화제로도 해석 가능한 경우가 대부분이다. 즉, 문법상으로는 어느 쪽으로 번역해도 무방하다. 그러나 어느 쪽으로 번역하느냐에 따라 『논어』에 담긴 사상에 대한 해석이 달라질 수 있다. 따라서 번역자는 문장 처음에 나오는 단어가 주어인지 아니면 화제인지를 깊이 숙고해보아야 한다. 그런데 단순히 문법만 숙지한다고 해서 해당 문장을 만족스럽게 번역할 수 있는 것은 아니다.

문장 처음에 나오는 吾, 士, 民 같은 단어를 번역자가 주어로 해석했는지, 아니면 화제로 해석했는지 독자가 분명히 파악할 수 있을까? 사실 적지 않은 한국어 번역본들이 이 사안을 애매하게 처리하고 있다. 문장 처음에 위치한 吾, 士, 民 같은 단어가 화제인지 주어인지를 고민한 끝에, 어느 한쪽 해석을 결정적으로 지지하게끔 번역문을 산출하는 경우는 그다지 많지 않아 보인다. 어느 한쪽을 분명히 지지하는 것으로 보이도록 번역된 경우에도, 과연 해당 번역자가 관련된 문법이나 사상을 숙지한 상태에서 그러한 번역을 했는지, 아니면 문장을 다듬는 과정에서 그러한 결과에 이르렀는지, 번역문만 가지고는 확인하기 어렵다.

이러한 점을 감안할 때, 번역 비평이 시도해볼 수 있는 것은 해당 번역자들의 의도를 추측하기보다는, 결과로서 산출된 각 번역문이 어떠한 해석을 지지하게끔 서술되고 있는지를 측정하는 일이다. 그 측정의 가장 확실한 지표는 '조사'다. 문두에 나오는 단어에 붙은 조사는 번역자가 해당 단어를 주어로 간주했는지 아니면 화제로 간주했는지를 비교적 명료히 드러낸다. 따라서 번역에 사용된 조사에 주목하면서, 특정 조사의 사용이 결과적으로 함축하게 되는 이론적 함의에 대해 고려해보기로 하겠다.

일반적으로 말하면, 조사 '이/가'는 주어를 나타내고, 조사 '은/는'은 맥락에 따라 주어를 나타낼 수도 있고, 화제를 표시할 수도 있다. 조사 '…(이)란'은 명시적으로 화제를 표시한다. 특히 '…란' 뒤에 쉼표가 추가될 경우, 뒤에 이어지는 내용과 독립되는 효과가 추가됨에 따라 화제의 성격이 더욱 두드러진다. 그러면 과연 『논어』 한국어 번역본들은 吾, 士, 民

등의 단어가 문장 처음에 왔을 때, 어떤 조사를 사용해서 번역해왔으며, 그러한 조사는 결과적으로 어떤 문형을 구현하고 있을까? 또한 구현된 각 문형들은 『논어』에 담긴 사상과 관련하여 어떤 함의를 갖는 것일까?

1) 吾

> 吾, 有知乎哉. 無知也. 有鄙夫問於我, 空空如也, 我叩其兩端而竭焉. (『論語』「子罕」8)
>
> 나라는 사람은, 아는 것이 있는가? 아는 것이 없다. 무지렁이가 내게 무엇인가 물으면, [나는 아는 것 없이] 텅 비어 있을지라도 나는 그 [질문의] 양끝을 두드려가며 최선을 다한다.

현재 우리의 목적과 관련하여 보았을 때, 이 예문에서 관건이 되는 사안은 "吾, 有知乎哉. 無知也"라는 문장에서 "吾"와 "有知乎哉"의 관계를 정의하는 일이다. 양자의 관계는 주어-술어 관계인가, 아니면 화제-논평 관계인가? 주어-술어 관계로 보아 번역한다면, "나는 아는 것이 있는가?"와 같이 번역될 것이다. 화제-논평 관계로 보아 번역한다면, "나, 아는 것이 있는 사람인가?"와 같이 번역될 것이다. 이 두 문장은 어느 정도로 의식적으로 자기 자신을 주제화하고 있느냐는 점에서 차이가 있다. 자신을 더 적극적으로 주제화하고 있는 화제-논평 문장이 더 강한 자의식을 담고 있다고 볼 수 있다. 두 번역문 간의 차이는, "나는 일찍 일어난다"와 "나, 일찍 일어나(는 사람이)지"의 차이만큼이나 크다.

그렇다면 『논어』 한국어 번역본들은 이 문장을 어떻게 번역해왔을까?

• "내가 아는 것이 있는가"처럼 주격 조사 "가"를 사용하여 "나"를 주어로 간주한 번역본

강동석 번역본(185쪽), **금장태 번역본**(51쪽), **김도련 번역본**(상권, 467쪽), **김동인·지정민·여영기 번역본**(2권, 471쪽), **김영호 번역본**(166쪽), **김원중 번역본**(216쪽), **김학주 번역본**(303쪽), **김형찬 번역본**(112쪽), **동양고전연구회 번역본**(187쪽), **류종목 번역본**(298쪽), **박삼수 번역본**(259쪽), **박종연 번역본**(250쪽), **박헌순 번역본**(1권, 530쪽), **배병삼 번역본**(1권, 467쪽), **성백효 번역본**(246쪽), **신창호 번역본**(239쪽), **양차오밍 번역본**(216쪽), **유교문화연구소 번역본**(296쪽), **이강재 번역본**(198쪽), **이기동 번역본**(363쪽), **이기석·한백우 번역본**(188쪽), **이동희 번역본**(38쪽), **이우재 번역본**(380쪽), **이지형 번역본**(2권, 371쪽), **이한우 번역본**(625쪽), **임동석 번역본**(2권, 717쪽), **임옥균 번역본**(183쪽), **장기근 번역본**(311쪽), **정태현·이성민 번역본**(2권, 65쪽), **조명화 번역본**(2권, 72쪽), **차주환 번역본**(151쪽), **최근덕 번역본**(209쪽), **최영갑 번역본**(1권, 327쪽), **한필훈 번역본**(155쪽)

• "나는 아는 것이 있을까"처럼 화제를 이끌어내는 조사 "는"을 사용한 번역본

박유리 번역본(362쪽), **부남철 번역본**(283~284쪽), **홍승직 번역본**(179쪽)

• "내게 지식이 있는가?"처럼 "지식"을 주어로 간주한 번역본

윤재근 번역본(1권, 651쪽), **이을호 번역본**(114쪽), **황희경 번역본**(161쪽)

• 기타/의역

김용옥 번역본 세인들이 나보고 박식하다고들 하는데, 과연 내가 뭘 좀 아는가? 나는 아는 것이 별로 없다. (III권, 104쪽)

신정근 번역본 내가 많이 아는 사람으로 보이는가? 믿기 어렵겠지만 나는 참으로 아는 게 없다. (352쪽)

앞에서 거론한 김용옥 번역문과 신정근 번역문은 아주 과감한 의역을 하고 있어서, 번역문만 보아서는 번역자가 원문의 문형을 어떻게 이해하고 있는지 알 수 없다. 김용옥 번역본이 추가하고 있는 "세인들이 나보고 박식하다고들 하는데," 같은 표현이나 신정근 번역본이 추가하고 있는 "많이 … 보이는가?" 같은 표현은 원문에 명시적인 근거를 두고 있지 않다.

앞서 말했듯이 "吾, 有知乎哉" 같은 문장은 문법상으로는 주어-술어로도, 화제-논평으로도 번역할 수 있다. 그렇다면 이 문장을 강한 자의식이 존재한다는 전제하에 번역하는 것이 좋을까, 아니면 강한 자의식은 존재하지 않다는 전제하에 번역하는 것이 바람직할까? 『논어』 텍스트에 강한 자의식이 담겨 있는지 여부는 공자 사상 연구사에서 핵심 논제로 떠오른 적이 있는 사안이기도 하다. 이를테면, 허버트 핑가레트Herbert Fingarette는 강한 자의식의 부재야말로 『논어』에 담긴 사상의 핵심이라고 간주한 반면, 그의 비판자들은 『논어』에는 매우 선명한 자의식이 존재한다는 반론을 펼치기도 하였다.[1]

그렇다면 핑가레트가 옳은가, 아니면 그의 비판자들이 옳은가? 이 사안은 보다 정교한 철학적 논의를 통해서 비로소 답할 수 있는 것이다. 여기서는 『논어』 텍스트에 강한 자의식을 드러내는 문장이 적지 않다는 사실을 지적하는 데서 그치고자 한다. 다음 예문들을 보라.

子曰, 二三子以我爲隱乎. 吾無隱乎爾. 吾無行而不與二三子者, 是丘也. (『論語』「述而」24)

선생님께서 말씀하셨다. "그대들은 내가 무엇을 숨긴다고 생각하느냐? 나는 그대들에게 숨기는 바가 없다! 행하되 그대들과 함께하지 않는 것이 없다. 이것이 바로 나다.

이 문장에서 "吾"라는 표현은 문미에 오는 "是丘也"라는 표현과 호응하여 강한 자의식을 표출하고 있다.

> 子曰, 譬如爲山, 未成一簣, 止, 吾止也. 譬如平地, 雖覆一簣, 進, 吾往也. (『論語』「子罕」19)
>
> 선생님께서 말씀하셨다. "산을 쌓는 데 비유하면, 한 삼태기의 흙이 모자라 완성하지 못하고 그만두더라도 내가 그만둔 것이다. 땅을 평평하게 하는 데 비유하면, 비록 한 삼태기의 흙을 붓고 진전하더라도 내가 나아간 것이다."

이 문장은 자아 수양이 스스로의 의지에 달려 있는 사안임을 강조하며 꾸준히 노력할 것을 권면하고 있다. 적어도 그 정도만큼은 자아의식을 분명히 반영하고 있는 것이다. 특히 이 문장에서 반복되는 吾(吾止, 吾往)라는 표현은 그러한 점을 확인해주는 전거다.

> 子曰, 參乎. 吾道一以貫之. 曾子曰, 唯. 子出, 門人問曰, 何謂也. 曾子曰, 夫子之道, 忠恕而已矣. (『論語』「里仁」15)
>
> 선생님께서 말씀하셨다. "삼參(증자의 이름)아! 나의 도道는 하나로 꿰뚫는다." 증자가 말하였다. "네." 선생님께서 나가시자, 문인들이 물었다. "뭐라고 하신 거요?" 증자가 말하였다. "선생님의 도道는 충성스러움, 그리고 자기 마음을 비추어 남을 배려하는 것일 뿐이다."

이 문장에서 "나의 도"(吾道)라는 표현은, 단순히 道라고 하지 않고 吾라는 수식어를 道 앞에 붙이고 있다는 점에서 일정 수준의 자의식을 반영하고 있다고 할 수 있다. 이처럼 『논어』에서 吾라는 수식어를 앞에 붙이고 있는 문장을 좀 더 살펴보자.

> 子曰, 德之不修, 學之不講, 聞義不能徙, 不善不能改, 是吾憂也. (『論語』「述而」 3)
>
> 선생님께서 말씀하셨다. "덕德을 닦지 않고, 배움을 익히지 않고, 올바름을 들어도 그리로 옮겨갈 수 없고, 좋지 않은 점을 고칠 수 없는 것, 이러한 것들이 나의 걱정이다."

이 문장에서 "나의 걱정"(吾憂)이라는 표현은, 단순히 憂라고 하지 않고 吾라는 수식어를 憂 앞에 붙이고 있다는 점에서 역시 일정한 자의식을 반영하고 있다고 할 수 있다.

> 子曰, 吾十有五而志于學, 三十而立, 四十而不惑, 五十而知天命, 六十而耳順, 七十而從心所欲, 不踰矩. (『論語』「爲政」 4)
>
> 선생님께서 말씀하셨다. "나는 15세에 배움에 뜻을 두었고, 30세에 스스로를 확립하였고, 40세에 미혹됨을 벗어났으며, 50세에 천명을 알았고, 60세에 귀가 순해졌고, 70세에 마음 가는 대로 해도 도리에 어긋남이 없었다."

이 문장은 공자가 자신에 대해 서술한 유명한 문장이다. 각 나이에 해당하는 것을 성취하기 어렵다는 것을 감안하면, 일종의 자기 자랑으로까지 여겨질 정도로 자의식을 반영하고 있다고 할 수 있다. 특히 "배움에 뜻을 두다"(志于學) 같은 표현은 강한 주체를 상정한 표현이다. 이 점을 좀 더 선명히 이해하기 위해서는 오규 소라이의 주석이 도움이 된다. 소라이는 志于學을 배움에 뜻을 둔다고 해석하지 않고, 배우는 과정 혹은 학교에 있으면서 뜻한 바를 가지게 되었다고 해석한다.[2] 즉, 배움이란 원래 뜻하건 아니하건 연루되게 되는 과정이라고 할 수 있는데, 그 과정의 어느 시점에서 나름대로 뜻한 바를 더 능동적으로 가지게 되었다고도 볼 수 있다. 혹은 공부라는 폭넓은 영역에서, 자신이 좀 더 강한 의지를 갖게 되는 특정 영역이나 방향이 생겼다고도 볼 수 있다. 어떤 경우든, 강한 목적의식을 나타내는 문장이라고 할 수 있다.

앞에서 살펴보았듯이, 志가 갖는 강한 목적은 다음과 같은 문장에서 잘 나타난다.

> 三軍可奪帥也, 匹夫不可奪志也. (『論語』「子罕」26)
>
> 삼군三軍의 경우라도 그 장수를 빼앗을 수는 있다. 그러나 필부匹夫의 경우라도 그 뜻을 빼앗을 수는 없다.

2) 民

> 民, 可使由之. 不可使知之. (『論語』「泰伯」9)
>
> 피치자는, 따르게 할 수는 있되 알게 할 수는 없다.

民이 맨 앞에 오는 이 문장은 여러 면에서 해석상의 논란을 빚어왔다.[3] 예컨대 하안은 由를 "사용하다"라는 뜻으로 풀이하여, 피치자들에게 무엇인가를 사용하게 할 수는 있되 그 원리를 이해시킬 수는 없다는 취지로 풀이한다. 정현은 由를 "따르다"는 뜻으로 풀이하여, 어리석은 피치자들을 따르게 할 수는 있어도 그 원리를 이해하게 할 수는 없다는 뜻으로 풀이한다. 정현의 해석은 民을 단지 노동력 수탈의 대상으로 보았지

교육의 대상으로 보지 않는다는 점을 강조하기 위해 "부릴 만하면, 따르게 하고, 알게 해서는 안 된다"(民可使, 由之, 不可使知之)와 같이 해석한다. 이러한 해석은, 공자가 우민화 정책을 지지하였다고 본 중국 문화혁명 시기 『논어』 해석과 공명한다.[4] 주희는 앎과 행위의 목적어로서 "이치"를 강조하는 해석을 한다. 주희의 해석을 따르면, "피치자들은 도리의 당연함을 통해 부릴 수는 있되, 왜 그러한지 이해시킬 수는 없다"와 같이 번역된다.

그 밖에도 여러 가지 해석이 있으나, 문형 이해라는 차원에서는 다음과 같이 기존 해석들을 분류할 수 있다고 이강재는 주장한 바 있다.

① "民可使由之, 不可使知之"로 구두句讀한 경우
② "民可, 使由之, 不可, 使知之"로 구두한 경우
③ "民可使, 由之, 不可使, 知之"로 구두한 경우

이와 같은 분류에 더하여, 문장 맨 앞에 나오는 民을 보다 적극적으로 화제로 간주하는 해석을 제안하고자 한다. 즉, 民을 문장 첫머리에 놓아 화제로 삼은 뒤, 그 뒤에는 民에 대해 단순히 묘사하는 차원을 넘어 民을 재정의하는 논평을 붙였다고 보는 것이다.

그렇게 본다면, "可使由之, 不可使知之"라는 말은 단순히 당시 民을 묘사하는 말이 아니라, "可使由之, 不可使知之"와 같은 상태에 있는 사람이야말로 (신분의 고하를 막론하고) 民이라고 할 수 있다는 취지의 말이 된다. 즉 사실의 묘사가 아니라 규범적인 차원을 가진 언명이자, 民을 재정의하는 언명인 것이다.

뒤에서 좀 더 자세히 예를 들겠지만, 『논어』 텍스트는 곳곳에서 기존에 신분상 특정 계층을 지칭하는 君子나 士 같은 단어를 재정의하고자 시도한다. 『논어』 텍스트는 그러한 단어들을 종래의 의미에 국한해서 사용하지 않고 특정한 성질을 가진 인간군을 지칭하는 단어로서 재정의하기까지 한 것이다. 그렇다면 『논어』 텍스트가 君子나 士에 대하여 그러했던 것처럼 民에 대해서도 그러한 작업을 수행하고 있다고 볼 수 있을까? 『논어』에는 士나 君子를 대화의 주제로 삼는 문장이 民을 주제로 삼는 문장보다 훨씬 많다. 따라서 이 질문에는 명확히 긍정적으로 대답하기 어렵다.

다만 확언할 수 있는 것은, 이 사안은 단순히 『논어』의 사상을 구명하는 문제를 넘어 고대 중국 정치사상사의 전반적 흐름을 어떻게 이해할 것인가 하는 문제에 닿아 있다는 사실이다. 예컨대 맹자는 士뿐 아니라 民이라는 범주 역시 적극적으로 재정의하고자 시도한 바 있다. 맹자에 따르면, 지식인이 염두에 두어야 할 대상은 기존에 절대적인 권위를 행사하던 "하늘"(天)이 아니라, 民이다. 맹자의 사유 속에서 民은 단순히 통치의 객체에 그치는 것이 아니라, 지식인이 그 뜻을 읽어내고 대표해야 할 정치적으로 중요한 집단으로 재정의되고 있다 고대 중국 정치사상사의 맥락이 이러하다면, "民可使由之, 不可使知之"(『논어』 「태백」 9) 같은 문장을 주어-술어 문형으로 해석할지 아니면 화제-논평 문형으로 해석할지의 문제는 공자 사상과 맹자 사상의 관계를 정의하는 문제이기도 하다.

그러면 『논어』 한국어 번역본들은 "民可使由之, 不可使知之"를 어떻게 번역해왔을까?

- "은"이라는 조사를 사용하여 "백성은 따르게 할 수는 있어도 알게 할 수는 없다"와 같이 번역한 번역본

  강동석 번역본(168쪽), **금장태 번역본**(47쪽), **김도련 번역본**(상권, 428쪽), **김동인·지정민·여영기 번역본**(2권, 395쪽), **김영호 번역본**(157쪽), **김용옥 번역본**(III권, 48쪽), **김원중 번역본**(200쪽), **김학주 번역본**(287쪽), **김형찬 번역본**(106쪽), **동양고전연구회 번역본**(173쪽), **박삼수 번역본**(235쪽), **박유리 번역본**(326쪽), **박종연 번역본**(229쪽), **배병삼 번역본**(1권, 428쪽), **성백효 번역본**(229쪽), **신정근 번역본**(327쪽), **신창호 번역본**(224쪽), **심경호 번역본**(1권, 276쪽), **유교문화연구소 번역본**(268~269쪽), **이기동 번역본**(335쪽), **이상임 번역본**(96쪽), **이우재 번역본**(353쪽), **이지형 번역본**(2권, 295쪽), **이한우 번역본**(580쪽), **임동석 번역본**(2권, 664쪽), **임옥균 번역본**(171쪽), **장기근 번역본**(289쪽), **정태현·이성민 번역본**(2권, 28쪽), **최근덕 번역본**(193쪽), **최영갑 번역본**(1권, 300쪽)

- "이란"이라는 화제를 보다 잘 표현하는 조사를 사용하여 "백성들이란 따르게 할 수는 있어도 (그 이치를 다) 알게 할 수는 없다"와 같이 번역한 번역본

  류종목 번역본(271쪽), **이을호 번역본**(105쪽), **조명화 번역본**(2권, 26쪽), **차주환 번역본**(138쪽)

- "백성들로 하여금/백성들을/백성들이/백성들에게"라는 표현을 사용하여, 민이 도치된 목적어로 보이게끔 번역한 번역본

  부남철 번역본(261쪽), **윤재근 번역본**(1권, 602쪽), **이강재 번역본**(190쪽), **이가석·한백우 번역본**(169쪽), **이동희 번역본**(93쪽), **한필훈 번역본**(142쪽), **황희경 번역본**(148~149쪽)

• 쉼표를 사용해 적극적으로 화제-논평 문장임을 드러낸 번역본

박헌순 번역본 백성은, 그들로 하여금 말미암게 할 수는 있지만 알게 하지는 못한다. (1권, 490쪽)

• 기타

양차오밍 번역본 백성이 순종하면 그들을 따르고, 순종하지 않으면 민정을 더 깊이 이해해야 한다. (197쪽)

위에 인용한 양차오밍의 번역은 앞에서 언급한 문형 분류 가운데 세 번째("民可使, 由之, 不可使, 知之"로 구두한 경우)에 해당하는 것으로 보인다. 그러나 使를 "순종하다"로 해석할 수 있는지에 대해서는 의문의 여지가 남는다.

民을 화제로 내세우고 있는 "民可使由之, 不可使知之" 문장을 통해서 확인할 수 있는 것은, 공자가 民을 (재)정의하고자 하는 대상으로 삼았다는 점, 그리고 民의 특질을 통치자가 아니라 '피치자'로 간주했다는 점이다. 따라서 박헌순 번역처럼 民이 화제임을 적극적으로 드러내되, '피치자'로 번역하는 것이 적절해 보인다.

3) 士

원래 士는 卿경과 大夫대부 아래 위치한 사회적 계층을 지칭한다. 범박한 의미에서 보자면, 士는 관직이 보장되어 있지는 않되 관직에 나아갈 가능성은 갖고 있던 이들이었다. 『논어』 텍스트에서 공자 및 그의 제자들은 이 士를 단순히 계층적 범주를 넘어서, 특정 특질을 가진 인간형

으로 재정의하고자 노력한다. 그래서 다음과 같이 士를 주제화한 문장들이 다수 출현한다.

> 子張問, 士何如斯可謂之達矣. (『論語』「顔淵」20)
> 자장子張이 여쭈었다. "사士가 어떠해야 성취라고 할 만합니까?"
> 子貢問曰, 何如斯可謂之士矣. (『論語』「子路」20)
> 자공子貢이 여쭈었다. "어떻게 하면 사士라고 할 만합니까?"
> 子路問曰, 何如斯可謂之士矣. (『論語』「子路」28)
> 자로子路가 여쭈었다. "어떻게 하면 사士라고 할 만합니까?"

이 밖에도 『논어』에는 士가 문장 처음에 나오는 문장이 많다. 士가 『논어』 텍스트에서 계속 주제화된다는 점을 감안한다면, 그러한 문장들은 적극적으로 화제-논평 문형으로 번역해주는 것이 바람직하다. 그래야 『논어』에서 士를 적극적으로 주제화하고 있다는 사실이 잘 드러나기 때문이다.

그러한 문장들을 『논어』 한국어 번역본들이 어떻게 번역해왔는지 구체적으로 살펴보자.

> 士, 志於道, 而恥惡衣惡食者, 未足與議也. (『論語』「里仁」9)
> 번역 1: 사士의 경우, 도道에 뜻을 두었으면서도 나쁜 옷과 나쁜 음식을 부끄러워하는 이라면, 더불어 [도를] 논할 만하지 않다.
> 번역 2: 사士는 도道에 뜻을 둔다. [선비와 대조되는 이들인] 나쁜 옷과 나쁜 음식을 부끄러워하는 이들은 더불어 상종할 만하지 않다.
> 번역 3: 사士는 도道에 뜻을 둔다. 선비는 나쁜 옷과 나쁜 음식을 부끄러워하는 이들과는 더불어 상종할 만하지 않다.

이 문장은 크게 세 부분으로 나눌 수 있고, 해석을 위해서는 세 부분의 관계를 충분히 고려해야 한다. ① 士, ② 志於道而恥惡衣惡食者, ③ 未足與議也. 여기서 가장 문제가 되는 것은 ①과 ②의 관계다. ②의 끝에 者가 있기 때문에 ①과 ②를 주어-술어 관계로 보기는 어렵다. ②가 "與議"의 주어가 될 수 없으므로 ②와 ③의 관계 역시 주어-술어 관계로 보기 어렵다. "與議"의 주어는 숨겨져 있고, 그 숨겨진 누군가가 ②와 與(더불어) 議(논하다/상종하다) 하느냐의 문제가 논의되고 있다.

이러한 해석상의 난점을 충분히 고려하여 번역하기 위해서는 이 문장을 주어-술어 관계가 아니라 화제-논평 관계로 이해해야 한다. ②는 與議의 목적어이면서 도치되어 앞으로 노출된 것이다. 그리고 ②와 ③ 전체는 ①이라는 화제의 논평이다. 즉 ①은 문장 전체의 화제다. 이렇게 볼 경우, 이 문장은 士라는 집단을 화제로 삼고, 그 집단의 성격에 대해 논한 것이 된다.

"志於道而恥惡衣惡食者, 未足與議也"라는 논평 내용을 이해하기 위해서는 역접으로 사용된 而의 의미가 각별히 중요하다. 도에 뜻을 두지 않은 집단의 일원으로서 나쁜 옷과 나쁜 음식을 부끄러워하는 일은 크게 문제 될 것이 없다. 예컨대, 일반 서민이 나쁜 옷과 나쁜 음식을 부끄러워하는 일은 이해할 만한 일이다. 그러나 士 집단의 일원으로서, 즉 도에 뜻을 둔 이가 나쁜 옷을 부끄러워하는 것은 상종하기 어려울 정도의 큰 문제인 것이다. 이러한 사상은 맹자가 '무항산無恒產 두항심無恒心' 논의를 통해 펼친 주장과 공명한다. 맹자가 보기에, 士와 일반인의 차이는, 경제적인 상황에 그 정신의 핵심이 좌우되느냐 여부에 있다.[5]

그러면 『논어』 한국어 번역본들은 이 문장을 어떻게 번역해왔을까?

• 士가 문장 전체의 화제임을 드러내지 않고, 주어로 간주하고 번역한 번역문: "선비가…" 식으로 문장이 시작된다.

강동석 번역본(73쪽), **금장태 번역본**(25쪽), **김도련 번역본**(상권, 192쪽), **김동인·지정민·여영기 번역본**(1권, 426쪽), **김영호 번역본**(99쪽), **김용옥 번역본**(II권, 162쪽), **김원중 번역본**(105쪽), **김학주 번역본**(184쪽), **박삼수 번역본**(103~104쪽), **박종연 번역본**(113쪽), **배병삼 번역본**(1권, 195쪽), **성백효 번역본**(114쪽), **신정근 번역본**(163쪽), **신창호 번역본**(137쪽), **심경호 번역본**(1권, 136쪽), **양차오밍 번역본**(81쪽), **이강재 번역본**(138쪽), **이기동 번역본**(185쪽), **이기석·한백우 번역본**(65쪽), **이동희 번역본**(124쪽), **이상임 번역본**(20쪽), **이우재 번역본**(170쪽), **이지형 번역본**(1권, 441쪽), **이한우 번역본**(268쪽), **장기근 번역본**(132~133쪽), **정태현·이성민 번역본**(1권, 236쪽), **차주환 번역본**(66쪽), **최근덕 번역본**(90쪽), **한필훈 번역본**(77쪽), **홍승직 번역본**(74쪽), **황희경 번역본**(80~81쪽)

• 士가 화제임을 나타낼 수 있게끔 번역한 번역문: "선비로서…" 식으로 문장이 시작된다. 이 경우에도 士가 문장 전체의 화제임을 분명히 드러내지 않는 경우가 많다.

김형찬 번역본(64쪽), **동양고전연구회 번역본**(89쪽), **류종목 번역본**(123쪽), **박유리 번역본**(140쪽), **박헌순 번역본**(1권, 231쪽), **유교문화연구소 번역본**(106~107쪽), **윤재근 번역본**(1권, 271쪽), **임동석 번역본**(1권, 290쪽), **임옥균 번역본**(103쪽), **조명화 번역본**(1권, 404쪽), **최영갑 번역본**(1권, 135쪽)

• 기타

부남철 번역본 도(道)에 뜻을 두고서 남루한 옷과 소박한 음식을 부끄러워하는 사람과는 함께 의논하지 못한다. (134쪽)

이을호 번역본 진리를 탐구한다 하면서 음식과 옷맵시로 이렇다 저렇다 하는 위인과는 탐탁스러운 이야기를 할 수가 없다. (54쪽)

또 다른 예문을 살펴보자.

> 士, 不可以不弘毅, 任重而道遠. 仁以爲己任, 不亦重乎. 死而後已, 不亦遠乎. (『論語』「泰伯」7)
>
> 사士는, 넓고 강인하지 않을 수 없다. 맡은 바는 무겁고 갈 길은 멀다. 인仁을 자기 책임으로 삼으니 참으로 무겁지 아니한가? 죽은 뒤에야 그칠 일이니, 참으로 멀지 아니한가?

이 예문에서 士는 주어-술어 문형이라기보다는 화제-논평 문형의 화제로 보아야 한다. 그렇게 해석해야 비로소 후반부가 자연스럽게 번역되기 때문이다. 士를 주어로 해석하면, 후반부 진술의 주어가 무엇인지 불분명해진다. 따라서 전반부와 후반부의 연결이 부드럽지 않다. "不可以不弘毅, 任重而道遠. 仁以爲己任, 不亦重乎. 死而後已, 不亦遠乎" 전체를 일관되게 해석하기 위해서는, 이것을 士의 술어로 보지 말고, 士에 대한 논평으로 보아야 한다.

- 士가 문장 전체의 화제임을 약하게 드러내거나, 혹은 주어로 간주하고 번역한 번역문: "선비는…" 식으로 문장이 시작된다.

  김도련 번역본(상권, 423~424쪽), **김동인·지정민·여영기 번역본**(2권, 374~376쪽), **김영호 번역본**(156쪽), **김용옥 번역본**(III권, 38쪽), **김학주 번역본**(285쪽), **김형찬 번역본**(105쪽), **동양고전연구회 번역본**(169~171쪽), **류종목 번역본**(269쪽), **박삼수 번역본**(233~234쪽), **박유리 번역본**(324쪽), **박종연 번역본**(227~228쪽), **박헌순 번역본**(1권, 485쪽), **배병삼 번역본**(1권, 424쪽), **부남철 번역본**(259쪽), **성백효 번역본**(226쪽), **신정근 번역본**(325쪽), **신창호 번역본**(223쪽), **심경호 번역본**(1권, 272쪽), **양차오밍 번역본**(196쪽), **유**

교문화연구소 번역본(266쪽), **이강재 번역본**(189쪽), **이기동 번역본**(333쪽), **이기석·한백우 번역본**(167~168쪽), **이동희 번역본**(126쪽), **이상임 번역본**(47쪽), **이우재 번역본**(351~352쪽), **이을호 번역본**(104쪽), **이지형 번역본**(2권, 293쪽), **이한우 번역본**(573쪽), **임동석 번역본**(2권, 657쪽), **임옥균 번역본**(171쪽), **장기근 번역본**(285쪽), **정태현·이성민 번역본**(2권, 26쪽), **조명화 번역본**(2권, 22쪽), **차주환 번역본**(137쪽), **최근덕 번역본**(191~192쪽), **최석기 번역본**(85쪽), **최영갑 번역본**(1권, 296쪽), **한필훈 번역본**(142쪽), **홍승직 번역본**(161쪽), **황희경 번역본**(147~148쪽)

- 士가 화제임을 비교적 분명히 드러내며 번역한 번역문: "선비란…" 식으로 문장이 시작된다. 이 경우에도 士가 문장 전체의 화제임을 분명히 드러내지 않는 경우가 많다.

강동석 번역본(167쪽), **금장태 번역본**(47쪽), **김원중 번역본**(199쪽)

- 기타: "선비라면"으로 번역한 번역문

윤재근 번역본(1권, 594쪽)

예문을 하나 더 살펴보자.

士, 見危致命, 見得思義, 祭思敬, 喪思哀, 其可已矣. (『論語』「子張」 1)

사士가 되어, 위기에 마주해서는 목숨을 바치고, 이익에 마주해서는 옳음을 생각하고, 제사에는 공경을 생각하고, 상사에는 슬픔을 생각하면, 아마도 괜찮다고 하겠다.

• 士가 문장 전체의 화제임을 드러내지 않고, 주어로 간주하고 번역한 번역본: "선비가…" 식으로 문장이 시작된다.

강동석 번역본(415~416쪽), **김도련 번역본**(하권, 501쪽), **김동인·지정민·여영기 번역본**(4권, 312쪽), **김영호 번역본**(311쪽), **김원중 번역본**(441쪽), **김형찬 번역본**(212쪽), **류종목 번역본**(605쪽), **박삼수 번역본**(512쪽), **박종연 번역본**(570쪽), **박헌순 번역본**(2권, 545~546쪽), **부남철 번역본**(591쪽), **성백효 번역본**(527쪽), **양차오밍 번역본**(455쪽), **유교문화연구소 번역본**(686쪽), **윤재근 번역본**(2권, 635쪽), **이기동 번역본**(649쪽), **이기석·한백우 번역본**(438쪽), **이상임 번역본**(27쪽), **이우재 번역본**(793쪽), **이지형 번역본**(5권, 351쪽), **이한우 번역본**(1333쪽), **정태현·이성민 번역본**(3권, 181쪽), **최근덕 번역본**(476쪽), **최석기 번역본**(150쪽), **최영갑 번역본**(2권, 350~351쪽), **황희경 번역본**(321쪽)

• 士가 문장 전체의 화제임을 약하게 드러내거나, 혹은 주어로 간주하고 번역한 번역본: "선비는…" 식으로 문장이 시작된다.

금장태 번역본(113쪽), **김용옥 번역본**(III권, 554쪽), **김학주 번역본**(552쪽), **동양고전연구회 번역본**(405쪽), **박우리 번역본**(791쪽), **신정근 번역본**(738쪽), **신창호 번역본**(445쪽), **이강재 번역본**(337쪽), **이을호 번역본**(244쪽), **임동석 번역본**(4권, 1610쪽), **임옥균 번역본**(353쪽), **장기근 번역본**(701쪽), **한필훈 번역본**(316쪽)

• 士가 화제임을 비교적 분명히 하며 번역한 번역본: "선비란/선비로서…" 식으로 문장이 시작된다. 이 경우에도 士가 문장 "전체"의 화제임을 분명히 드러내지 않는 경우가 많다.

배병삼 번역본(2권, 453쪽), **심경호 번역본**(3권, 238쪽), **조명화 번역본**(2권, 648쪽)

• 士가 화제임을 분명히 하기 위해 쉼표를 추가해 번역한 번역본

차주환 번역본(325쪽)

2. 화제의 설정과 사실 기술의 문제

원래 계층적 의미가 확고했던 士 같은 단어가 재정의의 대상이 된다는 사실은 신분질서가 흔들리던 춘추시대 후반의 상황을 반영한 것이기도 하다. 당시에는 신분질서만이 아니라, 부富 역시 유동적인 것이 되었다. 그래서 적지 않은 이들이 부를 열렬하게 추구하는 현상이 나타났다. 『논어』에 보이는 다음과 같은 논의는 士와 부의 관계를 명시적으로 논하고 있다.

> 富而可求也, 雖執鞭之士, 吾亦爲之. 如不可求, 從吾所好. (『論語』「述而」12)
>
> 만약 부가 추구할 만한 것이라면, 비록 길 정리하는 말단 관리[士] 일이라도 나 역시 하겠다. 만약 추구할 만한 것이 아니라면, 내가 좋아하는 바를 좇겠다.

士의 일원이었던 공자의 이 발언은, 士는 부에 대해 무조건적인 수용의 태도를 취하는 존재여서는 안 됨을 주장하는 것처럼 해석될 소지가 있다. 士의 정체성은 부에 대한 추구로 환원될 수 없다. 동시에 저러한 언급을 한다는 것 자체가, 당시에 많은 사람이 부를 추구하고 있었다는 현실을 반영한 것이기도 하다. 이러한 배경을 염두에 두고서 다음 문장을

검토해보자(밑줄은 필자).

> 賢哉, 回也. 一簞食, 一瓢飮, 在陋巷, 人不堪其憂, 回也不改<u>其樂</u>. 賢哉, 回也. (『論語』「雍也」11)
>
> 현능하구나, 회回(안회)는! 한 그릇 밥과 한 바가지 물로 누추한 동네에서 사는 경우, 다른 사람 같으면 그 근심을 감당치 못하였을 텐데, 회는 그 즐거움을 바꾸지 않는다. 현능하구나, 회는!

역시 士의 일원이자 공자의 제자였던 안회는 물질적 여건에 흔들리지 않는 어떤 경지를 향유하는 존재라는 것이 이 인용문의 핵심 취지이다. 그 어떤 경지란 "그 즐거움"(其樂)이라는 말로 표현되어 있기에, 역대 주석가들은 과연 그 즐거움의 내용이 무엇일까에 대해 고민해왔다.[6] 예컨대, 성리학자들은 그 즐거움의 내용은 매우 심오한 것이므로 의미를 정확히 정의하기 어렵고, 각자 알아서 깨달아야 한다고 주장하였다.[7] 그러나 오규 소라이는 이와 같은 견해에 반대한다. "其樂"이라는 표현은 "其憂"라는 표현과 대구를 이루는 것이니, 두 표현에 나오는 其는 동등하게 해석되어야 한다. 其憂는 그저 가난을 근심한다는 이야기이니 其樂에 대해서도 대단한 의미를 부여하기 어렵다는 것이다.[8] 이러한 논쟁을 감안한다면, 其樂을 만족스럽게 번역하기 위해서는 위 문장에 담긴 철학적 비전에 대한 음미가 필요하다.

그렇다면 『논어』 한국어 번역본들은 其樂을 어떻게 번역하고 있는지 몇 가지 사례를 살펴보자.

김형찬 번역본 회는 그 즐거움이 변치 않는구나. (84쪽)

박삼수 번역본 회는 안빈낙도의 즐거움을 바꾸지 않는구나. (162쪽)

박유리 번역본 회는 그가 즐겁게 여기는 것을 바꾸지 않는다. (228쪽)

박종연 번역본 안회는 그 자신이 갖고 있는 즐거움을 고치지 않는구나. (169~170쪽)

부남철 번역본 안회는 오히려 그런 삶을 편안하게 즐기는구나. (197쪽)

신정근 번역본 안회는 그 생활의 즐거움을 바꾸려 들지 않는구나. (237쪽)

신창호 번역본 안회는 그런 삶에 즐거워하니 (180쪽)

양차오밍 번역본 안회는 그 배움의 즐거움을 고치지 않으니 (136~137쪽)

이강재 번역본 안회는 그것을 즐거워하는 태도를 바꾸지 않는구나. (163쪽)

이기석·한백우 번역본 회는 즐거움을 잃지 않는구나. (107~108쪽)

이을호 번역본 회는 즐거운 모습에 변함이 없으니 (77쪽)

이한우 번역본 안회는 늘 한결같아 마음의 즐거움을 조금도 바꾸려 하지 않는다. (406쪽)

임동석 번역본 안회는 그것을 즐거움으로 여겨 바꾸려 들지 않는구나. (2권, 488쪽)

이처럼 其樂에 대한 번역은 다양하다. 其樂에 담긴 사상을 논하기 위해서는 많은 고려가 필요한데, 현재 이 글의 목적에 비추어보아 일차적으로 중요한 것은 원문의 중요 부분을 화제-논평 문형으로 이해할 것인가의 사안이다.

"一簞食, 一瓢飮, 在陋巷"을 안회라는 주어에 대한 술어로 본다면, 그 문장은 안회가 실제로 가난하게 살았다는 사실에 대한 서술이 된다. 반면, "一簞食, 一瓢飮, 在陋巷"을 화제로 보고, 그 이후의 문장을 이에 대한 논평으로 본다면, "一簞食, 一瓢飮, 在陋巷"이 꼭 안회가 실제 가난하게 살았다는 사실에 대한 서술일 필요는 없다. 대신, 안회는 "一簞食, 一瓢飮, 在陋巷"이라는 가정적인 상황에 대해서 "不改其樂"할 만한 인물(士)이라는 언명이 될 수 있다. 이처럼 화제-논평 틀형을 적극적으로 논어 번역에 적용할 경우, 위 언명은 단순히 안회에 대한 특정 사실의 묘사가 아니라, 안회라는 인물이 구현하는 특징에 대한 이론적 진술이 될 수 있다. 그리고 공자가 안회를 자신이 재정의하는 士 집단의 규범적 특성을 구현하는 대표적 인물로서 간주해왔다는 점을 감안한다면, 이 언명은 士라는 특정 계층의 정체성에 대해 중요한 시사를 주는 진술이라고 할 수 있다. 그리고 그렇게 했을 때, 비로소 공자 사상과 맹자 사상의 연결점이 보다 분명하게 드러난다. 앞에서 언급했듯이, 맹자는 '무항산 무항심' 논의를 통해, 士란 경제적인 상황에 그 정신의 핵심이 좌우되지 않는 인물임을 강조한 바 있다.[9]

그러면 『논어』 한국어 번역본들은 "賢哉, 回也. 一簞食, 一瓢飮, 在陋巷, 人不堪其憂, 回也不改其樂"(『논어』 「옹야」 11)을 어떻게 번역해왔을까?

- 一簞食, 一瓢飮 在陋巷을 화제로 보고, 그 이후의 문장을 논평으로 본 번역본: "**一簞食, 一瓢飮, 在陋巷**"의 시제를 일어난 상황을 묘사하는 과거형으로 하지 않고, 가정의 상황을 묘사하는 현재형으로 한다.

강동석 번역본(117쪽), **김학주 번역본**(232쪽), **동양고전연구회 번역본**(125쪽), **류종목 번역본**(193쪽)

• 一簞食, 一瓢飮 在陋巷과 그 이후 문장을 화제-논평 문형으로 보지 않고, 사실에 대한 기술로 본 번역본: "한 바구니의 밥과 한 바가지의 물로 누추한 집에 사는구나"와 같이, 실제 안회의 생활을 기술하는 것처럼 번역한다.

금장태 번역본(36쪽), **김도련 번역본**(상권, 299쪽), **김동인·지정민·여영기 번역본**(2권, 72쪽), **김영호 번역본**(127쪽), **김용옥 번역본**(II권, 442쪽), **김원중 번역본**(150~151쪽), **김형찬 번역본**(84쪽), **박삼수 번역본**(162쪽), **박유리 번역본**(228쪽), **박종연 번역본**(169~170쪽), **박헌순 번역본**(1권, 358~359쪽), **배병삼 번역본**(1권, 307쪽), **부남철 번역본**(197쪽), **성백효 번역본**(169쪽), **신정근 번역본**(237쪽), **신창호 번역본**(180쪽), **심경호 번역본**(1권, 198쪽), **양차오밍 번역본**(136~137쪽), **유교문화연구소 번역본**(181~182쪽), **윤재근 번역본**(1권, 416~417쪽), **이강재 번역본**(163쪽), **이기동 번역본**(253쪽), **이기석·한백우 번역본**(107~108쪽), **이동희 번역본**(50쪽), **이우재 번역본**(259쪽), **이을호 번역본**(77쪽), **이지형 번역본**(2권, 47쪽), **이한우 번역본**(406쪽), **임동석 번역본**(2권, 488쪽), **임옥균 번역본**(137쪽), **장기근 번역본**(206쪽), **정태현·이성민 번역본**(1권, 323쪽), **조명화 번역본**(1권, 548쪽), **차주환 번역본**(99쪽), **최근덕 번역본**(139쪽), **최석기 번역본**(69쪽), **최영갑 번역본**(1권, 212쪽), **한필훈 번역본**(108쪽), **홍승직 번역본**(108쪽), **황희경 번역본**(112쪽)

23

호문 구조의 번역

호문互文이란 두 요소가 서로 뒤섞여 의미를 상호 보충하는 수사법 중 하나이다. 원래 함께 쓰여서 의미가 완성되는 표현을 대조되는 두 요소로 분리 배치함에 따라 좀 더 리듬 있는 어기를 얻을 수 있다. 호문을 만들기 위해 분리된 두 요소는 일견 대조되는 관계에 있는 것 같지만, 원래 함께 쓰여서 의미를 완성하였기 때문에 대조보다는 보충하는 관계에 있다.[1]

예를 들어보자. 남조시대 시인인 강엄江淹(444~505)의 시「별부別賦」에 나오는 "心折骨驚심절골경"은 호문이다. 折과 驚은 心과 骨의 상태를 모두 형용한다. 즉 "心骨折+心骨驚"의 문장인 셈인데, 折과 驚을 나누어 心과 骨에 각각 배치하여 호문을 만들었다. 당나라 말기에 활동한 시인 두목杜牧의 시「박진회泊秦淮」에 나오는 "煙籠寒水月籠沙연롱한수월롱사" 역시 호문이다. 안개(烟)는 강물을 덮고, 달빛(月)은 모래를 덮는다는 말이 아니라 "안개와 달빛이 동시에 강물과 모래에 자욱하다"라는 뜻이다. 북송

北宋의 범중엄范仲淹(989~1052)의 「악양루기嶽陽樓記」에 나오는 "不以物喜, 不以己悲불이물희불이기비" 역시 호문이다. 이는 물物로 인해서 기뻐하지 않고, 자기로 인해서 슬퍼하지 않는다는 말이 아니라, "물(의 좋고 나쁨)과 자기(의 득실)로 인하여서 기뻐하거나 슬퍼하지 않는다"라는 뜻이다. 두목의 「아방궁부阿房宮賦」에 나오는 "燕趙之收藏, 韓魏之經營, 齊楚之精英" 역시 호문이다. 이는 연燕·조趙의 수장收藏과 한韓·위魏의 경영經營과 제齊·초楚의 정영精英을 말하는 것이 아니라 "연·조·한·위·제·초 여섯 나라의 금석金石과 재물 보화는, 여섯 나라 군주의 경영과, (이들이) 보존하여 누적하는 정영이다"라는 뜻이다. 이를 호문 패턴으로 해석하지 않는다면, 세 가지 분절적인 것들의 나열이라고 오해하기 쉽다. 그러면 『논어』에서 호문의 예를 찾아보자.

1. 『논어』「이인」 5의 경우

子曰, 富與貴, 是人之所欲也. 不以其道得之, 不處也. 貧與賤, 是人之所惡也. 不以其道得之, 不去也. 君子去仁, 惡乎成名. 君子無終食之間違仁, <u>造次</u>必於是, <u>顚沛</u>必於是. (『論語』「里仁」 5) (밑줄은 필자)

선생님께서 말씀하셨다. "부유함과 귀함, 이것은 사람들이 바라는 바이다. 합당한 도道로써 그것을 얻지 못하면 거기에 머물지 않아야 한다. 가난함과 천함, 이것은 사람들이 싫어하는 바이다. 합당한 도道로써 그것을 얻지 못하면 거기서 떠나지 않아야 한다. 군자가 인仁을 떠나면 어찌 그 이름을 이룰 수 있겠는가? 군자는 밥 한 끼 먹을 시간에도 인仁을 어기는 일이 없어서, 안정된 상황이든 아니든 반드시 인仁을 따른다."

『논어』「이인」 5에 나오는 "造次조차"와 "顚沛전패"라는 표현은 기존에는 호문으로 인식되지 않았다. 따라서 이 책에서 검토하고 있는 『논어』 한국어 번역본 중에 造次와 顚沛를 호문으로 보고 번역한 것은 없다. 그런데 造次와 顚沛에 대해 꽤 설득력 있는 연구가 제출되었다. 물론 그 연구 역시 앞으로 수정될 수 있지만, 이 장에서는 그 연구를 소개하며 해석해보고자 한다. 그러면 왕리밍王利明의 「논어에서 '造次必於是'에 대한 해석」이라는 연구를 상세히 살펴보자.[2]

일반적으로 '造次顚沛'를 '매우 짧은 시간'이라는 뜻으로 해석해왔다. 마융馬融(79~166) 등의 주석에 보이듯이, 顚沛는 '엎어지고 넘어진다'는 뜻이고, 造次를 '급작스럽고 다급하다'는 뜻으로 간주되었다. 왕리밍은 이러한 통설에 이의를 제기한다. 그에 따르면, 造에는 到도, 去거, 就취 등의 의미가 있으며, 그 점은 다음과 같은 전거에 보인다.

『주례』「지관사도」'사문司門'에 나오는 "凡四方之賓客造焉, 則以告"(무릇 사방의 빈객이 이르면 고한다)에 나오는 造라는 글자에 대해 정현은 "造는 至와 같다"라고 주석을 달았다. 그리고 『광아廣雅』「석언釋言」에 "造는 詣(이르다)다"(造詣也)라는 문장이 나온다. 『설문해자』「착부辵部」는 "造는 就이다"(造, 就也)라고 하고 "옛 문헌에서 艁는 造라고 했다"고 풀이했다. 단옥재 주석에 따르면, "艁란, 舟를 엮어서 뜬다리를 만들어낸다"(艁謂者並舟造梁)는 뜻이다. 요컨대 造에는 성취라는 의미가 있다.

한편, 次에는 '거주居住'와 관련된 뜻이 있다. 구체적으로는 다음 네 가지 뜻으로 구분될 수 있다. 첫째, '군대가 주둔하다'는 의미가 있다. 둘째, '정류停留하다'는 의미가 있다. 셋째, '숙처宿處'라는 의미가 있다. 넷째, '머무르는 장소'라는 의미가 있다.

따라서 造次에서 造는 '(成)就'라는 뜻이고, 次는 '거한다'는 것이니,

두 글자를 합치면 '성취한 바가 있음에 머무른다'는 뜻이 된다. 여기에서 뜻이 더욱 확장되어, '안거安居하다', '안일安逸한 생활을 누리다', '높은 자리에 거하다'라는 의미를 갖게 되었다.

현존 고대 문헌에서 造次는 『논어』 「이인」 5에서 처음 나온다. 앞에서 인용했다시피, 「이인」 5는 '군자는 仁에 처하여 결코 벗어나지 않는다'는 취지다. 즉, 「이인」 5는 "군자가 仁을 떠나면 어찌 그 이름을 이룰 수 있겠는가? 군자는 밥 한 끼 먹을 시간에도 仁을 어기는 일이 없어서, 안정된 상황이든 아니든 반드시 仁을 따른다" 정도의 의미가 된다.

이렇게 해석하면 造次와 顚沛가 각기 상반된 상태를 지시하게 되어 호문의 가능성이 생긴다. 즉, 생활이 안정된 상황과 생활의 터전을 잃은 상황을 결합하여 생활 환경 전체를 통칭하는 것이다. 그렇게 결합된 표현인 '造次顚沛'를 造次와 顚沛로 나누어 "造次必於是, 顚沛必於是" 같은 문장을 만들었다. '造次顚沛必於是'가 호문으로 변한 것이다. 다시 말하면, 성공하여 안정된 상황을 묘사하는 造次와 불안정한 상황을 묘사하는 顚沛를 나누어 호문을 만든 것이다, 내용적으로는 어느 상황에서건 仁을 견지하라는 뜻이다. 즉, 군자는 좌절하거나 생활이 정처 없이 떠돌면서 불안정한 때에도, 혹은 생활이 안정되고 의탁할 곳이 있는 경우에도, 결코 仁을 위배하지 말라는 것이다.

기존의 해석처럼 造次를 '급작스럽다, 다급하다'라고 해석할 경우에도 물론 군자가 늘 仁을 견지해야 한다는 취지는 충분히 강조된다. 그러나 그렇게 해석할 경우는 생활환경 전반을 지시하기보다는 어려운 상황에서도 仁을 견지하라는 식이 되어버린다. 『논어』 「이인」 5 앞부분에 '富, 貴'와 '貧, 賤'이 대조로서 짝을 이루는 것을 감안할 때, 造次와 顚沛 역시 대조를 이루는 짝으로 간주하는 것이 타당하다. 그럼에도 주석가들은,

어려운 환경 속에서도 仁을 견지할 필요성을 강조한 나머지 '造次顚沛'를 매우 짧은 시간이라는 뜻으로 뭉뚱그려 해석해왔다. 그러나 왕리밍이 보기에 원래 '造次顚沛'의 뜻은 그렇지 않았다. 결국 '造次顚沛'는 두 개의 상반된 언어 구성 요소들이 모여 복합어를 형성했지만, 그중 한 요소가 주된 의미로 정착된 경우에 해당한다. 생활환경 전반을 가리켰던 '造次顚沛'의 뜻이 '의지할 곳을 잃고 떠돌다, 생활이 난처하다'라는 뜻으로 바뀌었다. 즉 '造次+顚沛'의 구조에서 전자의 의미는 사라지고 후자의 의미만이 남아 강조된 것이다.[3]

2. 『논어』「학이」6의 경우

> 子曰, 弟子, 入則孝, 出則弟, 謹而信, 汎愛衆而親仁. 行有餘力, 則以學文. (『論語』「學而」6) (밑줄은 필자)
>
> 선생님께서 말씀하셨다. "제자들은 들어오든 나가든 효도하고 공손하게 처신하라. 말조심하여 믿음을 쌓아라. 뭇 사람들을 널리 아끼되 인仁한 사람을 가까이하라. 실천하고 남은 힘이 있으면, 그 힘으로 세련된 표현을 배워라."

"入則孝, 出則弟"에서 문제가 되는 것은, "孝"와 "弟"가 과연 집의 안과 밖을 기준으로 해서 구분되는 덕목이냐는 것이다. 공경은 집 안에 있건 밖에 있건 가져야 하는 태도라는 점을 고려하면, "집에 들어오면 효도하고, 집에서 나가면 공경하라"는 식으로 번역해서는 곤란함을 알 수 있다. 이것은 문자의 중복을 피하고 어구의 리듬감을 살리기 위하여 만든 호문일 가능성이 크다.[4] 즉, 내용상 '入出則孝弟'라고 쓸 수 있는 문장을,

일부러 "入則孝, 出則弟"라고 쓴 것이다. 따라서 내용을 이해하고 번역할 때는 호문구조를 고려하여 "들어오든 나가든 효도하고 공손하라"로 해석해야 한다. 『십삼경주소十三經注疏』에서도 (다른 이유를 들어) 『논어』「학이」6이 호문임을 명백히 하고 있다.

> 男子後生爲弟. 言爲人弟與子者, 入事父兄, 則當孝與弟也, 出事公卿, 則當忠與順也. 弟, 順也. 入不言弟, 出不言忠者, 互文可知也. (『十三經注疏·論語註疏』「學而」)
>
> 나중에 태어난 남자가 동생이 된다. 아우나 아들인 사람은 들어와서 아버지와 형을 모실 때는 효도하고 공경해야만 하고, 나가서 공경公卿을 모실 때는 충성하고 순종해야만 함을 말한 것이다. 제弟는 순順의 뜻이다. 들어온 상황에서는 제弟를 말하지 않고 나간 상황에서는 충성을 말하지 않으니 호문임을 알 수 있다.

그렇다고 할 때 오늘날의 번역 현황은 어떤가?

신정근 번역본 젊은이들은 집 안에 들어서면 부모에게 효도하고 집 밖에 나서면 어른에게 공손해야 한다. (56쪽)

신창호 번역본 첫째, 집에서는 부모자식 사이에 효도를 해야 한다. 둘째, 밖에서는 친구 사이에 우정을 나누어야 한다. (84쪽)

Ames As a younger brother and son, be filial (xiao 孝) at home and deferential (di 弟) in the community. (75쪽)[5]

Lau "A young man should be a good son at home and an obedient young man abroad. (59쪽)[6]

Waley The Master said, A young man's duty is to behave well to his parents at home and to his elders abroad. (84쪽)[7]

Legge A youth, when at home, should be filial, and, abroad, respectful to his elders. (140쪽)[8]

이 번역본들에서 보이듯이 『논어』 한국어 번역본이든 영어 번역본이든 호문 구조를 살려서 번역한 경우는 찾기 힘들다.

3. 『논어』 「위령공」 10의 경우

子貢問爲仁. 子曰, 工欲善其事, 必先利其器. 居是邦也, 事其大夫之賢者, 友其士之仁者. (『論語』 「衛靈公」 10) (밑줄은 필자)

자공子貢이 인仁을 실천하는 것에 대해 여쭈었다. 선생님께서 말씀하셨다. "장인匠人은 맡은 일을 잘하고자 하면, 반드시 먼저 연장을 잘 벼려둔다. 이 나라에 머무르면서 대부와 사士 중에서 현능하고 인한 사람들을 섬기고 벗하라."

이 단락에서 공자가 자공에게 인을 행하기 위한 준비 방법에 대해 알려주고 있다. 그 구체적인 준비 방법은 "事其大夫之賢者, 友其士之仁者"이다. 이를 직역하면, "대부 중에서 현자를 섬기고, 사士 중에서 인자를 사귀라"는 뜻이다. 그런데 생각해보면, 대부 중에서도 현자뿐 아니라 인자가 있을 것이고, 사 중에서도 현자가 있을 것이다. 따라서 대부 중에서 현자만 상대하고, 사 중에서 인자만 상대하라는 뜻으로 받아들이면 불합리하다. 이러한 문제는 이 문장을 호문으로 간주하면 해소된다. 대부와 사 중에서 현자와 인자를 말하는 것인데, 문장의 리듬을 위해 나누어 표현한 것이다. 그래서 주석가 황간은 "大夫言賢, 士言仁, 互言之也"(대부의 경우 현자를 말하고, 사의 경우 인자를 말한 것은 호문으로써 말한 것이다)라고 하였다.

그러면 『논어』 한국어 번역본은 「위령공」 10에 나오는 호문을 어떻게 번역하였을까?

- "대부 가운데 현명한 자(현자, 현인)를 섬기고, 선비 가운데 어진 자(인한 사람, 인자, 인한 이)를 벗삼아야 한다"는 식으로 번역한 번역본

금장태 번역본(93쪽), **김동인·지정민·여영기 번역본**(3권, 579쪽), **김학주 번역본**(469쪽), **김형찬 번역본**(179쪽), **동양고전연구회 번역본**(329쪽), **류종목 번역본**(504쪽), **박삼수 번역본**(431쪽), **박유리 번역본**(657쪽), **박종연 번역본**(464~465쪽), **배병삼 번역본**(2권, 279쪽), **부남철 번역본**(491쪽), **심경호 번역본**(3권, 40쪽), **윤재근 번역본**(2권, 386쪽), **이강재 번역본**(290~291쪽), **이기동 번역본**(556쪽), **이기석·한백우 번역본**(365쪽), **이한우 번역본**(1087쪽), **임옥균 번역본**(294쪽), **홍승직 번역본**(286쪽)

- "대부 가운데 어진 이(자, 사람)를 섬기고, 선비 가운데 인한 이(어진 자, 어진 사람)를 벗삼아야 한다"는 취지로 번역한 번역본

강동석 번역본(340쪽), **김도련 번역본**(하권, 316~317쪽), **김원중 번역본**(368쪽), **성백효 번역본**(443쪽), **양차오밍 번역본**(380쪽), **유교문화연구소 번역본**(553쪽), **이동희 번역본**(122쪽), **이상임 번역본**(48쪽), **이지형 번역본**(4권, 305쪽), **임동석 번역본**(4권, 1349쪽), **정태현·이성민 번역본**(3권, 28쪽), **조명화 번역본**(2권, 461~462쪽), **최근덕 번역본**(388~389쪽), **최영갑 번역본**

(2권, 222쪽)

• 기타

김영호 번역본 그 대부 중에 어진 자를 가려서 섬기며 그 선비 중에 인덕이 있는 자를 택하여 친구로 사귀어야 한다. (261쪽)

김용옥 번역본 반드시 그 대부 중에 슬기로운 자를 섬기고, 그 선비 중에 인仁한 자를 벗삼아야 한다. (3권, 442쪽)

박헌순 번역본 그 대부 가운데 현능한 이를 섬기고 그 사 가운데 어진 이를 벗해야 한다. (2권, 346쪽)

신정근 번역본 대부(관료) 중에 현인을 잘 모시고, 공동체의 일꾼 중에서 평화를 일구는 인물과 친구로 지내도록 한다. (608쪽)

신창호 번역본 그 나라 대부 가운데 똑똑한 사람을 섬기고 그 나라의 실무 관료 가운데 포용력 있는 사람과 사귀어야 한다. (377쪽)

이을호 번역본 그 나라 대부 중에 잘난 이를 섬기고, 그 나라 벼슬아치 중에 사람다운 사람과 사귀어야 한다." (20[illegible]쪽)

장기근 번역본 그 나라의 현명한 대부를 섬기고 또 인덕 있는 선비와 벗하여야 한다. (576쪽)

차주환 번역본 그 나라의 대부大夫 중의 현량한 사람을 섬기고, 그 나라의 사士 중의 인자한 사람을 벗으로 삼아라. (273~274쪽)

한필훈 번역본 그 나라의 대부들 가운데 어진 사람을 선택해 섬기고, 선비들 가운데 도덕적인 사람을 선택해 사귀어야 한다. (260쪽)

황희경 번역본 관리 중에 훌륭한 이를 섬기고, 선비 중에 인한 사람을 벗으로 사귀어야 한다." (266쪽)

• 호문으로 번역한 번역본

이우재 번역본 그 대부大夫나 사士 가운데 현명하고 어진 사람을 섬기고 사귀도록 해라." (666쪽)

호문은 『논어』 한국어 번역에서 거의 반영되지 않은 요소라고 보아도 과언이 아니다. 기존 주석에서 호문이라고 명시한 단락은 물론, 새로운 연구를 통해 호문으로 밝혀진 문장들이 있다. 그 주석 내용과 연구 결과에 이의가 없다면 그에 따르는 것이 좋다. 이의가 있다면, 왜 해당 문장을 호문으로 간주하지 않는지 설명하는 것이 좋다.

24

병렬 패턴 번역

『논어』에서 병렬 패턴은 자주 등장한다. '병렬 패턴 쓰기'란 단어나 구절을 짝지어 문장을 만들거나, 문장을 짝지어서 단락을 만드는 글쓰기 기술을 지칭한다. 병렬 패턴을 사용할 경우, 텍스트의 특정 부분이 다른 특정 부분과 균형 있게 조응하기 때문에 리듬감이 살고, 이해하기 쉬운 장점이 있다. 『논어』에서도 이 병렬 패턴은 자주 등장하며, 그 패턴을 인지함으로써 좀 더 나은 번역을 시도할 수 있다. 다음 예문을 보자.

> 言忠信, 行篤敬, 雖蠻貊之邦行矣. 言不忠信, 行不篤敬, 雖州里行乎哉. (『論語』「衛靈公」6)
>
> 말이 충성스럽고 미더우며, 행동이 독실하고 경건하면, 비록 오랑캐의 나라에서도 뜻을 제대로 펼 수 있을 것이다. 말이 충성스럽고 미덥지 않으며, 행동이 독실하고 경건하지 않으면, 비록 행정이 집행되는 영역에 있더라도 행해지겠느냐?

이 문장은 "言"이 "行"에 대응되도록, "忠信"은 "篤敬"에 대응되도록, "蠻貊之邦"은 "州里"에 대응되도록 구조화되어 있다.

> 孔子曰, 生而知之者, 上也, 學而知之者, 次也, 困而學之, 又其次也, 困而不學, 民斯爲下矣. (『論語』「季氏」9)
>
> 선생님께서 말씀하셨다. "나면서부터 아는 사람이 최상이고, 배워서 아는 사람이 그다음이고, 어려움이 있어 배우는 사람이 또 그다음이고, 어려움이 있어도 배우지 않는 사람은 피치자인데 그로 인해 가장 아래가 된다."

이 단락은 병렬 패턴을 통해 인간을 네 부류로 나눈다. "生而知之", "學而知之", "困而學之", "困而不學"은 모두 而를 통해 앞과 뒤를 연결하는 구절들로서, 함께 문장을 이루면서 리듬감을 부여한다. 병렬 패턴을 이루는 요소들은 같은 논의 차원에 있기에 비교 대상이 되고, 그 비교를 어떻게 하느냐에 따라 문장 전체의 의미가 대체로 결정된다.

> 子曰, 君子周而不比, 小人比而不周. (『論語』「爲政」14)
>
> 선생님께서 말씀하셨다. "군자는 두루 아우르되 편을 짓지 않고, 소인은 편을 짓되 두루 아우르지 않는다."

이 문장 역시 병렬 패턴을 유지하고 있다. "君子"는 "小人"과 병렬을 이루고 "周而不比"는 "比而不周"와 병렬을 이룬다. 특히 "周而不比"와 "比而不周"는 같은 글자를 사용하되 위치만 바꾸어서 병렬 패턴을 극대화하고 있다. 이 요소들이 모여 "君子周而不比"와 "小人比而不周"라는 입체적인 병렬 패턴을 이룬다.

子曰, 爲政以德, 譬如北辰居其所而衆星共之. (『論語』「爲政」1)

선생님께서 말씀하셨다. "정치를 덕德으로 하는 것은, 비유컨대 북극성은 자기의 합당한 자리에 있고, 뭇별들이 그것을 둘러싸고 도는 것과 같다."

이 문장을 정확하게 해석하기 위해서는 문법적으로 "譬如"가 "北辰"까지만 걸리는지, "居其所而衆星共之"까지 다 걸리는지를 판단해야 한다. 답은 후자다. 전자가 되면, "居其所而衆星共之"에 대한 주어가 다시 요청되는 문제가 있다. 물론 이 경우 주어가 생략되었다고 볼 수도 있다. 한 가지 더 고려해야 할 점은 "譬如" 앞뒤의 병렬 패턴이다. "譬如" 앞에 한 단어가 아니라 한 문장이 나왔으니, 그 뒤에도 단어가 아닌 문장이 받는다고 보는 것이 좀 더 설득력 있다.

병렬 패턴은 대개 분명하게 드러나 있기 때문에, 독자는 병렬 패턴을 통해 해당 문장의 구조를 좀 더 쉽게 파악할 수 있지만 늘 그런 것은 아니다. 어떤 병렬 패턴들은 다른 표현들에 가려 있어 좀 더 주의를 요한다. 그 주의가 충분하지 않았을 때, 자칫 해석이 부정확해질 수 있다. 그러면 좀 더 구체적인 번역 예시를 통해 이 사안을 검토해보자.

1. 野, 史, 君子의 번역

子曰, 質勝文則野, 文勝質則史. 文質彬彬, 然後君子. (『論語』「雍也」18)

선생님께서 말씀하셨다. "바탕이 세련된 표현을 압도하면 촌놈이고, 세련된 표현이 바탕을 압도하면 문서 작성 관리이고, 세련된 표현과 바탕이 균형을 이룬 이후에야 군자다."

『논어』「옹야」18은 공자가 "野", "史"와 관련하여 군자다움의 내용을 설명하는 문장이다. 대체로 野가 질박함을 뜻하고, 史가 세련됨을 뜻하고, 君子가 『논어』에서 바람직한 인간형을 뜻한다는 것 정도는 번역자들 사이에 합의가 있다. 번역상의 관건은, 野, 史, 君子를 모두 일종의 인간형으로 간주하느냐, 아니면 君子만 인간형으로 간주하느냐이다. 만약 野, 史, 君子가 모두 인간형을 나타낸다면, 「옹야」18은 이 세 단어가 병렬 패턴을 이루는 셈이고, 번역자는 그 점을 살려서 번역하는 것이 바람직하다.

군자가 인간형을 나타낸다는 데는 이견이 없기에, 남은 문제는 野와 史가 과연 인간형을 나타내느냐는 것이다. 중국 문헌에서 史는 주로 (문서 작성을 하는) 관리 혹은 필경사를 뜻하는 경우가 많다.[1] 그래서 『사기史記』는 단순히 고유명사가 아니라 문서 작성 관리(史)의 기록(記)인 셈이다. 그래서 『사기』 영어 번역본 제목도 "The Grand Scribe's Records"이다.[2]

그러면 野의 경우는 어떤가? 고대 중국에서 野는 '도시 중심에서 먼 지역'을 뜻하는 경우가 많다.[3]

그러나 사람을 지칭하는 데 쓰기도 했다. 특히 『논어』에서 그렇다.

> 子曰, 先進於禮樂, 野人也, 後進於禮樂, 君子也. 如用之, 則吾從先進. (『論語』「先進」1)
>
> 선생님께서 말씀하셨다. "예악禮樂에서 선배들은 촌놈이고, 예악에서 후배들은 군자이다. 만약 [예악을] 써야 한다면, 나는 선배들을 따르겠다."

여기서 野는 "촌놈"이라는 표현을 통해 사람을 지칭하고 있으며,[4] 「옹야」18처럼 군자와 대비되는 인간형으로 제시된다는 사실이 주목된다. 그러면 "야인"이 아니라 '野' 한 글자로도 사람을 지칭한 경우가 있을까? 「자로」 3의 "野哉, 由也"(거칠구나, 유는)에서 野는 형용사로 볼 수(도) 있지만, 특정인을 단호하게 규정하는 용어로 사용되고 있다. 이러한 점을 고려한다면, 野, 史, 君子를 모두 일종의 인간형으로 간주해서 번역할 이유가 상당하다고 할 수 있다. 그러면 『논어』 한국어 번역본들은 이 사안을 어떻게 다루어왔을까?

- 野, 史, 君子를 사람으로 명시하고 번역한 번역본

강동석 번역본(122쪽), **금장태 번역본**(37쪽), **김동인·지정민·여영기 번역본**(2권, 101쪽), **박헌순 번역본**(1권, 370쪽), **부남철 번역본**(201~202쪽), **이강재 번역본**(165쪽), **이기석·한백우 번역본**(115쪽), **이우재 번역본**(266쪽), **이을호 번역본**(80쪽), **이지형 번역본**(2권, 69쪽), **정터현·이성민 번역본**(1권, 332~333쪽), **차주환 번역본**(104쪽), **최근덕 번역본**(144~145쪽), **최영갑 번역본**(1권, 220쪽), **한필훈 번역본**(111쪽)

- 野, 史, 君子 중 일부를 사람으로 명시하지 않고 번역한 번역본

김도련 번역본(상권, 311쪽), **김영호 번역본**(130쪽), **김용옥 번역본**(2권, 466쪽), **김원중 번역본**(155쪽), **김학주 번역본**(237쪽), **김형찬 번역본**(86쪽), **동양고전연구회 번역본**(129쪽), **류종목 번역본**(200쪽), **박삼수 번역본**(168~169쪽), **박유리 번역본**(238쪽), **박종연 번역본**(175쪽), **배병삼 번역본**(1권, 321쪽), **성백효 번역본**(174~175쪽), **신정근 번역본**(245쪽), **신창호 번역본**(184쪽), **심경호 번역본**(1권, 206쪽), **양차오밍 번역본**(141쪽), **유교문화연구소 번역본**(190쪽), **윤재근 번역본**(1권, 435쪽), **이기동 번역본**(260쪽), **이동희 번역본**(144쪽), **이상임 번역본**(103쪽), **이한우 번역본**(420쪽), **임동석 번역본**(2권, 506쪽), **임옥균 번역본**(140쪽), **장기근 번역본**(213쪽), **조명화 번역본**(1권, 560쪽), **최석기 번역본**(71쪽), **홍승직 번역본**(115쪽), **황희경 번역본**(117쪽)

2. 어조사가 사용되는 패턴

子曰, 大哉, 堯之爲君也. 巍巍乎. 唯天爲大, 唯堯則之. 蕩蕩乎, 民無能名焉. 巍巍乎, 其有成功也. 煥乎, 其有文章. (『論語』「泰伯」19)

선생님께서 말씀하셨다. "위대하구나, 요堯임금의 임금됨이여! 크고 높도다. 오직 하늘만이 큰데, 요임금만이 그것을 본뜰 수 있으니. 넓고 넓도다, 피치자들이 그것에 무어라 이름 붙일 수 없으니. 크고 높도다, 그가 공을 이루었으니. 찬란하도다, 그가 세련된 표현을 이루었으므로."

이 여문에서 "巍巍乎, 其有成功也"는 也로 끝났는데, 그와 유사해 보이는 "煥乎, 其有文章"은 왜 그렇게 끝나지 않았을까? 이것을 문제시한 주석가가 오규 소라이이다.

巍巍乎, 其有成功也. 煥乎, 其有文章. 上有也字, 下無也字, 言其所以有成功者, 乃以文章也. 文章者禮樂也, 苟非禮樂, 則成功不能若是其巍巍也. (荻生徂徠, 『論語徵』「泰伯第八」)

앞 구절 "巍巍乎, 其有成功也"에는 '也'자가 있는 데 반해, 뒤 구절 "煥乎, 其有文章"에는 '也'자가 없다. 이는 공을 이루는 까닭이 바로 문장文章 때문이라는 것을 말하는 것이다. 문장이란 예와 음악이니, 진실로 예와 음악이 아니라면 공을 이처럼 우뚝하게 이룰 수 없다.

한문에서는 병렬 패턴이 중요하다는 점을 감안하고 볼 때, "巍巍乎, 其有成功也. 煥乎, 其有文章"이라는 문장은 아무래도 이상하다는 것이 오규 소라이의 판단이다. 앞의 패턴을 그대로 반복해서 "巍巍乎, 其有成

功. 煥乎, 其有文章"라고 하거나 "巍巍乎, 其有成功也. 煥乎, 其有文章也" 라고 할 수 있었을 텐데 굳이 "巍巍乎, 其有成功也. 煥乎, 其有文章"라고 한 것이 이상하다. 왜 앞 구절에는 也가 붙는데, 뒤 구절에는 也가 붙지 않는가? 오규 소라이가 보기에 이 문장은 단순히 감탄을 반복한 것이 아니다. 만약 그렇다면 문장 패턴이 정확히 같아야 했을 것이다. 화제 설정 기능을 하는 어조사인 也를 앞 구절에만 붙인 이유는 앞 구절이 화제이고, 뒤 구절이 그에 대한 논평이기 때문이라고 보았다. "巍巍乎, 其有成功也"라는 화제를 설정한 뒤, 그것이 가능한 원인을 제시한 것이 바로 "煥乎, 其有文章"이 되는 셈이다. 이처럼 오규 소라이가 합리적 근거를 가지고 새로운 해석을 제시했으면, 번역자는 그에 응하여 번역할 필요가 있다. 합리적이라고 판단되면 번역에 반영하고, 불합리하다고 판단되면 기각하면 된다. 『논어』 한국어 번역본들은 오규 소라이의 제언을 고려하지 않은 것으로 보인다.

3. 有와 無가 사용되는 패턴

子曰, 志士仁人, 無求生以害仁, 有殺身以成仁. (『論語』「衛靈公」9)

선생님께서 말씀하셨다. "지사志士와 인仁한 사람은 살겠다는 마음이 앞서 인仁을 해치는 경우는 없되, 자신을 죽여 인仁을 이루는 경우는 있다."

이 문장의 전체 구조는 화제-논평이다. 즉, "志士仁人"은 주어가 아니라 화제이다. 화제를 문두에 설정한 뒤, 그다음에는 철저히 병렬 패턴을 유지했다. "無"는 "有"에 대응되고, "求生以害仁"은 "殺身以成仁"에 대응된다. 그리고 "求生以害仁"과 "殺身以成仁"은 모두 "以"를 통해 앞부분과 뒷부분을 매개한다. 『논어』 한국어 번역본들이 이러한 패턴을 살려서 번역했는지 살펴보자.

- 有와 無를 있음과 없음으로 대조하여 병렬 패턴을 명시적으로 드러낸 번역본

강동석 번역본(340쪽), **금장태 번역본**(92~93쪽), **김도련 번역본**(하권, 315쪽), **김동인·지정민·여영기 번역본**(3권, 573쪽), **김영호 번역본**(260쪽), **김용옥 번역본**(3권, 441쪽), **동양고전연구회 번역본**(329쪽), **류종목 번역본**(503쪽), **박유리 번역본**(657쪽), **박헌순 번역본**(2권, 344쪽), **성백효 번역본**(442쪽), **심경호 번역본**(3권, 38쪽), **이강재 번역본**(290쪽), **이기석·한백우 번역본**(364쪽), **이상임 번역본**(44~45쪽), **이우재 번역본**(665쪽), **이지형 번역본**(4권, 303쪽), **이한우 번역본**(1085쪽), **임옥균 번역본**(293쪽), **정태현·이성민 번역본**(3권, 27쪽), **차주환 번역본**(273쪽), **최영갑 번역본**(2권, 221쪽), **홍승직 번역본**(285쪽)

- 有와 無 그 어느 쪽도 있음/없음으로 번역하지 않은 번역본

김형찬 번역본(179쪽), **박삼수 번역본**(430쪽), **배병삼 번역본**(2권, 278쪽), **부남철 번역본**(491쪽), **신정근 번역본**(606쪽), **신창호 번역본**(377쪽), **양차오밍 번역본**(380쪽), **윤재근 번역본**(2권, 384쪽), **조명화 번역본**(2권, 460쪽), **한필훈 번역본**(260쪽), **황희경 번역본**(266쪽)

- 有와 無 중 한쪽만 있음/없음으로 번역하여 병렬 패턴이 뚜렷하지 않은 번역본

김원중 번역본(368쪽), **김학주 번역본**(468쪽), **박종연 번역본**(464쪽), **유교문화연구소 번역본**(552쪽), **이기동 번역본**(556쪽), **이동희 번역본**(122쪽), **이을**

호 번역본(201쪽), **임동석 번역본**(4권, 1346쪽), **장기근 번역본**(574쪽), **최근덕 번역본**(387~388쪽)

子曰, 人無遠慮, 必有近憂. (『論語』「衛靈公」12)
선생님께서 말씀하셨다. "사람에게 멀리까지 걱정하는 마음이 없으면, 반드시 가까이에 근심이 있기 마련이다."

이 문장도 "無"와 "有"가 대응되고, "遠慮"와 "近憂"가 대응된다. 『논어』 한국어 번역본들이 이러한 패턴을 살려서 번역했는지 살펴보자.

• 有와 無를 있음과 없음으로 대조하여 병렬 패턴을 명시적으로 드러낸 번역본

강동석 번역본(342쪽), **금장태 번역본**(93쪽), **김영호 번역본**(262쪽), **김용옥 번역본**(3권, 443쪽), **김학주 번역본**(470쪽), **류종목 번역본**(506쪽), **박유리 번역본**(661쪽), **박종연 번역본**(467쪽), **박헌순 번역본**(2권, 359쪽), **배병삼 번역본**(2권, 282쪽), **성백효 번역본**(447쪽), **심경호 번역본**(3권, 44쪽), **유교문화연구소 번역본**(556쪽), **이강재 번역본**(291쪽), **이기동 번역본**(558쪽), **이상임 번역본**(124쪽), **이지형 번역본**(4권, 337쪽), **이한우 번역본**(1094쪽), **임동석 번역본**(4권, 1358쪽), **임옥균 번역본**(295쪽), **정태현·이성민 번역본**(3권, 34쪽), **최석기 번역본**(127쪽), **홍승직 번역본**(287쪽), **황희경 번역본**(267쪽)

• 有와 無 중 한쪽만 있음/없음으로 번역하여 병렬 패턴이 뚜렷하지 않은 번역본

김도련 번역본(하권, 323쪽), **김동인·지정민·여영기 번역본**(3권, 597쪽), **김원**

중 번역본(369쪽), 김형찬 번역본(180쪽), 동양고전연구회 번역본(331쪽), 박삼수 번역본(433쪽), 부남철 번역본(494쪽), 신정근 번역본(611쪽), 신창호 번역본(378~379쪽), 양차오밍 번역본(382쪽), 윤재근 번역본(2권, 390쪽), 이기석·한백우 번역본(367쪽), 이우재 번역본(669쪽), 이을호 번역본(202쪽), 장기근 번역본(580쪽), 조명화 번역본(2권, 468쪽), 차주환 번역본(275쪽), 최근덕 번역본(390~391쪽), 최영갑 번역본(2권, 228쪽), 한필훈 번역본(262쪽)

4. 以가 사용되는 패턴

"以"는 동사가 연속되는 상황에서 문장성분을 잇는 역할을 담당한다.[5] 그 역할을 하면서 갖게 되는 以의 의미는 다양하다. 가장 흔한 것은 행위의 도구를 지칭하는 데 사용된 以는 '쓰다'라는 동사로서의 의미를 단순 확장한 것이다. 이 경우에는 대개 '…로써'로 번역된다. 행위의 수단이나 도구라는 의미 이외에도 以는 행위의 이유와 시간, 판단 근거 등을 제시하는 데에도 사용된다. 그리고 以는 목적을 나타내기도 하는데, 그 경우에는 대개 '…하기 위해서'로 번역된다.

以가 연결하는 구절은 동사 앞에 놓일 수도 있고 뒤에 놓일 수도 있다. 따라서 以의 앞뒤로 어떤 구절이 있을 때 以가 과연 그중 어떤 구절을 유도하느냐를 판단하는 데 주의를 기울여야 한다. 단순히 以의 위치만으로는 판별할 수 없고, 해당 구절의 의미와 전체 맥락과 패턴을 고려해야 한다.

또한 以가 앞이나 뒤에 놓일 때, 각각의 의미 차이는 없을까? 일견 없는 것처럼 보이지만 꼭 그런 것은 아닌 것 같다. 以가 뒤에 놓인 '是以'와

以가 앞에 놓인 '以是'의 의미가 같을까? 전자는 문장의 연결사로서 '이 때문에, 따라서' 등의 의미를 띠게 되고, 후자는 '이것으로써'처럼 도구적 의미를 띠게 되는 경우가 많다.

『논어』에 나오는 용례를 통해 以의 쓰임을 살펴보자.

> 子路問君子. 子曰, 修己以敬. 曰, 如斯而已乎. 曰, 修己以安人. 曰, 如斯而已乎. 曰, 修己以安百姓. 修己以安百姓, 堯舜其猶病諸. (『論語』「憲問」42)
>
> 자로子路가 군자에 대해 여쭈었다. 선생님께서 말씀하셨다. "자신을 닦아 공경하여라." 자로가 다시 말하였다. "그렇게만 하면 됩니까?" 선생님께서 말씀하셨다. "자신을 닦아 남을 편안케 하여라." 자로가 다시 말하였다. "그렇게만 하면 됩니까?" 선생님께서 말씀하셨다. "자신을 닦아 백성을 편안케 하여라. 자신을 닦아 백성을 편안케 하는 것은 요堯임금과 순舜임금도 오히려 그 정도에는 정녕 못 미친다고 생각하셨다."

여기서는 以가 매개하는 구절이 세 번 나온다. "修己以敬"과 "修己以安人과 "修己以安百姓". 여기서 以는 앞 구절의 내용을 뒤로 이어주는 것일까, 아니면 뒤 구절의 내용을 앞으로 이어주는 것일까? 다시 말해서, "修己以敬"을 "자신을 닦아 공경하여라"로 번역해야 할까, 아니면 "공경으로써 자신을 닦아라"로 번역해야 할까? "修己以安人"을 "자신을 닦아 남을 편안케 하여라"로 번역해야 할까, 아니면 "남을 편안케 함으로써 자신을 닦아라"로 번역해야 할까? "修己以安百姓"을 "자신을 닦아 백성을 편안케 하여라"로 번역해야 할까, 아니면 "백성을 편안케 함으로써 자신을 닦아라"로 번역해야 할까? "修己以安人"을 "남을 편안케 함으로써 자신을 닦아라"로 번역하는 것은 내용상 이상하다. "修己以安百姓"을 "백성을 편안케 함으로써 자신을 닦아라"로 번역하는 것도 내용상 이상하다. 『대학大學』에 나오는 '수신제가치국평천하修身齊家治國平天下' 사상에서 드러나듯, 고대 중국에서는 대개 자신으로부터 보다 큰 공적 영역으로 나아가는 순서를 제시하지 그 역을 제시하는 경우는 드물다. 결국 문제가 되는 것은 "修己以敬"이다. 이것은 "자신을 닦아 공경하여라"로 번역해도, 혹은 "공경으로써 자신을 닦아라"로 번역해도 내용상 큰 무리가 없다. 이 지점에서 고려할 것은 "修己以敬"과 "修己以安人"과 "修己以安百姓"이 병렬 패턴을 이루고 있을 가능성이 높다는 사실이다. 그 점을 감안한다면, "修己以敬"을 "자신을 닦아 공경하여라"로 번역하는 것이 더 낫다. 그러면 『논어』 한국어 번역본들이 이 대목을 어떻게 번역해왔는지 살펴보자.

- "修己以敬"과 "修己以安人"과 "修己以安百姓" 간의 병렬 패턴을 유지하며 번역한 번역본 1: 以가 선행하는 표현을 받는 경우
  (예: "자기 수양을 하여 공경스러워야 한다. … 자기 수양을 하여 남을 편안히 해주어야 한다. … 자기 수양을 하여 백성을 편안하게 해주어야 한다.")
  금장태 번역본(89쪽), **김원중 번역본**(356~357쪽), **김학주 번역본**(456~457쪽), **김형찬 번역본**(175쪽), **동양고전연구회 번역본**(319쪽), **류종목 번역본**(490쪽), **박삼수 번역본**(420쪽), **박유리 번역본**(641쪽), **박종연 번역본**(449~451쪽), **신정근 번역본**(588쪽), **신창호 번역본**(366쪽), **양차오밍 번역본**(369~370쪽), **윤재근 번역본**(2권, 355쪽), **이지형 번역본**(4권, 233쪽), **홍승직 번역본**(278쪽), **황희경 번역본**(259~260쪽)

• "修己以敬"과 "修己以安人"과 修己以安百姓" 간의 병렬 패턴을 유지하며 번역한 번역본 2: 以가 뒤에 오는 표현을 받는 경우

김용옥 번역본 자로子路가 군자君子를 여쭈었다. 이에 공자께서 말씀하시었다: "자기를 닦되 경敬으로써 하라." 자로가 여쭈었다: "그것뿐이오니이까?" 이에 공자께서 말씀하시었다: "자기를 닦되 타인을 편하게 하는 것으로써 하라." 자로가 여쭈었다: "그것뿐이오니이까?" 이에 공자께서 말씀하시었다: "자기를 닦되 백성을 편하게 하는 것으로써 하라. 자기 몸을 닦음으로써 백성을 편하게 만드는 것에 관해서는 요·순도 이를 오히려 어렵게 여겼나니라!" (3권, 425쪽)

• "修己以敬"과 "修己以安人"과 "修己以安百姓" 간의 병렬 패턴을 유지하지 않고 번역한 번역본

(예: "자기를 수양함에 경으로써 하는 것이다. … 자기를 수양하여 다른 사람을 편하게 하는 것이다. … 자기를 수양하여 백성을 편안하게 하는 것이다.")

강동석 번역본(329쪽), **김도련 번역본**(하권, 289~290쪽), **김동인·지정민·여영기 번역본**(3권, 528쪽), **김영호 번역본**(252쪽), **박헌순 번역본**(2권, 307~308쪽), **배병삼 번역본**(2권, 254쪽), **부남철 번역본**(479~480쪽), **성백효 번역본**(430쪽), **심경호 번역본**(2권, 336~338쪽), **유교문화연구소 번역본**(536쪽), **이강재 번역본**(283~284쪽), **이기동 번역본**(544쪽), **이기석·한백우 번역본**(355쪽), **이동희 번역본**(87쪽), **이상임 번역본**(104쪽), **이우재 번역본**(648쪽), **이한우 번역본**(1054쪽), **임동석 번역본**(3권, 1267쪽), **임옥균 번역본**(286쪽), **정태현·이성민 번역본**(2권, 359쪽), **조명화 번역본**(2권, 432쪽), **차주환 번역본**(265~266쪽), **최근덕 번역본**(374쪽), **최석기 번역본**(124~125쪽), **최영갑 번역본**(2권, 204쪽), **한필훈 번역본**(251쪽)

• 기타

이을호 번역본 자로가 참된 인간에 대하여 물은즉, 선생 "몸단속을 잘하면서 사람됨이 경건하다." "그러면 그만인가요?" "몸단속을 잘하면서 뭇사람을 편안하게 해준다." "그러면 그만인가요?" "몸단속을 잘하면서 백성들을 편안하게 해준다. 몸단속을 잘하면서 백성들을 편하게 해주는 일은 요, 순도 애태웠던 일이다." (194~195쪽)

장기근 번역본 자로가 군자에 대해서 묻자, 공자가 말했다. "자기를 수양하고 모든 것을 경건히 받들어야 한다." 자로: "그렇게만 하면 됩니까." 공자: "자기를 수양하고 남들을 안락하게 해주어야 한다." 자로: "그렇게만 하면 됩니까." 공자: "자기를 수양하고 백성을 안락하게 해주어야 한다. 자기를 수양하고 백성을 안락하게 해주는 것은 요임금이나 순임금도 실현하기 어려워한 바이다." (557쪽)

누군가 여전히 문제 제기를 할 수 있다. "修己以敬"과 "修己以安人"과 "修己以安百姓"이 병렬 패턴을 만들고 있다는 보장이 어디 있느냐고. 그렇다. 가능성이 높지는 않지만, 병렬 패턴이 아닐 수도 있다. 즉, "修己以敬"이 "자신을 닦아 공경하여라"가 아니라 "공경으로써 자신을 닦아라"일 수도 있다. 이 문제를 해결하기 위해서는 패턴의 분석만으로는 불가능하고, 구절의 내용을 살펴야 한다. "공경으로써 자신을 닦아라"란 곧 "敬"이 자아 수양의 결과가 아니라 수단으로 간주되는 것이다. 『논어』에서 자주 나오는 敬에 과연 그러한 경향이 있는지를 살펴보자.

子曰, 道千乘之國, 敬事而信, 節用而愛人, 使民以時. (『論語』「學而」5)

선생님께서 말씀하셨다. "제후국을 다스릴 때는 일을 공경하여 믿음을 얻고, 씀씀이를 절약하여 사람들을 아끼고, 시기를 고려하여 피치자를 부려라."

子游問孝. 子曰, 今之孝者, 是謂能養. 至於犬馬, 皆能有養. 不敬, 何以別乎. (『論語』「爲政」7)

자유子游가 효孝에 대해 여쭈었다. 선생님께서 말씀하셨다. "요즘의 효孝란 음식 공양을 잘하는 것을 말한다. 먹이는 일로 말하자면, 개나 말도 모두 잘 먹일 수는 있다. 공경하지 않는다면 개나 말과 무슨 차이가 있으리오?"

季康子問, 使民敬忠以勸, 如之何. 子曰, 臨之以莊則敬, 孝慈則忠, 擧善而教不能則勸. (『論語』「爲政」20)

계강자季康子(노나라 대부)가 물었다. "피치자가 공경하고, 충성하고, 스스로 동기부여하게끔 만들려면 어떻게 하면 될까요?" 선생님께서 말씀하셨다. "[당신 스스로] 위엄을 가지고 대하면 그들이 공경할 것이요, 효孝와 자애로움을 실천하면 그들이 충성할 것이요, 좋은 사람을 들어 쓰고 잘 못하는 사람을 가르치면 그들이 스스로 동기부여할 것입니다."

子曰, 居上不寬, 爲禮不敬, 臨喪不哀, 吾何以觀之哉. (『論語』「八佾」26)

선생님께서 말씀하셨다. "윗자리를 차지하고 있으면서 관용을 베풀지 않고, 예禮를 행하되 공경하지 않고, 상례에 임해서 슬퍼하지 않으면, 내가 무엇으로 그를 보겠는가?"

子曰, 事父母幾諫, 見志不從, 又敬不違, 勞而不怨. (『論語』「里仁」18)

선생님께서 말씀하셨다. "부모를 섬길 때 은근히 간쟁해야 하고,

부모의 뜻이 간쟁하는 대로 바뀌지 않는 것을 보고서도, 공경하여 거스르지 말아야 하고, 수고스럽더라도 원망하지 마라."

子謂子産, 有君子之道四焉. 其行己也恭, 其事上也敬, 其養民也惠, 其使民也義. (『論語』「公冶長」16)

선생님께서 자산子産(정나라 대부)을 이렇게 평가하셨다. "[그는] 군자의 도를 네 가지 가졌다. 그는 행동할 때 공손하였고, 윗사람을 섬길 때 공경하였고, 피치자들을 기를 때 은혜로웠고, 피치자들을 부릴 때 올발랐다."

子曰, 晏平仲善與人交, 久而敬之. (『論語』「公冶長」17)

선생님께서 말씀하셨다. "안평중晏平仲(제나라 대부)은 남과 사귀는 일을 잘하였다. 오래되어도 사람들이 그를 공경하였다."

仲弓問子桑伯子. 子曰, 可也, 簡. 仲弓曰, 居敬而行簡, 以臨其民, 不亦可乎. 居簡而行簡, 無乃大簡乎. 子曰, 雍之言然. (『論語』「雍也」2)

중궁仲弓(염옹)이 자상백자子桑伯子에 대해 여쭈었다. 선생님께서 말씀하셨다. "괜찮지. 대범하다." 중궁이 말하였다. "공경을 바탕으로 하되 대범함을 실천하여 피치자들에게 임하면 참으로 괜찮지 않습니까? [그러나] 대범함을 바탕으로 해서 또 대범함을 실천하면, 너무 대범하지 않을까요?" 선생님께서 말씀하셨다. "네 말이 맞다."

樊遲問知. 子曰, 務民之義, 敬鬼神而遠之, 可謂知矣. (『論語』「雍也」22)

번지樊遲가 안다는 것에 대해 여쭈었다. 선생님께서 말씀하셨다. "피치자에 관련하여 올바름에 힘쓰고, 귀신을 공경하되 거리를 두면 '안다'고 할 수 있다."

門人不敬子路. (『論語』「先進」15)

문인들이 자로子路를 공경하지 않았다.

上好禮, 則民莫敢不敬. (『論語』「子路」4)

윗사람이 예禮를 좋아하면, 피치자들 중에 감히 공경하지 않는 사람이 없다.

言忠信, 行篤敬, 雖蠻貊之邦行矣. 言不忠信, 行不篤敬, 雖州里行乎哉. (『論語』「衛靈公」6)

말이 충성스럽고 미더우며, 행동이 독실하고 경건하면, 비록 오랑캐의 나라에서도 뜻을 제대로 펼 수 있을 것이다. 말이 충성스럽고 미덥지 않으며, 행동이 독실하고 경건하지 않으면, 비록 행정이 집행되는 영역에 있더라도 행해지겠느냐?

知及之, 仁能守之. 不莊以涖之, 則民不敬. (『論語』「衛靈公」33)

지혜가 그에 미치고 인仁으로 지켜낼 수 있어도, 장엄함으로 임하지 않으면 피치자들이 공경하지 않는다.

子曰, 事君, 敬其事而後其食. (『論語』「衛靈公」38)

선생님께서 말씀하셨다. "군주를 섬기는 데는 [먼저] 그 일을 공경히 하고, 그 식록食祿(녹봉)은 뒤로 미룬다."

孔子曰, 君子有九思. 視思明, 聽思聰, 色思溫, 貌思恭, 言思忠, 事思敬, 疑思問, 忿思難, 見得思義. (『論語』「季氏」10)

선생님께서 말씀하셨다. "군자는 아홉 가지 생각할 것이 있다. 볼 때는 밝게 볼 것을 생각해야 하고, 들을 때는 분경히 들을 것을 생각해야 하고, 안색을 지을 때는 온화하게 할 것을 생각해야 하고, 몸가짐에는 공손히 할 것을 생각해야 하고, 말할 때는 충성을 생각해야 하고, 일할 때는 공경스러움을 생각해야 하고, 의심스러운 일은 물어볼 것을 생각해야 하고, 분노가 일 때는 그로 인해 초래될 어려움을 생각해야 하고, 이득을 마주할 때는 합당함을 생각해야 한다.

子張曰, 士, 見危致命, 見得思義, 祭思敬, 喪思哀, 其可已矣. (『論語』

「子張」1)

자장子張이 말하였다. "사士가 되어, 위기에 마주해서는 목숨을 바치고, 이익에 마주해서는 옳음을 생각하고, 제사에는 공경을 생각하고, 상사에는 슬픔을 생각하면, 아마도 괜찮다고 하겠다."

이상이 『논어』에 나오는 敬의 용례들이다. 종합적으로 볼 때, 『논어』에 나오는 敬이란 외부적인 존재나 사태를 접하고 대해야 하는 상황에서 요청되는 태도라고 할 수 있다. 위 예문에 나오는 "敬事", "不敬, 何以別乎", "其事上也敬", "行篤敬", "敬其事", "事思敬", "祭思敬" 같은 표현들이 그 점을 잘 보여준다. 요컨대, 敬은 그것을 가지고 자아 수양을 해야 하는 수단이 아니라, 자아 수양을 통해 구현해야 할 태도이다. 敬이 본격적으로 자아 수양의 수단적 의미를 띠게 되는 것은, 송나라에서 성리학이 흥기한 이후의 일이라고 할 수 있다.[6] 이 점과 병렬 패턴의 형식을 감안할 때, "修己以敬"은 "공경으로써 자신을 닦아라"가 아니라 "자신을 닦아 공경하여라"의 뜻이라고 결론지을 수 있다.

지금까지의 논의를 종합해보자. 『논어』에서 병렬 패턴이라는 형식은 매우 중시되었으며, 그만큼 특정 문장의 뜻을 파악하는 데 중요한 역할을 한다. 패턴은 형식적 요소이지만, 형식이 곧 내용을 지시할 수도 있는 것이다. 그렇다고 해서 병렬 패턴만이 언제나 해석의 결정적인 열쇠 역할을 하는 것은 아니다. 以의 경우에 보았듯이, 그에 맞는 내용 분석과 결합되었을 때 더욱 효과적이다.

4부

섬세한 번역을 위하여

25

부정문의 번역: 不과 未

에드윈 풀리블랭크를 비롯해 많은 문법학자들이 정리했듯이, 부정을 나타내는 不은 단순 부정에 사용되는 반면, 未는 "아직 …하지 않았다"는 뜻을 가진다.[1] 비교적 단순한 구분임에도 불구하고 이 의미 차이는 『논어』 한국어 번역에 충분히 반영되지 않은 것으로 보인다. 이 사안은 단지 '아직'이라는 단어를 번역문에 추가하는 문제에 그치지 않는다. 특히 '未仁미인'과 '不仁불인'의 차이는 좀 더 심각한 의미 차이로 이어진다.

1. 未知의 번역

子張問曰, 令尹子文三仕爲令尹, 無喜色, 三已之, 無慍色. 舊令尹之政, 必以告新令尹. 何如. 子曰, 忠矣. 曰, 仁矣乎. 曰, 未知, 焉得仁. 崔子弑齊君, 陳文子有馬十乘, 棄而違之. 至於他邦, 則曰, 猶吾大夫崔子也. 違之. 之一邦, 則又曰, 猶吾大夫崔子也. 違之. 何如. 子曰, 淸矣. 曰, 仁矣乎. 曰, 未知, 焉得仁. (『論語』「公冶長」 19)

자장子張이 여쭈었다. "영윤令尹인 자문子文(초나라 대부)이 세 번이나 벼슬길에 나가 영윤이 되었음에도 기뻐하는 기색이 없었고, 세 번이나 그만두면서도 열받은 기색이 없었습니다. 그리고 옛 영윤의 정치를 반드시 새 영윤에게 알려주었습니다. 어떻습니까?" 선생님께서 말씀하셨다. "충성스럽다." 다시 여쭈었다. "인仁합니까?" 선생님께서 대답하셨다. "아직 모르겠다. 어찌 인仁할 수 있겠는가." 다시 여쭈었다. "최자崔子(제나라 대부)가 제나라 군주를 시해하자, 진문자陳文子(제나라 대부)는 그를 모실 상당한 지위에 있었는데도 다 버리고 떠났습니다. 다른 나라에 이르러서 '우리 대부 최자와 같구나' 하고서 그곳을 떠났습니다. 또 다른 나라에 이르러서 말하기를 '우리 대부 최자와 같구나' 하고서 또 떠났습니다. 어떻습니까?" 선생님께서 말씀하셨다. "맑다." 다시 여쭈었다. "인仁합니까?" 대답하였다. "아직 모르겠다. 어찌 인仁할 수 있겠는가."

『논어』「공야장」 19는 영윤 직책을 맡은 자문에 대한 평가를 두고 자장과 공자가 나눈 대화이다. 자장은 자문이 과연 仁한 인물에 해당하는지가 궁금하다. 그러나 공자는 자문이 충성스럽고 맑은 인물에 해당한다고 말하되 仁하다고는 인정하지 않는다. '충성스러움'이나 '맑음'이 매우 긍정적인 가치라는 점을 감안하면, "(仁인지) 아직 모르겠다"라는 말은 仁에 근접해 보이지만 仁은 아니라는 뜻이라고 할 수 있다. 왜 仁이 되기에는 미진한지는 더 탐구해볼 문제이다. 자문의 행동 자체는 인정할 만하지만, 仁이라고 하기에는 다른 영역에서의 행동도 봐야 알겠다는 뜻일 수도 있고, 자문의 (이번) 행동 자체가 미진한 점이 있을 수도 있고, 제삼의 경우일 수도 있다. 현재의 논의에서 중요한 것은 그러한 유보적인 입장을 未知라는 말로 표현했다는 사실이다.

그러면 『논어』 한국어 번역본들이 未知를 어떻게 번역했는지 살펴보자.

- "모른다", "알 수 없다"처럼 단순 부정으로 번역한 번역본

강동석 번역본(100쪽), **금장태 번역본**(31~32쪽), **김동인·지정민·여영기 번역본**(1권, 556~558쪽), **김영호 번역본**(115쪽), **김용옥 번역본**(2권, 326~327쪽), **김원중 번역본**(131~132쪽), **김형찬 번역본**(75~76쪽), **동양고전연구회 번역본**(109쪽), **류종목 번역본**(164쪽), **박헌순 번역본**(1권, 302~304쪽), **배병삼 번역본**(1권, 262~263쪽), **부남철 번역본**(167~168쪽), **성백효 번역본**(143~144쪽), **유교문화연구소 번역본**(152쪽), **이기석·한백우 번역본**(90~91쪽), **이우재 번역본**(221쪽), **이지형 번역본**(1권, 551쪽), **이한우 번역본**(352~353쪽), **임동석 번역본**(1권, 382~383쪽), **임옥균 권역본**(123~124쪽), **장기근 번역본**(172~173쪽), **정태현·이성민 번역본**(1권, 286~288쪽), **조명화 번역본**(1권, 494쪽), **차주환 번역본**(84~85쪽), **한필훈 번역본**(94~95쪽)

- "(아직) 잘은 모른다"처럼 유보적인 부정으로 번역한 번역본

김학주 번역본(213~214쪽), **박삼수 번역본**(137~138쪽), **박종연 번역본**(143~147쪽), **신정근 번역본**(205~206쪽), **신창호 번역본**(161~163쪽), **윤재근 번역본**(1권, 363~364쪽), **이강재 번역본**(152~153쪽), **이기동 번역본**(228~229쪽), **최근덕 번역본**(117~118쪽), **최영갑 번역본**(1권, 177~179쪽), **황희경 번역본**(100쪽)

- 한 번은 단순 부정으로 번역하고, 다른 한 번은 유보적인 부정으로 번역하여 일관성이 없는 번역본

김도련 번역본(상권, 252~253쪽), **양차오밍 번역본**(114쪽), **이동희 번역본**(115쪽)

• 내용을 재서술하여 未知의 축자적 뜻을 알아보기 어렵게 된 번역본(밑줄은 필자)

박유리 번역본 …"어질다고 하겠습니까?"라고 하자, "아직 지혜롭다고 할 수도 없는데, 어찌 어질다고 할 수 있겠느냐?"라고 하셨다. … "어질다고 하겠습니까?"라고 하자, "아직 지혜롭다고 할 수도 없는데, 어찌 어질다고 할 수 있겠는가?"라고 하셨다. (189~190쪽)

이을호 번역본 …"사람 구실을 다한 분인가요?" "글쎄 사람 구실을 다했다고야 하겠니!" … "사람구실을 다한 분인가요?" "글쎄, 사람 구실을 다했다고야 하겠니!" (68쪽)

2. 不知의 번역

孟武伯問, 子路仁乎. 子曰, 不知也. 又問. 子曰, 由也, 千乘之國, 可使治其賦也, 不知其仁也. 求也, 何如. 子曰, 求也, 千室之邑, 百乘之家, 可使爲之宰也, 不知其仁也. 赤也, 何如. 子曰, 赤也, 束帶立於朝, 可使與賓客言也, 不知其仁也. (『論語』「公冶長」8)

맹무백孟武伯(노나라 대부)이 [공자 제자들에 대해] 여쭈었다. "자로子路는 인仁합니까?" 선생님께서 말씀하셨다. "모르겠소." 또 여쭈었다. 선생님께서 말씀하셨다. "유由(자로)는 제후국에서 군사일을 맡아 다스리게 할 수는 있지만, 그가 인仁한지는 모르겠소." "그럼 구求(염구)는 어떻습니까?" 선생님께서 말씀하셨다. "구는 제후국

> 대부의 가신을 시킬 수는 있지만 그가 인仁한지는 모르겠소." "그럼 적赤(공서적)은 어떤가요?" 선생님께서 말씀하셨다. "적은 조정朝廷에서 관복에 띠를 두르고, 빈객들과 더불어 이야기하게 할 수는 있지만, 그가 인仁한지는 모르겠소."

『논어』「공야장」8은 자로, 염구, 공서적에 대한 평가를 두고 맹무백과 공자가 나눈 대화이다. 맹무백은 자로, 염구, 공서적이 과연 仁한 인물에 해당하는지 궁금하다. 그러나 공자는 자로, 염구, 공서적이 각자 나름의 기능을 수행할 수는 있다고 말하되 仁한 인물에 해당한다고는 인정하지 않는다. 그 기능에 해당하는 일들, 즉 군사일, 가신, 접대 등인 만큼 긍정적인 가치로 간주되지 않고 있다. 앞의 『논어』「공야장」19에서 '충성'이나 '맑음'을 긍정적 가치로 논했다는 사실과 대조된다. 즉 "仁한지는 모르겠다"는 말은 仁에 어느 정도 근접하다는 뜻이 아니라 仁과는 분명히 구분된다는 뜻이다. 왜 그 기능들이 仁과 분명히 구분되는지는 더 탐구해볼 문제이다. 현재의 논의에서 중요한 것은 그렇게 분명한 부정의 입장을 不知라는 말로 표현했다는 사실이다.

그러면 『논어』 한국어 번역본들이 不知를 어떻게 번역했는지 살펴보자.

- "그가 인한지(는) 모른다"와 같이 단순 부정으로 번역한 번역본
  금장태 번역본(29~30쪽), **김도련 번역본**(상권, 230~232쪽), **김동인·지정민·여영기 번역본**(1권, 517~518쪽), **김영호 번역본**(109~110쪽), **김원중 번역본**(122~123쪽), **김학주 번역본**(203~204쪽), **김형찬 번역본**(71~72쪽), **동양고전연구회 번역본**(101~103쪽), **류종목 번역본**(150쪽), **박삼수 번역본**

(124~125쪽), **박유리 번역본**(172쪽), **박종연 번역본**(132~134쪽), **박헌순 번역본**(1권, 277~279권), **배병삼 번역본**(1권, 240~241쪽), **부남철 번역본**(155~156쪽), **성백효 번역본**(132~134쪽), **양차오밍 번역본**(104~105쪽), **유교문화연구소 번역본**(136~137쪽), **윤재근 번역본**(1권, 329쪽), **이강재 번역본**(147쪽), **이기동 번역본**(214쪽), **이동희 번역본**(114쪽), **이우재 번역본**(204~205쪽), **이을호 번역본**(64쪽), **이지형 번역본**(1권, 509쪽), **이한우 번역본**(320쪽), **임동석 번역본**(1권, 350쪽), **임옥균 번역본**(117쪽), **정태현·이성민 번역본**(1권, 264~265쪽), **차주환 번역본**(77쪽), **최근덕 번역본**(107~108쪽), **최영갑 번역본**(1권, 161~164쪽), **황희경 번역본**(93~94쪽)

- "그가 인한지(는) 잘 모른다"와 같이 한 곳 이상 유보적인 부정으로 번역한 번역본

강등석 번역본(91쪽), **김용옥 번역본**(2권, 262쪽), **신정근 번역본**(191쪽), **신창호 번역본**(153~154쪽), **이기석·한백우 번역본**(81~82쪽), **장기근 번역본**(156~157쪽), **조명화 번역본**(1권, 458쪽), **한필훈 번역본**(88~89쪽)

3. 未可의 번역

子貢問曰, 鄕人皆好之, 何如. 子曰, 未可也. 鄕人皆惡之, 何如. 子曰, 未可也, 不如鄕人之善者好之, 其不善者惡之. (『論語』「子路」24)

자공子貢이 여쭈었다. "지역 사람들이 모두 그를 좋아하면 어떻습니까?" 선생님께서 말씀하셨다. "아직 안 된다." "지역 사람들이 모두 그를 미워하면 어떻습니까?" 선생님께서 말씀하셨다. "아직 안 된다. 지역의 좋은 사람이 그를 좋아하고 지역의 나쁜 사람이 그를 미워하는 것만 못하다." (밑줄은 필자)

『논어』「자로」24는 인물 평가에서 사람들의 호오好惡가 갖는 위상에 대해 논한 것이다. 자공과 공자가 나눈 대화는 다음과 같은 질문을 다룬다. 일상에서 모든 이로부터 호감을 얻는다는 것이 과연 바람직한가? 그리고 사람들로부터 미움을 받는다는 것이 과연 나쁘기만 한 일인가? 이러한 질문을 둘러싼 대화는 仁을 직접 언급하지는 않아도 仁의 문제를 다루고 있다고 볼 여지가 있다.[2]

지역 사람들의 호오 그 자체는 바람직한 상태의 증거가 되지 못한다. 모두가 좋아한다고 해서 혹은 미워한다고 해서, 그를 군자라고 평가할 수 없다. 그것을 미진하다고 평가할 수 있는 것은 그보다 나은 상태가 존재하기 때문이다. 그것은 바로 지역의 좋은 사람이 좋아하고 지역의 나쁜 사람이 미워하는 경우다. 이러한 각 상태의 위계를 표현하기 위해 '不可'보다는 '未可'라는 표현을 사용했다.

그러면 『논어』 한국어 번역본들이 未可를 어떻게 번역했는지 살펴보자.

- "안 된다"(옳지 않다/좋지 않다 등)로 번역한 번역본

강동석 번역본(289~290쪽), **김영호 번역본**(229쪽), **박증연 번역본**(403~404쪽), **박헌순 번역본**(2권, 199~200쪽), **성백효 번역본**(385~386쪽), **양차오밍 번역본**(335쪽), **유교문화연구소 번역본**(470쪽), **윤재근 번역본**(2권, 236쪽), **이기동 번역본**(499쪽), **이상임 번역본**(97쪽), **이지형 번역본**(3권, 561쪽), **이한우 번역본**(922쪽), **임옥균 번역본**(259쪽), **정태현·이성민 번역본**(2권, 282쪽), **차주환 번역본**(232쪽), **최석기 번역본**(118쪽), **황희경 번역본**(232쪽)

- "아직" 혹은 그와 유사한 기능을 하는 표현(충분하지 않다/그 정

도로는 안 된다 등)을 사용해서 번역한 번역본

금장태 번역본(80쪽), **김동인·지정민·여영기 번역본**(3권, 360쪽), **김용옥 번역본**(3권, 369쪽), **김원중 번역본**(320쪽), **김학주 번역본**(415~416쪽), **김형찬 번역본**(157~158쪽), **동양고전연구회 번역본**(285쪽), **류종목 번역본**(440쪽), **박삼수 번역본**(378~379쪽), **박유리 번역본**(577쪽), **배병삼 번역본**(2권, 168쪽), **부남철 번역본**(432쪽), **신정근 번역본**(523쪽), **신창호 번역본**(331~332쪽), **심경호 번역본**(2권, 232쪽), **이강재 번역본**(262~263쪽), **이기석·한백우 번역본**(313~314쪽), **이동희 번역본**(153~154쪽), **이우재 번역본**(580쪽), **이을호 번역본**(174쪽), **임동석 번역본**(3권, 1129쪽), **장기근 번역본**(494쪽), **조명화 번역본**(2권, 335~336쪽), **최근덕 번역본**(333쪽), **최영갑 번역본**(2권, 141~142쪽), **한필훈 번역본**(224쪽), **홍승직 번역본**(254쪽)

- 내용을 재서술하여 未知의 축자적 뜻이 알아보기 어렵게 된 번역본

김도련 번역본(하권, 199쪽)

4. 不仁과 未仁의 비교

1) 不仁의 번역

子曰, 人而不仁, 如禮何, 人而不仁, 如樂何. (『論語』「八佾」3)

선생님께서 말씀하셨다. "사람이 인仁하지 않으면 예禮를 어찌하고, 사람이 인仁하지 않으면 음악을 어찌하랴?"

『논어』「팔일」 3은 仁과 예악禮樂의 관계를 논한다. 예악이 그 목적을 온전히 실현하려면 그것을 수행하는 이의 仁이 필요할 것이다. 여기서 不仁은 仁과 이분법적 대조 속에서 성립하는 것, 즉 仁하지 않은 상태를 지칭하는 표현이지, 어느 정도 仁에 접근하되 아직 仁이 아닌 상태를 의미하는 표현은 아니다.

> 子曰, 不仁者, 不可以久處約, 不可以長處樂. 仁者, 安仁, 知者, 利仁. (『論語』「里仁」 2)
>
> 선생님께서 말씀하셨다 "인仁하지 않은 사람은 곤궁한 상황에 오래 머물지 못하고, 즐거운 상황에도 오래 머물지 못한다. 인仁한 사람은 인仁을 편히 여기고, 지혜로운 사람은 인仁을 이롭게 여긴다."

이 문장은 仁한 사람과 仁하지 않은 사람을 대조한 뒤, 다시 仁한 사람과 知者를 비교한다. 여기서도 不仁者는 仁者와 대조되는 인간형이다. 아직 충분히 仁하지는 않지만 仁함에 접근하는 상태는 고려되지 않고 있다.

> 子曰, 我未見好仁者, 惡不仁者. 好仁者, 無以尙之. 惡不仁者, 其爲仁矣, 不使不仁者加乎其身. 有能一日用其力於仁矣乎. 我未見力不足者. 蓋有之矣, 我未之見也. (『論語』「里仁」 6)
>
> 선생님께서 말씀하셨다. "나는 인仁을 좋아하는 사람과 인仁하지 않음을 미워하는 사람을 아직 보지 못하였다. 인仁을 좋아하는 사람이야 더할 나위 없다. 인仁하지 않음을 미워하는 사람은, 인仁을 실천하면서 인仁하지 않음이 자신에게 더해지지 못하게 한다. 하루라도 자기 힘을 인仁에다 쏟아부을 수 있는 사람이 있는가? 나는 힘이 부족한 사람은 아직 보지 못하였다. 있기는 하겠지만 나

는 아직 보지 못하였다."

『논어』「이인」 6은 좋아할 대상으로서 仁과 싫어할 대상으로서 不仁을 대조한 뒤, 인을 추구하기를 권하고 있다. 여기서도 不仁은 仁과 대조되는 대상이다. 아직 충분히 仁하지는 않지만 仁함에 접근하는 상태는 고려되지 않고 있다.

子曰, 好勇疾貧, 亂也. 人而不仁, 疾之已甚, 亂也. (『論語』「泰伯」 10)

선생님께서 말씀하셨다. "용기를 좋아하되 가난함을 미워하면, 난리를 초래한다. 사람인데도 인仁하지 않음을 너무 심하게 미워하면, 난리를 초래한다."

『논어』「태백」 10은 어떤 경우에 난리로 귀결되는지 문제를 다룬다. 여기서도 不仁은 仁과 대조되는 대상이다. 아직 충분히 仁하지는 않지만 仁함에 접근하는 상태는 고려되지 않고 있다.

樊遲問仁. 子曰, 愛人. 問知. 子曰, 知人. 樊遲未達. 子曰, 擧直錯諸枉, 能使枉者直. 樊遲退, 見子夏曰, 鄕也吾見於夫子而問知, 子曰, 擧直錯諸枉, 能使枉者直, 何謂也. 子夏曰, 富哉, 言乎. 舜有天下, 選於衆, 擧皐陶, 不仁者遠矣. 湯有天下, 選於衆, 擧伊尹, 不仁者遠矣. (『論語』「顔淵」 22)

번지樊遲가 인仁에 대해 여쭈었다. 선생님께서 말씀하셨다. "남을 아끼는 것이다." 번지가 안다는 것에 대해 여쭈었다. 선생님께서 말씀하셨다. "남을 아는 것이다." 번지가 이해하지 못하였다. 선생님께서 말씀하셨다. "곧은 사람을 들어 굽은 사람 위에 놓으면 굽은 사람을 바르게 할 수 있다." 번지가 물러나와 자하子夏를 만나서 말하였다. "조금 전 선생님을 뵙고 안다는 것에 대해 물었더니, 선생님께서 '곧은 사람을 들어 굽은 사람 위에 놓으면 굽은 사람을 바르게 할 수 있다'라고 말씀하셨다. 무슨 뜻인가?" 자하가 말하였다. "[뜻이] 풍부하구나, 그 말씀은! 순舜임금께서 천하를 가지고서, 여러 사람 중에서 가려내서 고요皐陶를 등용하시니 인仁하지 않은 자들이 멀어졌다. 탕湯임금께서 천하를 가지고서, 여러 사람 중에서 가려내서 이윤伊尹을 등용하시니 인仁하지 않은 자들이 멀어졌다."

『논어』「안연」22는 仁과 知에 대한 이해를 다룬다. 여기서도 不仁은 仁과 대조되는 대상이다. 아직 충분히 仁하지는 않지만 仁함에 접근하는 상태는 고려되지 않고 있다. 등용될 만한 이들을 가려쓰자, 不仁한 이들이 멀어졌다는 언명에 주목할 필요가 있다. 아직 충분히 仁하지는 않지만 仁함에 접근하고 있는 이들이라면 멀어지지 않았을 것이다.

子曰, 君子而不仁者有矣夫, 未有小人而仁者也. (『論語』「憲問」6)

선생님께서 말씀하셨다. "군자이면서 인仁하지 않은 사람은 있어도, 소인이면서 인仁한 사람은 아직 없었다."

『논어』「헌문」6은 仁과의 관련 속에서 군자와 소인을 구분하고 있다. 여기서도 不仁은 仁과 대조되는 대상이다. 아직 충분히 仁하지는 않지만 仁함에 접근하는 상태는 고려되지 않고 있다.

宰我問, 三年之喪, 期已久矣. 君子三年不爲禮, 禮必壞, 三年不爲樂, 樂必崩. 舊穀旣沒, 新穀旣升, 鑽燧改火, 期可已矣. 子曰, 食夫稻, 衣夫錦, 於女安乎. 曰, 安. 女安, 則爲之. 夫君子之居喪, 食旨不甘, 聞樂不樂, 居處不安, 故不爲也. 今女安, 則爲之. 宰我出, 子曰, 予之不仁也. 子生三年, 然後免於父母之懷. 夫三年之喪, 天下之通喪也. 予也有三年之愛於其父母乎. (『論語』「陽貨」 21)

재아宰我가 여쭈었다. "삼년상에서 1년 지내는 것도 너무 깁니다. 군자가 3년 동안 예禮를 행하지 않으면, 예禮는 반드시 무너지고, 3년 동안 음악을 하지 않으면 음악은 반드시 무너집니다. 묵은 곡식은 바닥나고 햇곡식이 여물고, 철에 맞추어 나무를 바꾸어 불을 얻을 만한 기간이니 1년이면 그만할 만합니다." 선생님께서 말씀하셨다. "[상중에] 쌀밥을 먹고 비단옷을 입으면 너는 편하냐?" [재아가] 대답하였다. "편합니다." 선생님께서 말씀하셨다. "네가 편하다면 그렇게 해라! 군자가 상중에는 맛난 음식을 먹어도 달지 않고, 음악을 들어도 즐겁지 않고, 집 안에 있어도 편안하지 않기 때문에 하지 않는 것이다. 정녕 네가 편하다면, 그렇게 하려무나!" 재아가 나가자 선생님께서 말씀하셨다. "재아는 인仁하지 않다. 자식은 태어나서 3년이 지난 뒤에야 부모의 품에서 벗어난다. 삼년상은 세상에 통용되는 상례이다. 재아도 부모로부터 그 3년간의 아껴줌을 받았겠지?"

『논어』「양화」 21은 삼년상에 문제 제기를 하는 재아와 공자의 대화를 수록한 것이다. 여기서 재아는 삼년상의 의미를 제대로 모르는 부도덕한 사람으로 묘사되고 있으며, 그 과정에서 不仁이라는 표현이 쓰였다. 즉 不仁은 仁의 정반대말이지 아직 충분히 仁하지는 않지만 仁에 접근하는 상태를 나타내는 말이 아니다.

2) 未仁의 번역

子路曰, 桓公殺公子糾, 召忽死之, 管仲不死, 曰未仁乎. 子曰, 桓公九合諸侯, 不以兵車, 管仲之力也. 如其仁, 如其仁. (『論語』「憲問」16)

자로子路가 말하였다. "환공桓公이 공자 규糾를 죽였을 때, 소홀召忽은 [따라] 죽었는데 관중管仲은 죽지 않았으니, 채 인仁하지 못하다고 해야겠지요?" 선생님께서 말씀하셨다. "환공은 제후를 규합하는 데 무력을 사용하지는 않았으니, 이것은 관중의 공이다. 그러니 그가 인仁하다, 그러니 그가 인仁하다!"

『논어』「헌문」16에서는 자로와 공자가 고대 중국의 정치가인 관중(?~B.C. 645)의 공헌 여부를 논한다.[3] 자로와 공자는 모두 관중이 일정 수준 이상의 성취를 이루었다는 공감대를 갖고 있다. 다만 자로는 관중이 비상 상황에서 따라 죽지 않았다는 점에 주목한다. 그리하여, 관중이 뛰어난 성취에도 불구하고 아직 仁하다고는 할 수 없다(未仁)는 의견을 피력한다. 『논어』의 다른 부분에서와 마찬가지로 공자는 그러한 자로에게 이견을 표시한다. 그것은 너무 박한 평가라고. 관중은 仁하다고 할 만하다고. 이와 같은 대화에서 未仁은 仁의 정반대가 아니라 仁에 아직 미흡한 상태를 지칭한다.

子游曰, 吾友張也, 爲難能也, 然而未仁. (『論語』「子張」15)

자유子游가 말하였다. "내 친구 자장子張은 해내기 어려운 일을 해내지만, 아직 인仁하지는 않다."

『논어』「자장」15는 자유가 친구인 자장을 평가하는 문장이다. 여기서의 未仁 역시 仁의 정반대로서 부정적인 상태가 아니라 仁에 아직 미흡한 상태를 지칭한다.

영어에서는 어떤 "전체"를 가리키는 단어를 부정하는 표현은 종종 그 단어의 전면 부정이 아니라 부분적 부정을 나타내는 경우가 있다. 예컨대 'always'는 '언제나'라는 뜻이지만 'not always'는 언제나를 전면 부정하는 것이 아니라 '언제나 그런 것은 아니다'라는 부분적인 부정을 나타낸다. 이러한 패턴을 한문에 바로 적용할 수는 없다. 仁이라는 전체성을 띤 덕성의 경우가 특히 그러하다. 不仁이라고 하면 '완전히 혹은 충분히 仁한 것은 아니다'라는 부분적인 부정의 뜻이 아니라 仁의 전면 부정을 나타낸다. '완전히 혹은 충분히 仁한 것은 아니다'라는 뜻을 나타내려면 不仁이 아니라 未仁이라는 표현을 써야 한다. 仁이 『논어』의 핵심 개념인 만큼, 이 사안에 소홀하면 『논어』 전체 내용을 오도하게 될 가능성마저 있다.

26

자동사와 타동사의 번역

편의상 영문법에서 운위하는 자동사 대 타동사 구분을 도입해보자. 자동사와 타동사는 목적어의 유무에 의해 구별된다. "…을/를"에 해당하는 목적어를 동반하는 타동사는 동사의 작용이 목적어에 미치는 데 비해, 목적어를 동반하지 않는 자동사는 동사의 작용이 주어에 한정된다.

영어에서도 종종 그러하지만, 한문에서도 단어 형태를 통해 자동사와 타동사를 구별할 수는 없다. 같은 글자가 타동사로 기능할 수도 있고 자동사로 기능할 수도 있다. 따라서 어떤 단어가 자동사로 쓰였는지 아니면 타동사로 쓰였는지 판별하기가 쉽지 않다. 문장에서 목적어가 있는지 찾아보면 되지 않겠냐고? 타동사의 목적어는 생략되는 경우도 많기에, 명시적인 목적어 유무에 따라 자동사와 타동사 여부를 가리기도 쉽지 않다. 이러한 문제를 염두에 두고 『논어』「향당」25를 살펴보자.

1. 『논어』「향당」25의 공자 묘사

『논어』「향당」은 예를 수행하는 공자의 모습을 묘사한 문장으로 가득 차 있다. 상당히 규모가 큰 예를 수행하는 경우에서부터 아주 미세한 행동거지까지 묘사의 대상은 다양하다. 다음은 상황의 변화에 따라 공자가 어떻게 예에 맞게 잘 처신했는지를 보여주는 예문이다(밑줄은 필자).

> 見齊衰者, 雖狎, 必變. 見冕者與瞽者, 雖褻, 必以貌. 凶服者式之. 式負版者. 有盛饌, 必變色而作. 迅雷風烈, 必變. (『論語』「鄕黨」25)
>
> 상복을 입은 사람을 보면, 평소에 허물없이 지내는 사이라도 반드시 안색이 바뀌셨다(안색을 바꾸셨다). 면류관을 쓴 사람이나 장님을 보면, 자주 만나는 사이라도 반드시 예모禮貌(예절에 맞는 몸가짐)를 갖추셨다. 흉복凶服(상복)을 입은 사람이 있으면, 몸을 숙여 예禮를 표하셨다. 나라의 서류를 짊어지고 가는 사람에게도 몸을 숙여 예禮를 표하셨다. 잘 차려진 음식을 받으면, 반드시 안색이 바뀌며(안색을 바꾸며) 일어서셨다. 갑작스레 천둥이 치고, 바람이 맹렬히 불 때도 반드시 안색이 바뀌셨다(안색을 바꾸셨다).

이 예문은 상황에 따라 적절한 행동거지와 안색을 취하는 양상을 다양하게 나열하고 있다. 먼저 주목할 것은 앞부분과 뒷부분에 "必變"이라는 표현이 나온다는 사실이다. 글자 그대로의 뜻은 어렵지 않다. 必變은 '반드시 바꾸다' 혹은 '반드시 바뀌다'의 뜻이다. 그럼에도 무엇을 바꾸는지, 혹은 무엇이 바뀌는지에 대한 정보를 제공할 주어 혹은 목적어가 생략되어 있기에 變이 자동사로 쓰였는지 타동사로 쓰였는지 분명하지 않다. 기존 번역본들은 대개 안색을 목적어로 삼아 '반드시 안색을 바꾸다'

로 해석하거나 안색을 주어로 삼아 '반드시 안색이 바뀌다'로 해석해오곤 했다. 전자는 變을 타동사로 간주한 것이고, 후자는 變을 자동사로 간주한 것이다.

이렇게 해석하는 데는 아마 중간에 나오는 必變色이라는 표현이 영향을 끼쳤을 것이다. 시작 부분과 끝부분에 나오는 必變이라는 표현과는 달리 必變色은 色이라는 목적어를 명시하고 있다. 따라서 '반드시 안색을 바꾸다'로 해석하는 데 무리가 없다. 그렇다면 왜 시작 부분과 끝부분에 나오는 必變은 주어 혹은 목적어가 빠져 있을까? 必變色과 같은 표현이기에 생략해도 좋다고 본 것일까, 아니면 다른 표현이기에 생략한 것일까? 쉽게 대답하기 어려운 이 질문을 염두에 두고 『논어』 한국어 번역본들이 이 표현을 어떻게 번역했는지 살펴보자. 편의상 맨처음 등장하는 "必變"을 ①, 두 번째 등장하는 "必變色而作"을 ②, 세 번째 등장하는 "必變"을 ③이라고 칭한다.

• 必變 ①, ②, ③을 모두 "낯빛(안색)이 변하다/바뀌다" 식으로 번역한 번역본 •

강동석 번역본(218쪽), **김영호 번역본**(186쪽)

• 必變 ①, ②, ③을 모두 "낯빛(얼굴빛, 안색)을 변하다/변화시키다/바꾸다/고치다" 식으로 번역한 번역본

금장태 번역본(58~59쪽), **김도련 번역본**(상권, 551쪽), **김동인·지정민·여영기 번역본**(2권, 655~657쪽), **김원중 번역본**(246~247쪽), **배병삼 번역본**(1권, 569~571쪽), **부남철 번역본**(331~333쪽), **성백효 번역본**(291~292쪽), **유교문화연구소 번역본**(352쪽), **이기동 번역본**(411쪽), **이상임 번역본**(120쪽), **이을호 번역본**(135쪽), **이지형 번역본**(3권, 95~103쪽), **이한우 번역본**(711쪽),

임옥균 번역본(207~208쪽), **최근덕 번역본**(248~249쪽), **최영갑 번역본**(1권, 392~393쪽), **황희경 번역본**(182쪽)

• 必變 ①, ②, ③의 번역이 같지 않은 번역본

김동옥 번역본 ① 표정을 가다듬어 ② 얼굴빛을 가다듬고 ③ 반드시 표정과 몸매를 가다듬으시었다. (3권, 226~229쪽)

김형찬 번역본 ① 낯빛을 바로잡으셨고 ② 낯빛을 바로잡고 ③ 낯빛을 달리하셨다. (125쪽)

동양고전연구회 번역본 ① 태도를 바꾸셨으며 ② 얼굴빛을 바꾸고 ③ 얼굴빛을 바꾸셨다. (215~217쪽)

박삼수 번역본 ① 낯빛을 바꿔 ② 낯빛을 바꾸고 ③ 몸가짐을 고쳐 (300쪽)

박유리 번역본 ① 정색하셨고 ② 얼굴빛을 고치고 ③ (앉은 자세를) 고치셨다. (432~433쪽)

박종연 번역본 ① 태도를 바꾸었다. ② 얼굴빛을 바꾸어 ③ 태도를 고쳤다. (298~299쪽)

박헌순 번역본 ① 용모를 가다듬었고 ② 안색을 바꾸고 ③ 용모를 가다듬었다. (1권, 627~630쪽)

신정근 번역본 ① 얼굴빛을〔엄숙하게〕 고쳤다. ② 얼굴색을 바꾸고 ③ 얼굴색을 바꾸었다. (408쪽)

신창호 번역본 ① 얼굴빛을 고쳤고 ② 정색을 하고 ③ 고심하였다. (267쪽)

양차오밍 번역본 ① 태도를 엄숙하게 하셨고, ② 얼굴빛을 바로잡고, ③ 얼굴빛이 달라지셨다. (259쪽)

윤재근 번역본 ① 엄숙한 표정을 지었고 ② 표정을 짓고, ③ 심상치 않은 표정이었다. (1권, 754쪽)

이강재 번역본 ① 얼굴색을 바로잡았고, ② 얼굴빛을 바로잡고 ③ 얼굴빛을 바로잡았다. (216~217쪽)

이기석·한백우 번역본 ① 얼굴색을 변하여 ② 얼굴색이 변하여 ③ 안색이 변하셨다. (227쪽)

이우재 번역본 ① 자세를 고치셨다. ② 얼굴빛을 고치고 ③ 자세를 고치셨다. (436쪽)

임동석 번역본 ① 얼굴 색을 고치며 ② 얼굴빛을 고치고 ③ 얼굴빛을 바꾸었다. (2권, 834쪽)

장기근 번역본 ① 얼굴빛을 고쳤고 ② 정색하고 ③ 얼굴빛을 변하셨다. (366쪽)

정태현·이성민 번역본 ① 얼굴빛을 바꾸시며 ② 얼굴빛을 바꾸시고 ③ 용모를 바꾸셨다. (2권, 146~147쪽)

조명화 번역본 ① 태도를 바꾸셨고 ② 낯빛을 고치고서 ③ 태도가 바뀌셨다. (2권, 148쪽)

차주환 번역본 ① 태도를 바꾸시고 ② 얼굴빛을 바꾸고 ③ 태도를 고쳤다. (174쪽)

한필훈 번역본 ① 애도하는 표정을 지었다. ② 반드시 일어나 주인에게 사례하였다. ③ 경의를 표하였다. (175~176쪽)

홍승직 번역본 ① 자세와 표정을 바꾸어 ② 안색을 고치고 ③ 안색을 고쳤다. (202쪽)

2. 번역과 철학적 문제

『논어』「향당」25에 나오는 必變의 정확한 번역이 무엇인지는 확정하기 어렵다.『논어』한국어 번역본들은 다양하고 일관되지 않은 번역을 제시하고 있으나, 그 어느 경우에도 번역의 상세한 근거를 밝히지는 않았다. 그런데 必變을 자동사로 번역할지 타동사로 번역할지의 사안은 번역자의 재량에 맡기고 말 단순한 문제가 아니다. 거기에는 보다 심각한 철학적 문제가 개재될 수 있다.

變을 타동사로 간주할 경우에는, 해당 목적어를 통제하는 행동 주체를 명시적으로 전제하게 된다. 예컨대 "안색을 바꾸다"로 번역할 경우에는 해당 상황에서 자신의 안색을 바꾸어야겠다는 의지가 발동하고, 그 의지를 발휘한 결과로서 안색이 달라지는 내용을 담게 된다. 반면, "안색이 바뀌다"로 번역할 경우에는 해당 상황에서 안색을 바꾸겠다는 분명한 의지가 발동할 필요 없이 자동적으로 안색이 달라지는 내용을 담게 된다.

결과적으로 안색이 달라진다는 점에서 두 번역에 큰 차이가 없을는지 모른다. 그러나 각 번역이 전제하는 (예를 수행하는) 공자의 상태는 사뭇 다를 것이다. 안색이라는 목적어를 통제하고자 애쓰는 공자는 강한 목적의식을 동반한 행동 주체이되, 거의 저절로 안색이 바뀌는 공자는 그러한 목적의식을 동반하지 않는 (일종의 자동 반응을 보여주는) 존재이다. 맛있는 음식을 보고, "먹어야겠다!"는 강한 목적의식을 갖고서 먹으려 드는 존재가 전자라면, 맛있는 음식을 보자마자 이미 먹고 있는 자신을 발견하는 존재는 후자다. 그렇다면 과연 『논어』「향당」25의 기록자는 공자를 어떤 존재로 파악하고 서술한 것일까?

이 점을 염두에 두고 『논어』의 다음 문장을 읽어보자.

> 子曰, 吾十有五而志于學, 三十而立, 四十而不惑, 五十而知天命, 六十而耳順, 七十而從心所欲, 不踰矩. (『論語』「爲政」4)

> 선생님께서 말씀하셨다. "나는 15세에 배움에 뜻을 두었고, 30세에 스스로를 확립하였고, 40세에 미혹됨을 벗어났으며, 50세에 천명을 알았고, 60세에 귀가 순해졌고, 70세에 마음 가는 대로 해도 도리에 어긋남이 없었다."

『논어』「위정」4는 공자가 자신의 인생을 단계별로 묘사한 유명한 문장이다. 각 단계를 관통하는 지향점이 있다면, 배움을 통한 자기 발전이다. 이 예문에 따르면, 행동을 통제하겠다는 뚜렷한 목적의식 없이도 행동이 예에 적절하게 맞게 되는 경지, 즉 "마음 가는 대로 해도 도리에 어긋남이 없는" 경지는 70세에 이르러서야 가능했다. 그러한 경지에 이르기 전까지 공자는 예에 맞게 처신해야겠다는 강한 목적의식을 가졌을 것이다. 그러나 70세 이후에는 그러한 목적의식을 동반하지 않는 (일종의 자동 반응을 보여주는) 존재에 가깝게 된다. "마음 가는 대로 해도" 기적적으로 모든 행동거지가 예에 들어맞는 상태에 이른 것이다.

이러한 공자의 인생 발전 단계를 생각한다면, 『논어』「향당」25에 나오는 必變의 번역도 의미심장한 철학적 문제를 담게 된다. 「향당」의 해당 문장에서 묘사된 공자가 70세 이전이었다고 가정하면 變을 타동사로 간주하고, 70세 이후라고 가정하면 變을 자동사로 간주하는 것이 좋을 것이다. 「위정」4의 서술대로라면, 공자는 타동사적 인간에서 자동사적 인간으로 이행해갔으며, 예에 맞게 처신하는 양상도 그에 맞추어 서술될 필요가 있다.

이 장에서의 논의가 설득력이 있다면, 특정 단어의 자동사/타동사 판별 여부는 단순히 문법적인 문제에 그치지 않고 『논어』의 철학적 해석과도 관련된다고 정리할 수 있다. 번역은 단지 언어학적 문제나 문학적 문제나 역사학적 문제에 그치지 않는다. 번역은 철학적 문제이기도 하다. 실로 번역은 특정 학문 분야에 속하는 사안이 아니라, 간학제적interdisciplinary 혹은 초학제적transdisciplinary 활동이다.

27

문장 맥락에 맞는 번역을 찾아서

다른 언어도 그렇지만, 한문도 하나의 대상을 여러 글자나 단어가 지칭하는 경우가 많다. 그리고 하나의 단어가 여러 뜻을 갖는 경우도 많다. 이런 경우 해당 단어의 사전적 정의 중에서 가장 대표적인 것을 번역어로 채택하여 기계적으로 적용하면 문장의 의미가 왜곡되기 쉽다. 왜곡을 피하기 위해서는 문장의 맥락에 가장 잘 맞는 뜻을 선택해서 번역해야 한다.

"身"이라는 단어를 통해 이 사안을 확인해보기로 하자.[1] 身의 대표적인 뜻은 '몸'이다. 한문에서 '몸'을 지칭하는 단어는 身만 있지 않다. 리춘치李春琪와 관리신關立新의 연구에 따르면,[2] 『논어』에서 인간의 몸을 지칭하는 한자는 '身신, 躬궁, 體체'이다. 다음의 예를 참고할 수 있다.

古者言之不出, 恥躬之不逮也. (『論語』「里仁」22)

옛날에는 말을 함부로 하지 않았는데, 몸소 실천함이 그 말에 미치지 못함을 부끄러워해서였다.

必有寢衣, 長一身有半. (『論語』「鄕黨」6)

꼭 잠옷이 있었는데, 길이는 키의 한 배 반이었다.

四體不勤, 五穀不分, 孰爲夫子. (『論語』「微子」7)

사지를 부지런히 놀리지 못하고, 오곡도 분별하지 못하는 사람에게 누가 선생님이란 말이오!

이 중에서 身은 원래 임신한 상태의 몸을 지칭했으나, 점차 일반적인 몸통을 가리키게 되었다. 그리고 身에는 '자기, 자신, 자아' 등의 뜻이 있기도 하다. 따라서 번역자는 『논어』에서 身을 번역할 때, 이것이 정신의 상대어로서 육체적인 몸을 뜻하는지, 아니면 자기 자신을 뜻하는지 판별해야 한다. 물론 '몸'이라는 단어에 '자아'라는 뜻을 담으려고 할 수도 있고, '(자기) 자신'이라는 단어에 '육체'라는 뜻을 포함하려 할 수도 있다. 번역자의 의도가 어떻든, 독자는 '몸'이라는 표현에서는 육체를 연상하기 쉽고, '(자기) 자신'이라는 표현에서는 육체를 포함하되 그것을 넘어서는 자아를 연상하기 쉽다. 그러면 『논어』 한국어 번역본들은 身이 갖고 있는 두 의미를 어떻게 판별해서 번역해왔을까?

1. '몸'으로 번역해도 무방한 경우

『논어』에 나오는 身의 용례 중에는 (반드시 육체를 지칭하는 것은 아니지만) '몸'으로 번역해도 혹은 '(자기) 자신'으로 번역해도 의미 전달에 큰 문제가 없는 경우가 상당수 있다. 다음 예문을 보자(밑줄은 필자).

子夏曰, 賢賢易色, 事父母, 能竭其力, 事君, 能致其身, 與朋友交, 言而有信. 雖曰未學, 吾必謂之學矣. (『論語』「學而」7)

자하子夏가 말하였다. "[배움의 과정에서] 현능한 사람을 존중하면 용모마저 바뀌게 된다. 부모를 섬기는 일에 가진 힘을 다 쓸 수 있고, 군주를 섬기는 일에 자신(자기 한 몸)을 바칠 수 있고, 붕우와 사귀는 일에 말이 믿음직하다면, 아직 배우지 않았다고 하더라도 나는 반드시 배웠다고 하겠다."

必有寢衣, 長一身有半. (『論語』「鄕黨」6)

꼭 잠옷이 있었는데, 길이는 키의 한 배 반이었다.

子曰, 志士仁人, 無求生以害仁, 有殺身以成仁. (『論語』「衛靈公」9)

선생님께서 말씀하셨다. "지사志士와 인仁한 사람은 살겠다는 마음이 앞서 인仁을 해치는 경우는 없되, 자신(혹은 자기 한 몸)을 죽여 인仁을 이루는 경우는 있다."

親於其身爲不善者, 君子不入也. (『論語』「陽貨」7)

자신(혹은 한 몸)에게 선하지 않은 일을 하는 자와 군자는 한패가 되지 않는다

欲潔其身, 而亂大倫. (『論語』「微子」7)

자기 한 몸(혹은 자신) 깨끗이 하려다 큰 인륜을 망치는 법이다.

不降其志, 不辱其身, 伯夷叔齊與. (『論語』「微子」8)

자기 뜻을 굽히지 않고, 자기 몸(혹은 자신)을 욕되게 하지 않은 사람은 백이와 숙제로다.

예문에서 身을 '자신'으로 번역하든 '몸'으로 번역하든 의미가 무리 없이 통한다는 사실을 보여주기 위해 두 가지 번역을 병치해보았다. 물론 이 경우에도 번역자에게는 선택의 문제가 남는다. '자신'과 '몸'은 각기 다른 뉘앙스를 문장에 부여한다. 그러나 이 경우에는 어느 한쪽의 번

역이 오류라고 말하기는 어렵다.

2. '자아' 혹은 '자신'이라는 뜻으로 번역하는 것이 좋은 경우

그러던 번역자에게 좀 더 분명한 선택을 요구하는 예들을 살펴보자.

好仁者, 無以尙之. 惡不仁者, 其爲仁矣, 不使不仁者加乎其身. (『論語』「里仁」6)

인仁을 좋아하는 사람이야 더할 나위 없다. 인仁하지 않음을 미워하는 사람은, 인仁을 실천하면서 인仁하지 않음이 자신에게 더해지지 못하게 한다.

『논어』「이인」6의 취지는 다음과 같다. 仁을 좋아하는 사람은 적극적으로 仁을 지향할 것이기에 그의 상태는 이미 충분히 바람직하다. 즉, "더할 것이 없다". 그 정도는 아니어도 不仁을 싫어하는 사람은 不仁을 거부할 정도의 자기 관리를 해낸다. 즉, 「이인」6은 자기 관리의 메시지를 담고 있다. 그리고 그 자기 관리는 몸의 관리뿐 아니라 당연히 마음의 관리도 포함할 것이다. 따라서 「이인」6에 나오는 身을 '몸'이라고 번역하면 독자는 관리의 대상으로 마음을 배제하고 있다고 오해하기 쉽다.

그렇다면 『논어』 한국어 번역본들은 「이인」6에 나오는 身을 어떻게 번역해왔을까?

• "자신"이라고 번역한 번역본

금장태 번역본(25쪽), **김동인·지정민·여영기 번역본**(1권, 412쪽), **김학주 번역본**(182쪽), **김형찬 번역본**(63쪽), **박삼수 번역본**(101쪽), **신정근 번역본**(159쪽), **양차오밍 번역본**(79쪽), **윤재근 번역본**(1권, 263쪽), **이강재 번역본**(137쪽), **이동희 번역본**(113쪽), **임동석 번역본**(1권, 281쪽), **정태현·이성민 번역본**(1권, 232쪽), **조명화 번역본**(1권, 396쪽), **최근덕 번역본**(88쪽), **최석기 번역본**(50쪽), **홍승직 번역본**(72쪽), **황희경 번역본**(79쪽)

• "몸"이라고 번역한 번역본

강동석 번역본(71쪽), **김도련 번역본**(상권, 186쪽), **김용옥 번역본**(2권, 151쪽), **동양고전연구회 번역본**(85쪽), **박유리 번역본**(137쪽), **박종연 번역본**(111쪽), **박헌순 번역본**(1권, 224쪽), **배병삼 번역본**(1권, 190쪽), **부남철 번역본**(131쪽), **성백효 번역본**(112쪽), **유교문화연구소 번역본**(103쪽), **이기동 번역본**(182쪽), **이기석·한백우 번역본**(62쪽), **이상임 번역본**(44쪽), **이우재 번역본**(166쪽), **이을호 번역본**(53쪽), **이지형 번역본**(1권, 429쪽), **이한우 번역본**(260쪽), **장기근 번역본**(128~129쪽), **차주환 번역본**(64~65쪽), **최영갑 번역본**(1권, 130~131쪽), **한필훈 번역본**(76쪽)

보는 바와 같이 身을 '몸'으로 번역한 번역본과 '자신'으로 번역한 번역본의 수가 비슷하다. 다음 두 번역본은 '몸'과 '자신' 그 어느 쪽도 취하지 않은 경우이다.

김원중 번역본 인을 좋아하는 사람은 더할 나위가 없지만, 인하지 못한 것을 미워하는 사람은 스스로 인을 실천함에 있어 어질지 못한

사람에게 영향을 받지 않도록 해야 한다. (104쪽)

신창호 번역본 더불어 사는 사회에서 열린 마음을 지닌 사람보다 더 착한 사람은 없으리라. 닫힌 마음을 지닌 자를 미워하는 사람도 스스로 열린 마음으로 세상을 마주할 수 있다. 이때 닫힌 마음을 지닌 자가 가까이 다가와 영향을 미치지 않게 하는 것이 중요하다. (136쪽)

이처럼 '자신' 혹은 '몸' 같은 단어가 생략되게 되면, 독자는 이 문장의 핵심 주제가 자기 관리라는 사실을 간파하기 쉽지 않다.

물론 『논어』「이인」6에 나오는 身을 '몸'이라고 번역한 이는 '몸'이라는 단어에 육체를 넘어선 '자아' 일반이라는 뜻을 담으려고 했다고 주장할 수 있다. 예를 하나 더 살펴보자.

一朝之忿, 忘其身, 以及其親, 非惑與. (『論語』「顔淵」21)
하루아침의 분노로 말미암아 자신을 잊고, 그 화가 부모에게까지 미치는 것이, 곧 미혹됨이 아니겠는가?

『논어』「안연」21은 "분노"를 통제할 필요성에 대해 역설하고 있다. 분노라는 격렬한 감정에 휩싸이면 자신을 잊고 후회할 일을 벌일 수 있다는 취지에는 누구나 공감할 것이다. 분노로 인해 망각하게 되는 것은 몸의 여러 측면 중에서도 의식적 주체로서의 자기 자신이다. '몸'이라고 번역해도 큰 문제가 생기는 것은 아니지만, 주체라는 점을 강조하기 위해 「안연」21에 나오는 身을 '자신' 혹은 '자기'로 번역해볼 수 있다.

그렇다면 『논어』 한국어 번역본들은 「안연」 21에 나오는 身을 어떻게 번역해왔을까?

• (자기) "자신"으로 번역한 번역본

강동석 번역본(264쪽), **금장태 번역본**(72쪽), **김원중 번역본**(295쪽), **김학주 번역본**(388쪽), **김형찬 번역본**(146쪽), **동양고전연구회 번역본**(265쪽), **박삼수 번역본**(351쪽), **박종연 번역본**(367쪽), **배병삼 번역본**(2권, 113쪽), **성백효 번역본**(355쪽), **신정근 번역본**(486쪽), **심경호 번역본**(2권, 162쪽), **유교문화연구소 번역본**(428쪽), **윤재근 번역본**(2권, 149쪽), **이강재 번역본**(247쪽), **이상임 번역본**(35쪽), **이한우 번역본**(851쪽), **임옥균 번역본**(241쪽), **조명화 번역본**(2권, 269쪽), **최영갑 번역본**(2권, 96쪽), **한필훈 번역본**(206쪽)

• (자기, 자신의) "몸"으로 번역한 번역본

김동인·지정민·여영기 번역본(3권, 258쪽), **김영호 번역본**(214쪽), **김용옥 번역본**(3권, 335쪽), **류종목 번역본**(409쪽), **박유리 번역본**(534쪽), **박헌순 번역본**(2권, 135쪽), **부남철 번역본**(399쪽), **신창호 번역본**(308쪽), **이기동 번역본**(469쪽), **이기석·한백우 번역본**(287쪽), **이을호 번역본**(160쪽), **임동석 번역본**(3권, 1043쪽), **정태현·이성민 번역본**(2권, 239쪽), **차주환 번역본**(212쪽), **최근덕 번역본**(305쪽), **황희경 번역본**(213~214쪽)

보는 바와 같이 身을 '몸'으로 번역한 번역본과 '자신'으로 번역한 번역본의 수가 비슷하다. 다음 번역본들은 '몸'과 '자신' 그 어느 쪽도 취하지 않은 경우이다(밑줄은 필자).

김도련 번역본 하루아침의 분노로 자신의 안위安危를 잊어서 화가 어버이에게까지 미치게 함이 미혹이 아니겠느냐? (하권, 136쪽)

양차오밍 번역본 일시적인 분노로 인해 자신의 안위를 잊어버리고 그 화가 가까운 사람에게까지 미친다면, 이것이 바로 미혹됨이 아니겠느냐? (313쪽)

이우재 번역본 하루아침의 분노로 자신의 처지를 잊고 그 화가 부모에게까지 미치게 하는 것이 미혹이 아니겠느냐? (537쪽)

이지형 번역본 "하루아침의 분노로 자신이 크게 사랑할 것을 잊어서 화가 어버이에게까지 미치게 함이 미혹됨이 아니겠는가?"라고 하였다. (3권, 403쪽)

장기근 번역본 하루아침의 분을 참지 못하고 포악한 짓을 하여, 부모에게 누를 미치게 하는 것이 미혹이 아니겠느냐. (452쪽)

이 사례들은 身의 번역어를 생략하거나, 단순히 '자신'이라고 번역하는 대신 "자신의 안위" "자신의 처지" "자신이 크게 사랑할 것"이라고 풀어서 번역한 경우다. 장기근처럼 身에 해당하는 단어 자체를 생략하게 되면, 독자는 이 문장의 핵심 주제를 잘 파악하지 못할 수도 있다. "자신의 안위", "자신의 처지", "자신이 크게 사랑할 것" 같은 번역들은 논란의 여지가 많다. "안위," "처지," "크게 사랑할 것" 등은 번역자나 주석가의 주관적 해석이 아주 크게 반영된 번역이기 때문이다.

『논어』「안연」 21에 나오는 身을 '몸'이라고 번역한 이는 '몸'이라는 단어에 육체를 넘어선 '행위의 의식적 주체'라는 뜻을 담으려고 했다고 주장할 수 있다. 독자가 번역자의 그러한 의도를 얼마나 잘 파악할 수 있을까? 좀 더 분명해 보이는 예를 살펴보자.

> 子曰, 其身正, 不令而行, 其身不正, 雖令不從. (『論語』「子路」6)
>
> 선생님께서 말씀하셨다. "자신이 바르면 명령을 내리지 않아도 행해질 것이고, 자신이 바르지 않으면 명령을 내려도 따르지 않을 것이다."

『논어』「자로」6에도 身이 나온다. 어떤 단어의 의미는 그 단어와 대조되는 대상을 판별하면 분명해진다.「자로」6의 핵심 취지는 자신의 상태가 바른지, 그렇지 않은지에 따라 자신의 영향력과 통치력이 좌우된다는 것이다. 즉,「자로」6에 나오는 身은 정신과 대조되는 것이 아니라 타인과 대비되고 있다. 이 身은 '몸'보다는 '자신' 혹은 '자기'라고 번역하는 것이 바람직할 것이다. 그렇다면『논어』한국어 번역본들은「자로」6에 나오는 身을 어떻게 번역해왔을까?

- "자신(혹은 스스로)"으로 번역한 번역본

강동석 번역본(275쪽), **금장태 번역본**(76쪽), **김원중 번역본**(306쪽), **김학주 번역본**(400쪽), **김형찬 번역본**(152쪽), **동양고전연구회 번역본**(273쪽), **류종목 번역본**(423쪽), **박삼수 번역본**(363쪽), **성백효 번역본**(369쪽), **신정근 번역본**(504쪽), **신창호 번역본**(319쪽), **양차오밍 번역본**(322쪽), **이강재 번역본**(254쪽), **이기석·한백우 번역본**(299쪽), **이상임 번역본**(93쪽), **이을호 번역본**(166쪽), **임동석 번역본**(3권, 1079쪽), **임옥균 번역본**(249쪽), **장기근 번역본**(471쪽), **조명화 번역본**(2권, 299쪽), **차주환 번역본**(221~222쪽), **최근덕 번역본**(318쪽), **최영갑 번역본**(2권, 116쪽), **한필훈 번역본**(215쪽), **홍승직 번역본**(245쪽), **황희경 번역본**(221쪽)

• "몸"으로 번역한 번역본

김도련 번역본(하권, 165쪽), **김동인·지정민·여영기 번역본**(3권, 303쪽), **김영호 번역본**(220쪽), **김용옥 번역본**(3권, 349쪽), **박유리 번역본**(554쪽), **박헌순 번역본**(2권, 165쪽), **부남철 번역본**(414쪽), **유교문화연구소 번역본**(445쪽), **이우재 번역본**(556쪽), **이지형 번역본**(3권, 481쪽), **이한우 번역본**(881쪽), **정태현·이성민 번역본**(2권, 258쪽)

보는 바와 같이 身을 '몸'으로 번역한 번역본보다 '자신'으로 번역한 번역본이 더 많다. 「자로」 6의 취지를 감안하면 자연스러운 결과가 아닐까? 다음 번역본들은 '몸'과 '자신' 그 어느 쪽도 취하지 않은 경우이다.

• 기타

박종연 번역본 공자께서 말씀하셨다. 통치자 자신의 행위가 정당하면 명령하지 않아도 일이 잘 행해지고, 그 자신의 행위가 정당하지 않으면, 비록 여러 번 명령해도 백성들이 믿고 따르지 않는다. (383쪽)

배병삼 번역본 선생님 말씀하시다. 그 행실(身)이 바르다면 명령하지 않아도 행해질 터이나, 그 행실이 바르지 않다면 명령한들 좇지 않으리라. (2권, 138쪽)

심경호 번역본 몸가짐이 바르면 시키지 않더라도 행해지고, 몸가짐이 바르지 못하면 시키더라도 백성이 따르지 않는다. (2권, 194쪽)

윤재근 번역본 공자께서 말했다. "정치하는 사람 자신이 정직하면 명령을 내리지 않아도 일이 이루어지고, 그 사람 자신이 정직하지 않다면 명령을 내려도 그 명령대로 따르지 않는다." (2권, 187쪽)

이기동 번역본 공자께서 말씀하셨다. "자기 몸의 처신이 바르면 명령하지 않아도 행해지고, 자기 몸의 처신이 바르지 않으면 비록 명령한다 하더라도 따르지 아니한다." (482쪽)

이동희 번역본 공자께서 말씀하셨다: "위정자가 그 행위가 정당하면, 명령을 내리지 않아도 일이 행하여지고, 그 행위가 정당하지 않으면, 명령을 내려도 백성들이 믿고 따르지 않느니라." (87쪽)

이 번역본들은 身을 번역할 때, "행위", "행실", "처신", "정직" 등의 요소를 명시하였다. 즉, 원문에 없는 부분을 추가하여 자신의 주관적 해석을 적극적으로 반영하였다. 나아가 흥미롭게도 『논어』「자로」 13에는 「자로」 6과 거의 유사한 취지의 발언이 있어, 비교 사례로 살펴볼 만하다.

子曰, 苟正其身矣, 於從政乎何有. 不能正其身, 如正人何. (『論語』「子路」 13)

선생님께서 말씀하셨다. "만약 자신을 바르게 할 수만 있다면, 정사에 종사함에 무슨 어려움이 있겠는가? 자신을 바르게 할 수 없으면, 어떻게 남을 바르게 하겠는가?"

「자로」 6과 유사하게 「자로」 13 역시 자신의 상태가 바른지, 그렇지 않은지에 따라 자신의 영향력과 통치력이 좌우됨을 역설한다. 즉, 「자로」 13에 나오는 身 역시 정신과 대조되는 것이 아니라, 타인과 대비되고 있다. 이 身은 몸보다는 '자신' 혹은 '자기'라고 번역하는 것이 바람직할 것이다. 그렇다면 『논어』 한국어 번역본들은 「자로」 13에 나오는 身을 어떻게 번역해왔을까?

• 자신으로 번역한 번역본

강동석 번역본(279쪽), **금장태 번역본**(77쪽), **김영호 번역본**(223쪽), **김원중 번역본**(310쪽), **김학주 번역본**(404쪽), **김형찬 번역본**(153쪽), **동양고전연구회 번역본**(277쪽), **류종목 번역본**(428쪽), **부남철 번역본**(418쪽), **성백효 번역본**(374쪽), **양차오밍 번역본**(326쪽), **유교문화연구소 번역본**(454쪽), **윤재근 번역본**(2권, 204쪽), **이강재 번역본**(256쪽), **이기석·한백우 번역본**(303쪽), **이을호 번역본**(169쪽), **이지형 번역본**(3권, 509쪽), **임옥균 번역본**(252쪽), **조명화 번역본**(2권, 313쪽), **최석기 번역본**(116쪽), **최영갑 번역본**(2권, 124쪽)

• 몸(가짐)으로 번역한 번역본

김도련 번역본(하권, 176쪽), **김동인·지정민·여영기 번역본**(3권, 322쪽), **김용옥 번역본**(3권, 355쪽), **박유리 번역본**(561쪽), **박헌순 번역본**(2권, 176쪽), **신창호 번역본**(323쪽), **심경호 번역본**(2권, 204쪽), **이기동 번역본**(487쪽), **이동희 번역본**(87쪽), **이우재 번역본**(562쪽), **장기근 번역본**(478쪽), **정태현·이성민 번역본**(2권, 264쪽), **차주환 번역본**(224쪽), **최근덕 번역본**(322쪽), **황희경 번역본**(224쪽)

보는 바와 같이 身을 '몸'으로 번역한 경우보다 '자신'으로 번역한 번역본이 다소 많다. 「자로」 6의 취지를 감안하면 자연스러운 결과가 아닐까? 다음 번역본들은 '몸'과 '자신' 그 어느 쪽도 취하지 않은 경우이다.

박삼수 번역본 공자께서 말씀하셨다. "위정자가 자신의 언행을 바르게 한다면, 정치를 하는 데 무슨 어려움이 있겠는가? 하지만 위정자가 자신의 언행을 바르게 하지 못한다면, 어떻게 다른 사람을

바로잡을 수 있겠는가?" (368쪽)

배병삼 번역본 선생님 말씀하시다. 정녕 자기 행실이 올바르다면 정치에 종사하는 데 무슨 문제가 있을까! 또 제 행실도 바로잡지 못하는 주제라면 남은 어떻게 바로잡을 수 있을까! (2권, 145쪽)

이 번역본들은 身을 번역할 때, "언행", "행실" 등의 요소를 명시하였다. 즉, 원문에 없는 부분을 추가하여 자신의 주관적 해석을 적극적으로 반영한 것이다.

「자로」 6과 13이 거의 같은 주제를 다루기에 身이라는 단어가 놓인 맥락도 대동소이하다. 따라서 번역자가 과연 「자로」 6과 13을 번역할 때 일관성을 유지했는지 궁금하다. 앞의 번역본 목록을 대조해보면 쉽게 알 수 있듯이, 상당수의 번역자가 일관성을 유지하지 않고 있다. 身처럼 중층적인 의미 구조를 가진 단어의 경우는, 합당한 이유가 없는 한 일관된 번역을 제시하는 것이 바람직하다. 그래야 독자가 혼동하지 않는다.

3. '자아' 혹은 '자신'이라는 뜻으로 번역해야만 하는 경우

지금까지는 상대적으로 '자신'이 '몸'보다 더 바람직한 번역어인 경우를 살펴보았다. 끝으로, 문장의 취지상 '자신'으로 번역해야만 하는 경우를 살펴보자.

曾子曰, 吾日三省吾身. 爲人謀而不忠乎, 與朋友交而不信乎, 傳不習乎. (『論語』「學而」 4)

> 증자曾子가 말하였다. "나는 하루에 세 번 나 자신을 살핀다. 남을 위해 도모하는 일에 남김없이 정성을 쏟지 않았나? 붕우와 교제할 때 믿음직스럽게 대하지 않았나? 익히지 않은 것을 전해주지 않았나?"

"吾日三省吾身"는 말은 자기반성의 취지를 전달하고 있다. 그러한 취지를 명료히 하기 위해서는 반성(省)의 목적어가 자기 자신(吾身)임을 잘 드러내게끔 번역해야 한다. 그런데 『논어』 한국어 번역본들은 이 사안에 대해 서로 다른 입장을 드러낸 바 있다. 그 입장들은 크게 네 가지로 나뉜다.

• 身을 "(나) 자신 (스스로)"라고 번역한 번역본

강동석 번역본(14쪽), **금장태 번역본**(11쪽), **김도련 번역본**(33쪽), **김영호 번역본**(62~63쪽), **김원중 번역본**(42쪽), **김학주 번역본**(113쪽), **김형찬 번역본**(31쪽), **동양고전연구회 번역본**(25쪽), **류종목 번역본**(22쪽), **박삼수 번역본**(22쪽), **박종연 번역본**(29쪽), **박헌순 번역본**(1권, 39쪽), **부남철 번역본**(36쪽), **신창호 번역본**(83쪽), **양차오밍 번역본**(8쪽), **윤재근 번역본**(1권, 65쪽), **이기석·한백우 번역본**(15쪽), **이동희 번역본**(103쪽), **이지형 번역본**(1권, 91쪽), **이한우 번역본**(42쪽), **임동석 번역본**(1권, 79쪽), **장기근 번역본**(28쪽), **조명화 번역본**(1권, 131쪽), **차주환 번역본**(22~23쪽), **최근덕 번역본**(16~17쪽), **최석기 번역본**(28쪽), **최영갑 번역본**(1권, 24쪽), **홍승직 번역본**(17쪽)

"吾身"을 "자기 자신"으로 번역하는 것이 자기반성의 취지를 드러내기에 가장 적합하다. 이렇게 번역해야, 증자의 언명 뒷부분에 나오는 "人"(타인)과 선명한 대조를 이루게 된다.

• **身을 "몸"이라고 번역한 번역본**

김동인·지정민·여영기 번역본(1권, 57쪽), **김용옥 번역본**(1권, 275쪽), **박유리 번역본**(22쪽), **성백효 번역본**(33쪽), **심경호 번역본**(1권, 24쪽), **유교문화연구소 번역본**(7쪽), **이기동 번역본**(61쪽), **이우재 번역본**(54쪽), **임옥균 번역본**(54쪽), **정태현·이성민**(1권, 77쪽)

번역본들뿐 아니라, 현존하는 언해본들에서도 모두 身을 '몸'으로 번역하고 있다. 그러나 "吾日三省吾身"이라는 문장에 나오는 身은 꼭 육체로서 몸을 가리키는 것은 아니다. 身에는 '자기 자신'이라는 뜻이 있다. 예컨대 『한비자』 「오두」에 "身爲宋國笑"(身이 송나라의 웃음거리가 되다)라는 문장이 나오는데, 자신이 송나라의 웃음거리가 된다는 뜻이지 몸이 송나라의 웃음거리가 된다는 뜻은 아니다.

• **身을 "행동" 혹은 "한 일"이라고 번역한 번역본**

배병삼 번역본 나는 날마다 나의 행동을 세 가지 잣대로써 성찰한다. (1권, 34쪽)

신정근 번역본 나는 하루에도 여러 차례 내가 한 일을 돌이켜본다. (53쪽)

배병삼은 "吾身"을 "나의 행동"이라고 번역했고, 신정근은 "내가 한 일"이라고 번역했다. 이 같은 번역은 느슨한 번역이라고 할 수 있다. '자기 자신'이라고 번역해도 의미가 충분히 전달된다.

• 身을 아예 번역하지 않은 번역본

이강재 번역본 나는 매일 여러 차례 다음 사항에 대해 반성한다. (102쪽)

이을호 번역본 나는 날마다 세 가지 일을 반성한다. (22쪽)

한필훈 번역본 나는 날마다 세 가지를 반성한다. (37쪽)

황혜경 번역본 나는 날마다〔다음과 같은〕 세 가지를 반성한다. (32쪽)

이 번역문들의 공통점은 "省"의 목적어인 "吾身"의 번역을 생략하고 있다는 사실이다. '자기 자신'이라는 목적어가 생략되면 이 문장이 가진 자기반성의 의미가 탈색되고, 이어지는 내용을 정교하게 개괄할 수 없다는 난점이 있다.

28

『논어』 내 용례를 고려한 번역

어떤 구절을 번역할 때 제일 먼저 고려해야 할 사항은 그 구절을 구성하는 단어의 뜻과 문법이다. 이 두 가지만 철저히 지켜도 터무니없는 오역은 막을 수 있다. 여기서 한 걸음 더 나아가 해당 표현의 다른 용례들을 검토해야만 문법을 기계적으로 적용하는 데서 오는 문제를 해결할 수 있다. 물론 단어 뜻, 문법, 용례 등을 충분히 고려했는데도 적확하게 번역하기 어려운 경우가 있다. 단어 뜻, 문법, 용례 등을 충분히 고려해도 여전히 복수의 번역 가능성이 남아 있는 경우에 특히 그렇다. 그런 경우 좀 더 정확한 번역에 도달하기 위해서는 발화자의 생각 속으로 들어가야 한다. 이 사안을 『논어』「학이」3의 예문을 통해 살펴보자.[1]

1. 巧言令色에 관련된 문법과 그 함의

子曰, 巧言令色, 鮮矣仁. (『論語』「學而」 3)

선생님께서 말씀하셨다. "말을 교묘하게 하고 겉모습을 꾸미는 사람치고, 드물구나, 인仁한 사람이."

우리에게 사자성어로 익숙한 "巧言令色교언영색"이라는 표현은 내용상 "巧言"과 "令色" 두 부분으로 나눌 수 있다. 문법적인 차원에서 보자면, 巧言과 令色은 크게 보아 두 가지 다른 해석이 가능하다. 하나는, 巧言과 令色이 '동사+목적어'의 어법을 구현하고 있다고 보는 것이고, 다른 하나는 巧言과 令色이 '형용사+명사'의 어법을 구현하고 있다고 보는 것이다. 전자의 경우, 巧言令色은 "말을 교묘하게 하고, 겉모습을 꾸미다"와 같이 번역되고, 후자의 경우에는 "교묘한 말과 보기 좋은 겉모습"과 같이 번역된다. 이 두 가지 번역은 문법적으로는 모두 타당하지만, 전달하는 함의는 크게 다르다. "말을 교묘하게 하고, 겉모습을 꾸미다"에서는 말과 겉모습을 "꾸미는 행위" 자체가 핵심인 반면, "교묘한 말과 보기 좋은 겉모습"에서는 꾸미는 행위보다는 결과로 나타난 특정한 말과 겉모습이 핵심을 이룬다.

2. 『논어』「학이」 3을 넘어서

巧言令色과 인과의 관계를 논할 때, 공자는 꾸미려는 행동 혹은 경향을 싫어한 것일까, 아니면 결과로서 특정한 말과 겉모습을 싫어한 것일까? 문법적으로는 어느 쪽 해석이든 다 타당하므로, 이 질문에 대한 대답은 『논어』 내 다른 언명들을 함께 검토함으로써 확보할 수 있을 것이다. 관련 구절을 살펴보자.

> 子曰, 君子食無求飽, 居無求安. (『論語』「學而」14)
> 선생님께서 말씀하셨다. "군자는 먹는 일에서 배부름을 추구하지 않고, 거처에 있어 편안함을 추구하지 않는다."

이 예문에 나오는 "求구"(추구하다)라는 글자에 주목하지 않으면, 자칫 공자가 선호하는 군자라는 인간 유형은 늘 배고프거나 불편한 상태에 있는 인물이 되고 만다. 그러나 求라는 글자에 주목하면, 관건은 배부름이나 편안함을 '추구하는 행위'이지 배부름이나 편안함의 '상태' 자체가 아님을 알 수 있다. 다시 말해 공자는 군자가 배부르거나 편안한 상태에 있는 것을 반대하는 것이 아니라, 그것을 애써 추구하는 행위 혹은 경향에 대해 반대하는 것이다.

> 子曰, 君子懷德, 小人懷土. (『論語』「里仁」11)
> 선생님께서 말씀하셨다. "군자는 덕德을 염두에 두고, 소인은 땅을 염두에 둔다."

앞의 예문에서 求라는 글자가 중요했듯이, 이 문장에서는 "懷회"라는 글자가 중요하다. 즉, 공자는 군자와 소인이라는 상반되는 인간 유형을 설명함에 있어서, 그들이 빚어낸 최종 결과보다는 무엇에 대해 생각하고 있는지, 무엇을 지향하고 있는지에 중점을 둔다. 마치 앞의 문장에서 군자가 배부르거나 편안한 상태에 있는 것을 반대하는 것이 아니라, 그것을 애써 추구하는 행위 혹은 경향에 대해 반대했던 것처럼.

> 子曰, 君子喩於義, 小人喩於利. (『論語』「里仁」 16)
> 선생님께서 말씀하셨다. "군자는 올바름에 밝고, 소인은 이익에 밝다."

앞의 두 예문에서 求와 懷라는 글자가 중요했듯이, 이 문장에서는 "喩유"라는 글자가 중요하다. 즉, 공자는 군자와 소인이라는 상반되는 인간 유형을 설명함에 있어서, 그들이 결과적으로 실현한 의義나 이利를 비교하는 것이 아니라, 그들이 어떤 지향점을 가지고 있는지에 주목한다.

> 子曰, 君子欲訥於言, 而敏於行. (『論語』「里仁」 24)
> 선생님께서 말씀하셨다. "군자는 말은 신중히 하되 행동에 옮기려고 애쓴다."

앞의 세 예문에서 求, 懷, 喩라는 글자가 중요했듯이, 이 문장에서는 "欲욕"이라는 글자가 중요하다. 즉, 공자는 군자라는 인간 유형을 설명함에 있어, 군자가 결과적으로 구현하고 있는 무조건적인 빠름이나 느림, 혹은 말더듬을 주목하는 것이 아니라, 그들이 어떤 지향점을 가지고 있는지에 관심을 둔다. 이에 대해 주희의 『논어집주』는 다음과 같은 사량좌(謝良佐)의 말을 인용하고 있다. "함부로 말하기 쉬우니, 어눌하고자 하고, 힘써 실천하기 어려우니 노력하고자 한다"(放言易, 故欲訥, 力行難, 故欲敏) 즉, 여기서 군자라는 인간형은 결과적으로 혹은 그 자체로 말이 어눌한 것과 행동이 팔팔한 것을 추구하는 이가 아니다. 말의 어눌함과 행동의 팔팔함을 '추구함'을 통해서 결과적으로 가장 적절한 상태를 얻고자 하는 것이다. 이러한 함의를 음미하려면 欲이라는 글자에 유의해야 한다.

이상의 『논어』 문장들은, 공자가 어떤 특정한 결과보다는, 지향점 혹은 '하려는 시도'에 주목했음을 보여준다. 이러한 사실을 고려한다면, "巧言令色"의 "巧"와 "令" 역시 "言"과 "色"을 꾸미는 형용사가 아니라, "言"과 "色"을 대상으로 한 동사로 보는 것이 설득력이 있다. 그렇게 보고 번역해야, 비로소 공자가 "교묘한 말, 꾸민 겉모습, 과도한 공손" 등과 같은 특정 결과에 비판적이었던 것이 아니라, 교묘하게 하려는 혹은 꾸미려는 시도나 지향에 비판적이었음을 독자에게 전달할 수 있다. 요컨대 『논어』에 나오는 "巧言令色"은 '형용사+명사'로 번역해서는 안 되고, '동사+목적어'로 번역해야 한다.[2]

3. 巧言令色의 한국어 번역 현황

그러면 현행 『논어』 한국어 번역본들은 "巧言令色"을 어떻게 번역해 왔는지 살펴보자. 『논어』에는 "巧言令色"이 두 번 나오므로 각기 나누어 살펴보도록 하겠다.

- 「학이」 3에 나오는 巧言과 令色을 모두 동사+목적어 문형으로 본 번역본

강동석 번역본(13쪽), **금장태 번역본**(11쪽), **김영호 번역본**(62쪽), **김용옥 번역본**(1권, 271쪽), **김원중 번역본**(41쪽), **김학주 번역본**(112~113쪽), **김형찬 번역본**(31쪽), **동양고전연구회 번역본**(25쪽), **박헌순 번역본**(1권, 38쪽), **부남철**

번역본(35쪽), **성백효 번역본**(32쪽), **신창호 번역본**(83쪽), **심경호 번역본**(22쪽), **양차오밍 번역본**(8쪽), **유교문화연구소 번역본**(6쪽), **이기동 번역본**(59쪽), **이동희 번역본**(112쪽), **이상임 번역본**(43쪽), **이을호 번역본**(22쪽), **이지형 번역본**(89쪽), **이한우 번역본**(37쪽), **임옥균 번역본**(53쪽), **장기근 번역본**(27쪽), **정태현·이성민 번역본**(1권, 76쪽), **최근덕 번역본**(16쪽), **최석기 번역본**(28쪽), **최영갑 번역본**(23쪽), **한필훈 번역본**(36~37쪽)

- 「학이」 3에 나오는 巧言과 令色을 모두 형용사+명사 문형으로 본 번역본

김도련 번역본(31쪽), **김동인·지정민·여영기 번역본**(1권, 52쪽), **류종목 번역본**(21쪽), **박삼수 번역본**(21쪽), **박유리 번역본**(21쪽), **박종연 번역본**(28쪽), **배병삼 번역본**(1권, 32쪽), **신정근 번역본**(52쪽), **윤재근 번역본**(1권, 62쪽), **이강재 번역본**(102쪽), **이기석·한백우 번역본**(15쪽), **이우재 번역본**(53쪽), **조명화 번역본**(1권, 126쪽), **차주환 번역본**(22쪽), **홍승직 번역본**(16쪽), **황희경 번역본**(32쪽)

그러면 다음 문장의 경우를 살펴보자.

子曰, 巧言, 令色, 足恭, 左丘明恥之, 丘亦恥之. (『論語』「公冶長」 25)

선생님께서 말씀하셨다. "말을 교묘하게 하고, 겉모습을 꾸미고, 과도하게 공손히 하는 것을 좌구명左丘明이 부끄럽게 여겼다. 나 역시 그런 것을 부끄럽게 여긴다."

- 「공야장」 25에 나오는 巧言과 令色을 모두 동사+목적어 문형으로 본 번역본

강동석 번역본(105쪽), 금장태 번역본(32쪽), 김도련 번역본(266쪽), 김영호 번역본(118쪽), 김학주 번역본(219쪽), 김형찬 번역본(78쪽), 동양고전연구회 번역본(113쪽), 박삼수 번역본(145쪽), 성백효 번역본(152쪽), 신창호 번역본(167쪽), 심경호 번역본(1권, 184쪽), 양차오밍 번역본(119쪽), 유교문화연구소 번역본(161쪽), 윤재근 번역본(1권, 379쪽), 이기동 번역본(235쪽), 이기석·한백우 번역본(96쪽), 이동희 번역본(109쪽), 이상임 번역본(87쪽), 이을호 번역본(71쪽), 이지형 번역본(1권, 593쪽), 임옥균 번역본(127쪽), 장기근 번역본(183쪽), 정태현·이성민 번역본(1권, 298쪽), 최근덕 번역본(123~124쪽), 최석기 번역본(63쪽), 최영갑 번역본(1권, 187쪽), 황희경 번역본(103쪽)

- 「공야장」 25에 나오는 巧言과 令色을 모두 형용사+명사 문형으로 본 번역본

김동인·지정민·여영기 번역본(1권, 589쪽), 김용옥 번역본(2권, 366쪽), 김원중 번역본(136쪽), 류종목 번역본(170쪽), 박유리 번역본(201~202쪽), 박종연 번역본(151~152쪽), 박헌순 번역본(1권, 323쪽), 배병삼 번역본(1권, 272쪽), 부남철 번역본(175쪽), 신정근 번역본(216쪽), 이강재 번역본(155쪽), 이우재 번역본(231쪽), 임동석 번역본(1권, 401쪽), 조명화 번역본(1권, 513쪽), 차주환 번역본(89쪽), 한필훈 번역본(98~99쪽)

이 중 김도련 번역본, 김용옥 번역본, 김원중 번역본, 박삼수 번역본, 박헌순 번역본, 부남철 번역본, 윤재근 번역본, 이기석·한백우 번역본, 한필훈 번역본, 황희경 번역본은 「학이」 3과 「공야장」 25에 나오는 "巧言令色"이라는 같은 표현에 대해 한 번은 '동사+목적어' 문형으로, 다른 한 번은 '형용사+목적어' 문형으로 번역하였다. 같은 표현에 대하여 왜 비일관적인 번역을 제시하는지에 대한 해명은 없다.[3]

『논어』에는 "巧言令色" 중 "巧言"만 등장하는 문장이 있다.

> 子曰, 巧言亂德, 小不忍則亂大謀. (『論語』「衛靈公」 27)
> 선생님께서 말씀하셨다. "말을 교묘하게 하는 것은 덕德을 어지럽히고, 작은 일을 참지 못하면 큰일을 망친다."

"巧言令色"에서와 거의 유사한 의미적 맥락에서 사용된다는 점에서, 이 예문의 "巧言" 역시 앞에서 나온 용례와 같이 해석될 만하다. 그러면 『논어』 한국어 번역본들은 이 표현을 어떻게 번역하고 있을까?

- 「위령공」 27에 나오는 巧言을 형용사+명사 문형으로 본 번역본

강동석 번역본(351쪽), **금장태 번역본**(94~95쪽), **김도련 번역본**(340쪽), **김동인·지정민·여영기 번역본**(3권, 631쪽), **김영호 번역본**(268쪽), **김원중 번역본**(376쪽), **김학주 번역본**(480쪽), **김형찬 번역본**(183쪽), **동양고전연구회 번역본**(337쪽), **류종목 번역본**(516쪽), **박삼수 번역본**(442쪽), **박유리 번역본**(672쪽), **박종연 번역본**(475~476쪽), **박헌순 번역본**(2권, 375쪽), **배병삼 번역본**(2권, 300쪽), **부남철 번역본**(501쪽), **성백효 번역본**(454쪽), **신정근 번역본**(626쪽), **신창호 번역본**(386쪽), **심경호 번역본**(3권, 72쪽), **양차오밍 번역본**(391쪽), **유교문화연구소 번역본**(573쪽) **윤재근 번역본**(2권, 417쪽), **이강재 번역본**(296쪽), **이기동 번역본**(569쪽), **이기석·한백우 번역본**(376쪽), **이동희 번역본**(155쪽), **이상임 번역본**(37쪽), **이우재 번역본**(681쪽), **이지형 번역본**(4권, 375쪽), **이한우 번역본**(1126쪽), **임동석 번역본**(4권, 1391쪽), **임옥균 번역본**(300쪽), **장기근 번역본**(592쪽), **정태현·이성민 번역본**(3권, 46쪽), **조명화 번역본**(2권, 488쪽), **차주환 번역본**(280쪽), **최근덕 번역본**(399쪽), **최영갑 번역본**(2권, 239쪽) **한필훈 번역본**(267쪽), **홍승직 번역본**(295쪽), **황희경 번역본**(273쪽)[4]

이상의 검토를 종합할 때, 「학이」 3, 「공야장」 25, 「위령공」 27에 모두 나오는 "巧言"을 '동사+목적어' 문형으로 일관되게 번역한 번역본은 없다. '형용사+명사'로 일관된 번역을 제공하는 번역본은 '김동인·지정민·여영기 번역본, 류종목 번역본, 박유리 번역본, 박종연 번역본, 배병삼 번역본, 신정근 번역본, 이우재 번역본, 임동석 번역본, 조명화 번역본, 차주환 번역본이다.

29

비역사적 번역을 넘어서

고대 문헌인 『논어』의 언어 세계와 오늘날의 언어 세계는 간극이 크다. 『논어』 번역이란 그 간극을 넘어 고대의 텍스트가 누렸던 의미를 오늘날의 독자에게 전달하는 작업이다. 고대에 사용되었던 표현이나 개념을 아무런 설명 없이 오늘날에 이식해도 문제지만, 오늘날 독자의 이해를 돕기 위해 고대에서는 가능하지 않았던 현대적 혹은 후대적 의미를 덧씌워도 문제다. 이 장에서는 이러한 비역사적 번역의 문제를 "汎愛衆"과 "君子不重則不威"의 사례를 들어 살펴본다.

1. 汎愛衆의 번역

『논어』「학이」6에는 "汎愛衆"이란 표현이 등장한다.

子曰, 弟子, 入則孝, 出則弟, 謹而信, 汎愛衆而親仁. 行有餘力, 則以學文. (『論語』「學而」6)

선생님께서 말씀하셨다. "제자들은 들어오든 나가든 효도하고 공손하게 처신하라. 말조심하여 믿음을 쌓아라. 많은 사람들을 널리 아끼되 인仁한 사람을 가까이하라. 실천하고 남은 힘이 있으면, 그 힘으로 세련된 표현을 배워라."

『논어』 한국어 번역본들은 이 "汎愛衆"이란 표현을 어떻게 번역해왔을까?

- "널리 (많은, 여러, 모든, 뭇) 사람(들)을 (두루) 사랑"이라고 번역한 번역본[1]

강동석 번역본(16쪽), **김도련 번역본**(상권, 38쪽), **김동인·지정민·여영기 번역본**(1권, 74쪽), **김영호 번역본**(64쪽), **김용옥 번역본**(1권, 312쪽), **김학주 번역본**(115~116쪽), **김형찬 번역본**(32쪽), **동양고전연구회 번역본**(27쪽), **류종목 번역본**(25쪽), **박삼수 번역본**(24쪽), **박종연 번역본**(32쪽), **박헌순 번역본**(1권, 44쪽), **부남철 번역본**(38쪽), **성백효 번역본**(36쪽), **심경호 번역본**(1권, 28쪽), **양차오밍 번역본**(11쪽), **유교문화연구소 번역본**(10쪽), **윤재근 번역본**(1권, 72쪽), **이기동 번역본**(66쪽), **이기석·한백우 번역본**(17쪽), **이동희 번역본**(134쪽), **이상임 번역본**(12쪽), **이우재 번역본**(57쪽), **이한우 번역본**(49쪽), **임옥균 번역본**(55쪽), **장기근 번역본**(32쪽), **최근덕 번역본**(18쪽), **최석기 번역본**(30쪽), **최영갑 번역본**(1권, 28쪽), **홍승직 번역본**(19쪽), **황희경 번역본**(34쪽)

- "널리 대중을 사랑"이라고 번역한 번역본

금장태 번역본(12쪽), **박유리 번역본**(25쪽), **이강재 번역본**(103~104쪽), **정태현·이성민 번역본**(1권, 87쪽)

• "널리 대중(사람, 사람들)을 아낀다"는 식으로 번역한 번역본

김원중 번역본(44쪽), **배병삼 번역본**(1권, 38쪽), **조명화 번역본**(1권, 148쪽), **차주환 번역본**(23~24쪽)

• 기타(밑줄은 필자)

신정근 번역본 민중을 널리 사랑하며 (56쪽)

신창호 번역본 어떤 사람을 만나더라도 열린 마음으로 대하고 (84쪽)

이을호 번역본 범범하게 대중을 사랑하되 (23쪽)

이지형 번역본 뭇사람을 범애汎愛하고 (1권, 99쪽)

임동석 번역본 널리 무리를 사랑하되 (1권, 86쪽)

한필훈 번역본 널리 사람을 사귀되 (38쪽)

위 번역문에 개재된 쟁점들을 단어별로 정리하면 다음과 같다.

첫째, 汎의 번역어로는 "널리"가 가장 많이 채택되었고, 그 밖에 "두루"(박승수), "열린 마음으로"(신창호), "범범하게"(이을호), "고루"(조명화) 같은 번역이 있다. 이 중에서 "범범하게"라는 표현은 모호해서 그 뜻을 확정하기 어렵다. "汎愛衆"에서 汎을 반복하여 부사로 표현한 것인지, 아니면 국어사전에 나오는 '범범하다'라는 형용사를 번역어로 사용한 것인지 분명하지 않다. 새로운 단어를 만들었다고 보기는 어렵다고 할 때 후자일 가능성이 높다. 그런데 한자어인 '범범하다'를 국어사전에서는 '汎汎'이 아니라 '泛泛'이라는 한자어로 표기하고 있다. '汎汎'과 '泛泛'은 서로 통하여 쓰는 글자이긴 하지만, 사전에서는 그 뜻을 "꼼꼼하지 않고 조심성이 없다"로 밝혀놓았다. 그러니 '범범하다'는 "汎愛衆"의 맥락과는 맞지 않는 번역이다. 다른 한편, "열린 마음으로"라는 번역은 汎이라는

글자에서 도출하기 어려운 표현이다서 문제가 있다.

둘째, 衆의 번역어로는 "(여러) 사람(들)"이 가장 많이 사용되었고, 그 밖에 "모든 사람" "대중" "뭇사람" "무리" "민중" 같은 번역이 있다. 이 번역들은 대체로 衆의 사전적인 뜻에 부합한다. 衆과 관련된 번역의 어려움은 사전적인 뜻의 문제라기보다는 번역어로 채택된 "대중" "민중" 같은 단어가 오늘날 (중국 고대에는 없었던) 특정한 정치적 함의를 띠고 있다는 사실에 있다.[2] 번역자는 그 함의에 유의할 필요가 있다.

셋째, 愛의 번역어로는 "사랑"이 가장 많이 사용되었고, 그 밖에 "아끼다" "열린 마음으로 대하다" "사귀다" "범애하다" 같은 번역이 있다. 이 중에서 "애", "사랑"이라고 번역하는 것은 오해를 불러일으킬 소지가 있다. 고대 중국에서 愛는 좀 더 나은 상태에 있는 이가 그보다 못한 상태에 있는 대상에게 갖는 태도와 마음가짐을 종종 의미하곤 하였다.

예컨대 『논어』「양화」 4의 예문을 보자. "君子學道則愛人, 小人學道則易使也"(군자는 도를 배우면 남을 아끼고, 소인은 도를 배우면 부리기 쉽다)라는 이 문장은 군자와 소인이 어떻게 다른 배움의 효능을 갖게 되는지를 논한다. 여기서 군자는 소인과 대비되고, 愛人은 易使와 대비된다. 易使가 위계상 아랫사람이 윗사람으로부터 받는 '부림'을 나타낸다면, 愛人은 위계상 윗사람이 아랫사람에게 베푸는 '배려'를 나타낸다. 이러한 위계적 배려로서의 愛의 대상은 같은 인간만이 아니라, 동물과 무생물의 세계도 포함하였다. '애물愛物, cherish things'(대상을 아끼다) 같은 표현이 그러한 점을 잘 말해준다.[3] 이런 맥락을 감안할 때, "열린 마음으로 대하다" "사귀다" 같은 번역은 무리가 있다.

넷째, 이지형은 汎愛를 명사화하여 처리했다는 특징이 있다. 이는 이지형의 번역에만 국한되는 사안이 아니다. 한국의 한문학자 박희병과 철학자 신정근은 (『논어』의 전거를 활용하여) 홍대용이 사용한 "범애汎愛"라는 표현을 묵자의 "겸애兼愛"에 견주어 계급을 초월한 평등한 사랑의 뜻으로 재해석한 적이 있다.[4] 신정근이 "汎愛衆而親仁"을 "민중을 널리 사랑하며 평화 일구는 사람을 가까이해야 한다"[5]라고 번역한 것은 그러한 연구의 반영으로 보인다. 그런데 고대 중국어에서 범애는 겸애에 견줄 정도로 확고히 개념화된 적이 없다. 汎愛는 부사로서의 汎과 동사로서의 愛가 결합한 상태에 그친다.

그렇다면 『논어』「학이」6에 나오는 汎愛 혹은 汎愛衆의 뜻은 무엇일까? 먼저 『십삼경주소』를 살펴보자. "'범애중'에서 '범'이라는 글자는 '폭넓게'라는 뜻이다. 군자는 현인을 존경하고 대중을 용납하므로 뭇사람을 널리 아낀다."[6] 주희도 『십삼경주소』의 견해와 유사하다. 주희의 『논어집주』는 汎을 "廣"으로, 衆을 "衆人"으로 해석했다. 즉, 전근대 주석가들은 '많은 사람들을 널리 아끼다'는 뜻으로 汎愛衆을 해석한 것이다. 정약용은 汎을 "廣"으로 풀이하는 데 전거가 없다고 반대하였지만,[7] 그 뜻풀이에 관한 한 주희와 대동소이하다.

이러한 전통적 주석이 汎愛를 일종의 사랑으로서 정의하고 있는 것일까? 『논어집주대전』에 실린 주희의 설명을 보면, 그렇지 않다는 것을 알 수 있다. "범애란 한 사람 한 사람 일일이 아끼는 것이 아니다. 예를 들면, 여러 사람이 함께 있을 때, 서로를 성가시게 하고 해를 끼치는 일을 하지 않는 일이나 편의를 독점하지 않는 일 등이 모두 이에 해당한다."[8] 이러한 말을 들어보면, 주희가 생각하는 汎愛衆은 널리 사람들을 사랑하는 일이라기보다는 타인을 '얇게' 그리고 '두루' 아끼는 태도에 가깝다. 거기에 '사랑'을 연상할 만한 격렬한 마음의 움직임은 없다. 주희의 설명에 따르면, 汎愛는 여러 사람들 속에 있을 때 취해야 할 예의 바른 태도다.

이 점은 고대 중국의 다른 문헌에서도 그 용례를 확인할 수 있다. 『춘추번로春秋繁露』「이합근離合根」에서는 이상적인 군주의 모습을 묘사하면서 "여러 현자에게 맡김으로써 성과를 거두어들이고, 스스로 일에 관계하지 않음으로써 존엄함을 유지하고, 뭇 생명을 널리 아껴(汎愛), 기쁨이나 분노 같은 기분으로 상벌을 내리지 않음으로써 인을 실천한다"[9]라고 하는 대목이 나온다. 여기서 汎愛는 이른바 '무우無爲의 정치'와 관련된다.[10] 이러한 汎愛는 감정을 잘 통제하고 일처리에 직접 개입하지도 않고 대상과 거리를 유지하는 상태에서 이루어지는 것이다. 그리고 汎愛는 그러한 거리에도 불구하고 가능한 것이 아니라 그러한 거리 때문에 가능한 것이다. 요컨대 汎愛란 대상 일반에 편파적이지 않은 태도를 뜻한다.

2. 君子不重則不威의 번역

이 장에서 말하는 비역사적 번역이란 꼭 현대의 개념을 과거에 적절한 맥락 없이 적용하는 것만을 뜻하지 않는다. 현대의 개념이 아니더라도 해당 시대의 맥락과 용례에서 벗어나면 그 역시 비역사적 번역이다. 『논어』「학이」8을 통해 이 사안을 구체적으로 살펴보자.

> 子曰, 君子, 不重則不威. 學則不固. 主忠信, 無友不如己者. 過則勿憚改. (『論語』「學而」8)
>
> 선생님께서 말씀하셨다. "군자의 경우, 장중하지 않으면 위엄이 없다. 배우면 고루하지 않게 된다. 충성과 믿음을 핵심으로 삼되, 자기만 못한 사람은 벗삼지 마라. 잘못을 저지르면 고치기를 꺼리지 마라."

「학이」 8에서 공자는 "君子, 不重則不威"라는 문장으로 시작한다. 『논어』 한국어 번역본들은 이 중에서 특히 "重"이라는 표현을 어떻게 번역해왔을까?

- "후중하다"라고 번역한 번역본

박헌순 번역본(1권, 49쪽), **성백효 번역본**(39쪽), **이상임 번역본**(101쪽)

주희의 『논어집주』에서 重을 "厚重후중"이라고 풀이한 것을 답습했다고 판단된다. '후중'은 우리말에 정착되지 않은 단어이므로 엄밀한 의미에서 번역이라고 할 수 없다.

- "중후하다"라고 번역한 번역본

강동석 번역본(17쪽), **김도련 번역본**(상권, 42쪽), **김학주 번역본**(118쪽), **부남철 번역본**(40쪽), **심경호 번역본**(1권, 32쪽), **유교문화연구소 번역본**(13쪽), **이강재 번역본**(104~105쪽), **이지형 번역본**(1권, 107쪽), **임옥균 번역본**(57쪽), **조명화 번역본**(1권, 158쪽), **최근덕 번역본**(20~21쪽), **최영갑 번역본**(1권, 31쪽), **홍승직 번역본**(21쪽), **황희경 번역본**(35쪽)

- "신중하다"라고 번역한 번역본

금장태 번역본(12쪽), **김형찬 번역본**(33쪽), **신창호 번역본**(86쪽), **양차오밍 번역본**(13쪽), **이기동 번역본**(73쪽), **한필훈 번역본**(39쪽)

- "무게 있다"라고 번역한 번역본

김동인·지정민·여영기 번역본(1권, 84쪽), **장기근 번역본**(36쪽), **김용옥 번역본**

(1권, 334쪽)

- "무겁다"라고 번역한 번역본

김영호 번역본(65쪽), **박유리 번역본**(29쪽), **배병삼 번역본**(1권, 40쪽), **신정근 번역본**(59쪽), **윤재근 번역본**(1권, 82쪽), **이기석·한백우 번역본**(18쪽)

- "진중하다"라고 번역한 번역본

김원중 번역본(45~46쪽), **류종목 번역본**(28쪽), **박삼수 번역본**(27쪽), **이한우 번역본**(55쪽)

- "장중하다"라고 번역한 번역본

동양고전연구회 번역본(29쪽), **박종연 번역본**(34쪽), **이우재 번역본**(59~60쪽), **임동석 번역본**(1권, 92쪽)

- "엄숙하다"라고 번역한 번역본: **이동희 번역본**(104쪽)
- "묵직하다"라고 번역한 번역본: **이을호 번역본**(24쪽)
- "敦重하다"라고 번역한 번역본: **정태현·이성민 번역본**(1권, 90쪽)
- "자중自重하다"라고 번역한 번역본: **차주환 번역본**(24쪽)

번역본들 가운데 重에 대한 자신의 번역을 설명하면서 "내면적인 진중함"이라고 한 경우(이한우 번역본, 28~29쪽)도 있고, "태도의 중후함"이라고 한 경우(심경호 번역본, 32쪽)도 있다.

"君子, 不重則不威"(「학이」 8)에서 해석의 관건은 重과 威의 뜻, 그리고 양자 간의 관계를 정의하는 것이다. 각 글자의 정의에 따라 重과 威의 함의가 달라지고, 重과 威의 함의를 어떻게 파악하느냐 따라 重과 威의 관계도 달라진다. 重과 威 중에서 威의 뜻을 확정하기가 상대적으로 쉽다. 주석가와 해석자들은 '威는 일종의 위엄을 나타낸다'는 데 대체로 일치된 견해를 보인다. 예컨대 주희의 『논어집주』는 重을 "厚重"이라고, 威를 "威嚴"이라고 풀이했다. 상대적으로 어려운 문제는 重을 어떻게 이해할 것이냐이다. 성리학자들은 "君子, 不重則不威. 學則不固"가 내면과 외면의 상관관계를 논한다고 보았다. 예컨대 주희의 『논어집주』는 외면이 가벼운 이는 내면이 견고할 수 없게 마련이라고 본다.[11] "學則不固"에서 "固"가 어떤 내적 상태를 나타낸다는 점에서는 별로 이견이 없다. 그런데 重과 威를 과연 외면의 상태로 볼 것인가에 대해서는 좀 더 복잡한 논의가 필요하다.

첫째, 威를 외면의 상태로 보고 重을 내면의 상태로 보아 "君子不重則不威"를 내면과 외면의 상관관계에 대한 진술로 이해하는 입장이 있을 수 있다. 그렇게 볼 경우, 내면이 중후하지 않으면 겉으로 드러나는 위엄이 없게 된다는 말이다. 이런 논리에 따르면, 「학이」 8은 위엄을 갖추어야 하는 군자 같은 사람은 일단 내면을 중후하게 만들어야 한다는 것이다.

위엄이 겉으로 발산되고 표현되는 외면적 현상이라는 점은 분명하다. 그러나 重은 과연 내면의 모습인 것일까? 호광胡廣(91~172)이 편집한 『논어집주대전』「학이」에서 경원慶源 보씨輔氏[12]는 "사람이 중후하지 못하면 겉으로 드러나는 것은 위엄이 없게 마련이고, 마음에 보존되는 것도 견고하지 못하게 마련이다. 이는 겉과 속이 스스로 그러하게 부합하는 것"[13]이라고 말했다. 즉, 경원 보씨는 위엄은 외부적인 것, 견고함은 내면적인 것이라고 주장하되, 重은 구체적으로 내면과 외면 어디에 위치하는 것인지 확정하지 않고 있다. 경원 보씨는 "威는 重에서 나온다"고 했는데,[14] 그에게 重은 내면일까, 외면일까? 만약 重 또한 외면이라면 외면은 또 다른 외면을 낳는다는 말인 것일까?

이러한 일련의 질문에 대답하기 위해서는 重의 의미를 확정해야 한다. 「학이」 8에는 重의 의미를 확정할 수 있는 단서가 없으니 『논어』 전반을 참고해보자. 『논어』에서 重은 「학이」 8 외에 두 번 더 나온다. 「태백」 7의 "任重而道遠. 仁以爲己任, 不亦重乎"(맡은 바는 무겁고 갈 길은 멀다. 인을 자기 책임으로 삼으니 참으로 무겁지 아니한가?)와 「요왈堯曰」 1의 "所重, 民食喪祭"(소중히 여기는 바는, 피치자들의 식량과 상례와 제례였다)이다. 이처럼 『논어』 내 重의 용례 중에서 重을 내면의 상태로 이해한 것은 없다.

공자가 활동하던 시대에 가장 근접하는 것으로 판명된 문헌을 살펴보자. 내적 상태를 표현하는 것처럼 보이는 용례가 『국어』 「진어晉語」에 한 번 나온다. "志重"(뜻이 무겁다)이라는 표현이 그것이다. 뒤이어서 "重, 無乃難遷乎"(뜻이 무거우면 뜻을 바꾸기 어렵지 않겠나?)라는 언급이 나오는 것을 감안할 때, 여기서 重은 志(뜻)가 확고한 상태를 지칭하고 있음에 틀림없다. 이처럼 중국 고대 문헌에서 志는 심층 심리를 나타내기보다는 자신의 지향점을 표현하는 데 쓰인다. 예컨대 『논어』에서도 志가 다수 등장하는데, 대개 자신의 지향점을 표현할 때 쓰인다. 다음은 그 예문이다. 이 예문 중에서 威나 重과 연결된 사례는 없다.

子曰, 吾十有五而志于學. (『論語』 「爲政」 4)

선생님께서 말씀하셨다. "나는 15세에 배움에 뜻을 두었다."

子曰, 士, 志於道. (『論語』 「里仁」 9)

선생님께서 말씀하셨다. "사士의 경우, 도道에 뜻을 두다."

子曰, 志於道. (『論語』 「述而」 6)

선생님께서 말씀하셨다. "도道에 뜻을 두다."

子夏曰, 博學而篤志, 切問而近思, 仁在其中矣. (『論語』「子張」6)

자하子夏가 말하였다. "널리 배우고, 잘 기억하고, 절실히 묻고 가까운 일부터 생각하면, 인仁이 그 가운데 있다."

반면, 重이 내적 심리가 아니라 외적인 예와 연관되어 쓰이는 용례는 동시대 문헌에서 다수 발견된다. 『좌전』「희공 10년」에는 "幣重而言甘"(예물이 중후하고 말이 달콤하다), 『좌전』「성공 2년成公二年」에는 "重器備. 椁有四阿, 棺有翰檜"(기물을 중후하게 갖추었다. 바깥 관에 사아라는 장식을 안쪽 관에 한회라는 장식을 하였다)라는 문장이 나온다. 이 문장에 앞서 『좌전』「성공 2년」에는 "器以藏禮"(기물로써 예를 거두어 표현한다)라는 말이 나온다. 이러한 용례들로부터 알 수 있듯이 기물과 관련되어 重이 사용되는 경우는 거의 다 예를 풍성하게 하는 일을 묘사한 것이다. 그리고 『좌전』「성공 9년成公九年」에는 "중후하게 예우하다"는 뜻의 "重爲之禮"라는 표현이 거듭 나온다. 그와 비슷하게 『좌전』「양공 25년襄公二十五年」에는 "重其禮"(예를 중重하게 하다)라는 표현이 나온다. 그리고 『국어』「제어齊語」에도 "重其禮"(그 예를 중하게 하다)라는 표현이 나온다.

이러한 重의 용례를 감안하면, 「학이」 8에 나오는 重을 내면이 아니라 겉으로 드러난 예의 상태를 나타낸다고 보는 것이 설득력이 있다. 『논어』 주석사에는 고대 중국의 重의 용례를 검토한 끝에 내린 견해들은 아니지만, 실제로 重을 외면적인 예를 형용한다고 본 주석들이 있다.

勉齋黃氏曰, 外重厚, 而內忠信, 則其本立. (胡廣, 『論語集註大全』「學而」)

면재 황씨[15]가 말했다. "겉이 중후하면서 속이 충신하면 그 근본이 확립

된다."

問, 主忠信, 後於不重不威, 何也. 曰, 聖賢言爲學之序, 須先自外面分明有形象處, 把捉扶竪起來. (胡廣,『論語集註大全』「學而」)

물었다. "'주충신'이 '부중불위'의 뒤에 배치된 것은 어째서입니까?" 답했다. "성현께서 배움의 순서를 논할 때에는 반드시 겉으로 분명히 형상이 드러난 곳에서부터 붙들어 일으키신다."

龜山楊氏曰, 正其衣冠, 尊其瞻視, 儼然, 人望而畏之, 則重而有威矣. 不重, 則易爲物遷, 故學則不固. (胡廣,『論語集註大全』「學而」)

구산 양씨[16]가 말했다. "그 의관을 바로잡고, 그 우러러보는 시선을 존귀하게 하면 엄숙해져서 타인들이 바라보며 경외하게 되니, 장중하면서도 위엄 있다. 장중하지 않으면 사물에 의해 불안정하게 되니, 배워도 견고하지 않다."

위 예문에서는 아예 명시적으로 重을 외면이라고 간주한다. 양구산楊龜山의 경우는 좀 더 복잡하다. 자신이 "正其衣冠, 尊其瞻視, 儼然"(그 의관을 바로잡고, 그 우러러보는 시선을 존귀하게 하면 엄숙해져서)할 경우, 다른 사람이 그 모습을 보고 경외하게 되니 그것이 곧 "重而有威矣"(장중하면서도 위엄 있다)한 상태라는 것이다. 양구산의 해석에서는 重而有威가 병렬적 사태로 이해되는 것 같다. 그러나 "重而有威矣"에서 而를 以로 이해한다면, 重과 威 사이에는 인과관계가 생기게 된다. 즉, 重은 다름 아닌, "正其衣冠, 尊其瞻視, 儼然"의 상태, 즉 예를 무게 있게 잘 갖춘 상태를 뜻하는 것이다. 결론적으로, "君子, 不重則不威"는 예복을 잘 갖추어 입고 자세를 예의에 맞게 하면, 위엄이 생긴다는 뜻이다.[17] 그리고 예를 무게 있게 구현하는 이는 거기에서 위엄을 느끼는 이보다 위계상 상위에 있을 가능성이 높다.

이상의 논의는 『논어』에 나오는 다음 문장들에서 재확인할 수 있다. 「요왈」 2의 "君子正其衣冠, 尊其瞻視, 儼然, 人望而畏之, 斯不亦威而不猛乎"(군자가 의관을 바르게 하고 시선을 존귀하게 하면 그 모습이 엄연하여, 사람들이 바라보고 어려워할 것이니, 이것이 참으로 '위엄 있되 사납지 않은 것'이 아니리오?), 「위령공」 33의 "知及之, 仁能守之, 不莊以涖之, 則民不敬"(지혜가 그에 미치고 인으로 지켜낼 수 있어도, 장엄함으로 임하지 않으면 피치자들이 공경하지 않는다).

"汎愛衆"과 "君子, 不重則不威"를 번역할 때 필자가 내린 결론은 다음과 같다. 중국 고대에서는 존재하지 않았던 정치적 의미를 통제하기 위하여 衆을 '많은 사람들'이라고 번역하는 것이 좋다. 그리고 重이 예와 관련된 형용어이기에 가능한 한 예의 집행을 연상할 수 있는 번역어가 좋다. 따라서 重의 번역어로는 '장중하다'가 적합하다.

두 사례는 이른바 비역사적 오류가 단지 과거의 맥락을 무시하고 현재의 인식을 과거 텍스트에 투영하는 데서 그치지 않음을 보여준다. 비역사적 오류는 과거와 현재 사이뿐 아니라, 과거와 과거 사이에서도 발생한다. 후자의 오류를 피하기 위해서는 과거를 하나로 단일화하지 말고, 여러 과거와 여러 맥락으로 세분할 필요가 있다.

주

서문 — 『논어』, 번역을 비평하다

1 이 책의 초고 상당 부분은 한국출판마케팅연구소가 발행하는 출판 전문 격주간지 『기획회의』에 연재되었다.

2 2005년도에 『교수신문』이 고전 번역비평을 시도할 때 집계한 바에 따르면, "현재 논어의 우리말 번역서는 시판되고 있는 것만 1백60여 종에 이르고 있으며 절판된 책까지 모두 합치면 3백 종이 넘는다"(www.kyosu.net/news/articleView.html?idxno=7705).

3 https://blog.aladin.co.kr/mramor/1856877

4 『철학연구』 37, 1995, 303~329쪽.

5 『오늘의 동양사상』 5, 2001, 282~299쪽.

6 www.kyosu.net/news/articleView.html?idxno=7955

7 이를테면 앞서 거론한 성태용의 논문이 실제로 자세히 분석하고 있는 『논어』 텍스트는 「학이學而」편의 첫 구절뿐이다.

8 매슈 레이놀즈 지음, 이재만 옮김, 2017, 『번역』, 교유서가, 109 113쪽.

9 매슈 레이놀즈, 2017, 132쪽.

1부 — 『논어』와 개념

1. 『논어』 제목의 이해와 번역

1 장사오위 지음, 이강재 옮김, 2012, 『고대중국어 어휘의미론』, 차이나하우스, 18쪽.

2 이러한 사료들이 번역자들에 의해 처음 발굴된 것은 아니다. 대부분의 사료들은 해외의 관련 연구 저작들이 이미 논의해온 것들이다.

3 장사오위, 2012, 16쪽.

4 이강재, 2006, 『논어』, 살림, 84쪽.

5 章炳麟, 龐俊·郭誠永 疏證, 2008, 『國故論衡疏證』, 北京: 中華書局, p. 267, "論者, 古但作侖. 比竹成冊, 各就次第, 是之謂侖. … 論語爲師弟問答, 乃亦略記舊聞, 散爲各條, 編次成峽, 斯曰論語."

6 이강재, 2006, 84~86쪽.

7 徐鍇, 『說文解字繫傳』, "論, 倫也. 同歸而殊塗, 一致而百慮, 語各有倫而同歸於理也. 倫, 理也."

8 段玉裁, 『說文解字注』, "凡言語循其理, 得其宜謂之論, 故孔門師弟子之言謂之論語."

9 何異孫, 『十一經問對』, "問, 論語者, 何? 對曰, 此, 孔門師弟子, 討論文義之言語也. 有弟子記夫子之言者. 有夫子荅弟子之問者. 有弟子, 自相荅問者. 又有時, 人相與言者. 有臣, 對君之問者. 有師弟子, 對大夫之問者. 皆所以討論文義, 故謂之論語."

10 박종연, 2006, 『논어』, 을유문화사, 14~15쪽.

11 이강재, 2006, 84~86쪽.

12 劉勰, 『文心雕龍』「論說第十八」, "聖哲彝訓曰經, 述經敍理曰論, 論者, 倫也. 倫理無爽, 則聖意不墜. 昔仲尼微言, 門人追記, 故仰其經目, 稱爲論語."

13 皇侃, 『論語義疏』, "凡通此'論'字大判有三途, 第一捨字制音, 呼之爲倫, 一捨音依字, 而號曰論, 一雲倫, 論二稱, 義無異也. 第一捨字從音爲倫說者乃衆, 的可見者不出四家. 一云倫者次也, 言此書事義相生, 首末相次也, 二云倫者理也, 言此書之中蘊含萬理也, 三云倫者綸也, 言此書經綸古今也, 四云倫者輪也, 言此書義旨周備, 圓轉無窮, 如車之輪也."

14 이 사안에 대한 자세한 논의는 김영호, 2012, 『논어: 공자와의 대화』, 산지니, 329~331쪽; 김학주, 2017, 『논어(개정4판)』, 서울대학교출판부, 10~12쪽; 이강재, 2006, 84~86쪽을 참조하라.

15 邱淵, 2009, 『言語論說與先秦論說文體』, 昆明: 雲南人民出版社, pp. 196~202.

16 오규 소라이 지음, 함현찬 외 옮김, 이기동 감수, 2010, 『논어징』(전3권), 소명출판.

17 荻生徂徠, 『論語徵』, "凡言之可以爲教者皆謂之語, 如語云及請事斯語之類可見已."

18 皇侃, 『論語義疏』「敘」, "語者, 論難答述之謂也."

19 김학주, 2015, 364쪽.

20 장사오위, 2012, 186쪽.

21 이강재, 2006, 84~86쪽.

22 朱熹, 『論語集註』「憲問」, "討, 尋究也. 論, 講議也."

23 荻生徂徠, 『論語徵』, "修飾潤色, 其義不同. 蓋裨諶作草, 世叔討論而未定, 經子羽之手 而後定, 於是乎文成矣. 故曰修飾, 子産之潤色, 乃在文成之後也. 討論二字, 人或不知其解, 多謂尋討也, 非古義矣. 蓋聲其罪曰討, 故討論者, 駁其非之謂也."

24 程元敏, 2013, 『先秦經學史』下卷, 臺北: 臺灣商務, p. 120.

25 타인의 말을 지칭한다는 해석도 있다.

26 荻生徂徠, 『論語徵』, "語, 誨言也. 蓋謂召弟子語之, 使其奉以行諸己者也."

2. 『논어』 첫 문장의 이해와 번역: 목적어와 청중

1 이를테면, 판단문의 주어는 종종 생략 가능하다. 궈시량·장쭤판·허주잉·장사오위·톈루이쥐안 지음, 중국 고대 언어와 문헌 연구 공동체 학이사 엮음, 김혜영·문수정·신원철·안소민·이강재 옮김, 2016, 『고대중국어』, 역락, 109쪽.

2 정약용 지음, 이지형 옮김, 2010, 『역주 논어고금주 1』, 사암, 73쪽.

3 唐文 編著, 2004, 『鄭玄辭典』, 北京: 語文出版社, p. 504. 또 정현에 따르면, 도는 인의仁義와 동의어로도 쓰일 수 있다. 『예기』 「악기樂記」의 "故曰樂者樂也, 君子樂得其道"라는 구절에 "道謂仁義也"(도는 인의를 말한다)라고 주석을 달았다.

4 육덕명陸德明의 『경전석문經典釋文』이나 유월兪樾의 『논어평의論語平議』에 따르면, 유붕有朋이 아니라 우붕友朋으로 된 판본도 존재한다.

5 荻生徂徠, 『論語徵』, "有朋死無所歸, 謂朋自遠方來者也."

6 『역주 논어고금주 1』, 72~73쪽.

7 『역주 논어고금주 1』 76쪽에 달린 원주: 《正義》 1.

8 『역주 논어고금주 1』 76쪽에 달린 원주: 《公羊傳》 定公 4年에 "붕우는 서로 돕는다 (朋友相衛)"는 구절의 註에 '동문을 붕이라 한다(同門曰朋)'는 말이 있고, 《周易》 〈兌卦〉의 "象曰, 麗澤, 兌. 君子以朋友講習"이라는 구절의 註에도 '同門曰朋'이라는 말이 있다.

9 『역주 논어고금주 1』, 76~77쪽, "包曰: "同門曰朋." ○駁曰非也. 《公羊傳》注云: "同門曰朋."【兌卦疏】《周禮》注云: "同師曰朋."【〈大司徒〉 '聯朋友'之注】《集注》云: "同類曰朋." 總之, 朋者, 志同而意合者也. 何必同門?"

10 포함의 주석은 위魏나라 하안何晏의 『논어집해論語集解』에 실려 있다.

11 전호근, 2015, 『한국철학사』, 메멘토, 598~599쪽.

12 유사한 취지에서 김용옥 번역본도 "붕朋이란 고금의 주소가 다 지적하고 있듯이 "붕당朋黨"이요, "동문同門"이요, "동지同志"다"라고 싸잡아 말하고 있다. 김용옥, 2008, 『논어한글역주 1』, 통나무, 253쪽.

13 김원중 번역본 『논어』는 "주희는 『논어집주』에서 '같은 문하[同門]'라는 의미로 풀이했다"라고 말하고 있으나 사실과 다르다. 김원중 옮김, 2017, 『논어』, 휴머니스트, 39쪽.

14 宗福邦·陳世鐃·蕭海波 主編, 2003, 『古訓類纂』, 北京: 商務印書館, p. 1055.

15 宗福邦·陳世鐃·蕭海波 主編, 2003, p. 1055.

16 남송대 도학 집단 정체성 형성에 대한 연구로는 Hoyt Cleveland Tillman, 1992, *Confucian discourse and Chu Hsi's ascendancy*, Honolulu: University of Hawaii Press. 그 밖에 주희의 문인 집단 형성에 대해서는 市來津由彦, 2002, 『朱熹門人集團形成の研究』, 東京: 創文社 참조.

17 궈시량 외, 2016, 250쪽.

3. 주요 개념어의 번역 (1): 君子와 仁者

1 신정근, 2009, 『공자씨의 유쾌한 논어』, 사계절, 10쪽.

2 『논어』에서 이 두 단어는 상당히 호환 가능하다. Youngmin Kim, 2018, *A History of Chinese Political Thought*, Cambridge: Polity, p. 38.

3 Youngmin Kim, 2018, p. 38.

4 Yuri Pines, 2002, *Foundations of Confucian thought: intellectual life in the Chunqiu period 722~453 B. C. E.*, Honolulu: University of Hawaii Press, pp. 156~171, 204.

5 예컨대 "仁者先難而後獲, 可謂仁矣"(『論語』「雍也」 22)에 대한 김동인·지정민·여영기 번역본 『세주 완역 논어집주대전 2』(한울아카데미, 2010)의 번역을 보라. "인자는 어려움을 먼저로 하고 얻는 것은 나중으로 하니 인이라고 할 만하다."(115쪽)

6 신정근, 2009, 10쪽.

7 인간 본성에 대한 『논어』의 다음과 같은 언급을 보라. 『論語』「公冶長」 13, "子貢曰, 夫子之文章, 可得而聞也, 夫子之言性與天道, 不可得而聞也."

8 신정근, 2009, 11쪽.

9 신정근, 2009, 37쪽.

10 신정근, 2009, 462쪽.

11 앞서 논한 바와 같이, 신정근 번역본은 仁者에 대해 일관된 번역은 제공하지 않되, "평화"라는 단어를 지속적으로 사용하고 있다. 구체적으로 "평화주의자"라는 표현을 사용한 예로는 신정근, 2009, 789쪽.

12 오규 소라이 지음, 함현찬 외 옮김, 이기동 감수, 『논어징 1』, 소명출판, 2010, 293쪽.

13 그 밖에 "싫어한다"는 부정적 방식으로라도 도덕을 구현한다는 취지를 담은 명시적인 언급으로는 『論語』「泰伯」 10, "好勇疾貧, 亂也. 人而不仁, 疾之已甚, 亂也"(용기를 좋아하되 가난함을 미워하면, 난리를 초래한다. 사람인데도 인仁하지 않음을 너무 심하게 미워하면, 난리를 초래한다)에 대해 경원慶源 보씨輔氏가 단 주석을 들 수 있다. 경원 보씨는 "불인을 미워하는 것은 본디 선이지만"이라는 주석을 단 바 있다. 김동인·지정민·여영기 옮김, 2010, 『세주 완역 논어집주대전 2』, 400쪽.

4. 주요 개념어의 번역 (2): 民

1 조명화, 2017, 『논어역평 2』, 현암사, 26, 291, 344, 431, 535, 635쪽.

2 허수, 2010, 「식민지기 '집합적 주체'에 관한 개념사적 접근: 『동아일보』 기사제목 분석을 중심으로」, 『역사문제연구』 제23호, 133~193쪽; 조한상, 「국민의 헌법적 의미: 객관주의와 주관주의를 중심으로」, 『법학연구』 48, 2012, 75~97쪽; 니시카와 나가오 지음, 윤대석 옮김, 『국민이라는 괴물』, 소명출판, 2002.

3 유진오, 1980, 『헌법기초회고록』, 일조각, 65쪽.

4 박명규, 2014, 『국민·인민·시민』, 소화, 103쪽.

5 유진오, 1980, 65쪽; 나카노 도시오 지음, 서민교·정애영 옮김, 2005, 『오쓰카 히사오와 마루야마 마사오』, 삼인, 166쪽; 丸山眞男, 1944, 「國民主義の前期的形成」, 『國家學會雜誌』 第58巻 第3號. 반면, 중국에서 '인민'은 억압의 주체가 아닌 애국민주 인사를 의미해왔다. 박명규, 2014, 28쪽; 저우언라이周恩來의 「중국인민정치협상회의공동강령中國人民政治協商會議共同綱領」 참조.

6 박명규, 2014, 104쪽; 김성보, 2009, 「남북국가 수립기 인민과 국민 개념의 분화」, 『한국사연구』 144.

7 그 사례로 다음 저작들을 참조. 알랭 바디우 외 지음, 서용순 외 옮김, 2014, 『인민이란 무엇인가』, 현실문화; 마거릿 캐노번 지음, 김만권 옮김, 2015, 『인민』, 그린비; 신철희, 2011, 「마키아벨리와 스피노자의 '민(民)' 개념 비교 연구: '인민 형성(peoplebuilding)'을 중심으로」, 서울대학교 대학원.

8 동아시아에서 시민 및 대중 개념의 궤적에 대한 최근 연구로는 다음과 같은 것이 있다. 趙星銀, 2017, 『「大衆」と「市民」の戦後思想: 藤田省三と松下圭一』, 巖波書店.

9 박명규, 2014, 104, 233~239쪽.

10 이남희 지음, 이경희·유리 옮김, 2015, 『민중 만들기』, 후마니타스, 28쪽; 그 밖에 민중 개념에 대한 논의로는, JangJip Choi, 1993, "Political Cleavages in South Korea", in Hagen Koo ed., *State and Society in Contemporary Korea*, Ithaca: Cornell University Press, p. 17; Hagen Koo, 1993, "The State, Minjung, and the Working Class in South Korea", *American Sociological Review* 55, no. 10, pp. 142~147; 정창렬, 1989, 「한국사에서 민중 인식」, 이영희 선생 화갑 기념문집 편찬 위원회 편, 『이영희선생 화갑기념문집』, 두레; 전명혁, 2008, 「'민중사' 논의와 새로운 모색」, 『역사연구』 18; 정상철, 2007, 「1970년대 '민중' 개념의 재등장: 사회과학계와 민중문학, 민중신학에서의 논의」, 『경제와 사회』 74; 강정구, 2005, 「민중은 어떻게 상상되었나」, 『한국시학회 제15차 전국학술대회 논문집』; 황병주, 2009, 「1960년대 비판적 지식인 사회의 민중인식」, 『기억과 전망』 21.

11 박명규, 2014, 240~241쪽; 대중 개념에 대해서는 김지영, 2015, 「1920년대 대중문학 개념 연구: 카프 대중화론과 '통속', '민중', '대중'의 의미투쟁을 중심으로」, 『우리文學硏究』 제48집, 215~260쪽.

12 윤내현, 1984, 『商周史』, 민음사, 195쪽.

13 民과 人의 의미 비교에 대해서는 黃金貴, 2016, 『古代文化詞義集類辨考』, 商務印書館, pp. 70~72 참조.

14 양백준(양보쥔) 지음, 이장우 외 옮김, 2003, 『논어역주』, 중문출판사. 그중에서 "道千乘之國, 敬事而信, 節用而愛人, 使民以時"(『論語』「學而」 5)에 대한 양보쥔의 주석을 보라.

15 조기빈(자오지빈) 지음, 조남호·신정근 옮김, 1996, 『反논어: 孔子의 論語 孔丘의 論語』, 예문서원, 참조.

16 "有民人焉, 有社稷焉"(『論語』, 「先進」 25)이 그 예외에 해당한다.

17 김용옥의 民에 대한 이해는 특징적이어서 그의 民 번역과 더불어 고려할 필요가 있다. "사(士)뿐만 아니라 "민"(民, 庶人)에 대한 논의도 마찬가지로 애매하고 유동적이다. 우선 『논어』에서 말하는 "민"은 절대적인 다수의 대중을 종국적으로 지칭하는 말이며, 그것이 플라톤의 대화편 등 희랍철학에서 말하는 폴리스의 시민(시민은 상민常民[the common people], 군인[the soldiers], 수호인[the guardians]의 세 계층을 합친 개념)과도 같이 광범위한 노예계층을 전제로 한 제한된 소수의 개념이 아니라는 것이다. 즉 희랍의 민주제의 개념은 결코 "민"의 개념에서 출발하고 있는 것이 아니다. 『논어』에서 말하는 "민"이야말로 오히려 21세기 우리 사회에 적응될 수 있는 보다 보편적이고 종국적인 개념이라는 것을 우리는 확실히 인식해야 한다. 맥락에 따라서 군(君) 앞에서는, 경대부까지를 포함해서 모든 사람이 무차별적으로 민의 개념 속에 포함될 수 있다는 것이다."(김용옥, 2008, 『논어한글역주 1』, 통나무, 163~164쪽)

18 조명화의 民 번역을 검토할 때는 다음과 같은 그의 입장 표명을 참고할 필요가 있다. "이 시대의 언어로 번역할지라도 그 시대의 사회상은 그대로 표현되어야 한다. 존중과 겸양을 드러내는 현대의 존대어와는 달리 계급과 신분을 드러내는 인칭대명사를 비롯한 존대어가 그대로 표현되어야 그 시대를 바르게 이해할 수 있다. 계급과 신분에 따른 상대높임과 압존법에도 유의해야 한다."(조명화, 2017, 『논어역평 1』, 현암사, 28쪽)

5. 주요 개념어의 번역 (3): 鄕原과 鄕人

1 이하 설명하는 鄕의 의미에 대해서는 黃金貴, 1995, 『古代文化詞議彙類辨考』, 上海: 上海敎育出版社, pp. 16~23 참조.

2 당시 중국 역사에서 국가의 문제에 대해서는 Youngmin Kim, 2018, *A History of Chinese Political Thought*, Cambridge: Polity, ch.1-4 참조.

3 '鄕'보다 작은 주민 호적 단위로는 '里'나 '廛'을 들 수 있다.

4 이와 유관한 향원에 대한 해석으로는 『국역성호사설』 권24 「경사문」 '향원조'; 『국역 연려실기술』 권31 「현종조 고사본말」 '임금이 온천에 갔을 때 이경석이 차자로 송시열과 틀어지다'; 『순암집順菴集』 권19 「영장산객전靈長山客傳」; 『여헌집旅軒集』 권8 「동진록同塵錄」; 『임하필기林下筆記』 권35 「벽려신지薜荔新志」; 이이, 『성학집요』 「제4 위정爲政」 등을 참조하라. 이 텍스트들에 대한 현대 학자의 연구로는 함영대, 2011, 「향원을 위한 변명」, 『문헌과 해석』 54, 54~71쪽 참조.

5 이규경은 『오주연문장전산고』에서 향원을 『논어』와 『맹자』의 연결점 중 하나라고 간주한 바 있다. 『五洲衍文長箋散稿』 「經史篇」 '孟子辨證說', "孟子引 『論語』 孔子之言凡二十九, 其載於 『論語』 者八.【如學不厭而敎不倦, 里仁爲美, 君薨聽於冢宰, 大哉堯之爲君, 小子鳴鼓而攻之, 吾黨之士狂簡, 鄕原德之賊, 惡似而非者.】又多大同而小異, 然則夫子之言, 其不傳於後者多. 故曰仲尼沒而微言絶也."

6 박성규, 2000, 「공자·맹자의 향원비판」, 『태동고전연구』 17, 198쪽.

7 이혜경, 2011, 「향원을 향한 유가윤리의 비판은 정당한가」, 『철학사상』 제39권, 3~29쪽.

8 이장희, 2012, 「향원(鄕原)은 왜 덕(德)의 적(賊)인가」, 『사회와 철학』 제24호, 79~102쪽.

9 이장희, 2012, 99~100쪽.

10 문화 중심지역의 권위를 인정하는 중국 고대 엘리트의 입장에 대해서는 Mark Edward Lewis, 2006, *The construction of space in early China*, Albany: State University of New York Press, pp. 9, 150, 190~196 참조.

6. 주요 개념어의 번역 (4): 士

1 이와 관련한 김용옥의 士의 역사적 배경에 대한 설명은 다음과 같다. "우리가 생각하는 사라는 개념의 모든 속성을 최초로 구현한 자가 바로 공자이기 때문이다. 공자의 삶으로써 사를 규정해야지, 사로써 공자의 삶을 규정할 수 없다. 공자에게서 최초로 "성聖"의 새로운 의미맥락이 생겨났다면, 마찬가지로 "사士"도 공자에게 이르러서 새로운 의미맥락을 정립하게 되는 것이다. 사는 전통적으로 공公·경卿·대부大夫의 계층과 민民의 계층 사이에 존재하는 관리계층으로 이해되어왔다. 그러나 그것은 시대에 따라 그 의미의 외연과 내연이 다르다. 『시경』에 흔히 나오는 "사녀士女"라는 표현에서의 "사"는, 거의 통속적 의미에서 "계집"(女)과 짝을 짓는 "사내"(士) 이상의 의미를 찾기 어렵다. 즉 어떤 계급적·신분적 의

미로 한정되기 어렵다는 뜻이다. 사의 원초적 의미는 그 자형이 "도끼"나 도끼를 상징하는 의기儀器로 상징되듯이, 오늘날 우리가 생각하는 문사文士(선비)적 의미보다는 단순한 전사戰士적 의미로 사용된 것이다. 즉 왕이나 제후의 공민으로서 전투에 참가할 자격을 지니는 사람을 무분별하게 지칭하는 말이었다. 그러니까 공자 이전의 사의 일차적 의미는 문적文的인 의미보다는 무적武的인 의미가 더 강했다는 사실을 명백히 인식해야 한다. … 공자시대의 전투는 기본적으로 "전차전戰車戰" 중심이며, 보병步兵의 존재가 상대적으로 중요하지 않았다. 전국戰國시대로 내려가면서 전투의 양상은 "보병전步兵戰" 중심이 되면서 대규모화되고 장기화되는 양상을 띤다. 공자시대의 사의 기본기는 육예六藝 중 "사射, 어御"였다. 그것은 전차전의 특성에서 유래되는 것이다. … 사가 현실적으로 국인國人 중에서 공경대부公卿大夫를 제외한 말단의 관료층으로 이해하면 문제는 간단하지만, 문제는 사가 정확히 세습적인 신분이 아니라고 한다면, 사士(현실적 관료)가 될 수 있는 가능성의 인간의 범위를 어떻게 설정하냐는 것이다. 삼례三禮 중 『의례儀禮』라는 책 중에는 사관례士冠禮니 사혼례士昏禮니 사상견례士相見禮니, 향음주례鄕飮酒禮, 향사례鄕射禮, 사상례士喪禮, 사우례士虞禮 등, 사를 규정하는 매우 까다로운 예식들이 질서 정연하게 기술되어 있다. 『의례』의 정확한 성립 시기와 맞물리는 문제이지만, 이러한 예에 의하여 규정되는 사의 신분의 성립은 결코 공자시대로 올라갈 수는 없다. 공문의 제자諸子들이 모두 이렇게 까다로운 삶의 절차 속에서 규정되는 사의 신분을 획득한 그런 사람들은 아니기 때문이다(이러한 모든 제반 논의와 관련하여 사의 문제와 춘추전국시대의 사회계층의 공간적·시간적 구조를 퍽 소상하면서도 명료하게 다룬 논문이 있다. 李成九, 1998, 「春秋戰國時代의 國家와 社會」, 『講座中國史 I』, 지식산업사)."(김용옥, 2008, 『논어한글역주 I』, 통나무, 160~163쪽) 그의 이러한 설명은 이 글의 후반부에서 소개할 조명화의 士 이해와 비교의 맥락을 구성한다.

2 최근덕 번역본 『한글 논어』는 民을 "선비"라고 번역한 적도 있다. 최근덕, 2004, 『한글논어』, 성균관, 470쪽.

3 박유리는 자신이 士를 "사"라고 번역하는 이유에 대해 다음과 같이 말하고 있다. "대개의 번역본에서는 '士'를 '선비'로 옮기고 있다. 그러나 논어의 '士'는 '선비'와 바로 맞서는 개념이 아니다. 양백준은 논어에 나타나는 '士'는 어떤 사회적 지위를 가진 사람을 가리킬 때도 있고, 수양을 한 사람을 가리킬 경우도 있다고 한다. 곧 「자로」편에 나오는 "行己有恥, 使於四方, 不辱君命, 可謂士矣(자기를 행함에 부끄러움이 있고, 사방으로 사신을 가서는 임금의 명령을 욕되게 하지 않는다면, '士'라고 할 수 있을 것이다)"란 말에 있는 '士'는 전자의 보기이고, 이 장에 있는 '士'는 후자의 보기라고 하였다. 따라서 필자는 논어에 나타나는 '士'란 말은 모두 '사'로만 옮기기로 하였다."(박유리, 2013, 『논어상해』, 문사철, 142쪽)

4 'metaphysical republic' 논의 참고. Youngmin Kim, 2018 *A History of Chinese Political Thought*, Cambridge: Polity, pp. 114~136.

5 士의 역사적 성격에 대한 조명화의 이해는 다음과 같다. "士의 기원에 대해서는 여러 설이 있다. 오래전부터 여러 뜻으로 사용되던 글자였기 때문일 것이다. 애초에는 신분과는 관계없이 일정한 직무를 맡은 사람을 가리키던 이름이었을 것으로 짐작되는데, 공자 무렵에는 경대부 계급에 종속되어 그들의 업무를 수행하는 사람들을 가리키는 이름으로 널리 불리게 된 듯하다. 이후 전국시대에는 일정한 지식을 기반으로 하는 전문인이라는 개념이 추가되고, 진·한 무렵에는 대부 아래 계급의 관리를 부르는 이름으로 정착한다. 그래서 하사·중사·상사라는 구분도 생기게 된다. 『예기·곡례하』의 "國君死社稷, 大夫死衆, 士死制(군주는 사직을 위해 목숨을 바치고 대부는 민중을 위해 목숨을 바치며 사는 제도를 위해 목숨을 바친다)"라는 대목은 한대의 정황을 나타낸다"(조명화, 2017, 『논어역평 1』, 현암사, 46쪽). "군자는 공자가 지향했던 인격의 이름이고 士는 공자가 자긍했던 계급의 이름이라고 할 수 있다. 그래서 공자는 士가 실천해야 할 덕목도 이처럼 틈틈이 언급한다. … 『시경·석인』에서 보듯이 士는 원래 건장한 남자를 의미하였다. 문자학적으로 보더라도 '士'는 도끼와 같은 의기儀器의 상징이다. 즉, 건장한 남자로서의 조건을 갖춘 무인을 의미했던 것이다. 상대와 주대에 이르러 문자를 이해하는 계층을 가리키게 되면서는 관직의 이름으로도 사용된다. 공자는 자질이 부족한 지배계층으로 인한 국가의 위험성을 지적하면서 군주의 세습은 인정할지언정 실무 정치는 소양을 닦은 사람에게 위임해야 한다고 생각했다. 그런 생각을 실현하고자 자신이 군주에게 발탁되기를 기대하였고, 직업적으로 가신家臣 직책을 얻고자 하는 제자들을 모아서 교육하였으며, 자신을 포함한 제자 집단의 신분은 士라는 이름으로서 대부계급의 아래를 자처했다. 그리하여 경대부의 족인族人을 가리키다 계속되는 분족分族으로 인해 지배계급에서 배제된 계층을 가리키는 이름쯤으로 된 士를 공자가 새롭게 의미부여하여 사용했다고 본다. "雖執鞭之士, 吾亦爲之"(7.12)처럼 하찮을지라도 일정한 직분을 맡은 남자를 士라고 부르기도 했던 모양이지만, "行己有恥, 使於四方, 不辱君命, 可謂士矣"(13.20)처럼 신분과 지위에 관계없이 정치적 역량과 사명감을 갖춘 사람이라는 뜻으로도 사용하였으며, 나아가서는 여기서처럼 경세지도에 뜻을 둔 사람이라는 의미로도 사용하였다. 따라서 공자가 사용했던 士라는 이름은 직분으로서의 의미보다는 소양으로서의 의미가 더 강조된다. 士를 '선비'로 번역하게 되면 구시대적이고 文에 치우친 느낌을 주게 된다. 서구에서 계몽주의 이후에 나타난 '인텔리겐차(intelligentsia)'와 같은 성격으로 보고자 하는 경향도 있지만 서구의 인텔리겐차는 실천에 중점을 두는 지식인이라는 의미이므로 맞지는 않다. 공자는 지배계층의 바람직한 자질을 仁이라는 한 글자로 집약하였고, 그 자질을 갖춘 사람을 君子라고 불렀으며, 지배계층이 되고자 하는 자신과 제자들의 신분은 士로 자처하였다. 그리하여 맹자孟子(372~289 B.C.)

에 이르게 되면 士는 대부 아래 계급의 이름으로 고정된다."(조명화, 2017, 404~405쪽) 이처럼 조명화는 "선비"가 士의 번역어로서 적절하지 않다고 생각하고 있다. 『논어』에 나오는 士에 대한 저자의 견해는 김영민, 2025, 『논어란 무엇인가』, 사회평론아카데미, 7장 129~132쪽에서 볼 수 있다.

2부 — 번역을 위한 문법

7. 『논어』에서 허사 번역 (1): 亦, 曾

1 궈시량·탕쭤판·허주잉·장사오위·톈루이쥐안 지음, 중국 고대 언어와 문헌 연구 공동체 학이사 엮음, 김혜영·문수정·신원철·안소민·이강재 옮김, 2016, 『고대중국어』, 역락, 213쪽.

2 성태용, 1995, 「기획번역서평, 논어」, 『철학연구』 37, 324쪽.

3 에드윈 풀리블랭크 지음, 양세욱 옮김, 2005, 『고전 중국어 문법 강의』, 궁리, 319쪽.

4 董治國, 2016, 『古代漢語句型分類詳解』, 天津: 南開大學出版社, p. 376.

5 에드윈 풀리블랭크, 2005, 319쪽.

6 『논어』에 나오는 曾에 대한 한국어로 된 선구적인 논의 중 하나로는 성태용, 1995, 314~315, 325~326쪽 참조.

7 궈시량 외, 2016, 136쪽.

8. 『논어』에서 허사 번역 (2): 其(상)

1 연세대학교 허사사전편찬실 엮음, 2001, 『허사대사전』, 성보사, 131쪽.

2 연세대학교 허사사전편찬실, 2001, 130쪽.

3 궈시량·탕쭤판·허주잉·장사오위·톈루이쥐안 지음, 중국 고대 언어와 문헌 연구 공동체 학이사 엮음, 김혜영·문수정·신원철·안소민·이강재 옮김, 2016, 『고대중국어』, 역락, 233쪽.

4 董治國, 2016, 『古代漢語句型分類詳解』, 天津: 南開大學出版社, p. 399.

5 김영민, 2025, 『논어란 무엇인가』, 사회평론아카데미, 12장 참조.

6 에드윈 풀리블랭크 지음, 양세욱 옮김, 2005, 『고전 중국어 문법 강의』, 궁리, 36, 131, 191, 317쪽.

7 궈시량 외, 2016, 228쪽.

8 연세대학교 허사사전편찬실, 2001, 135~136쪽.

9 『漢書』「燕刺王劉旦傳」, "寡人束帶聽朝三十餘年, 曾無聞焉. 其者寡人之不及與. 意亦子大夫之思有所不至乎."; 『公羊傳』「哀公十四年」, "君子曷爲爲春秋, 撥亂世, 反諸正, 莫近乎春秋. 則未知其爲是與. 其諸君子樂道堯舜之道與."; 淸惲敬, 「碧玉說」, "先生詩言玉失而復得, 其諸先人之所留遺歟."; 『公羊傳』「僖公二年」, "諸大夫有進對者曰, 寢不安與? 其諸侍禦有不在側者與?"

10 에드윈 풀리블랭크, 2005, 288쪽.

11 양세욱, 2005, 「고대한어古代漢語의 화제話題에 대한 연구」, 서울대학교 대학원 박사학위논문, 116쪽.

9. 『논어』에서 허사 번역 (3): 其(하)

1 연세대학교 허사사전편찬실, 2001, 『허사대사전』, 성보사, 866쪽.

2 『韓非子』「難二」, "君人者奚其勞哉."; 『說苑』「權謀」, "衛奚其亡也."; 『說苑』「君道」, "今君不愛萬夫之命, 而傷一人之死, 奚其過也."

3 연세대학교 허사사전편찬실, 2001, 141쪽.

4 연세대학교 허사사전편찬실, 2001, 837쪽.

5 에드윈 풀리블랭크 지음, 양세욱 옮김, 2005, 『고전 중국어 문법 강의』, 궁리, 280쪽.

6 연세대학교 허사사전편찬실, 2001, 136쪽.

7 朱熹, 1983, 『四書章句集註』 卷7, 北京: 中華書局, p. 145.

8 劉俊田 等, 1988, 『四書全譯』, 貴陽: 貴州人民出版社, p. 248; 李澤厚, 2004, 『論語今讀』, 北京: 三聯書店, p. 360.

9 漢文大系, 1978, 『論語集說』 卷1, 臺北: 新文豊出版公司, p. 59.

10 楊伯峻, 1980, 『論語譯注』, 北京: 中華書局, p. 138, "說話不可以像這樣地簡單機械."

11 張松輝·周曉露, 2006, 『論語孟子疑義研究』, 長沙: 湖南大學出版社, pp. 160~162.

12 주희 지음, 박헌순 역주, 2008, 『논어집주』, 한길사, 359~360쪽.

13 김동인·지정민·여영기 옮김. 2010, 『세주 완역 논어집주대전 2』, 한울아카데미, 72~85쪽.

14 오규 소라이 지음, 함현찬 외 옮김, 이기동 감수, 2010, 『논어징 2』, 소명출판, 33~34쪽.

10. 『논어』에서 '爲' 번역 (1)

1 '판단사'는 중국어 문법상의 용어다. 중국어 및 한문 문법에서 판단사는 분명한 동작을 나타내지는 않지만 동사로 간주되곤 한다. 실제 전달하는 내용은 문장 내에서 판단 작용을 해서 주어를 규정하는 역할을 한다. 중국어의 판단사로는 是, 像 등이 있고, 한문에는 是, 爲, 謂, 如, 若, 似, 猶 등이 있는데, 판단 내용을 확정하지 않는 경우에는 '준판단사'라고 부르기도 한다. 이 글에서 다루는 爲를 제외한 판단사의 쓰임 사례는 다음과 같다. 『史記』「商君列傳」, "客人不知其"是"商君也."(손님은 그가 상군인지 몰랐다.); 『漢書』「食貨志下」, "二枚爲一朋."(두 잎이 한 쌍이다.); 歐陽修, 「醉翁亭記」, "太守謂誰."(태수는 누구인가?); 劉禹錫, 「浪淘沙」, "莫道讒言如浪深, 莫言遷客似沙沈."(헐뜯는 말은 물결처럼 깊다고 말하지 말고, 관직에서 쫓겨나는 나그네는 모래마냥 가라앉는다고 말하지 마라.); 『荀子』「議兵」, "四海之內若一家."(온 세상이 한집안과 같다.); 『左傳』「隱公四年」, "夫兵猶花也."(무릇 군대는 불과 같다.) 이상의 논의는 요진우(랴오전유) 편저, 이종한 옮김, 2001, 『한문 문법의 분석적 이해』, 계명대학교출판부, 70~71쪽에 기초한 것이다.

2 에드윈 풀리블랭크 지음, 양세욱 옮김, 2005, 『고전 중국어 문법 강의』, 궁리, 125~126쪽.

3 에드윈 풀리블랭크, 2005, 60~61쪽.

4 에드윈 풀리블랭크, 2005, 61쪽.

5 董治國, 2016, 『古代漢語句型分類詳解』, 天津: 南開大學出版社, pp. 281~282.

6 董治國, 2016, pp. 70~71.

7 예컨대 아서 웨일리Arthur Waley는 덕을 "(moral) power"라고 번역해왔다. Arthur Waley, 1938, *The Analects of Confucius*, London: Allen & Unwin.

8 요진우, 2001, 359~365쪽을 발췌·정리한 것이다.

9 『초사楚辭』, 『초사집주楚辭集注』, 『초사장구楚辭章句』, 『초사보주楚辭補注』에는 "擧世皆濁, 我獨淸, 衆人皆醉, 我獨醒, 是以見放" 이렇게 나와 있고, 오직 『사기史記』「굴원매생열전屈原賈生列傳」에만 '而' 자가 추가되어 "擧世皆濁而我獨淸, 衆人皆醉而我獨醒, 是以見放"으로 되어 있다.

10 에드윈 풀리블랭크, 2005, 95쪽을 발췌·정리한 것이다.

11 에드윈 풀리블랭크, 2005, 95~96쪽.

12 풀리블랭크에 따르면, 한나라 초엽 혹은 그 이전부터 이 爲 수동문에 所가 삽입되는 문형이 나타난다(에드윈 풀리블랭크, 2005, 96쪽). 그런데 전국시대 후기 문헌에서 이미 그러한 문형이 나타난다는 지적에 대해서는 이길산, 2017, 「爲 피동문에 대한 풀리블랭크식 이해의 검토」, 『동아문화』 55, 136쪽 참조. 이 사안에 대한 확고한 결론은, 전국시대 후기 문헌으로 간주되어온 문헌군의 정착 과정에 대한 연구에 달려 있다고 보인다.

13 董治國, 2016, p. 267.

14 에드윈 풀리블랭크, 2005, 97~98쪽.

15 董治國, 2016, p. 36.

16 에드윈 풀리블랭크, 2005, 60쪽.

17 에드윈 풀리블랭크, 2005, 214쪽.

18 董治國, 2016, pp. 342~343.

19 에드윈 풀리블랭크, 2005, 60쪽.

20 에드윈 풀리블랭크, 2005, 365쪽. 그 밖에 또 유관한 경우로는 다음과 같은 것이 있다. "『시경』에서는 이와 같은 전제를 표시하기 위해 계사 '維' 앞에 지시대명사 '時'나 '實'(寔)을 삽입한다. 『좌전』이나 『국어』에서는 '實'(寔)이 이런 목적으로 사용된다(때로는 '爲'와 함께 사용되기도 하지만 대부분은 계사 없이 단독으로 사용된다) 문말조사 '也'와 함께 등장하는 경우는 없다."(에드윈 풀리블랭크, 2005, 365쪽)

21 먼저, 學을 '배움'으로 번역할 것인지 '학문'으로 번역할 것인지 역시 번역상의 중요한 주제다. 『논어』에 나오는 學이 과연 오늘날 학문을 의미하느냐는 질문을 먼저 제기할 수 있다. 그러나 이 문제는 좀 더 상세한 토론을 요하므로 상세한 논의는 다음 기회로 연기한다. 일단 '학문을 좋아한다'라고 번역할 경우를 상정해보자. 그럴 경우 학문이 하나의 단위로 성립한다. 그러나 이 문장에서 단위가 되는 것은 學, 혹은 학문이 아니라 好學이다. 누가 好學에 해당하느냐는 질문이지, 학문을 좋아하느냐는 질문은 아닌 것이다.

22 연세대학교 허사사전편찬실, 2001, 539쪽.

23 이 예문들과 번역은 장사오위 지음, 이강재 옮김, 『고대중국어 어휘의미론』, 차이나하우스, 2012, 373쪽을 따랐다.

24 이를테면 양수달楊樹達의 『사전詞詮』에서는 문미의 爲를 문말조사로 보고 있고, 왕리王力의 『고대한어古代漢語』에서는 "…을 하다"라는 동사로 보고 있다.

25 장사오위, 2012, 374쪽.

26 董治國, 2016, p. 384.

27 궈시량·탕쭤판·허주잉·장사오위·톈루이쥐안 지음, 중국 고대 언어와 문헌 연구 공동체 학이사 엮음, 김혜영·문수정·신원철·안소민·이강재 옮김, 2016, 『고대중국어』, 역락, 225쪽.

28 관련 문형을 다르게 분류하는 학자들도 있다. 이를테면 장쥔張軍과 왕수펑王述峰은 「古漢語 "何…爲" 句式新探」이라는 글(www.edu.cn/20011120/3010893.shtml)에서 '何 + 動 + 爲', '何以 + 動 + 爲', '何 + 以 + 名 + 爲', '何 + 以 + 爲', '何 + 名 + 之 + 爲'의 다섯 종으로 분류한 바 있다.

29 해석자에 따라 "其爲宮室何以爲, 冬以圉風寒"로 구두점을 찍지 않고, "其爲宮室何? 以爲冬以圉風寒"이라고 구두점을 찍는 경우도 있다. 이러한 경우에는 '爲'와 관련된 문법적 이

슈가 발생하지 않는다.

11. 『논어』에서 '爲' 번역 (2)

1 정약용 지음, 이지형 옮김, 2010, 『역주 논어고금주 1』, 사암, 80~81쪽.
2 이강재·김효신 옮김, 2006, 『고증학자는 논어를 어떻게 읽었나: 유월의 『논어평의』』, 학고방, 25~26쪽.
3 Roger T. Ames and Henry Rosemont Jr., 1999, *The Analects of Confucius: A Philosophical Translation*, New York: Ballantine Books.
4 Arthur Waley, 1938, *The Analects of Confucius*, London: Allen & Unwin.
5 D. C. Lau, 1979, *The analects* (*Lun yü*), Harmondsworth; New York: Penguin Books.
6 James Legge, 2009, *The Confucian analects, the great learning & the doctrine of the mean*, New York: Cosimo Classics.
7 오규 소라이 지음, 함현찬 외 옮김, 이기동 감수, 2010, 『논어징 3』, 소명출판, 8쪽.
8 조명화 번역본은 다른 번역을 괄호로 처리하고 있기에, 같은 번역을 부여하고 있는지 여부를 판단하기 어렵다.
9 Edward Slingerland, 2003, *Analects: With Selections from Traditional Commentaries*, Indianapolis: Hackett Publishing Company, Inc.; Hackett Classics Ser edition.

12. 『논어』에서 '莫' 번역

1 이에 관한 내용은 『한문 문법의 분석적 이해』(요진우 편저, 이종한 옮김, 계명대학교출판부, 2001, 151~159쪽); 『고대중국어』(궈시량·탕쭤판·허주잉·장사오위·톈루이쥐안 지음, 중국 고대 언어와 문헌 연구 공동체 학이사 엮음, 김혜영·문수정·신원철·안소민·이강재 옮김, 역락, 2016, 174~176쪽); 『허사대사전』(연세대학교 허사사전편찬실 엮음, 성보사, 2001, 226~227쪽) 참조.
2 '무지 대체사'라는 말 대신에, 대상을 정하지 않았다는 뜻에서 '무정無定 대체사'라는 말을 쓰기도 한다. 궈시량 외, 2016, 174쪽 참조.
3 궈시량 외, 2016, 176쪽.
4 연세대학교 허사사전편찬실, 2001, 226쪽; 에드윈 풀리블랭크 지음, 양세욱 옮김, 2005, 『고전 중국어 문법 강의』, 궁리, 253쪽.

5 이와 관련하여 학계에서 제기된 이견으로는 다음 경우를 참고할 수 있다. 궈시량郭錫良은 『古代漢語語法講稿』에서 「양화」 9의 "小子! 何莫學夫詩?"에 쓰인 莫은 不과 같은 부정사라고 본다.

6 에드윈 풀리블랭크, 2005, 306쪽.

13. 문말조사의 번역

1 박종연 옮김, 2006, 『논어』, 을유문화사, 42쪽, 주 79.

2 류종목, 2000, 『논어의 문법적 이해』, 37쪽.

3부 — 번역을 위한 문형 이해

14. 『논어』에서 도치문 번역 (1)

1 중국어에서 도치를 '倒序' 혹은 '倒裝'이라고 부르기도 한다.

2 이하 도치 관련 기본 문법 사항은 다음을 참조하여 재구성한 것이다. 에드윈 풀리블랭크 지음, 양세욱 옮김, 2005, 『고전 중국어 문법 강의』, 궁리, 47, 168쪽; 요진우 편저, 이종한 옮김, 2001, 『한문 문법의 분석적 이해』, 계명대학교출판부, 393~416쪽.

3 예문 선정은 요진우, 2001, 394쪽을 따랐다. 번역은 수정하였다.

4 예문 선정은 요진우, 2001, 401쪽을 따랐다. 번역은 수정하였다.

5 요진우, 2001, 400쪽.

6 이 문형에 대해서는 화제-논평 문형의 번역 문제를 다룰 때 좀 더 자세히 논의하겠다.

7 에드윈 풀리블랭크, 2005, 167쪽.

8 요진우, 2001, 400쪽.

9 궈시량·탕쭤판·허주잉·장사오위·톈루이쥐안 지음, 중국 고대 언어와 문헌 연구 공동체 학이사 엮음, 김혜영·문수정·신원철·안소민·이강재 옮김, 2016, 『고대중국어』, 역락, 98쪽.

10 궈시량 외, 2016, 96~97쪽.

11 에드윈 풀리블랭크, 2005, 168쪽.

12 이하 서술은 양세욱, 2000, 「古代 中國語 造語法 硏究」, 서울대학교 석사학위논문, 58~61쪽 및 거기에 인용된 丁聲樹(1935)의 논문 내용에 근거한다.

13 丁聲樹, 1935, 「釋否定詞弗不」, 『慶祝蔡元培先生六十五歲論文集』, 臺北: 國立中央研究院歷史語言研究所, pp. 967~969.

14 이강재가 정리한 바 있듯이, 이 구절에 대해서는 기존에 여러 가지 견해가 제시되어온 바 있고, 그 견해 차이는 문장 내 '與'자를 어떻게 해석할 것인가에 달려 있었다. "集解, 皇侃義流, 丁若鏞 등의 견해에 따르면, 與는 連詞이며, 위 문장 후반부는 "나와 너는 모두 안회만 못하다"로 해석된다. 둘째 泰道賓과 集註는 與를 "인정하다"는 뜻으로 보아, 위 문장을 "나는 네가 안회만 못한 것을 인정한다"고 해석한다." 이강재, 1998, 「《논어》 상10편의 해석에 대한 연구: 《論語》上十篇釋之硏究」, 서울대학교 박사학위논문, 부록. 그런데 어떤 경우든 弗에 대한 해석은 같다.

15 일반적인 금지 부정사로 毋와 함께 無 등도 사용된다, 이들은 語音이 같고 용법에 차이가 없으므로, 동일한 어휘로 간주될 수 있다.

16 呂叔湘, 1954, 「論毋與勿」, 『呂叔湘文集』 第2卷(漢語語法論文集), 北京: 商務印書館, 1990, pp. 12~35.

17 에드윈 풀리블랭크, 2005, 244~245쪽.

18 문법을 재구성하는 관점에 따라서 之, 是, 焉, 斯를 단순한 도치 표지가 아니라 술어의 목적어를 재지시하고 있다고도 볼 수 있다. 이하 예문은 요진우, 2001, 401~402쪽에서 선정했으며, 번역은 수정하였다.

19 董治國, 2016, pp. 348~349.

20 董治國, 2016, pp. 427~428.

21 에드윈 풀리블랭크, 2005, 169~170쪽. 앞에서 살펴본 것처럼 之, 是 등을 목적어가 동사 술어 앞에 위치시켜 강조하기 위한 표지로 해석할 수도 있다. 예문 선정은 에드윈 풀리블랭크, 2005, 169~170쪽과 요진우, 2001, 402~403쪽을 따랐다. 번역은 수정하였다.

22 예문 선정은 요진우, 2001, 405쪽과 궈시량 외, 2016, 102쪽을 따랐다. 번역은 수정하였다.

23 예문 선정은 요진우, 2001, 414쪽을 따랐다. 번역은 수정하였다.

24 예문 선정은 요진우, 2001, 415쪽을 따랐다. 번역은 수정하였다.

25 이것을 도치로 해석하지 않는 한 가지 방법은 대명사적인 부사로 보는 것이다. 에드윈 풀리블랭크, 2005, 306쪽.

26 何樂士, 2006, 『古代漢語虛詞詞典』, 北京: 語文出版社.

27 에드윈 풀리블랭크, 2005, 124쪽.

15. 『논어』에서 도치문 번역 (2)

1 Roger T. Ames and Henry Rosemont, Jr., 1999, *The Analects of Confucius: A philosophical translation*. New York: Ballantine Books.

2 D. C. Lau, 1979, *The Analects (Lun yu)*, New York: Penguin Books.

3 James Legge, 2009, *The Confucian analects, the great learning & the doctrine of the mean*, New York: Cosimo Classics.

4 Edward Slingerland, 2003, *Analects: With selections from traditional commentaries*, Indianapolis: Hackett Publishing Company, Inc.; Hackett Classics Ser edition.

5 Arthur Waley, 1938, *The Analects of Confucius*, London: Allen & Unwin.

6 董治國, 2016, 『古代漢語句型分類詳解』, 天津: 南開大學出版社, pp. 427~428.

7 보기에 따라 之를 주격 조사로 간주할 수도 있다.

8 판본에 따라 內가 생략되어 있는 텍스트도 있다.

9 금장태 번역본은 自訟을 "자신과 송사를 벌이는"이라고 번역하고 있는데, 이 역시 自를 목적어로 간주하고 있는 사례로 판단된다. 금장태, 2013, 『우리말 사서』, 지식과교양(지교), 33쪽.

16. 『논어』에서 도치문 번역 (3)

1 이강재, 1998, 「《논어》 상10편의 해석에 대한 연구: 《論語》 上十篇釋之硏究」, 서울대학교 박사학위논문, 11~20쪽.

2 許世瑛, 1973, 『論語二十篇句法硏究』, 臺北: 開明書店, p. 3.

3 황간이 하안의 『논어집해』를 저본으로 정리한 『논어집해의소』에는 "…得無素不講習而傳乎"에 '之'를 추가해 "言凡所傳之事, 得無素不講習而傳之乎"로 되어 있다.

4 쑹시펑宋錫鳳과 바오관옌包慣言의 견해는 이강재, 1998, 박사학위논문에서 재인용하였다.

5 번역문만 보아서는 두 해석 중 류종목이 어느 것을 지지하는지가 분명하게 드러나지 않지만, 류종목은 번역문을 제시하기에 앞서 해당 구절에 대한 풀이를 다음과 같이 제시하고 있다. "傳不習乎: 학식을 전수함에 있어서 스스로 익숙하지 않았는가? 曾子曰이라고 한 것을 보면 이것이 그가 스승이 된 뒤 제자들 앞에서 한 말임을 알 수 있으므로 이 문장을 '선생님이 전수해주신 것을 복습하지 않았는가?'라고 풀이하는 것은 적합하지 않다. 習·忠·信과 마찬가지로 형용사적 용법으로 쓰인 것이라고 보는 편이 자연스럽다. 따라서 習은 '능숙하다/익숙하다'의 뜻으로 보아야 한다."(류종목, 2000, 『논어의 문법적 이해』, 문

학과지성사, 22쪽)

6 『논어』 텍스트에서 그와 유사한 구조를 지닌 문장으로는 "老者安之, 朋友信之, 少者懷之"(『論語』「公冶長」26) 같은 것이 있다.

7 오규 소라이 지음, 함현찬 외 옮김, 이기동 감수, 2010, 『논어징 1』, 소명출판, 85쪽.

8 각종 전적에 산견되는 "曾子曰"로 시작되는 언명들에 대해서는 王永輝·高尙擧, 2017, 『曾子輯校』, 北京: 中華書局 참조.

9 이 문형에 속하는 고대 중국어 문장 사례에 대해서는 董治國, 2016, 『古代漢語句型分類詳解』, 天津: 南開大學出版社, p. 115 참조.

10 皇侃, 2013, 『論語義疏』, 北京: 中華書局, p. 271.

11 이때 之를 목적어를 재지시한 것으로 보기도 한다.

12 연세대학교 허사사전편찬실 엮음, 2001, 『허사대사전』, 성보사, 539쪽.

13 이강재·김효신 역주, 2006, 『고증학자는 논어를 어떻게 읽었나: 유월의 『논어평의』』, 학고방, 259~260쪽.

17. 『논어』에서 도치문 번역 (4)

1 오규 소라이 지음, 함현찬 외 옮김, 이기동 감수, 2010, 『논어징 2』, 413쪽.

2 예컨대 한경숙, 2013, 「『論語』 '是' 의미자질 분석」, 『중국문학연구』 53, 246~247쪽을 보라.

3 율곡 언해본은 之를 관형격 조사로 보고 있다. "子ㅣ ᄀᆞᆯᄋᆞ샤ᄃᆡ내 子로써 異ᄒᆞᆫ問을 ᄒᆞᆯ가ᄒᆞ다니."(『율곡언해』)

4 퇴계 언해본도 異之問을 問異의 도치로 보고 있다. "子ㅣ ᄀᆞᆯᄋᆞ샤ᄃᆡ내 子로써: 異를 問ᄒᆞ리라ᄒᆞ다니."(『퇴계언해』) 그 밖에 異之問에서 異를 주희는 "평범치 않은"의 뜻으로 해석하고, 오규 소라이는 "다른"의 뜻으로 해석한다.

5 以A 爲B 문형을 사용한 『논어』의 다른 문장으로는 『論語』「先進」23, "吾以女爲死矣"(나는 네가 죽은 줄 알았다)를 들 수 있다.

6 한문훈독연구회, 石塚晴通·小助川貞次 감수, 2014, 『일본 논어 훈점본의 해독과 번역 하』, 숭실대학교출판부, 71쪽.

7 이를테면 『열자列子』「탕문湯問」에는 "我以日始出去人近, 而日中時遠也"(태양이 막 솟았을 때는 사람과 거리가 가깝고, 태양이 중천에 떴을 때는 사람과 거리가 멀다고 생각한다) 같은 문장이 나온다.

8 궈시량·탕쭤판·허주잉·장사오위·톈루이쥐안 지음, 중국 고대 언어와 문헌 연구 공동체 학이사 엮음, 김혜영·문수정·신원철·안소민·이강재 옮김, 2016, 『고대중국어』, 역락, 100쪽.

9 김석진, 1999, 『대산주역강의 2』. 한길사, 41~42쪽.

10 김일곤·김정남, 2009, 『주역의 이해 하』, 한국학술정보, 32쪽.

11 다카다마쓰시 지음, 이기동 옮김, 1993, 『주역이란 무엇인가』, 북피아(여강), 205~207쪽.

12 왕필 지음, 임채우 옮김, 1999, 『주역 왕필주』, 길, 257~258쪽.

13 정약용 지음, 방인·장정욱 옮김, 2007, 『역주 주역사전 4』, 소명출판, 239~243쪽.

14 정진일, 1998, 『주역』, 서광사, 169쪽.

15 고형 지음, 김상섭 옮김, 1995, 『고형의 주역』, 예문서원, 286쪽.

16 김경방·여소강 지음, 안유경 옮김, 2013, 『주역전해 상』, 심산, 557쪽.

17 김병호, 2000, 『아산의 주역강의 중』, 소강, 33쪽.

18 김상섭, 2011, 『내 눈으로 읽는 주역: 역전편 상』, 지호, 366쪽.

19 김석진, 2004, 『대산 주역강해(하경)』, 대유학당, 26쪽.

20 김재홍, 2014, 『「주역」 소통의 인문학 하』, 상생출판, 43쪽.

21 김창식, 2012, 『주역철학』, 청어, 427쪽.

22 김흥호, 2003, 『주역강해 2』, 사색, 38쪽.

23 남동원, 2005, 『개정판 주역해의 II』, 나남출판, 37쪽.

24 지욱선사 지음, 박태섭 옮김, 2007, 『주역선해』, 한강수, 499쪽.

25 서대원, 2004, 『새로 풀어 다시 읽는 주역』, 이른아침, 361쪽.

26 도설천하 국학서원계열 편집위원회 엮음, 심규호 옮김, 2011, 『주역』, 시그마북스, 295쪽.

27 쑨잉쿼이·양이밍 지음, 박삼수 옮김, 2007, 『주역』, 현암사, 470쪽.

28 양학형·이준영, 2004, 『주역』, 자유문고, 234쪽.

29 왕필 지음, 임채우 옮김, 1998, 『주역 왕필주』, 도서출판 길, 257쪽.

30 유일명 지음, 임채우 옮김, 2006, 『주역천진』, 청계, 368쪽.

31 정약용 지음, 이영희 옮김, 2004, 『자세히 풀어쓴 주역사전』, 면창사, 334쪽.

32 이현규, 2014, 『다시 퍼지는 햇살 주역』, 월인, 330쪽.

33 정병석 옮김, 2011, 『주역 하』, 을유문화사, 36쪽.

34 최완식, 1998, 『주역』, 혜원출판사, 143쪽.

35 이기동, 2006, 『주역강설』, 성균관대학교출판부, 465~466쪽.

36 김기평, 2012, 『주역강독 하』, 아세아문화사, 27쪽.

37 성백효, 1998, 『현토완역 주역전의 하』, 전통문화연구회, 33쪽.

38 성백효·신상후, 2014, 『역주 주역정의 2』, 전통문화연구회, 233쪽.

39 정순길, 2011, 『과학주역 2』, 안티쿠스, 397쪽.

40 서대원, 2004, 『주역』, 이른아침, 365쪽.

41 김수길·윤상철, 2009, 『주역인해』, 대유학당, 32쪽.

42 오규 소라이 지음, 함현찬 외 옮김, 이기동 감수, 2010, 『논어징 3』, 299쪽.

43 연세대학교 허사사전편찬실 엮음, 2001, 『허사대사전』, 성보사, 527~528쪽.

44 王力, 1981, 『古代漢語(1)』, 北京: 中華書局, p. 270, "疑問代詞賓語前置的規則, 比否定句代詞賓語前置的規則更嚴格, 可以說基本上沒有例外."

45 屈雲柱, 1992, 「『論語』 賓語前置之分析」, 濟南: 山東師大學報(社會科學版), p. 65, "疑問代詞做賓語必須將賓語前置, 這種句子在論語中沒有一個例外, 可見這是有重要原因的."

46 이하의 논의는 한경숙, 2013, 「논어전치목적어구 의미구조 고찰」, 『중국문학연구』 52, 84~85, 88, 96, 109~110쪽에 기초.

47 李林, 1996, 『古代漢語語法分析』, 北京: 中國社會科學院出版社, p. 109.

18. 『논어』에서 가정문 번역 (1)

1 이 글에서는 가정문과 조건문을 호환 가능한 표현으로 사용한다. 기존 문법서들 대다수는 가정문과 조건문을 구별하지 않으며, 가정문이라는 표현을 채택하는 책도 있고, 조건문이라는 표현을 채택하는 책도 있다. 가정문과 조건문을 구별하는 입장에 대해서는 康瑞琮, 2008, 『古代漢語語法』, 上海: 上海古籍出版社, p. 453 참조.

2 이하에서 정리할 가정문 관련 문법은 『한문 문법의 분석적 이해』(요진우 편저, 이종한 옮김, 계명대학교출판부, 2001, 265쪽부터), 『고전 중국어 문법 강의』(에드윈 풀리블랭크 지음, 양세욱 옮김, 궁리, 2005, 337쪽부터), 『허사대사전』(연세대학교 허사사전편찬실 편, 성보사, 2001) 등을 활용하여 해당 내용을 재구성한 것이다.

3 若, 如, 而는 어원적으로 연관이 있다고 한다. 에드윈 풀리블랭크, 2005, 338쪽.

4 여기서 當은 儻 그리고 倘과 음이 가까워서 통용된다. 요진우, 2001, 270쪽.

5 董治國, 『古代漢語句型分類詳解』, 天津: 南開大學出版社, 2016, p. 526.

6 董治國, 2016, p. 541.

7 에드윈 풀리블랭크, 2005, 344~345쪽.

8 요진우, 2001, 267쪽; 多久弘一·瀨戶口武夫, 1998, 『漢文解釋辭典』, 國書刊行會, pp. 94~95.

9 관련 문형 사례에 대해서는 董治國, 2016, p. 538.

10 董治國, 2016, p. 518.

11 에드윈 풀리블랭크, 2005, 174쪽.

12 이 문장의 의미에 대해서는 여러 논란이 있어왔지만, 그 논란의 대상이 된 것은 攻과 已의 의미와 역할에 대한 것이었다. 斯의 의미와 역할에 대해서는 폭넓은 합의가 있다. 이 문장

의 해석을 둘러싼 논란에 대해서는 「《논어》 상10편의 해석에 대한 연구: 《論語》 上十篇釋之研究」(이강재, 서울대학교 박사학위논문, 1998)을 참조하라. 그 밖에 이 구절에 대한 다양한 해석으로는 『고대중국어 어휘의미론』(장사오위 지음, 이강재 옮김, 차이나하우스, 2012, 338쪽)을 참조하라.

13 이에 대한 번역과 분석은 이후의 글에서 제공할 것이다.

14 石毓智·李訥, 2001, 『漢語語法化的歷程』, 北京: 北京大學出版社, p. 30.

15 양세욱, 2005, 「고대한어古代漢語의 화제話題에 대한 연구」, 서울대학교 대학원 박사학위논문, 116쪽.

19. 『논어』에서 가정문 번역 (2)

1 요진우 편저, 이종한 옮김, 『한문 문법의 분석적 이해』, 계명대학교출판부, 2001, 267쪽; 多久弘一·瀨戶口武夫, 1998, 『漢文解釋辭典』, 東京: 國書刊行會, pp. 94~95; 楊伯峻, 2016, 『文言語法』, 北京: 中華書局, p. 302.

2 이를테면 '술이부작述而不作'을 논하는 공자의 이미지와 잘 맞는 것으로 보인다.

3 이에 관해서는 김영민, 2012, 「공자의 보수성에 대한 재검토 고고학적 발견에 대한 응답」, 『철학연구』 97호 참조. 이하 관련 논의는 이 논문에 기초한 것이다.

4 Lothar von Falkenhausen, 2006, *Chinese society in the age of Confucius(1000-250 BC): the archaeological evidence*, Berkeley: University of California, p. 159.

5 楊伯峻, 2016, p. 299; 康瑞琮, 2008, 『古代漢語語法』, 上海: 上海古籍出版社, p. 299.

20. 『논어』에서 가정문 번역 (3)

1 요진우 편저, 이종한 옮김, 2001, 『한문 문법의 분석적 이해』, 계명대학교출판부, 266쪽.

2 楊伯峻, 2016, 『文言語法』, 北京: 中華書局, p. 303 참조.

3 楊伯峻, 2016, p. 303.

4 박유리 편, 2005, 『논어 해설』, 국학자료원, 234~235쪽.

5 에드윈 풀리블랭크 지음, 양세욱 옮김, 2005, 『고전 중국어 문법 강의』, 궁리, 344쪽.

6 황간은 『논어의소』에서 "苟有用我者, 期月而已可也, 三年有成"(『論語』「子路」 10)을 주석하면서 "苟, 誠也"라고 주석을 단다. 皇侃, 2013, 『論語義疏』, 北京: 中華書局, p. 333.

7 이 점을 환기해준 이기우 군에게 감사한다.

8 에드윈 풀리블랭크, 2005, 174쪽.

9 이 대목에 주목하는 데 도움을 준 오세진 군에게 감사한다.

10 Roger T. Ames and Henry Rosemont Jr., 1999, *The Analects of Confucius: A philosophical translation*, New York: Ballantine Books.

11 D. C. Lau, 2000, *Confucius: The Analects*, The Chinese University of Hong Kong Press.

12 James Legge, 2000, *The Chinese Classics Vol. I: Confucian Analects, The Great Learning, The Doctrine of the Mean,* (Reprinted Edition), Taipei: SMC Publishing Inc..

13 Edward Slingerland, 2003, *Analects: With selections from traditional commentaries*, Hackett Publishing Company Inc.; Hackett Classics Ser edition.

14 Arthur Waley, 1938, *The Analects of Confucius*, London: Allen & Unwin.

21. 화제-논평 문장 번역 (1)

1 화제라는 표현 대신에 주제라는 표현을 쓰기도 하고, 논평이라는 표현 대신에, 평론, 설명, 술제述題라는 표현을 쓰기도 한다.

2 에드윈 풀리블랭크 지음, 양세욱 옮김, 2005, 『고전 중국어 문법 강의』, 궁리, 167쪽.

3 물론 이와는 달리 "詩三百, 一言以蔽之, 曰思無邪"를 해석할 수도 있다. 이를테면, 아서 웨일리의 『논어』 영역본은 "一言以蔽之"에서 之를 詩三百이 아니라 공자 자신의 가르침을 지칭한 것으로 해석한다. "The Master said, If out of the three hundred Songs I had to take one phrase to cover all my teaching, I would say 'Let there be no evil in your thoughts.'" (Arthur Waley, 1938, *The Analects of Confucius*, London: Allen & Unwin, p. 88)

4 양세욱, 2005, 「고대한어古代漢語의 화제話題에 대한 연구」, 서울대학교 박사학위논문, 1~2쪽.

5 李開, 1987, 『《呂氏春秋》主題句研究』, 南京大學學報, pp. 45~56; 程湘淸 외, 『實用古代漢語』, 1991, 北京: 北京出版社; 이강재, 1992, 「荀子의 주제문연구」, 서울대학교 대학원 석사학위논문. 이 사안에 대한 논의는 양세욱, 2005, 4쪽에 기초.

6 에드윈 풀리블랭크, 2005, 167쪽.

7 양세욱, 2005, 3쪽. 화제(주제어)와 주어를 구별하지 않는 입장도 있다. 국어학자 남영신은 "주제어主題語란 학교 문법에서는 사용하지 않는 용어이나 … 영화에 주제 음악이 있

는 것처럼 글에도 주제가 되는 생각이 있고, 문장에는 주제가 되는 말이 있다. 보통은 주제어와 주어가 같아서 주제어라는 말을 쓸 필요가 없지만 경우에 따라서는 주제어와 주어가 달라질 때가 있다. '나는 우리나라가 좋다'에서 '나는', '오늘은 날씨가 매우 화창하다'에서 '오늘은', '일은 젊어서 해야 해'에서 일은, '운동장에는 아직 눈이 쌓여 있다'에서 '운동장에는'이 주제어이다. 주제어는 주어 노릇도 하고, 목적어 노릇도 하며, 부사어 노릇도 한다. '오늘은' 주어 노릇을, '일은'은 목적어 노릇을, '운동장에는'은 부사어 노릇을 한다"(『나의 한국어 바로쓰기 노트』, 까치, 2023, 27쪽)고 본다. 그런데 한문을 해석할 때 화제와 주어는 분석적으로 나누어보는 것이 해석상의 모호함을 크게 줄일 수 있다. 따라서 나는 화제와 주어를 분리해서 보는 양세욱 등의 견해를 지지한다.

8 주희에 따르면, 징험의 주체가 공자이고, 포함包咸에 따르면, 기나라와 송나라의 군주가 징험의 주체다.

9 연세대학교 허사사전편찬실 엮음, 2001, 『허사대사전』, 성보사, 870쪽.

10 "外人稱閔子之言也, 而孔子誦之."(오규 소라이 지음, 함현찬 외 옮김, 이기동 감수, 2010, 『논어징 2』, 소명출판, 388쪽)

11 오규 소라이, 『논어징 2』, 389쪽.

12 "'三人行, 必有我師', 古言也. 孔子誦之."(오규 소라이, 『논어징 2』, 125쪽)

13 오규 소라이, 『논어징 2』, 174~175쪽.

14 『논어』 텍스트에서 이와 관련된 임방에 대한 언급으로는 다음 문장 참조. 『論語』「八佾」 6, "季氏旅於泰山. 子謂冉有曰, 女弗能救與. 對曰, 不能. 子曰, 嗚呼. 曾謂泰山不如林放乎."(계씨가 태산에서 여 제사를 지내려 하였다. 선생님께서 염유에게 말씀하셨다. "네가 그것을 말릴 수 없겠느냐?" 대답하기를, "말릴 수 없습니다." 공자께서 말씀하셨다. "아! 태산이 그래 (예의 근본에 대해 관심을 가진) 임방만 못하다고 여기는가?") 『論語』「八佾」 4, "林放問禮之本"을 고려한다면, 이 문장의 함의 역시 "태산이 예의 근본을 모를 줄 아느냐? 태산은 그것이 예가 아닌 줄 알고 받아들이지 않을 것이다"와 같은 것이 된다. 그리하여 남헌 장씨(장식張栻)와 운봉 호씨(호병문胡炳文) 역시 그러한 취지로 해석한다. 간접적으로 계씨季氏와 염유冉有를 비판하고자, 공자가 태산泰山의 신神과 임방林放을 비교했다는 것이다. 임방도 예의 말단이 아니라 근본을 질문할 정도인데, 태산의 신이 그 정도도 모르고, 예에 맞지 않는 계씨의 제사를 덥석 받겠느냐는 것이다[林放, 猶能問禮之本, 泰山, 豈受非禮之祭, 鬼神, 雖幽, 不外乎理人心, 猶所不安(남헌 장씨); 林放, 一魯男子爾, 猶知厭其禮之末者, 泰山之神, 獨不惡禮之僭者乎(운봉 호씨)]. 김동인·지정민·여영기 옮김, 2015, 『세주 완역 논어집주대전 1』, 한울아카데미, 293~294쪽.

15 James Legge, 2000, *The Chinese Classics Vol. I: Confucian Analects, The Great Learning, The Doctrine of the Mean*, (Reprinted Edition), Taipei: SMC Publishing Inc..

16 Arthur Waley, 1938, *The Analects of Confucius*, London: Allen & Unwin.

17 이러한 성리학의 형이상학이 주장하는 부분-전체 관계의 함의에 대해서는 Youngmin Kim, 2017, *A History of Chinese Political Thought*, Cambridge: Polity, ch. 6 참조.

18 오규 소라이, 함현찬 외 옮김, 이기동 감수, 2010, 『논어징 1』, 소명출판, 197~198쪽.

22. 화제-논평 문장 번역 (2)

1 관련 논쟁에 대해서는 Youngmin Kim, 2018, *A History of Chinese Political Thought*, Cambridge: Polity, 제2장 참조. 허버트 핑가레트의 『논어』 해석에 대해서는 허버트 핑가레트 지음, 송영배 옮김, 1993, 『공자의 철학: 서양에서 바라본 禮에 대한 새로운 이해』, 서광사 참조.

2 오규 소라이 지음, 함현찬 외 옮김, 이기동 감수, 2010, 『논어징 1』, 소명출판, 135쪽, "志于學雲者, 孔子在學而有所志也." 각종 논어 판본들은 于와 於를 호환해서 사용하고 있다. 예컨대 『논어징』, 《무영전십삼경주소武英殿十三經注疏》본 『논어주소論語注疏』, 《흠정사고전서欽定四庫全書》본 『논어집설論語集說』 등에는 于로 되어 있고, 《흠정사고전서》본 『논어정의論語精義』는 於로 되어 있다.

3 이하 논의는 이강재, 1998, 「《논어》 상10편의 해석에 대한 연구: 《論語》 上十篇釋之研究」, 서울대학교 박사학위논문, 태백편 관련 부분 참조.

4 이러한 해석을 그 나름 체계적으로 펼친 저작으로는 조기빈의 『반논어』(예문서원, 1996)를 들 수 있다.

5 『孟子』 「梁惠王上」, "無恆産而有恆心者, 惟士爲能."(일정한 재원이 없이도 일정한 마음을 가질 수 있는 것은 士뿐입니다.)

6 "自有其樂, 自字, 對簞瓢陋巷言, 其字, 當玩味, 是元有此樂"(주희); 진덕수는 이에 관한 성리학자들의 논의를 다음과 같이 정리하고 있다. "集註所引程子三說, 其一曰, 不以貧窶改其樂, 二曰, 蓋自有其樂, 三曰, 所樂何事, 皆不說出顏子之樂是如何樂, 其末卻令學者於博文約禮上用功, 博文約禮, 亦有何樂 … 博文者, 格物致知之事也, 約禮者, 克己復禮, 之事也, 內外精粗, 二者竝進, 則此心此身, 皆與理爲一."(김동인·지정민·여영기 옮김, 2010, 『세주완역 논어집주대전 2』, 한울아카데미, 79~80쪽.

7 주희의 주석에 따르면, 정자는 안회가 어려운 처지를 즐긴 것이 아니라, 어려움에도 불구하고 즐기는 바를 바꾸지 않았다고 해석. 정자는 其라는 글자가 핵심이되 잘 알기 어려운 깊은 의미가 있다고 주장. 주희 역시 그 정확한 의미를 이야기할 수는 없고, 각자 깨달아야 한다고 말하였다(무엇을 즐기든, '즐거움' 그 자체를 바꾸지 않았다는 해석도 있다).

8 오규 소라이, 『논어징 2』, 34쪽, "정자는 '기其'자를 완미하여야 한다'고 했는데, 잘못이다. '그 즐거움을 고치지 않음'과 '그 근심을 견뎌내지 못함'은 서로 대응이 되는데, 근심이란 가난함을 근심함이니, 어찌 '기其'자에 구애될 수 있겠는가? 따라서 '그 즐거움을 고치지 않음' 역시 요점은 '고치지 않음(不改)' 두 글자에 있을 따름이다."(程子曰, "其字當玩味." 妄哉. "不改其樂", "與不堪其憂" 相對, 憂者憂貧, 豈可拘其字? 則不改其樂, 亦要在'不改'二字耳.) 이 밖의 '其樂'에 관한 논의는 이 책 9장 262~266쪽 참조.

9 『孟子』「梁惠王上」, "無恆產而有恆心者, 惟士爲能."(일정한 재원이 없이도 일정한 마음을 가질 수 있는 것은 士뿐입니다.)

23. 호문 구조의 번역

1 王利明, 2014, 「《論語》'造次必於是'解」, 『文化論壇』. 이하 예문도 왕리밍王利明이 거론한 것이다.

2 王利明, 2014.

3 왕리밍은 다음과 같은 예문을 든다. 朱熹, 『晦庵集』「與張敬夫論癸巳論語說」: "非無顏閔之德性, 遊夏之文章, 亦嘗備歷險阻, 艱難造次顚沛至於擢科." 張戒, 『歲寒堂詩話』「劍門」: "子美顚沛造次於兵戈之中, 而每以宗廟爲言." 黃仲元, 『四如集』「劉畏獨答問」: "暗室屋漏愼則愼矣, 造次顚沛則如之何?"

4 「자로」 20의 "宗族稱孝焉, 鄕黨稱弟焉"이라는 문장은 "孝"와 "弟"의 작동 영역을 나누는 듯이 보인다. 만약 이와 같은 관점을 『논어』「학이」 6에 적용하면, "入則孝, 出則弟"는 호문이 아니라고 할 수 있다.

5 Roger T. Ames and Henry Rosemont Jr., 1999, *The Analects of Confucius: A philosophical translation*, New York: Ballantine Books, p. 75.

6 D. C. Lau, 1979, *The Analects*, New York: Penguin Books, p. 59.

7 Arthur Waley, 1938, *The Analects of Confucius*, London: Allen & Unwin, p. 84.

8 James Legge, 2013, *The Confucian analects*, the great learning & the doctrine of the mean, Newburyport: Dover Publications, p. 140.

24. 병렬 패턴 번역

1 이와 관련하여 사전류에서 인용하는 예문으로 다음과 같은 것들이 있다. "史, 記事者

也"(『說文』). "矧大史友內史友"(『書』「酒誥」). 鄭注: "大史內史." 用史巫紛若(『易』「巽」). "辭多則史"(『儀禮』「聘禮」). "史載筆"(『禮記』「曲禮」). "史狐書賊"(『穀梁傳』「宣公二年」). "動則左史書之, 言則右史書之"(『禮記』「玉藻」). "遷有良史之才"(『漢書』「司馬遷傳贊」).

2 Ssu-Ma Ch'ien, edited by William H. Nienhauser, Jr., translated by Guilia Baccini and eight others, 1994~, *The Grand Scribe's records*, Bloomington, Indiana; Nanjing, Jiansung, China: Indiana University Press: Nanjing University Pressa.

3 『說文』 "野, 郊外也."

4 『논어』 이외의 예는 다음과 같은 문장을 들 수 있다. 『禮記』「玉藻」, "凡尊必上玄酒, 唯君面尊, 唯饗野人皆酒, 大夫側尊用棜, 士側尊用禁."

5 以에 대한 문법적 설명은 에드윈 풀리블랭크 지음, 양세욱 옮김, 2005, 『고전 중국어 문법 강의』, 궁리, 117~122쪽에 기초.

6 성리학 혹은 도학에 대해서는 김영민, 2021, 『중국정치사상사』, 사회평론아카데미, 6장 참조.

4부 — 섬세한 번역을 위하여

25. 부정문의 번역: 不과 未

1 에드윈 풀리블랭크 지음, 양세욱 옮김, 2005, 『고전 중국어 문법 강의』, 궁리, 241, 253쪽.

2 이 점을 분명히 하기 위해 김영민, 『우리가 간신히 희망할 수 있는 것: 김영민 논어 에세이』(사회평론, 2019, 94~95쪽)의 관련 부분을 인용해본다. "『논어』에 따르면, 모든 이로부터 사랑받는 것은 결코 바람직하지 않다. 모든 이들이 좋은 사람은 아니기 때문이다. 차라리 좋은 사람들이 좋아하고 나쁜 사람이 미워하는 것이 낫다(不如鄕人之善者好之, 其不善者惡之). 제대로 된 사람은 나쁜 사람을 미워할 뿐 아니라, 나쁜 사람으로부터 미움을 받기 마련이다. 공자는 어설픈 평화주의자가 되기를 원하지 않는다. "저 사람처럼 모나게 살지 마라" 하고 말하지 않는다. "저 사람처럼 모나게 살지 마라"에서 "저 사람"을 맡고 있는 것이 다름 아닌 공자이다. 공자에 따르면, 비타협적으로 살 때라야 비로소 악한 일에 가담하지 않을 수 있다(惡不仁者, 其爲仁矣, 不使不仁者加乎其身). 하지만 단순히 좋아하고 미워하는 것으로는 충분하지 않다. 정확히 좋아하고 미워해야 한다. 아무나 그렇게 할 수 있는 것은 아니다. 공자는 말한다. 오직 인한 사람만이 다른 사람을 좋아할 수 있고, 미워할 수 있다고(唯仁者, 能好人, 能惡人). 공자는 인한 사람은 호오好惡와 무관하거나, 혹은

누군가를 미워하지 않고 좋아만 할 것이라는 통념에 정면으로 도전한다. 인한 사람은 좋아하는 일의 전문가인 만큼이나 미워하는 일의 전문가이다. 공안국孔安國이나 주희와 같은 후대 『논어』 주석가들이 강조했듯이, 누군가를 정확히 좋아하고 미워하려면, 공정성에 대한 명철한 인식과 더불어 높은 수준의 공감 능력이 필요하다."

3 관중에 대해서는 김영민, 2021, 『중국정치사상사』, 사회평론아카데미, 2장 참조.

27. 문장 맥락에 맞는 번역을 찾아서

1 '終身(늘, 평생토록)'처럼 2음절어의 일부로 사용된 경우는 고려하지 않는다. 다음 예문 참조. 『論語』, 「子罕」 27, "子曰, 衣敝縕袍, 與衣狐貉者立, 而不恥者, 其由也與. 不忮不求, 何用不臧. 子路終身誦之. 子曰, 是道也, 何足以臧."; 『論語』, 「衛靈公」 24, "子貢問曰, 有一言而可以終身行之者乎. 子曰, 其恕乎. 己所不欲, 勿施於人."

2 李春琪·闞立新, 2017, 「『論語』同義詞辨析」, 『產業與科技論壇』, 石家莊: 產業與科技論壇, pp.186~187.

28. 『논어』 내 용례를 고려한 번역

1 『논어』 「학이」 3의 해석에 대한 논의는 김영민, 2025, 『배움의 기쁨』, 사회평론아카데미, 6장에 기초하였다.

2 성리학자들은 대개 '동사+목적어'로 이해하고 있다. 胡廣, 『論語集註大全』 「學而」, "巧好, 令善也, 好其言, 善其色, 致飾於外務以悅人, 則人欲肆而本心之德亡矣."('교'는 좋게 만든다는 뜻이고 '영'은 잘 만든다는 뜻이다. 말을 좋게 만들고 안색을 잘 만들어 겉치장을 통해 타인 기분 좋게 만드는 데 애쓰면, 욕심이 판치고 본심의 덕이 없어진다.)

3 이한우 번역본은 "子曰, 巧言, 令色, 足恭, 左丘明恥之, 丘亦恥之"(『논어』 「공야장」 25)에서만 "巧言令色"을 풀어서 번역하고 있지 않기 때문에 어떤 문형을 적용하고 있는지 알 수 없다. 이한우, 『논어로 논어를 풀다』, 해냄, 2012, 367쪽, "교언영색을 너무 지나치게 하는 과공過恭을 옛날 좌구명이 부끄러워하였는데 나도 그것을 부끄러워한다."

4 김용옥 번역본은 "子曰, 巧言亂德, 小不忍則亂大謀"(『논어』 「위령공」 27)에서만 "巧言"을 풀어서 번역하고 있지 않기 때문에, 어떤 문형을 적용하고 있는지 알 도리가 없다. 김용옥, 2008, 『논어한글역주 Ⅲ』, 한길사, 453쪽, "교언(巧言)은 덕을 어지럽힌다. 작은 것을 참아내지 못하면 큰일을 그르친다."

29. 비역사적 번역을 넘어서

1 번역어의 어순은 바뀔 수 있다. 아래 번역들도 마찬가지다.

2 민중 개념사로는 강인철, 2023, 『민중, 시대와 역사 속에서: 민중의 개념사, 통사』, 성균관대학교출판부 등이 있다.

3 김영민, 2021, 『중국정치사상사』, 사회평론아카데미, 170~171쪽.

4 박희병, 2013, 『범애와 평등: 홍대용의 사회사상』, 돌베개.

5 신정근, 2009, 『공자씨의 유쾌한 논어』, 사계절, 56쪽.

6 『十三經注疏·論語注疏』「學而」, "汎愛衆者, 汎者, 寬博之語. 君子尊賢而容衆, 或博愛衆人也."

7 丁若鏞, 『論語古今註』「學而」, "汎之訓廣, 古無可據."

8 胡廣, 『論語集註大全』「學而」, "汎愛, 不是人人去愛他, 只如群居, 不將一等相擾害底事去聒噪他. 及不自占便宜之類, 皆是也."

9 『春秋繁露』, 「離合根」, "任群賢, 所以爲受成, 乃不自勞於事, 所以爲尊也. 汎愛群生, 不以喜怒賞罰, 所以爲仁也."

10 무위의 정치에 관해서는 김영민, 2021, 『중국정치사상사』, 사회평론아카데미, 2·3장 참조

11 朱熹, 『論語集註』「學而」, "輕乎外者, 必不能堅乎內. 故不厚重, 則無威嚴."

12 보광輔廣(?~?). 남송南宋 때 학자. 주희의 제자.

13 胡廣, 『論語集註大全』「學而」, "人不重厚, 則見於外者, 必無威嚴, 存於中者, 必不堅固. 此表裏自然之符."

14 胡廣, 『論語集註大全』「學而」, "慶源輔氏曰, 威由重生."

15 황간黃榦(1152~1221). 남송 때 학자. 주희의 제자이자 사위.

16 양시楊時(1053~1135). 북송北宋 때 학자. 호는 구산龜山.

17 오규 소라이의 『논어징』은 "不重則不威"를 "중요한 일이 아니면 위엄을 부리지 않는다"(凡非重事, 不設威嚴)라고 해석했다. 오규 소라이 지음, 함현찬 외 옮김, 이기동 감수, 2010, 『논어징 1』, 소명출판, 95~96쪽.

참고문헌

한국어 문헌

강동석. 2016. 『논어역보』. 한국학술정보.

강인철. 2023. 『민중, 시대와 역사 속에서: 민중의 개념사, 통사』. 성균관대학교출판부.

강정구. 2005. 「민중은 어떻게 상상되었나」. 『한국시학회 제15차 전국학술대회논문집』.

고형 지음, 김상섭 옮김. 1995. 『고형의 주역』. 예문서원.

궈시량·탕쭤판·허주잉·장사오위·톈루이주안 지음, 중국 고대 언어와 문헌 연구 공동체 학이사 엮음·김혜영·문수정·신원철·안소민·이강재 옮김. 2016. 『고대중국어』. 역락.

금장태. 2013. 『우리말 사서』. 지식과교양(지교).

김경방·여소강 지음, 안유경 옮김. 2013. 『주역전해 상』. 심산.

김기평. 2012. 『주역강독 하』. 아세아문화사.

김도련. 2015. 『주주금석 논어 상·하』. 웅진지식하우스.

김동인·지정민·여영기. 2009/2010/2011/2013. 『세주 완역 논어집주대전 1~4』. 한울(한울아카데미).

김병호. 2000. 『아산의 주역강의 중』. 소강.

김상섭. 2011. 『내 눈으로 읽는 주역: 역전편 상』. 지호.

김석진. 1999. 『대산주역강의 2』. 한길사.

김석진. 2004. 『대산 주역강해(하경)』. 대유학당.

김성보. 2009. 「남북국가 수립기 인민과 국민 개념의 분화」. 『한국사연구』 144.

김수길·윤상철. 2009. 『주역인해』. 대유학당.

김영민. 2019. 『우리가 간신히 희망할 수 있는 것: 김영민 논어 에세이』. 사회평론.

김영민. 2012. 「공자의 보수성에 대한 재검토: 고고학적 발견에 대한 응답」. 『철학연구』 97호.

김영민. 2025. 『논어: 김영민 새 번역』. 사회평론아카데미.

김영민. 2025. 『배움의 기쁨』. 사회평론아카데미.

김영호. 2012. 『논어: 공자와의 대화』. 산지니.

김용옥. 2014. 『논어한글역주 1~3』. 통나무.
김원중. 2017. 『논어』. 휴머니스트.
김일곤·김정남. 2009. 『주역의 이해 하』. 한국학술정보.
김재홍. 2014. 『「주역」 소통의 인문학 하』. 상생출판.
김지영. 2015. 「1920년대 대중문학 개념 연구: 카프 대중화론과 '통속', '민중', '대중'의 의미투쟁을 중심으로」. 『우리文學研究』 제48집, 215~260쪽.
김창식. 2012. 『주역철학』. 청어.
김학주. 2017. 『논어(개정4판)』. 서울대학교출판문화원.
김형찬. 2015. 『논어(신개정판)』. 홍익출판사.
김홍호. 2003. 『주역강해 2』. 사색.
나카노 도시오 지음, 서민교·정애영 옮김. 2005. 『오쓰카 히사오와 마루야마 마사오』. 삼인.
남동원. 2005. 『개정판 주역해의 II』. 나남출판.
남영신. 2023. 『나의 한국어 바로쓰기 노트』. 까치.
니시카와 나가오 지음, 윤대석 옮김. 『국민이라는 괴물』. 소명출판. 2002.
다카다마쓰시 지음, 이기동 옮김. 1993. 『주역이란 무엇인가』. 북피아(여강).
도설천하 국학서원계열 편집위원회 엮음, 심규호 옮김. 2011. 『주역』. 시그마북스.
동양고전연구회. 2016. 『논어』. 민음사.
류종목. 2000. 『논어의 문법적 이해』. 문학과지성사.
마거릿 캐노번 지음, 김만권 옮김. 2015. 『인민』. 그린비.
매슈 레이놀즈 지음, 이재만 옮김. 2017. 『번역』. 교유서가.
박명규. 2014. 『국민·인민·시민』. 소화.
박삼수. 2014. 『쉽고 바르게 읽는 논어』. 지혜의바다.
박성규. 2000. 「공자·맹자의 향원비판」. 『태동고전연구』 17.
박유리. 2013. 『논어상해』. 문사철.
박종연. 2006. 『논어(을유세계사상고전)』. 을유문화사.
박헌순. 2008. 『논어집주 1~2』. 한길사.
박희병. 2013. 『범애와 평등: 홍대용의 사회사상』. 돌베개.
배병삼. 2002. 『한글세대가 본 논어 1~2』. 문학동네.
부남철. 2010. 『논어정독』. 푸른역사.
서대원. 2004. 『새로 풀어 다시 읽는 주역』. 이른아침.
서대원. 2004. 『주역』. 이른아침.
성백효. 1998. 『현토완역 주역전의 하』. 전통문화연구회.

성백효. 2005.『현토완역 논어집주(개정증보판)』. 한국인문고전연구소.
성백효·신상후. 2014.『역주 주역정의 2』. 전통문화연구회.
성태용. 1995.「기획 번역서평, 논어」.『철학연구』 37, 303~329쪽.
신정근. 2009.『공자씨의 유쾌한 논어』. 사계절.
신창호. 2014.『한글 논어』. 판미동.
신철희. 2011.「마키아벨리와 스피노자의 '민(民)' 개념 비교 연구: '인민 형성(peoplebuilding)'을 중심으로」. 서울대학교 대학원.
심경호. 2013.『논어 1~3』. 민음사.
쑨잉퀘이·양이밍 지음, 박삼수 옮김. 2007.『주역』. 현암사.
알랭 바디우 외 지음, 서용순 외 옮김. 2014.『인민이란 무엇인가』. 현실문화.
양백준(양보쥔) 지음, 이장우 외 옮김. 2003.『논어역주』. 중문출판사.
양세욱. 2000.「古代 中國語 造語法 研究」. 서울대학교 석사학위논문.
양세욱. 2005.「고대한어(古代漢語)의 화제(話題)에 대한 연구」. 서울대학교 대학원 박사학위논문.
양차오밍 지음, 이윤화 옮김. 2016.『논어전해』. 학고방.
양학형·이준영. 2004.『주역』. 자유문고.
에드윈 풀리블랭크 지음, 양세욱 옮김. 2005.『고전 중국어 문법 강의』. 궁리.
연세대학교 허사사전편찬실 엮음. 2001.『허사대사전』. 성보사.
오규 소라이 지음, 함현찬 외 옮김, 이기동 감수. 2010.『논어징』(전3권). 소명출판.
왕필 지음, 임채우 옮김. 1998.『주역 왕필주』. 도서출판 길.
요진우(랴오전유) 편저, 이종한 옮김. 2001.『한문문법의 분석적 이해』. 계명대학교출판부.
유교문화연구소. 2005.『논어』. 성균관대학교출판부.
유일명 지음, 임채우 옮김. 2006.『주역천진』. 청계.
유진오. 1980.『헌법기초회고록』. 일조각.
윤내현. 1984.『商周史』. 민음사.
윤재근. 2004.『(사람인가를 묻는) 논어 1~2』. 동학사.
이강재. 1992.「荀子의 주제문연구」. 서울대학교대학원 석사학위논문.
이강재. 1998.「《논어》 상10편의 해석에 대한 연구:《論語》上十篇釋之研究」. 서울대학교 박사학위논문.
이강재. 2006.『논어』. 살림.
이강재·김효신 옮김. 2006.『고증학자는 논어를 어떻게 읽었나: 유월의『논어평의』』. 학고방.
이기동. 2006.『주역강설』. 성균관대학교출판부.

이기동. 2013. 『논어강설(사서삼경강설 시리즈 2)』. 성균관대학교출판부.
이기석·한백우. 2017. 『논어』. 홍신문화사.
이길산. 2017. 「爲 피동문에 대한 풀리블랭크식 이해의 검토」. 『동아문화』 55.
이남희 지음, 이경희·유리 옮김. 2015. 『민중 만들기』. 후마니타스.
이동희. 2008. 『논어』. 계명대학교출판부.
이상임. 2004. 『논어』. 경희대학교출판국.
李成九. 1998. 「春秋戰國時代의 國家와 社會」. 『講座中國史 I』. 지식산업사.
이우재. 2013. 『이우재의 논어 읽기』. 21세기북스.
이을호. 2015. 『한글 논어』. 한국학술정보.
이장희. 2012. 「향원(鄕原)은 왜 덕(德)의 적(賊)인가」. 『사회와 철학』 제24호, 79~102쪽.
이지형. 2010. 『역주 논어고금주 1~5』. 사암.
이한우. 2012. 『논어로 논어를 풀다』. 해냄.
이현규. 2014. 『다시 펴지는 햇살 주역』. 월인.
이혜경. 2011. 「향원을 향한 유가윤리의 비판은 정당한가」. 『철학사상』 제39권, 3~29쪽.
임동석. 2009. 『논어 1~4』. 동서문화동판(동서문화사).
임옥균. 2015. 『논어 정독』. 삼양미디어.
장기근. 2009. 『개정신석 논어집주』. 명문당.
장사오위 지음, 이강재 옮김. 2012. 『고대중국어 어휘의미론』. 차이나하우스.
전명혁. 2008. 「'민중사' 논의와 새로운 모색」. 『역사연구』 18.
전호근. 2001. 「[고전 번역의 현주소] '온고지신溫故知新'과 '술이부작述而不作'의 사이에서 『논어』 번역본에 대한 검토」. 『오늘의 동양사상』, 282~299쪽.
전호근. 2015. 『한국철학사』. 메멘토.
정병석. 2011. 『주역 하』. 을유문화사.
정상철. 2007. 「1970년대 '민중' 개념의 재등장: 사회과학계와 민중문학, 민중신학에서의 논의」. 『경제와사회』 74.
정순길. 2011. 『과학주역 2』. 안티쿠스.
정약용 지음, 방인·장정욱 옮김. 2007. 『역주 주역사전 4』. 소명출판.
정약용 지음, 이영희 옮김. 2004. 『자세히 풀어쓴 주역사전』. 민창사.
정약용 지음, 이지형 옮김. 2010. 『역주 논어고금주 1』. 사암.
정진일. 1998. 『주역』. 서광사.
정창렬. 1989. 「한국사에서 민중 인식」. 이영희선생 화갑 기념문집 편찬 위원회 편. 『이영희선생 화갑기념문집』. 두레.
정태현·이성민. 2012/2014/2015. 『역주 논어주소 1~3』. 전통문화연구회.

조기빈(자오지빈) 지음, 조남호·신정근 옮김. 1996. 『反논어: 孔子의 論語 孔丘의 論語』. 예문서원.
조명화. 2017. 『논어역평 1~2』. 현암사.
조한상. 2012. 「국민의 헌법적 의미: 객관주의와 주관주의를 중심으로」. 『법학연구』 48, 75~97쪽.
지욱선사 지음, 박태섭 옮김. 2007. 『주역선해』. 한강수.
차주환. 2015. 『공자의 인생 수업, 논어』. 을유문화사.
최근덕. 2004. 『한글 논어』. 성균관.
최석기. 2016. 『정선 사서』. 창비.
최영갑. 2009. 『논어: 주자의 『논어집주』 1~2』. 펭귄클래식 코리아(웅진).
최완식. 1998. 『주역』. 혜원출판사.
한경숙. 2013. 「『論語』 '是' 의미자질 분석」. 『중국문학연구』 53.
한경숙. 2013. 「논어전치목적어구 의미구조 고찰」. 『중국문학연구』 52.
한문훈독연구회, 石塚晴通·小助川貞次 감수. 2014. 『일본 논어 훈점본의 해독과 번역 하』. 숭실대학교출판부.
한필훈. 2012. 『논어』. 안티쿠스.
함영대. 2011. 「향원을 위한 변명」. 『문헌과 해석』 54, 54~71쪽.
허버트 핑가레트 지음, 송영배 옮김. 1993. 『공자의 철학: 서양에서 바라본 禮에 대한 새로운 이해』. 서광사.
허수. 2010. 「식민지기 '집합적 주체'에 관한 개념사적 접근: 『동아일보』 기사제목 분석을 중심으로」. 『역사문제연구』 제23호, 133~193쪽.
홍승직. 2016. 『처음 읽는 논어』. 행성B.
황병주. 2009. 「1960년대 비판적 지식인 사회의 민중인식」. 『기억과 전망』 21.
황희경. 2000. 『논어』. 시공사.

사료

『古文眞寶』.

『穀梁傳』.

『公羊傳』.

『管子』.

『國語』.

『大學』.

『梁書』.

『呂氏春秋』.

『列子』.

『禮記』.

『論語』.

『율곡언해』.

『孟子』.

『毛詩故訓傳』.

『墨子』.

『白虎通義』.

『尙書』.

『水經注』.

『隨書』.

『荀子』.

『詩經』.

『新修本草』.

『鹽鐵論』.

『儀禮』.

『爾雅』.

『莊子』.

『戰國策』.

『左傳』.

『周禮』.

『周易』.

『中庸』.

『晉書』.

『楚辭』.

『春秋』.

『퇴계언해』.

『韓非子』.

賈公彦.『周禮注疏』.

江淹.「別賦」.

孔穎達.『十三經注疏』.

郭翼.『雪履齋筆記』.

歐陽修.「醉翁亭記」.

段玉裁.『說文解字注』.

董仲舒.『春秋繁露』.

杜牧.「泊秦淮」.

杜牧.「阿房宮賦」.

劉寶楠.『論語正義』.

劉禹錫.「浪淘沙」.

劉義慶.『世說新語』.

柳宗元.「黔之驢」.

柳宗元.「童區寄傳」.

劉知幾.『史通』.

劉向.『說苑』.

劉向.『新序』.

劉熙.『釋名』.

陸德明.『經典釋文』.

劉勰.『文心雕龍』.

李圭景.『五洲衍文長箋散稿』.

李肯翊 지음, 권오돈 외 옮김. 『(국역) 연려실기술』. 한국고전번역원(민족문화추진회). 1966~1968.

李白.「與韓荊州書」.
李裕元.『林下筆記』.
李珥.『聖學輯要』.
李瀷 지음, 김동주 외 옮김.『(국역) 성호사설』. 한국고전번역원(민족문화추진회). 1976~1979.
班固.『漢書』.
范曄.『後漢書』.
范仲淹.「嶽陽樓記」.
司馬遷.『史記』.
商鞅.『商君書』.
徐鍇.『說文解字繫傳』.
蘇軾.「石鐘山記」.
蕭統.『文選』.
安鼎福.『順菴集』.
揚雄.『揚子法言』.
王符.『廣雅』.
王逸.『楚辭章句』.
王昌齡.「出塞」.
兪樾.『群經平議』.
兪樾.『論語平議』.
張戒.『歲寒堂詩話』.
張顯光.『旅軒集』.
丁若鏞.『論語古今註』.
曹丕.『典論』.
曹操.「求賢令」.
朱熹.『四書章句集註』.
朱熹.『楚辭集注』.
陳壽.『三國志』.
蔡節.『論語集說』.
何晏.『論語集解』.
何異孫.『十一經問對』.
許愼.『說文解字』.
玄應.『玄應音義』.
邢昺.「論語注疏解經序」.
胡廣.『論語集註大全』.
洪興祖.『楚辭補注』.
皇侃.『論語集解義疏』.
黃宗羲.『明夷待訪錄』.
黃仲元.『四如集』.

중국어 문헌

康瑞琮. 2008.『古代漢語語法』. 上海: 上海古籍出版社.
邱淵. 2009.『言語論說與先秦論說文體』. 昆明: 雲南人民出版社.
屈雲柱. 1992.「『論語』賓語前置之分析」. 濟南: 山東師大學報(社會科學版).
唐文 編著. 2004.『鄭玄辭典』. 北京: 語文出版社.
董治國. 2016.『古代漢語句型分類詳解』. 天津: 南開大學出版社.
楊樹達. 2006.『詞詮』. 上海:上海古籍.
呂叔湘. 1954.「論毋與勿」.『呂叔湘文集』第2卷(漢語語法論文集). 北京: 商務印書館. 1990.
劉俊田 等. 2004.『四書全譯』. 貴陽: 貴州人民出版社.
李開. 1987.『《呂氏春秋》主題句研究』. 南京大學學報.

李林. 1996.『古代漢語語法分析』. 北京: 中國社會科學院出版社.
李春琪·關立新. 2017.「『論語』同義詞辨析」.『産業與科技論壇』. 石家莊: 産業與科技論壇.
李澤厚. 1998.『論語今讀』. 北京: 三聯書店.
石毓智·李訥. 2001.『漢語語法化的歷程』. 北京: 北京大學出版社.
楊伯峻. 1980.『論語譯注』. 北京: 中華書局.
楊伯峻. 2016.『文言語法』. 北京: 中華書局.
王力. 1981.『古代漢語』. 北京: 中華書局.
王利明. 2014.「《論語》'造次必於是'解」.『文化論壇』.
王永輝·高尙擧. 2017.『曾子輯校』. 北京: 中華書局.
章炳麟, 龐俊·郭誠永 疏證. 2008.『國故論衡疏證』. 北京: 中華書局.
張松輝·周曉露. 2006.『論語孟子疑義研究』. 長沙: 湖南大學出版社.
程湘清 外. 1991.『實用古代漢語』. 北京: 北京出版社.
丁聲樹. 1935.「釋否定詞弗不」.『慶祝蔡元培先生六十五歲論文集』. 臺北: 國立中央研究院歷史語言研究所.
程元敏. 2013.『先秦經學史』下卷. 臺北: 臺灣商務.
宗福邦·陳世鐃·蕭海波 主編. 2003.『古訓類纂』. 北京: 商務印書館.
周恩來.「中國人民政治協商會議共同綱領」.
何樂士. 2006.『古代漢語虛詞詞典』. 北京: 語文出版社.
漢文大系. 1978.『論語集說』卷1. 臺北: 新文豊出版公司.
許世瑛. 1973.『論語二十篇句法研究』. 臺北: 開明書店.
黃金貴. 1995.『古代文化詞議彙類辨考』. 上海: 上海教育出版社.
黃金貴. 2016.『古代文化詞義集類辨考』. 商務印書館.

일본어 문헌

丸山眞男. 1944.「國民主義の前期的形成」.『國家學會雜誌』第58卷 第3號.
市來津由彦. 2002.『朱熹門人集團形成の研究』. 東京: 創文社.
多久弘一·瀬戸口武夫. 1998.『漢文解釋辭典』. 國書刊行會.
趙星銀. 2017.『「大衆」と「市民」の戰後思想: 藤田省三と松下圭一』. 巖波書店.

영어 문헌

Ames, Roger T., and Rosemont Jr., Henry. 1999. *The Analects of Confucius: A Philosophical Translation*. New York: Ballantine Books.

Ch'ien, Ssu-Ma. edited by William H. Nienhauser, Jr., translated by Guilia Baccini and eight others. 1994~. *The Grand Scribe's records*. Bloomington, Indiana; Nanjing, Jiansung, China: Indiana University Press: Nanjing University Pressa.

Choi, JangJip. 1993. "Political Cleavages in South Korea". in Hagen Koo ed.. *State and Society in Contemporary Korea*. Ithaca: Cornell University Press.

Falkenhausen, Lothar von. 2006. *Chinese society in the age of Confucius (1000~250BC): the archaeological evidence*. Berkeley: University of California

Kim, Youngmin. 2018. *A History of Chinese Political Thought*. Cambridge: Polity.

Koo, Hagen. 1993. "The State, Minjung, and the Working Class in South Korea". *American Sociological Review* 55, no. 10, pp. 142~147.

Lau, D. C. 1979. *The analects* (Lun yü). Harmondsworth; New York: Penguin Books.

Legge, James. 2009. *The Confucian analects, the great learning & the doctrine of the mean*. New York: Cosimo Classics.

Legge, James. 2013. *The Confucian analects, the great learning & the doctrine of the mean*. Newburyport: Dover Publications

Lewis, Mark Edward. 2006. *The construction of space in early China*. Albany: State University of New York Press.

Pines, Yuri. 2002. *Foundations of Confucian thought: intellectual life in the Chunqiu period 722~453 B. C. E.*. Honolulu: University of Hawaii Press.

Slingerland, Edward. 2003. *Analects: With Selections from Traditional Commentaries* Indianapolis: Hackett Publishing Company, Inc.; Hackett Classics Ser edition.

Tillman,Hoyt Cleveland. 1992. *Confucian discourse and Chu Hsi's ascendancy*. Honolulu: University of Hawaii Press.

Waley, Arthur. 1938. *The Analects of Confucius*. London: Allen & Unwin.

온라인 자료

『교수신문』 www.kyosu.net/news/articleView.html?idxno=7705

www.kyosu.net/news/articleView.html?idxno=7955

https://blog.aladin.co.kr/mramor/1856877

張軍·王述峰.「古漢語“何…爲”句式新探」(www.edu.cn/20011120/3010893.shtml)

찾아보기

일반

인명

ㄱ

ㅇ

ㅊ

서명

ㄱ

ㄴ

ㄷ

『논어』의 주요 개념어

『논어』 주요 편장

1. 학이學而

2. 위정爲政

3. 팔일八佾

4. 이인里仁

5. 공야장公冶長

6. 옹야雍也

11. 선진先進

12. 안연顔淵

13. 자로子路

14. 헌문憲問

15. 위령공衛靈公

16. 계씨季氏

17. 양화陽貨

18. 미자微子

19. 자장子張

20. 요왈堯日

문법 용어

ㄱ

문형

문법 관련 한자